1 MONTH OF
FREE
READING

at
www.ForgottenBooks.com

By purchasing this book you are
eligible for one month membership to
ForgottenBooks.com, giving you
unlimited access to our entire
collection of over 1,000,000 titles via
our web site and mobile apps.

To claim your free month visit:
www.forgottenbooks.com/free1051560

ISBN 978-0-365-00695-4
PIBN 11051560

matisch ausgemessen und wissenschaftlich erforscht; die Musik ist, wie die Chemie, auf ganz einfache arithmetische Verhältnisse zurückgeführt, aber die Harmonie des Lebens ist noch dasselbe Geheimniß, wie die Harmonie der Sphären im großen Weltall.

Gewiß, die Welt ist in Fluß und Bewegung gerathen, und wir schwimmen im weiten, wogenden Ocean. Hinter uns die alte Welt, die sich mit aller Zähigkeit und Hartnäckigkeit den andringenden Wellen widersetzt; die alle Erinnerungen der Vergangenheit, alle Reste ihrer Kraft, noch einmal zusammenrafft, um dem Strome der Weltgeschichte einen Damm entgegen zu setzen. Vor uns die neue Welt, schön aber ungewiß, wie das Bild d.r fata morgana, reizend durch den Morgennebel verhüllt, eine Mischung von Dichtung und Wahrheit. Aber schon schwimmen uns Blumen von dem unbekannten Lande entgegen; schon verkünden uns Vögel die Nähe der neuen Welt. Staunend hören wir von dem „Kunstwerk der Zukunft"; wir studiren den Staat und die Politik der Zukunft; wir werfen einen „Blick in das Criminalrecht der Zukunft"; in allen Wissenschaften und Sphären kündigt sich uns bedeutungsvoll eine Zukunft an, die allen Zauber der Schönheit und des Glückes für uns hat. Was zieht uns mit so magischer Gewalt dieser Zukunft entgegen? Woher stammt die Sehnsucht, die uns vorwärts und vorwärts treibt? Wer ist der Prophet, der uns diese Zukunft weissagt? Oder wer ist der Dämon, der uns durch Trugbilder in den Abgrund lockt?

Eins ist es, worin die Männer der entgegengesetztesten Ansichten und Parteien, die Leute der alten, wie der neuen Welt, übereinstimmen, nemlich, daß der gegenwärtige Zustand der Dinge so nicht mehr fortgehen kann, daß es entweder heißt: Vorwärts! oder Rückwärts! Wir stehen zwischen beiden Ufern, und die See geht hoch und immer höher. Wohin geht der Strom; wohin treibt der Wind?

Die Menschheit geht offenbar einem demokratischen Zeitalter entgegen. Wenn wir uns durch den Wirrwarr der Zeit nicht mit verwirren lassen, wenn wir nicht jeder kleinlichen Verdrießlichkeit, jeder momentanen Verstimmung Rechnung tragen wollen, dann wird diese Hoffnung in uns zu einer unverwüstlichen Ueberzeugung. Aber wir müssen, um die Stimme der Zeit zu hören, nicht nur auf unsere nächste Umgebung achten; da gibt es viele Mißtöne; Lärm und Geschrei ist um uns her; die Fischweiber schreien, die Krämer schachern, die Fuhrleute fluchen, die Kinder weinen, die Maschinen rasseln, das Geld klappert; es ist eine verdrießliche Musik. Aber steigen wir oben auf dem Thurm, wo reine Luft und frischer Wind ist, da klingen alle Stimmen der Zeit zu einer großen gewaltigen Melodie zusammen, und diese Melodie ist ein Lied der Freiheit. —

Die Menschheit wird immer freier, besser, glücklicher; dies kann man in allen Gebieten des menschlichen Lebens, wenn man sie im Zusammenhange nimmt, nachweisen. Die unendliche Vervollkommnungsfähigkeit des Menschengeschlechts, welche die Philosophen behaupten, ist keine vage Theorie mehr, sondern ein bestimmt nachgewiesenes Naturgesetz. Zwar finden wir immer noch einzelne Beispiele menschlicher Rohheit und Barbarei, die von den Greuelthaten während der Volkswanderung und des Mittelalters nicht überboten werden; zwar hat die Vorzeit uns Denkmäler der Poesie und Kunst, Tugenden der Patrioten, Großthaten der Helden hinterlassen, welche die Menschen heutiger Zeit nicht nachahmen, viel weniger überbieten können: aber diese einzelnen Ausnahmen werden desto auffälliger, je mehr sie sich von dem allgemeinen Gange der menschlichen Entwickelung unterscheiden. Früher concentrirte sich der Geist und die Kraft eines Volkes in einzelnen hellen Köpfen, während in unserm demokratischen Zeitalter die ganze Masse des Volkes Theil an der Kultur und Civilisation nimmt. Um deßhalb Vergleichungen zwischen der Gegenwart und Vorzeit anstellen zu können, muß man die einzelnen Erscheinungen des Lebens im Zusammenhange betrachten; dann wird diese Parallele gewiß befriedigend für uns ausfallen; dann werden wir nicht mehr in das gewöhnliche Klagen über das Schlechterwerden der Zeiten und Menschen einstimmen. Diese Klagen finden wir schon in der ältesten Vorzeit. Schon im Homer wird darüber geklagt, daß die Kraft des Menschengeschlechts abgenommen habe. In der Bibel findet man ähnliche Klagen. Die Sagen und Fabeln aller Völker weisen auf eine paradiesische Kindheit der Menschheit hin, und gewiß es fehlt keinem Menschen „das verlorene Paradies“. Diese rückblickende Stimmung des Menschengeschlechts, diese Sehnsucht in die Vergangenheit ist sehr bezeichnend; jeder Mensch kann sie an sich selbst wahrnehmen. Die Erinnerung, das Andenken an einen Gegenstand, ein Ereigniß, eine Person ist uns immer schöner und lieber, als dieser Gegenstand selbst, und Verhältnisse, die wir früher vielleicht ohne Werthschätzung haben vorüber gehen lassen, Augenblicke, die wir in leichtsinniger Zerstreuung vorüberfliegen sahen, werden in der Rückerinnerung das Objekt der innigsten Zuneigung und Theilnahme. Die Gemüthsbewegung, welche wir empfinden, wenn wir Ruinen der Vorzeit sehen, Bruchstücke römischer Wasserleitungen, mittelalterliche Burgen, zerfallene Dome, stammt wohl aus derselben psychologischen Quelle. Die Erinnerung wirft einen poetischen Schleier über die Ereignisse, und daher erscheint uns die Vergangenheit schöner und besser, als die Gegenwart. Wie viel besser war es früher! — so sagen alle alten Leute. Natürlich; sie erinnern sich in ihrem gebrechlichen Alter an die frische Arbeits- und Genußfähigkeit der Jugend, und klagen über das Schlechterwerden der Menschheit. Aber die Menschheit wird nicht mürbe und alt, sondern nur die Individuen. Die Menschheit ist immer auf dem Wege der Verbesserung und Verjüngung begriffen; alles Heimweh, das die Erinnerung an Hellas schöne Welt hervorruft, kann uns darüber nicht täuschen; alles Misere, aller moralische Schmutz, der uns gegenwärtig in den Weg geworfen wird, macht uns darin nicht irre. Wohin wir nur blicken, sehen wir mildere Sitten, freieres Streben, größere Bildung, wie in der Vorzeit. In der Politik hat der Grundsatz der Volkssouvrainität und Selbstregierung eine ausgedehnte Anwendung gefunden, und selbst der Despotismus ist, wie z. B. in Frankreich, gezwungen, sich hinter den allgemeinen Volkswillen zu verbergen. Die Völker fangen an, über ihre politischen und socialen Zustände nachzudenken, und dies ist schon die Hälfte der Freiheit. In allen Gebieten des Rechtes sehen wir einen großen Fortschritt: Während früher der Despot über Leben und Eigenthum der Bürger willkürlich verfügen konnte, ist jetzt das Leben, die Freiheit und das Eigenthum der Menschen in allen civilisirten, selbst in den noch monarchischen Ländern unter gesetzliche Garantie gestellt. Einzelne Ausnahmen davon, wie z. B. die Negersklaverei in Amerika, beleidigen so sehr die öffentliche Moral, daß sie Veranlassung zu fortwährender Aufregung und allgemeinem Unwillen sind. Das Strafrecht ist in allen Ländern der Welt milder und humaner geworden: die Jury ist ein integrirender Bestandtheil jeder geordneten bürgerlichen Gesellschaft; die Tortur ist überall, die Todesstrafe in vielen Staaten abgeschafft, und die Zeiten der Inquisition sind so sehr von dem ganzen Charakter der gegenwärtigen Kulturperiode verschieden, daß wir uns kaum zu dem Glauben an die Möglichkeit derselben überreden können. Der Grundsatz der religiösen Toleranz ist auf beiden Hemisphären so verbreitet, daß jeder Versuch der Unduldsamkeit sofort, wie dies z. B. an der hiesigen Know-Nothing-Bewegung zu sehen ist, die allgemeinste Entrüstung hervorruft, und nur dazu dient, die Freiheit der Religionsübung vor ferneren Angriffen sicher zu stellen. Die Religion selbst ist in ihren tiefsten Grundlagen erschüttert; sie steht nur noch in ihrer äußeren Form als eine Sache der Gewohnheit und der Mode da, und trotz des puritanischen und katholischen Fanatismus ist das Zeitalter der Kreuzzüge für immer vorüber. Die schroffen Unterschiede und Feindschaften zwischen den verschiedenen Klassen der Bevölkerung, wie zwischen den einzelnen Völkern, haben sich gemildert; die Ständeunterschiede sind zum größten Theile hinweggefallen; ein kräftiger Mittelstand hat die Lücken zwischen dem Adel und der Leibeigenschaft des Mittelalters ausgefüllt, und so häufig man auch noch aristokratische Vorurtheile und Institutionen findet, so betrachtet der gesunde Sinn des Volkes sie doch allenthalben mit Abneigung, und als einen Widerspruch zu dem Charakter dieses Jahrhunderts. Die Grenzen und Entfernungen zwischen den Nationen sind durch die Entdeckung der Dampfkraft entweder ganz hinweggeräumt oder bedeutend verringert, und ein kosmopolitischer Geist fängt an, die nativistischen Bestrebungen zu verdrängen. Der Völkerbund, die Solidarität der Völker, ist das Lösungswort der revolutionären Partei Europa's, und damit ist ausgesprochen, daß keine Nation in Zukunft sich mit der eignen Freiheit begnügen wird, sondern die Freiheit für die ganze Menschheit verlangt. Ueberhaupt sind die Ideen und Hoffnungen der Massen des Volkes schon so weit gediehen, daß wenn einmal ein Umschwung der politischen Verhältnisse sich ergibt, daß dann man sich nicht mit lokalen und partiellen Reformen behelfen wird. Die sociale Reform ist ein Thema, welches nicht nur die Philosophen und Staatsmänner, sondern auch die Massen des Volkes beschäftigt; die utopischen Ideen sind durch klare Vorstellungen und praktische Bestrebungen verdrängt, und die durch die Naturwissenschaften hervorgebrachten Fortschritte in der Industrie, der Technik und Mechanik kommen der humanen Bestrebungen auf socialen Gebiete zu Hülfe. Schon ist eine Menge von mechanischen Arbeiten den Händen des Menschen entrissen und der Maschine überantwortet, und wir können den Tag dämmern sehen, an welchem der Mensch nur solche Arbeiten zu verrichten hat, bei welchen menschliches Denken und Urtheilen nothwendig ist, wo der Mensch nicht mehr als Maschine gebraucht wird.

Mehr noch, wie in den Gebieten des praktischen Lebens zeigt sich in den Gebieten der Wissenschaft ein unermeßlicher Fortschritt; hier sehen wir die siegende Gewalt des menschlichen Geistes an staunenswerthen, bewunderungswürdigen Resultaten; hier überzeugen wir uns von dem großen Vorrang dieses Jahrhunderts vor ihren Vorgängern. Die Methode des Denkens ist einfach und praktisch geworden; man geht von dem Satze, daß der Grund jeder Sache in der Sache selbst liegt, von dem Satze der inneren Vernünftigkeit und Nothwendigkeit alles Bestehenden aus, und sucht aus der Beobachtung und Erfahrung die Urtheile und Schlüsse herzuleiten. Die Philosophie hat sich von ihren transcendentalen Theorien gereinigt; sie ist, nach dem Ausdrucke Cicero's, vom Himmel herabgestiegen und zu einer Wissenschaft des denkenden Menschen geworden; sie hat mit einer trefflichen Kritik die Doktrinen der Religionen zersetzt, und ist in ihrer heutigen Form die Lehrerin und Führerin aller übrigen Wissenschaften. Die Wissenschaften der Politik und des Rechtes sind von ihrem historischen Plunder befreit worden. Die Naturwissenschaften haben ihr Material in den letzten fünfzig Jahren wenigstens verzehnfacht, und dabei an Einfachheit und Sicherheit der Prinzipien und der Beweisführung zugenommen. Neue Wissenschaften, wie die Chemie, sind entstanden; die menschliche Erkenntniß hat neue Grundlagen dadurch gewonnen, und man ist dem Prozesse des Lebens und dem Urgesetze der Natur näher gekommen. Größer noch, wie die Fortschritte der Wissenschaft selbst, ist ihre Verbreitung unter den Massen geworden; während früher die Wissenschaft in gelehrten Kasten und Zünften eingeschlossen war, ist sie jetzt Eigenthum des Volkes; die Zahl der Schulen und Universitäten für das Volk vermehrt sich

auf eine ungemeine Weise, und die Zahl Derer, die lesen und schreiben
können, ist wenigstens hundert Mal so groß, wie vor einem Jahrhundert.
Die Errungenschaften der Kunst, die Leistungen der Poesie, schließen sich
würdig den wissenschaftlichen Fortschritten an; das „Kunstwerk der Zukunft"
ist schon kein Traum und kein Ideal mehr; es reicht mit tausend Andeutungen und Versuchen schon in die Gegenwart hinein, und wir können es schon
jetzt als eine Errungenschaft des menschlichen Geistes nennen.

So sehen wir überall riesenmäßige Fortschritte, und der Stolz, Bürger dieses großen, strebsamen Jahrhunderts zu sein, ist trotz aller Widerwärtigkeiten des Momentes gerechtfertigt. Was uns aber noch mehr, wie
die schon errungenen Siege der Civilisation freut, ist, daß die Menschheit
schon so weit gekommen ist, daß sie weiter gehen muß. Weder in der
Wissenschaft, noch in der Industrie, noch in der Politik, noch in irgend
einem anderen Gebiete des menschlichen Strebens und Denkens können
wir stillstehen oder rückwärts gehen; es sind überall Fortschritte gemacht,
welche gebieterisch zu weiteren Fortschritten treiben. Jede neue Entdeckung
ladet zu vielen weiteren Entdeckungen ein; jede neue Erfindung macht
eine Reihe weiterer Erfindungen nothwendig, und wo immer ein heller Gedanke in die Seele des Menschen fällt, oder ein neuer Lehrsatz in der Wissenschaft auftaucht, weist er auf andere dunkle und zweifelhafte Punkte
der Wissenschaft hin, und zwingt zu ihrer Ergründung. Die Menschheit
besitzt in der bis jetzt errungenen Stufe der Civilisation eine genügende Garantie für die steigende Civilisation der Zukunft. Die moderne Cultur
kann nicht, wie die antike, von der Barbarei in die Vergessenheit zurück-
drängt werden, denn sie wohnt in den Massen, in den breiten, tiefen Massen des Volkes. Die Werke eines Göthe und Humboldt können nicht, wie
die eines Livius oder Tacitus, in den Kellern der Klöster versteckt werden,
wo später man durch Zufall einige Fragmente hinter modernden Fässern
findet. Die Buchdruckerkunst hat dieselben verewigt; die Gedanken unserer großen Männer werden durch die leichten, beweglichen Typen sicherer
der Unsterblichkeit überliefert, als wenn man sie in Marmor eingehauen
hätte, und unsere Literatur wird erst mit der Menschheit untergehen.

Wenn wir uns in diesem großen Kreise von Reformen, von Fortschritten menschlicher Freiheit und Bildung umsehen, dann empfinden wir ein
Gefühl der Genugthuung und eines befriedigten Selbstbewußtseins. Wir
vertrauen der Zukunft, der Menschheit und auch uns selbst. Wenn uns
auch wild die Wogen des Lebens umherwerfen, und uns auf der unfrucht-
baren Wüste des Meeres keine Blumen und Saaten wachsen; wenn auch
vom andern Ufer her die Vergangenheit noch ihre Schatten hinüberwirft:
wir schauen unverwandt der neuen Welt, dem Lande der Verheißung, entgegen; wir dünken uns jetzt schon als Bürger in dem Reiche der Zukunft,
und dieser Gedanke ist allein das Leben werth.

Freilich, noch rafft die alte Welt alle ihre Kräfte, alle ihre Erinnerungen, alle ihre Täuschungen zusammen, um den Sieg der modernen Weltanschauung zu verhindern; der russische Despotismus und die amerikanische Demokratie fanatisiren sich für die Ausbreitung und Verewigung der Sklaverei; die strengen, schroffen Gegensätze der Nationalitäten und Religionen scheinen wieder in mittelalterlicher Weise hervorzutreten, und die Beweise der tiefsten Erniedrigung des Menschengeschlechtes häufen sich. Europa bietet das Schauspiel einer allgemeinen Zerrüttung und Schwäche, und in Amerika deuten viele Aeußerungen und Symptome des öffentlichen Geistes darauf hin, als wenn der Amerikaner überhaupt gar keinen Begriff von persönlicher und politischer Freiheit habe. Kriege werden an den Grenzen der Civilisation, in Asien, wie in Amerika geführt, deren Motiv der schnödeste Egoismus ist; in Amerika verjagt der weiße Ansiedler den rothen Mann mit einer Grausamkeit, mit einer Nichtachtung sowohl der Humanität, wie feierlich beschworener Verträge, daß das menschliche Gefühl davor zurückschaudert; die Negersklaverei wird in der geraubten Heimath des rothen Mannes eingeführt mit Mitteln, die an die finstersten Zeiten der Barbarei erinnern, und eine religiöse und nationale Proscription übertrifft die Tage Sulla's und Marius. In Europa wird ein ungeheurer Völkermord begangen; seit den Tagen, wo Troja fiel, hat man nicht solche Scenen gesehen, wie sie vor Sebastopol geschehen, und das Fürchterlichste von Allem ist, daß diese massenhaften Opfer kein Ziel und kein Ende haben. Was wird mit einem Siege vor Sebastopol, mit einer Einnahme der Festung erreicht? fragt sich die erbitterte und geschändete Menschheit. So heißt es auch hier wieder, wie in den finstersten Zeiten des Mittelalters:

> „Opfer fallen hier,
> Weder Lamm, noch Stier,
> Aber Menschenopfer unerhört!"

Klingt es nicht, wie ein Hohn, wenn wir in diesen Zustand der Dinge unseren Jubel hineinrufen über die großen Fortschritte menschlicher Freiheit und Civilisation? Nur vielleicht nicht in dem Falle, wenn wir in diesen trostlosen Thatsachen, in diesen empörenden Scenen, eben nur einen Beweis sehen, wie sehr sich die alte Welt zu Ende gelebt hat, wie nahe eine Aenderung der Zustände ist. Wir sagen es ohne Bedenken: die Menschheit steht schon heute nicht mehr mit den Ereignissen von Sebastopol und Kansas in Uebereinstimmung; sie empört sich darüber und das Resultat dieser Empörung wird der Größe der Veranlassung entsprechen.

Ein großes, feierliches Drama spielt sich vor unsern Augen zu Ende; seit den Tagen des Christenthumes und der Völkerwanderung hat die Menschheit nicht solche tragische Conflikte gesehen, wie heute. Da gilt es nicht zu klagen und zu jammern über die Verderbtheit der Zeit, sondern frisch und fröhlich Hand anzulegen, daß eine schnelle und glückliche Lösung kommt. Im Vertrauen auf die unendliche Vervollkommungsfähigkeit des menschlichen Geistes wollen wir den Rubikon überschreiten, der uns von der alten Welt trennt; bei der raschen Entwickelung aller Ereignisse, welche dem Jahrhundert des Dampfes eigenthümlich ist, werden wir bedeutendere Fortschritte und größere Resultate sehen, wie unsere kühnsten Propheten weissagen. Es ist der Menschheit noch lange nicht das Ziel ihrer Blüthe und ihres Wachsthums gesetzt. Der forschende, sterbende Menschengeist hat die Begriffe Raum und Zeit unendlich erweitert. Während die Welt der alten Griechen nur bis zum Gipfel des Atlas und zu den Säulen des Herkules reichte, während die Zeitrechnung der Christen nur sechstausend Jahre zählte, hat uns die Astronomie ein unendliches Feld aufgeschlossen, wo man nicht mehr nach Meilen, sondern nach Sonnenfernen mißt, und die Geologie weist uns in eine graue Vorzeit von vielen hunderttausend Jahren zurück. So weit wir in die Vergangenheit zurücksehen können, so weit auch vermögen wir in die Zukunft zu sehen, und es ist ein ganz richtiger Gedanke, den Herr Blode in seinem jüngsten Aufsatze ausgesprochen hat, daß wenn wir die Vergangenheit g a n z wüßten, wir auch die ganze Zukunft weissagen könnten. Bis jetzt haben wir nur Bruchstücke, aber diese Bruchstücke umfassen einen Zeitraum von vielen Jahrtausenden und einen Raum von vielen Sonnenfernen. In dieser Unendlichkeit der Zeit und des Raumes steht das Menschengeschlecht da, mit d.r unbegrenzten Fähigkeit, zu denken, zu beobachten, zu begreifen, zu erkennen. — Wenn schon in den engen, beschränkten Tagen der Vorzeit ein Horaz sagen konnte: Nil mortalibus arduum est, — (Nichts ist den Sterblichen zu schwer) — was sollen wir heute, wo alle Grenzen der Zeit und des Raumes gefallen zu sein scheinen, von der unendlichen Vervollkommnungsfähigkeit des Menschengeschlechtes denken? Wenn gegenwärtig schon die Gedanken der Menschheit nicht an diesen Erdball und seine jetzige Formation gebunden sind; wenn die Geologie uns die Erde zeigt, längst bevor sie fähig war, Menschen hervorzubringen; wenn die Astronomie die Planeten wiegt und die Firsterne mißt: dann ist es gewiß nicht zu kühn, zu sagen, daß auch die Geschichte des Menschengeschlechtes nicht an diesen Erdball gebunden ist, und daß das Menschengeschlecht die alte Fabel von der Heimath drüben in der Sternenwelt noch zur That macht. Schon blicken unsere Astronomen im Kreise der Planeten umher, ob sie dort die Bedingungen zum menschlichen Leben finden. Der Mond, dessen geologische Beschaffenheit an die Vorzeit der Erde erinnert, verweigert menschlichen Wesen das Leben, denn das Wasser, der Urquell aller Dinge nach der Ansicht des griechischen Philosophen, fehlt, und also auch die atmosphärische Luft. Die innern Planeten, welche zwischen der Erde und der Sonne liegen, sind so schwer, wie unsere Metalle; wir könnten die goldenen und eisernen Schollen schwerlich mit unserm Pfluge furchen und dem Boden Saaten und Früchte abgewinnen. Die weiter entfernt liegenden Planeten, Jupiter, Saturn, Uranus sind zu leicht; es ist nur Nebelgestalten möglich, darauf zu wandeln. Freilich ist die Dichtigkeit der einzelnen Körper nur nach dem ganzen Massengewicht genommen; und es ist allerdings möglich, daß die Rinde des Mars', Saturns u. s. w. ebenso wie die Erdrinde, von anderer Dichtigkeit, auf den inneren Planeten leichter, auf den äußeren schwerer, als der ganze Planetenkörper ist; in diesen Beziehungen ist den Hypothesen kein Ziel gesetzt. An dem Planeten, welcher der Erde am nächsten und verwandtesten ist, an der Venus, bemerken wir übrigens eine ähnliche Atmosphäre, ein ähnliches Klima, Wechsel der Jahreszeiten u. s. w. wie auf der Erde.

Im Winter sieht man deutlich, wie der Schnee von den Polen bis zu der gemäßigten Zone hinab zunimmt, während im Sommer der weiße Schimmer sich bis zu den Polen zurückzieht. Erinnert man sich nun daran, daß überall die Natur diejenigen Produkte erzeugt, welche den klimatischen und Bodenverhältnissen angemessen sind, daß auf den Cordilleren, wie auf dem Himalayagebirge, dieselben Alpenrosen wachsen, wie auf dem Rigi, daß in ähnlichen Sümpfen unter demselben Breitengrade in Asien und Amerika dieselben Thiere und Pflanzen vorkommen, — warum sollten wir nicht den Schluß wagen, daß auch unsere Nachbarin, die Venus, von einem ähnlichen Thiergeschlechte bewohnt ist, wie dasjenige, was wir hier Menschen nennen. Vielleicht sind dort die Leute ebenso ehrgeizig und habsüchtig, wie hier; vielleicht wird auch dort das Spiel von Romeo und Julia, von Brutus und Cäsar gespielt; vielleicht kennt man auch dort die Tragödien von Sebastopol und Kansas. Und, wenn wir in unsern Hypothesen noch einen Schritt weiter gehen dürfen, — da dort ähnliches Leben, Kämpfen und Streben, Denken und Treiben, wie hier existirt, — sollte das Menschengeschlecht nicht die Mittel finden, um einen Verkehr mit dem verwandten Geschlechte herzustellen? Wir sind längst davon überzeugt, daß dieser kleine Weltkörper, den wir Erde nennen, das Wollen und Streben des Menschengeschlechts nicht befriedigt; schon jetzt reichen die Gedanken der Menschen über die Atmosphäre der Erde hinaus; ihr Ehrgeiz ist größer, ihr Forschungstrieb mächtiger. Wann wird der Columbus kommen, der die neuen Welten entdeckt? Wann wird der Roman der Pacahontas auf den Sternen wiederholt?

Gewiß, es wäre ganz gegen eine vernünftige Naturanschauung, wollten wir blos auf der Erde Menschen und menschliches Leben annehmen. Es leben gewiß auf den verschiedenen Planeten und Firsternen eine Menge von Menschenvarietäten von hoher Vollkommenheit bis zu thierischer Bildung. Die höchste Entwickelung der Naturkräfte ist das menschliche Selbstbewußtsein, und ebensogut, wie die Natur in ihren fernsten Firsternen den

Gesetzen der Schwere folgt, wird sie auch überall dahin streben, zum Selbstbewußtsein und zum Denken zu gelangen.

Dies ist eine weite Perspektive; aber die großen geistigen Errungenschaften der Vergangenheit, namentlich der jüngsten Vergangenheit,
berechtigen uns zu diesem Fernblick in die Zukunft. Nicht nur die Astronomie, auch die Phantasie des Dichters, auch die Urtheilskraft des Philosophen besitzt Teleskope, mit welchen man in eine ferne, dunkle Zukunft
sehen kann. Und diese Zukunft wird sich erfüllen. Angesichts der Er-
bärmlichkeiten der gegenwärtigen Zustände, der armseligen Leiden und Pla-
gen der Menschheit, der kleinen Kämpfe und Mühen, ist es wahrlich nothwendig, einmal einen freien und kühnen Blick in die Zukunft zu werfen,
um das moralische Gleichgewicht zu behalten. Das Reich menschlicher
Freiheit und Bildung breitet sich immer weiter und weiter aus, und die
Civilisation feiert täglich neue Triumphe. Wen sollte deshalb nicht auch zu
Zeiten jener dämonische Uebermuth erfassen, mit welchem Faust in die Oster-
nacht hineinruft:

„In's hohe Meer werd' ich hinausgewiesen,
Die Silberfluth erglänzt zu meinen Füßen,
Zu neuen Ufern winkt ein neuer Tag!"

Lebt im amerikanischen Volke wirklich die Liebe zur Freiheit.

Liebe zur Freiheit! Um dieses Gefühl zu beschreiben, müßte man
ein Dichter sein, mit der ganzen Poesie der Leidenschaft, mit aller Anmuth
der Rede, mit dem Feuer einer frischen, keuschen Phantasie. Sie ist das
edelste Gefühl, dessen ein edler Mensch fähig ist; und niemals kann man
sich die Menschennatur gut und rein denken, wo diese Empfindung nicht
die Herrscherin der Gedanken und Leidenschaften ist. Wie alle guten und
wahren Gefühle, Neigungen und Leidenschaften des Menschen in Uebereinstimmung stehen mit den allgemeinen Kräften und Gesetzen der Natur,
so finden wir auch die Liebe zur Freiheit, die so manches Schaffot mit Lorbeer bekränzt hat, als einen allgemeinen Grundzug der Natur, als eine
natürliche Thatsache, die überall vorhanden ist und sich überall geltend
macht. Wir sehen die farblose Kellerpflanze sich mühsam hinranken zur
Mauerspalte, um dort Licht und Freiheit zu athmen. Das Saamenkorn,
das kleine, winzige Saamenkorn, sprengt seinen Kerker, die Erdscholle, entzwei, und strebt zum Lichte empor. Die gefiederten Sänger des Waldes,
die seelenvolle Nachtigall, die Lerche, die Sängerin der Freiheit, — man
muß sie blenden, will man sie in Gefangenschaft halten. Im Menschen

kommt diese Urkraft der Natur zum Selbstbewußtsein. Der wahre und
gute Mensch liebt die Freiheit, als sein eigenes Gesetz, als sein eigenes innerstes Wesen. Sie ist der letzte und höchste Gedanke, den der Philosoph
zu erdenken vermag; sie hat dem Dichter seine schönsten Verse gegeben, und
wo nur in der Weltgeschichte eine Großthat geschehen ist, war die Liebe
zur Freiheit das Motiv. Einem Menschen die Liebe zur Freiheit absprech-
en, dies hieße ,ihm seine Menschennatur, seine Individualität, seine Persönlichkeit absprechen. Ist es deshalb nicht eine harte und beleidigende
Frage, wenn wir an die Spitze dieses Artikels schreiben: Lebt im amerikanischen Volke wirklich die Liebe zur Freiheit? Wie? Dieses Land und
dieses Volk, welches sich vorzugsweise das freie nennt, mit einer glorreichen Revolution, mit einer trefflichen republikanischen Verfassung, mit
Staatsmännern, wie Franklin, Jefferson, Washington, dessen nationaler
Festtag der Jahrestag der Unabhängigkeitserklärung ist, — dieses Volk
solle nicht von Freiheitsliebe beseelt sein? Ein solcher Zweifel scheint um
so auffallender, da grade die Amerikaner der großen Majorität nach Abkömmlinge jenes Volksstammes sind, der seit Jahrhunderten hartnäckig die
persönliche Freiheit vertheidigt hat, welcher in den finstersten Zeiten des
Mittelalters die Habeas-Corpus-Akte eroberte. Noch heute sehen wir in
England trotz aller politischen Misere, trotz aller aristokratischen Ungerechtigkeiten, die sich namentlich in der letzten Zeit auf so eklatante Weise kund
gegeben haben, daß das Gefühl der persönlichen Freiheit und Unabhängigkeit unter dem englischen Volke noch mächtig und unerschüttert ist; die
Macht des Geldes, die in England schwerer, wie irgendwo sonst, auf die
Massen drückte, hat dieses Gefühl noch nicht unterbrücken können, und selbst
der ärmste englische Arbeiter betrachtet sich mit dem Stolze eines alten Rö-
mers; sein Haus ist seine Burg; sein Eigenthum ist unantastbar; seine
persönliche Freiheit gesichert. Dieses Streben nach persönlicher Freiheit,
diese Hartnäckigkeit in Vertheidigung seiner Rechte, ist der ursprünglichste
und allgemeinste Zug des angelsächsischen Volkscharakters, und ihm ist der
amerikanische Freiheitskrieg, die Unabhängigkeitserklärung, die Verfassung
und die Republik Amerika's zu verdanken. Ist diesen Eigenthümlichkeiten
und Verhältnissen gegenüber die Frage: Lebt im amerikanischen Volke
wirklich die Liebe zur Freiheit? nicht eine überflüssige?

Und doch veranlassen uns einige Erscheinungen im amerikanischen
Leben, einige Bewegungen in der öffentlichen Meinung zu dieser Frage.
Das Wort „Freiheit" wird selten in der Presse und bei den Volksversamm-
lungen gehört; man hält dasselbe mehr für eine gutmüthige Illusion, wie
für ein praktisches Bedürfniß. Statt dessen hört man überall von Sklaverei, von Prohibition, von Bürgerrechtsverweigerung, Fremdenhaß,
Religionszwang und dergleichen Sachen, die an die gemeinsten Gehässig-
keiten des bürokratischen Polizeistaates erinnern. Um das Hauptthema

der amerikan'schen Politik und aller amerikanischen Verhältnisse gleich in den Vordergrund zu stellen, so zeigt uns das Institut der Sklaverei, die Art und Weise, wie dieselbe gehandhabt und ausgebreitet wird, und der Uebermuth, mit welchem die Sklavenhalter ihre privilegirte Stellung ausbeuten, daß Mannesstolz und Freiheitsliebe der großen Masse des amerikanischen Volkes fehlt. In einem Volke, das auf sich selbst etwas hält, das sich seiner Freiheiten und Vorzüge bewußt ist, — und diese Eigenschaften wollen die heutigen „Amerikaner" doch gewiß besitzen; — sollten die Vorgänge, welche mit der Nebraskabill verbunden waren, doch eine Unmöglichkeit sein. Wenn im Norden Männer wären, Männer, die das Bewußtsein eigner Kraft und Würde haben, Männer, in deren Herzen die Liebe zur Freiheit wohnt: der Süden würde sich hüten, mit seinen unverschämten Prätensionen hervorzutreten. Daß der Süden nur wagt, mit dieser Reihenfolge von Anmaßungen, Gewaltthätigkeiten, Gesetzüb.rtretungen, Brutalitäten hervorzutreten, beweist schon, daß man weiß wie es mit dem Charakter des amerikanischen Volkes beschaffen ist. Die Nebraskabill, die Vorfälle in Missouri und Kansas, die letzte „demokratische Platform von Georgia: solche Sachen geben dem Psychologen hinreichende Anhaltspunkte, um den Charakter des amerikanischen Volkes zu bestimmen. Selbst unter den Gegnern der Sklaverei findet man Viele, welche ihre Opposition nicht auf Freiheitsliebe, auf die Gründe der Humanität und des Rechtes basiren, sondern die politisches Kapital daraus machen und Aemter damit erjagen wollen. Wäre der Norden von einem rechten republikanischen Geiste beseelt wie Spreu im Winde würden die Anmaßungen des Südens zerstieben. Aber so macht man Worte, viele Worte, und die Sklaverei wühlt sich immer tiefer und tiefer in das Fleisch und Blut des Volkes ein. Und wie es denn immer ist, daß wenn man die Freiheit an Andern nicht achtet, man auch die eigene Freiheit nicht werth schätzt, so duldet der Amerikaner auch einen Despotismus der Mode, des Gebrauches, der allgemeinen Meinung, welcher jedem denkenden Menschen unerträglich ist.

Der Amerikaner beugt sich vor den Götzen seines Volkes; er hat keinen Widerstand, keinen Halt gegen die Aussprüche der öffentlichen Meinung; fast bewußtlos folgt er dem Strome, der die Massen mit fortreißt. Dies klingt hart u. übertrieben; aber beobachten wir einzelne Erscheinungen, wie die Temperenzagitation, so finden wir, daß dieselbe hauptsächlich deshalb so um sich gegriffen und so viele Verheerungen in dem Rechtsbewußtsein des Volkes hervorgebracht hat, weil die meisten Leute nicht wagten, dem allgemeinen Vorurtheile zu trotzen. Die puritanische Sonntagsstrenge, das Kirchenlaufen u. s. w. ist nicht so sehr Resultat eines tiefen religiösen Gemüthes, oder einer festen persönlichen Ueberzeugung, sondern die Unterwerfung unter den Gebrauch und die Mode. Nichts ist in Amerika so selten und verhaßt, wie die Originalität; es herrscht eine große Uniformität in den Sitten, Gebräuchen, Kleidern, selbst in den Mienen und Ansichten, die eben aus der sklavischen Unterordnung unter „Fashion" und „Custom" herrührt.

Man bemerkt trotz aller nativistischen Selbstüberschätzung bei dem Amerikaner selten das richtige Selbstgefühl, welches die unerläßliche Grundlage jedes republikanischen Charakters ist; die Amerikaner überschätzen sich vielleicht nur deßhalb, weil sie sich nicht genug schätzen. Es ist gewiß im Allgemeinen gut und löblich, die öffentliche Meinung zu achten, aber in Amerika treibt man die Unterwerfung unter dieselbe doch zu weit; allen Launen und Vorurtheilen des Publikums schmeichelt man; selbst die Presse achtet das Publikum mehr, als sich selbst und ihre eigene Pflicht. Daher die Nachgiebigkeit, die Unterwurfigkeit unter nationale und religiöse Vorurtheile, daher die Temperenzheuchelei, daher der heimliche Sonntagsernst, den die amerikanischen Zeitungen zur Schau tragen. Es ist ihnen mit diesen Dingen in den wenigsten Fällen Ernst, aber sie glauben, bei dem großen Publikum nicht anstoßen zu dürfen. Denn der Grund aller dieser Unselbstständigkeit und Nachgiebigkeit liegt doch immer in der Allgewalt des Dollar. Der Dollar gilt dem Amerikaner mehr, als der Mensch und dessen Recht und Freiheit. Er versöhnt sich mit der Sklaverei, wenn sie für ihn einträglich ist; die ganze Politik wird von dem Eigennutz beherrscht; ihre großen Hülfsmittel der allgemeinen Wohlfahrt werden in die Kanäle des Privatinteresses abgeleitet; überall und in allen Verhältnissen ist das „Cash" der Regulator und hauptsächlichste Motor der Dinge. Hören wir darüber die Stimme eines der wenigen amerikanischen Blätter, welche sich eine Kritik über die Vorurtheile ihres Volkes erlauben. Die „Sondey Dispatch" sagt über die Geldsucht der Amerikaner Folgendes:

*

„Die Haupt-Charakterzüge dieses Landes sind: Unternehmungsgeist, Gewandtheit, Spekulation und Scharfsinn überhaupt; kurz die Charakteristik des „Geldmachens," welches man als den Anfang und das Ende, die Philosophie und Religion der größeren Masse dieses Landes ansehen kann. Diese Idee des Geldmachens durchdringt schon die Kinderstube, die Küche, den Spielplatz; das Kind trinkt sie mit der Muttermilch, sie wird ihm in der Wiege vorgesungen, sie wird ihm ausführlicher und illustrirt in Feenmährchen von der Amme beigebracht. Der Knabe wird schon in der Schule mit der praktischen Idee des Geldmachens erzogen; er liest davon in seinen Schulbüchern; er versucht sie anzuwenden unter seinen Spielkameraden, und wird für seine List, mit der er einen Handel geschlossen, mit Lob überhäuft. Er sieht Alles um ihn her sich wenden und drehen, um Geld zu machen, — der Pfaffe betet und predigt dafür, der Arzt vergiftet seine Kranken dafür, der Advokat vertauscht Ehrbarkeit und Gewissen, verdrehet Recht und Gerechtigkeit dafür, — und es wird ihm klar, daß nur Derjenige geachtet wird, welcher Geld macht. Dieselbe Idee liest er in den Zeitungen, und wie er sich wende, er begegnet nur der Idee des Geldmachens; Alles wird gemessen und berechnet vom Gesichtspunkte des allmächtigen, allherrschenden Dollars. Der Niedere streckt, der Hohe bückt sich darnach, die Masse betet ihn an, denn mit ihm kann Talent, Namen und Macht erlangt werden, mit ihm stehen die Gunst der Freundschaft, das Lächeln der Schönheit, die Schmeicheleien der Liebe zu Gebote.

„Wie jetzt Abentheurer nach Californien ziehen, so kamen sie früher hierher, — um Geld zu machen; es war ein neues, blühendes Land; der Capitalist sah darin ein weites Feld zur Befriedigung und weiterer Ausbildung seiner vorherrschenden Neigungen, der Habsucht und des Geizes. Er und die nach ihm kamen, huldigten von ganzem Herzen dem seelentödtenden Geldteufel — und machten Geld. Betrüger vom Inlande und Betrüger vom Auslande haben hier Geld gemacht, und sehr wenig Anderes wurde gethan, als was nöthig war zur leichten Ausführung der alluberwiegenden Idee des Geldmachens.

„Jedoch die Zeit des Geldmachens allein ist so ziemlich vorüber, der Wettlauf beinahe zu Ende. Der Reichthum des Landes ist schon in den Händen einiger Einzelnen, und da es unmöglich ist, mehr als den Fuchs und den Balg zu bekommen, so wird die Mühle bald zugemacht sein. Es ist noch möglich, einige europäische Arbeiter und Mußiggänger unserer Seestädte durch Hunger zu zwingen, nach den westlichen Wildnissen zu gehen und auf diese Art noch etwas Reichthum zu schaffen; dies wird gegenwärtig versucht, aber das Fortkommen ist zu langsam. Wie lange dies so anstehen kann, hängt von der Intelligenz des Volkes ab. Vielleicht wird es, wie die Armen in Europa, dem verächtlichsten aller Despoten, dem Capitalisten, unterthänig werden und sich wie das liebe dumme Vieh von ihm treiben, drücken und quälen lassen.“

* * *

Allerdings, diese Geldgier ist nicht nur den Amerikanern eigenthümlich, sondern ein Charakterzug des gegenwärtigen Jahrhunderts überhaupt, und macht sich hier deßhalb vorzugsweise geltend, weil die anderen Elemente der Despotie, welche Europa von der Vergangenheit als Erbtheil erhalten hat, hier wegfallen. In Europa conkurriren verschiedene Despotien miteinander; Feudalismus, Hierarchie, Monarchie, Bürokratie usw. machen der Börse Conkurrenz; aber hier in Amerika herrscht der Dollar unbeschränkt und ohne Nebenbuhler. Ob dieser Unterschied für Amerika ein Vorzug oder ein Nachtheil ist, dies wollen wir dahin gestellt sein lassen. So viel ist gewiß, daß bei dem gegenwärtigen Stande der socialen Verhältnisse das Geld der Repräsentant aller möglichen Genüsse und Vortheile des Lebens ist, daß der Dollar die allgemeinste Garantie persönlicher

Sicherheit und Freiheit ist, und daß man ohne den Dollar allen Wechselfällen des Lebens, allen Zufälligkeiten und Katastrophen ausgesetzt ist.

In dem Raubsystem, das während der gegenwärtigen socialen Ordnung oder vielmehr Unordnung, während des „Krieges Aller gegen Alle"
geführt wird, ist am Ende der Dollar das einzige Vertheidigungsmittel
gegen Brutalitäten und Belästigungen aller Art, und daher kommt es, daß
Jeder ohne Ausnahme nach dem Erwerb desselben strebt. Aber mit dem
Dollar ist die Freiheit noch nicht gewonnen; die Liebe zur Freiheit darf nicht
mit der Liebe zum Dollar verwechselt werden. Der Dollar gewährt immer nur einen mangelhaften Schutz für persönliche Freiheit und Sicherheit; Bildung und Kenntnisse sind eine viel genügendere Garantie. Ein
Mensch mit allgemeiner Bildung und nützlichen Berufskenntnissen steht in
allen Verhältnissen des Lebens frei und selbstständig da, und aber sollte
das Streben, diese Schätze zu erlangen, viel allgemeiner sein, als der
Trieb, Geld zu erwerben. In diesem Jahrhundert hat man überall Bildung nothwendig, und man kann überall, in allen Ländern und unter allen
Verhältnissen, seine Kenntnisse verwerthen. Und nicht nur das: Bildung
gibt uns nicht nur die äußere, sondern auch die innere Selbstständigkeit,
die wahre geistige Freiheit, die uns von den Menschen und Verhältnissen
unabhängig macht. Man kann nicht genug auf den Zusammenhang zwischen Bildung und Freiheit aufmerksam machen; die Freiheit des politischen
Lebens, wie die persönliche Freiheit, kann nur durch Bildung, durch Erziehung, durch Kenntnisse, durch wissenschaftlichen Sinn erlangt werden, und
daher sollte jeder Mensch, der ein Egoist im vernünftigen Sinne des Wortes ist, mehr nach Bildung, als nach Geld streben. Aber hier in Amerika
denkt man so weit nicht; hier ist man „praktisch," d. h. man verwechselt die
Mittel mit den Zwecken, und verliert die Zwecke darüber aus den Augen.
In dem hastigen Ringen und Haschen nach Reichthümern büßt man alles
Dasjenige ein, was mit dem Reichthume erlangt werden kann, die Freiheit, Würde und Schönheit des Lebens.

Wir stimmen mit der „Sunday Dispatch" darin überein, daß der Charakter des amerikanischen Volkes noch nicht festgestellt ist, und deshalb können wir kaum sagen, ob dieses Volk noch einmal jene Liebe zur Freiheit,
jenes Streben nach Unabhängigkeit, jenen Drang zu geistiger Aufklärung
und wissenschaftlicher Forschung zeigen wird, welcher den Charakter eines
Republikaners ausmacht. Mit der bloßen Verfassung ist die Freiheit noch
nicht gegeben; das Räsonnement gegen Despotie und Sklaverei ist noch
kein Beweis für die wahre, innige Liebe zur Freiheit. Um diese Liebe zur
Freiheit zu empfinden, dazu gehört eine tiefe Gemüthswelt, ein weites, großes Herz, das für die ganze Menschheit schlägt und fühlt. Und wie es mit
der Gemüthswelt in Amerika bestellt ist, dies können wir überall sehen;
ein wenig Sentimentalität und Empfindsamkeit, — der Rest ist Geldgier
Habsucht und Eigennutz.

England's Handel.

(Nach Ch. Dickens „Household Words".)

Wie sehr der Handel England's sich ausgedehnt hat seit jener Zeit der Angelsachsen, als Billingsgate noch das einzige Werft Londons zum Ausladen der Schiffe war; wie dieser Handel besonders seit der Eroberung durch die Normannen aus unscheinbarem Anfang sich vergrößert und emporgeschwungen hat, allen königlichen Dekreten und Verordnungen zum Trotz, welche angeblich zu seinem Schutze erlassen wurden, in der That aber nur fesselnd und niederdruckend wirkten: das zu beschreiben, würde mehr Raum in Anspruch nehmen, als wir dem Gegenstande hier widmen können. Ein König schrieb die Preise vor für den Ein- und Verkauf gewisser Güter; ein andrer setzte die Orte fest, an denen Handel durfte getrieben werden; ein dritter verbot den Kaufleuten bei schwerer Strafe, mit mehr als Einer Art Waaren Geschäfte zu treiben. Fremde Kaufleute wurden wieder durch einen andern Herrscher gezwungen, für den ganzen Erlös ihrer Güter englische Waaren zu kaufen. So belastete man den Handel mit Gesetzen, bis er beinahe erdrückt war, und die Kaufleute nicht mehr wußten, was sie zu dieser Weise, ihre Geschäfte zu heben, sagen sollten. Daher ist es denn auch nicht verwundern, wenn in den Tagen der weißen und rothen Rose im Ganzen nicht so viel Handel getrieben wurde, wie jetzt von einer einzelnen der bedeutenderen Kaufmannsfirmen in London, Manchester oder Liverpool.

Von der jetzigen Bedeutung des englischen Handels kann man durch einen Morgenspaziergang zu den Docks und den eigentlichen Geschäftsplätzen Londons einen kleinen Begriff bekommen. Das immerwährend Getöse der unter den schweren Lasten ächzenden Wagen, welche von den Schiffen nach den Waarenhäusern und Eisenbahnen den Verkehr vermitteln; die Themse mit ihrem endlosen Mastenwalde; das Aus- und Einschiffen innerhalb der Docks; das Gesumme des ganzen thätigen Bienenstocks, welcher Kaufmannsguter aus allen Theilen der Welt daherschleppt; die stattlichen Gebäude, welche sich für Handelszwecke erheben: — Alles dies gibt uns eine leise Ahnung von dem, was da vorgeht. Eine genauere und klare Einsicht gewährt die jedes Jahr durch den Handelsrath (board of trade) veröffentlichte „Uebersicht uber den Handel und die Schifffahrt der vereinigten Königreiche." Die Anzahl der Beamten, welche jährlich mit der Aufstellung dieser Handelschroniken beschäftigt ist, würde für manchen deutschen Staat gemächlich ausreichen. Dafür unterscheiden sich diese Statistiken aber auch vortheilhaft vor allen andern englischen Aktenstücken: während in allen übrigen Zweigen der Exekutive noch der mittelalterliche Schleppgang beibehalten wird, hält man in diesen Handelsdokumenten Schritt mit den Anforderungen der stets vorwärtsschreitenden Zeit. Dies

Räthsel erklärt sich dadurch, daß der Handelsrath in seinem steten Verkehre mit den beweglichen Kaufleuten und Geschäftsmännern vom Zeitgriffe ergriffen und vorwärts getrieben wird, während die Andern stillstehen.

Nicht so sehr Reformen auf dem Wege der Gesetzgebung, als vielmehr die Wissenschaft mit ihren Entdeckungen, hat den Handel emporgehob n; um zu begreifen, in welchem Grade, brauchen wir nur an Einiges zu erinnern. Die Eisenbahnen bringen jetzt Waaren und Leute zusammen, welche sonst nie zusammen gekommen wären. Früher mußte ein Faß Zucker, um von Glasgow nach Carlisle zu erreichen, den Weg um ganz England zu Wasser machen; jetzt gelangt es in wenigen Stunden auf der Eisenbahn dahin. Kaufleute korrespondirten miteinander Jahrelang, ohne je persönlich ihre gegenseitige Bekanntschaft zu machen; jetzt reisen die Handelsherren von Glasgow, Liverpool, ja von Amerika mit Leichtigkeit nach London oder irgend einem andern Geschäftsplatz, so oft sie es nur für nöthig finden. Früher wurden alle Geschäfte mehr mit klingender Münze abgemacht; jetzt schließt man mit Hülfe des elektrischen Drathes zwischen Glasgow und London oder zwischen diesen und einem Ort auf dem Festlande, Geschäfte von oft vielen tausend Pfunden Sterling ab. Ein Schiff mit Kaffee von Costa Rica oder mit Zucker von Brasilien kommt, an irgend einen londoner Kaufmann von einem ausländischen Hause gesendet, im englischen Kanal an. Der Kapitän wirft nicht lange Anker und wartet, bis die Post nach London hin und zurück kommt: er zieht seine Segel ein, läßt sich an's Land setzen, zeigt durch den elektrischen Telegraphen seine Ankunft an, und bevor er noch ein Glas Grog in seiner Stammtaverne geleert, hat er schon eine Antwort des Inhalts: „der Londoner Markt ist gedrückt; fahren Sie nach Hamburg!" Eine Stunde, nachdem er sein Schiff verlassen, steuert er schon mit vollen Segeln nach dem neuen Bestimmungsort.

Was würde der Schatten Eduard's des Dritten sagen, sähe er das Ein- und Auslaufen von jährlich an zwanzigtausend Schiffen allein im Hafen von London? Zu seiner Zeit belief sich der Betrag der Zölle auf etwa achttausend Pfund jährlich damaliger Münze. Durch die Erleichterungen, welche Elisabeth dem Handel gewährte, und den langen Frieden, dessen sich das Land bis zu Karl dem Ersten erfreute, stiegen die Zollhauseinnahmen in London bis zu einhundert und neunzigtausend Pfund für Ein Jahr. Ein Jahrhundert später beliefen sie sich auf eine halbe Million; 1837 trugen sie zehn und eine Viertel Million ein, d. h. die Hälfte aller Zolleinnahmen in England. Während um die Mitte des vorigen Jahrhunderts einhundert und achtzig Tonnen Waaren in London verladen wurden, stieg die Tonnenzahl 1853 auf mehr denn vier Millionen. 1849 wurden für 63 Millionen Pfund Sterling von England ausgeführt, welches eine Ausdehnung des Handels um funfzig Prozent binnen zwanzig Jahren zeigt: Freihandel, Dampf und Elektrizität begünstigen jetzt ein noch rascheres Fortschreiten; bereits wurde in vier Jahren dasselbe erreicht wie früher in Zwanzi ; 1853 betrug der W rth der Ausfuhr an hundert Millionen Pfd. St., eine Summe, welche der Jahres innahme der sämmtlichen Staa- Europa's (Frankreich nicht mitgerechnet) gleichkommt.

Von allen ausgeführten Stoffen geht ein Drittel nach den brittischen Kolonien, mehr als ein zweites Drittel nach den Vereinigten Staat u. 18 3 f hrten die br ttischen Manufakturen fast eben so viel nach der G ldkolonie zu Viktoria aus, als die ganze Einfuhr nach den brittischen Indien beträgt, nämlich für sieben Millionen Pfd. St. Die Bevölkerung beider Theile beträgt 250 Tausend und 140 Millionen, woraus sich ergibt, daß in Australien durchschnittlich die Person für 28 Pfd. St. englische Waaren verbraucht, in Indien dagegen nur ein Schilling auf den Kopf kommt.

Goldgraben erscheint als eine kehltrocknende Beschäftigung; die Goldgräber aber müssen eine lustige Gesellschaft sein, denn sie nehmen für Australien allein die Hälfte alles von England versandten Bieres und Weines weg, d. h. in einem Jahre 200,000 Faß Bier und et a anderthalb Million Gallonen Wein. Außerdem urden so viel spirituöse Getränke (im engeren Sinne) nach Australien verschifft, daß auf jeden Kolonisten sieben Gallonen davon kommen. Die Hauptbeschäftigungen auf jenen In- selgruppen sind Viehzucht und Goldgraben. Man sollte meinen, d rartige Arbeit müsse die gröbsten Kleidungsstücke erfordern; aber allem Anschein nach ist das Gegentheil der Fall, denn an Seidenstoffen verbraucht Austra- lien nicht weniger als eine halbe Million, an Muslin und Cambric ander- halb Millionen Yards; von gröberen Stoffen dagegen nur 124 Tausend Yards.

In auffallendem Gegensatz mit der stetigen Zunahme des Handels von England sowohl als des anderer Staaten Europas, stehen die wech- selnden Handelsbewegungen der Länder, wohin der europäische Einfluß nicht stark sich geltend macht. Morokko z. B. nahm in einem Jahre von England 778 tausend Yards Baum ollenzeuge; zwei Jahre später sechs und eine halbe Million Yards. 1849 gingen fünftausend Yards Leine- wand dahin, 1850 an dreihunde ttausend Yards; 1853 wieder kaum mehr als vier Jahre vorher. Dieser Unbeständigkeit steht wieder der gleich- mäßige nnd unveränderliche Handel nach der Hudsonsbay, einem Lande, welches an Ausdehnung Europa ungefähr gleichkommt, gegenüber. Ban- kerotte oder Handelskrisen scheint es dort nicht zu geben. 1849 beliefen sich die dorthin verschifften Eisenwaaren auf 232 Zentner; 1853 waren es grade hundert Zentner mehr. Im erst rn Jahre verbrauchte man dort 1950 Stück Wollenwaaren, im letztern 2200; Leinewand hält sich auf etwa sechstausend Yards. Die Hudsons-Bay-Compagnie ist offenbar sehr vor- sichtig im Handel.

Die Bedürfnisse einiger Länder treten sehr sonderbar auf. So ver-

brauchte Aden, die Kohlenstation der Indiendämpfer, mehre Jahre lang
weit r nichts, als große Massen Kohlen und einige hundert Fässer Bier;
pl[ö]tzlich wurden dort 130 tausend Yards Baumwollenwaaren verlangt; —
nichts anders. Persien erhand lte 1849 von englischen Kaufleuten sechs
Feu rgewehre; nach mehren Jahren, r elche wahrscheinlich auf Versuche
mit diesen Waffen verwendet wurden, importirten die Nachfolger des Cy-
rus an sie eintausend Schuß waff n nebst funfundzwanzig Zentner Eisen-
und Stahlwaaren. Ebenso auffallende Verhältnisse ergeben sich auf den
Falklandsinseln. In einem Jahre begnügten sich die Bewohner mit Leinen
zum Betrage von acht Pfd. St. und Baumwollenwaaren für zwanzig Pf.,
und consumirten dabei a er für beinahe zweihundert Pf. eingemachte Gur-
ken, 76[9] Gallonen Rum und 2923 Pfund Taback. Englische Kleidungs-
stoffe müss n sich in jener Erdgegend se r gut waschen lassen und sich ber-
haupt gut halten, da man mit dem genannten Leinen drei volle Jahre dort
auskam.

An der Westküste von Afrika liegt eine brittische Niederlassung, Fer-
nando Po, von Bedeutung wegen des Handels mit Negern, Palmöl und
Elfenb in, berüchti t w g n der dort herrschenden Fieber. Niemand w rde
h r an eine große Entwicklung des rittischen Handels oder an die steigenden B dürfnisse einer civilisirten Gesellschaft denken. Nichtsdestoweniger wurden 1849 zweihundert Flinten und viertausend Gallonen Brannt-
w in dorthin verschifft: 1853 nahmen die B wohner jener Gegend schon
120,000 Gallonen Spirituosen und 10,500 Musketen. Während derselben
Z it stieg die Verladung von Sch pulver dorthin auf 822,800 Pfd.
Für die Elephantenjagd war diese Munition unmöglich erforderlich, da
während f nf Jahren kaum etwas über dreihundert Elephantenzähne von
dort exportirt wurden.

W nden wir uns nach Egypten, so wundern wir uns über die Masse
von Dingen, welche dorthin geh n, und grade Dinge, wie man sie am wenig ten dort für erforderlich halten sollte. Wir mögen es begreiflich finden, daß die heutigen Bewohner des Nilthales des Gebrauches der ursprünglichen Papyrusstande zum Schrei en einmal überdrüssig geworden
sind; darum wollen wir geg n 80,000 Pfd. St. für Schreibmaterialien
jährlich nichts sagen. Aber wo bleiben für 33,000 Pfd. St. gedruckte
Bücher! Will man dort eine n ue alexandrinische Bibliothek errichten!
Ha n die L ute, die im Schatten der Pyramiden wohnen, Geschmack gefunden an Bulwer's Novellen, an Scott's Erzählungen oder an Macau-
lay's Geschichtswerken? Was machen die Abkömmlinge der Pharaonen
mit Spielz ug und derartigem Kram im W rthe von 54,800 Pfd. St.,
oder mit Uhren und Schmucksachen bis zum Betrage von 86,000 Pfd.? Es
muß sehr viel Korn in Egypten sein, um nur alle diese Sachen zu zahlen.
Der Handelsbericht gibt uns indessen Aufklärung darüber. Alle die un-

geheuren Quantitäten von Modewaaren, Novellen, Notenpapier, goldenen Repetiruhren u. f. w., welche mit den Dämpfern nach Alexandria gehen, gelangen von dort auf dem Ueberlandwege nach Indien, Australien
und selbst nach China. Kaum sind einige Jahre verflossen, seit der uner-
mudliche Waghorn mit dem ersten Briefpacket nach Indien den Weg uber
Egypten nahm, und schon erhält jede junge Dame in den brittischen Prä-
sidentschaften ihren Brautschmuck und ihre Novellen auf diesem Wege.

Die Königin Elisabeth vermochte nur mit großen Schwierigkeiten einige hundert Schiffe gegen die Armada auszurüsten und zu bemannen. 1853
hatte Großbrittanien außer der königlichen Flotte über fünf und zwanzig
tausend Segelschiffe und dreizehnhundert Dämpfer. Noch besser zeigt sich
das Wachsthum des Verkehres (im weitesten Sinne) in der Zunahme des
Briefwechsels. Nach einem jüngst erschienenen Berichte des Generalpost-
meisters betrugen die jährlichen Einkünfte der Post ein Jahrhundert zurück nur 140,000 Pfd. St.; jetzt kommen sie auf zwei und eine halbe Million. In noch bedeutenderem Maße ist die Versendung von Geld mit der
Post gestiegen: vor funfzig Jahren wurden etwa 190 tausend Geldscheine
von derselben ausgegeben; im verflossenen Jahre allein an zehn und eine
halbe Million.

Der Mittelpunkt des brittischen Handels ist die Londoner Börse. Obgleich bis auf die Holländer das bedeutendste handeltreibende Volk der
Erde, waren die Engländer doch die letzten in der Errichtung eines eigens
für die kaufmännischen Geschäfte errichteten Gebäudes. Bis zur Regierung Elisabeth's versammelten sich die Kaufleute gewöhnlich in Lombard-
street, wo sie unter freiem Himmel, bei jedem Wetter und zu jeder Jahreszeit, ihre gegenseitigen Geschäfte abmachten. Noch jetzt, wo manche der
größeren Fabrikstädte Englands stattliche Börsenhallen besitzen, ist es
eine eigenthumliche Erscheinung, daß sich Handelsleute und Wechsler oft
lieber um eine ehrwürdige alte Pumpe oder einem zerfallenden Holzpfo-
sten in freier Luft, auf der schlecht gepflasterten Straße, als in den für sie
bestimmten Gebäuden versammeln.

Die erste königliche Börse wurde auf Betrieb und hauptsächlich auch
auf Kosten Thomas Gresham's erbaut, dessen Geschäftszeichen, eine Heu-
schrecke, sich noch am Giebel des jetzigen Gebäudes findet. Diese Halle
war zweistöckig. Im obern Stock befand sich eine Art von Bazaar, wo
alle nur erdenklichen Artikel zum Verkauf ausgeboten wurden, von vene-
tianischer Seide bis herab zu gewöhnlichen Mausfallen. Königin Elisabeth besuchte dieses Gebäude, um es in die Höhe zu bringen, und nannte es
Royal Erchange. Wir finden, daß Gresham, um seinem Baue noch
mehr Bedeutung zu geben, sich zweimal zu den im obern Stock bereits
seßhaften Händlern begab, und dieselben ersuchte, „so viel Verkaufsstätten,
als sie nur konnten oder wollten, in seiner „Börse" mit Waaren und

Wachslichtern zu versehen und auszuschmücken; alle so versehenen Plätze sollten sie für ein Jahr miethfrei haben." Diese Plätze brachten ein bis zwei Jahre später vier Pfund zehn Schillinge jährlich an Miethe, was für damalige Zeiten sehr hoch war, wurden aber trotzdem sehr gesucht.

Dieses Holzgebäude brannte bei dem großen Feuer im Jahre 1666 mit ab, was, soweit es die „Börse" betraf, sicher kein großes Unglück war. Drei Jahre später wurde eine neue, festere und zweckentsprechendere Halle eröffnet. Auch diese brannte 1838 nieder. Vier Jahre nachher legte Prinz Albert den Grundstein zu dem jetzigen stattlichen Gebäude.

H.

Das Verhältniß des Staates zur Kirche und die religiöse Toleranz.

Die religiöse Toleranz ist gegenwärtig wieder in Aller Munde, und dies scheint uns ein Zeichen dafür zu sein, daß wir in einem intoleranten Lande und Zeitalter leben. So häufig jedoch, wie man dieses Wort hört, und mit so viel Nachdruck und Emphase dasselbe ausgesprochen wird, so unklar und unbestimmt sind die Vorstellungen die man damit verbindet. Wir finden verschiedene Schattirungen der religiösen Toleranz, welche, mögen sie auch noch so sehr von einander verschieden sein, doch sich desselben Aushängeschildes und Namens bedienen. Wir wollen uns nicht mit den vagen, unbestimmten Vorstellungen behelligen, welche eine veraltete Philanthropie mit dem Namen Toleranz verband, sondern das Verhältniß des Staates zur Religion nach den verschiedenen Entwickelungsstufen desselben behandeln. Die unterste Stufe dieses Verhältnisses nimmt jedenfalls der Staat ein, der auf eine besondere Staatsreligion gegründet ist, und eine Abweichung von dieser Religion als Staatsverbrechen erklärt. In dieser Verfassung waren die Staaten des Mittelalters und einige Staaten Italiens erinnern noch heute daran. Die Inquisition, die Tortur und der Scheiterhaufen waren die natürliche Folge einer solchen Staatsreligion. Auf einer etwas höheren Stufe stehen diejenigen Staaten, welche zwar eine bestimmte Staatsreligion erkennen, aber auch andere religiöse Bekenntnisse dulden, wie z. B. Rußland. In Rußland dürfen Katholiken, Protestanten, Juden u. s. w. leben, aber sie sind eben nur geduldet, von der Willkür der Behörden u. s. w. abhängig, müssen für den Kultus der herrschenden Kirche Abgaben zahlen und sind in ihren Religionsübungen nicht nur nicht von Seiten des Staates unterstützt, sondern sogar belästigt. Nur eine kleine Stufe höher stehen Frankreich und England, welche eine Staatsreligion anerkennen, aber auch den anderen reli-

giösen Genossenschaften gesetzlichen Schutz zu Theil werden lassen. Die
deutschen Staaten, mit Preußen an der Spitze, erkennen alle christlichen
Kulte als gleichberechtigt an, und überweisen die Anstalten und Einrichtungen, welche mit der Kirche in Berührung stehen, wie die Schule, die
Ehe und die anderen Civilakte der Kirche, entweder den katholischen oder
protestantischen Priestern; deshalb werden sie paritätische Staaten genannt. Juden und andere Nichtchristen haben dort einen vollständigen
oder theilweisen Verlust ihrer staatsbürgerlichen Rechte zu erleiden. In
einer ähnlichen Lage befinden sich einzelne Schweizerkantone, welche, wie
z. B. Baselland, den Juden kein Bürgerrecht geben, ihnen keine Ansiede-
lung gestatten u. s. w.; in anderen Kantonen, wie in Genf, Bern, herrscht
Trennung der Kirche vom Staate. Diese Trennung der Kirche vom
Staate ist das eigentliche Thema der religiösen Toleranz; die meisten Leute
verstehen unter Toleranz nichts weiter, als die absolute Gleichgültigkeit des
Staates gegen die verschiedenen Confessionen und Religionen. Dieses ist
der Standpunkt Amerika's. Die Verfassung der Union, wie die der meisten einzelnen Staaten, verbieten auf das Nachdrücklichste eine Einmischung der Gesetzgebungen in religiöse Verhältnisse; das Gebiet der Religion ist von legislativen Einflüssen exanirt. Abgesehen davon, daß in
der Praxis vielfach von diesem Grundsatz Umgang genommen wird; abgesehen von dem religiösen Zwange, den der Staat durch Sonntagsgesetze,
durch die Bibel in den Freischulen u. s. w. ausübt; abgesehen ferner davon, daß, wenn auch der Staat keine religiösen Dekrete erläßt, die öffentliche Meinung, das Herkommen, der Gebrauch, um so tyrannischer und
intoleranter verfährt: scheint uns der Grundsatz der absoluten Trennung
der Kirche vom Staate, wie die bisherige Praxis ihn auffaßt,
weder mit der Natur des Staates, noch mit der Religion in Uebereinstimmung zu stehen. Trennung zwischen Staat und Kirche, dies
scheint auf ein gleichberechtigtes Verhältniß hinzuweisen, wie etwa Trennung zwischen Eheleuten, Corporationen, Provinzen, Staaten oder dergleichen, und daß dies der Natur des Staates, wie der Kirche widerspricht, zeigt die oberflächlichste Kenntniß Beider. Der Staat ist eine
allgemeine, öffentliche Anstalt, die Religion ein spezielles, persönliches Belieben; der Staat ist mit Autoritäten, mit Rechten und Zwangsmitteln umgeben; die Religion bloß auf die zufällige Neigung einzelner Individuen
angewiesen; der Staat ist die objektive Sphäre des Rechtes, die Religion
die subjektive des Empfindens. Daß zwischen zwei so verschiedenen Anstalten keine Verträge, weder Verbindungs- noch Trennungsverträge geschlossen werden können, ist unschwer einzusehen. Was man gewöhnlich
unter Trennung der Kirche vom Staate versteht, ist eine pfäffische Täuschung und endet gewöhnlich in einer Unterjochung der bürgerlichen Autoritäten durch die Hierarchie. So verlangte in den Revolutionsjahren 1848

und 1849 die katholische Partei überall in der Preß und den Parlamenten Trennung der Kirche von dem Staate; dies bedeutete nichts Anders, als eine vollständige Unabhängigkeit der Hierarchie, einer Befreiung derselben von jeder höheren Aufsicht und jeder staatsbürgerlichen Pflicht. Eine solche Doktrin ist mit jedem halbwegs civilisirten Staate unvereinbar; sie schafft einen Staat im Staate; sie setzt dem Rechte, dem allgemein gültigen, objektiven Rechte, allzu enge Schranken, und hemmt und lähmt die Thätigkeit des Staates in seinen wichtigsten Funktionen. Die katholische Hierarchie verlangt von den Staaten, in welchen sie festen Fuß gefaßt hat, daß sie in ihren Privilegien, Besitzthümern u. s. w. geschützt werde, will aber dagegen sich keinerlei Aufsicht und Controle durch den Staat gefallen lassen. In den verschiedenen europäischen Staaten sind in dieser Weise Concordate, Verträge zwischen dem römischen Stuhle und den Fürsten, abgeschlossen worden, um die Verhältnisse zwischen Staat und Kirche zu regeln. In Amerika ist es durch ein Amendement zur Ver. Staaten Constitution dem Congresse verboten, solche Concordate abzuschließen, irgend ein religiöses Gesetz zu machen oder einen religiösen Vertrag abzuschließen. Wenn auch der Name Gottes in der Verfassung und Unabhängigkeitserklärung steht, so kann eine solche Formalität nicht als Anerkennung irgend einer bestimmten Staatsreligion aufgefaßt werden; die Verfassung spricht sich in andern Punkten zu entschieden dagegen aus.

Aber die Religion, gleichviel welcher Art und Sorte, ist in den meisten Staaten Amerika's durch die Steuerfreiheit des Kircheneigenthums privilegirt, u. das Christenthum speziell wird durch Sonntagsbeschränkungen durch die Bibel in den Freischulen u. s. w. geschützt. Daß diese Privilegien unconstitutionell sind, liegt auf der Hand. Die Amerikaner nennen sich einen christlichen Staat und ein christliches Volk; aus welchem Grunde und mit welchem Rechte, dies ist schwer einzusehen. Die Constitution verlangt gänzliche Nichteinmischung des Staates in religiöse Verhältnisse, und dieser Satz wird als eine der größten Wohlthaten, mit welcher die steigende Civilisation die Menschheit beschenkt hat, gerühmt. Wir glauben auch, daß auf der jetzigen Stufe der menschlichen Bildung es genügend sei, diese negative Haltung gegen die verschiedenen Religionen anzunehmen, und die Toleranz im weitesten und allgemeinsten Sinne auszuüben. Zu einer höheren Auffassung dieses Verhältnisses scheint die Menschheit im gegenwärtigen Moment und namentlich in Amerika noch nicht befähigt, denn wir finden massenhafte Rückfälle in Intoleranz und Fanatismus, welche uns darauf aufmerksam machen, daß wir in dieser Beziehung genau an der Constitution festhalten, und durch sie die religiöse Freiheit vertheidigen müssen. Es wäre unklug, wollten wir im gegenwärtigen Momente mehr verlangen, als eine vollständige Abwesenheit von Zwang, eine vollständige

Gleichgültigkeit des Staates gegen die verschiedenen Confessionen und Religionen. Nach den Grundsätzen der Constitution haben wir nicht nur die freie Wahl zwischen den bestehenden Religionen, sondern auch die Wahl zwischen der Religion und der Irreligiösität. Der Atheismus befindet sich in derselben durch das Gesetz geschützten Lage, und verlangt dieselbe Toleranz, wie irgend eine Sekte. Diejenigen, welche es für ihre Pflicht halten, den Katholizismus zu bekämpfen finden auf diesem negativen Terrain Waffen genug, um den Kampf mit Nachdruck zu führen; sie haben nicht nothwendig, zu den Waffen der Intoleranz und Proscription Zuflucht zu nehmen. Man nehme der katholischen Kirche ihre Privilegien; man benutze das Recht des Staates in Bezug auf die Schule in der strengsten und zwingendsten Weise; dann sind dem umsichgreifenden Katholizismus die Wurzeln und Quellen abgeschnitten. Es ist weiter nichts nothwendig, als die Constitution zu befolgen, um alle Gefahren, welche von dem Sektenwesen zu befürchten sind, zu vermeiden. Denn die allgemeine Toleranz in religiösen Dingen wird die allgemeine Gleichgültigkeit und Indifferenz gegen Religion zur Folge haben. Wir haben nichts Anderes zu thun, als dahin zu streben, den Standpunkt der Constitution wieder zu gewinnen; auf diesem Standpunkte kann keine Hierarchie, kein Fanatismus gedeihen, und wenn auch hier noch tausend Thorheiten und Irrthümer möglich sind, so finden diese an der umsichgreifenden allgemeinen Bildung einen mächtigeren Feind, als an der Unduldsamkeit und der Verfolgung.

Wie gesagt, dies ist der einzige Standpunkt, den wir für den Moment einnehmen können. Wir verhehlen nicht, daß diese schlaffe Toleranz, diese allgemeinste Indifferenz, nicht grade unser Ideal bildet. Wir glauben, daß man gegen keinerlei Art menschlicher Schwächen und Dummheiten tolerant sein soll. Wir halten das Menschengeschlecht für so groß und stark, daß es sich keinerlei Schwächen verzeihen, daß es durchaus intolerant gegen seine Irrthümer sein soll. Wir geben dem Staate eine höhere Sphäre, als die der Indifferenz in geistigen Dingen, als die Sphäre des feigen und bequemen „laissez faire", „laissez marcher" unserer modernen Staatsmänner. Es wird bald die Zeit kommen, wo der Staat seine Aufgabe in positiver und systematischer Weise erfassen wird, wo er die großen Zwecke der Aufklärung und Bildung als seine eigenen Zwecke begreift, wo nicht nur das Recht des Menschen, sondern auch seine Intelligenz mit gesetzlichem Schutze umgeben ist. Die Philosophen haben bewiesen, daß die Vernünftigkeit eine Nothwendigkeit ist, und dieser Satz wird sich auch in der Praxis zeigen. Schon der Philosoph Fichte wagte seinen deutschen Landsleuten zu sagen: „Wenn ihr nicht denken wollt, so zwinge ich euch dazu." Die Vernunft ist des Menschen innerstes, eigenstes Gesetz, und als solches muß sie auch zur allgemeinsten Erscheinung kommen. Deßhalb ist im eigentlichen, im höheim Sinne Religionsfreiheit nichts Anderes, als Freiheit von der Religion*). Aber diese veränderte Auffassung der Religionsfreiheit kann nur das Produkt allmähliger Bildung und Aufklärung sein; der sanfte und milde Einfluß der Wissenschaft, nicht die rauhe Hand des Gesetzes, wird sie herbeiführen. Wenn wir deßhalb auch nicht daran zweifeln, daß die Zeit kommen wird, wo der Staat ebenso für die geistige und moralische Freiheit, wie jetzt für die physische Freiheit (z. B. durch Habeas-Korpus-Akte) Bürgschaft stellen und Verantwortung übernehmen wird, so ist es doch für den gegenwärtigen Moment schon ein Fortschritt, wenn der Staat keine Garantien und Hülfsmittel für die moralische und geistige Unfreiheit des Menschen mehr bietet, wenn für Religion und Philosophie, für Glauben und Wissen ein neutrales Terrain geöffnet wird, welches die Hand des Gesetzes und die Macht des Staates nicht zu berühren wagt. In dieser Auffassung sind wir für religiöse Toleranz und für Aufrechthaltung der constitutionellen Bestimmungen darüber.

Welches Heilmittel gibt es gegen das Uebel der Negersklaverei?

Die demokratischen Zeitungen, welche nicht leiden können, daß die Sklaverei in die öffentliche Diskussion gezogen wird, — wahrscheinlich weil ihre Begriffe selbst darüber sehr verwirrt sind, da sie heute die Sklaverei als ein Segen und morgen als ein nothwendiges Uebel anerkennen, — beschuldigen die sogenannten Abolitionisten des Verrathes an den unglücklichen Negersklaven, weil sie ohne den Besitz der Mittel zur Aufhebung der Sklaverei doch stets die Aufhebung der Sklaverei verlangen. Sie fragen höhnisch: Wollt ihr die Neger frei kaufen? Sie erinnern daran, daß noch keine Maßregel der Abolitionisten den Zustand der Neger verbessert habe. Sie prahlen mit einzelnen Akten der Humanität, die von südlichen Sklavenhaltern gegen ihre Sklaven begangen werden; wir lesen jedesmal eine pomphafte Beschreibung, wenn ein Dutzend Neger nach Liberia geschickt wird; jede Ausnahme von der gewöhnlichen Barbarei, mit welcher die Neger im Süden behandelt werden, gibt diesen Zeitungen Stoff zu Beschuldigungen gegen die Abolitionisten. Wir geben zu, daß im Norden und von den nördlichen Abolitionisten mehr zu Gunsten der Negersklaven gethan werden könnte; wir geben sogar zu, daß unter den Gegnern der Sklaverei Viele sind, welche politisches Kapital daraus machen wollen, daß sich oft

---

*) Wir stehen in dieser Frage heute noch ganz auf demselben Boden, wie zur Revolutionszeit, wo mancher „tolerante" Mann über das Wort erschrak: „Wir wollen nicht die Freiheit der Religion, sondern die Nothwendigkeit des Unglaubens".

eine leere, vage Philanthropie oder eine puritanische Heuchelei in den Reihen der Abolitionisten auf eine widerliche Weise geltend macht. Aber wir geben nicht zu, daß die Organe der Sklavenhalterpartei nur das geringste Recht hätten, sich darüber zu beschweren; denn der Verächtlichste unter allen Abolitionisten, der bornirteste Puritaner von Massachussets, ist noch ein Ehrenmann im Vergleiche zu den Leuten, welche die freie Presse des Nordens und die herrliche Sprache Deutschlands zur Beschönigung und Vertheidigung der Sklaverei mißbrauchen. Wenn es schwierig ist, Heilmittel gegen die Sklaverei zu finden, Uebergangspunkte, allmählig lindernde und heilende Maßregeln gegen dieses Uebel,—und wir anerkennen diese Schwierigkeit in vollem Umfange, — ist dies nicht grade ein Beweis von der Verderblichkeit, von dem zerstörenden, vergiftenden Einflusse des südlichen Institutes! Anstatt also diese Schwirigkeiten, welche mit der Einschränkung und allmähligen Auflösung der Sklaverei verbunden sind, und die jeden Tag größer und gefährlicher werden, den Abolitionisten in die Schuhe zu schieben, und triumphirend auf die scheinbare Unmöglichkeit, die Sklaverei abzuschaffen, aufmerksam zu machen; sollten die Sklavereizeitungen vielmehr darin einen neuen Vorwurf gegen ihre gemeinschädliche und unwürdige Politik finden. Je schwieriger es wird, Maßregeln gegen die Sklaverei zu treffen, desto mehr verdienen Diejenigen, welche es so weit kommen ließen, welche den gesetzlichen Schutz der Sklaverei so weit ausgedehnt haben, unseren Tadel und unsere Verachtung. Unmöglich ist die Ueberwindung dieser Schwierigkeiten indessen doch noch nicht geworden, und auf welche Weise eine liberale, nördliche Politik voranschreiten, welche systematisch fortschreitende Reihenfolge von Maßregeln getroffen werden mußte; dies ist hauptsächlich im gegenwärtigen Momente eine der vornehmsten Pflichten der Presse. Denn grade jetzt faßt das amerikanische Volk die Sklavereifrage wieder direkt in's Auge, und wenn uns nicht Alles trügt, macht man sich aus den ernsten Folgen, welche aus einer Anti-Sklaverei Politik hervorgehen werden, kein Geheimniß mehr. Während der Süden längst schon mit Auflösung der Union renommirt und durch diese Drohung die nördlichen Teiggesichter erschreckt hat, wagt jetzt auch der Norden, diese Frage mit Entschiedenheit anzufassen, und der drohenden Zukunft mit offenem Auge entgegenzusehen. Dies ist für beide Theile besser. Je bälder diese Frage zu einer definitiven und entscheidenden Katastrophe kommt, desto leichter und glücklicher ist die Lösung, und das Einzige, was wir zu hintertreiben haben, ist eine nochmalige Umgehung und Zurückstellung der Frage.

Also das Allernächste, was wir zu thun haben, ist, daß wir die Agitation gegen die Sklaverei immer lebendig und wach erhalten, daß die Anti-Sklaverei-Bewegung, die seit der Nebraskabill alle Schleusen und Dämme durchbrochen hat, immer in Fluß bleibe; daß die öffentliche Meimag immer auf diesen gefährlichen Punkt aufmerksam gemacht werde. Gerade daß die demokratische Partei die öffentliche Diskussion von diesem Gegenstande ablenken möchte, daß sie eine nähere Untersuchung und Prüfung dieser Frage verweigert, beweist, daß eine solche Diskussion nothwendig und nützlich ist. Die Presse muß in dieser Beziehung ihre Pflicht thun. Jede brutale Gewaltthat, welche der südliche Fanatismus gegen die unabhängige Presse unternimmt, muß der Presse selbst eine Veranlassung zu neuer Energie sein; jeder Angriff auf die Preßfreiheit muß mit einem Kolbenschlag auf den Nacken des Sklavereiungeheuers beantwortet werden; die freie Presse, welche schon so manche Religion zerstört, so manchen Thron zerbrochen hat, kann gewiß auch den Uebermuth der Sklavereihaltermacht brechen, wenn sie nur die Kühnheit und Entschiedenheit hat, welche aus dem Bewußtsein des Rechtes hervorgeht.

Zweitens ist nothwendig, daß man bei der Sache bleibt, und nicht durch unnöthige Dinge sich von der graden Bahn der Politik abirren läßt. Hier wird am meisten gesündigt. Temperenzagitation, nativistisches Streben, religiöse Bewegungen trüben den großen, mächtigen Strom der nördlichen Politik, und leiten ihn in eine Menge Seitenkanäle und kleiner, unnützer Bäche ab. Die Fusion und Confusion, welche letztes Jahr herrschte und in diesem Jahr sich wieder breit zu machen gedenkt, ist nur ein Mittel in den Händen corrupter Politiker, um von der graden Bahn der Politik abzulenken. Wir müssen fest und unverrückt auf einen Punkt losgehen, und kleine Fragen, Bewegungen von untergeordneter Bedeutung und zweifelhafter Nützlichkeit, lieber der Zukunft überlassen, als die Sympathien des Volkes und die öffentliche Meinung zu verwirren. Denn Alles hängt am Ende doch von der Sklavereifrage ab; sie ist maßgebend für jeden Punkt der inneren und äußeren Politik Amerika's; wie sie entschieden wird, so werden alle andern Fragen der Politik, der Nationalökonomie, des Rechtes, der öffentlichen Moral, der Civilisation entschieden. Dies sollten diejenigen Freesoilzeitungen bedenken, welche durch ihre übertriebene Temperenzagitation, durch religiöse Fragen und dergl. den Ernst ihrer Antisclaverei-Agitation abstumpfen, und die Aufmerksamkeit von dem Centrum aller amerikanischen Politik ablenken. Die Vorliebe, mit welcher manche dieser Zeitungen zweideutigen und zweifelhaften Bestrebungen und Experimenten schenken, ist geradezu ein Verbrechen an der Hauptfrage in der Politik. Die politische Klugheit verlangt, daß man so viele Elemente wie möglich, in die Partei ziehe, und daß man sich deßhalb auf die Hauptsachen beschränke; aber manche Führer der Anti-Sklavereipartei begehen in der Beziehung grobe Fehler, und wenn diese Partei nicht die ihr jetzt gebotene Gelegenheit, sich von allen nativistischen und ähnlichen Bestrebungen fern zu halten, acceptirt, so hat sie ihre Niederlage sich selbst zuzuschreiben.

Also erstens Discussion, zweitens Vereinfachung der Frage. Sobald einmal eine wirkliche Anti-Sklavereipartei existirt, sobald die Frage zwischen Nord und Süd, zwischen der Beschränkung der Freiheit und zwischen der Beschränkung der Sklaverei, rein und unvermischt auf den politischen Kampfplatz tritt, dann ist die Sache entschieden: dann ist die Congreßpolitik in den Händen des Nordens. Dies ist das nächste Ziel; dies der nächste Sieg. Der Congreß war bisher während der Herrschaft der Whigs, wie der Demokraten, immer unter den Einflüssen der Sklavenhalter. Wir wollen die Grunde dieser traurigen Erscheinung hier nicht aufzählen, sie sind bekannt genug. Die Herrschaft des Dollars, welche überall in Amerika existirt, ist das eigentliche Fundament der Prosklavereipolitik des Congresses; in Süden sind alle Elemente der Corruption zahlreicher vorhanden, wie im Norden; der Reichthum, der im Norden sehr beweglich ist und schnell von einer Hand in die andere wandert, gehört im Süden einzelnen aristokratischen Familien an, welche nach Art der Barone des Mittelalters oder der russischen Großen ihre Umgebung beherrschen. Ist einmal der südliche Einfluß im Congresse auf sein naturliches Maaß zurückgeführt, dann wird auch die Allmacht des Dollars mobifizirt und gemildert werden, und das hauptsächlichste Thor der Corruption ist geschlossen.

Sind diese Vorbedingungen erfüllt, — und es ist möglich, daß sie in kurzer Zeit erfüllt werden, — dann kann man Hand an's Werk legen. Wir glauben weder, daß die Union aufgelöst werden müsse, noch daß man mit einem einfachen Congreßbeschlusse die Sklaverei aufheben könne. In politischen Fragen, welche so tief mit den Eigenthumsverhältnissen und den socialen Zuständen eines Landes zusammenhängen, wie die Sklaverei, ist es sehr bedenklich, zu revolutioniren; wenn es möglich ist, schlägt man lieber den Weg der Reform ein. Und daß dies möglich ist, beweist die Geschichte Amerika's. Am Schluß des vergangenen und in den beiden ersten Dezennien dieses Jahrhunderts, als der Geist der Unabhängigkeitserklärung noch im amerikanischen Volke lebte, als die Ordonnanzen vom 13. Juli und die Grundsätze des Wilmot Proviso als Gewohnheitsrecht galten, hat sich die Sklaverei aus sieben Staaten zurückgezogen, und wenn wieder eine ähnliche Politik im Congresse und ähnliche Grundsätze in der öffentlichen Meinung herrschen, dann können wir mit Sicherheit annehmen, daß Delaware, Maryland, Kentucky, Missouri und später auch Tenessee, Virginien u. s. w. die Sklaverei aufgeben. Es kommt nur darauf an, daß die Politik eine andere Strömung nimmt, daß im öffentlichen Leben Amerika's sich allgemein ein Anti-Sklaverei-Gefühl geltend macht, daß der Kongreß niemals eine Ausdehnung der Sklaverei zugibt, aber jede Beschränkung und Zurückräumung derselben begünstigt. Durch die Aufhebung des Sklavenauslieferungsgesetzes, welche der erste Schritt der neuen

Politik sein muß, wird ohnehin die Sklaverei milder und humaner gemacht; der Sklavenhalter wird seine Sklaven nicht zur Flucht zwingen wollen. Wenn auch der Grundsatz der Nichtintervention des Congresses in die häuslichen Angelegenheiten der einzelnen Staaten im Allgemeinen gelten mag, so hat doch in Bezug auf die Sklaverei der Kongreß durch die konstitutioellen Bestimmungen über Sicherheit des Eigenthums, Freiheit der Personen, Habeas Corpus Akte u. s. w. genügende Anhaltspunkte erhalten, um in dieser Frage mildernd einschreiten zu können. Er kann den Sklavenhandel zwischen den einzelnen Staaten verbieten; kann den Sklaven das Recht auf Jury u. dergl. konstitutionelle Rechte sichern; er kann endlich für Erziehung und Unterricht der farbigen Race Verwilligungen machen. In den letzten Jahren geschah jede Einmischung des Kongresses zu Gunsten der Sklaverei; gelingt eine andere Zusammensetzung des Kongresses und findet das Gegentheil statt, so kann der Einfluß des Kongresses durch tausend direkte und indirekte Kanäle der farbigen Race zufließen. Wir sehen überhaupt nicht ein, warum man an eine endliche Aufhebung der Sklaverei, an eine gütliche Lösung dieser Frage verzweifelt. Ist nicht überall in der Welt Sklaverei und Leibeigenschaft gewesen? Ist sie nicht in allen civilisirten Ländern aufgehoben? Werden nicht selbst in Rußland einzelne Maßregeln getroffen, um das Institut der Sklaverei einigermaßen zu modifiziren, wie z. B. das Verbot, die Sklaven ohne den Grund und Boden zu verkaufen, Familien durch Verkauf zu trennen u. s. w. Sollte eine solche stufenweise Abolition der Sklaverei in Amerika nicht möglich sein? Sollte der Süden nicht einsehen müssen, daß er nur durch eine kluge Nachgiebigkeit in dieser Beziehung sich großen Unglücksfällen und gefährlichen Katastrophen entziehen kann? Besteht nicht in einer solchen Reformpolitik die wahre Unionsretterei!

Diese Fragen lauten allerdings sehr versöhnlich, und passen vielleicht nicht zu der gegenwärtigen Zeitlage, wo die Gemüther des Nordens noch heftig durch die Schandthaten in Kansas und Missouri erregt und erbittert sind. Aber es scheint doch nützlich, sie einmal wieder in Erinnerung zu bringen. Die ganze Sache ist am Ende nicht so gefährlich, wie sie uns erscheint; noch steht die Frage nicht so verzweif.lt, wie einige Neu-Englandleute glauben; noch heißt es nicht: Entweder Versklavung oder Auflösung der Union; noch ist eine friedliche und gesetzliche Lösung möglich, und wir haben noch keinen Spartacus und Sklavenkrieg nothwendig. Es muß nur die öffentliche Meinung und der Strom der Politik eine andere Richtung einnehmen, wie bisher; der Kompaß dem wir folgen müssen, zeigt nach Norden, nicht nach Süden. Sobald wie diese veränderte Richtung in der Politik eintritt, sobald der Süden statt der Teiggesichter Männer, energische, selbstbewußte Männer des Nordens sich gegenüber sieht: dann wird er selbst von seinen Anmaßungen und Uebergriffen zurücktreten, denn man mag sagen, was man will, die südlichen Staaten werden am Allerwenigsten eine Auflösung der Union zugeben, welche ihnen eine mexikanische Zukunft voll Bürgerkriege und Sklavenempörungen bereiten würde. Und sollte es auch sein, die Auflösung der Union wäre noch immer das kleinere Uebel, besonders wenn im Norden der bigotte Fanatismus der Neu-England Staaten unter d.m Einflusse einer gebildeten und humanen Einwanderung des Westens verschwände.

Diejenigen, welch bisher sich immer als Gegner der Sklaverei erklärten, aber aus verschiedenen Gründen immer der demokratischen Partei treu blieben, sollten die hier vorgelegten Fragen doch einmal ernstlich in's Auge fassen. Sie werden sich dann ganz gewiß der neuen Richtung in d r Politik, der Anti-Sklaverei-Richtung anschließen. Die Gespenster, welche man in dieser Reform Partei fürchtet, verschwinden bei näherer B.r hrung; das Gefährlich und Schreckliche lös't sich in ein leicht auszuführendes Experiment auf. Wir Deutsche der versch edensten Richtungen und Parteien stehen in dieser Frage durchaus nicht in dem Zwiespalt und Gegensatz, wie wir oft selbst glauben. Wir sind Alle Feinde der Sklaverei, wenigstens so lange wie noch ein Rest deutscher Cultur in uns ist. Wir haben alte, graue Demokraten oft dieselben Ansichten und Wünsche aussprechen hören, wie sie im vorstehenden Artikel angedeutet sind. Der einzige Unterschied bestand nur darin, daß die Leute nicht einsahen, daß sie durch die Unterstützung der demokratischen Partei gerade die Proslaverei-Politik, die Ausbreitung der Sklaverei, die Barbarei im Süden, die Vorfälle in Missouri und Kansas u. s. w. unterstützten. Dieser diabolische Zusammenhang blieb ihnen verborgen. Wird es nicht möglich sein, über diesen Punkt die Augen zu öffnen?

Wie gesagt, die Frage der Sklaverei betrifft uns wenigstens eb nso sehr, wie die Neger. Unser eignes Interesse, unsere eigne Freiheit, die Civilisationen, Freiheit des ganzen Menschengeschlechtes ist dabei betheiligt. Was die Zukunft der Negerrace anbetrifft und die Stellung, welche sie in Amerika in Zukunft annehmen wird, so ist dies eine Frage, welche nur dann zur Beantwortung reif ist, wenn die ganze Politik Amerika's in Bezug auf Sklaverei sich geordnet hat. Wir stimmen vollständig darin mit Julius Fröbel überein, daß die Racenfrage etwas ganz Anderes ist, als die Sklavenfrage. Die Sklavenfrage ist eine Frage des objektiven, absoluten Rechtes; die Racenfrage ist eine Frage der jedesmaligen, veränderlichen und fortschreitenden Cultur und Civilisation. Wir sind sehr darüber im Zweifel, ob es gerathen ist, den Negern, wenigstens denjenigen, welche in der Sklaverei erzogen sind, das Stimmrecht in den freien Staaten zu geben. Massachussets hat es gethan, aber der Grund davon war gewiß nur ein politischer, nemlich: den Anmaßungen des Südens gegenüber einen energischen und deutlichen Protest zu erlassen, und den Faustschlag, den die Prosklavereileute in Kansas dem freien Norden gegeben haben, mit einem Keulenschlage zu erwiedern. In dieser Beziehung war das Gesetz in Massachussets gerechtfertigt; es war eine politische Demonstration gegen den Süden; eine feindselige Handlung, die durch andere feindselige Handlungen veranlaßt war. Aber eine weitere und allgemeinere Berechtigung und Bedeutung hat diese Maßregel nicht. Um der äthiopischen Race eine vollständige Gleichberechtigung mit der kaukasischen zu verschaffen, dazu sind noch eine Menge kulturhistorischer Bedingungen nothwendig, die sich nicht mit Einem Schlage durchsetzen lassen. Das ist eine Frage, welche für jeden Philanthropen und Politiker von der größten Bedeutung ist. Aber bevor sie zur Lösung kommt, muß erst die Sklaverei, das Eigenthumsrecht eines Menschen auf einen andern Menschen, beseitigt sein. Dann kann man nach den Bedingungen fragen, unter denen die Neger am glücklichsten und nützlichsten leben. Die farbige Race besitzt, wenn auch nicht die Fähigkeit, Cultur zu produziren, doch in einem sehr hohen Grade die Fähigkeit, sich Cultur anzueignen; dies kann man in Amerika in tausenden von Beispielen sehen. Deshalb sind wir durchaus nicht der Ansicht, daß es eine Wohlthat für die Neger sei, sie nach Liberia zu schicken, und sie aus dem Kreise der gebildeten Menschheit zu entfernen. Nur im Umgange und Verkehr mit der kaukasischen Race kann der Neger sich civilisiren. Isolirt von derselben, in der afrikanischen Heimath, versinkt er wieder in die ursprüngliche Barbarei, oder kann sich doch wenigstens nicht fortentwickeln.

Die Fabeln, welche man früher von Negerrepubliken im Innern Afrika's, von einem hohen Kulturstande daselbst u. dergl. erzählte sind durch neuere Forschungen vollständig widerlegt worden. Der Negerstaat von San Domingo ist unter dem Einflusse und durch den Verkehr mit den Völkern der kaukasischen Race entstanden. Wenn bis jetzt noch nicht viel aus dem Staate Faustin's, aus den freien Negern des amerikanischen Nordens und Canada's geworden ist, so liegt die Schuld wenigstens ebenso sehr an der weißen Bevölkerung, wie an dem Neger selbst. Namentlich die weißen Bewohner der nördlichen Staaten Amerika's, und selbst viele Abolitionisten behandeln den Neger mit einer Verachtung und Geringschätzung, welche im Mittelalter den Juden zu Theil wurde, und auch den Charakter dieses sonst so intelligenten und energischen Volkes depravirt hat. Der Neger hat neben großer Fähigkeit, sich die Cultur, Sprache u. f. w. eines fremden Volkes anzueignen, einen sanften, guten Charakter und ein weiches Gemüth; es ist gewiß der Stoff vorhanden, aus dem man einen Menschen bilden kann; nur muß der bildende Künstler nicht fehlen. Ist es nicht ehrenvoller für die kaukasische Race, den Neger mit Unterricht, Lehre, Erziehung und gutem Beispiel zu behandeln, als mit der Peitsche und Bluthunden? Gewiß, die steigende Kultur und Humanität der kaukasischen

Race wird auch ein helles Licht über die dunkeln Kinder Afrika's werfen, und das Gebiet der Civilisation wird um viele Millionen Menschen reicher werden.

Ja, selbst wenn wir das dunkelste Gebiet menschlicher Zustände, die Negersklaverei, in's Auge fassen, können wir die Hoffnung auf die steigende Verbesserung und Vervollkommnung des Menschengeschlechtes, des ganzen Geschlechtes, nicht nur einzelner Völker und Racen, nicht aufgeben. Gewöhnen wir uns nur daran, diese Frage von dem humanen Standpunkte der Zukunft aufzufassen, so werden die Schrecknisse und Gefahren, welche nach den Ansichten Mancher mit der Abolition der Sklaverei verbunden sind, sich verlieren. Wir sähen gern, daß man in einer versöhnlichen und objektiven Weise dieses wichtige Thema menschlicher Freiheit und menschlichen Rechtes behandelte; die Männer der verschiedensten Parteien würden dann finden, daß sie nicht so feindselig sich in dieser Frage gegenüberstehen, wie die Organe der Aemterjäger es uns glauben machen wollen. Und wenn wir Deutsche in Amerika uns über diese Frage einmal verständigt haben, dann sind wir einen großen Schritt weiter, sowohl in der amerikanischen Politik, wie in der deutschen Einheit.

Die Türkei und Cuba.

Es liegt nahe, Rußlands aggressive Stellung zur Türkei mit der Stellung, welche Amerika Cuba gegenüber angenommen hat, zu vergleichen. Eine solche Parallele ist ein lehrreicher Betrag zur Charakteristik beider Nationen. Ebenso, wie der russische Angriff gegen die Türkei für die Zukunft des europäischen Continentes entscheidend ist, liegt die Zukunft des amerikanischen Continentes in der Cubanischen Frage verborgen. Die Strömung, welcher beide Bewegungen folgen, ist eine reaktionäre; die Versklavung des europäischen, wie amerikanischen Continentes ihr Zweck. Beide Bewegungen bilden nur ein Glied einer langjährigen, konsequent durchgeführten Eroberungspolitik; die Theilung der Türkei ist eine Fortsetzung derjenigen Politik, welche die Theilung Polens bewerkstelligt; die Eroberung Cuba's wird von derselben Partei angestrebt, welche Texas erobert hat. Auch die geographischen Verhältnisse stimmen überein; Constantinopel ist der Schlüssel zum schwarzen Meere, wie Cuba zum Merikanischen Golfe, und Rußland, wie die Union, haben ein ähnliches Interesse, sich dieser Punkte zu bemächtigen. Der Feind, gegen welche beide Bewegungen gerichtet sind, ist derselbe; es ist England, welches in seinem ost- und westindischen Handel und seiner Meerherrschaft bedroht ist. Während die Motive beider Eroberungen dieselben sind, nämlich Ländersucht und Sklavereiausbreitung, bedienen sich beide Mächte ähnlicher Mittel, die öffentliche Meinung über ihre Beweggrunde zu täuschen; Rußland will die Christen in der Turkei, Amerika die Patrioten in Cuba beschützen. Diese große Verwandschaft beider politischen Fragen macht die amerikanische Demokratie dem russischen Despotismus befreundet; in den Zeitungen der herrschenden Partei findet man russenfreundliche Berichte, und läge es in der Politik der Union, die Neutralität aufzugeben, so wurde ihre Intervention eine Bewegung zu Gunsten Rußlands sein.

Diese Wahlverwandschaft zwischen zwei Nationen, welche durch Geschichte, Abstammung und Verfassung so sehr von einander verschieden sind, beruht vielleicht nicht allein auf dem Satze, daß Gegensätze sich beruhren, sondern auch auf einer Uebereinstimmung des Charakters und der Tendenzen beider Völker. Die Amerikaner, wie die Russen, stehen erst an der Schwelle der Cultur, und zeigen vielfach die Eigenthumlichkeiten halbwilder Menschen; sie sind räuberisch und gewaltthätisch, wie die Römer zur Zeit des Raubes der Sabinerinnen, wie die Normannen zur Zeit ihrer Einwanderung in England, wie die Indianer der westlichen Wälder. Die Staatskunst beider Völker hat, obgleich ihre Verfassungen auf den entgegengesetztesten Systemen beruhen, doch dieselbe absolutistische Tendenz; dort herrscht der Despotismus des Kaisers, hier der Despotismus der Majoritäten, und dieser Despotismus ist hier, wie dort, mit Fanatismus und Intoleranz verbunden. Beide Völker wollen vorzugsweise christliche sein, aber benutzen die Religion der Liebe zu Verfolgungen und Gewaltthätigkeiten. Ihre Geschichte ist eine Reise schneller und glucklicher Eroberungen und Gebietserweiterungen, wie sie bis jetzt noch kein anderes Land der Welt aufzuzählen hat.

Zwischen diesen beiden Staaten, die im Gegensatze zu den orientalischen Staaten, den antiken und den Staaten des Mittelalters die modernen Staaten genannt werden können, liegt nun das alte, kranke, halberschöpfte Europa, mit den verschiedensten Nationalitäten, Religionen, Verfassungen, Beschäftigungen, Tendenzen, socialen Zuständen, ermattet durch den ewigen Wechsel zwischen Revolutionen und Contrerevolutionen, zerrissen zwischen entgegengesetzten politischen Bestrebungen, ohne feste Verfassung und beständige Politik, ein Spielball zwischen aristokratischen und demokratischen Tendenzen. Die beiden äußersten Ende dieser Völkermasse, welche am unmittelbarsten und direktesten in den gegenwärtigen Krieg verwickelt sind, gegen welche die Angriffe zunächst gerichtet sind, Spanien und die Turkei, zeigen die Schwäche und Ermattung, welche allen europäischen Staaten eigen ist, im höchsten Grade. Wenn nicht die beiden Großmächte, Frankreich und England, sich der Eroberung der Türkei und Cuba's widersetzt hätten, so wäre der Sieg fast ohne Schwertstreich errungen. Und wird selbst der Widerstand dieser Mächte auf die Dauer die Ueber-

macht Rußlands und Amerika's verhüten können? Wir sehen in beiden
Ländern schon jetzt, wenige Monate nach Beginn des Krieges, nachdem
noch nicht der kleinste Erfolg mit den größten Armeen und Flotten erreicht
ist, die äußerste Schwäche und Erschöpfung. Das Unglück an der Bere-
zina und die Wiener Verträge sind schon da, aber die Tage von Auster-
litz und Marengo hat man noch nicht gesehen. Der einzige Vortheil, den
England und Frankreich von dem unglücklichen Kriege bisher erhalten haben, besteht vielleicht in der Einsicht, daß das Räderwerk der Verfassung
und Regierung, der Zustand des Staates und der Gesellschaft, vollständig
mürbe und unbrauchbar ist, und daß die einzige Rettung vor der Versklavung Europa's durch Rußland die Wiedergeburt Europa's durch die Revolution ist. Wenn diese Ansicht allgemein ist, dann ist schon viel gewonnen. Aber man verbirgt sich diesen Sachverhalt. Man hat den Krieg
in die Krimm verbannt, damit er die Flammen der Revolution in Polen,
Ungarn, Italien und Deutschland nicht anzünde. Deutschland liegt als
eine träge, indolente Masse zwischen den streitenden Mächten, und ehe
Deutschland nicht frei ist, kann Polen und Ungarn nicht frei und Rußland
nicht zurückgedrängt werden. Sollte es etwa der Lauf der Weltgeschichte
sein, daß Rußland in seinem Vordringen nach Westen, Amerika in seinem
Vordringen nach Osten alle die zwischen liegenden Länder überfluthen, bis
daß endlich diese beiden Riesenmächte sich selbst einander gegenüber stehen,
und den Vernichtungskampf miteinander kampfen, den sie bis dahin und
gegenseitigem Einverständnisse gegen die andern Völker geführt haben?
Sollte auf diese Weise sich der alte Kampf zwischen Rom und Karthago
in vergrößertem Maßstabe wiederholen? Oder sollte das westliche Europa
noch so viel Kraft der Civilisation besitzen, um seine politischen Zustände
zu regeneriren, und mit seiner Bildung und Cultur den asiatischen, wie
amerikanischen Continent zu überfluthen und zu erobern?

Wie denn auch sei, die politischen Zustände Europa's sind in einer
Zersetzung begriffen, die eine schnelle Auflösung derselben vorhersehen lassen.
Der Aera der Cäsaren, von der man in Frankreich träumt, werden vielleicht bald die Ströme der Völkerwanderung folgen. Amerika wird durch
diese Erschütterungen in den Strudel der allgemeinen Katastrophe hineingerissen; seine Neutralität gegen europäische Geschicke ist jetzt schon ein leeres
Wort. An den Besitz Cuba's ist der Kampf zwischen Europa und Amerika
geknüpft, wie der Krieg zwischen Asien und Europa an den Besitz der Turkei. Die Art und Weise wie der Kampf hier, wie dort, geführt wird, zeigt
uns recht den Unterschied zwischen den modernen Rom und Karthago.
Während Rußland unbeugsam, gebieterisch, gewaltthäterisch, mit massenhaften Armeen, mit allem Fanatismus der Religion und Nationalität auftritt, das alte Rom in seinem welterobernden Uebermuthe, ein stolzer, kuh-
ner Räuber; schleicht die Union, wie ein Dieb, um die heiß ersehnte Beute,

mit aller Feigheit eines schlechten Gewissens, mit aller Furcht vor verdienter Strafe, mit aller Lüsternheit eines verbotenen Genusses. Ungeheure Radamontaden und Prahlereien wechseln ab mit schimpflichen Demüthigungen; die diplomatischen Aktenstücke über die Black Warrior, über Soule und Perry, über den Congreß zu Ostende u. s. w. enthalten so viele Inconsequenzen, Feigheiten und Winkelzüge, wie vielleicht kein anderes Blatt aus dem schmutzigen Buche der Diplomatie. Die Flibustierexpeditionen erweisen sich als betrügerische Vorspiegelungen, um Geld von den Cubanischen „Patrioten" zu erpressen; das Gouvernement intriguirt im Geheimen für eine Acquisition der Insel, und widerspricht offen diesen Plänen; es möchte wohl, aber es mag nicht, und nimmt unterdessen alle Fußtritte geduldig hin, welche es von den spanischen Behörden erhält. Da sieht man die „punische Treue" in ihrer rechten Gestalt. Es ist keine Spur von Würde und Ehre in dieser Politik; es ist die Politik des Piraten und Sklavenhändlers, welcher den Galgen fürchtet. Wenn in diesem Momente alle Nationen in einer Reaktion begriffen sind; wenn die auswärtige wie die innere Politik aller Völker feig, betrügerisch, treulos, verrätherisch ist: so steht doch Amerika am tiefsten da; der kleinste deutsche Bundesstaat spielt kaum eine so traurige Rolle, wie die Administration des Herrn Pierce. Wir sagen dies nicht aus einer systematischen Abneigung gegen die Partei der Administration, nicht aus Haß und Groll gegen das amerikanische Volk; grade weil die Union einen so großen, mächtigen Bund freier Staaten bilden, weil hier die Menschheit sich in ihrer größten Macht und Majestät zeigen könnte, weil hier viele Vorbedingungen gegeben sind zum Ruhme, zum Glücke und zur Freiheit: grade deßhalb empfinden wir die Niederträchtigkeit der gegenwärtigen Politik tief und schwer, und zürnen denen, die einem großen Volke seine Bestimmung vergessen machen konnten.

Wie es im Interesse der Civilisation nothwendig ist, daß Rußland's Einfluß und Macht nach Asien zurückgedrängt werde, daß ein freies Polen und Ungarn die Vormauer eines freien Europa's gegen das barbarische Asien werde, so scheint es auch nothwendig zu sein, daß europäische Cultur sich mit amerikanischer Freiheit und amerikanische Freiheit sich mit europäischer Cultur vermähle. Amerika darf die isolirte Stellung im Weltverkehr, die Neutralität der auswärtigen Politik nicht fortsetzen; es wird sonst einseitig, beschränkt, pedantisch. Wir haben die Resultate dieser Neutralitätspolitik in den letzten nativistischen Einseitigkeiten und den religiösen Proscriptionen gesehen. Amerika, auf sich selbst bezogen, in sich selbst eingeschlossen, mit sich selbst zufrieden, wird einseitig und pedantisch werden, und niemals den Glanz, die Wohlfahrt und Kultur erreichen, zu der eine reiche Natur und eine treffliche Verfassung es befähigt. Wir geben zu, daß es für den Moment noch nicht rathsam für Amerika sein mag, die Neutralität zu brechen. Aber wenn statt der dynastischen Differenzen die prinzipiellen Gegensätze der europäischen Politik auf den Kampfplatz treten: dann ist es Zeit; dann gilt es, den Dank an Lafayette, Steuben, de Kalb abzutragen; dann gilt es, die Wohlthaten der europäischen Civilisation durch Vertheidigung derselben zu erwiedern; dann gilt es, als Kämpfer für die Freiheit der europäischen Völker in den Kreis der Großmächte zu treten. Der Moment ist näher, wie man glaubt; wird Amerika ihn benutzen?

Am 4. Juli.

Als wir heute früh das Haus verließen, waren die Straßen schon ziemlich belebt; Fahnen wehten von den Häusern; die Glocken läuteten; Feuerleute und Militärs gingen zu ihren Versammlungsplätzen; Knaben trieben sich auf der Straße umher, und schon mischten sich geschmückte Damen mit neugierigen Augen unter die Menge. Der Morgen war nicht zu warm; es war eine frische, gesunde Luft, ein Tag, der sich zum Feste eignete. Wir glaubten für einen Moment, daß es möglich wäre, sich zu freuen. Aber wir sahen in den leeren, öden Gesichtern, die uns begegneten, keine Spur von einer erhöhten Gemüthsstimmung; die Gesichter waren flach und kalt, wie immer, wie in den Tagen des gewöhnlichen Geschäftstreibens. Der Amerikaner kann sich nicht begeistern; er kann sich nicht einmal freuen; davon ist der 4. Juli ein regelmäßig wiederkehrender Beweis. Die 4. Juli-Feste sind schon seit einer langen Reihe von Jahren in Verruf gekommen; sie sind keine Manifestationen eines großen, reichen Volksgeistes, keine Verherrlichung des Patriotismus, kaum noch eine Erinnerung an die Unabhängigkeitserklärung; sie sind die Befreiung eines rohen, unreifen Gemeinwesens von der letzten Schranke der Ordnung und Zucht; sie geben uns ein Bild von der Volkssouveränität a la Douglas und Atchison; sie wühlen die Hefe des Volkes empor, die sich heute in ihrer ganzen Glorie zeigt. Das ist der 4. Juli, der höchste Feiertag der Menschheit, das Fest der Erinnerung an die größte That der Freiheit, der Dankbarkeit gegen die edelsten Helden und Patrioten. Wie? Ist dieses Volk seines Ehrentages nicht mehr werth? Hat es nicht mehr das Recht, sich seiner Vergangenheit zu erinnern und zu freuen? Erkennt es nicht mehr sein Ebenbild, sein Fleisch und Blut, in jenen Männern, welche die Unabhängigkeitserklärung unterzeichneten? Ist Alles nur Wind und leerer Schall, was aus jenen großen Tagen sich in die Gegenwart hinüberg rettet hat? Fürwahr, man sollte es fast glauben. Der erste Satz der Unabhängigkeitserklärung heißt: Alle Menschen sind gleich geboren; sie sind von ihrem Schöpfer mit gewissen unveräußerlichen Rechten begabt; zu diesem Leben gehört Freiheit und das Streben nach Glückseligkeit." Dieses Wort, welches das tiefste Gefühl und den höchsten Gedanken des edlen und guten Menschen ausdrückt, — steht es nicht, wie ein Brandmal auf der Stirne der Sklavenhalter und ihrer Partei, der Hunker, die vielleicht noch gestern für Niggerfang und Nebraskabill gestimmt, gesprochen und geschrieben haben? Mit welchem Rechte wagen diese Leute, den 4. Juli zu feiern? . Und die Nichtswisser, welche Amerika und die Freiheit für sich allein haben wollen, diese engherzigen, unduldsamen Menschen, bis das blutende, hungernde und geknechtete Europa mit ihren Füßen zurückstoßen; ziehen sie sich an dem 4. Juli nicht in ihr Kämmerlein, in das Dunkel ihrer Schande zurück? Nein, da marschiren sie her in der Militärkompagnie, Musik voran, mit Fahnen und Trommeln, und jeder Schritt, den sie machen, ist ein Fußtritt auf die Unabhängigkeitserklärung und die großen Grundsätze der Menschenrechte. Wie können sich diese Leute des 4. Juli freuen? Ist dieser Tag nicht ein schwerer Vorwurf für sie, nicht eine große und glänzende Rechtfertigung für ihre Gegner, die Freunde der Freiheit und des Rechtes? Ebenso, wie die Unabhängigkeitserklärung selbst ist auch die Feier derselben am 4. Juli nur noch eine leere Form und ein hohler Schein. Die Heuchelei brüstet sich damit, die Schlechtigkeit verbirgt sich darunter, aber der Jubel der Menschheit darüber verstummt.

Doch sehen wir nicht zu schwarz. Allerdings, die gegenwärtigen Bewegungen in der Politik sind dazu geeignet, uns in mißtrauische und übellaunige Stimmung zu versetzen, und grade an dem heutigen Tage, da uns eine Veranlassung dazu gegeben ist, uns an eine bessere Vergangenheit und edlere Menschen zu erinnern, wird diese Stimmung recht düster und finster. Wir erinnern uns daran, wie viel Großes und Gutes diesem Volke von seinen Vätern hinterlassen ist, und müssen darüber trauern, daß die Keime der Freiheit, welche in der Unabhängigkeitserklärung und der Verfassung liegen, noch nicht zum stolzen, mächtigen Baume emporgewachsen sin-, sondern fast vergessen und verachtet in der Verborgenheit liegen. Wenn wir auch nicht zu Denen gehören, welche die Unabhängigkeitserklärung als das Non plus ultra menschlicher Weisheit betrachten, — wir wünschen z. B. sehr, daß der die Sklaverei verdammende Satz Jefferson's nicht gestrichen worden wäre, — so halten wir doch dieses Aktenstück für das beste politische Dokument, das jemals gesetzliche Gültigkeit erlangt hat. als ein Bruchstück aus der Politik der Zukunft, das dem Zeitalter und den Männern, die es zu Stande brachten, alle Ehre macht. Es liegt in der Unabhängigkeitserklärung doch die Bürgschaft der Zukunft, mag der heutige Amerikaner noch so gleichgultig und gedankenlos darüber hinweggehen. Von Zeit zu Zeit kommen doch diese Grundsätze dem Volke wieder in's Gedächtniß, und jede Erinnerung wird eine Veredlung des politischen Lebens sein. Es war uns bei der diesjährigen Feier auffallend, daß fast alle Zeitungen das allbekannte Dokument abdruckten. Es schien darin ein stillschweigendes Zugeständniß zu liegen, daß man diesmal mehr, wie jemals, nothwendig habe, sich die berühmten Worte in's Gedächtniß zurückzurufen. Wenn dm so ist, so können wir hoffen, daß der Tag und die Feier ihre Folgen haben werden. Unter der gleichgültigen Menge giebt es doch auch Viele, welche den Tag mit Bewußtsein feiern, Leute, die ihr Amerikanerthum auf ihre Grundsätze, nicht auf ihre Geburt basiren. Wir wenigstens haben manches ernste Wort gehört, was zu der kritischen politischen Lage der Gegenwart paßte.

Uns Europäer muß ein solches Fest natürlich in eine ernste, wehmüthige Stimmung versetzen. Niemals fühlen wir uns so einsam und fremd, wie heute. Wir fühlen es, der Jubel um uns her gehört nicht uns. Wir denken daran, wie die Männer der Unabhängigkeit drüben zum Kerker oder Exile verdammt sind. Was hier Patriotismus, was hier Glück und Verdienst, ist dort Hochverrath, Kerker und Elend. Unsere stillen Grüße fliegen zu den Kerkern von Spandau und Rastadt, unsere Erinnerungen sind den Gräbern von der Brigittenau, von Freiburg und Mannheim geweiht. Alle Erinnerungen an die alte Heimath sind mit einem Trauerflore bedeckt. Wir fragen uns, wann wird der Tag kommen, an dem wir die Unabhängigkeit unseres Vaterlandes feiern? Wie oft haben wir uns diese Frage schon vorgelegt!

Gewiß, Amerika ist keine zweite Heimath für uns; es läßt uns kalt. Wenn wir auch die politische Freiheit und die Vortrefflichkeit der Institutionen in vieler Beziehung anerkennen, und die rasche Entwickelung dieses Landes bewundern müssen; wenn wir sogar dafür dankbar sind, daß wir hier eine Spanne unseres Lebens frei und unabhängig leben konnten: das Land wird uns nicht lieb und werth; es schmückt sich für uns nicht mit dem Zauber der Poesie und Freundschaft. Unser Herz gehört Deutschland. Dies mag sentimental, schwächlich, kränklich sein, aber wenn wir durch die Massen fröhlicher Menschen gehen und an ihrer Freude nicht Theil nehmen können, so dürfen wir uns nicht verhehlen, wie es um uns steht.

Wann werden wir den Unabhängigkeitstag in Deutschland feiern? — Diese Frage klingt aus dem Lärm des Tages immer und immer wieder hervor.

Die Grenzen der menschlichen Freiheit.*)

„Dieser schöne Begriff von Macht und Schranken, von Willkühr,
Und Gesetz, von Freiheit und Maaß, von beweglicher Ordnung,
Vorzug und Mangel, erfreue dich doch! Die heilige Muse
Bringt harmonisch ihn Dir, mit sanftem Zwange belehrend.
Keinen höhern Begriff erringt der sittliche Denker,
Keinen der thätige Mann, der dichtende Künstler."

Göthe.

Die Grenzen der menschlichen Freiheit zu bestimmen: dies ist das schwierigste Problem der Philosophie, und die Lösung desselben würde die psychologischen, ethischen, politischen, juridischen Wissenschaften in eine ganz neue Phase bringen. Wem es gelänge, den Begriff der menschlichen Freiheit, seine Bedingungen und Grenzen zu bestimmen, der würde allen Wissenschaften, die den Menschen und menschliches Leben behandeln, eine feste, sichere Grundlage unterbreiten; er würde für die Moral, Ethik, das Recht, die Politik dasselbe sein, was Newton und Kepler für die Astronomie. Aber es scheint, als wenn der Mensch das Geheimniß seines eignen Daseins nie ganz zu Ende rathen, als wenn er nie auf den letzten Grund seiner Existenz schauen dürfte. Wenn wir nach dem Begriffe der menschlichen Freiheit und nach den Grenzen der menschlichen Zurechnungsfähigkeit forschen, so sehen wir bald, wie tief wir noch troz aller Philosophie und Naturerkenntniß in der alten Welt der Vorurtheile stecken, wie sehr unser Blick noch von Einseitigkeiten und abstrakten Theorien verdunkelt ist, wie wenig wir noch mit dem Wesen des Menschen vertraut sind. Wir kommen in Gefahr, von einem Extreme in das andere zu fallen, und eine Einseitigkeit mit der andern zu vertauschen.

Früher schon, wie die Philosophen, haben sich die Theologen den Kopf über dieses Thema zerbrochen. Wie über alle Fragen des menschlichen Lebens die Religion und besonders das Christenthum zweideutige, unbestimmte und ausweichende Antworten gibt, so auch über vorliegendes Thema. Dadurch, daß das Christenthum dem Menschen Lohn und Strafe, Verdammniß und Seligkeit in Aussicht stellt, erklärt es den Menschen für zurechnungsfähig. Der Glaube ist nach den Lehren des Christenthums eine

*) Wir haben dieses Thema schon in Nr. 15. der Wochenhefte der Atlantis behandelt, sehen aber, daß wir nur die Einleitung dazu gegeben haben, aber die Fortsetzung nicht folgen ließen. Das Ausbleiben derselben lag zum Theile auch wohl daran, daß wir selbst über das Thema nicht recht im Klaren waren, und wir verhehlen uns auch heute nicht, daß noch viele dunkle Punkte in dieser Lehre sind, die von einer fortschreitenden Philosophie und Naturerkenntniß neues Licht erwarten.

freie Entschließung. Dies steht aber im Widerspruch mit dem Dogma von der Erbsünde, von welcher der Mensch nur durch unmittelbare Einwirkung des Heilandes befreit werden kann, mit dem Dogma von der Gnadenwahl, der Prädestination u. s. w., vor Allem aber mit der Lehre von der Vorsehung selbst. Denn wenn ein allweiser, allmächtiger Gott über uns wacht, so kann natürlich von einem freien Willen des Menschen keine Rede sein, denn er wird keine Handlung begehen können, ohne den Willen Gottes; jede freie, zurechnungsfähige Handlung des Menschen wäre eine Verneinung der Allmacht Gottes. Die christlichen und judischen Theologen haben über diesen Widerspruch viel unsinniges Zeug zusammengeschrieben; nun, heutzutage werden wir uns wohl nicht mehr an diese Quelle wenden, um Aufklärung zu erhalten. Die heidnischen Religionen und der Muhamedanismus huldigen der Lehre des Fatalismus. Die alten Griechen hatten mit einem richtigen Gefühle, mit dem Instinkt der Vernunft, der dieses herrliche Volk leitete, gewisse Schranken um den menschlichen Willen gezogen, innerhalb deren der Mensch frei war und die Wahl seiner Handlungen hatte; jenseits dieser Schranken herrschte die Nemesis und das Fatum, denen selbst die Götter unterworfen waren. In den älteren orientalischen Religionen der Juden, Perser u. s. w. herrscht ein unbedingter Fatalismus; der passive, träumerische Charakter der orientalischen Nationen ließ den Gedanken an die Willensfreiheit des Menschen nicht aufkommen.

In der germanischen Welt kann zuerst der Begriff der Subjektivität, der Freiheit des menschlichen Willens, der Zurechnungsfähigkeit allgemein zur Erscheinung. Subjektivität ist der Grundzug des germanischen Volkscharakters. Das Mittelalter zeigt trotz aller Barbarei und Versklavung dieses allgemeine Streben, sich zu individualisiren, sich auf eigene Füße zu stellen, seinen eigenen Willen durchzusetzen. Es ist ein hartnäckiger Eigensinn in der Geschichte des Mittelalters; die Leute isolirten sich lieber auf steilen Felsen, in Klöstern und Einöden, als daß sie ein gemeinsames, behagliches Leben mit einander geführt hätten. Welche Extravaganzen aus diesem Eigensinn und Isolirungstrieb entstanden, brauchen wir hier wohl nicht nachzuweisen. Durch die Kritik und Philosophie des achtzehnten Jahrhundert läuterte sich dieser rohe, wilde Drang des Individualismus. Kant proklamirte die Autonomie (Selbstbestimmung) des Menschen; der kategorische Imperativ war ihm das A. und O. aller menschlichen Freiheit; die Spontaneität (Freiwilligkeit) des menschlichen Handelns der Hauptsatz seiner Philosophie. In der Fichte'schen Philosophie erreichte dieser Individualismus, diese Beziehung des Menschen auf sich selbst, die Autonomie des Menschen ihren Höhepunkt in dem bekannten: Ich bin Ich, wodurch der höchste Grad menschlicher Freiheit und Selbstständigkeit ausgesprochen ist. Hegel's Philosophie ist zwar objektiver und schließt sich mehr den Gesetzen der Nothwendigkeit und den Naturwissenschaften an, aber die persönliche Freiheit, die Selbstbestimmung der Menschen, die Ueberwältigung der Naturbestimmungen durch den Geist des Menschen, ist auch in seiner Philosophie nachgewiesen. Ueberhaupt würde jede Philosophie sich ihr Todesurtheil sprechen, wollte sie die Handlungen des Menschen nur als eine Reihe von Naturnothwendigkeiten ansehen. Dann müßte die Philosophie ihr Objekt, den Menschen und sein Denken, aufgeben, und den Naturwissenschaften überlassen, die Aufgabe zu lösen, mit der sie sich bis jetzt Jahrtausende vergeblich beschäftigt hat.

Die Naturwissenschaften allerdings fordern dieses Thema als ihr Eigenthum, und es ist dem großen Uebergewichte, das sie über die Wissenschaften der sittlichen Welt und über die Philosophie in den letzten Jahren gewonnen haben, zuzuschreiben, daß die Theorie von der menschlichen Freiheit und Zurechnungsfähigkeit, ob sie auch in der Praxis, im Staate, im Rechte, überall noch gilt, wenig wissenschaftliche Vertheidiger mehr besitzt, und nicht im Stande ist, die Angriffe, welche gegen sie gemacht werden, zurückzuschlagen. Das Gesetz, die Harmonie, die Nothwendigkeit, welche man überall in der Natur findet, herrscht auch in der sittlichen Welt; Alles in der Welt, der vermöge seiner Schwere fallende Stein, wie der vermöge seiner Organisation denkende Mensch, folgt dem Gesetze der inneren Nothwendigkeit, dem Gesetze der Natur. Der so vielfach bespöttelte Satz Hegel's: Was wirklich ist, das ist vernünftig, d. i. nothwendig, wurde den Naturwissenschaften adoptirt und bewiesen, von denselben Wissenschaften und Männern, welche nicht aufhören können, über die Hegel'sche Philosophie sich lustig zu machen. So fand man denn, daß die so viel gerühmte Freiheit, die sittliche und moralische Freiheit des Menschen, die Freiheit des Willens, Denkens und Handelns, auf einer Täuschung beruhe, und nur in einer einfachen Naturnothwendigkeit bestehe. Das Denken wurde zu einer körperlichen Thätigkeit degradirt; die Physiologen, besonders die Engländer, machten die aufmerksamsten Beobachtungen an den Bewegungen der Gehirnnerven; die Phrenologie entwickelte den Charakter des Menschen aus seinem Schädelbaue; von dem berühmten kategorischen Imperativ Kant's wurde wenig mehr gehört. Während diese Auffassung oder vielmehr Verneinung der geistigen Freiheit des Menschen in der Wissenschaft einen Triumph nach dem andern errungen und jetzt im allgemeinem Ansehen steht, ist es merkwürdig, daß man in der Praxis auch gar nichts von der neuen Lehre wissen will, daß man in der öffentlichen Meinung, in der Moral des Volkes, im staatlichen Leben, in dem Criminalrechte, noch gar keine Veränderung der alten Praxis, welche auf die Lehre der Zurechnungsfähigkeit und Willensfreiheit gegründet war, bemerkt. Die Erscheinung, welcher ebenfalls eine innere Nothwendigkeit zu Grunde liegen muß, ist zu auffallend, als daß sie uns nicht mißtrauisch gegen die

Ansichten der Materialisten, Phrenologen u. s. w. machen und uns zu einer
Kritik derselben auff.rdern sollte. Es ist etwas in unserer Brust, das dem
Fatalismus widerstrebt; es ist dem innersten, eigensten Wesen des Menschen zuwider, sich und sein Leben blos als eine Reihe von Naturerscheinungen zu betrachten, und auf Willensfreiheit und Zurechnungsfähigkeit
zu verzichten. Dieser Widerstand, den jeder Mensch in sich selbst gegen
die neue Lehre fühlt, mag freilich aus einer verkehrten Erziehung
herrühren, und noch eine Erinnerung an eine veraltete Religion und
Philosophie sein; es ist auch wohl bedenklich, bei solchen Fragen auf Instinkt, Gefühl u. dergl. zu achten; aber das menschliche Gefühl empört sich
bei dem Gedanken, daß der Mensch ein willenloses Werkzeug der Naturnothwendigkeit sei, mit einer solchen Heftigkeit, daß dieser Gedanke selbst
mit der menschlichen Natur in Widerspruch zu stehen scheint. Wir können
es nicht leugnen, daß wir eine ganze Menge von Handlungen begehen, bei
welchen wir die vollständige Freiheit der Entschließung und die vollständige
Zurechnungsfähigkeit haben, während bei andern Handlungen wir durch
einen äußern Zwang oder eine innere Nothwendigkeit geleitet werden. Wie
sollen wir die Grenzlinie zwischen beiden Handlungen finden? Wo hört
der Zwang auf, wo fängt die Freiheit an? Diese Frage wird Niemand
lösen können, und dies ist wohl ein Beweis dafür, daß sie unrichtig gestellt
ist. Wir fallen hier in denselben Fehler des abstrakten, einseitigen Denkens, den wir so oft im gewöhnlichen Leben finden, nämlich die Gegensätze
abstrakt aus einander zu halten; es entgeht unsern Augen die Beziehung der
Gegensätze auf einander, die Uebereinstimmung und Identität derselben.
Der Begriff Freiheit ist kein einfacher, sondern ein zusammengesetzter und
zwar aus Gegensätzen zusammengesetzter Begriff; er ist nicht absolut, sondern relativ, ein flüssiger, lebendiger Begriff, der sich jedesmal nach dem
Gegenstande richtet, auf den er sich bezieht. Mit der Frage: Was ist
Freiheit? geht es nicht besser, wie mit der Frage: Was ist Wahrheit?
Die Frage wird immer gestellt und niemals beantwortet. Das kommt daher, weil die Wahrheit, wie die Freiheit keine objektive Thatsache, keine
einfache Erscheinung ist, die man mit wenigen Worten definiren kann; wir
haben hier nur ein Verhältniß, eine Vergleichung zwischen zwei Zuständen.
Die Wahrheit ist ein Verhältniß zwischen dem denkenden Subjekte
und dem gedachten Objekte, und zwar das Verhältniß der Uebereinstimmung, der Harmonie, der Identität. So auch ist die Freiheit die Uebereinstimmung einer individuellen Organisation mit den objektiven Verhältnissen, unter welchen diese Organisation existirt und sich entwickelt. Wir
nennen im Allgemeinen den Menschen frei, der so leben kann, wie seine
Organisation es verlangt, dessen äußere Verhältnisse der freien natürlichen
Entwickelung seiner Individualität günstig sind. Die Freiheit ist also ein
Verhältniß, welches von der individuellen Organisation abhängig ist. Die

Freiheit des Thieres ist eine andere, als menschliche Freiheit; die Freiheit des Indianers ist sehr verschieden von der Freiheit des Philosophen; Freiheit der Religion ist nicht dasselbe, wie politische Freiheit. Die Freiheit richtet sich nach der jedesmaligen Individualität; je mangelhafter die Organisation dieser Individualität ist, desto mangelhafter ist auch die Freiheit. So sehen wir in der unorganischen Natur noch keine Spur von Freiheit; hier herrscht das plumpe Gesetz der Schwere; erst in der Krystallisation sehen wir einen Anfang, eine Andeutung des organischen Lebens, der Entwicklung von Innen heraus, der Selbstbestimmung und Freiheit. Das Wasser, als die allgemeinste Bedingung jeglicher Organisation, ist auch das allgemeinste Bild der Freiheit, aber auch nur ein allgemeines Bild; denn es ist hier keine Individualität und Organisation vorhanden. Im Pflanzenreiche sprießt die Freiheit mit zarten Keimen empor; das Samenkorn bricht die Scholle, in der es begraben, entzwei, und der Keim strebt zum Lichte. Jede Blüthe, jede Blume, jedes Blättchen hat schon die individuelle Form und individuelles Leben. Im Thierreiche kann man die verschiedenen Stufen der Freiheit nach den verschiedenen Stufen der Organisation unterscheiden. Von dem Polyppen, der tief im Grunde des Meeres angeschmiedet ist, bis zu dem Adler, der sich in den Wolken wiegt; von dem Wurm, der sich langsam durch die Erdschollen windet, bis zu dem Löwen, dem Wüstenkönige, — wie viele verschiedene Stufen der Freiheit lassen sich unterscheiden! Mit der Freiheit des Menschengeschlechtes verhält es sich ebenso. Je höhere Organisation, desto mehr Freiheit. Man vergleiche den Neger in Afrika oder in der Sklaverei, den Chinesen unter dem Drucke der Despotie und des Aberglaubens mit dem gebildeten und aufgeklärten Europäer, und die großen Unterschiede menschlicher Freiheit werden sich herausstellen. Je höher und vollendeter der Organismus einer Gesellschaft, eines Staates ist, desto mehr Freiheit wird darin herrschen; wo aber der Staat statt eines lebensvollen Organismus nur ein Mechanismus der Verwaltung und Besteuerung ist, da wird wenig Freiheit vorhanden sein. Jeder einzelne Mensch kann seine Freiheit durch eine Veredlung seiner Organisation vermehren, und da diese Veredlung durch Bildung und Erziehung hervorgebracht und durch das Denken vervollkommnet wird, so kann man sagen, daß Bildung die Schule der Freiheit ist, daß Denken heißt frei sein.

Wenn wir also zugeben, daß die Freiheit von der Organisation abhängig ist, so müssen wir untersuchen, auf welche Weise und unter welchen Bedingungen sich der Organismus irgend eines individuellen Wesens entwickelt, um die Bedingungen der Freiheit zu erfahren. Die Frage: Was ist Freiheit? Wo sind die Grenzen menschlicher Freiheit! ist also dieselbe, wie: Wodurch entsteht der Organismus des menschlichen Lebens, was sind die Bedingungen und die Verhältnisse, unter denen sich eine menschliche Individualität und Persönlichkeit bildet?

Der Mensch ist das Produkt dreier Elemente, der Natur, der menschlichen Gesellschaft und seiner eigenen Thätigkeit. Untersuchen wir kurz, auf welche Weise diese drei Elemente auf den Menschen wirken, wie sie die Persönlichkeit bilden, wie weit die Einflüsse jedes derselben reichen.

Der Mensch ist ein Produkt der Natur, und so weit wir die Natur kennen, das vollendetste und bestimmungsreichste Produkt desselben. Er folgt, wie jeder andere Naturkörper den Gesetzen der Natur. Die Naturkräfte, Schwere, Elektrizität, Magnetismus u. s. w. sind im menschichen Körper, wie überall thätig; die chemischen Stoffe, aus denen der menschliche Körper besteht, sind dieselben, aus denen die Thiere, die Pflanzen, die Steine gebildet sind. Er ist den Veränderungen unterworfen, welche jeder natürliche Organismus durchmachen muß, und die letzte aller dieser Veränderungen ist die Zerstörung des Organismus, der Tod. Je höher die Stufe der menschichen Entwickelung ist, desto zahlreicher sind die Fäden, welche ihn mit der Natur verbinden.

Das Klima und die Zone, in welcher der Mensch aufgewachsen, bedingt seine ganze Persönlichkeit; unter der glühenden Zone Indiens denken und leben, handeln und fühlen die Menschen anders, wie in dem nebelgrauen England oder Holland. Die Race und Nationalität ist eine der wesentlichsten Naturbestimmtheiten des Menschen; sie bildet den allgemeinen Typus, in den der Mensch sich hinein leben muß: sie ist das allgemeinste Fundament seines Charakters, seiner Individualität. Mehr noch, wie durch die Race, ist der Mensch durch das Geschlecht bestimmt; der natürliche Unterschied zwischen Mann und Frau bedingt alle Neigungen, Fähigkeiten und Eigenthümlichkeiten des Menschen. Die Altersstufen modifiziren ferner sehr die Individualitäten; der Jüngling, der Mann, der Greis, sie sind drei sehr verschiedene Persönlichkeiten, deren Neigungen, Handlungen und Ueberzeugungen oft in großem Widerspruch zu einander stehen. Durch Temperament, durch natürliche Neigungen und Anlagen u. s. w. ist die Menschheit in so viele verschiedene Arten getheilt, daß fast Jeder Mensch seine besondern Spezies bildet. Der Einfluß der Jahres- und Tageszeiten, der Speisen, der Getränke macht sich geltend; die Natur fordert im Schlafe ihr Recht; der Prozeß der Ernährung legt dem Menschen eine Menge der gebieterischsten Pflichten auf. So ist der Mensch mit tausend Fäden an die Natur und ihr Gesetz gebunden, und er kann keine einzige Handlung begehen, bei welcher nicht die Naturnothwendigkeit mit waltet.

Auf der andern Seite ist der Mensch ein Glied in dem großen Kreise der Menschheit, und die Eindrücke und Bestimmungen, welche er von dorther empfängt, sind vielleicht noch mächtiger, wie die Naturbestimmtheiten. Schon in der Wiege wird dem Charakter des werdenden Menschen die erste Form gegeben; die Mutter gewinnt einen großen Einfluß auf die Neigungen, Empfindungen und den Charakter des Kindes; einen Einfluß, den selbst ein Napoleon und Göthe anerkennen mußte. Nach der Familie kommt die Schule. Eine fanatische Priesterschaar bemächtigt sich des jugendlichen Menschen und leitet seinen Geist auf Irr- und Abwege. Die Einseitigkeiten des Berufes zerstören die Harmonie des menschlichen Geistes und verhindern eine allseitige Ausbildung aller geistigen und körperlichen Kräfte des Menschen. Später tritt der angehende Mann in das politische Leben; die Eigenthümlichkeiten des Staates in der bürgerlichen Gesellschaft prägen sich in seinem Charakter ab; die Literatur, die Kunst, die ganze Civilisation seines Volkes und Jahrhunderts arbeitet an seiner Ausbildung. Wenn nur der ausgebildete Mann, mit festem Willen, bestimmtem Berufe, unerschütterlichen Ueberzeugungen und einem ausgeprägten Charakter, ein Mann, wie er sein soll, sich betrachtet, und ein aufmerksames Selbststudium über sich anstellt: findet er nicht, daß er das Produkt von tausend verschiedenen Einflüssen und Eindrucken ist, und daß nicht der kleinste, unbedeutendste Gedanke seines Lebens frei ist von fremden Elementen? Jedes Buch, das wir gelesen, jeder Mensch, den wir gesprochen, jedes Ereigniß, das wir erlebten, hat irgend einen Einfluß auf uns ausgeübt, und bildet einen Theil unserer selbst, unserer Bildung, unserer Persönlichkeit, unseres Charakters. So ist jeder einzelne Mensch ein Produkt seiner Umgebung, und was er Freiheit, Selbstbestimmung, Selbstbewußtsein nennt, ist vielleicht nichts Anderes, als das Echo der vielstimmigen Welt um ihn her, die ihn mit sich hinwegreißt, ohne daß er es weiß und will.

Wenn wir den Menschen so betrachten, als ein Produkt von tausend Naturbestimmtheiten, von tausend Einflüssen der menschlichen Gesellschaft, können wir dann von menschlicher Willensfreiheit und Zurechnungsfähigkeit sprechen? Jeder Faden unseres Lebens scheint von fremder Hand gewebt; unsere Seele ist, wie eine Wachstafel, vollgeschrieben von äußeren Eindrücken, die täglich abwechseln und sich verändern; der Strom des Lebens rauscht darüber hinweg, tilgt die alten Eindrücke und ruft neue hervor, und das Schicksal spielt mit uns, wie mit einer Aeolsharfe, einem willenlosen Werkzeug. Wo bleibt da der freie Wille? Wo die Zurechnungsfähigkeit?

Und doch sehen wir trotz oder vielmehr wegen der vielfachen Einwirkungen der Außenwelt, der Abhängigkeit von der Natur und der Einflüsse der menschlichen Gesellschaft, daß die Individualität, die Ichheit eines Men-

schen, etwas ganz Bestimmtes, Unabänderliches, Positives ist, jeden
Augenblick zu erkennen, nie sich verläugnend, sich bei jeder Gelegenheit in
derselben Art und Weise geltend machend. Alle Handlungen des Menschen tragen den Stempel dieser Individualität; überall kann man den
Menschen daran erkennen; jeder, auch der unbedeutendste Mensch, hat
seine Besonderheit, welche ihn von allen andern Menschen unterscheidet.
Es ist nicht möglich, daß diese Individualität nur ein Produkt äußerer Umstände, der Natur und Erziehung ist; sie arbeitet sich von Innen heraus
sie baut sich selbst ihre Form, und noch heute gilt das alte Spruchwort: Jeder Mensch ist seines Glückes Schmied. Jeder Mensch schafft sich selbst
sein Dasein, seine Individualität, seine Persönlichkeit, seinen Charakter;
trägt die Verantwortlichkeit für seine Handlungen, ist sich seiner Freiheit bewußt. Bei dem Einen freilich ist dieses Bewußtsein entwickelter, als bei
dem Andern, aber überall liegt es dem menschlichen Wesen zu Grunde;
selbst das Kind, das noch kaum sprechen kann, ist sich der Zurechnungsfähigkeit für seine Handlungen bewußt; es freut sich des Guten und fürchtet
die Folgen böser Handlungen. Alles Räsonnement und Philosophiren kann
uns über diese einfache Wahrheit nicht täuschen; wir tragen die Verantwortlichkeit unserer Handlungen, wir empfinden unsere Zurechnungsfähigkeit jeden Augenblick unseres Lebens; was wir Gewissen, Tugend, Moral,
u. s. w. nennen, ist eben nur ein Zeichen davon, daß wir unserer geistigen
Freiheit und Zurechnungsfähigkeit bewußt sind. Diese Ichheit, diese Individualität, diese Mischung von tausend verschiedenen Eigenschaften zu
einer individuellen Form, dieser Kern unseres Lebens, der uns zu einer bestimmten, von allen andern Wesen unterschiedenen Persönlichkeit macht,
können wir vielleicht nicht beweisen, nicht analysiren; (wir haben am Ende
auch heute noch keinen andern Beweis für unsere eigene Existenz, wie den
Schluß des Cartesius: "cogito, ergo sum,"—„ich denke, darum bin ich,—)
aber wir wissen ihn; er bildet den Hintergrund aller unserer Empfindungen und Gedanken. Die Elemente unseres Daseins, die einfachen, ursprünglichen Bestandtheile unseres Wesens können wir am Ende ebensowenig analysiren, wie der Chemiker die Elemente der Natur; man muß
sich hier mit einer einfachen Annahme begnügen. Wenn alle Wissenschaften, wenn selbst die Mathematik, die Astronomie, die Chemie gewisse Hypothesen als ihre allgemeinste Basis annehmen muß, gewisse Grundsätze
oder Grundkräfte, die vorausgesetzt, aber nicht nachgewiesen werden können, warum soll es dem Psychologen nicht erlaubt sein, eine Hypothese aufzustellen, deren Richtigkeit uns jeden Augenblick zum Bewußtsein kommt.
Wir können diese Grundkraft des menschlichen Daseins mit einem allbe-
kannten und populären Namen Egoismus nennen, die einfache Beziehung auf Sich, die Ichheit, das Bestreben, in dieser Ichheit zu verharren
(animus in suo esse perseverandi, wie Spinoza sich ausdrückt), die Ueber-

stimmung des Menschen mit sich selbst. Der Egoismus hat in der moralischen Welt eine ebenso allgemeine Bedeutung, wie die Schwere in der
physischen; er ist in jedem Individuum thätig, in dem erhabensten, wie in
dem niedrigsten Wesen. Jedes lebende Wesen hat das Bestreben, sich in
seiner individuellen Organisation, in seiner persönlichen Integrität zu erhalten; ohne dasselbe würde gar keine Persönlichkeit möglich sein; dieses
Bestreben nennen wir Egoismus.

Dieser Egoismus formt aus dem Material, mit welchem die Natur
und die Gesellschaft den Menschen ausgerüstet hat, die bestimmte Individualität; er vereinigt die natürlichen Anlagen, Fähigkeiten, Racen-, Alters-
Geschlechtsbestimmungen, die Kenntnisse, Erfahrungen, Erlebnisse u. s.
w. zu einem Ganzen, zu einer Persönlichkeit; er begründet den Zusammenhang und die Einheit zwischen den vielfach verschiedenen Eigenschaften des
Menschen. Wir haben also drei Faktoren, deren Produkt der Mensch ist,
nämlich die Natur, die Menschheit und den Egoismus. Der Egoismus ist
die natürliche Reaktion gegen die Einwirkungen der Natur und der Menschheit; er hebt die Bestimmungen der Natur und die Einflüsse der Gesellschaft vielfach auf, und setzt an die Stelle derselben die geistige Freiheit.

Die Anthropologie zeigt uns, in welchen Fällen und bis zu welchen
Grenzen sich der Mensch von den Naturbestimmtheiten losmachen kann.
Die klimatischen und Zonenverhältnisse sind für den Menschen nicht mehr
bindend; es leben Menschen im äußersten Norden, an der Grenze alles
Lebens, und unter der glühenden Sonne des Aequator. Der nationale Typus wird immer mehr und mehr verwischt; Leute, die auf dem Gipfel der
gegenwärtigen Cultur stehen, z. B. einen Alexander von Humboldt, kann
man fast gerade so gut für einen Franzosen oder Britten halten, wie für
einen Deutschen. Sogar die Racenunterschiede fangen an, sich zu mildern und zu verschmelzen. Die Naturbestimmtheit des Geschlechtes ist bei
den cultivirten Völkern auch nicht mehr absolut und zwingend, wie im Al-
terthume oder bei den orientalischen Nationen; die Frauen befreien sich von
ihrer Unmündigkeit jeden Tag mehr, während die Männer sich zu frauen-
hafteren Sitten bequemen. Von der Naturbestimmtheit der Temperamente
spricht man kaum mehr.

Man sieht der Mensch kann in vieler Beziehung die Bestimmungen
der Natur mildern und umgehen; er kann sich „frei" von natürlichen Einflüssen machen. Die natürlichen Bedürfnisse des Schlafens, Essens u. s. w.
lassen sich wenn auch nicht abschaffen, doch modifiziren; es ist hier immerhin dem Menschen ein gewisser Spielraum gestattet, innerhalb dessen er
sich frei bewegen kann. Die großen Erfindungen auf industriellem und
technischem Gebiete haben dem Menschen manchen Sieg über die Natur
verschafft, und dadurch den Menschen in gewissem Grade frei von natürlichen

Einflüssen gemacht. Wie die Natur rings um ihn her, so kann der Mensch auch seine eigene Natur verbessern und veredeln; der Mensch hat nicht seinen Körper willenlos von der Natur zum Geschenk erhalten, sondern er hilft selbst mit an dem Baue desselben; die Ichheit, die Individualität des Menschen formt den Schädel und das Antlitz; der denkende Mensch hat ein ganz anderes Antlitz, als der gedankenlose. Das Selbstbewußtsein des Menschen reagirt gegen die Einwirkungen der Natur, und wie die Natur Macht über den Menschen hat, so sucht der Mensch Macht über die Natur zu gewinnen.

Ebenso findet auch eine Reaktion gegen die Einflüsse der menschlichen Gesellschaft Statt; der Mensch sucht die Eindrücke, welche die menschliche Gesellschaft auf ihn macht, zu mildern und sich von den Fesseln der Ueberlieferungen, des Volksglaubens, der Gewohnheit und Sitte zu befreien. Jedes Jahrhundert strebt darnach, die Vergangenheit von sich abzuwälzen; Jeder Mensch sucht der öffentlichen Meinung seine individuelle Ueberzeugung entgegenzusetzen. Die Ichheit, der Egoismus des Menschen empört sich gegen hergebrachte Vorurtheile; neue, kühne Gedanken treten auf und beweisen die Freiheit des Menschen von dem Banne der Gewohnheit und der Ueberlieferung. Mögen auch falsche Einflüsse bei der Erziehung und Bildung vorgewaltet haben; es gelingt dem Menschen sich von den Wirkungen derselben frei zu machen; das Geschwätz der Priester und die Märchen der Ammen verlieren sich aus seinem Gedächtnisse, und der Schüler steigt auf die Schultern seiner Lehrer zu neuen Erkenntnissen empor. Der große Fortschritt, den wir in allen Gebieten der Wissenschaften finden, die Neuerungen in der Politik, Religion, die kühne Verwerfung von früher gefeierten Autoritäten: alles dies beweist uns die Spontaneität, die Selbstständigkeit, die Freiheit des menschlichen Geistes. Der Mensch ist nicht nur ein Produkt der ihn umgebenden Verhältnisse, der Natur und der menschlichen Gesellschaft, sondern auch ein Factor derselben; die Wirkungen, die er von der Natur und Menschheit erleidet, beantwortet er durch Wirkungen, die er auf dieselben ausübt; so ist das Leben des normalen und gesunden Menschen ein Verhältniß der Wechselwirkung, ein Austausch zwischen Nothwendigkeit und Freiheit.

Wir haben kurz die verschiedenen Elemente angegeben, aus denen menschliches Leben und menschliche Handlungen bestehen. Um also wieder auf unser spezielles Thema zu kommen, auf die Willensfreiheit und Zurechnungsfähigkeit, so müssen wir bei jeder einzelnen Handlung, die unserer Prüfung vorliegt, fragen: Wie viel kommt davon auf Rechnung der Natur? Wie viel auf Rechnung der menschlichen Gesellschaft? Der Rest kommt auf die Verantwortlichkeit des Individuums selbst. Dieser Rest mag in dem einen Falle größer, in dem andern geringer sein, kann oft auch ganz wegfallen, — z. B. bei vollständiger Geistesabwesenheit; in den meisten Fällen aber wird er groß genug sein, um den Begriff Zurechnungsfähig zu rechtfertigen. Wenn der Richter also einen Criminalfall zu beurtheilen hat, so wird er zuerst die natürlichen Ursachen des Verbrechens untersuchen. Findet er, daß die Hauptursache oder ein Theil der Ursachen in einer Naturbestimmtheit, z. B. in sexualen Verhältnissen, in der zu großen Jugend des Verbrechers, oder in abnormen Bildungen, in Blödsinn, Wahnsinn u. s. w. liege, so wird er entweder auf absolute oder partielle Unzurechnungsfähigkeit schließen. Dann wird er einen Blick auf die Erziehung des Individuums werfen; er wird seine Familienverhältnisse untersuchen, die Religion berücksichtigen, die Kenntnisse prüfen, um beantworten zu können, ob und in welchem Grade und Maaße sich die menschliche Gesellschaft eine Pflichtverletzung an dem Individuum haben zu Schulden kommen lassen. Für diese Folgen der mangelhaften Erziehung kann natürlich das Individuum nicht bestraft werden. Wenn diese beiden Verhältnisse untersucht sind, dann kann man die Schuld des Individuums berathen, ohne in Gefahr zu kommen, einen ungerechten und harten Urtheilsspruch zu fällen. Wo ein menschenfreundlicher Richter und eine humane Jury richtet, ist dies Verfahren bisher auch schon beobachtet worden, wenn es auch noch in keinem Gesetzbuche vorgezeichnet ist; eine allgemeine gesetzliche Befolgung dieses Verfahrens wird eine Wiedergeburt des Criminalrechtes zur Folge haben. Es liegt auf der Hand, daß durch ein solches Verfahren die Grenzen der menschlichen Zurechnungsfähigkeit sehr beschränkt werden, und daß ferner die Fortschritte der Naturwissenschaften und der Philosophie, die Fortschritte in der Kunst, den Menschen zu erkennen, eine Veredlung und Reinigung des Criminalrechtes zur Folge haben werden; aber je vollendeter die körperliche Organisation und die gesellschaftliche Erziehung des Menschen sein wird, desto größere Ausdehnung wird auch das Gebiet menschlicher Zurechnungsfähigkeit gewinnen.

Wir sehen also, wie das Maaß menschlicher Willensfreiheit und Zurechnungsfähigkeit sich nicht absolut bestimmen läßt, sondern jedem einzelnen, individuellen Falle angepaßt werden muß. Man kann wohl von keiner einzigen menschlichen Handlung sagen, daß sie absolut frei oder unfrei sei; die meisten Handlungen sind ein Gemisch von Freiheit und Unfreiheit. Die einzelnen Bestandtheile unserer Handlungen mögen Nothwendigkeiten, Naturbestimmtheiten sein, aber das Zusammentreffen derselben, die Verbindung derselben ist nicht gerade immer nothwendig, sondern oft zufällig und willkührlich. Wenn ein Räuber ein Haus anzündet, und dadurch einen Menschen tödtet: so mag hierbei jedes einzelne Element der Handlung in einer Naturnothwendigkeit bestehen; die ganze That kann aber doch eine freiwillige Handlung sein. Die räuberische Organisation des Menschen mag das Produkt des Temperaments und der Erziehung sein; es ist ein Naturgesetz, daß, wenn man eine Flamme an brennbare Stoffe bringt, dieselben verbrennen; ferner, daß wenn ein Mensch Brandwunden von gewisser Beschaffenheit erhält, er sterben muß. — Wir haben hier verschiedene Nothwendigkeiten und Naturgesetze. Aber das Zusammenfügen dieser verschiedenen Nothwendigkeiten und Naturgesetze bildet eine freiwillige Handlung, für welche der Brandstifter verantwortlich ist. Nehmen wir ein anderes Beispiel. Von dem Dache eines Hauses fällt ein Stein und tödtet einen vorübergehenden Menschen. Daß der Stein losgelöst wurde, mag eine nothwendige Folge des Alters des Hauses und des heftigen Windes sein. Daß er auf die Erde fällt und bei seinem Hinunterfallen eine vergrößerte Geschwindigkeit annimmt, ist eine Folge des Gesetzes der Schwere. Daß die Wunde, welche der Stein in dem Schädel des Menschen machte, absolut tödtlich ist, rührt aus dem Baue des menschlichen Schädels und der Schwere und Geschwindigkeit des fallenden Steines her. Dies sind also Alles nothwendige Verhältnisse. Aber das Zusammentreffen dieser Verhältnisse ist zufällig; dafür läßt sich keine Nothwendigkeit und kein Naturgesetz auffinden; dies kann kein Mathematiker berechnen. Und was der Zufall in der Natur, das ist die Willkür im menschlichen Leben. Wir verbinden eine Menge nothwendiger Verhältnisse in unserem Leben auf eine willkürliche Weise. Wenn wir gehen, so bewegen wir uns nach den Gesetzen der Nothwendigkeit, nach der Construktion unseres Körpers, der Stärke unserer Muskeln, der Einrichtung unseres Gehapparates; wir können nicht mit dem Kopfe marschiren, sondern müssen uns dazu der Beine bedienen. Aber wohin wir gehen wollen, ob wir schnell oder langsam, hüpfend oder schleichend gehen wollen, dies hängt mehr oder weniger von unserer Willkür ab. So ist es mit allen andern körperlichen Funktionen. Innerhalb des großen Gebietes der Nothwendigkeit und Naturbestimmtheit ist uns ein großer Spielraum der freien Wahl gelassen, und es könnte wohl keinen größeren und unsinnigeren Pedantismus geben, als alle die Kleinigkeiten des täglichen Lebens dem Gesetze der Nothwendigkeit unterzuordnen. Wir erinnern an die Anekdote von jenem pietistischen Priester in Elberfeld, der im Zustande der Betrunkenheit vor einer Brücke ohne Geländer stand, und seinen Zweifel, ob er dieselbe glücklich passiren könne, damit hob, daß er sagte: „Wenn Gott will, daß ich in's Wasser falle, so geschehe sein Wille." Die Natur selbst verfährt nicht immer nach den Gesetzen der Nothwendigkeit. Daß hier in Amerika die Maikäfer grüne, in Europa braune Flügeldecken haben, dafür wird wohl kein Naturforscher ein Naturgesetz aufsuchen, und es aus den klimatischen, atmosphärischen u. s. w. Verhältnissen ableiten wollen. Man spricht von „Spielarten" der Natur, und dies beweist schon zur Genüge die hier ausgesprochene Ansicht, daß es auch in der Natur Willkür und Zufall gebe.

Was in den niederen Gebieten des menschlichen Lebens und bei den körperlichen Funktionen die Willkür ist, das ist in den höheren geistigen

Gebieten die Freiheit. Das Material der Freiheit besteht aus Nothwendigkeiten; die einzelnen Bestandtheile freier Handlungen und Schöpfungen mögen nothwendige Verhältnisse sein; aber die Zusammensetzung, die Anordnung und Verwendung derselben ist ein Akt menschlicher Willensfreiheit. Um ein Beispiel der höchsten und freiesten Thätigkeit des Menschen anzuführen: der Dichter ist bei der Abfassung seiner Tragödie von vielen Nothwendigkeiten beherrscht; die Regeln der Sprache, das Versmaaß, die Gesetze der Aesthetik müssen beobachtet werden; aber diese Gesetze und Regeln sind gewissermaßen nur die Typen, welche die ordnende Hand des Dichters zusammenfügt; bei dieser Handlung des Zusammenfugens selbst aber läßt sich kein Naturgesetz, keine Naturnothwendigkeit nachweisen; dies ist eine freie That des Dichters. Der Baumeister, welcher ein Haus baut, hat natürlicherweise eine Menge physikalischer und mechanischer Gesetze, ästhetischer Regeln u. s. w. zu beobachten, aber dennoch einen großen Spielraum freier Wahl und Entschließung, innerhalb dessen Grenzen er zeigen kann, ob er ein Mann von Schönheitssinn, von Geschmack, von Kenntnissen ist, oder nicht. Dasjenige, was man in der Kunst, Wissenschaft, Literatur originell und produktiv nennt, ist das Produkt der freien Entschließung des Menschen, eine individuelle That, und wenn man dabei eine gewisse Gesetzmäßigkeit und Nothwendigkeit bemerkt, so wird man diese Nothwendigkeit gewiß nicht mit der Naturnothwendigkeit, welche uns zum Essen und Schlafen zwingt, verwechseln. Es gibt eine Nothwendigkeit, ein Gesetz, welches das Produkt unserer eigenen freien Entschließung ist; wir können unseren freien Willen zum Gesetz verdichten; wir können unseren Neigungen und Bestrebungen eine solche Kraft geben, daß wir von ihnen überwältigt und beherrscht werden: — unsere Ueberzeugungen, das Produkt unserer eigenen freien Einsicht und Erkenntniß, sind am Ende das absoluteste und zwingendste Gesetz, das wir anerkennen und dem wir folgen. Aber schließt eine solche Gesetzmäßigkeit und Nothwendigkeit nur im Mindesten den Begriff menschlicher Willensfreiheit und Zurechnungsfähigkeit aus? Wenn wir uns selbst Gesetze auflegen, wenn wir eine innere Nothwendigkeit als die Triebfeder unserer Handlungen anerkennen; wenn wir gewohnt sind, unseren Ueberzeugungen zu folgen: so ist dies gerade ein Beweis für die Stärke unsres Eigenwillens, grade ein Beweis für eine tüchtig organisirte Persönlichkeit. Wer war freier, als Luther auf dem Reichstage zu Worms, wo er sagte: „Hier steh' ich, ich kann nicht anders!" Wir nennen den Mann und den Staat frei, welcher keinem andern Gesetze gehorcht, als das er sich selbst gegeben hat. Diese Freiheit ist allerdings selbst eine Nothwendigkeit; es ist nothwendig, daß der Mensch frei sei, daß er sich nicht durch fremden Zwang, sondern durch seine eigenen Ueberzeugungen leiten lasse. Aber die Erfüllung dieser Nothwendigkeit ist grade die That der Freiheit. Es steht in der Wahl des Menschen, diese Nothwendigkeit nicht zu erfüllen, unfrei zu sein, sich unter fremde Vorurtheile und Gewalten zu bringen; wir sehen leider jeden Tag, wie viele Leute diese Freiheit der Wahl benutzen. Wie Manchem ist es unangenehm und lästig, Ueberzeugungen zu haben; wie Mancher scheut das Nachdenken; wie Mancher findet sein Behagen darin, der großen gedankenlosen Menge nachzulaufen. Das Denken, die geistige Selbstständigkeit, die persönliche Freiheit ist vielen Leuten ein unbequemes Ding; sie schwören auf die Worte ihres Meisters und bezahlen einen Priester zur Bewachung ihres Gewissens. Wir sehen schon daraus, an der Herrschaft der Priester und Dogmen, daß die Leute die Wahl haben, frei oder unfrei zu sein. Diese Wahl haben sie selbst im Gefängniß, selbst unter der Herrschaft der russischen Knute; denn diese Freiheit beruht nicht auf äußern politischen und socialen Zuständen, sondern auf freier Entschließung, auf einem Acte des Selbstbewußtseins. So sehen wir in Teutschland mehr freie Leute, als in America, weil dort die Menschen weniger den Vorurtheilen nachgehen, und in geistiger Beziehung selbstständiger sind, wie hier. Je entwickelter die Organisation eines Menschen ist, desto größer ist die Reaction des Egoismus gegen die Naturbestimmtheiten und die Einflüsse der menschlichen Gesellschaft; der Mensch will nicht nur ein Product der ihn umgebenden Verhältnisse, sondern seiner eigenen geistigen Thätigkeit sein; er will Ich sein und sich selbst angehören.

Der Mensch ist in einer fortwährenden Entwickelung begriffen, bei welcher ein innerer Drang und äußere Umstände mitwirken. Viele Zweifel stoßen ihm auf, und wenn auch Erfahrungen und die Lehren anderer Menschen Manches zur Lösung beitragen, der Mensch muß doch am Ende selbst und allein entscheiden. Verschiedene Pläne, Aussichten und Berufsarten bieten sich ihm dar, in Bezug auf welche er volle Wahlfreiheit hat. Die Fabel von Herkules am Scheidewege ist gewiß kein abenwitziges Mährchen; jeder Mensch hat sie schon in vollem Ernste durchgelebt; jedem Menschen bot sich schon ein Entweder—Oder an, das er nach eigenem Ermessen entscheiden konnte, und welches über sein Leben entschied. Je reifer und fertiger der Mensch wird, desto weniger Zweifel bieten sich ihm dar; desto mehr schwindet die Willkür des Handelns, desto mehr tritt das Gesetz der innern Nothwendigkeit und Vernunftigkeit in Kraft. Der fertige Mensch, mit ausgeprägtem Character, mit festen Ueberzeugungen, mit reifen Ansichten, denkt, will und handelt nicht anders, als er muß, vermöge seiner geistigen Organisation; aber dies Müssen, dieser moralische Zwang, dieser kategorische Imperativ hebt nicht die geistige Willensfreiheit und Zurechnungsfähigkeit auf; der Mensch ist selbst ein Schöpfer der Gedankenwelt, welche ihn bestimmt und leitet; die Ueberzeugungen, von denen er beherrscht wird, sind das Product seiner eigenen geistigen Thätigkeit; die Organisation, vermöge deren er so und nicht anders handeln muß, ist durch den eigenen freien Willen hervorgebracht. So durchdringt sich Freiheit und Nothwendigkeit wechselseitig, und wo die Identität beider am Vollkommensten ist, da steht die Persönlichkeit des Menschen auf der höchsten Stufe. Das Gesetz, als Produkt unseres eigenen Willens, die Nothwendigkeit als die Folge unseres eigenen Denkens: dies ist die wahre menschliche Freiheit, und durch sie wird der Mensch wahrhaft eine Persönlichkeit, eine selbstständige, von allen andern Organisationen unterschiedene Individualität.

Um kurz unsere Auffassung zu wiederholen: wir betrachten die menschlichen Handlungen und die menschliche Organisation selbst als ein Product der Natur, der Menschheit und der Ichheit, und glauben bei der Beurtheilung einzelner Handlungen und Individuen alle drei Faktoren in Betracht ziehen zu müssen. Die Frage der Zurechnungsfähigkeit und Willensfreiheit ist daher keine logische, sondern eine factische; ihre Beantwortung ist nicht von einem philosophischen Systeme, sondern von den jedesmal vorliegenden Thatsachen abhängig.

Fortschritte in der Mechanik.
(Aus der „New-York Tribüne".)

In neuerer Zeit war in New-York eine Maschine von geringem Umfang ausgestellt, in Bau und Wirkung von einer Dampfmaschine dem Anschein nach nicht sonderlich verschieden, aber mit einer beträchtlich größeren Kraft, welche man durch Anwendung einer besondern Flüssigkeit, des Doppeltschwefelkohlenstoffs, hervorbringt. Vielfache und zahlreiche Versuche scheinen den unzweifelhaften Beweis zu liefern, daß diese bisher bedeutungslose Flüssigkeit, welche in beliebiger Menge erlangt wird, wenn man Schwefeldämpfe durch glühende Holzkohle streichen läßt, die lange gesuchte Eigenschaft besitzt, sich in Dämpfe von einem gegebenen Umfange auszudehnen und auf diese Weise eine gegebene Menge mechanischer Kraft zu erzeugen, ohne so viel Hitze zu erfordern, als zur Erlangung derselben Menge Wasserdampf nöthig wäre. Dies wird dargethan dadurch, daß man die Maschine abwechselnd mit Dampf und mit Schwefelkohlenstoff arbeiten läßt (wobei Sorge getragen wird, daß keine Hitze von einem zum andern übergeht) und die in beiden Fällen bei demselben Feuer und demselben Kessel entwickelte Kraft vergleicht. Das Ergebniß fällt in allen Fällen unabänderlich und unzweifelhaft zu Gunsten der neuen Flüssigkeit aus, wie sie in dieser besondern Maschine und unter diesen besondern Verhältnissen angewendet wird. Eine größere Maschine von sechs Pferdekräften war eine Zeitlang in einem andern Theile des Staates New-York in Thätigkeit und lieferte dasselbe Resultat; indeß können wir von denselben nicht mit derselben Gewißheit sprechen.

Die jetzt ausgestellte Maschine hat die Form eines gewöhnlichen horizontalen Cylinders bei einer stehenden Dampfmaschine, mit einem Durchmesser von zwei und ein Viertel Zoll und vier Zoll Spielraum für den Kolben. Sie ist versehen mit einer gewöhnlichen kurzen Klappe, wie bei den Lokomotiven; der aufrechtstehende röhrenförmige Kessel wird durch eine Spiritusflamme geheizt; die Dämpfe, gleichviel ob von Wasser oder Schwefelkohlenstoff, werden in einer durch ein Gefäß mit kaltem Wasser laufende gewundene Röhre verdichtet. Widerstand wird hervorgebracht durch einen Reibungskolben, und die Zufuhrpumpe ist mit Hähnen versehen, so daß man Wasser oder Schwefelkohlenstoff allein oder eine Mischung von beiden in den Kessel lassen kann. Man hat gefunden, daß die Maschine bedeutend rascher und kräftiger mit Schwefelkohlenstoff, als mit Wasser arbeitet. Wie viel der Gewinn betrage, müssen genauere Versuche noch nachweisen; die Thatsache, daß ein Gewinn erzielt wird, ist über allen Zweifel hinaus festgestellt.

Wurde die Maschine eine Zeitlang mit vermehrter Kraft durch den Schwefelkohlenstoff in Bewegung gesetzt, so kann man sie mit derselben Geschwindigkeit durch Wasserdampf treiben lassen, ohne Unterbrechung der Bewegung, wodurch bewiesen wird, daß die Thätigkeit ohne Verlust der vorher im Wasser enthaltenen Wärme vor sich geht. Da der Schwefelkohlenstoff um Vieles flüchtiger ist, als Wasser, so bedarf es großer Sorgfalt, den für die erstere Flüssigkeit erforderlichen Hitzegrad zu erhalten; doch hat dies keine Schwierigkeiten.

Lange hat man nach einem Stoffe gesucht, welcher mit einem geringeren Aufwand an Hitze als Wasser sich verflüchtigt. Wenn man auch Wasser oder irgend eine andere Flüssigkeit leicht bis zum Siedepunkte erhitzt, so ist doch eine bedeutende Vermehrung der Hitze erforderlich, um den Übergang in die Dunstform zu bewerkstelligen. Alkohol, Aether und andere Flüssigkeiten geben Dämpfe von größerer oder geringerer Ausdehnung als Wasserdampf, verschlingen aber dabei auch eine verhältnißmäßig größere oder geringere Menge Hitze, so daß man das Gesetz aufgestellt hat, der Umfang irgend eines Körpers in Dunstform sei der verbrauchten Hitze proportional. Demgemäß wurde nichts dadurch gewonnen, daß man andere Flüssigkeiten an die Stelle des Wassers setzte. Gleichwohl haben sich zwei Stoffe als Ausnahmen von dieser Regel erwiesen, nämlich Quecksilber und Kohlensäure. Beide brauchen zur Verflüchtigung weniger Brennmaterial als Wasser, lassen sich aber trotzdem nicht gut anwenden, und zwar das erstere wegen der hohen Temperatur, welche seine Herstellung in Gasform erfordert (über 620 Grad Fahrenheit) und seine nachtheilige Wirkung auf die Gesundheit der damit Arbeitenden; das andere wegen der sehr niedrigen Temperatur und dem großen Luftdruck, welche zu seiner Verdichtung nöthig sind, wie auch wegen seines schädlichen Einflusses auf die metallischen Theile der Maschine und des Kessels. Das vorliegende Mittel verdunstet dagegen schon bei 108 Grad Fahrenheit und vermag im Verhältniß zu Wasserdampf dennoch eine fünf- bis sechsmal größere Kraft zu entwickeln, ohne andere bis jetzt wahrnehmbare Schwierigkeiten bei der Anwendung, wenn man nicht etwa den sehr unangenehmen, dabei aber unschädlichen Geruch dahin zählen will, den Schwefelkohlenstoff entwickelt.

Man muß, um Verwirrungen vorzubeugen, dieses neue Prinzip von allen andern hoffnungsvollen Versuchen, Brennmaterial zu sparen, unterscheiden. Die kalorischen Luftdruckmaschinen von Stirling, Erickson, Wilcox, Bennett u. A. beruhen auf einer andern Verfahrungsweise, indem sie einfach dem Zufuhrrohr so viel seiner Hitze als möglich entziehen und sie nach dem Aufnahmerohr hinüberleiten. Auch die zusammengesetzte Maschine du Trembley's, welche auf den Novelty Iron Works zu New-York 1852 ausgestellt war und noch jetzt auf einem französischen Dampfboote im Mittelmeer in Thätigkeit ist, folgt nicht der obigen Methode, sondern entzieht dem Ausgangsrohr der Dampfmaschine so viel Hitze als nöthig ist, um Aether bei einer geringeren Temperatur zu verdunsten und damit eine zweite Maschine in Bewegung zu setzen. Die Wolkenmaschine von Storms, auf welche wir unten zurückkommen, wirkt wieder nach einem andern Plan, indem sie Luft in den Dampf fuhrt und so ein Bewegungsmittel erzeugt, welche dem Bedürfniß besser als Dampf entspricht. Sie hat aber trotzdem nur dann den Vortheil größerer Ersparniß für sich, wenn sie, wie die Techniker sagen, "in großer Ausdehnung getrieben wird."

Den Dampf des Schwefelkohlenstoffs hat man noch nicht in irgend größerem Maßstabe auf die Probe gestellt; sollten weitere Versuche nachweisen, daß er denselben Gesetzen wie der Wasserdampf folgt, so würde der praktische Werth dieser Flüssigkeit unberechenbar sein. Die erste Anwendung dieses Stoffs verdanken wir dem Amerikaner B. Hughes in Rochester, N.-Y.

William Mount Storms in New-York hat eine andere, nicht minder wichtige Entdeckung gemacht oder vielmehr eine neue Anwendung der Naturgesetze gefunden, wodurch die Wirksamkeit einer bestimmten Menge Brennmaterial in einer Dampfmaschine erhöht wird. Eine eigensgebildete Gesellschaft hat ausgedehnte Versuche mit dem von ihm angegebenen Verfahren angestellt, und eine nach seinem Plan eingerichtete Maschine von beträchtlicher Größe ist seit einigen Monaten in einer kleinen Gießerei und Maschinenwerkstätte in New-York in Thätigkeit. Das Eigenthümliche derselben besteht in der Mischung des gewöhnlichen Dampfes mit kalter

Luft. Das ist nämlich vorausgesetzt, daß das Wasser, außer den bekannten Aggregatzuständen Eis, Wasser und Dampf, auch noch in einem Zustande von blasigem Dunst vorkommen, eine Form, welche dem Auge verwandter ist als der durchsichtige Dampf, von der man jedoch nur ahnte, daß sie eine diesem gleiche oder gar höhere mechanische Kraft besitze.

Mittels einer oben oder in der Seite eines gewöhnlichen Dampfbehälters angebrachte Glasplatte kann man wahrnehmen, daß der in demselben befindliche Wasserdampf vollständig durchsichtig, unsichtbar ist: Läßt man kalte Luft zutreten, so entsteht in Folge ihrer verdichtenden Wirkung ein weißer wolkenähnlicher Dunst. Hierdurch wird, nach den Versuchen von Storms, die Ausdehnungsfähigkeit des Ganzen in sehr bedeutendem Grade, unter günstigen Umständen um 75 Procent vermehrt, folglich auch eine entsprechend höhere Kraft der Maschine hervorgerufen. Wenn gewöhnliche Luft zusammengedrückt und bei gewöhnlicher Temperatur in ein Gefäß geleitet wird, welches unter demselben Druck befindlichen Dampf enthält, so wird ein Theil dieses Dampfes sich verdichten und in Wasser verwandeln, also den Druck vermindern; auf der andern Seite erhitzt sich aber die Luft und dehnt sich demzufolge aus, vermehrt sonach den Druck. Man sollte meinen, Beides gleiche sich aus und so werde das Gleichgewicht, die ursprüngliche Druckkraft, wieder hergestellt. Die erwähnten Versuche zeigen statt dessen eine bedeutende Zunahme der Druckkraft, wenn der Unterschied der Temperatur groß genug ist. Der Dampf, wie er sich bildet, gibt in Verbindung mit eben so stark erhitzter Luft keine vermehrte Ausdehnungskraft. Es kommt also darauf an, Luft in einer Pumpe zusammenzudrucken und sie kalt in einen erhitzten Cylinder zu leiten.

Storms umgeht diese Mühe, indem er die Luft bei jedem Wärmegrade, welchen sie haben mag, sich mit dem Dampfe verbinden läßt und sie nachher abkühlt; er läßt nämlich die Luft warm oder kalt in den Dampfbehälter eintreten und die Wolkenbildung durch Ausdehnung vor sich gehen. Hierbei werden der Dampf sowohl, wie die Luft abgekühlt, aber in sehr verschiedenem Verhältniß. Wasserdampf unter einem Hochdruck von sechszig Pfund hat eine Temperatur von ungefähr 310 Grad Fahrenheit; in den doppelten Raum ausgedehnt, kühlt er sich ab auf 270 Grad; Luft kommt unter denselben Verhältnissen bis beinahe auf den Gefrierpunkt. Daher kann man leicht die Wolkenbildung in der Verbindung beider durch Ausdehnung zu Stande bringen. Um dies bei einer gewöhnlichen Maschine zu bewerkstelligen, wird eine doppelte Luftpumpe neben dem Cylinder angebracht und der Luft der Eintritt in denselben grade über der Klappe gestattet. Zunächst preßt die Pumpe nur die in ihr enthaltene Luft zusammen und dies machte die Einrichtung möglich, daß die Luft in demselben Augenblicke in den Cylinder tritt, in welchem dessen Kolben seine Thätigkeit beginnt. Die Pumpe selbst ist von kaltem Wasser umgeben und die

Luft mag bei ihrem Eintritt in den Dampfbehälter eine Temperatur von 180—250 Grad Fahrenheit haben.

Bergleichende Versuche, welche auf den Novelty-Works in ziemlich großem Maßstabe angestellt wurden, ergaben eine beträchtliche Ersparniß an Kohlen bei diesem Verfahren.

Wir können nicht umhin, neben diesen vielversprechenden und bedeutungsvollen Entdeckungen jenes Riesenwerk der Baukunst zu erwähnen, welchem sich ein Deutscher, Johann A. Röbling, ein dauerndes Denkmal auf amerikanischem Boden gesetzt hat; wir meinen die Hängebrücke über die Fälle des Niagara, über welche wir der „Buffalo Democracy" folgende Notizen entnehmen:

„Diese Brücke, ohne Widerrede das größte und bedeutendste Werk menschlicher Baukunst, überspannt den Niagara in einer Höhe von 245 Fuß an einer Stelle des Stromes, wo denselben sonst noch Niemand überschritten hat. Ihre ganze Länge beträgt über 800 Fuß; dabei ist sie aber so wunderfest gebaut, daß ein ganzer Eisenbahnzug in der Mitte nur eine Senkung von fünf und einem halben Zoll verursacht; selbst ein Frachtzug, welcher die ganze Länge der Brücke einnimmt, vermag mit einem Gewicht von dreihundert Tonnen diese Senkung nicht weiter als zehn Zoll zu bringen, und dieß ist nur für ein geübtes Auge wahrnehmbar.

„Bei aller Zierlichkeit, leicht und luftig, wie sie da hängt zwischen dem Himmel und der brausenden Fluth, ist dieses Werk von Menschenhänden fester, als der umliegende Boden, fester selbst, als die Felsen. Die Erschütterungen schnell fahrender Züge sind meilenweit im felsigen Boden zu spüren; einzelne Lokomotiven machen in Städten ganze Reihen von Steinhäusern erzittern; die Wasser des Cayugasee's gerathen bis über eine Meile von der Eisenbahnbrücke unter den Rädern des Expreßzuges in Bewegung; auf der Niagarabrücke merkt der Fußgänger dagegen kaum eine Erschütterung von dem über ihm hinbrausenden Frachtzuge; die Landseile zittern nicht unter der schwersten Last; die unbedeutende Erschütterung der oberen Theile geht nicht über die Spitze der Thürme hinaus. Dies spricht mehr wie Alles für die Festigkeit und Dauerhaftigkeit dieses großartigen Werkes.

„Die großen Seile, an mächtigen Steinen, welche bis zu 25 Fuß tief in die Felsen eingelassen sind, ankernd, können durch keine mechanische Gewalt aus ihrer Unbeweglichkeit gestört werden. Sie sind im Stande, ein Gewicht von zwölftausend Tonnen zu tragen, während die Brücke sammt allen unter gewöhnlichen Umständen darüber gehenden Lasten nicht viel über zweitausend Tonnen wiegt, so daß die Kraft der Seile fast sechs Mal so groß ist, als die Last, welche dieselben zu tragen haben. Der früher erhobene Einwand, daß die eintretenden Schwingungen die Tragfähigkeit beeinträchtigen würden, ist bei dieser Brücke nicht stichhaltig; alle daher rührenden Befürchtungen müssen vor der Wirklichkeit verschwinden.

„Di Brücke hat sechshundertvierundzwanzig Hängstützen, deren jede dreißig Tonnen zu tragen vermag, alle zusammen also neunzehntausend Tonnen, während die gewöhnlich auf ihnen ruhende Last kaum tausend Tonnen beträgt. Trotzdem ist noch die Last mittelst Gurten und Bändern geschickt vertheilt, so daß eine Lokomotive mit ihrem Gewicht nie auf einen Punkt, sondern auf eine Strecke von zweihundert Fuß drückt. Jedes Unglück durch Zerreißen an einer Stelle ist hierdurch verhutet.

„Die Ankerketten haben neun Glieder, jedes sieben, das letzte sogar zehn Fuß lang. Das unterste derselben besteht aus sieben Eisenstangen, von sieben Zoll Breite und ein und einen halben Zoll Dicke. Die Ankerplatte ist gegossenes Eisen, drei und einen halben Zoll dick, sechs Fuß sechs Zoll breit und lang. Fast alles hierzu verwandte Eisen kam aus amerikanischen Werken; jeder Quadratzoll desselben hält eine Last von vier und sechszigtausend Pfund aus. In der Mitte, wo das Ende der Kette durchgeht, beträgt die Dicke der Ankerplatte zehn Zoll.

„Die Felsen, auf welchem der Bau an der New-Yorker Seite ruht, hat hundert Fuß Länge und siebenzig Fuß Breite bei einer Tiefe von zwanzig Fuß. Ein Kubikfuß desselben wiegt einhundertundsechzig Pfund, und besitzt eine Widerstandskraft von vierzehntausend Tonnen.

„Die Thürme haben vier Seiten, fünfzehn Fuß unten, acht Fuß oben breit. Der Kalkstein, aus welchem sie gebaut sind, hält auf jeden Quadratfuß eine Last von fünfhundert Tonnen aus. Zwei und dreißig tausend Tonnen würden den Gipfel der Thürme eindrücken; das größte Gewicht, welches auf sie fallen kann, überschreitet nicht sechshundert Tonnen. Jeder der diesseitigen Thürme wiegt viertausend Tonnen.

„Vier Seile halten das Ganze, jedes zehn Zoll im Durchmesser und zusammengesetzt aus sieben Strängen, deren jeder wieder aus fünfhundert und zwanzig einzelnen Drähten zusammengewunden ist, so daß jedes Seil dreitausend sechshundert und vierzig Drähte zählt. Sie wurden an Ort und Stelle verfertigt und mittelst Röbling's eignen Patentmaschinen überzogen. Außer dem allgemeinen Ueberzug sind alle Drähte zweimal in Oel getränkt und angestrichen, zur bessern Sicherstellung gegen Rost. Fünfhundert Tonnen dieses Drahtes lieferte England.

„Eine der merkwürdigsten Eigenthümlichkeiten der Niagarabrücke ist ihre besondere Elasticität. Kaum hat ein Zug die Brücke verlassen, so ist auch schon Gleichgewicht und Ruhe wieder hergestellt. Selbst von den stärksten Stürmen ist keine Beschädigung zu befürchten. Fest und dauerhaft hängt das Riesenwerk da, als wolle es der Ewigkeit trotzen. Aber eine schwache Seite hat es doch mit andern derartigen Bauten gemein: nichts ist nächst widrigen Winden für Hängebrücken gefährlicher, als drüber rabendes Vieh. Nach Röbling's eigner Versicherung könnte ein schwerer Zug, welcher mit einer Geschwindigkeit von zwanzig Meilen die Stunde die Brücke passirte, derselben nicht so viel Schaden thun, als zwanzig junge Ochsen im Trab. Dies oder in regelmäßigem Tritt marschirende Truppenkörper sind die gefährlichsten Proben, denen man Brücken unterwerfen kann. Daher hat man auch an der Niagarabrücke sehr strenge Verordnungen gegen alle Unvorsichtigkeiten in dieser Art getroffen.

„Der ganze Bau kostet nur vierhunderttausend Dollars. In England wäre er wenigstens auf die zehnfache Summe gekommen. Es ist ein Werk, auf welches die Welt mit Bewunderung blickt, unübertroffen in beiden Erdtheilen, mit Recht der Stolz der Amerikaner, in deren Lande es entstand, aber auch der Deutschen, denn ein Deutscher stellte die ganze staunenswerthe Arbeit her, für sich selbst ein ewiges unvergängliches Denkmal.

H.

——— — — —

Die Reform-Partei in England.

(Aus der „New-Yorker Tribune.")

Die Partei für Reform in der englischen Staatsverwaltung, welche einige Wochen lang so fest schlief, daß man sie hätte für todt halten können, hat sich aus ihrer Erstarrung wieder aufgerafft und, alle Kräfte zusammennehmend, versucht, in's Leben zurückzukehren. Diesmal war die Scene von der Stadttaverne nach den besser anziehenden Brettern des Drury-Lane-Theaters verlegt, welches unglücklicher Weise als Geburtsort vieler der blasenartigen politischen Gesellschaften England's seit langen Jahren in bösen Ruf gekommen ist. Bei dieser Gelegenheit hatten die Leiter offenbar ihre ganze Kraft aufgeboten. Ein Stern erster Größe wurde vorgefahren in der Person des Herrn Layard, welcher zwar im Hause der Gemeinen bereits die Sache der neuen Partei vertheidigt und beinahe durchgeführt, aber, bis zu seinem Auftreten in Drury-Lane, sich vorsichtig von aller öffentlichen Bewegung und ihrem Treiben fern gehalten hatte. Thackeray spielte den stummen Zuschauer, Dickens war durch einen Brief vertreten. Morley, ein wohlhabender Gasthofbesitzer, welcher von den Amerikanern sehr patronisirt wird, und dadurch einige amerikanische Grundsätze angenommen hat, übernahm den Vorsitz. Unter den übrigen Anwesenden suchen wir vergebens ein einsames Exemplar jener kaufmännischen Klasse, welche angeblich ihre Ladentische verließen und die fette Seite des

Lebens vergaßen, um dieser neuen Fahne zu folgen. Mit diesen Ausnahmen war Drury Lane nicht unähnlich der alten Adullamhöhle, wo alle unzufriedenen Geister England's sich sammelten. Mehrere irische Mitglieder, wahnsinnig auf das Anstiften irgend welchen Unheils versessen, und einige verstimmte englische, welche sich jetzt für die rechten Leute hielten, hatten hauptsächlich die Platform besetzt. Selbst Charles Napier, welcher so nachlässig das baltische Meer während des ganzen letzten Sommers durchstrichen hat, und dessen Nichtsthuerei nach seinen hochnäsigen Prahlereien einen der Hauptpunkte bildet, auf die man sich zur Rechtfertigung dieser Bewegung stützt, hatte die köstliche Verwegenheit, zu erscheinen, und in seiner Person ein lebendes Beispiel der üblen Folgen des bestehenden Systems parlamentarischer Bevormundung zu liefern, nach welchem Systeme, wie es wiederholt vorgekommen ist, renommirenden Prahlhänsen und leeren Köpfen Aemter gegeben werden, welche nur dem erprobten Verdienst zukommen.

Die große Ironie in dem Gegensatz zwischen der Sache des Verdienstes und den Beweggründen der Leute, welche da sich herumdrängten, entging nicht dem scharfen Auge des Erforschers von Niniveh. Layard, wie alle geringen Politiker, kühn und unbedenklich, ist für die Zwecke der Leiter dieser neuen Bewegung ein nicht untauglicher Charakter. Seine rohe Energie und feste Entschiedenheit haben derselben ihre Hauptstärke gegeben und in ihrem Fortgange wird sie ihn aller Wahrscheinlichkeit nach zum Glück führen. Das Motto, welches einer der hervorragendsten und glücklichsten parlamentarischen Abenteurer, der verstorbene Sheil, allen ämtersüchtigen politischen Lanzenknechten als Inschrift für ihre Banner empfahl: „Macht Euch selbst furchtbar!" schwebt ihm beständig vor den Augen.

Mr. Layard suchte den Grund der Abwesenheit selbst eines einzigen Parteigenossen aus jener kommerziellen Classe, welche mit jeder Stunde mehr Uebergewicht über die Aristokratie erlangt und mehr und mehr zur herrschenden Macht in England wird, darin, daß diese Leute jederzeit vorsichtig alle Möglichkeiten abwägen und sich nicht leicht bei irgend einem Unternehmen einlassen, bei welchem sie nicht gleich vom Anfangspunkte aus auch schon den Erfolg sehen. „Laßt uns erst Aussicht auf Erfolg haben," ruft Layard aus, „und wir werden die starke Mittelklasse, die sehnigen Geschäftsleute, schaarenweis in unsre Reihen strömen sehen." Dies ist unzweifelhaft richtig in Bezug auf die politischen Parteien Englands. Während wir den Charakter und die Triebfedern der Leiter dieser Bewegung als einen Gegenstand von allgemeinem Interesse besprechen, sollten wir nicht an deren Erfolg verzweifeln, weil das Fahrzeug nur spärlich bemannt ist oder die eigennützigen Einflüsse, welche die Mehrzahl der Menschen regieren, dagegen sind, wenn nur die treibende Maschine gut ist und die Steuerleute genau ihr Reiseziel kennen. Alle großen Bewegungen zum Besten der Menschheit wurden noch von wenigen wackern und entschlossenen Männern begonnen. Wilberforce und Clarkson standen einst fast allein in dem Streben, die Kette den Sklaven in Westindien abzustreifen, und wurden selbst eine Zeitlang für wahnsinnig gehalten. Jetzt werden ihre Namen in jedem Lande nur unter Segenswünschen genannt. So wird es auch eines Tages in England mit diesen wackern Männern sein, welche trotz ähnlicher Schwierigkeiten beim Beginn die Sache so weit auf die Bahn des Sieges gebracht haben. Bei den ersten schwachen Bemühungen, die katholische Emanzipationsbewegung in's Leben zu rufen, fand sich der Befreier Irlands „in einer kleinen zu einem Buchladen gehörigen Stube zu Dublin mit nur fünf Männern um sich."

In dieser Weise räsonnirt Layard; aber er überzeugt uns nicht, und zwar deswegen, weil dieser neuen Bewegung ein bestimmter, den Sinnen des Volkes wahrnehmbarer Zweck fehlt, so daß sich auch nicht die Spur eines wirklichen Erfolges voraussehen läßt. England wird einfach auf die bestehenden Uebel hingewiesen und ersucht, sich davor zu hüten, aber man sagt nicht, wie. Die Presse fragt jetzt von einem Ende Englands bis zum andern: „Was bedeutet diese Reform in der Staatsverwaltung? Wir sehen die Uebelstände. Sie blenden uns die Augen und stinken uns in die Nase. Aber womit sind sie zu heben?" Antwort: „durch den rechten Mann an der rechten Stelle." Lord Palmerston sagte in der letzten Parlamentsdebatte, sein Ministerium gäbe die allerbeste Illustration dieses Grundsatzes, denn die runden Leute säßen in den runden Löchern, die eckigen in den eckigen, was das Haus der Gemeinen mit überwiegender Mehrheit gebilligt habe. Layard meint nur, er und einige seiner Leute würden noch besser in die Löcher passen, und die Versammlung in Drury-Lane erklärt sich mit dieser Meinung von seinen Verdiensten einverstanden. Wer will zwischen den Gelehrten entscheiden? Sir Charles Napier, nachdem er von dem einen Ministerium bei Seite geschoben und von einem andern ihm ein Kommando verweigert worden, erklärt, daß er der geeignetste Mann zur Führung der brittischen Flotte sei und die Versammlung von Drury-Lane stampft Applaus. Wer wird die Frage entscheiden?

Die „London Times" fühlt das Unpassende dieser Stellung und kommt deshalb mit dem Vorschlage heraus, das Verdienst auf die Probe zu stellen und eine öffentliche Prüfung entscheiden zu lassen. Aber das heißt wieder die Nebenflüsse angreifen, statt der Quelle, von welcher das Uebel herkommt. Nicht in den verwaltenden Händen, sondern in den regierenden Köpfen hat die Krankheit ihren Sitz. Nicht an den wackern Soldaten liegt der Fehler, sondern an dem unfähigen General. Es ist aber nicht vorgeschlagen, den

Herzog von Newkastle oder Lord Palmerston oder Lord Panmure oder Lord Ellenborough einer Prüfung unterwerfen, um ihre respektiven Verdienste für das Kriegsministerium festzusetzen, oder Sir Colin Campbell und Lord Raglan über Befestigungskunst und Artilleriewissenschaft zu examiniren oder Sir Charles Napier und Sir Edmund Lyons über Schifffahrtskunde. Solch eine Prüfung, wie sie die „Times" vorschlägt hinsichts der rivalisirenden Verdienste der Fähnriche Smith und Brown, würde, so interessant sie auch wäre, schwerlich die ungeheuren Uebelstände und Ungerechtigkeiten, unter denen England seufzt, lindern. Vor einigen Jahren bestand einmal eine dem Anschein nach höchst wichtige Prüfung, welche alle jungen Leute bei ihrem Eintritt in die brittische Armee und späterhin beim Antritt jedes höheren Grades durchmachen sollten. Aber wie die Prüfungen vor der Aufnahme in den geistlichen Stand oder in irgend ein andres Gewerbe in in England ist die ganze Geschichte, besonders für Bewerber aus der bevorzugten Classe, nichts als ein rosiges Phantasiebild. Die Früchte eines solchen Possenspiels kann man in der Krim sehen.

Diese örtlichen Mittel für Geschwüre, welche nur die natürlichen Ausbrüche einer tiefsitzenden inneren Krankheit bilden, sind an sich unwirksam und unnütz. Sie können nur geheilt werden durch einen kühnen Schnitt bis in den Sitz des Unheils. So lange ein Haus, in welchem zur gesunden Thätigkeit irgend eines brittischen Ministeriums eine Mehrheit für dasselbe erforderlich ist, in den Händen der ältesten Söhnen von Lords und das andere, in welchem das Ministerium eine Mehrheit haben muß, um nur existiren zu können, in den Händen von jüngeren Lordssöhnchen ist, werden diejenigen, welche die Macht haben, auch die Stellen mit Leuten und in einer Weise besetzen, so gut sie eben können; bis jetzt thun sie das. Wenn „der rechte Mann auf die rechte Stelle" kommen soll, müssen die Fußschemel des Kastengeistes und des ausschließlichen Vorrechtes, wonach man einen Unterschied macht zwischen Mann und Mann, und welche, indem sie die Macht in die Hände Weniger geben, auch die Stellen diesen anheimgeben, weggefegt werden. Wenn dies einmal gethan ist, wird das Verdienst schon an seine rechte Stelle kommen.

Insoweit diese kleinen Ströme, wie diese Bewegung für administrative Reform, thatsächlich die riesige Flut der Revolution, welche früher oder später säubernd daherschreiten wird, vermehren, heißen wir sie willkommen. Als individuelle Erscheinungen dagegen erwarten wir von ihnen durchaus keinen Erfolg.   H.

Herr Heinzen

hat in den beiden letzten Nummern und besonders in No. 25 des „Pionier" die „Atlantis" in einer Weise besprochen, welche mich zu einer Erwiederung zwingt. Schon früher waren Ausdrucke im „Pionier" enthalten, welche den Herausgeber der „Atlantis" als einen Hunter, einen blasirten Menschen u. s. w. bezeichneten; ich glaubte aber, solche Angriffe mit Stillschweigen übergehen zu dürfen. Auch diesmal werde ich Herrn Heinzen nicht auf das Gebiet des persönlichen Skandals folgen, da derselbe dort eine Notorietät ist, und ich ihm dort eine superiöre Stellung nicht abstreiten will und kann. Aber Herr Heinzen hat mich in meiner Auffassung und Behandlung der amerikanischen Verhältnisse der Leichtfertigkeit, Inconsequenz und Unwahrheit beschuldigt, und da er dies durch welsche Citate aus der „Atlantis, die, aus d.m Zusammenhange gerissen, allerdings widersprechend scheinen, bewiesen zu haben glaubt, so will ich auf diesen Punkt näher eingehen.

Es hat sich wohl jedem denkenden Beobachter der amerikanischen Zustände die Ansicht aufgedrängt, daß Amerika das Land der Widersprüche und Gegensätze ist. Drüben sind die verschiedenen Weltanschauungen, deren Kampf die Geschichte dieses Jahrhunderts bildet, durch eine große Kluft getrennt; der Despotismus und die Freiheit, die Religion und die Wissenschaft sind in getrennten Heerlagern u. in offenem Kampfe. Aber in Amerika mischen die Gegensätze sich untereinander; die verschiedensten Tendenzen vereinigen sich zu einer Partei, und selten ist es, daß sich Menschen und Zustände nicht selbst widersprechen. Die große Unreife und die schnelle Entwickelung dieses Landes vermehrt diese Widersprüche; auf dem Baume des amerikanischen Lebens sehen wir Knospen neben faulen Früchten. Der große Gegensatz, zwischen dem, was dieses Volk und Land zu sein vorgibt und in der That ist, beunruhigt uns, und wir beurtheilen in der verschiedensten Weise die amerikanischen Zustände, je nachdem wir dieselben an und für sich, oder in Verbindung mit der Geschichte dieses Landes und in Hinblick auf dessen Zukunft und schnelle Entwickelung betrachten. Es scheint uns sehr bedenklich zu sein, in Amerika abstrakte, absolute, kategorische Urtheile zu fällen; die Verhältnisse dieses Landes sind flüssig und in steter Entwickelung begriffen, und jedes unbedingte Absprechen und abstrakte Urtheilen wird sich im nächsten Momente als irrig herausstellen. Alle Dinge haben zwei Seiten, das merkt man besonders in Amerika. Man wird sich in Amerika über wenig freuen können, wenn man die Verhältnisse für sich nimmt, ohne Umstände, Bedingungen und Entwickelungen zu berücksichtigen. Dies abstrakte Urtheil scheint Herrn Heinzen eigenthümlich zu sein; es faßt eine Seite der Sache abstrakt auf, und

5

muß natürlich überall Widersprüche finden; deshalb scheint auch Herr Heinzen nicht das richtige Maaß für amerikanische Verhältnisse zu haben. Seine Urtheile sind abstoßend und wegwerfend; er gibt keine Bedingungen und R efsichten zu; alle Verhältnisse werden nach einer einmal zurechtgemachten Schablone kritisirt. Daß die Verhältnisse dann nicht passen, versteht sich von selbst. Deshalb wird Herr Heinzen sich nie in Amerika glücklich fühlen, nie sich über amerikanische Verhältnisse freuen können.

Als Herr Heinzen früher in New-York weilte, schien ihm diese Stadt ein Sodom und Gomorrha zu sein, und seine Urtheile darüber waren im höchsten Grade wegwerfend und absprechend. Jetzt ist er nach New-York zurückgekehrt und der Westen hat eine Gedächtnißrede erhalten, welche auf eine krankhafte Gemuthsstimmung des Verfassers schließen läßt. Wo eben Herr Heinzen ist, da gefällt es ihm nicht; er hat ein merkwürdiges Talent, alle unangenehmen Seiten des Lebens, alle Schwächen der Menschen und Zustände herauszufinden. Wenn Herr Heinzen auf das Gute, Anerkennenswerthe, Hoffnungsvolle, Zukunftreiche, das in den hiesigen Verhältnissen liegt, nur die Hälfte der Aufmerksamkeit wenden wollte, welche er den Schwächen und Schlechtigkeiten widmet, so würden seine Urtheile gerechter werden. Dies hat die ganze literarische Laufbahn des Herausgebers des „Pionier" bewiesen. Er liebt die persönliche Polemik und widmet derselben einen großen Theil seiner Thätigkeit. Aber seinem Urtheile begegnen immer nur die scheinbaren oder wirklichen Schwächen der Menschen; für die guten und edlen Seiten hat er kein Auge und Ohr. Um nur ein Beispiel zu erwähnen, so hat er den Fehltritt Kinkel's, — denn als einen solchen bezeichnen wir die Nationalanleihe und die damit verbundenen Maßregeln, — auf eine Weise ausgebeutet, die eben nicht von Großmuth und Hochherzigkeit zeugt; die großen u. edlen Züge aus dem Leben des Dichters hat er in seiner Beurtheilung vergessen. Kinkel unterschied sich sehr von unsern andern liberalen Professoren dadurch, daß er es nicht mit Redensarten bewenden ließ, sondern als ein gemeiner Soldat sich in die Reihen der Freiheitskämpfer stellte, und wir unserentheils möchten bei der Beurtheilung dieses Mannes lieber dieses Faktum, als das der Nationalanleihe, in den Vordergrund schieben. Wie hier, so zeigte sich Heinzen in seiner Polemik gegen Kossuth, Hecker, Struve, Dulon, kurz überall; er sammelt die Schwächen der Menschen und baut sich daraus seinen Thron.

Es verräth kein Gemüth, kein großes Herz, kein glückliches Temperament, wenn man sich immer zu der Kehrseite der Menschheit hingezogen fühlt. Wollten wir mit eben so finstern Augen sehen und mit so bittern Worten urtheilen, wie Herr Heinzen, so würden wir sagen, daß jeder Mensch die Außenwelt nach seiner eigenen Individualität beurtheilt, daß jedes Urtheil eine subjektive Seite hat, und daß ein Mensch durch seine Beurtheilung Anderer den richtigsten Maßstab für die eigene Beurtheilung gibt. Indessen wollen wir milder verfahren, und Herrn Heinzen von der günstigsten Seite kennen zu lernen suchen. Was Herr Heinzen in seinem Kampfe gegen die Sklaverei, so lange er in Amerika ist, geleistet hat, wie er einer verrotteten und verhunkerten Presse damals, als die deutsche Presse von Amerika durchweg noch auf dem Standpunkt der New-Yorker Staatszeitung stand, entgegengetreten ist: dies wird ihm immer einen der ehrenvollsten Plätze in der deutsch-amerikanischen Literatur sichern, und manche Schwäche in Vergessenheit bringen. Heinzen ist ein treuer Freund der europäischen Revolution und amerikanischen Reform, und wenn man heutzutage von einem Politiker sagt, er sei treu und ehrlich, so ist dies schon viel; so ist dies fast genug. Wenn wir unserem Grundsatze treu bleiben, bei der Beurtheilung der Personen auch immer die Verhältnisse zu berücksichtigen, so finden wir grade in der Art und Weise, wie Heinzen von den Leuten in Amerika behandelt ist, wenn nicht gerade eine Rechtfertigung, so doch eine Erklärung seiner Sonderbarkeiten und Eigenthümlichkeiten. Eine versunkene, verdorbene Hunkerpresse hat ihn seit Anfang seiner Laufbahn in einer Weise angegriffen und geschmäht, daß er auf das Aeußerste gereizt und erbittert wurde. Mehr noch wie seine Feinde, scheinen ihm einige Freunde geschadet zu haben, die sich um ihn als den Vorkämpfer freier Ideen schaarten, und in ihrer Begeisterung alle Kritik und jedes Urtheil vergaßen, so daß sie sich Alles von ihm gefallen ließen, sich mit dem „in verba jurare magistri" b gnügend. Dadurch gewann ein Gefühl der Untrüglichkeit und Unfehlbarkeit die Ueberhand, das man eine Weile erträgt, welches aber auf die Dauer unangenehm wird, wie Sand in den Schuhen. Wenn ich persönlich Herrn Heinzen zugebe, daß ich Kritik und Polemik nothwendig habe, — eine selbstverständliche Sache bei einem Journalisten, — so wird mir Herr Heinzen zugeben, daß auch er der Kritik bedarf, und zwar einer unparteiischen und leidenschaftslosen Kritik, die von eben so viel Wohlwollen, wie Gerechtigkeit dictirt ist. Bisher waren diejenigen, welche über Herrn Heinzen schrieben, entweder seine erbitterten Feinde, oder seine unbedingten Anhänger, und von Beiden konnte er keine nützliche Kritik erwarten.

Herr Heinzen sagt, ich habe ihn mit Hohn behandelt. Nun, Hohn ist eine Waffe, mit deren Eigenschaften und Wirkungen Herr Heinzen zu genau vertraut ist, als daß ich widersprechen möchte. Um übrigens gleich auf die Sache zu kommen, — auf die Differenzen zwischen dem Pionier und der Atlantis, deutsche Staaten und die Stellung des deutschen Elementes in Amerika betreffend, — so denke ich, daß grade die gegenwärtige politische Krise die beste Gelegenheit dazu gibt, zu zeigen, welch eine nothwendige Stellung die Deutschen in der amerikanischen Politik einzunehmen haben. Grade jetzt, wo der langgehoffte Parteiunterschied zwischen Süd und Nord in einfacher und entscheidender Bedeutung hervortritt, ist das deutsche Ele-

ment dasjenige, welches die Partei des Nordens von der puritanischen
Bornirtheit befreien muß. Es drohen sich die Parteiverhältnisse so zu gestalten, daß auf der einen Seite die Sklavereipartei steht, sich auf die tiefsten Schichten des Volkes stützend, in traulichem Bündniß mit dem Katholizismus und dem Whiskey, — auf der andern Seite die Reformpartei
mit aller Confusion von Freesoilern, Temperenzlern, Nichtswissern und dergl.
Können die wirklich liberalen Leute des Nordens, — zu denen diejenigen
Deutschen gehören, welche Herr Heinzen in seinen deutschen Staat rufen
will, — die Partei des Nordens nicht von ihren unreinen puritanischen
Beimischungen reinigen, — dann ist ihre gegenwärtige Aufgabe verfehlt;
dann können sie aber vielweniger einen deutschen Staat gründen. Die erste
Aufgabe liegt viel näher und ist leichter zu erfüllen, wie die zweite. Herr
Heinzen hat ja selbst seinen Plan, einen deutschen Staat zu gründen, vor
der Hand auf eine Colonie für 50,000 D. beschränkt: dies scheint mir
schon ein vollständiges Verzichtleisten auf den ursprünglichen Plan. Die
Frage hat eine viel größere Tragweite. Die Gefahr ist da, daß
Amerika sich in zwei Elemente scheide, in eine Gruppe von Sklaven-
staaten mit der Barbarei, dem Faustrecht und dem Katholizismus
des Mittelalters, und einem steifen, puritanischen, temperenzlerischen
Norden, den die Bibelpfaffen und Wasserheuchler beherrschen. Aber zwischen den Neu-England Staaten und dem Süden liegt noch ein anderes
Land, der amerikanische Westen, mit einer vorzugsweise ackerbauenden
Bevölkerung, mit mehreren Millionen Deutschen; hier muß die nördliche
Politik einen andern Charakter gewinnen, als in Massachussets, und dazu
müssen die Deutschen helfen. Dies ist eine leichtverständliche Aufgabe,
und wir haben noch nicht alle Hoffnung aufgegeben, daß die Deutschen
helfen, sie zu erfüllen. Aber Herr Heinzen liebt nicht den Westen; wir
werden ihm deßhalb diese Hoffnung nicht begreiflich machen können.

Grade in diesem Momente haben wir in Ohio ein Beispiel. Die
deutschen Delegaten werden auf der republikanischen Convention vom 13.
Juli verlangen, daß man die nativistischen Bestrebungen ausdrücklich zurückweise. Geht die Convention darauf ein, — wir haben leider Grund
daran zu zweifeln, — so ist ein großer Schritt zur Bildung einer wahren,
nördlichen Freiheitspartei geschehen. Ist das Gegentheil der Fall, so ist
die Sache das nächste Mal mit erneuter Kraft aufzunehmen.

Herr Heinzen sagt, daß er nur deßhalb deutsche Staaten haben wolle,
um freie Staaten zu haben. Sollte aber dies nicht innerhalb der westlichen
Staaten eher geschehen können, als in der Wildniß? Ich bin überzeugt,
daß man mit weniger Geld, Eifer und Anstrengung in Ohio eine starke, freie
Partei gründen kann, als fern im Westen eine Colonie von nur tausend Bauern.

Herr Heinzen belächelt es, daß ich von Amalgamiren verschiedener
Völkerstämme gesprochen habe. Haben wir nicht Gelegenheit, vielfache

Beispiele davon in Europa zu sehen? Sind nicht das Elsaß und Lothrin-
ger, die besten und kriegerischsten Provinzen Frankreichs, ein Produkt der
Verschmelzung des deutschen und französischen Elementes? Kann man
nicht Aehnliches im schweizerischen Jura, in Belgien u. s. f. sehen? Man
braucht dabei nicht gerade an die Deutsch-Pennsylvanier zu denken, denn
das deutsche Element, welches zu diesem Produkte verwendet wird, ist mit
der heutigen Einwanderung doch nicht zu vergleichen.

Muß nicht in Amerika sich dieser Prozeß des Zusammenschmelzens
verschiedener Nationalitäten im Großen vollziehen? Herr Heinzen erinnert an die Abneigung der heutigen Amerikaner, sich mit den Fremden einzulassen. Ist aber das Motiv der nativistischen Bestrebungen etwas Anderes, als etwa die Furcht der deutschen Spießbürger vor der Revolution,
die Furcht jedes bornirten Menschen vor der Zukunft? Gerade in diesem
nativistischen Gefühle ist die Ahnung enthalten, daß es bald mit dem spezifischen Amerikanerthume vorüber sein werde. Genug, ich kann mich statt
jedes weiteren Argumentes einfach auf die Bemerkung beschränken, daß
wenn die freien Deutschen in den Ver. Staaten die Macht und den Einfluß
besitzen, der zur Bildung eigener Staaten nothwendig ist, daß sie dann diese
Macht zehnfach wirksamer in ihren jetzigen Verhältnissen geltend machen
könnten.

Nun, ich will nicht den „Schulmeister" an Herrn Heinzen machen, wie
er mir vorwirft; ich weiß, daß dies nicht möglich ist. „Ich bin nun 'mal
so," sagt Sancho Pansa. Im Gegentheil, ich will recht gern Herrn Heinzen's Belehrungen annehmen, und mich seiner Kritik unterwerfen; ich denke,
es wird wohl nicht so gefährlich ausfallen, und unter der Feuerprobe der
Kritik noch ein Stück von mir übrig bleiben. Von vornherein, um zu zeigen, daß es mir Ernst ist mit der Reue und Bußfertigkeit, gebe ich zu, daß
ein Vorwurf, den Herr Heinzen und sein Correspondent aus Newark mir
macht, einigermaßen gegründet ist, nemlich, das Zuviel- u. Ueberzuvielerlei
schreiben. Es wäre mir gewiß viel lieber, wenn ich monatlich nur einen
Artikel zu schreiben hätte. Daß der B ruf eines Journalisten verflüchtigt,
dies weiß Herr Heinzen selbst; auch Herr Heinzen muß über Mancherlei
schreiben, das er nicht mit der gewünschten Ruhe und Gründlichkeit behandeln kann, trotzdem daß er seine Spalten oft mit Korrespondenzen, persönlichen Streitigkeiten und Wiederabdruck alter Sachen ausfüllt. Dies ist
ein Fehler des Berufes, an dem alle Journalisten leiden. Der Setzer braucht
Manuscript, und man kann nicht erst Bibliotheken durchlesen, ehe man den
Bogen fertig schreibt, zumal wenn man in einer Stadt lebt, wo keine Bibliotheken sind. Ich gebe übrigens Herrn Heinzen die Versicherung, daß ich
auch über diesen Punkt so gut, wie möglich, hinwegzukommen suche.

Was die Bemerkung über Agassiz betrifft, so bin ich nicht der Erste,
der sie gemacht hat. Da ich die Werke von Agassiz nicht zur Hand habe,

kann ich für den Moment nicht die Beweise für meine Behauptung wört=
lich beibringen. Aber selbst wenn ich in dieser Einzelheit Unrecht haben
sollte, glaube ich doch den Vorwurf, mit den Pfaffen Hand in Hand zu ge=
hen, — wie er mir vom Newarker Dissecter gemacht wurde, — einfach ab=
lehnen zu müssen.

Hiermit scheint das Wesentlichste für diesmal abgemacht zu sein. Ich
habe geglaubt, diesmal im Unterschiede von früheren Angriffen, welche mir
von verschiedenen Blättern gemacht wurden, antworten zu müssen, und
bin auch bereit, die Polemik fortzusetzen, sobald objektive Fragen den Ge=
genstand der Debatte bilden. Ich gebe den Lesern der „Atlantis" die Ver=
sicherung, daß sie keine Debatte in der „Atlantis" sehen sollen, der Art,
wie sie Herr Heinzen schon mehrmals hervorgerufen hat, daß ich immer ru=
hig bleiben werde. Herr Heinzen kann nicht gröber und beleidigender wer=
den, als er in dem letzten Artikel über die „Atlantis" war; ich habe aber
keinen Augenblick meine gute Laune verloren, und kann schließlich versi=
chern, daß ich niemals so sehr aufgelegt war, Herrn Heinzen Gerechtigkeit
für seine etwaigen Verdienste widerfahren zu lassen, wie heute.

Ohio=Politik.

Heute, am 13. Juli, erinnern wir uns lebhaft des vorigen Jahres, wo
dieser Tag der Geburtstag der neuen republikanischen Partei war. An
jenem Tage schienen die Früchte der Kansas und Nebraskabill zu reifen;
überall schaarten sich die Männer des Nordens zusammen, um der schnö=
den Rechtsverletzung sich zu widersetzen. In Michigan, Illinois, Wis=
consin, Ohio und mehreren andern Staaten des Westens bildeten sich
Staatsconventionen, in denen sich die verschiedenen Elemente der Oppo=
sition gegen die Nebraskabill zu einer neuen Partei, der republikanischen,
vereinigten. Wir erinnern uns noch mit Vergnügen unserer damaligen
Reise nach Madison, und unseres Aufenthaltes in der freundlichen Idylle
Wisconsin's. Damals schien die Politik Amerika's endlich eine bestimmte
Gestalt gewinnen zu wollen, und eine prinzipielle Entwickelung anzuneh=
men. Die Sklavereifrage, lange vertuscht und durch Compromisse aus der
politischen Debatte entfernt, war durch den meineidigen Vertragsbruch der
demokratischen Partei wieder in den Vordergrund der öffentlichen Diskus=
sion getreten, und wurde zum Ausgangspunkte der politischen Bestrebun=
gen und Parteiungen gemacht. Dies war als ein großer Fortschritt zu be=
trachten, denn soll Amerika jemals seine geschichtliche Mission erfüllen,
soll jemals dieses Land in seine Verfassung und Zukunft hineinwachsen, so
muß die Sklaverei eingedämmt und zurückgewiesen werden. Es müssen
die leitenden Grundsätze der Congreßpolitik dem Norden angehören. Steht

die Frage einmal einfach zwischen Süd oder Nord, so ist sie zum Vortheil der Freiheit entschieden. Jeder Freund der Freiheit mußte deshalb die neue Parteibildung mit Genugthuung und Befriedigung ansehen. Die Deutschen, welche jahrelang der demokratischen Partei angehört hatten, wohl mehr des Namens, wie der Grundsätze wegen, wurden lebhaft von der neuen Bewegung ergriffen; in ihren politischen Ansichten und Bestrebungen war ein großer Umschwung und Fortschritt zu bemerken; viele ihrer Zeitungen rissen sich aus der alten Parteiabhängigkeit los, und die freisinnigen Wahlen des letzten Herbstes sind zum Theile mit auf die Rechnung der Deutschen zu setzen. Nach allen Seiten war die Bewegung daher für uns sehr erfreulich, und wenn sie einen solchen Verlauf gewonnen hätte, wie sie angefangen, dann wäre es ein Vergnügen, sich mit amerikanischer Politik zu befassen.

Aber die grundsatzlosen Politiker im Süden, wie im Norden, versuchten, den graden, reinen Strom der Politik abzuleiten und zu trüben. Die nativistischen Bestrebungen traten auf, und nahmen für eine Zeit lang den größten Theil der politischen Bühne in Anspruch. Wir haben in einem früheren Artikel den Verlauf dieser Bewegung beschrieben. Das Ende derselben war eine Trennung zwischen südlichen und nördlichen Know-Nothings, welche dem Norden eine Fraction Nativisten überließ, die für sich nicht stark genug ist, eine Partei zu bilden und die Aemter zu erhaschen, aber durch ihre Vereinigung mit einer andern Partei dieser die Majorität sichern wird.

Wir haben schon früher bemerkt, daß die nativistischen Logen ihr politisches Glaubensbekenntniß in Bezug auf Sklaverei nach der Oertlichkeit richten. Im Süden sind die Know-Nothings Proslavereileute, in den mittleren Staaten, Pennsylvanien, New-York u. s. w. gemischt, in den Neu-England Staaten und dem Westen der großen Mehrzahl nach Anti-Sklaverei Leute.

Eine Combination der nördlichen Know-Nothings mit den Abolitionisten, Freesoilern und allen Anti-Nebraska Elementen der vorjährigen „republikanischen" Partei scheint also sehr verführerisch für alle diejenigen Politiker, welchen der nächste Schritt mehr gilt, als das endliche Ziel, die bei ihren politischen Bestrebungen nur auf die nächste Wahl rechnen, denen es um die Aemter, nicht um die Grundsätze zu thun ist.

Unter diesen Umständen ist die nächste Staatswahl von Ohio und die republikanische Convention des heutigen Tages von entscheidender Bedeutung. Wir sehen voraus, daß hier dem Strome der nördlichen Politik seine Richtung gegeben ward. Ohio ist immer ein Schwerpunkt der nördlichen Politik; diesmal aber kommen noch besondere Gründe hinzu, um Ohio zum Centrum der ganzen Bewegung zu machen. Pennsylvanien ist für die nördliche Politik verloren; nirgend ist die Politik so gemein, niederg trächtig, corrumpirt, weil in dem Staate, wo die Deutschen selbst zum Theile Nichtswisser sind. Die Po it von New-York ist durch eine andere Frage, die Temperenzfrage, abgelenkt. Auch in Illinois sind durch das Mann-Law und die nativistischen Bestrebungen vielfache Verstimmungen in der Politik hervorgerufen. Wir hier in Ohio befinden uns in einer günstigeren Lage. Die Temperenzfrage, welche überall sonst so viel Unheil anrichtet, ist in Ohio einstweilen abgemacht; wir haben ein Gesetz, das auf einem Kompromisse zwischen den Temperenzlern und ihren Gegnern beruht, und obgleich wir dessen Constitutionalität stark bezweifeln, geben wir zu, daß es in der Praxis recht gut oper rt. Jedenfalls wird es bei der nächsten Staatswahl keinen Anlaß zum Hader geben. Die Stimmung zwischen den eingewanderten und eingeborenen Bürgern, ist, einzelne Städte, wie Columbus und Cincinnati ausgenommen, eine friedliche. Die deutsche Bevölkerung von Ohio ist der Mehrzahl nach freisinnig, und dies kann man auch von der Majorität der anglo-amerikanischen Bevölkerung sagen. Was aber das Wichtigste ist, der Staat Ohio zählt Staatsmänner, die frei von Fanatismus sich von freisinnigen Prinzipien und gerechten Ansichten leiten lassen, die durch ihre Vergangenheit bewiesen haben, daß sie krumme Wege und faule Kompromisse verabscheuen. Männer, wie Chase, Giddings, Wade sind doppelt werth in einer Zeit, wo um die Grundsätze gefeilscht wird, und die Bündnisse käuflich sind.

Die Frage ist für uns heute die: wird eine Combination zwischen dem freesoilistischen und dem nativistischen Elemente zu Stande kommen, oder nicht, und unter welchen Umständen und auf welche Bedingungen hin wird diese Vereinigung abgeschlossen werden?

Es wäre offenbar das Consequenteste und Entschiedenste, daß sich drei Parteien bilden, daß die Freesoilpartei die Nichtswisser mit der Verachtung zurückstöße, welche freie entschiedene Männer einer zweideutigen, heuchlerischen, unfreien Politik zollen; daß die nördlichen Know-Nothings trotz ihres Anti-Sklaverei Geschwätzes allein stehen bleiben, und die Freesoiler sich durchaus auf kein Kompromiß mit ihnen einlassen. Es würden dann drei Parteien sein: die Demokraten, die Freesoiler, die Nichtswisser; und es ist unschwer zu errathen, daß in diesem Falle der Demokratie der Sieg zufallen würde. Jubelte ja schon neulich der „Plain dealer", das hiesige Postmeister- und Administrationsblatt darüber, daß eine solche Trennung in drei Parteien unfehlbar statt finden müsse, daß es nicht möglich sei, daß Männer wie Chase und Giddings, eine Allianz eingingen mit den Nichtswissern, und daß im Falle dieser Trennung den Demokraten der Sieg zufallen m sse. Wir geben die Folgerung zu. Die Antisklavereipartei hätte in diesem Falle die nächste Staatswahl verloren; die Hunker bekämen die Aemter. Aber dieser Verlust würde mehr, wie zehnfach, aufgewogen durch die Herstellung einer reinen, unverfälschten, ehrlichen Freiheitspartei, ei-

ne Partei; die aus Männer von Ueberzeugung und Prinzip, nicht aus
Unterjägern besteht, eine Partei, die im Hinblick auf eine große glänzende Zukunft nicht über jeden beliebigen Stein, der im Wege liegt, strau-
chelt, sondern weitere Pläne und höhere Ziele verfolgt, als einen momentanen Aemterbesitz.

Wir und mit uns Tausende der freisinnigen Bewohner dieses Landes
würden uns glücklich schätzen, wenn es eine amerikanische Partei gäbe, der
wir uns ohne Rückhalt, mit Stolz und Selbstbewußtsein, anschließen könnten; wenn diese Partei auch noch so klein wäre, sie würde unvergänglich
und unbesiegbar sein dadurch, daß sie die ewigen Prinzipien höher stellt,
als die momentanen Bedürfnisse eines Wahlkampfes. Ist man doch schon
längst das Kompromißmachen zwischen der Sklaverei- und Anti-Sklavereipartei leid; will doch kein entschiedener Politiker heute noch vom Mis-
souri-Kompromiß und dem Kompromiß von 1850 wissen, — warum sollte
man denn ein Kompromiß mit den Nichtswissern abschließen, dieser ephe-
meren Erscheinung, die jeder Partei, der sie sich anschließt, nur eine momentane und zweifelhafte Unterstützung bieten könnte? Es ist nicht möglich, zu denken, daß Männer, wie Chase, Wade, Giddings, die bisher immer so viel Takt gezeigt und sich im politischen Leben so rein gehalten haben, sich in ein Kompromiß mit jenen borirten und fanatischen Menschen
einlassen könnten, welche die Menschenrechte und die Grundsätze der Unabhängigkeitserklärung gegen die Eingewanderten ebenso verletzen, wie
die Sklavenhalter gegen die Neger.

Freilich, die Männer an der Spitze scheinen uns zuverlässig und treu;
aber die Werkzeuge der Partei, die unvermeidlichen Drahtzieher, die Aemterjäger groß und klein, denken anders. Es gibt in jeder Partei Leute,
denen ein politisches Prinzip nur die Angel ist, um ein Amt zu fischen.
Während die Reihen der Know-Nothings sich grade durch diese Sorte Leute
schwärzen, zählen auch die Freesoiler solche Aemterjäger, die in Verzweiflung gerathen, wenn sie daran denken, daß sie durch eine feindselige Handlung gegen die Know-Nothings die nächsten Wahlen verlieren könnten.
Die Leute möchten die Anti-Sklavereibewegung dazu benutzen, um alle
Reste früherer Parteien, der Whigs, Demokraten, Freesoiler, Know-No-
things u. s. w. zu vereinigen, und mit Hülfe dieses grundsatzlosen Conglo-
merates die Aemter zu erhalten. In diesem Sinne brachte der hiesige
"Leader" Wahlvorschläge. Chase, Brinkerhoff und Bates waren seine
Kandidaten; also ein Freesoiler, ein Nichtswisser und ein Hunkerwhig.
Sollte eine solche Fusion über die Anstrengungen ehrlicher und consequen-
ter Politiker siegen, so würde die eigentliche Freesoilpartei für lange Zeit
Achtung und Zutrauen verscherzt haben. Wir geben zu, daß man in der
Politik klug sein muß, nicht Alles auf einmal verlangen darf, und selbst
hie und da Zugeständnisse machen kann, aber wenn diese Zugeständnisse

das Lebenselement der Partei betreffen, und mit den Grundsätzen derselben in direktem Widerspruche stehen, dann können wir uns nicht des Urtheils enthalten, daß es sich mehr um Aemterjägerei handelt, als um Prinzipien, und daß aller Anti-Sklaverei-Lärm dieser Leute nichts, wie eine große Lüge ist.

Wir glauben, daß wenigstens für uns Eingewanderte die Nationalitätsfrage gleich hinter der Sklavenfrage kommt, und wir keiner Partei ohne Rückhalt, ohne Bedingung, mit voller Hingebung und Treue angehören können, welche nicht in der einen Frage so gesund ist, wie in der andern. Wir verlangen daher in Bezug auf Sklaverei eine aggressive, in Bezug auf Nativismus eine defensive Politik.

Möchten die ehrlichen und unabhängigen Politiker doch einsehen, daß wenn jemals die Corruption, das Kompromiß und die Fusion aus der Politik verschwinden, wenn jemals sich hier eine consequente, prinzipielle Partei bilden soll, — daß sie dann bei sich selbst anfangen müssen. Von den Hunkern ist es nicht zu verlangen, daß sie ehrlich werden. Aber von den Männern, deren Politik aus einer edlen Quelle fließt, deren Platform die Menschenrechte, die ewigen, unveräußerlichen Menschenrechte sind, von diesen Männern können wir erwarten, daß sie auf jedes Bündniß mit dem Fanatismus und der Aemterjägerei verzichten.

Wir wollen sehen. Wie auch die Antwort auf unsre Frage ausfällt, unsere Stellung ist von vornherein klar und deutlich. Gewinnt das Nichtswisserthum in der republikanischen Partei einen deutlichen und entschiedenen Einfluß, so können wir nicht mit der republikanischen Partei stimmen, b. h. wir können dann bei der nächsten Staatswahl gar nicht stimmen. Denn für die „Demokratie" zu stimmen, dies ist nicht möglich, und wenn die Welt voller Know-Nothings wäre. Niemals hat diese Partei sich so niederträchtig und verächtlich gezeigt, wie in den letzten Tagen; niemals hat sie mit solchem Hohn den Norden behandelt, niemals mit solcher Schamlosigkeit ihre verwerflichen Ansichten eingestanden. Für eine Partei, welche die Rowdiethaten in Missouri und Kansas öffentlich billigt und zu einer Planke ihrer Platform macht, — wie die demokratische Convention in Georgia und Louisiana gethan, — für eine solche Partei sind uns die Thüren für immer verschlossen. Man merkt schon an dem insolenten, impertinenten Ton der deutschen demokratischen Blätter, daß sie, — Dank der nativistischen Bestrebungen mancher Abolitionisten, — der deutschen Bevölkerung Herr zu sein glauben, aber wir denken, daß unter den Deutschen doch noch Leute genug sind, welche feste Köpfe haben, und sich nicht vor einer vorübergehenden politischen Verlegenheit in den Staub der Schande beugen. Sollte die politische Situation so beschaffen sein, daß es gilt, zwischen einer nativistischen Bewegung und der Demokratie zu wählen, so gibt es nur Ein ehrenhaftes Auskunftsmittel, nemlich gar nicht zu wählen.

len. Dies ist kein „passiver Widerstand", sondern ein einfaches Ablehnen unwürdiger Verbindungen und Parteiungen.

Allerdings sagt man mit Recht, es handele sich im gegenwärtige Momente hauptsächlich um die Sklavenfrage; dies sei der einzige Ausgangspunkt der ganzen Bewegung, und alle anderen Fragen, wie z. B. die Naturalisation, Temperenz u. s. w., müßten in den Hintergrund gedrängt werden. Wir selbst haben diese Ansicht immer und bei jeder Gelegenheit vertreten. Die Entscheidung über die Sklavenfrage ist die Entscheidung über die Zukunft Amerika's, und alle anderen Fragen und namentlich die nativistischen Bestrebungen sind davon abhängig. Wenn man daher blos eine Anti-Sklaverei-Platform bauen, und, wie Wilson von Massachusets neulich sagte, alle andern Fragen der Zukunft überweisen will, so ist dies im Allgemeinen richtig gedacht. Der Amerikaner mag sich mit einer solchen Vertröstung auf die Zukunft zufrieden geben; nir Deutsche befinden uns aber in einer andern Lage. Die nativistischen Bestrebungen sind so sehr in den Vordergrund der öffentlichen Diskussion und in den Mittelpunkt der politischen Agitation getreten, daß wir sie nicht umgehen können, daß wir nicht auf eine unbestimmte Zukunft uns vertrösten dürfen. Wir wollen, daß die Reform-Partei öffentlich erkläre, daß sie die nativistischen Bestrebungen zurückweise. Ist es der republikanischen Partei wirklich Ernst mit ihrer Anti-Sklaverei-Bewegung, und will sie nichts Anderes, als eine Anti-Sklaverei-Platform, — ei, warum erklärt sie dies nicht, indem sie ausdrücklich jeden Nativismus aus dem Kreise ihrer Bestrebungen ausschließt?

Wahrscheinlich wird aber die Sache nicht auf diese Spitze getrieben werden. Man wird im Heerlager der Republikaner die nativistischen Bestrebungen, wenn auch nicht ausdrücklich desavouiren, doch in den Hintergrund zurückschicken, und die Nichtswisser mit einzelnen Aemtern abspeisen. So sehr uns eine solche Halbheit auch mißfällt, und so unverhohlen wir darüber unsere Unzufriedenheit aussprechen, so glauben wir doch, daß wir Deutsche für denjenigen Theil des republikanischen Tickets stimmen können, welcher unzweifelhaft frei von Nativismus ist. Namen, wie Chase als Gouverneur, — der Telegraph meldet grade seine Nomination, — werden den freisinnigen Deutschen immer genehm sein; die politische Vergangenheit dieses Mannes ist uns eine genügende Bürgschaft für seine ehrenhafte Haltung in der Zukunft. Eine solche Nomination scheint uns über jede Frage und Zweifel erhaben zu sein. Aber die schöne Ueberschrift ist uns doch keine Garantie für den Inhalt des ganzen Tickets. Dasselbe muß einer genauen, mißtrauischen Prüfung unterworfen, und jeder Namen, welcher nicht ganz frei von nativistischem Anstrich ist, daraus gestrichen werden. So werden wir uns wahrscheinlich mit einem durchlöcherten Ticket behelfen müssen.

Wie auch die Parteien sich gestalten, wir bedauern, daß die einfache und klare Situation auf diese Weise getrubt und verwirrt wird, und daß wir uns an dem bevorstehenden Kampfe nicht mit der Lebhaftigkeit und Hingebung betheiligen können, welche das große Prinzip, das auf dem Spiele steht, verlangt.

In der nächsten Nummer werden wir das republikanische Ticket, das der Telegraph beim Schluß dieses Artikels noch nicht vollständig gebracht hat, näher besprechen.

Rundschau.

Die Aussichten für die nächste Zukunft sind befriedigend, und ohne gerade ein Sanguiniker zu sein, ohne gerade einem einseitigen Optimismus zu huldigen, kann man doch eine Besserung mancher Verhältnisse erwarten. Der Sommer ist bisher mäßig und milde; er erinnert an ein europäisches Klima, und unterscheidet sich sehr von dem grausamen Sommer des vorigen Jahres; die gewöhnlichen Epidemien sind ausgeblieben, und die Aerzte und Apotheker klagen. Die Erndte steht nach den Versicherungen der gesammten Presse ausgezeichnet gut, und trotz der Fülle der Produkte wird der Farmer auf gute Preise zu rechnen haben, weil das russische Getreide auf dem englischen Markte fehlt. Dazu kommt noch, daß die Importation europäischer Waaren in diesem Sommer ungewöhnlich gering war, und also verhältnißmäßig wenig Geld über das Meer geschickt wird. Es ist also für den Herbst eine gute und lebhafte Geschäftszeit vorauszusehen, wenn auch gegenwärtig die Geschäftsstockung mehr, wie selbst im letzten Winter, empfindlich ist. Die Mißerndte des vorigen Jahres und die Geschäftsstockung während des Winters haben darauf aufmerksam gemacht, daß mehr ackerbautreibende Hände nothwendig sind, und der gute Erfolg, den die Farmer dieses Jahr erzielen, wird gewiß eine Menge neuer Hände dem Ackerbau zuwenden.

Mit der materiellen Wohlfahrt des Landes scheinen sich auch die intellektuellen Verhältnisse zu bessern. Die Politik nimmt immer mehr und mehr einen entschiedenen prinzipiellen Charakter an; die Frage zwischen Süd und Nord tritt mit immer größerem Uebergewicht hervor; man fängt an, eine große und mächtige Partei des Nordens zu gründen. Die nativistischen Bewegungen sind von der Anti-Sklaverei-Agitation in den Hintergrund gedrängt worden; sie bilden jetzt im Norden keine Partei mehr, sondern nur noch untergeordnete, schwache Fraktionen einer Partei, und es ist vorauszusehen, daß diese Elemente einer schnellen Auflösung entgegengehen. Die Temperenzagitation ist durch die Einführung des Maine Law in Indiana, Michigan und vor Allem in New-York und durch die Abstimmung in Illinois in ein neues Stadium getreten, und hat sich überall als unpraktisch und unausführbar gezeigt. Die amerikanischen Politiker und Aemterjäger werden durch die Erfahrung wohl eingesehen haben, daß sie sich mit diesem ihrem Steckenpferde überall unpopulär machen, und daß die nächste Folge der Einführung des Maine-Law die Erschütterung des Rechtsbewußtseins im Volke und die Vermehrung der Demoralisation ist.

In Michigan und den größeren Städten des Staates New-York nimmt man es mit dem Maine-Law nicht ernsthaft; in Illinois hat das Volk mit einer großen Majorität das Gesetz abgelehnt, und so hätte es kaum der blutigen That Real Dow's bedurft, um das gehaßte Gesetz zu tödten. Nur in Indiana scheint das Gesetz ernstlich gemeint zu werden und große Verluste herbeizuführen. Während also die Temperenzagitation an Ansehen verliert, gibt sich überall ein Geist der Reform kund, der, ob er auch manchmal blindlings umher tappt und nach falschen Maßregeln greift, doch im Ganzen ein Streben zum Besseren verräth.

Die industriellen Fortschritte Amerika's sind sehr bedeutend; das Eisenbahnnetz des Westens hat sich in dem letzten Jahre sehr vervollständigt, und die Handelsmarine auf den inneren Seen und Flüßen hat an dem allgemeinen Aufschwunge des Westens Theil genommen.

Gegenüber der beschränkten nativistischen Bestrebungen greift der Einfluß europäischer Kultur immer mehr und mehr in Amerika um sich. Niemals haben so viele Amerikaner den europäischen Continent bereist, wie in diesem Jahre, wozu die Pariser Industrie-Ausstellung die nächste Veranlassung gegeben hat. Der unterseeische Telegraph zwischen Europa und Amerika und die Erbauung der Riesenschiffe in England werden den Verkehr zwischen der alten und neuen Welt immer mehr erleichtern, und so wird der Nativismus bald auf die Hefe des amerikanischen Volkes beschränkt werden.

Auch läßt es sich voraussehen, daß bald die Geschicke Europa's eine solche Wendung annehmen, daß Amerika nicht mehr seine Neutralität behaupten und auf seinen Antheil an der Weltpolitik verzichten kann. Schon jetzt hat der orientalische Krieg eine universelle, kosmopolitische Bedeutung, und jeden Tag schwillt diese Bedeutung mehr an. Es handelt sich um die Theilung der Erde, und da muß Amerika sich rühren, will es nicht, wie jener Dichter in der Fabel, zu spät vor den Thron des Zeus kommen. Der Krieg läßt sich nur durch eine wesentliche Aenderung der Karte von Europa beenden, und man kann voraussehen daß sich noch ganz andere Elemente in den Kampf mischen werden; die bis jetzt betheiligten Kräfte vermögen keine Lösung zu Stande zu bringen. England und Frankreich können in ihrer bisherigen Verfassung den Verfall Europa's unter die Hegemonie Rußlands nicht hindern. Der Krieg ist soweit gediehen, daß die Westmächte ihn nicht fortsetzen, nicht beendigen können. Dem Abdanken der Generale wird das Abdanken der Regierungen folgen. Das Lager vor Sebastapol ist eine trefliche Schule für die republikanische Erziehung der englischen und französischen Armee. Die französischen Soldaten, welche von den Generälen Lamoriciere, Cavaignac, Changernier, Bedeau, Oudinot u. s. w. so lange Jahre befehligt und zu glänzenden Waffenthaten geführt sind, werden sich erinnern, daß der militärische Ruhm Frankreichs aus Frankreich und der französischen Armee verbannt ist. Die St. Arnaud's, Canrobert's u. s. w. sind wohl gut dazu, einen nächtlichen Banditenstreich gegen Paris auszuführen, aber einem regelmäßigen Kriege sind sie nicht gewachsen. Die Armee sieht dies ein, und die Folgen dieser Einsicht reichen bis an den Thron. Sollte die Armee der Krim, ohne Sebastapol genommen zu haben, nach Frankreich zurückberufen werden, so würde der revolutionäre Geist, der überall in Frankreich verborgen wühlt, einen bewaffneten Mittelpunkt erhalten. Aber selbst wenn man es nicht zu dieser extremsten Schande kommen läßt, wird sich eine Katastrophe ereignen.

Louis Napoleon ist schnell aufwärts gestiegen, aber sein Fall wird noch schneller sein. Davon kann man jetzt schon Anzeichen sehen. Der Krystallpalast erfüllt nicht die davon gehegten Erwartungen; das österreichische Bundniß ist zerrissen; die Stimmung zwischen Frankreich und England wird jeden Tag schwieriger, und bald wird sich Napoleon, der sich schon als der Leiter der europäischen Geschicke fühlte, isolirt stehen. Eine massenhafte Verarmung des Volkes und Verschuldung des Staates ist die nächste Folge der Napoleonischen Regierung; schon spricht man davon, die Verarmten ganzer Provinzen nach Afrika zu entführen; ein neues Anlehen von 800 Millionen ist im Werke, und Jeder fragt erstaunt: Wo soll das hinaus? Napoleon mag sich sehr unbehaglich auf seinem Throne fühlen, wenn er nur im Mindesten im Stande ist, die Verantwortung zu fühlen, die auf ihm lastet. Aber so war es ja immer mit diesen Leuten der Staatsstreichclique; sie waren immer verwegene, tolle Spieler, die nicht nur ihr Geld, sofern auch ihre Ehre riskirten. Der letzte Wurf wird bald genug verloren sein.

England zögert noch immer, den großen Schritt der parlamentarischen Reform zu thun, dessen Nothwendigkeit sich jeden Tag bringender herausstellt. Es sieht ein, daß mit kleinen Mitteln nichts gewonnen wird, daß man radikal reformiren muß, um zu helfen. Nicht nur die englische Armee, auch die englische Verfassung wird vor Sebastopol geschlagen. Der Krieg hat seinen mächtigen Reflex auf die innere Geschichte Englands, und es sind jetzt schon mehr Breschen in die aristokratische Verfassung England's, als in die Mauern von Sebastopol, geschossen.

Fröbel sagt in einem neulichen Aufsatze: „Weltpolitik" betitelt, daß der Schwerpunkt der europäischen Geschicke mehr nach Osten verlegt werden müsse. Deutschland ist nicht nur der geographische, sondern auch der politische Mittelpunkt Europa's, und dies zeigt sich auch in gegenwärtigen Kriege troß der politischen Misere und Erbärmlichkeit, die niemals so groß gewesen ist, wie heute. Wir glauben nicht daran, daß der Krieg der Dynastien sich in einen Krieg der Nationalitäten verwandele, — eine Aussicht, mit welcher die halbofficiellen französischen Zeitungen kokettiren, sondern vielmehr, daß der dynastische Krieg sofort ein Revolutionskrieg wird, und in Folge der Revolution erst die verschiedenen Nationalitäten, Ungarn, Polen u. s. w. an dem Kampfe Theil nehmen. In diesem Falle ist Deutschland der Mittelpunkt der Ereignisse und die Wiedergeburt Deutschlands die Wiedergeburt Europa's. Ohne Deutschland, ohne ein großes, freies und einiges Deutschland ist kein freies Polen, Ungarn oder Italien möglich; Deutschland muß das Centrum einer Gruppe freier Staaten werden, die eine republikanische Föderation bilden, ähnlich, wie die Ver. Staaten von Amerika. Die Freiheit Europa's wird immer ein Hazardspiel sein, so lange die europäische Politik von Paris abhängt, dieser leichtsinnigen, wankelmüthigen Stadt; auch Englands perfides, treuloses Krämervolk ist keine Garantie für die Völkerfreiheit. Aber wenn Deutschland reorganisirt ist, ein Volk von mehr, wie 40 Millionen Menschen, im Herzen Europa's gelegen, mit seinen Einflüssen, seiner Stammesverwandtschaft in alle Nachbarländer hineinreichend, dann hat die Freiheit Europa's eine feste Basis gefunden. Holland, Belgien, Dänemark, die Schweiz, Polen, Ungarn, Italien, alle diese Länder sind von deutschen Elementen durchdrungen und finden ihren natürlichen Haltpunkt in Deutschland.

Wenn Deutschland den Mittelpunkt dieser Staatengruppe bildet, dann liegt der Schwerpunkt der europäischen Politik in der geographischen Mitte; bis jetzt liegt er zu weit westlich, und verstattet daher dem Osten ein zu großes Wachsthum. Deutschland ist der natürliche Mediator und Regulator der europäischen Geschichte; dies sehen wir im gegenwärtigen Momente schon, denn die ganze innere Geschichte des Krieges ist bisher in den deutschen Kabinetten fabricirt worden. Ob unser Vaterland noch einmal diese seine Stellung in der europäischen Völkerfamilie einnehmen wird? Wir haben noch nicht einen Augenblick die Hoffnung und das Vertrauen darauf verloren. Wir glauben, daß kein Volk der Welt fähiger zur Freiheit ist, wie das deutsche, und daß kein Volk mehr Veranlassung hat, seine jetzigen Zustände zu ändern. Es ist sehr leicht möglich, daß die nächste Zeit das schlafende, träumende Deutschland aufweckt, und daß die Weltgeschichte sich wieder die Schlachtfelder im Herzen Deutschlands aussucht, auf denen seit Jahrhunderten Europa seine Kriege ausgefochten hat.

„American Liberal."

Von mehreren Seiten kommen uns Anfragen zu, wie es mit dem Wiedererscheinen dieser Zeitung stehe. Was uns persönlich angeht, so glauben wir, in dieser Angelegenheit die Initiative nicht ergreifen zu können. Das hiesige Comité hat einen Plan zur Aktienzeichnung dem Publikum vorgelegt, und nun ist es an der Reihe der freisinnigen Deutschen, Etwas von sich hören zu lassen, sonst werden die Leute des hiesigen Comité's auch wohl Sag-Nichtse bleiben. Es läßt sich gar nicht sagen, welche Bedeutung das Blatt in der jetzigen politischen Situation haben könnte; niemals ist uns die Nothwendigkeit dieses Blattes auf so empfindliche Weise deutlich geworden, wie gerade jetzt. Aber die Schwierigkeiten sind ebenso groß, wie der Nutzen, und deshalb ist es nicht rathsam, das Blatt eher erscheinen zu lassen, als bis dasselbe vollständig gesichert ist; und also das Vertrauen des Publikums demselben im vollen Maße entgegenkommen kann. Wir wünschten, in dieser Angelegenheit bald Etwas zu hören. Welche Stadt will den Anfang machen?

Die „Atlantis"

wird jetzt regelmäßig in der ersten Hälfte des betreffenden Monats erscheinen.

☞ Es gehen uns manche Reklamationen zu in Betreff auf der Post verloren gegangener Exemplare; wir erbieten uns, dieselben zum zweiten Male zu schicken, sobald man uns davon Notiz gibt.

Atlantis.

| Neue Folge, Band 3. Heft 2. | August, 1855. | Alte Folge, Bd. 5, Nr. 97—100. |

Die nächsten Staatswahlen in Ohio.

Wir haben in der vorigen Nummer gewisse Befürchtungen über die republikanische Convention vom 13. Juli ausgesprochen, welche zum Theile in Erfüllung gegangen sind. Die Freesoilpartei hat nicht auf die Hülfe der Nichtswisser bei den nächsten Staatswahlen verzichtet; sie hat geglaubt, besser durch Thatsachen, wie durch Proteste und Platformen den nativistischen Bestrebungen gegenüber treten zu können, und sich begnügt, Herrn Chase an die Spitze des Tickets zu bringen, den Rest desselben der Fusion aller Parteien uberlassend. Wir wollen nicht entscheiden, ob dies ein Akt politischer Klugheit war oder nicht; so viel ist gewiß, daß es uns Eingewanderte schmerzlich berühren muß, daß diejenige Partei, der wir durch Prinzipien und Sympathieen angehören, nicht wagt, in einer Frage sich offen auszusprechen, bei welcher es sich um unsere eigensten, theuersten Rechte und die wesentlichsten Gesammtinteressen der Republik handelt. Jeder rechtliche Politiker wird mit uns darin übereinstimmen, daß die Nationalitäts- und Naturalisationsfrage in der letzten Zeit so sehr in den Vordergrund getreten ist, daß es nur ein Akt politischer Heuchelei ist, wenn man bei der Bildung neuer Platformen und Parteien sie umgehen und verschweigen will. Schweigen heißt hier zugestehen. Diese Thatsache gewinnt eine noch unangenehmere Bedeutung, wenn wir uns daran erinnern, wie mächtig und einflußreich die Freesoilpartei dieses Staates schon ist, und wie wenig dieselbe nothwendig hat, unwürdige, inkonsequente und zweifelhafte Bündnisse zu schließen. Am 13. Juli konnte es den vereinigten Anstrengungen der Hunkerwhigs und Know-Nothings nicht gelingen, die Nomination des Herrn Chase zu vereiteln, und wir haben nur nothwendig, die Aeußerungen der gesammten freiheitsfeindlichen Presse über diese Nomination zu lesen, um zu begreifen, daß sie ein großer und entscheidender Sieg der Freesoilpartei über alle alle anderen Ismen und Fraktio.... es republikanischen Lagers war. Der hiesige „Expreß,“ ein officielles Know-Nothing-Blatt, ist gradezu wuthend uber diese Wahl. Die Hunkerblätter, welche frech in die Welt hineinlügen, Chase sei ein Know-Nothing, sollten diese Stelle aus der „Expreß“ einmal ihren Lesern mittheilen. Wir wissen, sagt die „Expreß,“ daß Herr Chase ein unzweideutiger Feind der amerikanischen Bestrebungen und der Veränderung der Natura-

6

lifationsgefeße ift, — wie können wir ihn wählen? Allerdings, wir glauben auch nicht, daß Herr Chafe viele nichtswifferifche Stimmen erhalten wird, und deshalb wäre für ihn nicht viel verloren gewefen, wenn man die Know-Nothings und ihre ämterjägerifchen Intriguen gleich anfangs aus der Convention hinausgeworfen hätte. Die „Expreß" droht jeßt mit einer Know-Nothing-Convention, welche für den 13. Auguſt nach Columbus ausgeſchrieben iſt. Geſcheuter könnten die Know-Nothings nichts thun, als ſich durch die Abhaltung einer beſondern Convention und die Aufſtellung eines reinen Nichtswifferticketß von einer Partei zu entfernen, die viel zu erhaben iſt und zu hoch ſteht, als daß die Mitglieder des geheimen Ordens darin geduldet werden dürften. Auch die Hunkerwhigs mögen eine beſondere Convention abhalten und Nomination treffen; wir ſähen ſie mit Vergnügen ſogar in's demokratiſche Lager marſchiren, wohin ſie durch eine gewiſſe Sehnſucht gezogen werden. Der Freeſoilpartei kann nichts Beſſeres paſſiren, als wenn die unwürdigen und zweideutigen Anhängſel von ihr deſertiren; ſie hat nichts Anderes zu fürchten, als eine Ueberladung mit den verſchiedenen Ismen und ihren Sonderbeſtrebungen. Allein für ſich, in der Reinheit der Grundſäße und politiſchen Handlungen, iſt die Freeſoilpartei unzerſtörbar, und wird immer breiter und tiefer ſich in der Maſſe des nördlichen Volkes einwühlen. Möchte die Nomination Chaſe's die Veranlaſſung einer ſolchen Trennung von und Reinigung der Freeſoilpartei ſein; die Verluſte, welche ſich vielleicht bei der nächſten Wahl herausſtellen, werden mehr, wie zehnfach, aufgewogen durch die innere Stärke und Kräftigkeit der Partei.

Die Nomination und die Wahl Chaſe's, — und wir zweifeln nicht im Mindeſten an einer großen Majorität für ihn, — iſt in noch höherem Grade, wie die Senatorwahl Seward's im leßten Winter, geeignet, uns zufrieden zu ſtellen und unſere Beſorgniſſe zu zerſtreuen. Sie iſt auf eine ähnliche Weiſe zu Stande gebracht, wie die Wahl des New-Yorker Senators. Sie iſt ein doppelter Sieg, ein Sieg über die Sklavereileute und die Nichtswiſſer. Chaſe iſt einer der wenigenPolitiker, welche den Namen eines Staatsmannes verdienen, ein Mann von gewiegter Erfahrung, gediegenen Kenntniſſen und weitreichendem Blicke, ein Mann, der die Politik nicht nur als Geſchäft, ſondern auch als Philoſophie betrachtet. Eine hohe, ſtolze Geſtalt, ein bedeutendes, imponirendes Antliß, erinnert uns an jene alten Römer, welche die Heldengeſtalten unſerer jugendlichen Phantaſie waren. Seine politiſche Vergangenheit entſpricht den Hoffnungen, die wir für die Zukunft von ihm hegen. Was die zwei Punkte anbetrifft, welche wir vor Allem bei der nächſten Wahl zu berückſichtigen haben, die Sklaverei und die Naturaliſation, ſo iſt Chaſe's Stellung vollſtändig klar; bei vielen Gelegenheiten, beſonders bei der Debatte über das Clayton-Amendement zur Nebraskabill im Ver. Staaten Senat, hat er ſich als unzweideutiger Freund der eingewanderten Bevölkerung gezeigt, wie er immer und bei jeder Gelegenheit ein entschiedener Feind der Sklaverei war. Wenn dieser Mann auch auf einem Ticket steht, das uns nicht in jeder Hinsicht gefallen kann, so isoliren ihn seine Vorzüge doch zu sehr von den andern Leuten des Tickets, als daß wir das Mißtrauen, mit dem wir Jene betrachten, auch ihm entgegentragen dürften. Wie schon Chase's Feinde, die Hunker, z. B. der hiesige „Plain Dealer" andeuten, so ist die Nomination Chase's zum Gouverneursamte von Ohio nur ein erster Schritt, und es wäre vielleicht möglich, daß bei der nächsten Präsidentenwahl sich die nördlichen Männer in ihrem Kampfe gegen die Sklaverei, gegen die Recht- u. Gesetzlosigkeit des Südens, um diesen Mann schaaren Unter einer besseren Führung könnten wir nicht kämpfen. Der Zorn, die Furcht der Gegner beweist dies. Schon hört man überall die Drohung von Auflösung der Union, Bürgerkrieg, Niederbrennen der Städte durch die freigewordenen Neger, Entwerthung des Eigenthums u. s. w. Diese Drohungen beweisen, bis zu welcher Höhe das Uebel der Sklaverei schon gestiegen ist, und wie sehr es an der Zeit ist, daß demselben gesteuert werde.

Wenn wir die Nomination Chase's anempfehlen, so handeln wir nicht aus Eigensinn, aus Parteirücksichten oder aus Haß gegen die Gegner, sondern aus reiner, innerer Ueberzeugung. Wir haben uns wohl geprüft, ob wir entschieden und rückhaltlos diesen Weg gehen dürften. Wir waren uns aller Schwierigkeiten der Situation und aller daraus entstehenden Verantwortlichkeit bewußt. Niemand kann mehr die Gefährlichkeit und Bedenklichkeit nichtswisserischer Bestrebungen einsehen, als wir; wir stimmen in mancher Beziehung der in den demokr. Zeitungen ausgesprochenen Ansicht bei, daß man erst für den Schutz seiner eigenen bedrohten Rechte kämpfen musse, ehe allgemeinere Fragen in Betracht kommen dürfen. Aber wenn wir für Chase stimmen, geben wir ebensowenig den nichtswisserischen Bestrebungen, als der Sklaverei einen Vorschub; wir stimmen für den Mann, der am meisten dazu geeignet ist, die Freesoilpartei im Staate Ohio von allen nichtswisserischen Bestrebungen und Einflüssen zu reinigen, und eine ehrliche, consequente, entschiedene Partei des Nordens zu bilden.

Wir haben es als die Aufgabe der freisinnigen Deutschen bezeichnet, an der Bildung einer solchen Partei zu helfen, und namentlich dahin zu streben, daß dieselbe von allen muckerischen, temperenzlerischen und nativistischen Bestrebungen frei bleibe. Wir haben auf den Unterschied zwischen der Politik der Neu England Staaten und der Politik des großen, weiten Westens aufmerksam gemacht. Um die nördliche Partei von den Neu-England-Einflüssen zu reinigen, um der Partei die Frische, Entschiedenheit und Klarheit zu geben, die in dem Prinzipe derselben liegt, dazu können wir wohl keinen bessern Mann finden, als Chase. Diejenigen der eingewanderten Bürger Ohio's, die den Nativismus mit entschiedenen, prinzipiellen Waffen bekämpfen wollen, sollten grade sich der Freesoilpartei dazu bedienen, und suchen, diese Partei von allen fremden, unreinen Elementen zu reinigen. Wollten die eingewanderten Burger eine feindselige Haltung gegen diese Partei annehmen, so würden sie dieselbe gegen den Willen ihrer aufgeklärten und redlichen Führer in das nativistische Heerlager zurückdrängen. Wir Deutsche dürfen in der Politik uns nicht kompromittiren. Wenn ehrgeiz'ge und habsüchtige Aemterjäger in Nord und Süd dieß thun, so begreift man es. Wenn die Stockfischseelen in New-York, die Cottonhändler und alle die Leute, die mit dem Suden Geschäfte machen, nichts gegen Sklaverei gesagt und gethan wissen wollen, so braucht man darüber nicht zu erstaunen. Wenn aber Deutsche, wenn eingewanderte Bürger, Arbeiter, deren höchstes Interesse freie Arbeit und freier Boden ist, die Partei der freien Arbeit und Landreform bekämpfen, und für die Ausbreitung der Sklaverei, für Nebraskabill u. dergl. stimmen, dann fragt man sich entrüstet, ob es nicht besser sei, solch unwissenden und gegen ihr eigenes Interesse handelnden Menschen ganz das Stimmrecht zu nehmen. Umgekehrt aber, — schließen die Deutschen sich massenhaft und mit Entschiedenheit der Freesoilpartei an, — immer jedoch unter Protest gegen jede Spur nativistischer und temperenzlerischer Bestrebungen, — dann werden sie bald einen solchen Einfluß in der Partei gewinnen, daß die wenigen Ueberreste schlechter, fauler Elemente ganz zurückgedrängt werden; dann werden die Amerikaner der Reformpartei einsehen, daß sie die Freiheit und Zukunft dieses Landes nicht gefährden, sondern sichern helfen, wenn sie die größte Liberalität in Bezug auf die Naturalisation b weisen. Die Demokraten sprechen so viel von Reform innerhalb der Partei, aber warum können wir diese Reform, welche die Demokraten immer versprochen, aber niemals gehalten haben, nicht innerhalb einer Partei versuchen, welche in ihrem Fundamente und Prinzipe ehrlich und gerecht ist, und nur einige Schlacken und Schmarotzerpflanzen an sich hängen hat, welche durch eine sorgsame und fleißige Aufsicht und Kritik bald hinweggeräumt werden können?

Mehr, wie jemals, ist es bei der gegenwärtigen Wahl nothwendig, mit der größten Entschiedenheit an der nördlichen Partei zu halten. Der Stern der Know-Nothings ist am Untergehen, und wir Deutsche wollen denselben nicht durch ein Zurückfallen in alte Parteidienstbarkeit wieder in die Höhe bringen. Die Nomination von Chase hat gezeigt, welch eine untergeordnete Rolle die Nichtswisser trotz ihrer großen Zahl auf der Convention zu Columbus gespielt haben. Wahrscheinlich werden die meisten Mitglieder dieses geheimen Ordens noch vor der nächsten Herbstwahl aus den Reihen des republikanischen Lagers desertiren, und es ist zu hoffen, daß jeder Ausfall an Stimmen, welcher dadurch entsteht, durch die Stimmen

der freisinnigen eingewanderten Bevölkerung ersetzt werde. Die Know-
Nothing-Convention vom 13. August wird uns über den Umfang und die
Ausdehnung dieser Desertion näheren Aufschluß geben. Durch die Wahl
Chase's ist den Know-Nothings der Handschuh hingeworfen; werden sie
den Muth haben, ihn aufzunehmen? Wo nicht, dann verzichten sie selbst
auf eine eigene Bedeutung; dann erklären sie sich selbst für todt. Sie werden dann immer noch Unheil genug anrichten, und die Parteien zu corrum-
piren und zu verwirren suchen; es wird dann wieder, wie früher gehen, daß
die nativistischen Bewegungen sich bald in dieser und bald in jener Partei
geltend machen, aber die besondere Parteiorganisation derselben hat aufgehört. In jedem Falle, als selbstständige Partei oder als Anhängsel einer
Partei, oder von einer Partei zur andern vagabondirend, werden die Nichtswisser keine große Zukunft haben; ihre Bluthezeit ist vorbei, und der größte
Schaden, den sie gegenwärtig noch anrichten können, ist, daß sie die Freesoilpartei anrüchig machen.

Wir brauchen wohl nicht noch einmal darauf aufmerksam zu machen,
daß wir die Candidatur Chase's mit ganz andern Augen ansehen, als
das übrige Ticket. Von demselben kann vielleicht noch Dieser oder Jener
der Unterstützung der Deutschen werth sein, wenn er sich direkt und ausdrücklich gegen die Bestrebungen der Nichtswisser erklärt; — im Allgemeinen aber müssen wir diese Nominationen mit dem größten Mißtrauen betrachten: Einige der Candidaten, wie der zum Amte des Lieutenant Gouvernor Nominirte Ford, Brinkerhoff u. A. sind erklärte Know-Nothings;
die Anderen werden interpellirt werden, um sich zu erklären, so daß wir
in dieser Beziehung bei jedem einzelnen Candidaten wissen, woran wir sind.
Die Deutschen werden nicht in Gefahr kommen, für irgend einen Nichtswisser zu stimmen. Bleibt uns vom ganzen Ticket Chase allein übrig, so
stimmen wir für ihn allein, und überlassen den Rest dem Kriege der Katzen
und Hunde.

Wir glauben nicht, daß die demokr. Partei viel Anlockendes hat für die
Deutschen. Man spricht zwar viel von einer Reorganisation der demokr. Partei dieses Staates, von einem Ueberbordwerfen der Baltimore-Platform, von
einer Desavouirung der Pierce-Administration, ja sogar von Chase als
demokratischen Gouverneurs Candidaten, aber wir glauben nicht daran.
Was heute noch zur demokratischen Partei gehört, heute, nachdem die Volkssouveränität der Nebraskabill in Kansas so trefflich illustrirt ist, — das ist
hieb- und stichfest gegen jeden progressiven Gedanken, gegen jede Reform
und jeden Anflug von Unabhängigkeit. Und grade hier in Ohio, wo diese
Partei so viele charakterlose Drathzieher, so viele corrupte Aemterjäger
besitzt, ist von ihr keine Umkehr auf dem betretenen Wege zu erwarten.

Nun, wir werden sehen. Die Convention der Nichtswisser hat
noch nicht stattgefunden, und sie wird uns noch manchen interessanten Bei-

trag zur Kenntniß der Ohio-Politik geben. Es ist nicht unmöglich, daß die Know-Nothings sich noch mit den Demokraten vereinigen, um die Wahl Chase's zu vereiteln. Um so fester müssen wir zu der einzigen Candidatur stehen — Salmon P. Chase als Gouverneur.

Praktisch.

Seien wir praktisch, sagen die Leute. Was kümmern uns die Ideen und die Ideale; Amerika ist ein praktisches Land, und auch wir müssen praktisch werden. So hört man überall reden, im geschäftlichen, wie im politischen Leben. Und allerdings, das amerikanische Leben ist praktisch. Amerika ist das Land des abstrakten Verstandes, welcher sich immer nur um das Nächste kümmert; die tiefen Abgrunde des Gemüthes und die sonnigen Höhen der Vernunft fehlen diesem Volke, welches so republikanisch ist, daß sogar die Aristokratie des Geistes hier fehlt. Die Welt des Ideales, von der einfachen subjektiven Empfindung an bis zur höchsten dichterischen und künstlerischen Begeisterung, liegt weit, weit von hier, und wenn ein einsamer Stern von dort in das hiesige Leben hineinscheint, ist es nur deshalb, daß wir die Leere und Oede ringsum besser erkennen. Aber anstatt, daß man diese Leerheit an Gemuth und Ideen betrauert, triumphirt man daruber und gibt ihr den Stempel der Klugheit und Tugend. Der „praktische" Mann sagt, wie jener Pharisäer: ich danke Dir, daß ich nicht bin, wie Jener; er bedauert die armen, thörichten Ideologen, welche Grundsätze, Ueberzeugungen, Ideen besitzen; er hat sich nicht mit solchen unnöthigen Geschichten abzugeben, denn er ist ein praktischer Mann. Auf nichts ist der Amerikaner so stolz, wie auf dieses Wort. Fragen wir, welche treffliche Eigenschaft wird denn gewöhnlich damit bezeichnet. Man preist sie uns als den Stein der Weisen an, der zu Ehre, Reichthum und Glück führt, und da wir so wenig Ehre und Glück rings um uns sehen, so muß dieser Stein der Weisen wohl sehr selten sein. — Wir können neun Zehntel der menschlichen Irrthümer darauf zurückführen, daß man die Gegensätze des menschlichen Lebens abstrakt und einseitig auffaßt, daß man immer nur an eine Seite des Widerspruches, der uns überall im Leben begegnet, denkt, daß man die Beziehung der Gegensätze auf einander, die Identität derselben nicht begreift. So auch faßt man den Unterschied zwischen praktisch und theoretisch, zwischen Ideal und Wirklichkeit, zwischen Ideen und Thatsachen im gewöhnlichen Leben einseitig und abstrakt auf. Dieser abstrakten Auffassung liegt ein religiöser Dualismus zu Grunde; man macht denselben Unterschied zwischen Ideal und Wirklichkeit wie zwischen Himmel und Erde, Gottheit und Menschheit, Offenbarung und Erkenntniß.

Aus der Religion verschwindet dieser Dualismus jeden Tag mehr; der Himmel existirt nur noch für die gläubigen Kinder, und die Gottheit ist viel zu jenseitig geworden, als daß wir sie auf Erden noch bemerkten. Aber in unseren gesellschaftlichen Zuständen, in dem Berufe, in dem gewöhnlichen Urtheile des Volkes ist dieser Dualismus noch immer vorhanden; selbst in der Wissenschaft gibt man noch den Unterschied zwischen Theorie und Praxis zu, ein Unterschied, von dem man in jeder Werkstätte, in jedem Geschäfte, auf jeder politischen Rednerbühne hört.

Praktisch heißt zunächst — dem Wortlaut nach — handelnd, und bildet einen Gegensatz zu — denkend. Aber ein Unterschied, ein Gegensatz zwischen Denken und Handeln existirt nirgend und niemals. Denken und Handeln sind nur verschiedene Entwickelungsstufen derselben Thätigkeit; der Gedanke ist eine That, die Handlung ist ein Gedanke; eins entsteht aus dem andern und produzirt das andere, und wer die Uebereinstimmung Beider nicht begreift, der kann weder richtig handeln, noch denken. Jede vernünftige Theorie, sie mag nun eine naturwissenschaftliche, philosophische, politische u. s. w. sein, beschäftigt sich mit den Thatsachen, der Praxis, ist darauf gegründet und richtet sich darnach. Jede Praxis ist die Darstellung einer Theorie, die Verwirklichung eines Gedankens. Selbst Diejenigen, welche immer praktisch und nichts als praktisch sein wollen, handeln in jedem einzelnen Falle nach bestimmten Theorien, und unterscheiden sich von den Theoretikern gewöhnlich nur dadurch, daß die Theorien, die sie befolgen, schlecht, gemein und unvernünftig sind. Wir sind praktisch, heißt in den meisten Fällen: Wir wollen oder können nicht denken.

Freilich, es gibt ebenso schlechte Theorien, wie es schlechte Handlungen gibt, und daher ebenso miserable Theoretiker, als schlechte Praktiker. Wo immer nur ein abstrakter Unterschied zwischen Praxis und Theorie gemacht wird, da ist Beides schlecht, die Theorie, wie die Praxis. Es ist der Charakter des Mittelalters hauptsächlich durch diesen Unterschied bezeichnet. Wie das Mittelalter überhaupt das Zeitalter des Dualismus ist, und uns zwei Welten zeigt, hier eine Welt des plumpen, krassen Materialismus, des Faustrechtes und der Leibeigenschaft, dort eine Welt voll schwärmerischen Idealismus, welcher entweder als ritterliche Romantk oder als mönchischer Fanatismus erscheint: so auch zeigt sich das theoretische Streben dieser Zeit einseitig, der Wirklichkeit und Praxis abgeneigt, als ein reines Dogma, ohne Zusammenhang und Verbindung mit den bestehenden Thatsachen. Die Theologen machten sich wunderliche Theorien und Systeme fertig, welche mit der Natur des Menschen und den Thatsachen des Lebens entweder im schroffsten Widerspruche oder in gar keinem Zusammenhange standen; sie studirten mehr die Natur der Engel, als des Menschen, und wußten in der Hölle besser Bescheid, als auf der Erde. Der Philosoph saß hinter seinem Schreibtische und beschäftigte sich mit den letzten Gründen der Dinge, statt mit ihren nächsten Eigenschaften und Wirkungen, zwang die Welt in das Prokrustesbette seines Systemes hinein, und Realismus, wie Nominalismus war leeres scholastisches Geschwätz. Der Jurist formulirte das Recht, das lebendige, flüssige Recht, das nur deshalb ein historisches Recht genannt werden kann, weil es in und mit der Geschichte entsteht, sich entwickelt und verändert, nach römischen Antiquitäten, und so wurde die Wissenschaft der Jurisprudenz zu einer geistlosen Sammlung von Notizen und Paragraphen. Sogar die Naturwissenschaften entfernten sich von der Natur, und ihre Produkte und Erscheinungen wurden den willkührlichsten Eintheilungen unterworfen. Diese mittelalterliche, scholastische Theorie, von welcher der Dichter sagt:

„Grau, Freund, ist alle Theorie,
Doch grün des Lebens gold'ner Baum,"

diese Theorie ragt allerdings noch in die Gegenwart hinein; jeder Besuch deutscher Universitäten liefert uns dazu die Beweise. Das moderne Bewußtsein hat ein Recht, sich gegen diesen mittelalterlichen Scholastizismus zu verwahren.

Auf der andern Seite gibt es auch einen Idealismus des Gemüthes, welcher einseitig und ungerechtfertigt ist, weil er von allen Bedingungen und Thatsachen der Wirklichkeit absieht. Ein melancholisches Heimweh nach der Vergangenheit, eine krankhafte Sehnsucht nach der Zukunft nimmt manchmal die Zeit und die Kraft zum Handeln hinweg. Wir träumen uns Luftschlösser und vergessen darüber die Hütten, die wir hier bauen könnten. Unsere Phantasie schwelgt in Rosenlauben, an den schönen Ufern des Rheines, bei Liebe und Wein, aber in unser wirkliches Leben vermögen wir kein Blatt der Poesie hineinzuflechten. Wir sehnen uns und seufzen nach der Revolution, wie die Juden nach ihrem Heilande, aber darüber vergessen wir oft, die Hand an die nächsten Verhältnisse zu legen. Diese Romantik verweichlicht den Menschen und macht ihn durch den großen Unterschied zwischen Ideal und Wirklichkeit grenzenlos unglücklich.

Diesen einseitigen Zuständen, der Romantik des Gefühles und dem Scholastizismus der Wissenschaft, gegenüber, ist die Berufung auf die Praxis und Wirklichkeit gerechtfertigt. Wir sollen unseren Gedanken und Empfindungen eine reale Basis geben, dies ist eine von der Natur selbst gestellte Forderung. Die Wissenschaft ist auch schon diesem Rathe gefolgt; sie hat zu ihrer Basis die Thatsachen, das Experiment und die Beobachtung gemacht, und die bedeutenden Erfolge, welche namentlich die Naturwissenschaften errungen haben, sind größtentheils dieser veränderten Richtung und Methode zuzuschreiben.

Aber in unserer Zeit scheint man von einem Extreme in's andere zu fallen; dem abstrakten Idealismus folgt ein ebenso abstrakter Materialis-

us. Wie man früher in den Wolken einer leeren, gegenstandlosen Gedankenwelt lebte, so verkriecht man sich jetzt im Staube des alltäglichen Lebens und der materiellen Verhältnisse. Wir leben in dem Zeitalter der Industrie und des Dampfes, in dem eisernen Zeitalter, wo Jeder auf eigenen
Füßen steht, wo es heißt: „Hilf Dir selbst," wo Jeder sich jeden Tag sein
Leben auf's Neue erobern muß. Rings umgeben von kleinlichen Nothwendigkeiten und gemeinen Bedürfnissen, erreicht unser Auge nur die nächsten
Gegenstände, das allernächste Bedürfniß; das Streben nach dem Nothwendigen erschöpft die Kräfte, und Phantasie und Vernunft haben keine
Flügel mehr, uns in eine bessere Welt zu tragen.

Wir müssen vor Allem praktisch sein, sagt man. Was soll dies heißen?
Wir sollen mit dem gewöhnlichen Brode des alltäglichen Lebens vorlieb
nehmen, und nicht nach höheren geistigen Genüssen streben. Wir sollen
den materiellen Verhältnissen unsere geistige Existenz, den Umständen unsere Ueberzeugung, dem Gelde unser Gewissen opfern. Wir sollen Alles,
was uns angeht, mit dem Blicke eines Kaufmannes betrachten, der seinen
% oft berechnet. Wir sollen über dem Ringen nach materiellen Gütern
ganz Dasjenige vergessen, was mit diesen materiellen Gütern zu unserem
Besten erreicht werden kann. Wir sollen vor Allem gewöhnlich werden,
wie alle andern Menschen gewöhnlich sind, und auf Individualität und
Selbstständigkeit verzichten. Mit allen Menschen gut zu stehen, es mit
keiner Ansicht zu verderben, nirgend anzustoßen, eine Null sein unter den
andern Nullen, das nennt man praktisch.

Es ist praktisch in der Politik, das Brod der Partei zu essen; es ist
praktisch, Conzessionen zu machen, einen Th.il seiner Grundsätze zu opfern,
um den andern zu retten, mit dem breiten Strome der öffentlichen Meinung
zu schwimmen, und immer nur das nächste Ziel, nicht den endlichen Zweck
im Auge zu haben. Deshalb begegnen wir auch der Mahnung, praktisch
zu sein, zumeist in den Blättern, welche die politische Corruption vertheidigen, deren politisches Motiv das Amt und das Geld ist. Diese Blätter
nennen alle Diejenigen, welche nicht mit ihren politischen Grundsätzen
Handel treiben mögen, unpraktische Männer, Schwärmer, Idealisten.

Man hört und liest vielfach die Bemerkung: die Amerikaner sind ein
praktisches Volk. Allerdings, wenn auch der Schwärmer genug sind, so
sind doch sehr wenig Idealisten in Amerika vorhanden. Und selbst die
Schwärmerei wird praktisch, denn sie bringt Geld ein; dies wissen die Me-
thodistenprediger und Temperenzapostel. Alles geht hier auf das nächste
Ziel; Alles ist hier materiellen Verhältnissen untergeordnet; das ganze amerikanische Leben ist ein Wettstreit in der Kunst, Geld zu machen; die Politik,
die Religion sind, wie der Handel und die Industrie, nur Mittel, um schnell
zu Geld zu kommen. Da denkt man an keine Ideologie und Romantik; da
schwärmt man nicht für Ideen und Theorien; alle Bestrebungen sind auf

ein naheliegendes, deutlich erkennbares, materielles Ziel gerichtet, und dieses Ziel weiß der Amerikaner auch in den meisten Fälley zu erreichen.
Deshalb ist der Amerikaner „praktisch."

Wir wollen übrigens einmal sehen, wie diese Praxis in der Wirklichkeit aussieht. Die „Praxis" der amerikanischen Freiheit ist tie Negersſkla-
verei; die Praxis der Volkssouveränität die Herrschaft des Faustrechtes
und des Revolvers; die Praxis religiöser Toleranz Proscription und Verfolgung; die Praxis der persönlichen Freiheit das Temperenzgeſeß, die Praxis der Habeas-Corpus-Akte das Sklavenauslieferungsgeſetz; die Praxis
des öffentlichen Landſyſtems der Landwucher, die Praxis der Religion der
Schein und die Heuchelei; die Praxis des ganzen amerikaniſchen Lebens
Geldmacherei. Eine ſonderbare Praxis.

Das einſeitig Praktiſche iſt immer das Gegentheil von Dem,
was es ſein will. Auch in Deutſchland weiß man davon zu erzählen. Als die Revolution von 1848 losbrach, hörte man überall den Ruf:
ſeid praktiſch. Auf allen Rednerbühnen, in allen Parlamenten machte ſich
die Praxis geltend; keine Uebereilung, keine Unbeſonnenheit, kein Idealismus, keine Theorien, ſondern die ſolide politiſche Praxis. Allerdings, die
Führer der Revolution waren keine theoretiſche Idealiſten, keine politiſche
Schwärmer, ſondern praktiſche Biedermänner. Die Republik zu prokla-
miren und republikaniſche Inſtitutionen einzuführen, energiſche Hand an
die alten, faulen Zuſtände zu legen, die Revolution nach allen Seiten auszubeuten und durchzuführen: dies wäre unpraktiſch geweſen, b es waren die
Träume der idealiſtiſchen Jugend, auf welche die „praktiſchen" Männer
ſich nicht einlaſſen konnten. Nein, man handelte praktiſch; man machte
ein Kompromiß mit den alten Zuſtänden, wählte Reichsverweſer und
Deutſche Kaiſer, und — ſchickte die Revolution in das Exil und in den
Kerker.

Auch in Amerika haben wir ähnliche Praktiker in der Politik. Hören wir
nicht immer die alten grauen demokratiſchen Blätter anempfehlen, praktiſch
zu ſein? Warnen ſie nicht immer vor den Idealiſten, den Theoretikern,
den „unpraktiſchen" Menſchen. Sehen wir zu, worin dieſer Leute Praxis beſteht. Sie deklamiren gegen die Sklaverei, und bereden die Deutſchen,
dafür zu ſtimmen; ſie räſonniren über die Nichtswiſſer und jede ihrer Handlungen iſt eine lebendige Rechtfertigung nativiſtiſcher Beſtrebungen; ſie
vertheidigen die Volksſouveränität a la Douglas, und rebelliren gegen das
Temperenzgeſetz, welches das ſouveräne Volk erlaſſen hat; ſie wollen die
deutſche Nationalität gegen den Nativismus vertheidigen, und rathen bei
jeder Gelegenheit zur Unterwerfung unter amerikaniſche Parteien und Vorurtheile. Dies iſt die Praxis der Hunker.

Man kann darauf wetten, daß neun Mal in zehn Fällen uns eine Gemeinheit und Niederträchtigkeit zugemuthet wird, wenn man uns empfiehlt,

praktisch zu sein. Diese Praxis ist eine Verzichtleistung auf selbstständiges Handeln und Urtheilen, eine feige Unterordnung unter die Vorurtheile der Menge, ein Vertuschen der Grundsätze, ein Kompromittiren der Ehre. Sie ist das Ideal des Philisters, der es allen Leuten recht machen möchte. Leider macht man es in den meisten Fällen, wenn man es Allen recht machen will, keinem Einzigen recht.

Ueberhaupt läuft das abstrakt Praktische gewöhnlich in sein Gegentheil, in ein höchst unpraktisches albernes Verfahren aus. Der praktische Mensch, der sich den Verhältnissen bequemen, der es mit den Zuständen und Menschen nicht verderben will, hat keinen Halt in sich selbst, und auch deshalb keine Festigkeit und Consequenz seines Benehmens. Er nimmt den Maßstab seiner Handlungen nicht aus seiner eignen Brust, seiner eignen Ueberzeugung, sondern von den wechselnden, schwankenden Verhältnissen um ihn her, die natürlich morgen ihm in's Gesicht schlagen, während sie ihm heute gefällig waren. Der praktische Politiker, der immer möglich bleiben will, wird bald vollständig unmöglich; dies haben unsere deutschen Märzminister und Gothaer bewiesen. Die „praktischen" Journalisten Amerika's, die, wie jener Mitarbeiter an der New-Yorker Staatszeitung, stets für diejenige Partei schreiben, welche bezahlt, sehen sich zuletzt auf die Straße geworfen. Selbst die praktischen Aemterjäger, denen das Amt Alles, die Grundsätze nichts gelten, sahen sich gewöhnlich nach einer Reihe von vorübergehenden Profiten, die durch bedeutende Opfer erkauft waren, an den Bettelstab gebracht. Die Parteien, welche allzu praktisch sein wollen, verderben sich ihre Aussichten. Nehmen wir die letzte republikanische Convention von Ohio als Beispiel. Die Freesoiler wollten „praktisch" sein, und es mit den Nichtswissern nicht verderben. Was ist der Lohn für dieses Compromiß? Die Nichtswisser berufen eine andere Convention, entziehen den Freesoilern ihre Stimmen und hinterlassen ihnen vielleicht nichts, als das Bewußtsein, sich kompromittirt zu haben.

Die beste Praxis ist der grade Weg der Ehre und Ueberzeugung. Auf diesem Wege kommt man am schnellsten zum Ziele.

Es hat mich immer gedauert, wenn man die Amerikaner ein praktisches Volk nennt. Wie, diese bleichen, abgehärmten Menschen, deren Gesicht eine Rechentafel, deren Auge eine unbezahlte Rechnung ist, die der Geselligkeit, dem Genusse, der Freude, der Begeisterung nicht zugänglich sind, diese Leute, die den ganzen Werth und die ganze Schönheit des Lebens einbüßen über der armseligen Sucht, Geld zu machen: diese Leute sollten praktisch sein? Mitten in freien Institutionen und reicher Natur steht der Amerikaner wie Tantalus da, verhungernd und verdurstend in geistiger Beziehung. Der arme Mensch; er verschafft sich die Mittel zum Glück, aber das Glück und die Freude selbst kennt er nicht. Ist das praktisch?

Wenn man dieses praktisch nennt, daß man das Leben zu verwerthen und zu genießen weiß, daß man sich den Verhältnissen und die Verhältnisse sich nützlich macht, daß man dem Leben seine ganze Schönheit und Bedeutung abgewinnt: dann ist zur Praxis ein guter Theil Idealismus nothwendig. Das Ideal in der Wirklichkeit zu finden, der Wirklichkeit und sich selbst einen idealen Charakter zu geben, dies ist der Weg zur praktischen Glückseligkeit. Ohne das Bewußtsein von der Identität Beider, des Ideales und der Wirklichkeit, ist uns das Leben und die Welt freudlos und öde; wir können vom Niagara bis zum Chamouni-Thale, vom Louvre in Paris bis zu den fröhlichen Ufern des Rheines reisen, ohne daß die Poesie der Natur sich an unserer Poesie entzündet; wir sehen das bedeutungsvolle Drama der Weltgeschichte an uns vorüberziehen, aber die großen tragischen Effekte lassen uns gleichgültig; die Welt ist uns öde und leer, weil unsere Seele leer ist, und wir verstehen nicht den Geist in der Natur und Geschichte, weil wir selbst keinen Geist besitzen.

Die Nichtswisser und die Freischulen.

Mit welcher Oberflächlichkeit und Ungründlichkeit die Nichtswisser zu Werke gehen, wie wenig es ihnen wirklich Ernst mit ihrem Amerikanismus ist, wie alle ihre Bestrebungen nur auf politischen Wirrwarr und Aemterjägerei abgesehen sind: dies sieht man am Deutlichsten, wenn man ihr Verhältniß zur Freischule in's Auge faßt. Wenn es den Nichtswissern des heutigen Tages darum zu thun wäre, ein „wahres Amerikanerthum" zu begründen, so könnten sie keinen besseren Platz dazu finden, als die Schule. Woraus besteht die Nationalität eines Volkes? Nächst der gemeinsamen Abstammung, Sprache und politischen Verfassung, aus der gemeinsamen Bildung, aus einer gewissen Gleichheit der Weltanschauung, aus einer nationalen Kunst und Literatur. Gleichheit der Abstammung und Sprache ist zur Bildung einer Nationalität nicht in demselben Maße nothwendig, wie die Uebereinstimmung der Ideen und Interessen eines Volkes. Schon jetzt sehen wir Staaten, und nicht nur despotische Staaten, wie Oesterreich, sondern auch republikanische Staaten, wie die Schweiz, in denen verschiedene Sprachen und Volksstämme vereinigt sind. In Amerika ist das in einem noch viel größerem Maßstabe der Fall, weil hier die verschiedensten Nationalitäten sich kreuzen, und wenn auch die englische Sprache die herrschende ist, doch auch die deutsche, französische, spanische Sprache von Millionen gesprochen wird. Die natürlichen Bedingungen zur Bildung einer Nationalität fehlen hier also zum größten Theile. Künstliche Mittel müssen also versucht werden. Und diese Mittel sind in der Erziehung enthalten. In unserem Jahrhunderte ist die Bildung der Staaten und Völker nicht mehr ein Produkt des Zufalles und der Gewalt, nicht mehr eine Folge der einfachen Naturbestimmtheit, sondern das Produkt geist'ger Thätigkeit. Dieselbe Erziehung macht dasselbe Volk. Eine republikanische Erziehung ist die beste Basis für eine Republik. Wollten die Amerikaner sich auf diesen Standpunkt stellen, und durch diese Mittel sich die Integrität ihrer Nation sichern, so würden wir ihnen unsern vollständigen Beifall schenken. Wir haben schon mehrmals darauf aufmerksam gemacht, daß das amerikanische Freischulsystem dem Prinzipe und der Anlage nach vortrefflich ist, und daß es nur consequent ausgebaut und vervollständigt zu werden braucht, um die kühnsten Erwartungen zu übertreffen, die schönsten Resultate zu erzielen. Wenn das jetzige Freischulsystem von jeder confessionellen Schranke befreit wird; wenn neben der Hauptsprache, der englischen, auch die klassischen Sprachen des jetzigen Europa, vorzüglich die deutsche, gelehrt werden; wenn durch Schullehrerseminare für eine systematische, gleichförmige Pädagogik gesorgt wird; wenn das Freischulsystem seine Entwickelung und Vervollständigung in Gymnasien, Lyceen, Akademien gefunden hat; wenn, und dies ist die Hauptsache, wenn endlich dann der Besuch der Freischulen zur Zwangspflicht gemacht wird; dann sind die wesentlichsten Schritte zur Bildung einer einheitlichen Nationalität, eines großen republikanischen Volkes getroffen, und der Amerikaner kann ruhig Tausende von Fremden an seinen Gestaden landen lassen, ohne die Folgen europäischer Despotie und römischen Katholizismus zu fürchten. Aber diese große Frage nationaler Erziehung verstehen die Nationalitätspedanten Amerika's nicht; dies ist kein Punkt in ihrer Platform; die Bibel in der Freischule, dies ist die einzige „Reform," welche sie in dieser Beziehung wollen; dadurch nehmen sie der Schule ihren nationalen, staatlichen Charakter, und weisen sie in confessionelle Schranken zurück.

Wir haben in einer vorigen Nummer schon über die Bibel in den Freischulen geschrieben, und glauben es bei den damaligen Bemerkungen bewenden lassen zu können. Wir wollen hier nur kurz diejenigen Maßregeln angeben, welche besser, wie die Einführung der Bibel, den Wünschen der aufrichtigen und wahren Amerikaner entsprechen.

Das Erste, was wir in dieser Beziehung empfehlen, ist, die Schule zu einer allgemeinen, Allen zugänglichen und für Alle verbindlichen Anstalt zu machen, sie der Willkür der Einzelnen und dem Belieben der Familien zu entreißen und mit gesetzlichem Schutze zu umgeben. Die Schule muß eine Schule für das ganze Volk sein, ebenso wie der Staat eine Anstalt für das ganze Volk ist, und man Niemandem erlaubt, gesetzlos und außerhalb des Staates zu leben. Dadurch gewinnt die Schule erst ihren nationalen Charakter. Die verschiedensten Volkselemente, welche in diesem Lande zusammenströmen, müssen in der Schule zu einem Ganzen vereinigt werden, zu einer aus verschiedenen Bestandtheilen zusammengesetzten Nationalität, dem Produkte gemeinsamer Erziehung, nicht gemeinsamer Abstammung. Die Kinder der Deutschen, der Irländer, der Amerikaner, Farbige und Weiße, Katholiken und Puritaner sollen durch die gemeinschaftliche Schule einen gemeinsamen Typus, eine gleichartige Kultur erhalten; dies ist der beste Ersatz der fehlenden Einheit der Race und Nationalität. Auf diesem Wege läßt sich schon vielleicht innerhalb eines Menschenalters aus dem jetzt chaotischen verwirrten Elemente der Nationalitäten, Racen, Religionen und Interessen ein harmonisches, geordnetes Ganze darstellen, ohne daß man zu bornirten nativistischen und religiösen Proscriptionen gezwungen ist. Dasjenige, was an den nativistischen Bestrebungen richtig ist, — und wir finden manches richtige Motiv, — kann nur auf positive Weise, durch Erziehung, Unterricht, Schule u. s. w. erreicht werden, nicht auf die negative Weise der Verfolgung und Proscription. Wir geben zu, daß der jetzige Zustand der Dinge, das chaotische Durcheinander der Racen, Nationen u. Religionen, eine Aenderung und Reform erfahren muß, daß hier ein Streben nach Einheit gerechtfertigt ist. Aber diese Einheit wird nicht dadurch hergestellt, daß man die politischen Rechte auf eine ungleiche Weise vertheilt, daß man ganze Massen von Heloten schafft und die Sklaverei immer mehr und mehr ausbreitet, daß man neue Trennungen und Unterschiede den alten Verschiedenheiten und Ungleichheiten hinzufügt: sondern daß man die verschiedensten Elemente auf das Niveau der gemeinsamen Bildung stellt. Gleichheit der Rechte ist ein leeres Wort, wenn nicht Gleichheit der Bildung vorhanden ist.

Wir haben es schon oft bedauert, daß grade die Elemente, welche am meisten einer gleichförmigen Erziehung bedürfen, sich am meisten von dem Freischulsystem ausschließen. Die wirklich „Fremden" hier in Amerika, die irländischen Katholiken, die deutschen Katholiken, Methodisten, Pietisten u. s. w., welche nicht deshalb fremd sind, weil in einem fremden Lande geboren, sondern weil sie der amerikanischen Freiheit, den Grundsätzen der Unabhängigkeitserklärung, den Menschenrechten fremd sind: diese Leute schicken ihre Kinder nicht in die von den Priestern mit dem Bannfluche belegten Freischulen, und entfremden sie dadurch dem amerikanischen Leben. Ein solches Fremdenthum sollte der Amerikaner allerdings nicht dulden. Hier gilt es, zu nationalisiren, zu amerikanisiren; hier gilt es, die Basis zu legen zum Baue eines Volkswesens von übereinstimmenden Ansichten, Interessen und Ueberzeugungen.

Der zweite Schritt wäre, der Volkserziehung selbst eine gemeinsame Grundlage, Richtung und Leitung zu geben. Es kommt bei der Volkserziehung noch mehr, wie bei der Politik, der Gesetzgebung, der Verwaltung, darauf an, ein bestimmtes System einzuhalten, Regelmäßigkeit zu beobachten, stufenweise zu verfahren, um ein möglichst sicheres Resultat zu er-

reichen. In dem amerikanischen Schulwesen herrscht noch zu viel Willkür; in der einen Stadt verfährt man so, in der andern anders; dieser
Schulsuperintendent hat diese, ein anderer jene Methode. Ohne in Pedantismus zu verfallen und Alles über einen Leisten schlagen zu wollen,
sollte doch in allen Freischulen ein gewisser Plan eingehalten werden, damit man, abgesehen von den verschiedenen Individualitäten der Lehrer,
doch im Allgemeinen des Erfolges gewiß ist. Um diese Uebereinstimmung
des Unterrichtsplanes und der Lehrmethode hervorzubringen, dazu gehören
tüchtige Schullehrerseminare, welche von Männern von Fach und nach
einer bewährten Methode geleitet werden müssen. An diesen Anstalten ist
in verschiedenen westlichen Staaten noch ein großer Mangel, und daher
kommt es, daß oft bei gutem Willen und reichlichen Geldmitteln nicht das
Nothwendigste geleistet wird. Um solche Schullehrerseminare einzurichten
u„d zu beaufsichtigen, dazu kann man in Europa und namentlich in Deutschland viele taugliche Männ r finden, und wir haben schon mehrmals darauf aufmerksam gemacht, daß Männer, wie Diesterweg, unschätzbare
Acquisitionen für Amerika wären.

Drittens müssen, um das System der Erziehung vollständig zu machen, auch die höheren Lehranstalten dem Volksschulsystem einverleibt
werden. Der Hauptgrund der Oberflächlichkeit und Unwissenschaftlichkeit
der Bildung ist der Mangel an brauchbaren Mittelschulen, an Sekundär-
Schulen, Gymnasien u. s. w. In diesen Schulen verlebt der werdende
Mensch grade die Zeit seiner Jugend, welche für sein ganzes Leben be-
stimmend und entscheidend ist, und die Eindrücke, welche er hier empfängt,
haben den größten Einfluß auf seinen Charakter. Diese Schulen müssen
noch nothwendiger, wie die Elementarschulen, Staatsanstalten sein, damit
der jugendliche Mensch, der in jenen Jahren zu jeglicher Ausgelassenheit
geneigt ist, den Ernst der Gesetze und die Bedeutung des Staates empfindet. Nichts ist schädlicher für die Republik, als die Kinder in Privat-
schulen erziehen zu lassen, deren Lehrer ja immer von der Willkür der Eltern und also auch b.r Kinder abhängig sind, wo die Jugend verzogen und
ihrer Eitelkeit, ihrem Ehrgeize gefröhnt wird. Wir können unser Bedauern nicht verhehlen, wenn wir die Unmasse der in Amerika existirenden
Privatcolleges ansehen, die m ihrem nebenbuhlerischen Busineßeifer dem
Ehrgeize der Kinder und der Schwachheit der Eltern durch humbugartige
Prüfungen schmeicheln, wo das Kind nicht für das Leben gebildet, sondern
für die Ausstellung und das Examen dressirt, und so die Heuchelei, die
das ganze amerikanische Leben beherrscht, schon der Seele des Kindes ein-
geimpft wird. Staatsanstalten haben den Humbug der Privatanstalten
nicht nothwendig, und in ihnen kann auch eine regelmäßige, konsequente
Methode des Unterrichtes angewendet werden. Diejenigen amerikanischen
Schulmänner, welche das europäische und speziell das deutsche Schulwe-

sen studirt haben, und die in der Regel ganz davon entzückt sind, werden beobachtet haben, daß grade die Mittelschulen, in Preußen die Gymnasien, die Basis jeder wissenschaftlichen Erziehung bilden, und daß wenn ein Mann alle Schulen von der Elementar-Anstalt an bis zur Universität durchgemacht, er keiner Anstalt so viel verdankt, als grade dem Gymnasium oder Lyceum. Dort wird das Fundament gelegt, auf dem sich die spätere Erziehung zu einem speziellen Beruf gründen kann, dort wird der Geist der wissenschaftlichen Forschung geweckt, der zu den wissenschaftlichen Studien auf der Hochschule befähigt. Daß die meisten Staaten Amerika's ihrem öffentlichen Schulsystem diese Mittelschulen nicht eingefügt haben, dies ist der hauptsächlichste Grund, weshalb es mit der Universitätsbildung hier so schlecht steht, und weshalb die sogenannten Universitäten in den meisten Fällen ihrem Namen und ihrer Aufgabe nicht gleich kommen.

Ja, will Onkel Sam wirklich eine Nation vorstellen, dann sollte er wenigstens für eine durchgreifende national-Erziehung des Volkes sorgen, dann sollte er auch versuchen, sich in wissenschaftlicher Beziehung auf eigne Füße zu stellen. Aber wir brauchen bloß die erste beste amerikanische Universität anzusehen, um uns von der geistigen Unselbstständigkeit des amerikanischen Volkes und von der Nothwendigkeit, fremde Kultur zu importiren, zu überzeugen. Die meisten amerikanischen Universitäten sind nichts anderes, wie Abrichtungsanstalten für einzelne Berufe und selbst in dieser Beziehung sind sie noch von zweifelhaftem Werthe. Was eigentlich das Wesen einer Universität ausmacht, die Wechselwirkung zwischen den einzelnen Fachwissenschaften zu einem großen Ganzen; der philosophische Sinn und die freie Forschung: davon ist in Amerika nicht viel zu sehen; man trichtert so schnell, wie möglich, die nothwendigsten Berufskenntnisse ein, welche auch nur deshalb noch Werth haben, weil man damit „Geld machen" kann, und, damit ist der Zweck der Universitätsbildung erreicht. Die einzelnen Anstalten wetteifern mit einander, wer am schnellsten einen Doctor der Medicin fertig kriegt; sie concurriren miteinander, wie verschiedene Fabrikanten desselben Artikels. Wir haben manchmal gehört, wie Amerikaner die plumpen deutschen Köpfe bedauerten, die neun Jahre auf dem Gymnasium und fünf bis sechs Jahre auf der Universität ihre Studien machen müssen, um zur Ausübung ihres Berufes zugelassen zu werden. Der gescheute Sohn Sam's ist in zwei bis drei Semestern mit der ganzen Sache fertig. Auf diese Unterschiede zwischen Europa und Amerika kann Onkel Sam sich nicht grade sehr viel einbilden.

Wenn ich ein „treuer Amerikaner" wäre, ich würde den höchsten Ruhm meines Landes in tüchtigen wissenschaftlichen Nationalanstalten suchen. Der Kongreß hat Geld und Land genug, um nationale Institute des ersten Ranges zu errichten, die für Amerika dasselbe sein könnten, wie das Insirt für Frankreich, nämlich die Concentration aller wissenschaftlichen Kräfte des Volkes, der geistige Mittelpunkt einer Nation. Eine Akademie der Künste und Wissenschaften unter Aufsicht des Congresses, Universitäten in den einzelnen Staaten, Mittelschulen in den Counties, Elementarschulen in den Wards: ein solches umfassendes System des Volksunterrichtes wäre eine solide, unzerstörbare Basis für ein gesundes Staats- und Volksleben. Dies wäre eine Ausfüllung und Ergänzung des politischen Systems der Union, und es könnte die Sorge für die Erziehung in ähnlicher Weise, wie Gesetzgebung und Verwaltung, zwischen Town, County, Staat und Kongreß getheilt werden. Mit einem solchen nationalen Erziehungssysteme ausgerüstet, könnte sich der Amerikaner in der That als ein Volk betrachten mit einer natürlichen Basis und Einheit. Denn man bildet u. schützt Nationalitäten nicht durch Absperrung von fremden Einflüssen, sondern dadurch, daß man sie mit Geist und Gehalt erfüllt, und ihnen auf diese Weise Selbstständigkeit und Individualität gibt.

———

Das Sklavenauslieferungsgesetz in Preußen.

Die Zeitungen theilen eine Notiz mit, welche, wie es scheint, zuerst in der „Washington Union" gestanden hat, die wir für nichts, wie eine kolossale Ente halten. Ein Dr. Ritter soll einen Negersklaven Marcelino von Brasilien gebracht haben; derselbe verlangte seine Freiheit, und nach manchem Hin- und Herprozessiren, und nachdem Dr. Ritter sein Kaufrecht bewiesen, soll er höchste Gerichtshof, also das Geheime Obertribunal in Berlin, den Sklaven seinem Herrn zugesprochen haben, sich auf den Grundsatz stützend, daß die Eigenthumsfrage sich nach den Gesetzen des Ortes, wo der Kauf abgeschlossen, richte. Wir können uns nicht zu dem Glauben verstehen, daß dieses Referat richtig sei. Preußen und das ganze Europa, mit Ausnahme von Rußland und der Türkei, anerkennen keine Sklaverei. Wenn auch die Gesetzbücher einzelner Staaten nichts Spezielles über diesen Punkt bestimmen mögen, so ist es doch ein Grundsatz des europäischen Völkerrechtes, daß ein Sklave, sobald er europäischen Boden betritt, ipso jure frei wird. Das preußische Landrecht hat allerdings sehr scharfe und ungerechte Bestimmungen über das Verhältniß der Herrschaften zu den Dienstboten, des Meister zu den Lehrlingen, Bestimmungen, die bis zur Prügelstrafe sich ausdehnen. Aber ein Eigenthumsrecht auf Personen ist in keiner Weise anerkannt. Es sind schon mehrfach Fälle vorgekommen, daß russische Adlige in die deutschen Badeorte Leibeigene als Kutscher, Bediente u. s. w. mitbringen, und in allen darüber entstehenden Prozessen

7

wurde die Leibeigenschaft als nicht existirend betrachtet, und blos ein einfaches Dienstverhältniß vorausgesetzt. Nur wenn der Leibeigne innerhalb des Hauses der russischen Gesandtschaft war, blieb er leibeigen, weil das Gesandtschaftshotel als russisches Gebiet betrachtet wird, und unter russischer Oberhoheit steht. Die sogenannte preußische Verfassung und das preußische Landrecht enthalten zwar nur sehr ungenügende Bestimmungen zum Schutze der persönlichen Freiheit; das preußische Volk besitzt keine Habeas-Corpus-Akte, wie England; aber es sind doch gesetzliche Bestimmungen genug vorhanden, welche die Sklaverei und selbst die Leibeigenschaft ausschließen. Schon lange ehe das preußische Landrecht unter Friedrich dem Großen eingeführt war, hatte dieser philosophische König die Leibeigenschaft aufgehoben, und wenn auch noch viele Spuren dieses „göttlichen" Institutes des Mittelalters übrig geblieben sind, — in Form von Frohndiensten, Jagdgesetzen, Patrionialgerichtsbarkeit u. s. w.,—so ist doch an eine eigentliche Leibeigenschaft nicht mehr zu denken. Und auch die mittelalterliche Leibeigenschaft ist etwas ganz anders, wie die Negersklaverei; sie war ein abhängiger, aber immer noch mit Rechten geschützter Zustand; von einem Menschenhandel, wie in Amerika, war nicht die Rede. Selbst die Leibeigenschaft in Rußland und die Sklaverei in der Turkei sind, mit dem Institute des amerikanischen Südens verglichen, noch humane u. liebenswürdige Institute. Gewiß, Europa mag noch so unfrei sein, noch so sehr unter der Wucht des Despotismus seufzen, — es steht nicht auf der Stufe der Barbarei, wie Amerika, und selbst ein preußischer Geheimrath würde sich schämen, gleich einem amerikanischen Hunker Sklaven zu fangen.

Wie gesagt, wir bezweifeln sehr die Richtigkeit dieser Zeitungsnachricht. Allerdings gilt in Preußen die lex loci bei Käufen und Verträgen, die im Auslande abgeschlossen sind, aber mit der Bedingung, daß diese Käufe und Verträge nicht gegen die Gesetze des preußischen Staates verstoßen. Wenn in Frankreich ein französischer Schmuggler einen Vertrag mit einem preußischen Fuhrmann oder Schiffer macht, ihm französische Weine nach Preußen zu schmuggeln, so ist nach französischem Gesetz, nach der lex loci, dieser Vertrag vollständig gültig; aber in Preußen würde keine Klage darauf angenommen werden. So gibt es viele Fälle. Und in unserem speziellen Falle liegt ja gar kein legales Aktenstück zu Grunde; der Kaufbrief enthält ja gar keine kontraktliche Verpflichtung zur Dienstbarkeit zwischen dem Neger und dem Doctor; das Dokument hat nach den Vorschriften des preußischen Landrechtes gar keinen gesetzlichen Werth.

Wir sind neugierig, zu hören, wie sich die Sache eigentlich verhält, und haben deshalb an einen preußischen Juristen geschrieben, um Näheres darüber und namentlich die Entscheidungsgründe zu erfahren. In diesen Tagen der tollen, wahnsinnigen Reaktion in Preußen, und namentlich bei dem größtentheils aus Pietisten zusammengesetzten Obertribunale, wäre allerdings eine solche tollhäuslerische Entscheidung keine direkte Unmöglichkeit, aber so lange wir das Urtheil nicht selbst lesen, müssen wir es bezweifeln. Wenn auch der preußische Richterstand seit 1849, seit dem Prozesse Waldeck, dem Kölner Kommunistenprozesse sehr an seinem früheren Ansehen eingebüßt hat, so dürfen wir ihm doch nicht ohne Weiteres eine Schandthat zumuthen, deren nur „demokratische" Richter, wie Judge Loring, und Ver. Staaten Commissioners fähig sind.

Sollte wirklich die Entscheidung, wie sie von den Zeitungen mitgetheilt wird, wahr sein, so wäre dies ein vollständig isolirtes, mit den Gesetzen des Landes und der Kultur des Volkes im Widerspruch stehendes Faktum. Die Hunker mögen deshalb ihre Freude darüber mäßigen. Sie werden in Deutschland keine Neger fangen.

Sobald wie wir aus zuverlässiger Quelle wissen, was an der Sache ist, wollen wir dies unsern Lesern mittheilen.

Agrarische Zustände.

Als Henry Wise zum Gouverneur von Virginien gewählt war, erklärte er in einer Rede an das Volk, daß Virginien durch seine Wahl über den Agrarianismus gesiegt habe. Die deutschen demokratischen Blätter wußten nicht genug über diese Wahl zu jubeln, und doch war es gerade das wesentlichste Interesse der eingewanderten Bevölkerung, welches durch die Wahl Wise's niedergestimmt wurde, der Agrarianismus.

Agrarianismus ist Landreform, ein System der Verwaltung der öffentlichen Ländereien zu Gunsten wirklicher Ansiedler. Nächst der Sklaverei, mit welcher die Frage der Landreform auf das Innigste zusammenhängt, gibt es kein wichtigeres Thema in der amerikanischen Politik, als dieses, und wenn der Historiker künftiger Tage einmal den Fall und Untergang der amerikanischen Republik beschreibt, so wird er die wesentlichen Ursachen dieses Unterganges aus der Geschichte der öffentlichen Ländereien herleiten. In dieser Beziehung, wie in manchen andern Punkten, ist die Geschichte der römischen Republik vorbildlich für Amerika, und wenn man es sich recht deutlich machen will, wie schnell Amerika von seiner republikanischen Basis heruntersinkt, muß man nur die römischen Geschichten von Niebuhr oder Gibbon lesen. Dieser Parallelismus ist für das blödeste Auge bemerkbar, nur vielleicht nicht für jene Leute, welche sich selbst in richtiger Selbsterkenntniß Nichtswisser nennen.

Es wäre verdienstlich, eine Geschichte des römischen "ager publicus" zusammenzustellen, um einen Spiegel für die Verkehrtheiten der Gegenwart zu haben. Um den öffentlichen Acker bewegte sich die ganze römische Geschichte; der Kampf zwischen Plebejer und Patrizier, zwischen den Römern und den italienischen Bundesgenossen fand hier eine immerwährende Veranlassung; das römische Civilrecht, namentlich die Lehre vom Besitze und Eigenthum, entwickelte sich am ager publicus.

Der Ursprung des römischen ager publicus ist ungefähr derselbe, wie der Ursprung der öffentlichen Ländereien Amerika's. Die eingewanderten Römer nahmen die Ländereien den eingeborenen Stämmen weg, grade wie die Amerikaner mit den Indianern verfahren. In Rom hielt man aber mehr, wie in Amerika, an dem richtigen Grundsatze fest, daß der öffentliche Acker eine Domäne des ganzen Volkes sein müsse; das Eigenthum des ager publicus verblieb dem römischen Volke, der Besitz wurde einzelnen Individuen und Familien übertragen. Natürlich nahmen die mächtigen aristokratischen Geschlechter eine große Menge Land in Besitz, in Mißachtung bestimmter Gesetze und Verordnungen, welche den Landbesitz auf eine gewisse Anzahl von Ackern beschränkten. Denn es ging in Rom zu, wie auch hier in Amerika; die großen Patrizierfamilien waren, wie der Virginische Adel, als Senatoren, Consuln, Diktatoren, Richter, Priester überall vertreten, und benutzten ihre privilegirte Stellung im Staate dazu, sich auf Kosten des ager publicus zu bereichern, etwa wie Douglas, Forney u. Co. es mit ihren Landspekulationen in Kansas machen. Vergeblich kämpften die römischen Volkstribunen gegen diese Mißbräuche an; es wurden oft treffliche Gesetze erlassen, wie z. B. das Gesetz des Licinius Stolo, daß kein römischer Bürger mehr, wie 500 Acker Land im Besitze haben dürfe; aber diese Gesetze standen eben auf dem Papiere; in der Praxis häufte sich der große Grundbesitz immer mehr und mehr in einzelnen aristokratischen Familien an. Der Weg dazu war ungefähr derselbe, den die heutigen amerikanischen Landspekulanten gehen. Die römischen Soldaten verkauften die ihnen vom Staate geschenkten Ländereien für einen Spottpreis mit demselben Leichtsinn, mit dem unsere merikanischen Soldaten ihre Landwarrants verschleudern. Es gab ein Gesetz, welches vorschrieb, daß alle fünf Jahre eine Revision der Besitztitel und eine neue Verpachtung vorgenommen werden solle; da aber die Censoren immer aus den großen Familien genommen wurden, so wurde diese Verpachtung nicht unparteiisch vorgenommen, und das ganze Gesetz kam später außer Wirksamkeit. Die Archive und Kataster wurden von den Beamten, welche ein Interesse daran hatten, den Zustand der öffentlichen Ländereien in Verwirrung zu bringen, vernachlässigt, so daß die Besitztitel unsicher und zweifelhaft wurden, wodurch natürlich das Recht des Stärkeren und Besitzenden begünstigt wurde. So kam die Landgesetzgebung in Verwirrung und damit die ganze Republik, denn eine Republik kann nur dann bestehen, wenn der Besitz möglichst gleich unter das Volk vertheilt ist; namentlich eine ackerbauende Bevölkerung von mäßigem Besitze ist die beste Basis für einen Freistaat. Durch die ungerechte Vertheilung des ager publicus aber wurde der freie, besitzende Bauernstand durch Pächter und später durch Sklaven verdrängt, und damit war der Republik ihre Grundlage genommen. Auf der andern Seite wurde der Wohlstand des Volks und die Ertragsfähigkeit des Bodens ebenso, wie die republikanischen Institutionen geschmälert; die großen, von Sklaven bearbeiteten Domänen der Aristokraten lieferten nicht die Hälfte des Ertrages, als wenn sie in kleine Bauerngüter abgetheilt würden. Dies kann man überall und auch in Deutschland sehen; allein in den östlichen Provinzen Preußens könnten noch drei Millionen Bauern leben, wenn die großen königlichen Domänen und adeligen Güter parzellirt würden. So ist es dahin gekommen, daß noch heute der Landbau in Italien darnieder liegt, und sich noch heute nicht von den Folgen jenes unnatürlichen Verfahrens erholt hat.

In Rom bestand ebenso, wie in Amerika, eine Landreformpartei; beide haben fast dasselbe Programm, nämlich Landlimitation und Ueberlassung des Landes in bestimmten Quantitäten an wirkliche Ansiedler; beide haben auch fast dieselbe Geschichte. In Rom, wie in Amerika, waren die edelsten Männer an der Spitze der Freibodenpartei, aber auch die Demagogen und Aemterjäger mischten sich hinein, und benutzten dieselben zu ihren Intriguen. So kam es denn, daß die römischen Freesoiler wohl einige vorübergehende Vortheile erlangten, aber sich nicht im Besitze dieser Vortheile halten konnten, und als die eigentliche Bewegung zum Ausbruch kam, war das Landmonopol der Aristokraten und Priester schon so mächtig geworden, daß die Bewegung daran zerschellte. Die Gracchische Landreformbewegung scheiterte, und damit war der römischen Republik das Todesurtheil gesprochen. Wird es in Amerika nicht auch so gehen? Wird in Amerika die Freesoilbewegung nicht erst dann ausbrechen, wenn eine mächtige Landaristokratie, sklavenhaltend und mit den Priestern verbündet, die Geschicke Amerika's in Händen hat? Oder sollte der amerikanische Gracchus ein besseres Schicksal haben, als der römische?

Die nächste Folge der Landmonopolisirung war das Verschwinden eines selbstständigen Bauernstandes, jener festen Stütze des antiken Roms, das seinen Cincinnatus hinter dem Pfluge weghohlte, Vermehrung der Sclaverei und des Proletariates, der beiden Grundpfeiler der Tyrannei und Monarchie. Rom wurde die große Senkgrube aller besitz- und berufslosen Leute, die sich bei den Wahlen umherdrängten und ihre Stimmen dem Meistbietenden anboten. Der Ruf: „panem et circenses!" (Brod und Schauspiele!) ertönte vor dem Forum, und die ämterjägerischen Demagogen kauften sich mit den Millionen, welche sie den Bundesgenossen und Provinzen erpreßten, die Herrschaft des Staates. So ging die römische Republik zu Grunde und die Aera der Cäsaren begann.

Sollte es möglich sein, daß man, wenn man ein so leicht verständliches, mit so großen, unverlöschbaren Zügen geschriebenes Beispiel der Geschichte vor sich hat, — daß man dann noch in denselben Fehler verfallen könnte? Aber man wiederholt in America mit einer großen Genauigkeit das römische Beispiel, nur mit dem Unterschiede, daß weil hier die Dimensionen und die Verhältnisse größer und weiter sind, wie in Rom, auch die Katastrophe näher und schrecklicher ist.

Bei der Schnelligkeit, mit welcher sich hier Alles entwickelt, sehen wir den Verlauf von Ereignissen, welche früher Jahrhunderte einnahmen, in einem Menschenalter vorüberziehen; die Früchte der von der heutigen Menschheit begangenen Fehler fallen nicht nur auf spätere Geschlechter, sondern schon auf unsere eigenen Schultern. Deshalb sollte man wirklich nicht so in den Tag hineinleben, sondern bei Zeiten sich vorsehen. Es ist wirklich unbegreiflich, mit welchem Leichtsinne Amerika seine Zukunft verschleudert. Und welch eine Zukunft? Von der Natur mit der reichsten Fülle ihrer Segnungen ausgestattet, gleich bei ihrem Eintritt in die Reihen der Völker zur Freiheit getauft, hat diese große, weite Republik ein „manifest destiny" von unbegrenzter Tragweite, das weit über die Perle der Antillen hinausreicht. Dieses Land kann die Heimath von Millionen freier und wohlhabender Menschen werden; weite, unermeßliche Räume bieten sich dem strebenden Menschengeschlecht dar; für zehn Völkerwanderungen hat das Land noch Platz. Das kleine, eingeengte, vielbevölkerte Europa, mit einer Last alter Gebrechen und Schulden auf dem Nacken, versucht alle möglichen socialen und politischen Experimente, um sich aus seiner Unbehaglichkeit zu erretten, aber es sinkt immer tiefer hinein. Amerika dagegen hat Raum und Gelegenheit genug, um die kühnsten socialistischen Ideen zu realisiren, und die gefährlichsten und kostspieligsten Experimente zu wagen. Alle die socialen Elemente der Vorzeit, das Jubeljahr der Juden, die Seisachtheia der Athener, die agrarischen Reformen der Römer, die Klöster und Zünfte des Mittelalters: alle diese vereinzelten und verunglückten socialen Experimente sind in Amerika nicht nothwendig; hier kann man Jedem Eigenthum und Arbeit garantiren dadurch, daß man Jedem das erste und ursprünglichste Material der Arbeit, den Grund und Boden, gibt. Die öffentlichen Ländereien sind so ausgedehnt, daß noch viele hundert Jahre die Einwanderung in bisheriger Weise in das Land strömen könnte, ohne dasselbe zu überfüllen. Nur müßte man von dem Grundsatze ausgehen, daß das öffentliche Land auch immer Nationaleigenthum bleibt, ebenso, wie die Luft, der See und der Fluß. Jeder nimmt davon so viel, wie er benutzen kann, und behält es so lange, wie er oder seine Familie es benutzt. Dies ist die einfachste Nationalökonomie, die man sich denken kann. Auf ein solches Landsystem könnte man ein vortreffliches Freischulsystem und andere nationale Anstalten grunden; dies ist eine breite, feste Basis fur freie politische Institutionen, eine sichere Burgschaft für die Zukunft.

Doch wir wollen hier keine Apologie der Heimstättebill und der Landreform schreiben; wir Deutsche sind gewiß am besten dazu befähigt, das Großartige und Bedeutungsvolle dieser Maßregel zu würdigen; unser unmittelbarstes materielles und politisches Interesse zwingt uns, alle unsere Kräfte dahin anzuwenden, daß die bisherige Politik in Bezug auf die Agrargesetzgebung verändert werde. Denn der bisherige Weg fuhrt bergabwärts, steil und schnell bergabwärts in Armuth, Unterdrückung und Sclaverei.

Namentlich in den letzten Jahren hat das System der Landverschleuderungen einen so chen Umfang und eine so vielfältige Anwendung gefunden, daß es fast scheint, als wollten die leitenden Politiker mit Gewalt die gemeinsame Domäne des amerikanischen Volkes und die Zukunft Amerika's zum Fenster hinauswerfen. Wir haben den Bericht des Secretärs des Innern vom 4. Dezember 1854 vor uns, und legen die offiziellen Ziffern des Documentes unserer Darstellung zu Grunde. Selbst das offiziele Document gibt zu, daß das bis jetzt eingeschlagene Verfahren modifizirt werden muß, soll es nicht eine horrende Landverschleuderung an Speculanten zur Folge haben. In dem Fiscaljahre v. 1. Juli 1853—1. Juli 1854 wurden 7,035,735 Acres für Geld verkauft, und dafur 9,250,000 Dollars eingekommen; mit Landwarrants wurden ungefähr 3,500,000 Acres belegt, — diese Ziffer ist aber seit der letzten Military-Land Bounty-Bill gewiß verzehnfacht worden; — an Sumpfländereien wurden den einzelnen Staaten fur Schulen,*) Austrocknen, innere Verbesserungen u. f. w. 11,000,000 Acker überlassen und außer den großen Grants für Illinois-Centralbahn u. f. w. 1,750,000 Acker für Wege u. dergl. ausgegeben. Daß von diesen 23,500,000 Ackern kaum der zwanzigste Theil in die Hände wirklicher Bebauer gekommen ist, braucht wohl nicht nachgewiesen zu werden; der Rest gehört den Speculanten. Seit 1790 bis zur letzten Militär-Land-Bill, welche alle Verschwendungen der Vorzeit auf eine unsinnige Weise übertrifft, sind 31,500,000 Acker mit Landwarrants alter Militärs bedeckt worden. Nun ist es gewiß wohl ein patriotischer und humaner Gedanke, den Kriegern auf dem Grund und Boden, den sie mit ihrem Blute vertheidigt haben, eine Heimath zu schenken, aber in der Praxis wird diese scheinbare Humanität zur schauderhaften Unehrlichkeit und Betrügerei. Wieviel von

*) Für Schulen sind in den westlichen Staaten und Territorien 40,909,585 Acker bewilligt worden, und dies ist gewiß die beste Landverwilligung, die gemacht werden kann.

diesen 31,500,000 Acker mögen noch in den Händen der Soldatenfamilien sein? Die Militär-Land-Bill, durch welche sich der letzte Nebraska-Congreß verewigt hat, schenkt jedem Troßknecht, jedem Matrosen, der nur einen Tag oder eine Stunde in irgend einem Kriege gedient hat, 160 Acker, und es sollen auf diese Bill hin schon über hunderttausend Reclamationen in der Landoffice eingegangen sein, so daß man ohne die Gefahr der Uebertreibung sagen kann, daß die Wirkung aller der früher gemachten Militär-Landschenkungen durch die letzte Akte übertroffen worden ist.

So sehr die herrschende demokratische Partei, im Interesse des Sudens und der Sklaverei, auch bemüht ist, die inneren Verbesserungen an Häfen und Flüssen, Eisenbahnen u. s. w. der Unterstützung des Kongresses zu berauben, so sind doch in den letzten drei Jahren für über fünf Tausend Meilen Eisenbahnen Landschenkungen bewilligt worden, und dabei ist noch keine Meile von der großen Pacificbahn. Während der Grant für die Verbesserungen der Häfen und Flüsse, für die sogenannten „inneren Verbesserungen," welche ein stehendes Kapitel der amerikanischen Politik und den permanenten Zankapfel zwischen den Whigs und Demokraten bilden, von Herrn Pierce mit Veto belegt wurde, ist die Illinois Centralbahn, deren Aktien sich zum größten Theile in englischen Händen befinden, auf Kosten der Zukunft des Volkes von Illinois gebaut. Vor wenigen Tagen wurde die Vollendung der Bahn durch ein Fest in Dubuque, Iowa, gefeiert, und hier erklärte einer der Directoren jener Bahn, daß die Bahn geschenkt wäre, da der Werth des Landes mehr, als die gesammten Kosten der Eisenbahn betrüge. Hier sieht man die gefährliche Bedeutung des Monopols leicht ein. Die Illinois-Centralbahn geht von Cairo nach Chicago, mit einer Seitenbahn nach Galena und Dubuque; sie durchschneidet das ganze Illinois und eröffnet das Innere dieses Landes dem Verkehre. Außerdem ist sie offenbar die wichtigste Verkehrslinie des Westens, — d. h. so lange die Pacificbahn noch nicht gebaut ist, — da südlich von Cairo der Mississippi nie zufriert, und Winter und Sommer der Schiffahrt offen steht, so daß durch diese Bahn eine immerwährende und die schnellste Verbindung zwischen dem Golf von Merico und dem großen amerikanischen Westen hergestellt ist. Diese Bahn ist in der unglaublich kurzen Zeit von zwei Jahren hergestellt worden, — der Congreß setzte zehn Jahre, der Staat Illinois sechs Jahre Frist, — und hat mehr, wie irgend eine andere Maßregel, zu dem ungemeinen Aufschwunge des Westens beigetragen. Besonders Illinois und die Stadt Chicago haben in Folge dieses Baues ungemein prosperirt. Indessen scheint alle diese Prosperität nur vorgegessenes Brod zu sein; man lebt vom Marke d. r Zu unft. Dieser Eisenbahngesellschaft gehören längs der Bahn 2,500,000 Acker Land, welches natürlich grade durch seine Lage an der Bahn einen hohen Werth hat. Gegenwärtig ist es zu 15—25 Dollars per Acker ausgeboten, aber das werthvollste Land reservirt die Compagnie für sich. Da fast gar kein kaufsähiges Congreßland in Illinois mehr existirt, so hat natürlich die Compagnie das Monopol des Landverkaufes in diesem wichtigen, reichen und mächtigen Staate. Diese Bahn wird noch das eiserne Band werden, welches den Staat Illinois umschlingt, die Legislatur und Municipalitäten daselbst beherrscht, und das souveräne Volk unter die Botmäßigkeit der schlimmsten aller Tyrannen, der Kapitalisten und dazu noch auswärtiger Kapitalisten bringt. Es ist interessant, die Operationen dieser Gesellschaft zu sehen. Ganze Dörfer werden an den großen Lumberdepots gefertigt, die man fertig kaufen oder auf Bestellung machen lassen kann, und welche nach irgend einem beliebigen Punkte der Bahn für einen billigen Preis, — ich glaube, 15 Cents per Meile für jedes Haus, — geliefert werden. Die Hecke, welche die Bahn einfriedigen soll, wird von Osage Orange gemacht und hat in grader Richtung die Länge von 700 Meilen. Ein Dampfboot läuft für Rechnung der Gesellschaft auf dem Mississippi. Die Lotterispeculationen, welche die Illinois-Centralbahn in Chicago und den andern aufblühenden Städten von Illinois macht, lassen alle Vergleiche und Beispiele hinter sich. Auf diese Weise monopolisirt sich das Capital zum Herrscher aller Verhältnisse. Wenn man nun bedenkt, wie diese Bahn überall in Illinois ihre Depots, ihre Agenten, ihren Einfluß hat, wie dieselbe nicht nur die größte Landeigenthümerin, sondern auch die größte Speculantin ist, wie sie den ganzen Getreidehandel des Westens an sich reißt, so kann man sich ungefähr die Zukunft von Illinois denken. Man geht mit graden, schnellen Schritten in den Feudalismus des Mittelalters zurück, und unsere deutschen Fürsten sind Bettler und Stümper im Vergleiche zu diesen amerikanischen Eisenbahnkönigen.

Der Bau der Pacificbahn öffnet nach dieser Richtung hin der Landspeculation eine unabsehbare Zukunft. Wenn, wie wir dies voraussetzen, so lange der Strom der Congreßpolitik die bisherige Richtung behält, dieser Bau, das größte und bedeutendste Unternehmen der Welt, welches den nordamerikanischen Continent zum Mittelpunkte des Welthandels und der Weltpolitik macht, nach denselben Regeln und mit denselben Mitteln gebaut wird, wie die Illinois-Centralbahn: dann ist die Zukunft der amerikanischen Republik entschieden; große Landspeculanten und Eisenbahnkapitalisten werden den Westen Amerika's in Beschlag nehmen, und mit dem ersten, letzten Hauche, mit dem die Civilisation in den jungfräulichen Urwald jenseits des Missouri und Mississippi dringt, wird schon die Negersklaverei und die Despotie des Kapitals in die kaum geöffneten Territorien eintreten. Möge man sich darum nicht verführen lassen, für momentane Vortheile die Zukunft des Landes zu verkaufen. Niemand erkennt mehr, wie wir, die Nützlichkeit solcher Bauten an, wie die der Illinois-Centralbahn; Niemand wünscht vielleicht sehnlicher, als wir, die große Revo-

lution des Weltverkehres, welche durch den Bau der Pacificbahn hervorgebracht werden wird; aber besser ist es jedenfalls noch, warten oder langsamer bauen, als mit dem Lande auch zugleich die Zukunft Amerika's weg-
schenken.

Wir fürchten in dieser Beziehung das Schlimmste. Wenn wir die
Geschichte der Landgesetzgebung überblicken, so scheint es in der That, daß
man die öffentlichen Ländereien mit Gewalt und unter jeder möglichen Bedingung veräußern will. Bisher sind jedes Jahr 8—12 Millionen Acker
in den Markt gebracht, während die factische Nachfrage nur 1—4 Millionen war. Während in den westlichen Staaten, in Michigan, Wisconsin,
Minesota, Jowa u. s. w. noch viele, viele Millionen Acker Land dem Ansiedler offen standen, und es also das Interesse der Einwanderung und des
Ackerbaues durchaus nicht nothwendig machte, dem rothen Manne schon
jetzt seine Heimath zwischen dem Kansas und dem Nebraska Flusse zu rauben, wurden dennoch die neuen Territorien geöffnet, und die schönsten Ländereien daselbst, welche eine Reserve für die Zukunft hätten bilden können,
sind eine Beute der Speculanten und Sklavenhalter. Die Gesetze über
den Verkauf der öffentlichen Ländereien schließen zwar dem Wortlaute nach
die Landspeculation aus, aber die dahin zielenden Bestimmungen, daß der
Käufer schwören muß, er wolle das Land bebauen, sind nichts, wie leere
Worte. Der Käufer schwört, er wolle es in irgend einer Zukunft bebauen;
das Gesetz setzt ihm keinen Termin fest. Auch das Gesetz über das Vor-
kaufsrecht ist lückenhaft, und gibt zu vieler Rechtsunsicherheit und zu man-
nigfachen Gewaltthätigkeiten Veranlassung. Die ganze Agrargesetzgebung
scheint nur darauf gerichtet zu sein, das Land sobald, wie möglich, los zu
werden. Daher der Act von 1850, der die Sumpfländereien den einzelnen Staaten überläßt, — wobei es sich von selbst versteht, daß die einzelnen Staaten dieselben den Speculanten überlassen;— daher das Gesetz des
letzten Congresses, das die Reduction der Landpreise nach Verhältniß der
Zeit, während welcher das Congreßland im Markt war, verfügt; daher die
letzte Militärlandbill, welche sehr schnell mit den öffentlichen Ländern auf-
räumen wird; daher die Kansas- und Nebraskabill, welche den Sclaven-
haltern aus Missouri viele Millionen Acker Land zur Verfügung stellt.
Wenn in früheren Perioden, in den ersten Tagen der Republik, das öffentliche Land zum Kaufe angeboten wurde, so walteten dabei andere Ursachen vor, wie heute. Damals seufzte die junge Republik unter einer großen Schuldenlast, und man fand kein anderes Mittel, sie zu tilgen, als
Landverkauf; Jefferson selbst hat aus diesem Grunde das System des Ver-
kaufes begründet. Aber dieser Grund ist gegenwärtig verschwunden; die
Schulden der Ver. Staaten können nicht so schnell bezahlt werden, wie der
Staatsschatz wünscht, weil sie erst in längeren Perioden kündbar sind; die
Kasse Uncle Sam's ist überfluthet von Geld, so daß es wirklich ein Glück

ist, daß so viele wohlwollende Patrioten in Washington sind, welche das Schatzamt einigermaßen von seinem Ueberfluffe befreien. Als Finanzquelle betrachtet ist daher die Verschleuderung der öffentlichen Ländereien durchaus unmotivirt. Aber die Corruption ist vielleicht ein verständlicheres und näher liegendes Motiv. Die Leute, welche die Territorien organisiren, die Hauptstädte bestimmen, die Counties abgrenzen, die Eisenbahnen abstecken, — diese Leute wissen, warum ihnen das gegenwärtige Landsystem genehm ist.

Während sich also auf diese Weise im Westen große Grundbesitzungen bilden, welche den Landreichthum jedes englischen Lords überbieten, und vielleicht nur mit den großen Gütercomplexen des russischen Adels zu vergleichen sind, sehen wir in Kalifornien Dinge, welche uns an die Mährchen von Tausend und eine Nacht oder an die Schätze von Monte Christo erinnern. Dort bildet sich eine Landaristokratie, gegen welche alle Erinnerungen aus der Zeit des römischen Kaiserreiches und des feudalen Mittelalters verschwinden. In Los Angelos, Kalifornien, ist durch eine Congreßacte vom 3. Mai 1853 eine Commission zur Untersuchung von Landansprüchen, welche sich aus der mericanischen Zeit her datiren, niedergesetzt, welcher bis 813 verschiedene Claims vorgelegt sind. Von diesen sind zur Zeit 294 bewilligt, und der Betrag des bewilligten Landes ist 736 Quadratmeilen, mehr, als ein Neu-England-Staat (mit einer Ausnahme) enthält. Manche dieser Landansprüche betragen mehr, wie ein deutsches Herzogthum; die Commission versichert, daß unter andern ein einziger bewilligter Anspruch einen Werth von 35 Millionen Dollars habe. Diese Ländereien liegen nicht in einer Wildniß, sondern in der Nähe der großen Städte, ja bilden theilweise das Territorium desselben; sie bestehen aus blühenden Gärten am Ufer das Pacific oder aus den goldhaltigen Minendistricten. Fast die Hälfte des Territoriums der Stadt San Francisco ist durch das Bundesgericht einem einzigen Manne zugesprochen worden; Fremont, der Schwiegersohn Benton's, ist durch einen andern Claim so reich, wie der Graf von Monte Christo, geworden. Auch Sutter, der Pionier von Kalifornien, hat sein verlornes Vermögen durch einen solchen Claim wiedergewonnen. Alle diese Ansprüche stammen aus der mericanischen Zeit; damals, als Kalifornien noch in der Wildniß lag, und einzelne Missionen der Jesuiten die einzigen Vorposten der weißen Bevölkerung waren, kauften Abenteurer von den Jesuiten oder den Militärkommandanten diese Ländereien, und treten jetzt mit ihren Ansprüchen an Königreiche hervor. Die spanischen Documente über diese Claims füllen bis jetzt 41,462 Folio's und sie mögen verwirrt und dunkel genug sein, wenn man an die Zeit denkt, wo sie gemacht wurden, um das Fischen im Trüben zu gestatten. Das Civilgesetz, die Gesetze und Decrete des unabhängigen Merico, die Acte des Territoriums, dazwischen Verfügungen einzelner rebellischer Behörden:

Alles dies fließt hier zu einem juridischen Chaos zusammen, aus welchem noch ganz andere Kämpfe hervorgehen werden, als der Kampf der Renter und Antirenter in New-York. Durch den Vertrag von Guadaloupe Hidalgo haben sich die Ver. Staaten verpflichtet, alle gerechten Ansprüche der Bewohner des eroberten Landes anzuerkennen. Der Werth der zugesprochenen und noch in Frage stehenden Claims übertrifft die Grenzen der Glaublichkeit, und dieser Werth nimmt noch jedes Jahr mit der steigenden Bevölkerung Kalifornien's zu. Wie soll dies enden? fragen wir verwundert.

Rechnen wir zu diesen Mißverhältnissen die Steuerfreiheit sämmtlichen Kircheneigenthums, wodurch grade dasjenige Eigenthum, welches gar nicht produktiv ist und zu einem großen Theile in den Händen einer habgierigen und despotischen Hierarchie sich befindet, privilegirt wird und durch dieses Privilegium natürlich einen großen Vorsprung über jedes andere Eigenthum gewinnt; rechnen wir dazu die Schwindeleien mit Schulländern, welche in den meisten westlichen Staaten getrieben werden, die Landspekulationen der Ver. Staaten Vermessungs- und Verwaltungsbeamten; die Rohheit und Gewaltthätigkeit, mit welcher die Squatter ihre Souveränität beweisen, das Vordringen der Sklaverei in den westlichen Territorien; rechnen wir den ganzen Mißbrauch zusammen, der mit den öffentlichen Ländern getrieben wird, so können wir gewiß nicht ohne Befürchtungen in die Zukunft sehen, so müssen wir bedauern, daß ein Volk, mit allen Hülfsquellen der Natur und den freiesten Institutionen versehen, sich selbst das Grab seiner Freiheit und seines Wohlstandes gräbt. Hier kann man nicht zu finster sehen. Der Unterschied zwischen dem, wozu die Union von der Natur und Geschichte bestimmt ist, und dem, wozu es habsüchtige und betrügerische Politiker machen, ist abschreckend groß. Aber natürlich, die Sklavenhalter, welche vermittelst der demokratischen Partei die Union beherrschen, können die ruhige, naturgemäße Entwicklung der Ver. Staaten nicht dulden; sie müssen bei Zeiten das öffentliche Land verschleudern, damit freie Arbeit und Einwanderung nicht die Uebermacht gewinn; sie müssen für ihre Sklavenarbeit, die im Verhältniß zu freier Arbeit sehr unproductiv und wenig einträglich ist, große Territorien in Beschlag nehmen: kurzum, sie müssen die Zukunft des Landes dem Monopol, dem Kapital, der Despotie, der Sklaverei überantworten.

Sind wir „fremd" in Amerika?

Die „New-Yorker Staatszeitung," die schon seit Jahren nativistische Tendenzen verfolgt, welche nur den Zwanzigjährigen ein Urtheil über Amerika zugestehen möchte, die neulich meinte, es dürfe Niemand in Amerika Zeitung schreiben, ehe er das Bürgerrecht habe, die Correspondenten hat, welche sich rühmten, „seit zwanzig Jahren kein Deutsch geschrieben zu haben": diese alte, runzlige Dame hat in ihrer Nummer vom 24. Juli einen Artikel von eigenthümlich-nativistischer Beschaffenheit, auf den wir antworten müssen, zumal er direkt gegen die „Atlantis" gerichtet war. Wir haben manchmal in der „Atlantis" Aeußerungen fallen lassen, wie, daß wir uns in Amerika nicht heimisch fühlen, daß der größte Theil unserer Hoffnungen noch in Deutschland liege u. dergl. Diese Aeußerungen veranlaßten die „Staatszeitung" zu der Behauptung, daß wir dann auch gar nicht das Recht hätten, uns um Amerika und amerikanische Politik zu kümmern. Wir seien Gäste und „Fremde" in Amerika, und dürften uns nicht um die häuslichen Verhältnisse eines „fremden" Volkes kümmern. Da es nun Viele unter der jungern deutschen Bevölkerung gibt, welche, gleich uns, noch nicht an der Befreiung der alten Heimath verzweifeln, die ein freies Deutschland dem freien (?) Amerika vorziehen, die noch nicht auf ihr Heimathsrecht in der deutschen Republik verzichtet haben, so ist die Frage, welche die „N.-Y. Staatszeitung" aufwirft, von allgemeiner Bedeutung. Wir glauben, daß nur Derjenige in Amerika „fremd" ist, welcher dem Genius dieses Landes fremd ist, d. h. welcher die freien Institutionen und Grundsätze, die dem hiesigen Staatsleben zu Grunde liegen, nicht liebt, welcher die großen Hoffnungen, welche die Menschheit von der Zukunft Amerika's hegt, nicht begreift, welcher die historische Mission der Union nicht versteht. Den nennen wir fremd in Amerika, welcher gegen die höchsten und wichtigsten Interessen dieses Landes stumpf und gleichgültig ist, der mit kaltem, leerem Auge ein Stück der amerikanischen Freiheit nach dem andern zerbrechen sieht, den es nicht verdrießt, daß die Sklaverei die Zukunft Amerika's vergiftet und die neu eröffneten Territorien des Westens überschwemmt. Leute, die nicht wagen, die Sclaverei zu bekämpfen, sind nicht nur in America fremd, sondern in dem ganzen weiten Kreise der Menschheit, denn es ist kein menschliches Gefühl und kein menschlicher Gedanke in ihnen. Aber wir halten es nicht nothwendig, daß man seine Knochen und seinen Leichnam der amerikanischen Erde verschreibt, um das amerikanische Bürgerrecht und seinen Antheil an den öffentlichen Angelegenheiten zu erlangen. Wenigstens hat der ärgste Know-Nothing dieses noch nicht verlangt. Die Nichtswisser wollen doch wenigstens nur den Naturalisationstermin verlängern; die „N.-Y.-Staatszeitung" macht aber eine Bedingung, welche für einen ehrlichen Deutschen vollständig unmöglich ist, zu erfüllen, nämlich, die Liebe zur Heimath, die Hoffnung auf dessen Befreiung und die Sehnsucht zur Heimkehr in das befreite Vaterland aus dem Herzen zu verbannen.

Fragen wir, woher rührt der Antheil, den wir an America nehmen, und der uns berechtigt, uns an den öffentlichen Angelegenheiten dieses Landes zu betheiligen? Rührt das Interesse daher, daß wir für uns und unsere Familie hier eine Heimath gründen, Eigenthum erwerben und Haus und Hof gründen wollen? Ist dieses Interesse das exklusive Motiv unseres Interesses an der amerikanischen Politik? Allerdings, dann hat die „Staatszeitung Recht. Dann bewegt sich das politische Interesse in dem engen Kreise des Pfahlbürgerthums, und wer nicht zu diesem Pfahlbürgerthum gehört, braucht nicht mit zu reden. Dann müßte man aber auch, um konsequent zu sein, nur Demjenigen das Stimmrecht geben, der mit „Property" und Familie an dieses Land gekettet, der in Lottenspekulationen verwickelt ist oder auf ein fettes Amt im Custombaus lauert.

Oder rührt unser Interesse an der amerikanischen Politik daher, weil die höchsten Interessen der Humanität und Civilisation in America auf dem Spiele stehen, weil hier für die Zukunft des Menschengeschlechtes eine große Perspective eröffnet ist, weil die Menschheit große Hoffnungen auf Amerika gesetzt hat, durch deren Vereitelung vielleicht neue Jahrtausende der Barbarei hereinbrechen werden? Jeder Mensch lebt in und mit der Menschheit; bei dem Einen sind die Fäden, welche ihn mit der Menschheit verbinden, lockerer, bei dem Andern straffer, aber Jeder, sobald er noch menschliches Gefühl in sich hat, nimmt irgend welchen Antheil an den allgemeinen Interessen der Menschheit, wo es auch sein mag, am Nordpol oder unter der glühenden Sonne des Aequator.

Ebenso wenig, wie also dem gebildeten Amerikaner der Verlauf der europäischen Geschicke gleichgültig sein kann, darf dem Europäer, — und wir wollen uns selbst noch als Europäer betrachten, — Amerika's Schicksal gleichgültig sein. Hier, wie dort, stehen die größten Fragen auf dem Spiele, und wer immer sich für Politik interessirt, d. h. wer nur immer ein gebildeter Mensch ist, wird sich für diese Fragen interessiren.

Ist denn die Freiheit in Europa etwas Anderes, als in Amerika? So verschieden auch die Umstände und Verhältnisse sein mögen, so verschieden auch die nächsten Objekte sind, die dem Kampfe zu Grunde liegen, die Motive, die allgemeine Tendenz der politischen Bestrebungen ist in Europa, wie in Amerika dieselbe. Es gilt, in Europa, wie in Amerika, eine wahre Democratie herzustellen, eine auf Bildung, Recht und Freiheit gegründete Republik zu bauen, und alle entgegenstehende Elemente zu beseitigen. In Europa gilt es freilich zunächst, die Form des Staates zu ändern, und dies ist nur durch eine Revolution möglich. In Amerika gilt es, die republikanische Form mit entsprechendem Inhalte auszufüllen, und dies ist der Weg der Reform. Dort ist die Monarchie, hier die Sclaverei der nächste Angriffspunkt. Diejenigen, welche in Europa gegen die Monarchie gekämpft haben, haben ein natürliches Interesse, in Amerika gegen die Sclaverei zu kämpfen; es ist ein verwandter Krieg und man kann dieselben Waffen gebrauchen.

Und nicht nur das allgemeine, ideelle Interesse veranlaßt uns, an diesem Kriege Theil zu nehmen, sondern noch näher liegende, directere Gründe. Wir sind Deutsche und fühlen als Deutsche eine gewisse Verpflichtung, deutschen Sinn zu erhalten. Es verletzt unser eigenstes Selbstgefühl, wenn wir sehen, daß die deutsche Bevölkerung in den Ver. Staaten von unwürdigen Parteibanden gefesselt ist, ja, daß sie sogar für Ausbreitung und Verewigung der Sclaverei stimmt. Wir wünschen, dem deutschen Elemente der Ver. Staaten eine freie, unabhängige, würdige Stellung, ebenso, wie wir dem deutschen Vaterlande Freiheit, Einheit und Unabhängigkeit wünschen. Der eine Wunsch ist ebenso natürlich, wie der andere, und Niemand wird uns deshalb einer Unbesonnenheit oder Anmaßung beschuldigen.

Selbst wenn wir auch nicht vorhaben, in Amerika das Leben zu Ende zu leben, — wer kann darüber im Voraus entscheiden? — so glauben wir doch, zur Theilnahme an den politischen Bestrebungen Amerika's berechtigt zu sein. Wenn es erlaubt ist, Großes mit Kleinem zu vergleichen, so mußte nach den Ansichten der Staatszeitung auch Lafayette unbefugt und anmaßend gehandelt haben, als er sich in die Politik eines Landes mischte, das er nicht zu seiner bleibenden Heimath zu machen gesonnen war. Auch die Feier Thomas's Paine's wäre unbefugt gewesen, da der Verfasser der „Krisis" seine Augen immer über den Ocean nach dem alten Europa gerichtet hatte, die Revolution erwartend. Wie in jenen großen Tagen, so muß auch in unserer kleinen Zeit sich jede Kraft, und sei sie auch noch so klein, verwerthen; der freie Mensch muß jede Gelegenheit, der Freiheit zu nützen, ergreifen.

Dies ist es auch wohl nicht, was die „Staatszeitung" tadelt. Ihr gefällt blos der Cours nicht, den wir einschlagen, und deshalb möchte sie uns die Befugniß, ein Wort mit in die Sache zu reden, bestreiten. Indem wir diese Befugniß für uns in Anspruch nehmen, überlassen wir die eigentliche Streitfrage, deren beide Seiten ja genügend bekannt sind, dem Urtheile des denkenden Publikums.

Der Ausbruch des Vesuv.

(Aus Ch. Dickens "Household Words.")

Der Fremde, welcher zur Nachtzeit um Santa Lucia in Neapel umherwandelt, erstaunt gegenwärtig, wenn er den ganzen Himmel gegen Norden von einem blendenden Feuer erleuchtet sieht. Die kleinen Fischerkähne, mit ihren Lichtern gleich Feuerfliegen über die ruhige See dahinschießend, verlieren sich in dem Schein, und selbst der Leuchtthurm mit seinen drohenden Feuerzeichen verblaßt vor jener Lichtmasse, welche das Himmelsgewölbe mit rother Gluth übergießt. Ein Feuerpfad liegt über den See, und die rasch ihn verfolgende Neugier, begierig, das Geheimniß zu durchdringen, findet, daß der Vesuv von Neuem ausgebrochen ist und alles Volk mit Bestürzung erfüllt. Ganz Neapel strömt in Eile hinaus, das wundervolle Schauspiel zu betrachten. Santa Lucia, der Mola und der Carmia sind vollgedrängt von neugierig-furchtsamen, schreckerfüllten Massen. Bei bedecktem Himmel sieht man zur Nachtzeit nichts, als dunkle Wolken, welche, großen Ballen rothgefärbter Wolle gleich, aufeinandergehäuft da liegen; sobald indeß ein Landwind diese drohenden Rauchmassen wegtreibt, kann man den Bergkegel erblicken, an seiner ganzen Nordseite wie mit Feuer gesäumt, und den Lavastrom beobachten, welcher wie ein breites Purpurband still und fast unmerklich sich nach dem Fuße des Berges hinabzieht, ohne daß man dabei irgend ein Geräusch hört, weder Donner, noch entfernte Kanonaden.

Dieser Ausbruch begann den ersten Mai, grade als die Vögel anfingen zu singen und die Blumen ihre Kelche der Sonne erschlossen. Coppolino, ein allgemein bekannter Führer, berichtete, daß er frühmorgens bei einem Besuch auf dem Berge ein donnerähnliches Geräusch wahrgenommen und daß unmittelbar nachher ein neuer Krater sich geöffnet habe, welcher Flammen und Steine ausspie. Bis zum Nachmittage dieses Tages bestätigte sich der Ausbruch entschieden, und beim Einbrechen der Nacht hatte der Berg schon das beschriebene Aussehen. Es war schon in der Entfernung ein großartiges Schauspiel; wie viel großartiger mußte es auf dem Gipfel des Berges selbst sein!

So dachte ich und tausend Andere. Die ganze Nacht waren Wagen beschäftigt, die Neugierigen nach der Einsiedelei zu bringen, natürlich vier Mal so theuer, als gewöhnlich, denn die Neapolitaner sind zu schlau, um nicht aus jedem außergewöhnlichen Ereigniß gleich Vortheil zu ziehen. Nur mit vieler Mühe konnte man ein Fuhrwerk zu einem nur halbwegs anständigen Preise erlangen. Indeß gelang es mir endlich; mein Freund und ich hatten unsere Cigarren angesteckt und um acht Uhr Abends ging es in ziemlich raschem Trabe um den Karmin.

Sobald wir vor die Stadt kommen, gerathen wir zwischen eine lange Wagenreihe, alle nach einer Richtung sich fortbewegend. Zu beiden Seiten des Weges drängen sich die Fußgänger, wie eine begleitende Leibwache. Dann und wann bleiben sie an einem der Kramläden mit kleinen Papierlaternen stehen, um sich mit irgend einem Erzeugniß der Jahreszeit, gerösteten Erbsen oder Bohnen, Melonensamen, runzligen, schwarzen Oliven oder Nüssen in ihren verschiedenen Spielarten für die Nacht zu versehen; gleich darauf laufen sie um so rascher wieder voran, gleich als wollten sie das Versäumte einholen, jauchzend, singend oder Alles zum Lachen bringende Witze reißend. Es sollte mich gar nicht wundern, wenn dies auf unsere Kosten geschieht; wenigstens scheinen das die schelmischen Blicke und Fingerzeige zu verrathen.

Es besteht eine Art Etiquette, nach welcher Wägen der besseren Klasse bei einer Gelegenheit, wie die jetzige, einander nicht vorfahren dürfen. So werden wir gemüthlich fortgerüttelt ohne Störung, ausgenommen wenn Corricoli wie ein Expreßzug vorbeischießen. Sieh, da kommt gra·e eins. Der Kutscher, ein langer, verschmitzter Teuf·lskerl m·t phrygischer Muße, steht hinten auf und reibt die Zügel an den Schultern eines fetten Pfaffen. Das Fuhrwerk trägt nicht weniger, als fünfzehn Passagiere, von welchen drei in einem unter dem Wagen ausgespannten Netz hängen. Das Merkwürdigste von Allem aber ist, daß das einzige Pferd mit dieser Last in einem Schritte dahineilt, als wolle es uns glauben machen, es könne die doppelte Anzahl Personen befördern.

In Resina angelangt, finden wir einen bunten Haufen von Führern und Maulthieren, Facchini's und Fackelträgern, welche Alle sich anhängen und uns die Nothwendigkeit ihrer Dienste begreiflich zu machen suchen. „Laßt uns gehen, laßt uns gehen, Signore," sagt ein schlau drein guckender Bursch, „Giacchimo ist der Führer für Sie; ich kenne jeden Tritt des Weges und kann Sie in den Krater führen, wenn Sie wollen." — „Aber, Giacchimo, caro." versetze ich, wir haben ein Fuhrwerk und bedürfen also keines Führers." „Schon recht, Signore; ich will mich hinten aufsetzen." Und da ist er, aufrecht zwischen den Eisenspitzen hinten stehend, während wir durch einen Haufen feinen Sandes hinaufgeschleppt werden, in welchem der Wagen fast bis an die Achse einsinkt. „Die werden auch bis morgen früh oben sein," sagte Einer. „O," schreit ein Anderer; „der Berg wird schon warten; siehst Du denn nicht, daß es Engländer sind?" Derlei Redensarten trugen nun eben nicht dazu bei, uns zu ermuthigen; wir wurden des Stichelns bald überdrüssig, stiegen aus und machten uns auf die Beine.

Während wir so aufwärts stiegen, fühlten wir uns etwas getäuscht, weil die eigenthümliche Form des Berges uns verhinderte, die Spitze desselben mit ihrem großartigen Feuer zu sehen. Von Neapel aus sah man dieses bei Weitem besser; es wäre also gescheidter gewesen, dort zu bleiben. Doch wir waren nun einmal so weit oben; noch eine kleine Anstrengung mehr und wir sollten sehen, was wir zu sehen wünschten. Rund um uns her warfen Fackeln ihren grellen Schein und in einem Lichtmeer mit Wolkenrauch gelangten wir zur Einsiedelei. Dort war ein Schauspiel voller Geschäftigkeit und Durcheinander. Hunderte von Fuhrwerken von jeder möglichen Form waren hier beisammen, während ihre zeitweiligen Insassen und Dranhänger sich über den Berg hin verbreitet hatten und theilweise einen holprigen Pfad in der Richtung nach dem Gipfel hinaufkletterten. Wir folgten dem Strom der Menge über die mit Lavastucken bedeckte, hellerleuchtete Fläche. Der ganze Gipfel war jetzt sichtbar, Alles mit seinem röthlichen Lichte umstrahlend. Er sah aus, wie ein ungeheurer Riese, die ganze Seite von Wunden zerrissen, aus denen sein innerstes Herzblut ausströmte. Zuweilen schoß der obere neue Krater Steine und Feuerflammen hervor, welche, wie sie so in Zwischenräumen emporstiegen und niederfielen, an die Thätigkeit einer Esse erinnerten. Dann quoll wieder die Lava aus den Kratern hervor, in zwei getrennten Strömen niederfließend, welche sich unten vereinigten und später in dem Thal zwischen Sonnora u. dem Vesuv verloren. Das Geheimniß ihres Laufs zu ergründen, war das große Ziel unserer Neugier und so drängten wir uns durch die Masse der Gehenden und Kommenden, bis wir einen deutlichen Ueberblick hatten und den Feuerstrom sich scharf nach links wenden sahen.

Wir schritten jetzt über ganz frische Lava. Erst die Nacht vorher hatte sie der Berg aus seinen Eingeweiden heraufgewühlt. Sobald wir einige der oberflächlichen Schlacken wegstießen, hatten wir das glühende Feuer unter unsern Füßen, so daß wir unsere Cigarren daran anbrennen konnten. Darauf geworfnes Papier oder andere entzündliche Stoffe verbrannten mit heller Flamme. Die Masse war für den Augenblick in's Stocken gerathen; aber wie, wenn sie sich plötzlich wieder in Bewegung setzte? Es bedurfte nur eines ein klein wenig stärkeren Druckes von der Quelle aus und wir hätten unsere letzte Reise gemacht. Und wirklich kam der Strom noch in jener Nacht wieder in Fluß. Stille zu stehen darauf war wegen der übergroßen Hitze und des starken Schwefelgeruches unmöglich; auch ohnerdies hielt uns die Rücksicht auf unsere Stiefel und Hosen in Bewegung. Trotzdem mußten wir bald die ersteren in Verzweiflung aufgeben; die Hosen zogen wir auf bis zu den Knieen, aber nur um ein weiteres von den vielen Uebeln, denen alles Fleisch unterworfen ist, herbeizurufen, denn nun wurden unsere Waden geröstet. Trotz alledem vorwärts, vorwärts über Feuer aushauchende Spalten, über glühende Feuermassen in weitem Sprunge, von einer Schlacke zur andern setzend, wie Katzen mit Rußschalen an den Füßen, bis wir vor dem eigentlichen glühenden Lavastrome uns befanden. Eine unbeschreibbare Grenzscheide trennte uns nur davon; es sah aus, als habe die Natur in einer ihrer Launen die ganze Schlackenmasse in zwei, indeß kaum zu unterscheidende Theile getrennt.

Wo die Oberfläche einen Augenblick in Ruhe kam, wurde sie gleich schwarz, wie Kohle; auch die Schlacken bekamen Aehnlichkeit mit abgeschwefelten und gut ausgebrannten Steinkohlen; das Geräusch der übereinanderrollenden Schlacken war vollkommen dem ähnlich, welches das Ausschütten einer Ladung Kohle macht, nur war dasselbe hier anhaltender;

lichternd, frachend und fnarrend fuhren sie durch- und übereinander, bis sie irgend einen Haltpunkt an einem Abhange fanden.

Wir konnten nicht weiter vor uns sehen, als etwa 40—60 Fuß; aber dennoch war die Größe des Schauspiels über alle Beschreibung erhaben. Ein großer Lavaberg hob sich allmählig bis zu einer Höhe von fast hundert Fuß, indem sich der Druck mit jeder neuen von dem entfernten Krater ausgestoßenen Masse vermehrte. Zuletzt konnte sich das Ganze nicht mehr im Gleichgewicht erhalten; kleine Stücke fielen ab; ein feiner Sand quoll hervor, dann trennten sich größere Massen, dem Anschein nach die Mündungen eben so vieler Oefen öffnend, welche einen blendenden Feuerschein und eine versengende Hitze ausstrahlten. Endlich überstürzte sich die ganze Masse und fiel in den Abgrund zurück. Wohin sie ging oder welchen Weg sie überhaupt weiter nahm, blieb dem Auge verborgen. Ein fortwährend aufsteigender dicker schwarzer Rauch verwirklichte die lebhaftesten Beschreibungen, welche je Dichtkunst und Malerei von der Hölle geliefert haben. Der Gedanke an diese wurde nicht wenig unterstützt, wenn man in einiger Entfernung stand und die am Rande des Abgrundes sich bewegenden Gruppen beobachtete. Alle Umrisse zeichneten sich deutlich auf dem schwarzen Rauch ab und im Widerscheine des rothen Lichts erschienen diese beweglichen Gestalten als die zu dem Ganzen gehörenden Dämonen. Manche von ihnen erwiesen sich freilich als höchst seltsame Höllengeister und waren sehr ungeistig beschäftigt, denn einige backten Eier oder zündeten ihre Cigarren an, oder rissen Lavastücke los und ließen Kupfergeld von der Gluth schmelzen. Andere hatten Körbe mitgebracht voller Schinken und Hühner und ähnlicher Artikel, und sich damit hinter Schlackenhaufen von einigen Centnern niedergelassen. Wieder Andere wechselten hinter Aschenhügeln ihre Hemden, um sich vor der Hitze des Bergsteigens abzukühlen; der Neapolitaner vernachlässigt nichts weniger, als diese Vorsicht. Noch Andere unterhielten sich über einer frugalen Abendmahlzeit. Einige Wenige endlich in unserer Nähe schien ein tieferes Gefühl zu beseelen, denn sie riefen beim Anblick der wundersamen Vorgänge vor ihnen einmal über das andere Mal: „Das ist die strafende Gerechtigkeit Gottes! Das ist die Zuchtruthe Gottes!"

Neapolitaner sind, wenn in größerer Zahl zusammen, immer lärmend; was auch die Ursache ihres Zusammenkommens sein mag, Lachen, Singen und Jauchzen gibt es immer genug.

„Birra! Birra! Wer will Bier haben?" schreit eine tiefe Baßstimme.

„Frisches Wasser, Signore?" kräht ein Tenor, mit seinen Bechern rasselnd. „Mit oder ohne Wasser, Signore?"

Der Pomeranzenverkäufer und der Händler mit seinem Backwerk machen ebenso unaufhörlich die Runde; als der Letzte, obschon nicht der Unbe-

deutendſte, kommt der Lavaſtücken-Verkäufer, n ..che er fur dreißig G
jedes freigebig ausbietet.

„Dreißig Gran? Ihr ſeid wohl verrückt, guter Burſche?"

„Schön, was will der Signore geben?"

„Fünf Gran."

„Fünf Gran! Dann gehen Sie ſelbſt nach dem Krater und ſetzen
der Gefahr aus, welcher ich mich ausgeſetzt habe. Fünf Gran, wirkli

Wir gingen weiter. Gleich ſchrie unſer Held uns nach: „Nehmen
es für fünf Gran, der Freundſchaft wegen. Und möchte der Signore
nach dem Krater hinaufgehen?"

„Wie, Sie haben uns doch eben erſt ſelbſt geſagt, daß es ſo gefü
lich ſei?"

„Ei—Signore, ohne meinen Beiſtand würde es das allerdings ſ
Aber ich weiß einen Pfad über die Lava und kann Sie ſicher fuhren."

Verſchiedene Partieen in unſerer Nähe beſprachen denſelben Pl
Einige wollten ſchon vorwärts, Andere widerſetzten ſich dem Vorha
Mehre Perſonen waren ſchon durch ein Umſchlagen des Windes, wel
ſie plötzlich in Wolken ſchwefligen Rauches hüllte, zurückgetrieben word
Fortwährend öffneten ſich neue Krater und eine plötzlich vor den Fu
hervorſprudelnde Feuergarbe war ſicherlich nichts Angenehmes; dann
auch die Kruſte des Berges ſo dünn, daß die ganze Oberfläche jeden
genblick einbrechen konnte. Gleichwohl wurde der Handel abgemacht
voran ging es über ein rauhes Lavabett, etwa eine Meile weit aufwär
Wir ſtolperten und wälzten uns förmlich über Schlackenhaufen, kamen
doch allmählig höher, bis ſich die großartige Scene in ihrem vollen Gla
vor uns öffnete. Zu unſerer Linken, zwiſchen uns und dem Berg Som
welcher im Widerſchein des Lichtes ſtrahlte, floß ein Lavaſtrom nach
Stelle hin, die wir kaum verlaſſen. Uns rechts wendend, bis wir den F
des eigentlichen Kegels erreichten, gewahrten wir zwei Lavaſtröme, an de
ſen Seiten niederfließend und ſich unten mit der großen Feuermaſſe ve
einigend. Es war ein beſchwerlicher Weg durch Feuer und Aſche;
ſanken ein bis an die Knie in den ausgebrannten Maſſen. Glücklicherwe
war der Wind hinter uns, im andern Falle wäre uns die ganze B
ſcheerung von rothglühenden Steinen auf die Köpfe gekommen.

Nach manchen Anſtrengungen ſtanden wir endlich am Rande des th
tigſten unter den neuen Kratern. Wie viele deren vorhanden ſind, l
ſich unmöglich angeben. Jeden Tag kommen andere Berichte darüb
nicht zwei Leute ſehen den Berg in derſelben Geſtalt, ſo ſehr verändert
ſich unaufhörlich. Man ſpricht von vier, ſieben, zehn, ſelbſt zwanzig K
tern. Am richtigſten iſt es, zu ſagen, der ganze Berg iſt von Kratern u
Spalten durchlöchert, wie ein Sieb. Der Fremde iſt nie ſicher, daß
unter ihm die Erde ſich aufthue und ihn verſchlinge. Eine Partie

...suchern beobachtete eine kreisende Bewegung bei der Erde entsteigendem Rauch, welche bis zu u. sen Wirbelwind von Rauch, Staub und Feuer anwuchs, worauf die Erde sich krachend öffnete, so daß die Nahestehenden kaum Zeit zur Flucht hatten. Eine spanische Familie kam durch ein ähnliches Ereigniß in die größte Gefahr. Doch mochte kommen, was wollte, wir waren einmal da und standen dicht neben dem Krater.

Die Lava strömte über die Seiten desselben, wie eine Flüssigkeit, welche einer Tasse überläuft. Sie erschien hier reiner und flüssiger, als in dem Strome weiter unten, was sich wohl daraus erklären läßt, daß sie, gerade aus dem Innern kommend, der Einwirkung der Luft noch nicht ausgesetzt gewesen war. Andere Zuflüsse kamen mehr von der Hinterseite des Berges; aber nur zwei eigentliche Ströme flossen in das Thal hinunter und gewährten einen überaus herrlichen Anblick. Sie stürzten sich den ziemlich steilen Abhang hinunter, wie eine Wasserfluth, die Oberfläche von leichten, wellenförmigen Erhebungen bedeckt. Nahe am Fuße des Hügels vereinigten sie sich und flossen dann weiter in einem großen Etwas, — mit Worten läßt es sich gar nicht wieder geben, — bis die ganze Masse wieder über einen Abhang rollte. Von unserm Standpunkte aus hatten wir einen Ueberblick des ganzen Laufes dieses Stromes, bis er sich unten verlor; der kurze Halbkreis, welcher uns theilweise umgab, wird nie meinem Gedächtnisse entschwinden.

So viele Schlunde, geöffnet oder sich öffnend, waren um uns her, daß sich unsere Aufmerksamkeit unter denselben zerstreute. Einige zischten und rauchten, andere sandten Flammen aus, noch andere warfen Steine, obwohl nicht sehr große, zu einer bedeutenden Höhe empor, von denen einige auf uns niederfielen. Das Geräusch an der Oberfläche des Berges war wie von vielen in Thätigkeit sich befindenden Essen. Tiefer in den Eingeweiden des Berges tönte es wie eine fortwährende entfernte Kanonade, während der Boden unter uns zitterte, als wollte jede neue Anstrengung ihn aufreißen. Dennoch lag im Ganzen ein unwiderstehlicher Zauber. Wir standen da an dem siedenden Kessel, wie ein Vogel, gebannt von dem Auge der Schlange. Es sah wirklich aus, wie ein kupferner Kessel, indem der Rand des Kraters in rother Gluhhitze strahlte. Im Hintergrunde lagen große Massen schwärzlicher Wolken, voll schwefliger Dünste und allem dem Menschenleben Schädlichen und Vernichtenden, aufgethürmt gegen den Himmel. Ein Wechsel des Windes hatte sie zurückgetrieben und drohend hingen sie jetzt in der Entfernung. Wäre ein anderer Windwechsel in dieser unbeständigen, launischen Nacht eingetreten, so wären wir unfehlbar todt auf dem Platze geblieben.

Beim Hinabsteigen blickten wir beständig zurück nach dem erhabenen Schauspiele. Seither hat man den Berg nicht weit von der Einsiedele durch eine Soldatenlinie abgesperrt, über welche Niemand hinaus darf

Der Grund ist überall durchlöchert; der ganze obere Theil des Berges mit Einschluß des Kegels und dessen nächster Umgebung, sieht aus wie ein Schwamm oder Sieb. Die Kruste bricht Einem beständig unter den Füßen und man erwartet den Einsturz jenes ganzen Theiles. Die unmittelbaren oder entfernteren Folgen eines solchen Ereignisses lassen sich in keiner Weise voraussagen. Die Zerstörung und der Jammer, den es mit sich bringen wird, das veränderte Aussehen der Gegend, ein See, wo jetzt noch eine malerische Kuppe ist, der mögliche Wechsel im neapolitanischen Klima, wenn dieses Bollwerk gegen die Ostwinde abgetragen sein wird, Alles dies sind bis jetzt bloße Hypothesen. Unterdessen verbreitet die Lava weit und breit Zerstörung über die untern Theile des Berges, über lachende Weinberge und duftende Bohnenfelder, Landhäuser und Paläste in feuriger Umarmung zermalmend und die Bewohner eines volkreichen Distrikts mit Schrecken und Bestürzung erfüllend.

Auf dem Rückwege trafen wir den König mit seiner Familie, von Wachen umringt, in grellem Fackellicht. Es war fast vier Uhr Morgens, aber dennoch gaben Zehntausende von Menschen, kommend und gehend, dem Ganzen das Ansehen einer Ausstellung. Fast schienen noch mehr Weiber und Kinder, als Männer da zu sein. Ganze Haufen des schönen Geschlechts waren da ohne alle Begleitung, unzählige Kinder auf den Armen. Kurzum, Alles war schier verrückt geworden; — und das ist kein Wunder, denn das Schauspiel war äußerst großartig, aber auch äußerst fürchterlich.

Welch ein Gegensatz, als wir den Flammen den Rücken wandten und den Berg wieder hinunter krabbelten! Der Mond, welcher für uns die ganze Nacht nicht vorhanden gewesen, begann jetzt seine Macht geltend zu machen. Seine matten Strahlen fielen über das Meer und hauchten der herrlichen Küste eine Art geisterhaften Lebens ein. Weit in der Entfernung tauchten einzelne Inseln auf.

Mit der anbrechenden Dämmerung erreichten wir Portici und näherten uns dem Karmin. Hier und da hatte ein Kaffeehaus seine Thüren bereits geöffnet und ungewaschene, ungekämmte Aufwärter in Pantoffeln brachten die dampfende Tasse voll schwarzen Kaffee's den schläfrigen Gästen. Die Sambuca- und Liqueurbuben waren auch schon auf den Beinen; warum sollten sie auch nicht ihre flüssigen Feuer so gut austheilen, wie der Berg? In dem graulichen Tagesschimmer wurden eben die kleinen, weißen Segel sichtbar, welche Fische zum Frühmarkt bringen und so erwachte nach und nach jeder Theil in dem Gedränge des menschlichen Lebens.   H.

An den Niagara=Fällen.

Als der prächtige Dämpfer „Queen of the West" den Hafen von Cleveland verließ, leuchtete in der Ferne die letzte Spur des Gewitters. Der ganze Tag war eine Reihe von Wettern gewesen, aber am Abende schwieg der Donner und nur fern am Horizont lag noch eine schwarze Wolke, dann und wann von Blitzen durchkreuzt. Sonst war der Himmel rein und die Sterne blickten freundlich nieder. Der schöne See war schöner, wie ie-mals, und eine durch die Gewitter erfrischte, balsamische Luft wehte um das Schiff.

Da konnte man sich denn wohl zu einer behaglichen Stimmung ver-stehen. Die Last und Sorgen des Geschäftes drücken immer, sie mögen groß oder klein sein, und wir müssen sie von Zeit zu Zeit abschütteln, da-mit wir mit uns selbst einmal wieder Zwiesprache halten, und mit uns selbst wieder Freundschaft schließen. Diese Ruhepunkte im Leben sind um so nothwendiger, je schneller die Wogen des Lebens sich hier drängen und vorantreiben.

Der letzte Blitz, der fern am Horizonte zuckte, sollte mir ein gutes Omen sein. Wann schwindet die letzte Wolke, wann grollt der letzte Don-ner in unserem Leben? Freilich, wenn es im menschlichen Herzen gewit-tert, dann wird es nicht so leicht wieder still.

Eine Dampfschifffahrt auf dem See ist ein Stück Poesie. Die Nacht, die See und die Sterne, ist das nicht genug zum Gedichte?

Als wir am andern Tage uns Buffalo näherten, lag ein dichter Ne-bel um das Schiff, so daß wir mit der größten Vorsicht fahren mußten. Endlich kam „ein fernes Nebelbild, die Stadt mit ihren Thurmen, in Däm-merung gehüllt;" wir sagten dem freundlichen Kapitän Lebewohl und bald waren im Gewühle der Stadt die nächtlichen Phantasien vergessen.

Was wir hörten und sahen, es waren die gewohnten, leidigen Dinge. Das Temperenzgesetz, diese langweilige, politische Mißgeburt, der man kaum irgend eine interessante Seite abgewinnen kann, bildete unter den Deutschen natürlich das erste Thema der Diskussion. Uebrigens ist dies Gesetz in Buffalo ein todter Buchstabe. Die Nichtswisser sind in Buffalo ziemlich still; die letzte Richterwahl, auf welche die Deutschen Buffalo's noch jetzt mit Stolz zurückblicken, hat die Mitglieder der nativistischen Lo-gen wohl zum Schweigen gebracht. Ueberhaupt scheint die Bevölkerung Buffalo's voranzugehen; es wird wenig Hunkerei mehr getrieben und die Seward-Partei ist auch unter den Deutschen dort stark vertreten. Buffalo hat fast 30,000 Deutsche; wie viele Intelligenz und Geselligkeit könnte eine solche Bevölkerung hervorbringen!

Nun zu den Fällen! Ich kann es nicht verhehlen, daß mich iedesmal, wenn ich mich diesem großen Anblicke nähere, eine gewisse Beklommenheit überfällt. Der Genuß dieses Naturschauspieles ist eine so seltsame, wunderbare Ausnahme von dem amerikanischen Leben, daß man in Gefahr kommt, das Gleichgewicht zu verlieren, das Niveau der Gewöhnlichkeit, das allein zu den amerikanischen Zuständen paßt. Es fällt ein Strahl von Glück und Poesie in unser Herz, der uns zeigt, wie leer und öde es darin aussieht. Der Unterschied zwischen dem Leben, das wir führen könnten und sollten, und dem Leben, welches wir wirklich führen, drängt sich mit überäubender Gewalt unserem Bewußtsein auf; wir empfinden eine Ahnung davon, wie groß, frei und glücklich das Menschengeschlecht leben könnte, und sehen, daß die traurige Langweiligkeit, in der man jetzt dahin lebt, nicht nur ein Unglück, sondern auch ein Verbrechen ist. Doch was soll man sich solche trübe Vorstellungen machen! Einen Tag, eine Stunde, eine Minute zu genießen, ohne Sorgen, ohne Vergleichungen, ohne Erinnerungen, ja, fast ohne Gedanken: dies ist der Gewinn, den man von einem Aufenthalte an den Fällen hat, und wer sich hier nicht zu einem solchen lichten Augenblicke hinreißen lassen kann, der ist gewiß für die Freude unrettbar verloren.

Das Rauschen der Stromschnellen, vermischt mit dem tiefen, klangvollen Donner des Falles in der Ferne, ist die Ouvertüre, welche uns zu dem großen Drama vorbereitet. Man kann diese Musik mit den ersten Accorden in der Ouvertüre zu Don Juan vergleichen, so massenhaft und gewaltig ist sie. Wir gehen über den schmalen Steg, der zur Insel führt, und befinden uns sofort in einem frischen, jungfräulichen Urwalde; hochstämmige Eichen, breite Buchen, Zuckerbäume, Cedern prangen im frischesten Grün, und ein dichtes Unterholz versperrt den Weg. Wenige Schritte führen uns in ein Dickicht; wir sind einsam, wie im Urwald des fernen Westens, und kein Laut der Civilisation schlägt an unser Ohr. Das ist ein köstliches Schweigen. Aber rings umher rauscht es und wogt es in tiefen, mächtigen Tönen; wie eine Orgel klingt es, ernst und feierlich, so daß wir andächtig lauschen. Wir spähen umher; eine weiße Wolke sehen wir durch das Laub der Bäume schimmern; wir gehen darauf zu; bald bildet sich ein glänzender, prächtiger Regenbogen in der Wolke; die Musik wird lauter und gewaltiger; es flimmert, wie Silberschein durch den grünen Wald; wenige Schritte noch und wir stehen am Rande des Katarracts, ein Abgrund gähnt unter unsern Füßen, Wolken, weiße, silberne Wolken umschweben uns, und donnernd stürzen die Wassermassen zu unsern Füßen herunter. Betroffen, verwirrt stehen wir da; die Brust ist wie zugeschnürt; wir können kaum athmen. Es ist, als zöge es uns mit den silbernen Wellen hinab in den tiefen Abgrund, wo die grünen, Wellen uns verführerisch anlocken.

Das ist eine andere Offenbarung des großen Geistes in der Natur, wie der Donner auf Sinai oder das Erdbeben auf Golgatha. Das ist ein anderes Lied, als jenes, welches die Loreley von den braunen Felsen des Rheines herabsingt. Das klingt anders, wie die Elfenlieder des Sommernachtstraums, wie das Läuten der Blumenglocken und das Flüstern des Windes. Wenn der jüngste Tag kommt und unser Erdball aus seiner Bahn herausgeschleudert wird, dann wird es ein ähnliches Lied und eine ähnliche Scene geben.

Aber so niederdonnernd und gewaltsam das Schauspiel auch ist, so hat es doch auch seine freundlichen, milden und beruhigenden Scenen. Der frische, grüne Wald, die tausend Blumen, die keck und verwegen am Rande des Abgrundes wachsen; die gefälligen, behaglichen Landsitze, Parks, Gärten, Weinberge am andern Ufer; unten der ruhige, tiefe Strom, der majestätisch dahinwallt; der klare, wolkenlose Himmel drüben; endlich der Regenbogen, der sich von einem Falle zum andern herüberwölbt, das uralte Sinnbild des Friedens und der Versöhnung: Alles dies stimmt uns ruhig und heiter und erlaubt uns behagliches Betrachten und Genießen. Wir ordnen die einzelnen Elemente des Schauspiels zu einem einheitlichen Ganzen zusammen; wir finden, daß Alles trefflich zusammenpaßt, und ein schönes, harmonisches Bild prägt sich mit unauslöschlichen Zügen unserer Phantasie ein.

Der Unterschied zwischen der Canada-Seite und dem amerikanischen Ufer scheint mir jedes Jahr auffallender zu werden. In Canada sind freundliche Anlagen, hübsche, eingefriedigte Wälder, schöne Landhäuser, Weinberge und Gärten, lauter Erinnerungen an Europa, an die behaglichen Parks Altenglands oder an die reizenden Villa's am Genfer See. Unter Anderem bietet das Clifton-House einen Aufenthalt, so elegant, bequem und reizend, daß sich hier selbst ein in der Fülle des europäischen Luxus aufgewachsener Mensch zufrieden fühlen kann. Aber das amerikanische Ufer bietet nicht solche Annehmlichkeiten. Die Uferwege von Niagara-Falls zu Suspension-Bridge entbehren aller künstlichen Nachhülfe, so daß, wenn man an diesem Ufer einen Spaziergang machen will, man fast am Besten thut, über die Schwellen der Eisenbahn zu stolpern. Große, plumpe, kasernenartige Hotels, denen jeder ländliche Anstrich, jede freundliche Gartenumgebung fehlt, liegen in Niagara-Falls zusammengehäuft, und es ist dasselbe steife, eckige Leben dort, wie überall in den amerikanischen Hotels. Wer sich nicht in diesen großen Kasernen einquartieren, wer den behaglichen Aufenthalt durch ein gemüthliches deutsches Leben verschönern will, thut wohl, an den großen amerikanischen Hotels in Niagara-Falls vorbeizugehen, und in Teuscher's Badehaus einzukehren, wo wirklich ein Stück deutscher Heimathsluft weht, und man in den trefflichen Wellenbädern schnell die Verdrießlichkeiten des amerikanischen Gasthauslebens abwäſcht Wenn man grade Glück hat, findet man dort eine intereſſante, liebenswürdige Geſellſchaft zuſammen; wer zufällig in Niagara-Falls Freunde zu finden hofft, findet bei Teuſcher's ein treffliches Rendezvous. Leider ſcheint das Temperenzgeſetz, das in vielen kleinen Städten New-York's, und ſo auch beſonders in Niagara-Falls, mit der größten Strenge enforcirt wird, dem Wohlſtande des eben erſt aufblühenden Fleckens bedeutend zu ſchaden und den ganzen Verkehr der Canada—Seite zuzuwenden. Die Nüchternheit der Amerikaner iſt wirklich troſtlos. Selbſt am Niagara keinen Wein; ſelbſt hier nur Waſſer, wo doch Alles umher Gluth und Pracht, Leidenſchaft, Aufregung und Begeiſterung iſt, wo Alles zum Champagner und zum tiefſinnigen, feurigen Rheinwein paßt.

Dort drüben unter der Herrſchaft der Viktoria und des verrätheriſchen Palmerſton, dort iſt keine Sklaverei, kein Temperenzgeſetz, keiner von alle den unſinnigen Mißbräuchen, welche uns in der glorreichen Union Schritt für Schritt folgen. So hört man vielfach rühmen, und manches mißvergnügten Mannes Auge wendet ſich nach Canada. Und in der That, wenn man keine anderen Vergleiche zwiſchen Monarchie und Republik hätte, als die Unterſchiede zwiſchen Canada und den Staaten der Union, ſo ſollte man ſich wirklich die kleine Königin und den langen Albert gefallen laſſen. Aber nur nicht ſo haſtig geurtheilt. Dort im Wirthshauſe an der Suspenſion-Bridge ſieht man einzelne vertrackte Geſichter, militäriſche Phyſiognomien, die freilich mehr an den Spieltiſch und an die Taverne , als an das Schlachtfeld erinnern; ohne daß man ſie fragt, weiß man ſchon , wer ſie ſind und was ſie wollen. Werbung nach der Krim, bei dieſen Worte ſchwinden alle Illuſionen, die man vor der glorreichen engliſchen Regierung hat, und wir entſetzen uns über den Unrath verfaulter ariſto-kratiſcher Inſtitutionen.

Der Gang von Table Roc bis zur Hängebrücke auf der canabiſchen Seite iſt einer der reizendſten Spaziergänge auf der Welt. Jeden Augenblick verändert ſich die Anſicht, aber immer iſt ſie groß, bedeutend, impoſant. Der Donner des Falles begleitet uns auf dem ganzen Wege, und unter zahlreichen Schaaren von Beſuchern fliegen ſtolze Equipagen hin und her. Da iſt manches niedliche Ding, manche ſtolze, impoſante Figur, deren nähere Bekanntſchaft man wohl zu machen wünſchte. Aber den andern Tag iſt Alles verändert; neue Geſichter und Figuren zeigen ſich, und nach allen Richtungen hin iſt der Schwarm der geſtrigen Beſucher zerſtreut. Hier iſt ein ewiges Kommen und Gehen, wie in einem Bienenſtock; die Menſchen drängen ſich hier einander fort, wie eine Welle die andere den ſchäumenden Fall hinunterdrängt. Und trotz alles Wechſels iſt es eine große Monotonie des hieſigen Lebens; es iſt, als ob die geſellſchaftlichen Genüſſe nur deshalb fehlten, damit der Menſch ſich ganz allein mit der großen, gewaltigen Natur unterhalten soll, die keine Zerstreuung und keinen Nebenbuhler duldet.

Und doch möchte ich Niemandem rathen, allein die Fälle zu besuchen. Solche große Erscheinungen bleiben unverständlich, wenn man Ni manden hat, dem man seine Empfindung mittheilen kann, an dessen Begeisterung sich die eigene Begeisterung entflammt, wenn man keinen Zeugen seines Gluckes hat. Man möchte so gern Denen, die man liebt, dem alten Vater in der Heimath oder sonst wem, das schöne Schauspiel zeigen; man möchte so gern den eigenen Jubel von Andern getheilt wissen und den ganzen Reichthum der Begeisterung in die Scheidemünze geflügelter Worte umtauschen, um Allen Etwas davon geben zu können: aber man findet kein Echo, man sieht, man staunt, man bewundert, man ist entzückt, aber man verschließt den Eindruck in sich selbst und bleibt stumm.

Ich empfehle Jedem, der zu den Fällen reist, dieselben zuerst vom canadischen Ufer aus im Großen und Ganzen zu betrachten, und erst nachher an das Einzelstudium auf der amerikanischen Seite zu gehen. Niemals sah ich den Fall so schön, wie diesmal. Ein heller, heißer Sommertag brachte alle Gluth und Farbenpracht des Schauspiels zur Erscheinung. Von dem amerikanischen Falle wölbte sich ein brillanter Regenbogen bis zum Hufeisenfall, und bildete mit den Felsen zu beiden Seiten ein großes Thor, durch w lches die Wassermassen in den Abgrund stürzten. Es war ein vollständig abgerundetes, abgeschlossenes Bild, die grüne Insel zwischen den Fällen, die Felsen zu beiden Seiten, die Wolke drüber, der tiefe, grüne Fluß unten, Alles paßt zusammen, als wenn es die Meisterhand eines Claude Lorrain oder Salvator Rosa zusammengefügt hätte. Und trotz dieser vollendeten künstlerischen Anordnung des Ganzen scheint es mir doch, als wenn man den Fall nicht malen könnte. Wie kann man eine so unendliche Bewegung malen? Wer möchte diese ewige Ruhe im ewigen Wechsel, die stete Gleichförmigkeit bei der rastlosen Veränderung bildlich wiedergeben? Kann man das Leben malen und zugleich den Tod? Und nun dazu der Donner, der das große Bild dem Ohre mittheilt, die Gemüthsbewegung, die man dabei empfindet, das tiefe, geheime Grauen und die hohe, unendliche Lust, — kann man das malen? Ich glaube, der beste Maler schadet sich, wenn er sich an ein solches Objekt wagt.

Der Weg von Table Roc bis zur Hängebrücke auf canadischer Seite ist sehr angenehm und führt fortwährend bei hübschen Anlagen, grünen Wäldern u dergl. vorbei. Lange schon vor der Ankunft sieht man das Riesenwerk leicht, wie eine Linie, wie ein Gedanke, über dem Abgrunde schweben, und selbst wenn man an der Brücke steht und die starken Thürme sieht, die riesigen Steinblöcke, in welchen die Flaschenzüge der Seile eingemauert sind, die mächtigen Seile, so verliert doch der ganze Bau nicht

an Leichtigkeit und Eleganz; man glaubt, eine leichte Federzeichnung zu sehen, von kühner Phantasie diktirt. Aber dies ist kein Phantasiebild, sondern eine Thatsache, welche Jahrhunderte überdauern wird, ein Bauwerk,
welches das wichtigste Glied in den Verkehrsmitteln Amerika's bildet, ein
massives, kolossales Werk, das den gothischen Domen des Mittelalters an
Dauer und Festigkeit nicht nachstehen wird. Der daruber laufende Frachtzug bringt an der Brucke keine merkliche Erschütterung hervor; er fliegt daruber, ohne daß die Seile ächzen und die Balken knarren; es ist nicht einmal das leichteste Zittern zu bemerken. Indem wir auf die technische Beschreibung der Brucke in unserer letzten Nummer verweisen, bemerken wir
nur, daß Herr Röblein, der deutsche Baumeister dieses Wunderwerkes,
schon den Platz verlassen hat, um neuen Unternehmungen nachzugehen. Es
heißt, daß noch eine neue Brücke von Niagara-Falls nach dem Clifton-
Hause, wie auch ein Tunnel unter dem Niagara gebaut werde; sollten diese
Unternehmungen wirklich ausgefuhrt werden, so wird jedenfalls doch noch
einige Zeit daruber verfließen. Die Hängebrücke ist jedenfalls ein neues
Anziehungsmittel, um Fremde aus allen Gegenden der Welt an diesen be-
ruhmten Platz zu ziehen, und steht als Kunstprodukt gewiß der großen Naturerscheinung des Falles würdig zur Seite.

An der Brucke liegt auf dem amerikanischen Ufer ein Dorf, das durch
die Cholera im letzten Jahre auf eine traurige Weise bekannt geworden
ist. Es besteht aus einzelnen Hotels und einer Menge von Arbeiterhütten,
und unterscheidet sich auf eine unangenehme Weise von den behaglichen
wohlhabenden Gebäuden des canadischen Ufers. An einem solchen Platze,
wie Niagara-Falls, sollte Alles glänzend und festlich aussehen; Marmor
und Bildhauerkunst sollten mit der Natur wetteifern, und die Menschen, wie
die Gebäude immer Festkleider tragen.

Wenn man nun nach einer solchen Wanderung von mehreren Meilen
an heißen Sommertage nach dem Hotel zurückkommt, dann fühlt man, erschöpft und durstig, daß das Temperenzgesetz wirklich seine sehr unangenehmen Seiten hat. Nun, wir haben doch wenigstens Ersatz in trefflichen
Wellenbädern, die dem Körper alle Frische und Elastizität zurückgeben.

Der Abend kommt und mildert die Hitze des Tages. Die Besucher
verlassen nach und nach die Insel und von den Balkonen der Hotels ertönt eine klägliche Musik, die eher zu allem Andern, wie zum Jubel und
zum Balle einladet. Wir denken, wenn dieser Ort in Deutschland wäre,
wie anders wurde es sein; welch eine Menge von geselligen Genüssen
würden uns zu Gebote stehen! Wir würden am Ufer des Stromes eine
heitere Gesellschaft bei Musik und Tanz finden; die Theater luden zum
Don Juan und Sommernachtstraum ein; Gemälde, Statuen, Fontainen,
und vor Allem fröhliche, glückliche Menschen wären um uns her, und des
Jubels wäre kein Ende. So bleibt uns aber nichts übrig, als zurückzuge-

ben auf die einsame, verlassene Insel, in den dunkeln, gespenstischen Wald. Mühsam suchen wir uns über Baumstämme und durch das Gesträuch den Weg; kein Laut tönt uns entgegen, als der ewige Donner des Falles. Am Ufer angekommen sehen wir den Fall kaum; nur eine finstere Wolke wogt um uns her, und der Wasserstaub netzt unsere Stirn. Aber druben am andern Ufer sehen wir eine prächtige Illumination; das Cliftonhaus mit Gärten und Nebengebäuden ist erleuchtet und gewährt, von der Ferne gesehen, einen wirklich feenhaften Anblick, der zu dem dustern Abgrunde vor uns einen seltsamen Contrast bildet. Einzelne Lichter am andern Ufer lassen sich kaum von den Sternen, die hie und da durch die schwarzen Wolken hervorscheinen, unterscheiden. Wenn wir in die Tiefe hinuntersehen, können wir kaum den Wasserspiegel unten erblicken; wir sehen durch die Nacht hindurch nur eine weiße, unbestimmte Masse, nebelhaft und undeutlich, hin- und herwogen. Es ist ein verworrener, widerspruchvoller, wilder Anblick, der das Gemüth mehr verwirrt, wie erfreut.

Aber seht, langsam hebt sich der Mond hinter der schwarzen Wolke empor, und Alles gewinnt Klarheit und Bestimmtheit. Wir sehen die Umrisse, die Hügel und Gebäude am andern Ufer; die Felsen stehen im weißen Lichte, wie Marmorwände da; tief zu unsern Fußen glänzt der silberne Strom; die niederstürzenden Wellen scheinen aus blitzenden Diamanten zu bestehen, und die Wolke, die aus dem Abgrunde aufsteigt, streckt ihre Arme, wie ein riesiges Gespenst nach uns aus. Die hellen, prächtigen Farben des Tages sind erloschen; selbst die Bäume um uns her haben ihr frisches Grün verloren. Es ist das Reich des Todes, in dem wir uns befinden; die tausend Wellenstimmen, die aus dem Abgrunde hervorklingen, locken uns hinunter. Wir glauben, Faust's Stimme unter uns zu hören, wie er uns zuruft: „In's Nichts dahin zu fließen;" Manfred steht neben uns oben auf der Felsenklippe und lacht uns höhnisch entgegen; der Felsen scheint unter unsern Fußen zu wanken; es ist der Moment, der jedem Menschen einmal in seinem Leben kommt, wo der Dämon uns versucht. —

Aus der nächsten Nähe.

(Eine kleine Erzählung.)

———

Unter allen besuchten und berühmten Plätzen am Niagara-Fall ist mir keine Stelle lieber und vertrauter geworden, als jene kleine Insel, die an dem amerikanischen Falle wenige Schritte von dem Abgrund liegt.

Dort saß ich oft zwischen den Blumen und Gräsern, die am Rande des Abgrundes wachsen, und schaute den scherzenden, hüpfenden Wellen zu, die mit sanftem Gemurmel über die Felsen gleiten, nicht ahnend, welch ein fürchterlicher Sturz ihnen bevorsteht. Mitten in den aufregenden, stürmischen Scenen, welche uns umgeben, herrscht hier eine freundliche, köstliche Ruhe; die Wellen plätschern, wie in einem kleinen Waldbach; kleine Inseln tauchen aus ihnen auf, mit dem frischesten Grün bedeckt; der wilde Wein bildet eine schattige Laube über uns und die Blumen spielen mit den Wellen, die hier noch glatt und ruhig fließen, aber wenige Schritte davon schon zu Wolken zerstäubt sind. Hier ist ein Platz, ruhigen, freundlichen Phantasien gewidmet; auch die kleine Blume, die ich hier bringe, ist an dieser Stelle gewachsen.

Meine Vorliebe für dieses Plätzchen schien von einer jungen Dame getheilt zu werden, welche ich hier oft bemerkte. Doch nicht allein durch diesen Zufall erregte sie meine Aufmerksamkeit. Es war ein allerliebstes kleines Wesen, schlank und flink, wie eine Gazelle, mit einer Taille, deren sich keine Tänzerin hätte schämen müssen, mit schwarzen Augen und Haaren, mit regelmäßigen Zügen voller Lebendigkeit und Anmuth. Sie hüpfte durch den Wald, wie ein Kolibri, und wenn ich sie in dem Gehölze verschwinden sah, dachte ich oft, sie wäre eine der Elfen, welche diese verzauberte Insel bewohnen.

Eines Morgens kam sie mit ungewöhnlicher Hast herangeeilt und fragte mich, ob ich nicht ein Taschenbuch gefunden habe, das sie verloren. Ich verneinte und suchte zum Ueberflusse noch einmal nach, aber vergebens. Das arme Kind weinte. Und das waren keine Thränen, die man über den Verlust einer Geldbörse oder eines werthvollen Geschenks vergießt; sie weinte, als hätte sie das Geheimniß ihres Herzens verloren. Also auch Du hast schon Deinen Roman gelebt, dachte ich bei mir.

Zufällig kam ich auf die Spur des Taschenbuches. Am Nachmittage war ich auf der Canada-Seite, und sah in einer der dortigen Tavernen zwei Leute, die mich schon mehrmals interessirt hatten. Ein vierzigjähriger Mann, ziemlich abgelebt, dem Anscheine nach Militär mit einem Schnurrbart, der wie Borsten emporstand, dem Accente nach ein Pole, war in einer eifrigen Unterhaltung mit einem jungen Manne begriffen, dem ich wirklich besseren Umgang und bessere Verhältnisse gewünscht hätte. Denn der junge Mann hatte, obgleich sichtlich heruntergekommen, doch etwas Edles in seiner ganzen Erscheinung, und man sah beim ersten Blick den Unterschied zwischen seiner jetzigen Lage und seiner Vergangenheit. Seine jetzige Lage mußte trostlos sein, denn er unterhielt sich mit dem Gefährten, der wohl ein brittischer Werber sein mußte, über die Anwerbung in der Krim.

„Wozu noch die Bedenken!" sagte der Pole mit einem tüchtigen Fluche. „Die rothe Jacke sitzt im Anfang unbequem, aber man gewöhnt sich nach und nach daran, besonders wenn einmal Epauletten dazu kommen. Was willst Du hier in Amerika machen? Schlecht genug ist es Dir schon gegangen. Der Weg zum Glücke liegt für Dich nicht in der Krämerbude, die man Amerika nennt. Versuch es mal anderswo. Komm an! Trink' mir zu! Es lebe der Krieg und der Dienst Ihrer Majestät, der Königin Viktoria!"

Der junge Mann, — wir wollen ihn Carl nennen, — trank mit einem tiefen Zuge das Glas aus, aber es schmeckte ihm nicht. Sollte es schon so weit gekommen sein? fragte er. Sollte dies der letzte Zufluchtsort der Unglücklichen sein? O meine Jugend, meine Hoffnungen, meine Träume!

Der Alte schalt den Jungen einen sentimentalen Narren und suchte durch Trinken ihn auf andere Gedanken zu bringen. Ich saß am offenen Fenster auf der Gallerie vor dem Zimmer, und konnte, ohne zudringlich zu sein oder zu lauschen, das ganze Gespräch hören. Es ging daraus hervor, daß Carl aus guter Familie war und eine sorgfältige Erziehung erhalten hatte. Aber die Revolution von 1848 verwickelte ihn, ehe er noch seine Universitätsstudien ganz vollendet hatte, in die politischen Ereignisse, und das Ende vom Liede war, wie gewöhnlich, die Schweiz, London und Amerika. Anfangs wurde Carl noch durch seine Familie oben gehalten, aber als durch mehrjährige Entfernung das Band der Liebe zwischen ihm und der Familie gelockert war, mußte er versuchen, auf eigenen Füßen zu stehen. Er ging nach Amerika, fand aber hier durchaus nicht, was er gesucht hatte. Er besaß gerade nicht die Kenntnisse, welche in der neuen Welt ihn an irgend einem Platze nothwendig machen konnten; er wußte sich auch nicht recht in die Verhältnisse zu schicken, kurzum, anstatt voran zu kommen, ging er immer mehr und mehr zurück, sowohl körperlich als geistig; er verwüstete immer mehr und mehr, und je elender seine Lage wurde, desto weniger hatte er Muth und Kraft, sich daraus zu erheben. Dies ist das Loos von Tausenden, unter denen Carl nicht der Beste und nicht der Schlechteste war.

Durch die Unterredung mit dem Polen wurde Carl immer trauriger.

„Besser," sagte er, „sich den Niagara hinunter zu stürzen, als sich zu diesem entehrenden Schritte zu verstehen. Dann kann man noch einmal Alles, was man im Leben Liebes und Gutes genossen hat, in der Erinnerung zusammenraffen und im Hinblick auf die große Offenbarung der Natur menschlich und männlich sterben. Wozu noch weiter den Weg des Elends hinunterschreiten? Ich bin schon tief genug gesunken."

In solche und ähnliche Klagen brach der junge Mann aus. Der Werber schien darüber unwillig zu sein, denn er hatte ihn schon als eine sitere Beute betrachtet. Um ihn auf andere Gedanken zu bringen, zog er das verlorene Taschenbuch heraus und zeigte es Carl, ihm erzählend, wie und wo er es gefunden habe.

„Das muß eine sehr empfindsame Seele sein," sagte der Alte, „sehr verliebt, sehr unglücklich, sehr schmachtend; ich möchte sie wohl kennen lernen, um sie zu trösten."

Empört über die cynische Weise, in welcher sich der Graukopf ausdrückte, wollte ich hervortreten, und das Taschenbuch im Namen der unbekannten Eigenthümerin zurückfordern. Da änderte sich die Scene in einer höchst unerwarteten Weise. Carl, der eine Zeitlang gleichgültig das Geschwätz des Alten angehört hatte, nahm das Buch in die Hand, und kaum hatte er einen Blick auf die Namensunterschrift desselben geworfen, so wurde er abwechselnd roth und bleich; er zitterte heftig und in seinem ganzen Benehmen gab sich die größte Aufregung kund.

„Wie kommt Ihr zu diesem Taschenbuche?" rief er heftig, indem er den Namen anstierte, der auf dem Deckel stand.

Der Werber erzählte, daß er es auf der Insel gefunden habe. Carl wollte erst das Buch öffnen, aber er wagte es nicht; der Werber verlangte es zurück, aber Carl verweigerte es, indem er das Buch krampfhaft festhielt. Da trat ich hinzu, indem ich glaubte, auch ein Wort mitsprechen zu dürfen. Ich erzählte, auf welche Weise ich ein Recht hätte, das Buch zu fordern, erbot mich, dasselbe der Besitzerin zurückzugeben und den Finderlohn dem Alten im Voraus zu zahlen. Den Alten beschwichtigte ich durch das letztere Versprechen, aber Carl war unschlüssig; er starrte auf das Buch hin und wußte nicht, was er sagen sollte. Der Zusammenhang war uns natürlich Allen kein Räthsel mehr; es war in der That eine peinliche Scene. Endlich nahm ich Carl am Arme und ging mit ihm hinaus. Er ging mechanisch mit, das Buch fest in der Hand haltend. Ich erzählte ihm mein Begegniß am Morgen, schilderte ihm die Dame, welche das Buch verloren, und erbot mich, ihn zu derselben zu führen, damit er ihr selbst das Buch zurückgeben könne.

„Nehmen Sie das Buch," sagte er darauf. „Ich wage nicht, sie zu sehen. Sagen Sie ihr nichts von mir. Geben Sie ihr das Buch zurück, aber ohne darin zu lesen. Erwähnen Sie mit keinem Worte des heutigen Auftrittes. Entschuldigen Sie mich, daß ich nichts Weiteres sage. Adieu!" —

Aber so leicht ließ ich den seltsamen Fremden nicht los. Ich sprach beschwichtigende und begütigende Worte mit ihm; und es gelang mir, ihn zum Reden zu bringen. Er erzählte mir seinen kleinen Roman; es war die „alte Geschichte." Er bat mich, ihm eine Zusammenkunft mit der Fremden zu verschaffen, wenn es auch nur für wenige Minuten. Der arme Mensch that mir leid; er war in der größten Aufregung und fand mehr

Thaten, wie Worte. „Das fehlte noch," sagte er am Schluße unserer Unterredung, um mir mein Elend in seiner ganzen Größe zu zeigen. Ich muß sie sehen, aber wie kann ich vor sie hintreten? Was soll ich sagen? Sie wird mich wegweisen; sie wird mich verachten, und mir bleibt nichts übrig, als diesem elenden Dasein ein Ende zu machen."

Clara, die Heldin dieser kleinen Erzählung, war die Tochter eines wohlhabenden Bürgers aus einer norddeutschen Stadt, und schon in früher Jugend mit Carl verlobt unter Zustimmung der Eltern. Als aber der junge Mann seine Carriere in seinem Vaterlande verscherzt hatte, wurde das Verhältniß abgebrochen. Anfangs wurden noch Briefe gewechselt, aber auch dies hörte bald auf. Carl's Zustand entfernte sich immer weiter und weiter von seinen früheren Verhältnissen, u. er mußte sich bald selbst gestehen, daß er eine Vereinigung mit Clara aufgeben müsse. Nun traf es sich gerade, daß in dem Momente, wo er einen verzweifelten Schritt thuen wollte, Clara's Erscheinen ihn wieder an alles alte Glück der Jugend erinnerte. Dies mußte ein schmerzliches Wiedersehen geben.

Ich ging an die gewohnte Stelle und hatte nicht lange zu warten, bis das junge Mädchen kam. Als ich ihr das Taschenbuch überreicht, erröthete sie, und warf mir einen furchtsamen Blick zu, gleich als wollte sie mich fragen, ob ich den Inhalt desselben gelesen. Es stand in dem Buche allerdings nichts, als einzelne unreife, sentimentale Ergüsse, einzelne naïve Verse, die mehr kindliches Gemüth, wie große Poesie zeigten: aber grade solche Sachen läßt man nicht gern von Andern lesen und verspotten. Ich beruhigte sie, und bat sie unter irgend einem Vorwande, am andern Tage zur selben Stunde an dieser Stelle zu sein. Sie versprach es mir.

Am andern Tage war Carl statt meiner dort. Ich will das Wiedersehen nicht beschreiben. Genug, Clara hatte eine freundliche Erinnerung für den Freund ihrer Jugend bewahrt, und der Schrecken, der sie durchbebte, als sie ihn zuerst sah, wich bald einer reinen, innigen Freude. Carl war heftig, leidenschaftlich, ungestüm; seine Seele wurde von den widersprechendsten Empfindungen bewegt, und in dieser Verwirrung konnte er dem Mädchen keine Rechenschaft und Aufklärung über sich selbst geben.

Der Roman ging seinen gewöhnlichen Weg. Bei der erhöhten Temperatur, in welcher sich alle Stimmungen und Leidenschaften den großen Naturscenen gegenüber befinden, wachsen solche Verhältnisse schnell und rasch; die Wogen der Leidenschaft drängen sich mit Hast an einander, wie die Wellen des Stromes; freilich, oft auch stürzen jene, wie diese, in den Abgrund.

Ich sah die Beiden in den nächsten Tagen selten und nur für kurze Momente. Sie hüpfte nicht mehr mit der Leichtigkeit einer Gazelle durch den Wald, ihr Gang war langsamer und bedächtiger geworden, und manchmal schien eine Thräne in dem schwarzen Auge zu glänzen. Ich traf auch.

9

ihn dann und wann auf meinem Lieblingsplätzchen; er sang zum Takte der Wellen die Marseillaise oder das Lied Masaniello's vor sich hin, und gab mir auf meine Fragen wenig Antwort.

So ging es mehrere Tage fort; die Beiden schienen sich um nichts zu kümmern; sie lebten und träumten, als wenn der Strom der Vergessenheit um diese Insel wogte.

Eines Tages traf ich Carl, wie er mitten im Dickicht der Insel auf einem Baumstamme saß. „Hier ist mir wohl," sagte er. „Hier möchte ich träumen, bis das Leben zu Ende geträumt ist. Hier möchte ich, wie es in den indischen Fabeln heißt, mich im Lotoskelche wiegen, dem Donner der Wellen zuhören, und an nichts mehr denken, an nichts."

Sie traf ich unweit am Ufer. Sie legte Blätter und Blumen in die Wellen und sah zu, wie dieselben in den Sturz hinabglitten. „Nur einen Schritt vom Abgrunde," sagte sie mir, — „ist nicht unser ganzes Leben so gestellt? Jetzt noch die muntere, spielende Welle, und gleich darauf nur ein Atom in dem dahinstürzenden Chaos: das ist das Leben und Lieben der Menschen!"

Ich wunderte mich, als ich die Kleine so philosophiren hörte. Freilich, die Liebe macht ebenso gut Philosophen, wie Dichter, wenn nicht vielleicht Beides dasselbe ist.

Man sah in jenen Tagen manchen Roman auf der feenhaften Insel, — denn sie ist dazu geschaffen, das Stelldichein glücklicher und unglücklicher Liebender zu sein, — aber mich interessirte nichts mehr, wie das wunderliche Verhältniß zwischen diesen beiden jungen Leuten. Das „Himmel-aufjauchzend, zum Tode betrübt" Göthe's konnte man wohl nicht auffallender, wie hier, finden. In einem Momente war Alles Glück und Seligkeit bei ihnen, und gleich nachher machte Carl eine Miene, als wenn er in den Abhang hinunter springen wollte, und Clara schlich sich in die Einsamkeit und weinte.

Ich ging von Zeit zu Zeit auf das andere Ufer und traf manchmal den alten Polen. „Er muß mit, er muß in die Krim; es hilft Alles nichts," sagte der Alte mit heiserem Gelächter, wenn ich die Rede auf Carl brachte. „Aus nichts kann man einen so guten Soldaten machen, wie aus einem desperaten Liebhaber. Der junge Mensch kann in seiner Verzweiflung es noch zum General bringen."

Allerdings, die Lage des jungen Mannes war eben nicht sehr beruhigend; er baute sich den Roman seiner Liebe geradezu in die Luft; ohne Aussicht auf die Zukunft, ohne Trost in der Vergangenheit war der gegenwärtige Zustand nur ein kurzer Traum, dem ein schreckliches Erwachen folgen mußte. Doch Carl schien sich dessen nicht bewußt zu sein. Wie auf dunkelm Grunde die Farben eines Bildes am Glänzendsten strahlen, so auch schien bei ihm der dunkle Hintergrund seines Lebens nur die Helle und den Glanz des gegenwärtigen Momentes zu erhöhen.

Clara's Vater kam von einer Geschäftsreise zurück, seine Tochter abzuholen. Ihm konnte das Verhältniß zwischen Beiden unmöglich verborgen bleiben, um so mehr, da Clara ein natürliches und anerkanntes Recht zu haben glaubte, ihren früheren Verkehr mit Carl fortzusetzen, und aus ihrem Verhältniß zu ihm kein Geheimniß machte. Der alte Walter hätte übrigens Alles lieber gethan, als seine Tochter dem Flüchtlinge zu vermählen, und so waren denn die nothwendigsten Requisiten zu einer Tragödie vorhanden, ein hartherziger Vater, eine verliebte Tochter und ein armer, verzweifelnder Liebhaber.

Der alte Walter suchte Carl auf. „Ich brauche mich nur an Ihr Ehrgefühl zu wenden," sagte er, „um Sie zu veranlassen, den Verkehr mit meiner Tochter abzubrechen. Sie kennen Ihre Verhältnisse selbst zu gut, als daß ich nothwendig hätte, Sie durch Angabe der Gründe zu kränken. Ich habe andere Pläne mit meiner Tochter vor, welche Sie nicht durchkreuzen werden. Ich will offenherzig gegen Sie sein. Mein eigenes Geschäft steht, so ausgebreitet, wie es ist, auf schwachen Füßen, und ich habe zu meinem Schwiegersohne einen Partner nothwendig, dessen Verhältnisse wenigstens zu den meinigen passen. Dieser Schwiegersohn ist schon schon gefunden und die Sache so gut, wie abgemacht."

Das war kurz und bündig, und es konnte unmöglich für Carl eine Ueberraschung sein, eine solche Erklärung zu hören. Aber doch war er nicht vorbereitet, eine Antwort zu geben. Es war ihm für den Augenblick, als thäte ein Abgrund sich vor ihm auf; es befiel ihn ein Schwindel; die ganze Schrecklichkeit seiner Lage kam ihm mit einem Schlage zum Bewußtsein. Er ging schweigend hinweg, und setzte sich an den Rand des Felsens, stumm und unverwandt in den Rand des Abgrunds hinunterblickend. Plötzlich hörte er ein heiseres Gelächter hinter sich. Wie der böse Dämon dieser bösen Stunde stand der alte Pole neben ihm. Carl's Gemüthsstimmung war leicht in seinem Gesichte zu lesen, und der Alte verfehlte nicht, ihn wegen seiner melancholischen Träumereien zu verspotten. Niemals war dieser Mensch so widerwärtig und zudringlich gewesen, wie diesmal; in seinen Worten und Mienen spiegelte sich die größte Schadenfreude ab; er zeigte ein Antlitz, um das ihn Mephisto hätte beneiden können.

Der Alte glaubte sich seiner Sache sicher und sah den armen Carl als eine sichere Beute an. Und es war auch in der That für Carl wohl nichts Anderes übrig, als diesen letzten Schritt seines abenteuernden Lebens zu thun. Er hatte nicht mehr die Kraft, den Schwierigkeiten seiner Lage zu begegnen; er hatte keine großen Pläne und Entwürfe mehr, nicht einmal mehr Illusionen, um noch von der Zukunft Etwas zu erwarten, und so mußte sich denn sein Schicksal erfüllen.

Am Abende sah Carl das Mädchen an dem gewohnten Platze. Beide wußten Alles; es war ein trauriges Wiedersehen. Sie sprachen von Scheiden und Sterben. Das Wasser rauschte um sie her; der Donner des Falles übertönte ihre Worte; der Abgrund starrte zu ihren Füßen; es war, als wenn der Steg unter ihnen brechen und sie in die Tiefe schleudern müßte.

Am andern Tag las man in den Zeitungen, daß eine junge Dame den Tafelfelsen aufwärts gegangen sei, und sich eine kurze Strecke oberhalb des Falles in die Wellen gestürzt habe, daß sie aber von einem unbekannten Fremden gerettet worden sei. Es ist leicht zu errathen, wer die Unglückliche war.

Als dem Vater das gerettete Mädchen zurückgebracht wurde, erschrak er über die Tiefe ihrer Leidenschaft und Verzweiflung, und es konnte für ihn keine Wahl und keinen Zweifel mehr geben. Er beschloß, den jungen Mann aufzusuchen, und ihn unter seine väterliche Obhut zu nehmen. Der kummervolle Mann wagte sich nicht von seiner Tochter zu trennen, und Beide suchten auf dem canadischen Ufer nach dem Verlorenen. Aus einer Kneipe an der Hängebrücke tönte ihnen wilder Lärm entgegen; Clara erschrak; sie glaubte Carl's Stimme zu erkennen; der alte Walter trat ein; eine Bande frisch geworbener Rekruten saß beim Becher; Carl befand sich neben dem alten Polen; sein Antlitz glühte von dem Feuer des Weines. Alle Physiognomien zeigten die Ausgelassenheit des Elendes und der Verzweiflung; es war ein trauriger Anblick.

Nächsten Tags stand schon wieder von einem Selbstmorde in den Zeitungen. Ueberhaupt scheinen die Niagara-Fälle das Rendezvous der Selbstmörder zu werden. Diesmal war es ein Deutscher, der sich entleibt hatte. Als Ursache wurde Armuth und Arbeitslosigkeit angegeben. Herrn Walter und seine Tochter sah man nicht mehr an den Fällen.

Schweizerische Politik.

Die kleine Schweiz ist unter dem Lärme der großen kriegerischen Ereignisse fast in Vergessenheit gefallen, aber es ist wohl der Mühe werth, sie zu beobachten, da sie sich in einer höchst interessanten Entwickelung befindet, deren Resultate nicht nur nur für die Schweiz selbst von Bedeutung sein werden. Wenn auch die Schweiz nur ein kleines, armes Land ist, und ihre Stimme nicht in dem Rathe der europäischen Nationen gehört wird, so ist doch die schweizerische Politik schon manchmal der Wegweiser der europäischen Geschicke gewesen. Im Hochland fiel, wie Freiligrath sagt, der erste Schuß, der den Donner der Revolutionen von 1848 einleitet, und auch jetzt noch ist die Lawine im Rollen, welche die Throne Europa's zertrümmern wird. Die schweizerische Politik hat indessen nichts von dem Gewaltthäterischen und Leidenschaftlichen an sich, was die europäische Geschichte im Allgemeinen charakterisirt; sie arbeitet ruhig und fast unbemerkt an dem Werke der inneren Reform, und vielleicht erst die Resultate dieser Reform werden Europa auf die große Veränderung aufmerksam machen, welche mit den zwei und zwanzig Kantonen vorgegangen ist. Obgleich wir viele Gelegenheit haben, mit der Conduite der Schweiz während der Revolutionszeit unzufrieden zu sein, und uns über den Mangel republikanischer Sympathien von Seiten schweizerischer Staatsmänner zu beklagen, so können wir doch nicht läugnen, daß die Schweiz seit dem Sonderbundskriege eine Reihe von Reformen hervorgebracht hat, die Achtung und Anerkennung verdienen. Die schweizerische Politik hat, wie das ganze Volk, allerdings einen spießbürgerlichen, philiströsen Charakter; der Schweizer ist im Allgemeinen kein Idealist, kein Kosmopoliteter; es herrscht zwischen den Alpen viel Nativismus, und man kümmert sich nicht viel über die Leute, die hinter dem Berge wohnen, wenn zu Hause nur Alles in Ordnung ist. Auch haben die schweizerischen Politiker seit dem Sonderbundskriege sich mehr um materielle Interessen, wie um Principien und Ideen gekümmert; die auswärtige Politik der Schweiz, — falls wir von einer solchen reden können, — war eine Reihe muthloser Demüthigungen, welche oft zum direkten Verrathe an der Sache der europäischen Freiheit wurden. Aber die Reformen im Innern sind der Art, daß sie mit der Zeit auch unfehlbar eine Aenderung der auswärtigen Politik und Aufhebung der freilich nur scheinbaren und erheuchelten Neutralität erzielen werden. Schon durch das Eisenbahnnetz, welches über die Schweiz ausgedehnt wird, verändert sich die völkerrechtliche Stellung der Schweiz; die gemüthliche Abgeschiedenheit hinter Berg und See hört auf, und wie sich die Abneigungen und Gegensätze der einzelnen Kantone mildern, so wird auch das specifische Schweizerthum durch den Verkehr mit den andern europäischen Nationen eine wesentliche Modifikation erleiden. Existirte doch selbst früher das eigentliche Schweizerthum, jener Patriotismus, der statt der Marseillaise einen Kuhreigen hat, nur in der deutschen Schweiz, dort, wo der Stier von Uri oder der Bär von Bern haust; die französischen Schweizer sind der Mehrzahl nach Kosmopoliten, und die italienischen Schweizer sehnen sich nach einer Republica d'Italia. Dieser schweizerische Patriotismus, die Kehrseite der Neutralitätspolitik, basirt in dem „Kantönligeist," und ist aus demselben hervorgegangen. Die Fehler, welche wir in der Schweizerpolitik finden, sind auf ihren Punkt zurückzuführen. In der Schweiz ist Reform mit Centralisation gleichbedeutend, grade umgekehrt, wie in Frankreich. Deßhalb war noch immer die beste Verfassung, welche die Schweiz gehabt hat, die von Napoleon dem Ersten octroirte helvetische Verfassung von 1801, welche das französische Verwaltungssystem nachahmte. Dies werden mir freilich wenige Schweizer zugeben. Aber es wurde der Fehler im Sonderbundskriege gemacht, daß man nicht zugriff und den Sieg nicht ausbeutete. Ebenso wie der Sieg bei Gislikon nur ein Scheingefecht war, so war auch der ganze Neubau der Eidgenossenschaft nur ein Kompromiß zwischen den alten Zuständen und den neuen Bedürfnissen. Man flickte auf die alte Kantonalsouveränität den neuen Bund, und so entstand ein seltsames Conglomerat von 22 Einzelregierungen, 22 besonderen Gesetzgebungen und einer Centralregierung mit dem Zweikammersystem. Diese Vielregiererei mußte natürlich jeglicher Art von Reform in den Weg treten. Wie überhaupt die Schweiz trotz der großen Unterschiede vielfachen Stoff zu Vergleichen mit Amerika bietet, so auch ist die „Kantonalsouveränität" in der Schweiz ein würdiges Seitenstück zu den „Staatenrechten" der amerikanischen Politiker; beide bilden eine Waffe in den Händen der Reaktion, dort der Jesuiten, hier der Sklavenhalter, und einen Schlupfwinkel für Verrath und Secessionsgelüste. Die nächste Folge der neuen Einrichtung war, daß der Bund und seine Organe eigentlich in der Luft standen, weil sie außer den Zöllen, — eine Einrichtung, die durchaus unpraktisch genannt werden darf, — fast kein direktes Objekt ihrer Thätigkeit hatten, und daß der Bundesrath und die Nationalversammlung deshalb auch keine entscheidenden Maßregeln zu ergreifen wagten. Aus der Art und Weise, wie die schweizerische Constitution von 1848 entstanden war, ging die Kompromißpolitik hervor, welche der Bundesrath unter Leitung der Züricher Spießbürger und Berner Aristokraten verfolgte. Die neue Regierung gab sich alle Mühe, zu zeigen, daß sie nur der Form wegen existirte, und daß sie den Kantönligeist und die Neutralitätspolitik, die durch die Wiener Verträge von 1815 der Schweiz aufgedrängt wurde, aufrecht erhalten werde. Damit gaben sich denn nach und nach die Sonderbundskantone zufrieden, und die eifrigsten Organe der Sonderbundsbestrebungen, wie z. B. die sonst gut redigirte „Basler Zeitung," warfen sich zu Vertheidiger der Herren Furrer und Ochsenbein auf.

Wir haben schon bei einer andern Gelegenheit bemerkt, was wir unter Neutralitätspolitik verstehen. Dieser Ausdruck gehört durchaus der Vergangenheit an, jener Zeit der nationalen und dynastischen Kriege, wo es die Politik der Selbsterhaltung und Klugheit oft gebot, sich von dem Streite der Nachbarn fern zu halten. Aber in diesem Jahrhundert, wo die Kriege der Völker eine principielle Bedeutung haben, und die großen Fragen: Freiheit oder Despotie auf dem Spiele stehen, ist jede Neutralität nicht nur eine Verzichtleistung auf die Selbstständigkeit und Souveränität eines Volkes, sondern eine vollständige Illusion und Unmöglichkeit.

Denn durch eine neutrale Haltung verletzt man die Rechte und Interessen derjenigen Partei, welcher man seine Sympathien schuldig ist, und begeht dadurch ebenso eine Feindseligkeit, wie durch militärische Bewegungen. Wenn ein republikanisches Volk duldet, daß die republikanische Partei eines Nachbarvolks von den Armeen des Despotismus niedergeworfen wird, so unterstützt sie dadurch den Despotismus und macht sich zum Mitschuldigen am Morde der Freiheit. Nach den Criminalgesetzen wird Derjenige als Mitschuldiger eines Mordes verurtheilt, der, im Stande, einen Mord zu verhüten, dies unterläßt. Aber das Völkerrecht steht noch nicht auf dieser Stufe. So betrug sich die Schweiz im Jahre 1849 gegen Baden als ein Mitschuldiger an den Gewaltthätigkeiten und dem Standrechte der preußischen Armee; anstatt wirklich neutral zu sein, wurde sie so sehr in den Strudel der europäischen Reaktion hineingerissen, daß sie sogar der flüchtigen republikanischen Armee das Asyl verweigerte. Auf welch empfindliche Weise die Schweiz die Mithülfe an diesen reaktionären Maßregeln büßen mußte, wie sie von Frankreich und Oesterreich um die Wette gequält und gedemüthigt wurde, dies brauchen wir hier nicht zu erzählen. Genug, es fanden sich in der Schweiz selbst Männer, die das Unkluge und Ungerechte in der auswärtigen Politik des Bundesrathes einsahen und eine Oppositionspartei gegen die Neutralität bildeten. An der Spitze dieser Partei standen Fazy und Galeer in Genf und Stämpfli in Bern. Dieser Stämpfli ist gegenwärtig Bundespräsident der Schweiz. Während Ochsenbein, der Sonderbundsfeldherr, verachtet und verlassen, seinem Vaterlande den Rücken kehren mußte, und jetzt als fremder Söldling seine Dienste dem Mörder der französischen Republik verkauft, ist Stämpfli, der rothe Republikaner, der Chef der „ausländischen" Partei, wie ihn die Aristokraten in Bern nennen, der erste Beamte der Eidgenossenschaft. Dies ist ein bemerkenswerthes Faktum, und wir glauben nicht zu weit zu gehen, wenn wir darin einen Umschwung der schweizerischen Politik sehen.

Stämpfli, Niggeler und die anderen Führer der Berner Radikalen, sind die Schüler des Professor Schnell, eines aus Nassau eingewanderten Burgers, eines Juristen, der im Unterschiede von den andern deutschen Professoren, ein wirkliches Recht, ein Menschen- und Völkerrecht lehrte, eines trefflichen Mannes, von dem nur leider zu bemerken ist, daß er zu spät für seine Partei und seinen Ruf starb. Dieser Schnell war der Stifter der radikalen Schule in Bern, und von ihm erhielten die Stämpfli's, Niggeler's u. s. f. von Seiten der Berner Aristokraten den Beinamen der „Nassauer," auch der „Ausländer," der „Fremden." Man war in den Kreisen der Berner Nativisten, — der Nativismus ist nämlich sehr stark in Bern vertreten, — gewohnt, diese radikale Partei im Gegensatz zu dem Berner Altspießbürgerthum als eine ausländische Partei hinzustellen, und in der That sind und waren auch Stämpfli u. seine politischen Freunde immer Gegner der Neutralitätspolitik, Vertheidiger des Asylrechts und Freunde der politischen Flüchtlinge. Stämpfli war der Hauptmitarbeiter der „Berner Zeitung," eines radikalen Blattes, und erregte besonders durch die Enthüllungen über die frühere Finanzwirthschaft der Patrizier, welcher er in seiner Eigenschaft als Bernischer Finanzminister auf die Spur gekommen war, die außerordentliche Entrüstung des Patriziates. Wir erinnern an seine Enthüllungen über die Quellen des Vermögens der Patrizierfamilie Fueter, welche ihm unter der Regierung von Blösch einen Preßprozeß und Gefängniß zuzog. Kein Mensch konnte wohl bei dem Berner Patriziat verhaßter sein, wie Stämpfli. Ein persönlicher Feind und politischer Gegner Ochsenbein's und anderer Bundesräthe, erklärte er sich über die konservative Politik des Bundesrathes in entschieden mißbilligender Weise, so daß es wohl nicht anzunehmen ist, daß er in seiner jetzigen Stellung diese Politik fortsetzen wird. Wir wollen sehen, ob Herr Stämpfli die Erwartungen, zu denen seine Vergangenheit berechtigt, erfüllt, und ob wirklich eine republikanische Politik in der Schweiz angebahnt wird. Es ist allerdings überall, als wenn die Ministerbänke mit dem giftigen Mehlthau der Corruption überschüttet wären, und der Radikalismus nur als eine Leiter zur Macht betrachtet würde, die man, am Ziele angekommen, nicht mehr braucht. Aber wir können doch Herrn Stämpfli nicht für einen zweiten Druey halten, besonders, da er so klug ist, zu wissen, daß Apostaten in der Schweiz bald aufgebraucht sind.

Stämpfli ist ein Politiker von der rechten Sorte, voller Aktivität und Energie, der zugleich eine populäre Figur und ein gewandter Diplomat ist. Seine Spezialität ist das Finanzfach; er ist einer der besten Nationalökonomen der Schweiz. Er ist, wie man es in der Schweiz liebt, schon jung in die Aemter gekommen, so daß er noch eine lange Laufbahn vor sich hat, welche er sich hoffentlich nicht durch einen Verrath an seinen früheren Grundsätzen verderben wird.

Neben Stämpfli sind zwei neue Mitglieder an die Stelle Druey's und Munzinger's in den Bundesrath getreten, nämlich Stähelin von Basel und Fornerod von Lausanne, zwei liberale Männer, die Hrn. Stämpfli gewiß in einer freisinnigen Politik unterstützen werden. Katholiken haben, so weit wie uns bekannt ist, jetzt keine einzige Stelle im Bundesrathe inne. Ueberhaupt ist die Majorität des Bundesrathes jetzt freisinnig. Wir wissen allerdings wohl, daß die schweizerischen Staatsmänner keine Revolutionäre und Socialisten sind, aber es ist doch eine Ausnahme von dem übrigen aristokratischen Plunder in Europa, daß in der Schweiz Männer an der Spitze stehen, welche den Jesuiten und der schweizerischen Aristokratie ein Dorn im Auge sind.

Merkwürdig übrigens, daß dieselbe Nationalversammlung, welche Herrn Stämpfli zum Bundespräsidenten machte, Herrn Blösch von Bern zu ihrem Vorsitzer ernannte. Herr Blösch ist der Chef der konservativen Partei des Kantons Bern und der eifrigste Rival Stämpfli's. Man sieht, man versteht das Kompromißmachen und Aemtervertheilen in der Schweiz gerade so gut, wie in Amerika. Beide freilich, Stämpfli, wie Blösch, sind sehr fähige, talentvolle Männer.

Wenn Herr Stämpfli noch der Alte ist und seine alten Grundsätze nicht seiner neuen Stellung opfert, so wird er die bisherige Politik der Schweiz wesentlich modificiren. Die Ereignisse sind ihm günstig; der orientalische Krieg hält die bösen Nachbarn, Frankreich und Oesterreich, zurück. Das Nächste und Erste, was wir zu verlangen das Recht haben, ist die Wiederherstellung des Asylrechtes in der Schweiz; dies ist nicht nur eine Pflicht der Humanität und Gerechtigkeit, sondern für Herrn Stämpfli selbst die Befriedigung eines persönlichen Wunsches. Also, die Flüchtlinge zurückrufen, Herr Stämpfli!!

Die Schweiz hat in den letzten Jahren viel verschuldet; sie hat den republikanischen Bestrebungen gleichgültig und theilnahmlos zugesehen und sogar den Verräther daran gemacht. Ihre Stellung bei der nächsten Revolution wird entscheiden, ob die Eidgenossenschaft wirklich so viel Lebensfähigkeit hat, um eine selbstständige Nation bilden zu können, oder ob sie in ihre ursprünglichen Elemente zerfallen muß. Wann die neue Karte von Europa gemacht wird, — und wir denken nicht, daß Herr von Persigny sie machen wird, — können nur solche Völker eine selbstständige Stellung in der europäischen Staatenfamilie beanspruchen, welche selbstständigen Antheil an der Weltpolitik nehmen, nicht aber Diejenigen, welche sich muthlos hinter den Decken antei einer erheuchelten Neutralitätspolitik verstecken.

Optimismus und Pessimismus.

Die Welt und die Geschichte derselben ist durch Widersprüche aufgebaut, und jeder denkende Mensch wird sich selbst bei widersprechenden Urtheilen und Empfindungen darüber ertappen. Während uns oft die Welt in rosigem Lichte erscheint und wir unsere Hoffnungen von der Zukunft des Menschengeschlechtes nicht hoch genug spannen können, nahen uns auch manche traurige Stunden, wo wir Alles schwarz sehen und an Allem verzweifeln zu müssen glauben. Für die eine, wie für die andere Stimmung finden wir genügende Veranlassung in den uns umgebenden Verhältnissen; hier werden wir zu neuen Hoffnungen und Idealen begeistert; dort nimmt man uns das Vertrauen zur Menschheit und zur Zukunft; hier zeigt uns die Welt ein muthiges, kühnes Streben; dort ekeln wir uns über eine hoffnungslose Verworfenheit. Trotzdem daß wir niemals an der unendlichen Perfektabilität des Menschengeschlechtes zweifeln, sehen wir doch so viele Zeichen des Rückschrittes und Verfalles, so viele Beweise der menschlichen Schwäche, daß wir uns der Mißant ropie nicht entziehen können. Heraclitos und Democritos ist in einer Person vereint und zeigt heute ein weinendes, morgen ein lächelndes Antlitz.

Die meisten Menschen richten diese ihre Stimmung nach ihrer eigenen persönlichen Lage. Sind sie glücklich, gerathen ihre Pläne, glücken ihre Unternehmungen, werden ihre Wünsche erfüllt: dann erscheint ihnen die Welt und die Menschheit in hellen, glänzenden Farben; aber verfolgt Unglück, Armuth und Krankheit sie, werden sie von Denen, die sie lieben, betrogen, und von Freunden verlassen, dann gräbt sich ein tiefer, schneidender Menschenhaß in ihre Brust ein. In dem einen Falle sind sie Optimisten, in dem andern Falle Pessimisten. Es braucht wohl nicht erst darauf aufmerksam gemacht zu werden, daß es nichts Trügerisches geben kann, als die Welt und die Entwickelung der Menschheit von diesem subjektiven Standpunkte zu beurtheilen. Ein solches Urtheil wird uns wohl über nichts Anderes Auskunft geben, als uter die Eigenthumlichkeit der beurtheilenden Individualität selbst; die Welt lernen wir nicht daraus kennen.

Die Wissenschaft, welche man Philosophie nennt, hat vornehmlich den Zweck, an die Stelle dieser subjektiven und trügerischen Beurtheilung, dieser wechselnden Stimmungen und Launen, eine objektive, allgemeine Weltanschauung zu setzen, die auf die Erkenntniß der Dinge selbst gegründet und nicht das Resultat persönlicher Verstimmungen ist. Diese Wissenschaft lehrt uns, daß Alles, was wirklich ist, auch nothwendig und vernünftig ist, und erhebt uns also mit Einem Schlage über vielfache Täuschungen und Illusionen. Jedes Ding, jeder Mensch, jedes Ereigniß hat seine Nothwendigkeit, seinen Grund, seine Vernünftigkeit in sich selbst; es ist, wie der Schulausdruck sagt, "causa sui." Diese Einsicht zeigt uns den rechten Weg zu einer vernünftigen Weltanschauung. Da wir wissen, daß Alles den strengen, graden Weg der Naturnothwendigkeit geht, so werden wir in dem Falle, wo uns die Einsicht in diese Nothwendigkeit fehlt, diesen Mangel nicht den Verhältnissen selbst, sondern nur unseren blöden Augen zuschreiben; wir werden mit der Welt immer, mit uns selbst selten zufrieden sein. Manche Menschen lieben es mehr, sich mit Illusionen und Luftschlössern zu unterhalten, als sich zu dieser strengen, unerbittlichen Logik zu entschließen; aber dieselbe gibt unserem Charakter eine Sicherheit, unserem Urtheil eine Bestimmtheit, unserem Bestreben eine Gleichförmigkeit, welche auf unser ganzes Leben einen veredelnden Einfluß ausübt und uns die Seelenruhe gibt, welche allein uns auf die Dauer glücklich macht.

Das Alterthum, die klassische Zeit der Griechen und Römer, hatte jene Beispiele dieser strengen, stoischen Weltanschauung, Männer, von denen Horaz sagt, daß „wenn der Erdball zu Grunde geht, sie ungebeugt von den Ruinen zertrümmert werden." In unserer Zeit scheint, Dank einer tieferen Einsicht in die Gesetze der Natur, diese Weltanschauung allgemeiner zu werden, und dies ist auch nothwendig, da die Widersprüche des Lebens in diesem Jahrhundert sich so aufeinanderhäufen, daß wir ohne philosophisches Urtheil in Gefahr kommen, uns in dem Chaos zu verlieren. Wir leben in einer großen, wichtigen Uebergangsperiode, wo die entgegengesetztesten Prinzipien der Politik, des Socialismus, der Religion, Moral und Wissenschaft sich einander bekämpfen, wo wir Vieles für Unsinn und Lüge halten müssen, wenn wir es nicht im Zusammenhange mit dem Ganzen betrachten, wo das Wahre mit dem Falschen, das Gute mit dem Schlechten zu einem unnatürlichen Bunde sich zu vereinigen scheint. Und während früher sich nur die Spitzen der Völker, die dynastischen Geschlechter, die Priester und Feldherrn, um Politik kümmerten und ihr Schicksal von den politischen Ereignissen abhängig machten, ist in diesem Jahrhundert Jeder an der Politik betheiligt, ist jedes individuelle Geschick von den großen politischen Ereignissen abhängig. Diese persönliche Abhängigkeit von den allgemeinen Fragen der Politik, das egoistische Interesse, welches wir daran nehmen, macht natürlich unser Urtheil einseitig und befangen, und vermehrt die Schwierigkeiten einer unparteiischen, objektiven Weltanschauung. Wir halten die Richtung, in welcher wir selbst fortgetrieben werden, für den Weg der öffentlichen Meinung; unser persönliches Interesse wirkt auf unsere Ueberzeugungen ein, und so sind wir wie ein schwankendes Rohr im Winde. Dies hat man besonders seit 1848 sehen können; welch eine Menge von Charakterlosigkeiten, von Widersprüchen und Zweideutigkeiten sind in dem öffentlichen Leben, in der Presse, den Parlamenten u. s. w. zum Vorschein gekommen! Und wie sieht es heute in Amerika aus! Wie viel verschrobenen Urtheilen, zaghaftem Schwanken, muthlosem Zögern begegnen wir! Wo finden wir in der Presse u. der Politik eine feste, entschiedene Richtung, die unabhängig von den Ereignissen und Parteiungen ist? Ueberall ein Weichen und Schwanken, ein Beurtheilen und Verzögern, ein Aufgeben der Grundsätze, eine Unklarheit der Ansichten, welche die Katastrophe, in welcher wir uns gegenwärtig befinden, unerträglich verzögert. Welche Hand führt uns aus diesem schwankenden, ungewissen Zustande heraus? Wo finden wir festen Boden, auf welchem wir ausruhen können?

Ich denke, um Ruhe des Gemüthes, Festigkeit und Unabhängigkeit des Charakters zu gewinnen, ist nichts Anderes nothwendig, als sich über einen kleinen Punkt klar zu werden, nämlich, daß wir für uns selbst, als individuelle Persönlichkeiten, durchaus nichts mehr zu hoffen und zu erwarten haben, daß unser Leben in dem Strome spurlos verschwindet, der die Menschheit einer besseren Zukunft entgegenführt, daß wir für uns selbst keine Erfolge mehr in Anspruch nehmen dürfen. Es klingt allerdings hart, daß der Mensch sich selbst aufgeben und auf seine eigene Zukunft verzichten soll, aber, wir können uns nicht darüber täuschen: die Bestrebungen, an denen wir arbeiten, erreichen erst nach uns ihr Ziel; wir werden verbraucht und abgenutzt in dem Kampfe, dessen Ende wir nicht sehen; wir sterben in der Wüste, die zwischen uns und dem gelobten Lande liegt. Diese Ansicht lautet allerdings sehr pessimistisch, aber eine ruhige, unparteiische Beobachtung der Sachlage drängt sie uns auf. Wir mögen von Jahr zu Jahr hoffen und harren, ob sehnlichst erwünschte Ereignisse eintreten; wenn dieselben kommen, werden sie für uns nur die Mühen, nicht die Resultate bringen. Wir können also dem Gange der Ereignisse ruhig und unparteiisch zuschauen, und jene krankhafte Ungeduld ablegen, die immer in Illusionen lebt und von heute auf Morgen wartet. Was uns und unsere persönlichen Schicksale anbetrifft, so ist unser Loos außer Frage gestellt; wir haben nichts zu fürchten, nichts zu hoffen; unser Interesse ist rein objektiv, frei von persönlichen Beimischungen. Unsere Zeit ist eine Uebergangszeit, mit welcher auch wir mit vorübergehen, und der einzige Werth den wir von unserem Leben erwarten können, ist, daß uns die Geschichte zum Baue der Zukunft verwendet. Es ist das Jahrhundert der Massenarbeit, wo die Individuen ungesehen und ungehört sich in dem großen Strome der Ereignisse verlieren, und für ihre Betheiligung an den Ereignissen nicht den Dank der Zukunft zu erwarten haben. Der einzige Lohn, den wir beanspruchen dürfen, ist die Einsicht, die feste, unerschütterliche Einsicht in den allgemeinen Fortschritt des Menschengeschlechtes, in die Nothwendigkeit, daß die Freiheitsbestrebungen doch noch endlich einen vollständigen Sieg erringen, daß Aufklärung und Bildung immer mehr und mehr um sich greift, und Despotie und Aberglauben verschwinden wird. Dieser Optimismus läßt keine Illusionen und Irrthümer zu. Wohin wir blicken, arbeitet der Geist des Fortschrittes kräftig voran; das Streben der Geister kennt keine Schranken; die Aufklärung unterwühlt überall den Boden der Religion und Despotie. Alle Bestrebungen in der Wissenschaft der Kunst, der Religion und Politik treffen in einem Punkte zusammen, in der Befreiung des Menschen; überall sehen wir eine große, lebensvolle Harmonie entstehen, welche die Zerrissenheit des jetzigen Lebens durch Glück und Zufriedenheit ersetzen wird. Ja, selbst die großen politischen und socialen Krankheiten, an welcher das Menschengeschlecht jetzt leidet, die Rückwirkungen einer traurigen Vergangenheit, sind am Ende nur Reizmittel zur Regeneration der Menschheit, zu kühnem, kräftigem Streben, zu einer glänzenden Manifestation menschlicher Kraft und Energie. Wir können unmöglich uns gegen die Einsicht verschließen, daß Gegensätze und Widersprüche, welche unser heutiges Leben so verwir-

...en, bald auf einander platzen müssen, und daß in dieser Katastrophe das Recht und die Freiheit den Sieg davon trägt. In Europa bietet der jetzige Krieg genügende Anhaltspunkte, um diese Katastrophe für die nächste Zeit prophezeien zu dürfen, und auch in Amerika ist man über die Zeit der Kompromisse und Verträge zwischen Sklaverei und Freiheit hinweg, und beginnt zum offenen Kampfe zu schreiten. In Kansas und in der Krim tobt jetzt schon der Krieg, welcher mit einer gänzlichen Veränderung der jetzigen Zustände enden wird, d. h. mit einer Befreiung der Menschheit. Die Bildungsstufe, auf welcher die meisten Völker stehen, verträgt sich nicht mehr mit den bisherigen politischen und socialen Zuständen; die Fackel der Wissenschaft wirft ein helles Licht auf den Weg, den wir gehen müssen, so daß wir, wenn einmal die Katastrophe erfolgt, erstaunen werden über die glänzenden Resultate. Die Natur hat das Menschengeschlecht mit so vortrefflichen Fähigkeiten und edlen Eigenschaften ausgerüstet, daß nur diese schöne, edle Menschennatur zur Erscheinung kommen darf, um ein glänzendes, erhebendes Schauspiel darzubieten.

In dieser sichern und unerschütterlichen Voraussicht ertragen wir gern die Mißverhältnisse der Gegenwart. Dieser Optimismus macht uns tolerant gegen die Schwächen der Menschen und die Gebrechen der Zeit, während er uns zugleich durch das Vertrauen auf die Zukunft des Menschengeschlechtes vor jedem Quietismus und Stillstand bewahrt.

Die Absetzung Reeders.

Die Abberufung Reeder's von seinem Gouverneursamte in Kansas war das hervorragendste Ereigniß der letzten Wochen und hat die Presse und das Publikum lebhaft beschäftigt. Wir finden indessen nichts Auffallendes in dieser Maßregel. Sie ist eine natürliche Folge früherer Ereignisse, und steht mit dem Charakter und den Tendenzen der Partei, von welcher sie ausgegangen ist, vollständig in Uebereinstimmung. Die demokratische Partei ist die Partei des Südens und der Sklaverei, und hat nichts Eiligeres und Wichtigeres zu thun, als für die Sklaverei, deren Schutz und Ausbreitung Propaganda zu machen. Aus diesem Grunde machen wir der demokratischen Partei Opposition. Die demokratischen Blätter wollen dies zwar nicht zugeben. Sie nennen ihre Partei nicht die südliche, sondern die Unionspartei. Sie sagen, daß sie die Sklaverei für ein Uebel halten. Sie geben vor, die Rechte der einzelnen Staaten und der Volkssouveränität zu vertheidigen. Aber das Alles sind nur Phrasen; in der That ist diese Partei der ergebene Diener des Südens und gehorsame Vollstrecker aller der Gewaltmaßregeln, welche südlicher Barbarei beliebt.

Davon ist die Absetzung Reeder's ein deutlicher Beweis. Die Haltung, welche die demokratische Partei in dem ganzen Verlaufe der Kansas-Geschichte angenommen, zeigt uns, daß man das Ziel, welches man jetzt erreicht hat, und das man des öffentlichen Anstandes halber beklagen möchte, von vornherein schon angestrebt hat, und daß alle liberalen Phrasen, mit denen man den Verrath zu bemänteln suchte, nur darauf berechnet waren, die öffentliche Meinung über den Gang der Ereignisse zu täuschen. Ueberhaupt kann man sicher sein, daß wenn die demokratische Partei und ihre Organe liberale Phrasen in den Mund nehmen, daß dann eine große Schandthat im Werke ist. Es ist interessant, den ganzen Verlauf der Kansasgeschichte zu betrachten, um diesen Wetteifer der liberalen Phrasen und des reaktionären Verrathes zu erkennen. Als von der Nebraskabill zuerst einige Gerüchte im Publikum verlauteten, war die ganze demokratische Welt, und besonders unsere sehr ehrenwerthen deutschen demokratischen Zeitungen in großer moralischer Entrüstung. Sie erklärten, daß die Demokratie, auf der Baltimore-Platform stehend, welche die Sklavenfrage gegen jede weitere Agitation sicher stellte, unmöglich einen Bruch des Missourikompromisses zugeben könne. Wenige Wochen darauf war die Nebraskabill ein treffliches demokratisches Gesetz, Herr Douglas der Abgott der demokratischen Partei, und die demokratischen Zeitungen lauten die Volkssouveränität in jedem Artikel wieder. Aber um die bittere Pille zu versüßen, wurden die fabelhaftesten Versprechungen gemacht, wie man die Nebraskabill in Praxis ausbeuten wolle. Nach dem Grundsatze der Volkssouveränität, hieß es, sei natürlich jeder einzelne Staat im Stande, über Freiheit und Sklaverei zu entscheiden, und so sei ipso jure durch die Nebraskabill das Sklavenauslieferungsgesetz beseitigt worden. Aber als Sklaven in Boston, Milwauki u. s. w. eingefangen wurden, schwiegen die demokratischen Blätter von dieser Auffassung der Nebraskabill still. Kansas und Nebraska werden natürlich freie Staaten, beweisen uns darauf die demokratischen Zeitungen. Diese Territorien gehören der freien Einwanderung, deren Schutzpatron Douglas ist, so hieß es überall. Und als vom Osten aus wirklich freie Ansiedler nach den neu eröffneten Territorien zogen, da brachen die demokratischen Blätter in lauten Jubel aus. Dies sei der vernünftigste Streich, den jemals die Abolitionisten gemacht hätten, sagte die „New Yorker Staatszeitung." Aber die Missourier Raufbolde kamen, und handhaben die Volkssouveränität mit Messern und Revolvern. Natürlich war Niemand in größerer moralischer Entrüstung, als die braven, biedern, demokratischen Zeitungen. Es wurden fürchterliche Phrasen gegen die Missourier Rowdies geschleudert, und von Herrn Pierce eine Armee gegen die Atchison's und Stringfellow's verlangt. Aber die Armee kam nicht, und die edlen demokratischen Seelen, welche so innig für Volkssouveränität schwärmten, fanden aus, daß die Missourier eigentlich ganz Recht hätten, wenn sie die verdammten Abolitionisten aus Boston todt schlügen. Bei der Kansaswahl war die moralische Entrüstung einmal wieder sehr groß. Als aber sogar Pierce sich auf Seite der Missourier zu neigen schien, da stieg die Entrüstung der demokratischen Zeitungen zu einer gefährlichen Höhe. Wir geben den Präsidenten auf, hieß es; wir übernehmen keine Verantwortung für ihn; wir ziehen eine tiefe Kluft zwischen der Administration und der demokratischen Partei. Aber nicht so hastig; Reeder wird den Missouriern geopfert; der Präsident erklärt sich zum Protektor der Sklavereibanden und Banditen von Missouri; der Präsident tritt die Nebraskabill selbst mit Füßen: da finden die demokratischen Blätter, daß Reeder eigentlich ein verdammter Landspekulant ist, der den freien Settlern das Land stehlen will, und daß Herr Pierce wohl und recht gehandelt habe, ihn zu entfernen. Die demokratischen Conventionen im Süden vertheidigen die Gewaltthaten in Kansas und Westmissouri, und machen das Lynchgesetz gegen die freie Presse und den Revolver gegen den freien Ansiedler zum Theile ihrer Platform; die demokratischen Blätter billigen diese Platform und empfehlen sie ihren deutschen Mitbürgern. Dies nennt man „Reform innerhalb der demokratischen Partei."

Wenn die Leute von der demokratischen Partei nur noch wenigstens den Muth hätten, die Tendenzen und Bestrebungen ihrer Partei einzugestehen! Aber diese moralische Entrüstung über verrätherische Handlungen, die heute verdammt und morgen vertheidigt werden; dieses Jammern und Winseln über die Niederträchtigkeit der Administration, deren Partei man bei den Wahlen und allen anderen Gelegenheiten nimmt; dieses Kokettiren mit der Reform, während man grade im Begriff ist, einen neuen reaktionären Verrath zu begehen: dieses Benehmen unserer demokratischen Blätter zeugt von eben so viel Feigheit, wie Schlechtigkeit, und es wäre in der That die glänzendste Satisfaktion für die Feinde der eingewanderten Bürger, wollten die deutschen Bewohner dieses Landes in solches klägliche Lamento einstimmen.

Wir fragen übrigens bei dieser Gelegenheit: Wo sitzen die ächten Know-Nothings! Sind nicht die Mitglieder der Kansas-Legislatur, welche den freien Ansiedlern das große, schöne Territorium verbieten, die ächten, wahren Feinde der eingewanderten Bevölkerung. Sind nicht die Stifter der Nebraskabill, welche den ganzen Westen der Union zwischen dem Missouri und den Felsengebirgen der Sklaverei überantwortet haben, diejenigen Leute, welche der eingewanderten Bevölkerung ihre ganze Zukunft rauben? Wenn vor zwanzig Jahren ein ähnliches Gesetz über die neu zu eröffnenden Territorien des Westens gemacht worden wäre, wie die Nebraska- und Kansas-Bill; wenn damals schon Herrn Douglas Volkssouveränität gegolten hätte; wenn damals Atchison und Stringfellow ihre Banden versammelt hätten, und Herr Pierce Präsident gewesen wäre: wie

würde es heute in Michigan, Wisconsin, Illinois, Jowa, Minesota aussehen? Jetzt bieten diese Staaten Millionen eingewanderter Bürger eine
Heimath, aber wären sie unter der Herrschaft der Kansasbill organisirt
worden, so würden dort höchstens einzelne isolirte Elemente der eingewanderten Bevölkerung zwischen übermuthigen, reichen, fremdenhassenden
Sklavenhaltern zerstreut sein. Dies Alles ist in die Augen springend,
aber die demokratische Partei ist nun einmal die Partei zum Schutze der
Rechte der eingewanderten Bürger, und da hören alle weiteren Einwendungen und Beweisführungen auf.

Wie gesagt, wir sehen in der Absetzung Reeder's einen sehr nützlichen
Beitrag zur Charakterisirung der demokratischen Partei. So sehr wir die
Maßregel des Kabinettes verdammen, so wenig wollen wir übrigens das
Verfahren des Herrn Reeder entschuldigen. Dieser Herr war der Günst-
ling der Administration, und dies wirft von vornherein ein ungünstiges
Licht auf seinen Charakter. Auch geben wir ohne weitere Bedenklichkeiten
auch gern zu, daß die Gerüchte von seinen ungesetzlichen Landspekulationen begründet gewesen sein mögen. Ferner denken wir, daß die Freeso-
ler- und Abolitionistenpartei Herrn Reeder nicht zu den Ihrigen rechnet.
Die Geschichte seiner Absetzung ist sehr bezeichnend für die „Smartneß"
dieses Mannes und sein Verhältniß zum Präsidenten. Dieser wollte ihn
nicht direkt absetzen, sondern ersuchte Herrn Reeder, seine Entlassung selbst
einzugeben, und als Belohnung dieser Willfährigkeit gegen Atchison und
Stringfellow bot ihm der Präsident zuerst den Gesandschaftsposten in China an, und darauf, als dies Angebot zu niedrig befunden wurde, sogar
das Botschafteramt in London an. Das letzte Anerbieten stellte Herrn
Reeder zufrieden, und er war damit einverstanden, seine Demission einzugeben, wenn seine Ernennung zum Gesandten in London zugleich mit seiner Demission in der „Washington Union" publizirt würde. Dies war
sehr vorsichtig gehandelt, und die Weigerung des Präsidenten, darauf
einzugehen, beweist, daß Herr Reeder, im Falle er dem bloßen Versprechen
des Präsidenten getraut hätte, wohl lange auf die Ernennung zum Bot-
schafter hätte warten können.

Der neue Gouvernör ist noch nicht fertig; Dawson hat abgelehnt und
von Shannon hört man noch nicht, daß er annehmen will. Jedenfalls
wird ein gesunder, in der Wolle gefärbter Prosklavereimann hingehen, ein
Mann nach dem Herzen Atchison's. Weitere Maßregeln zu Gunsten der
Sklaverei werden dann nicht ausbleiben. Schon spricht man davon, die
„Platte-Country" von Missouri loszureißen und dem Territorium einzu-
verleiben, und dies wäre jedenfalls ein bedeutender Schritt zur Befesti-
gung der Sklaverei. Was nur in dieser Beziehung geschieht, — es wird
zum Besten der Sklavenhalter geschehen. Die Leute aber, welche für die
Nebraskabill stimmten und stimmen, wissen jetzt, für welch eine Sache sie
ihr Votum in die Urne legen.

Die Desertion der Know-Nothings in Ohio.

Wir sind genöthigt, dem ersten Artikel dieser Nummer über „die nächsten Staatswahl n in Ohio" einen Nachtrag folgen zu lassen. Die Convention der Know-Nothings ist am 9. August in Columbus erfolgt, und, wie vorauszusehen war, haben die Richtswisser sich gegen die Nomination Chase's erklärt. Es sind also drei Candidaten für Gouvernör im Felde: Chase, Medill und Allen Kimble, von Highland Co., der Candidat der Know-Nothings und Hunkerwhigs. Durch diese Desertion der Richtswisser hat sich die politische Situation Ohio's nicht verwirrt, sondern vereinfacht, und wir können von unserem Standpunkte in vieler Beziehung damit zufrieden sein. Chase ist nicht der Mann, zu dessen Erwählung die Know-Nothings helfen können; dies haben wir gleich von Anfang an gesagt, und wenn Chase, Wade, Giddings und die anderen Leiter der freisinnigen Partei Ohio's sich darüber getäuscht und auf die Unterstützung der Know-Nothings gehofft haben, so werden sie jetzt den Irrthum einsehen, und in Zukunft sich nicht n ieder auf solche verunglückte Compromisse einlassen. Die Desertion der Know-Nothings ist eine Strafe und eine Warnung für die Freesol-Partei, unseres Staates; eine Strafe für Inconsequenz und Unentschiedenheit, eine Warnung, immer auf dem graden Pfade des Rechtes und der Pflicht zu bleiben. Wir verhehlen es uns nicht, daß es uns viel lieber gewesen wäre, wenn der Bruch zwischen Chase und den Richtswissern von dem Ersteren, statt von den Letzteren, ausgegangen wäre. Aber auch mit dem letzt ren Falle sind wir zufrieden, weil dadurch eine Thatsache auf das Entschiedenste festgestellt wird, welche die Basis unserer Politik bildet, nämlich, daß der Nativismus sich viel mehr zur Sklaverei, wie zur Freesoilpartei hingezogen fühlt. Anstatt, daß die Richtswisser unseres Staates Herrn Chase wählen, suchen sie durch Zersplitterung der anti-demokratischen Stimmen Herrn Medill, den Candidaten der Demokraten, in das Amt zu bringen, und beweisen dadurch ihre Neigungen und Tendenzen. Nun, dies kommt uns nicht unerwartet, und wir sind durch eine solche Auflösung der republikanischen Fusion nicht im Mindesten überrascht. Ja, selbst wenn das Resultat dieser Spaltung die Wahl des demokratischen Gouvernörs wäre, so würden wir in derselben doch noch einen Gewinn sehen, nämlich die Klärung und Reinigung des Parteilebens.

Drei Parteien im Felde: dies ist eine verständliche und deutliche Wahl, welche uns aus dem langweiligen Entw. der Oder zwischen Demokraten und Richtswisser befreit, die uns vor dem „Schuhnägelfressen" bewahrt, wozu wir niemals Neigung verspürt haben, die unsern Gegnern jeden Vorwand, uns zu bekämpfen, hinwegnimmt. Unsere Position ist einfach und klar. Zwischen dem Sklavereiticket und dem Ticket der Know-

10

Nothings steht eine unabhängige Freesoil-Nomination, der wir uns mit voller Entschiedenheit und mit gutem Gewissen anschließen können. Das Interesse und die Ehre der eingewanderten Bürger verlangt, daß wir dieses unabhängige Ticket unterstützen.

Einzelne unserer Collegen haben allerdings noch Bedenken, und meinen, an Herrn Chase klebe immer noch der Vorwurf nativistischer Tendenzen, da er seinen Namen zu einem nativistischen Fusionsticket hergegeben habe. Namentlich die Illinois-Staatszeitung leidet noch in dieser Beziehung an Gewissensscrupeln. Sie meint, wenn auch die Nichtswisser Herrn Chase nicht helfen wollen, so will doch Herr Chase den Nichtswissern helfen. Dies scheint uns eine ungegründete Befürchtung. Chase u. seine Partei wollten nichts Anderes, als was die freisinnigen Deutschen schon seit Jahren und besonders seit der Nebraskabill gewollt haben, nämlich: die Sklavenfrage zum Mittelpunkte der Politik, zum Ausgangspunkte der Bewegung und zum entscheidenden Kriterium der Parteien zu machen. Die Frage vereinfachen heißt, sie lösen. Diese Ansicht hat die Illinois-Staatszeitung und Blätter ähnlicher Farbe ebenso oft und entschieden ausgesprochen, wie die Atlantis. Bleiben wir dabei! Also die Sklavenfrage ist der Angelpunkt der Bewegung. Wollen nun die Nativisten auf ihre Sonderbestrebungen verzichten, und sich der Antisklavereibewegung anschließen, welchen Grund soll Herr Chase haben, sich b e Unterstützung dieser Leute zu verbitten? Die Nativisten wollen dies nun allerdings nicht; sie wollen ihre Sonderbestrebungen nicht aufgeben, und so ist jedes Verhältniß zwischen ihnen und Herrn Chase aufgehoben, ein Verhältniß, welches vom ersten Momente seines Entstehens an m hr für die Nativisten, wie für Herrn Chase Verpflichtungen enthielt.

Allerdings, wenn Chase und seine Partei die Nichtswisser auf der Convention des 13. Juli mit derjenigen Verachtung behandelt hätten, welche reactionären Bestrebungen und treulosem Betragen zukommt, so würde die Anhänglichkeit der deutschen Bürger Ohio's an die Nomination Chase allgemeiner und stärker geworden sein. Aber dennoch werden die freisinnigen Deutschen Chase wählen. Wenn ein Fehler gemacht ist, so ist er nicht so groß, daß wir darüber, alle unsere Grundsätze wegwerfend, uns durch ein Prosklav. reivotum entehren könnten, daß wir darüber die ruhmvolle freisinnige Laufbahn Chase's und die edlen Tendenzen der Freesoilpartei v rgessen dürften. In der Politik wird uns selten ein Gericht bereitet, welches ganz frei von schlechtem Beigeschmack ist, und ich denke, wenn wir nichts Schlimmeres zu verbauen haben, wie die Wahl Chase's, dürfen wir mit der amerikanischen Politik wohl zufrieden sein. Ja, es mag den Deutschen Ohio's zum gerechten Stolze gereichen, daß sie durch die Erwählung Chase's dem einseitigen Dilemma zwischen Demokraten und Know-Nothings ein Ende machen, daß sie an der Neubildung u. Reinigung des

Parteilebens, an der Gründung einer freisinnigen nördlichen Antisklaverei- und Antinichtswisser-Partei arbeiten helfen.

Wir denken nicht, daß man uns den alten trivialen Einwand macht, daß die Wahl eines Staatsgouvernörs nicht die Sklavenfrage berühre. Wenn es bei der nächsten Wahl blos auf die Person des Gouvernörs ankäme, so könnte es uns am Ende gleichgultig sein, ob Herr Medill, — dem man außer seiner falschen politischen Stellung wohl nichts Unrechtes nachsagen kann, — auf seinem Posten verbliebe oder nicht. Aber es handelt sich um die Ouverture jenes großen Drama's, welches im nächsten Jahre aufgeführt wird, wo diese große, hoffnungsreiche Republik in einer feierlichen, entscheidenden Weise darüber sich erklären soll, ob die Sklaverei ein nationales Institut oder ein lokales Uebel sei. Die Zukunft jenes großen amerikanischen Westens, wo Millionen freier Einwanderer noch eine neue Heimath finden können, hängt von der nächsten Präsidentenwahl ab, und für diesen Akt ist die Staatswahl von Ohio vielleicht von entscheidender, jedenfalls von großer Bedeutung. New-York und Ohio, Seward u. Chase, das ist die Entscheidung.

Hoffentlich wird die nächste Präsidentenwahl auch eine dreiköpfige sein, wie die Ohio-Staatswahl. Die Trilogie ist überall das Richtige, in der Wissenschaft, wie im Leben, in der Logik, wie in der Politik. Wenn wir das nächste Jahr einen demokratischen Proslaverei-Kandidaten, einen Nichtswisser, und einen unabhängigen Antisclaverei- und Anti-Know-Nothing-Kandidaten im Felde sehen, dann können wir sagen, daß noch Vernunft in der amerikanischen Politik ist; dann können wir unsere Position mit derjenigen Sicherheit und Entschiedenheit einnehmen, welche die große Katastrophe verlangt. Und warum sollten wir bei der jetzigen Staatswahl nicht die Stellung einnehmen, welche allein bei der nächsten Präsidentenwahl uns genügen kann?

Wir hoffen, daß sich alle freisinnigen deutschen Zeitungen jetzt, nachdem die Nichtswisser aus der republikanischen Fusion geschieden sind, für die Wahl Chase's erklären werden.

Zum Schluß noch die Frage: Warum ist es nicht möglich, die Know-Nothings von dem republikanischen Ticket zu streichen, da Chase von den Know-Nothings gestrichen ist? Wo bleibt der Rest des „unabhängige Ticket!"

Ueber die sehr wichtigen Wahlen zur Legislatur das nächste Mal.

————

Der Riot in Louisville.

Die nativistischen Berichte des Telegraphen und der amerikanischen Presse über die Louisviller Vorfälle konnten nur eine kurze Zeit lang die öffentliche Meinung über den wahren Sachverhalt täuschen. Es stellte sich heraus, daß der ganze Mob ein Streich der Nichtswisser und ihrer Rowdiebanden war, ein vollständig organisirtes Complott, mit vorher bereiteten Mitteln und klar erkannten Zwecken. Man wollte Aufruhr und Mord. Man braucht blos zwei Thatsachen mit einander zu vergleichen, um sich davon zu überzeugen, erstens die Aufhetzung von Seiten der nativistischen Presse vor der Wahl, zweitens die gänzliche Abwesenheit der Polizei während des Tumultes. Louisville steht unter einer Know-Nothing-Administration, und unter der stillschweigenden Sanction dieser Behörde wurde das massenhafte Verbrechen begangen. Wir haben also genügende Ursache, die ganze Sache allein und ausschließlich den geheimen nativistischen Logen auf die Rechnung zu setzen, und diejenigen Gewaltthätigkeiten, die etwa von Deutschen und Irländern begangen wurden, als Nothwehr zu rechtfertigen.

Wir können aber trotzdem nicht in die Folgerungen einstimmen, welche ein großer Theil der deutschen Presse, und nicht nur der Hunkerpresse, aus dieser Thatsache zieht. Weit entfernt, daß wir der Know-Nothing-Bewegung eine große Zukunft prophezeien könnten, und ernsthafte, dauernde Gefahren für die eingewanderte Bevölkerung fürchteten, glauben wir, daß grade solche Scenen, wie sie in Louisville verübt wurden, der nativistischen Bewegung den Kopf zertreten, indem sie jeden halbwegs gebildeten Amerikaner, Jeden, der nicht vollständig auf den Namen eines Gentleman verzichtet, zwingen, einer Partei den Rücken zu kehren, die zu den unwürdigsten und verbrecherischsten Mitteln greift, und Amerika in den Zustand mittelalterlicher Barbarei zurückversetzen möchte. Trotzdem, daß wir in der gegenwärtigen Lage gerade nicht veranlaßt sind, die Amerikaner, ihren Character sowohl, wie ihre Bildungsstufe zu überschätzen, so glauben wir doch, daß sie in der großen, übergroßen Mehrheit ein solches Treiben verdammen und sich demselben widersetzen werden. Die nativistische Bewegung hatte anfangs manches Verführerische selbst für freisinnige und gebildete Amerikaner an sich; sie reizte den nationalen Stolz; Abneigung gegen Papismus u. bergl. wirkte mit, und so gewann die Bewegung Boden unter dem amerikanischen Volke. Aber eine Reihe von Schlechtigkeiten u. Verbrechen, die in der amerikanischen Geschichte glücklicherweise sehr selten sind, nimmt der nativistischen Bewegung alle Anziehungskraft; die öffentliche Meinung kehrt sich dagegen, und selbst Anstand und Schicklichkeit verbieten, sich zu einer verbrecherischen Gesellschaft zu zählen.

Auch eine andere Folgerung können wir nicht billigen, nämlich, daß die eingewanderte Bevölkerung sich in den Schooß der demokratischen Partei flüchten müsse, um Schutz gegen die nativistischen Bestrebungen zu finden. Wir sind vielmehr der Ansicht, daß die wirksamste Waffe gegen jede Art von Nativismus sei, wenn wir Deutsche uns als gebildete, freisinnige und unabhängige Menschen zeigen, die selbst den Feinden Achtung und Anerkennung abzwingen. Wir müssen in jedem Verhältniß und besonders in der Politik die Superiorität der europäischen Bildung zeigen, und uns nicht zu Drathpuppen amerikanischer Aemterjäger herabwürdigen. Der Amerikaner muß zur Ueberzeugung kommen, daß wir es ehrlich mit der neuen Heimath und ihren Institutionen meinen, daß wir fähig und Willens sind, einen solchen Antheil an der amerikanischen Politik zu nehmen, der dem Lande nützlich ist; daß wir niemals die Ausbreitung der Sclaverei und die Ausbeutung der Aemter zu unserem politischen Glaubensbekenntniß machen. Was wir im amerikanischen Leben zeigen müssen, das ist Verstand und Character. Die Zeiten, wo der amerikanische Aemterjäger die Stimmen der Deutschen im Wirthshause kaufte, sind vorüber oder werden bald vorüber sein, und diese Aenderung wird dem Nativismus manchen Vorwand hinwegnehmen. Durch ein freisinniges Streben, durch Aufklärung und Bildung wollen wir den Amerikanern, die den Papismus hassen und fürchten, zeigen, daß unter der eingewanderten Bevölkerung selbst ein Gegengift gegen das Gift des importirten Jesuitismus existire. Ueberhaupt zeigen wir den Americanern, daß wir aus dem Lande der Reformation, der Künste und Wissenschaften stammen; sie würden uns dann nicht als stinky foreigners behandeln. In allen Ländern der Welt, in der Schweiz, in Frankreich, in England, selbst in Rußland kommt des Deutschen Fleiß und Bildung zur Anerkennung, und wir werden auch in Amerika den gebührenden Einfluß finden, sobald wie wir in der amerikanischen Gesellschaft und Politik nicht mehr durch Leute vertreten sind, die deutscher Bildung und Gesittung selbst fremd sind.

Jede Beleidigung, welche uns von den rohen Banden der Know-Nothings zugefügt wird, muß unsern Stolz und unser Selbstgefühl erhöhen, und uns die Nothwendigkeit zeigen, uns durch ein edles, würdiges, unabhängiges Betragen von diesen Menschen zu unterscheiden. Liebe zur Freiheit bildet in jedem Lande den Adel des Menschen; auch in Amerika; legen wir nie für Sklaverei das Votum in die Urne, sind wir immer die ausdauernden, beständigen Freunde der Freiheit, dann werden wir dem verständigen und gebildeten Amerikaner, — und nur um das Urtheil solcher Amerikaner kümmern wir uns, — Achtung und Zuneigung abnöthigen.

Lynchjustiz in Wisconsin.

Während sonst nur der sonnige Süden und Californien Lynchjustiz auszuüben pflegen, jene wilden, halbbarbarischen Länder, mit rohen Sitten und ungezügelten Leidenschaften, so tritt jetzt auch Wisconsin, das halbdeutsche, civilisirte, Künste und Wissenschaft liebende Wisconsin auf den Schauplatz des Faustrechtes und der Barbarei. Die Veranlassung, weshalb Richter Lynch in Wisconsin dem legalen Gange der Gerichte vorgriff, ist wenig ehrenvoll für die daran Betheiligten. Die Todesstrafe ist in Wisconsin abgeschafft, und ein Theil des Volkes scheint mit dieser Humanität des Gesetzes unzufrieden zu sein. Zwei zu lebenswierigem Gefängnisse verurtheilte Mörder wurden vom Volke den Behörden entrissen und nach verschiedenen Mißhandlungen aufgehängt. Der zweite dieser beiden Fälle ereignete sich in Westbend, in der Nähe von Milwaukie, in einem fast vollständig deutschen Settlement, und wurde, wie die Milwaukie-Zeitungen berichten, hauptsächlich von Deutschen ausgeführt. Was für eine Sorte Deutscher müssen diese Menschen sein? Wir bedauern sehr, daß in diesen Tagen der nativistischen Aufregung der amerikanischen Bevölkerung ein solches Beispiel von Rohheit und Grausamkeit von Seiten der Deutschen präsentirt wird. Wenn die betrunkenen Miner in Californien, die recht- und gesetzlosen Grenzbewohner der Wildniß, die kein Recht und keine Humanität anerkennenden Sklavenhalter des Südens am Lynchgericht und am Hängen einen besondern Spaß finden, so kann man sich dies erklären; aber Deutsche sollten doch den Ruhm der Gesetzlichkeit und Humanität, den das deutsche Volk genießt, nicht auf diese Weise beschmutzen. Wir wollen hier nicht die alte Frage von der Zulässigkeit der Todesstrafe untersuchen. Wie wir im Allgemeinen gegen diese Strafart sind, so glauben wir besonders, daß sie auf Wisconsin durchaus keine Anwendung findet, weil in diesem Staate ein friedliches und ruhiges, meist ackerbauendes Volk wohnt, welches keine Schaffote und Henker nothwendig hat. Die Gesetzgebung war denn auch so human, die Todesstrafe abzuschaffen, und man kann nicht sagen, daß durch diese Milde des Gesetzes die Zahl der Mordthaten vermehrt worden wäre. Allerdings ist eine Lücke in der Gesetzgebung, welche eine Ausfüllung verdient. Nach der Constitution Wisconsin's können bei allen Verbrechen, Kapitalverbrechen ausgenommen, Bürgschaften zugelassen werden, und da es nach der Interpretation der Juristen in Wisconsin nach Aufhebung der Kapitalstrafe keine Kapitalverbrechen mehr gibt, so wurde auch bei Mördern Bürgschaft zugelassen. Dies ist ein Fehler, welcher indessen leicht abgeändert werden kann. Mit dem vorliegenden Falle hat denn auch dieser Fehler der Gesetzgebung nichts zu thun. In Westbend war kein Mörder, der unter Bürgschaft freigege-

ben wurde; das Opfer der Volkswuth war zur gesetzlichen Strafe verurtheilt und sollte in das Staatsgefängniß abgeliefert werden. Das Verbrechen mag noch so scheußlich gewesen sein; wir denken, das Volk, das den
unglücklichen, wehrlosen Gefangenen erhängte, beging ein noch größeres
Verbrechen. Wahrscheinlich stecken hinter der ganzen Geschichte einige
Aemterjäger, die durch Aufhebung der Abschaffung der Todesstrafe politisches Kapital machen wollen. Wir erinnern daran, daß das County,
worin die That geschah, ein vollständig demokratisches County ist. Schon
in der vorigen Legislatur wurde von demokratischer Seite der Antrag auf
Wiedereinführung der Todesstrafe gestellt, und es ist vorauszusehen, daß
der Vorfall in Westbend zu neuen Wühlereien in dieser Beziehung Veranlassung geben wird.

Wir bedauern die ganze Geschichte, denn sie gereicht den Deutschen
Wisconsin's nicht zur Ehre. Wir wissen nicht recht, woher es kommt,
daß so viele gebildete, freisinnige Deutsche, wie Wisconsin zählt, es zugeben können, daß das deutsche Element sich oft auf eine Stufe mit den Irländern stellt und sich in einer ziemlich ordinären Haltung zeigt. Wir denken noch immer, daß die Deutschen in Wisconsin berufen sind, das Deutschthum in des Wortes bester Bedeutung zu Ehren zu bringen, denn es ist viel
Intelligenz und guter Wille vorhanden. Aber dann dürfen solche
Sachen nicht mehr vorkommen. Der Fehler scheint wohl nächst der Dun-
kerei daran zu liegen, daß die intelligenten und freisinnigen Deutschen in
Wisconsin sich allzusehr bei Seite halten und die große Masse sich selbst
überlassen. Möge der besprochene Vorfall die Deutschen Wisconsin's
überzeugen, daß hierin eine Aenderung stattfinden muß.

Nichts kann lächerlicher sein, als diesen Vorfall mit dem Gloverfalle
in Parallele zu stellen, wie es die Wisconsin Hunkerzeitungen thun. In
letzterem Falle war es darum zu thun, die Habeas-Corpus-Akte gegen die
Willkührlichkeiten der Ver. Staaten Beamten und des Sclavenausliefe-
rungsgesetzes durchzusetzen: es war darum zu thun, eine Brutalität zu verhindern und einen Akt der Humanität auszuführen. In Westbend aber
wurde sowohl die Humanität, wie das Recht verletzt und Scheußlichkeiten
begangen, welche sich eher für Kannibalen, als gebildete Menschen
ziemen.

Wir hoffen, daß eine strenge Untersuchung und Bestrafung die Schuldigen treffen möge!

Hegel im Widerspruch mit sich selbst.

Wir finden im „Pionier" vom 12. August eine Notiz „Hegels Tod" von Arnold Ruge, welche einen sehr interessanten Beitrag zur Geschichte der Hegel'schen Philosophie enthält. Der Rechtsprofessor Gans, einer der fähigsten Schüler Hegels, steht hier als ein Rival seinem berühmten Meister gegenüber, welcher Hegels Philosophie besser verstand und ihr eine größere Bedeutung gab, als Hegel selbst. Wir haben schon früher darauf aufmerksam gemacht, daß Hegel selbst nicht die große Tragweite seiner Methode im ganzen Umfange begriff, daß er sowohl in der Naturphilosophie, wie in der Rechts- und Staatsphilosophie oft seine eigene Methode nicht anzuwenden wagte, oder, wie Ruge sagt, „von sich selbst abfiel." In der Naturphilosophie findet man oft ein willkührliches Schematisiren und Construiren, welches mit den Thatsachen der Natur ebenso, wie mit der Hegel'schen Logik selbst in Widerspruch steht. Wir erinnern nur an die bekannte Anekdote, wie Hegel den mühsamen Beweis lieferte, weßhalb es zwischen Mars und Jupiter keine Planeten gebe, und wie, nachdem der Beweis geliefert war, die ersten Planetoiden zwischen Mars und Jupiter entdeckt wurden. Ueberhaupt ist die Naturphilosophie Hegels schwer verständlich und hat einen dunkeln, abstrusen Stil, der merkwürdig von seiner herrlichen Diktion in der Phänomenologie u. andern Schriften absticht. Es ist deßhalb seine Naturphilosophie von den Naturforschern, wie von den Philosophen, vielfach lächerlich gemacht worden, und man gewöhnte sich in den chemischen Laboratorien, wie in den physikalischen Kabinetten daran, Hegels Naturphilosophie als ein monströses Unding zu verschreien, welches den Beweis liefere, daß die Philosophie sich nicht mit den Naturwissenschaften abgeben dürfe. Liebig, Mulder und andere große Naturforscher machen es ihren Schülern zur Pflicht, keine Philosophie zu treiben. Und doch ist gerade die Methode der Hegel'schen Philosophie die Befreiung der Naturwissenschaften geworden; die großen Fortschritte, welche unser Jahrhundert auf diesem Gebiete errungen hat, sind hauptsächlich darauf zurückzuführen, daß Hegel die Leute gelehrt hat, den Begriff der Dinge aus den Dingen selbst herzuleiten, daß er den Begriff der Transzendenz mit der Immanenz vertauschte, daß er die Lehre der innern Nothwendigkeit und Gesetzmäßigkeit zur allgemeinen Geltung brachte. Der große Schritt, den Hegel gethan hat, ist, daß er zeigte, wie die Methode der Wissenschaft identisch ist mit dem Inhalte derselben, wie das Prinzip und die Entwickelung ein und dasselbe ist, wie jede einzelne Gedankenbestimmung sich selbst durch ihren eigenen Widerspruch zu einem Systeme entwickelt. Jeder Begriff bei Hegel hat die Kraft der Bewegung und Fortpflanzung; überall erzeugt ein Widerspruch den andern; überall ist Leben

und Thätigkeit. Der zweite Theil der Logik, in welchem die Reflexionsbestimmungen behandelt werden, ist besonders für die Naturwissenschaften
von der größten Bedeutung gewesen: hier werden die Verhältnisse zwischen
Ursache und Wirkung, Kraft und Erscheinung, Grund und Folge, Inneres und Aeußeres u. s. w. mit einer großen Meisterschaft behandelt. Das
abstrakte Auseinanderhalten dieser Reflexionsbestimmungen hatte bisher
den größten Plunder von Phrasen und Redensarten hervorgebracht. Wenn
Hegel auf dem Gebiete der Naturwissenschaften nicht so frei und kühn verfuhr, und so große Resultate erzielte, wie es die neueren Naturforscher gethan, wenn er selbst die großen Erfolge seiner Methode nicht ahnte: so
ist dies gewiß kein Grund, daß die Empiriker über ihn herfallen und ihn
verspotten.

Mehr noch, wie in der Naturphilosophie, scheint Hegel in der Rechts-
philosophie sich verirrt und blamirt zu haben, denn hier ist er, statt ein
kühner Forscher und ein rücksichtsloser Kritiker, ein königlich preußischer
Professor, dem die ganze Weltgeschichte nur wegen der Dynastie Hohen-
zollern gemacht zu sein scheint. Ein genauer Freund des Kultusminister
Altenstein, ein besonderer Schützling des Kronprinzen, quälte er sich, die
Willkührherrschaft der preußischen Dynastie philosophisch zu rechtfertigen.
Hier steht Hegel im größten Widerspruche zu sich selbst. Eine Zeit lang
wurde seine Philosophie denn auch in der That die königlich preußische
Staatsphilosophie genannt, und der so vielfach mißverstandene Satz: „was
wirklich ist, das ist vernünftig" gab Hegels Feinden Anlaß, ihn der Servilität und des Quietismus zu beschuldigen. Die Anekdote, welche Junge
über sein Verhältniß zu Gans erzählt, ist eine treffliche Illustration zu dem
Verhältniß zwischen Hegel und seiner eigenen Philosophie; man sieht, daß
er sich vor seiner eigenen Wissenschaft fürchtete, und seinen Schülern gram
war, welche seine Lehre besser verstanden, als er selbst. Denn die Hegelsche Methode, weit entfernt, zum Conservatismus und Quietismus in
der Politik zu führen, ist voll negirender und destruktiver Tendenzen; diese
Theorie der Widersprüche ist von dämonisch-vernichtender Gewalt, und
von entschieden revolutionärem Charakter. Dies hat auch die Geschichte
der Hegel'schen Philosophie bewiesen; bald nach dem Tode Hegels spaltete
sich seine Schule in die Althegelianer, — Gabler, Göschen, Hinrichs usw.
— und in die Junghegelianer mit ihren revolutionären und atheistischen
Tendenzen. Die Junghegelianer machten die Philosophie populär und man
kann sagen, daß seit den Tagen der Reformation, seit den Umwälzungen
der französischen Encyclopädisten, die Sache der Autorität und des Dog-
mas durch nichts so heftig und gründlich angegriffen ist, wie durch die
Bestrebungen der Junghegelianer. Unter diesen sind besonders die „deutschen Jahrbücher" von Arnold Ruge zu erwähnen, welche die Hegel'sche
Philosophie in die Tagesliteratur und die politischen Debatten einführte.

Daher ist auch in dem jetzigen reaktionären Deutschland die Hegelsche Philosophie, einst die preußische Staatsphilosophie, geächtet und wer von ihrem Geiste durchdrungen ist, kann sich von vornherein auf Verfolgungen und Belästigungen aller Art gefaßt machen. Trotzdem oder vielmehr deßhalb ist doch das ganze gebildete Deutschland in der Lehre dieser Philosophie erzogen und von dem Geiste derselben durchdrungen, so daß man heute kaum mehr von einer Hegel'schen „Schule" spricht, sondern diese Philosophie als die wissenschaftliche Grundlage der modernen Weltanschauung betrachtet, die allgemeine Atmosphäre jeglicher Bildung und Aufklärung.

Volkserziehung in Preußen.

Während aufgeklärte Schulmänner in Amerika das preußische Schulwesen als Muster und Vorbild für Amerika aufstellen, scheinen in Preußen selbst Veränderungen mit dem Schulwesen vorzugehen, welche ebenso wenig zu dem guten Rufe, den dasselbe erlangt hat, wie zu den Fortschritten der Wissenschaft in diesem Jahrhundert passen. Wir haben angeführt, wie in England und Amerika das Schulwesen sich hebt, wie die Wissenschaft sich immer mehr verallgemeinert und unter die Massen dringt, und bedauern, daß wir nicht ein Gleiches von dem Staate sagen können, den man vorzugsweise den Staat der Intelligenz nennt. Allerdings datiren diese Reaktionsversuche auf dem pädagogischen Gebiete schon seit länger Zeit, schon vor dem Regierungsantritt des jetzigen pietistischen Königs, aber niemals sind sie so offenkundig und schamlos an den Tag getreten, wie in der letzten Zeit. Die Reaktion erstreckt sich gegen alle Klassen des Unterrichtes, vornehmlich aber gegen die Schullehrerseminarien und Realschulen. Die Schullehrerseminarien sind die Normalschulen für den ganzen Volksunterricht; ein gebildeter, aufgeklärter, unabhängiger Schullehrerstand ist die beste Garantie einer guten Volkserziehung, und man bemühte sich auch früher, namentlich unter dem Kultusministerium Altenstein, welcher bei den preußischen Schulmännern noch immer im guten Andenken steht, einen solchen zu erzielen. Die Resultate, welche in einzelnen dieser Anstalten, besonders in Berlin unter Leitung des Berühmtesten der jetzt lebenden Pädagogen, Diesterweg, erzielt wurden, waren außerordentlich; die preußischen Volksschullehrer, welche aus diesen Anstalten hervorgegangen waren, zeichneten sich durch Kenntnisse, Erfahrung in ihrem Fache, und besonders durch eine gewisse Unabhängigkeit der Gesinnung aus, welche den Geistlichen, die immer noch ihre Hände in das Schulwesen zu mischen hatten, nicht gefiel. Der Volksschullehrer ist ein bedeutender Mann im

Staate; er steht dem Volke von allen Beamten am nächsten, und gibt der Zukunft desselben das Gepräge. Als daher die pietistischen Einflüsse in Preußen überwiegend wurden, suchte man zunächst dem Schullehrerstande den Fuß auf den Nacken zu setzen. Die Seminare wurden aus den großen Städten in kleine, reaktionäre Nester gelegt, — so das Seminar von Berlin nach Köpenik — und mit klösterlicher Abgeschiedenheit und mönchischem Zwange umgeben. Während früher der Schullehrer eine gewisse Freimüthigkeit und Unabhängigkeit zeigte, die zu dem wichtigen Amte, welches er bekleidet, nothwendig ist, wurde Demuth und Unterwürfigkeit die Hauptsache, die in den Seminarien gelehrt wurde, und eine pietistische Verdummungsmethode an die Stelle der Pestalozzi'schen und Diesterweg'schen Methode gestellt. Diesterweg selbst wurde abgesetzt. Den Geistlichen wurde der größte Einfluß auf die Schulen gestattet; sie behandeln die Schullehrer wie ihre Domestiken; es wurde für den Mann von Charakter vollständig unmöglich, in dieser Abhängigkeit und Rechtslosigkeit den Pfaffen gegenüber zu stehen. Die Unterrichtsstunden für Religion wurden vermehrt, natürlich auf Kosten anderer Unterrichtsgegenstände. Bibel, Bibel und immer Bibel, heißt es in Preußen, wie in Amerika. Die Schullehrer werden unter die genaueste Controle der Geistlichen gestellt; ihre Wohnungen werden durchsucht, ihre Bibliothek censirt und ihr Privatleben bespionirt. Nur Lohndiener und Heuchler können es noch in diesem Stande aushalten. Das Maaß der Unterrichtsgegenstände für die Volksschule wird immer mehr und mehr beschränkt; in den Naturwissenschaften kommt man nicht über die allgemeinste Klassifikation hinaus, und von der Geschichte wird nur biblische und königl. preußische Geschichte gelehrt. Die Schulräthe an den einzelnen Regierungen, früher freisinnige, philosophische Männer, sind jetzt durch Pietisten ersetzt, welche bei ihren Inspektionsreisen jedem noch einigermaßen freisinnigen Lehrer Verderben drohen.

Nächst der Schullehrerseminaren sind die Realschulen von der Ungunst der Machthaber verfolgt. Die Existenz dieser Schulen datirt erst seit kurzer Zeit, seit etwa zehn Jahren, und die Stiftung der ersten dieser Anstalten wurde mit ungetheiltem Jubel begrüßt. Wenn man irgend etwas ein Zeitbedürfniß nennen kann, so sind es für einen Staat, wie Preußen, Schulen, wo die gewerblichen Wissenschaften gelehrt werden. In den Gymnasien walten mehr die historischen, sprachlichen und philosophischen Wissenschaften vor, aber die Realschule ist den chemischen, physikalischen, mathematischen, technischen Wissenschaften gewidmet. Wie diese Wissenschaften aber selbst der Autorität und dem Dogma zuwider sind, so auch erweisen sich die Realschulen in den Augen der preußischen Pietisten und Bürokraten als staatsgefährlich. Es ist nicht genug alter Zopf in diesen Schulen. In denselben werden auch junge Männer erzogen, welche nicht auf die Krippe des Staats angewiesen sind, Ingenieure, Architekten, Maschi-

nisten, Techniker, die unabhängig vom Staate einer bürgerlichen Berufe
zugewiesen sind. Die Realschulen sind also in jeder Beziehung eine Pflanz-
schule der Unabhängigkeit. Die Gymnasien bieten zwar auch dem jungen
Mann viel gefährlichen Stoff, die Lehren der Geschichte, die Dichtungen der
griechischen und römischen Helden, die klassische Literatur und die Schriften Lessings, Hegel's u. s. w.; aber die auf den Gymnasien erzogenen
Leute kriechen nachher von Examen zu Examen in den Stall der königl.
preußischen Bürokratie, wo sie vor jedem Anfall von Freisinnigkeit sicher
sind. Die Realschulen, von denen jede Provinz eine besaß, standen
ursprünglich in gleichem Rechte mit den Gymnasien, u. das Entlassungs-
zeugniß aus derselben befähigte ebenso, wie ein Abiturientenzeugniß des
Gymnasiums, zum Besuche der höheren Unterrichtsanstalten, der Universitäten, der Bauschule u. s. m. Diese letztere Bestimmung ist indessen aufgehoben, und muß also Jeder, der eine Universität besuchen will, sein Examen im Gymnasium und in den dort gelehrt werdenden Fächern machen.
Die Realschule befähigt nicht einmal zum Besuche rein technischer Anstalten, wie der Bauschule. Durch diese Zurücksetzung sind also die Realschulen ganz in den Hintergrund zurückgedrängt, indem alle diejenigen, welche
weitere Studien machen wollen, gezwungen sind, die Gymnasien zu besuchen. Die Gymnasien selbst erfreuen sich gegenwärtig großer Frömmig-
keit; zu Direktoren werden Pietisten gewählt; der Weg zum Lehramt führt
durch die Kirche, und Gottesfurcht verhilft zum Avancement.

Die älteren Lehrer, b r Mehrzahl nach kenntnißreiche, einsichtsvolle
Männer, treten, müde des Unfugs, zurück, lassen sich pensioniren oder gehen nach Amerika. Unter den jüngern Lehrern findet man, wie unter den
jüngern Beamten Preußens überhaupt, eine große Servilität und Augendienerei; man will avanciren und ist dafür zu Allem zu gebrauchen. Je
eifriger auf den Universitäten Freiheitslieder gesungen werden, desto früm-
mer und demüthiger zeigt man sich nachher. Der Preußische Beamtenstand ist die hohe Schule der Corruption, namentlich in den letzten Jahren,
wo das Fortkommen nicht mehr so sehr von Kenntnissen und Leistungen,
als von der Gesinnung oder vielmehr Gesinnungslosigkeit abhängt. Früher, vor der Revolution, gab es in Preußen noch einen unabhängigen Richterstand und ein Lehrerpersonal, das seines Gleichen nicht in der Welt
hatte. Aber mit dem unabhängigen Richterstand scheint auch das aufgeklärte, humane Lehrerpersonal verschwunden zu sein.

Daß die Universitäten auch unter dieser pietistischen Reaction leiden,
ist erklärlich. Der wahre wissenschaftliche Geist, der philosophische Geist
ist verschwunden und hat einem trockenen, pedautischen Notizenkram und
einer confusen, romantisch-verhimmelten Doctrin Platz gemacht. Männer, wie Stahl, Keller u. s. w., sitzen auf den Lehrstühlen, die Fichte und
 e nommen haben. Ein vollständiger Ausrottungskrieg ist gegen

die Philosophie gerichtet, und auch die Naturwissenschaften dürfen nicht zur Darlegung ihrer Consequenzen schreiten. Allerdings ist Alexander von Humboldt der Freund des Königs, aber man merkt seinen Einfluß weder auf der Berliner Universität, noch anderswo. Es gilt, auf den Universitäten Beamte zu dressiren, nicht aber wissenschaftliche Männer zu erziehen. Die Vertreter der modernen Richtung in Philosophie, wie Naturwissenschaften, sind von den Universitäten entfernt; Leute, wie Feuerbach, Vogt, Moleschott leben als Privatleute, und andere, wie Fischer aus Tübingen, der Jurist Temme, sind von schweizerischen Universitäten acquirirt. Ueberhaupt benutzen die schweizerischen Lehranstalten, vor Allem die Universität Zürich und das eidgenössische Polytechnikum, die Gelegenheit, sich mit deutschen Lehrkräften zu bereichern; ein Verfahren, das der Schweiz seit jeher ihre besten Denker und Lehrer gebracht hat.

Nun, die Reaction mag in Preußen noch so toll wüthen und noch so bedauernswerthe, unersetzliche Verluste auf dem Gebiete des Schulwesens hervorbringen; die Bildung im preußischen Volke steht zu fest, als daß die modernen Wöllner den Staat der Intelligenz wieder bigott und pfäffisch machen könnten. Das Volk wächst der Regierung über den Kopf, und die Wissenschaft ist mächtiger, wie Manteuffel und seine Sippschaft.

Literarische Bemerkungen.

Wir haben das Eingehen zweier Zeitungen zu bemerken, der „Quincy Tribune" und des „Columbus Volkstribun." Beide Zeitungen waren Gegner der Sclaverei und ihrer Partei, der Demokratie. Herr Rösler von der „Quincy Tribune" war in weiteren Kreisen bekannt, und es ist vorauszusehen, daß er bald wieder Gelegenheit findet, seine ehrenvolle Laufbahn fortzusetzen. Sein Abschiedswort hat uns wehmüthig gestimmt; es liegt ein stummer Vorwurf darin gegen ein Volk, das die Männer der Wissenschaft und der Freiheit gleichgültig zu Grunde gehen läßt. Die Ursache, daß die „Tribune" eingehen mußte, ist, daß die Whigpartei dem Blatte ihre contractlich verpflichtete Unterstützung entzog, und so sehr wir Herrn Rösler's Unfall beklagen, können wir ihm nur dazu gratuliren, daß er jetzt gänzlich von Parteibanden befreit ist. Wenn wir ihn wieder auf dem Kampfplatze sehen, wird hoffentlich seine Stellung eine ganz unabhängige und selbstständige sein.

Der „Volkstribun" hat zwar in der letzten Zeit manche Schwenkungen gemacht, aber es im Ganzen gut gemeint. Aus den Abschiedsworten des Herausgebers scheint übrigens hervorzugehen, daß die deutsche Freiheitspar-

tei in Columbus nicht sehr viel werth ist. Doch mögen die dahin zielenden Bemerkungen vielleicht aus einer persönlichen Verbissenheit des
Herausgebers hervorgehen.

Herr Beyschlag, von der „Freien Presse in Indiana," will eine Schul-
und Jugend-Zeitung herausgeben, ein Plan, dem wir unsern Beifall nicht
versagen können. Doch wird das Unternehmen Geld und Geduld erfordern.

Während die freisinnigen deutschen Zeitungen, freilich die große Majorität der deutsch amerikanischen Zeitungen, oft ein armseliges Leben führen, — wir sind der Ansicht, daß zu viele der kleinen westlichen Blätter
existiren, — führen die Hauterblätter ein fröhliches Leben. Trotzdem ist es
eine seltsame Erscheinung, daß dieselben große Verlegenheit haben, Redac-
teure zu bekommen. Die Ansprüche an Talent, Kenntnisse, Gesinnung
und Character, welche die Besitzer solcher Zeitungen und ihr Publikum machen, scheinen zu groß zu sein, als daß man hinlänglich qualificirte Leute
fände. Gegenwärtig stehen zwei demokratische Zeitungen verwaist, der
„Michigan Democrat" und „Philadelphia-Democrat."

Rückverlegung der „Atlantis" nach Detroit.

Die „Atlantis" wird abermals wandern und zwar an den Ort zurück,
an welchem sie zuerst erschienen ist, nach Detroit. Die Grunde des Umzuges bestehen darin, daß Herr Schimmel, der Besitzer des „Michigan-
Volksblättes," mich eingeladen hat, neben der „Atlantis" auch die Redac-
tion des „Volksblattes" zu führen, und nach einem billigen Vertrage Re-
dactionsarbeit gegen Satz- und Druckarbeit umzutauschen. Dadurch vermindern sich die Kosten der „Atlantis" bedeutend, und deshalb glaubte ich,
auf das Arrangement eingehen zu müssen. Denn die Publikation der „Atlantis" war bisher mit fortwährenden pekuniären Schwierigkeiten verbun-
ben, die sich leicht so aufeinander häufen konnten, um mich wiederum an
der Fortsetzung des Blattes zu hindern. Trotz der dankenswerthen Bemühungen vieler Freunde und der meisten Agenten kam es doch dahin, daß
ich immer zwei bis drei Monate mit meinen Zahlungen zurück war, denn
Viele unter den Abonnenten und auch mehrere Agenten hielten und halten
es vollständig für überflüssig, mir die fälligen und rückständigen Gelder
einzuschicken. Ich werde die Namen derselben, namentlich die Namen der
nachlässigen Agenten, nächstens veröffentlichen, stelle aber noch die letzte
Frist bis zum Ende dieses Monates, um zu erfahren, wie weit eigentlich
e Nachlässigkeit gegen mich getrieben werden soll. Wenn die

Hälfte der Abonnenten die „Atlantis" regelmäßig bezahlten, entweder direct per Post an mich oder an die Agenten, und ich regelmäßig in den Besitz des Pränumerationspreises gesetzt wurde, so hätte ich niemals wieder nothwendig, das Publikum mit diesen Geldgeschichten zu behelligen. Ich erwarte übrigens jetzt die Einsendung der schuldigen und fälligen Beträge, da ich bei meiner Abreise von hier noch einige Zahlungen zu machen habe. —

Die Atlantis erscheint regelmäßig und ohne Unterbrechung dort; ich habe mit den Eigenthümern des „Michigan Volksblattes" über den Satz und Druck des Blattes einen Vertrag abgeschlossen, der mich in den Stand setzt, die größte Pünktlichkeit bei der Herausgabe zu besorgen. Die Redaktion des Volksblattes wird mich nicht hindern, der Redaktion der „Atlantis" den nöthigen Fleiß zuzuwenden. Ich muß eben durch doppelte Arbeit mir die Stellung sichern, die manche Andere sich durch Hunkerei und Lohndienerei sichern. Längst schon hatte ich vor, mit der „Atlantis" ein anderes Blatt zu verbinden, so in Chicago die „Krisis", in Dubuque die „Jowa-Staatszeitung", in Cleveland der „American liberal", es wird am Ende denn doch wohl glücken. Ich mag die Atlantis nicht aufgeben; ich denke, sie kann manches Gute leisten, und bei Gelegenheiten, wie bei der nächsten Präsidentenwahl, von nützlichem Einfluß sein; ich kann auch noch immer die Hoffnung nicht aufgeben, daß am Ende doch das Blatt sich ein sicheres Terrain verschaffe. Darum bin ich zu jedem Opfer bereit, um dem Blatte das Leben zu erhalten. Mögen diejenigen Abonnenten der Atlantis, die mich in diesem Bestreben unterstützen wollen, die sich jetzt darbietende Gelegenheit benutzen. Wenn nur von den tausend Abonnenten, welche die Atlantis jetzt zählt, 200 ihr jährliches Abonnement direkt an mich abschicken würden, so könnte mir dies jedes weitere Wort ersparen.

Ich kann nicht verhehlen, daß ich gern nach Detroit zurückkehre; dort habe ich brave Freunde und bin noch am wenigsten in Amerika dort fremd. Die Stadt und auch die deutsche Bevölkerung in derselben nimmt einen schnellen Aufschwung, und huldigt im Allgemeinen freisinnigen Tendenzen. Ich hoffe, mit dieser deutschen Bevölkerung voranzugehen auf dem betretenen Wege. Der Westen bietet doch immer noch ein dankbares Terrain und hat eine schöne Zukunft; wir Deutsche müssen mit an dieser Zukunft arbeiten.

Die Rundreise um die Seen, welche die „Atlantis" in den letzten Jahren gemacht hat, ihr Aufenthalt in Milwaukee, Chicago und Cleveland war insofern für mich sehr nützlich, weil ich Land und Leute kennen lernte und mich in der Politik der westlichen Staaten orientirte. Michigan, Wisconsin, Illinois und Ohio, alle diese Staaten bieten ein höchst anziehendes Schauspiel wachsender Kraft. Jeder dieser Staaten unterscheidet sich auf eine auffallende Weise von den andern, und hat sich in verhältnißmäßig kurzer Zeit zu einer bestimmt ausgeprägten Individualität herangebildet. Die Ohio-Politik ist eine andere, wie die Wisconsin-Politik, und in Michigan liegen andere Bestrebungen vor, als in Illinois. Aber durch alle diese verschiedenen Tendenzen, Richtungen und Bestrebungen schlingt sich wie ein rother Faden die Absicht hindurch, eine nördliche Politik und eine nördliche Partei zu bilden; in dieser Beziehung steuern alle westlichen Staaten Einem Ziele entgegen. Ohio nimmt darunter den hervorragendsten Platz ein, und wir brauchen wohl nicht zu sagen, daß wir uns auch ferner mit der interessanten und bedeutungsvollen Politik dieses Staates beschäftigen werden. Aber es sind verhältnißmäßig schon viele freisinnige Deutsche Blätter in Ohio; in Michigan dagegen steht das „Michigan Volksblatt" allein, das unter meiner Redaktion denselben Cours steuern wird den es bisher eingeschlagen hat, die Richtung, welche die Atlantis auch vertritt.

Die Abonnenten der „Atlantis" mögen mir des nochmaligen Umzuges wegen nicht grollen; die „Atlantis" ist dadurch sicherer, wie jemals, gestellt, und wenn vielle icht auch das nächste Heft sich um 4—5 Tage verzögern sollte, so wird man dies entschuldigen, wenn ich die Versicherung gebe, daß bis zum 1. December dieses Jahres alle Hefte ausgegeben sind.

Ich verlasse das freundliche Cleveland, den schönen Eriesee und einige Freunde nicht gleichgültig; aber ich vertraue, daß diese Freunde mich immer noch zu den ihrigen zählen werden.

Briefe möge man bis zum ersten September nach Cleveland, Drawer 16, senden; später nach Detroit, an meine alte Bor: 1040.

Cleveland, den 17. August 1855.

Christian Esselen

☞ Der Herausgeber der „Atlantis" wird vor seiner Abreise nach Detroit Cincinnati besuchen, und sind die dortigen Freunde gebeten, ihn in der Verbreitung seines Blattes zu unterstützen.

☞ Von den Agenten erwarte ich in den nächsten Tagen Abrechnung und Za lung der Rückstände.

☞ Die Cleveland Abonnenten der „Atlantis" sind höflichst ersucht vor meiner Abreise an mich oder an Herrn Schröder (Office: Beavis und Muller,) die rückständigen und fälligen Abonnements zu zahlen. Herr Schröder übernimmt die Agentur für Cleveland.

Atlantis.

| Neue Folge, Band 3. Heft 3. | September, 1855. | Alte Folge, Bb. 5., Nr. 101—104. |

Rückblick auf Ohio; die Deutschen daselbst und ihre Politik.

Ohio ist ein interessanter und einflußreicher Staat ; namentlich in den jetzigen Parteikämpfen. In der gegenwärtigen Katastrophe steht wohl kein Staat der Union den Hoffnungen und Bestrebungen der Reformpartei so nahe, wie Ohio ; man kann diesen Staat den Bannerträger der nördlichen, der Antisclavereipartei nennen. Wenn auch dem Flächenraum und der Bevölkerung nach nicht der größte Staat der Union, so ist doch Ohio in der amerikanischen Politik vielleicht bedeutender, als Pennsylvanien und selbst New York; denn in beiden Staaten ist die Politik so verwirrt, sind die Parteien so gespalten, daß an keine prinzipielle, rationelle Politik zu denken ist. In den Neu-England Staaten ferner herrscht ein einseitiger Fanatismus vor, welcher allen Bestrebungen, die von dorther kommen, einen unangenehmen Beigeschmack gibt, und ihren natürlichen Einfluß schwächt. In den westlichen Staaten endlich hat man noch zuviel mit lokalen Fragen und materiellen Interessen zu thun, als daß man der Politik eine prinzipielle Richtung geben könnte. Ohio aber, der Centralstaat, der den Süden mit dem Norden, den Osten mit dem Westen vermittelt, ein Staat, der nicht von den einseitigen Handelsinteressen des Ostens überwältigt, noch mit den Schwierigkeiten der ersten Ansiedlung des fernen Westens belästigt ist, welcher die Interessen des Ostens und des Westens gleichermaßen theilt, wird in dem Kampfe, der sich jetzt zwischen Süd, Ost und Nord entwickelt, die hervorragende, ja die entscheidende Rolle übernehmen. Wir sprechen hier von d r e i Richtungen der amerikanischen Politik von Süd, Ost und Nord, während man doch gewöhnlich nur von dem Gegensatze zwischen Süden und Norden spricht. Aber es scheint uns die Politik der östlichen, der Neu-England Staaten, Pennsylvanien's und Neu York's, von der Politik der westlichen Staaten ebenso entfernt zu sein, wie die südliche Politik von der nördlichen ; es scheint uns, daß der große, weite Westen Amerika's ebensosehr die puritanische, temperenzlerische und nativistische Politik der Neu-England Staaten und die wucherische Politik der New Yorker Wallstreet zu bekämpfen habe, wie die Prosslavereipropaganda des Südens. In diesem Kampfe steht nun Ohio in erster Reihe da, und wir glauben uns kaum einer Uebertreibung schuldig zu machen, wenn wir das Auftreten dieses Staates fur entscheidend in den großen politischen Kämpfen des nächsten Jahres halten. Deßhalb ist die Ohio-Politik ein Gegenstand des allgemeinsten Interesses, und wir haben wohl nicht nothwendig, auf unsere persönliche Vorliebe für diesen Staat und dessen Politik hinzuweisen, um wiederholt das Thema der Ohio-Politik zu besprechen.

Freilich, dies Thema hat für uns eine sehr empfindliche Seite. In dem Zeitraume von fast einem Jahre, den wir in diesem Staate verlebten, hatten wir genugende Gelegenheit zu sehen, wie ein großer Theil der deutschen Bevölkerung Ohio's weder die Wichtigkeit der vorliegenden politischen Fragen begreift, noch diejenige Position einnimmt, welche Interesse und Ehre den Deutschen gebietet. Nirgend vielleicht konnten die Deutschen eine würdigere Stellung zur amerikanischen Politik einnehmen, wie grade in Ohio; der Einfluß, den ihnen ihre Zahl gibt, könnte sie durch Intelligenz, Unabhängigkeit und Freimuthigkeit verdoppeln; sie könnten der deutschen Bevölkerung der übrigen westlichen Staaten ein nützliches und deutliches Beispiel geben von dem vortheilhaften Einflusse des deutschen Elementes in der amerikanischen Politik. Aber leider scheint ein großer Theil der Deutschen Ohio's sich nicht der Verpflichtung bewußt zu sein, diesen Einfluß zu zeigen. Wir fühlen uns nicht grade aufgelegt, zu untersuchen, woran dies liegt, ob an dem pennsylvanischen Elemente, welches in Ohio stark vertreten ist und das keine Spur der modernen deutschen Kultur in sich trägt, ob an manchen alten Grauen, die vor jeder Reform, jeder Neuerung, jeder Freiheitsbestrebung ein „Grauen" haben, ob an dem bei einem großen Theile der deutschen Bevölkerung allmächtigen Einflusse der Bierbrauer und Wirthe, welche natürlich nur ein Losungswort in der Politik anerkennen, nemlich das Bier, oder endlich an der übergroßen Knownothings-Furcht, welche gegenwärtig die hauptsächlichste Beschäftigung der Deutschen zu sein scheint. Wir wollen uns nicht in diese traurige und langwierige Untersuchung einlassen, sondern vielmehr uns an den kleinen Kreis wackerer, edler Männer erinnern, welcher unbekümmert um eine momentane Unpopularität, und die Abneigung des großen Haufens, ihrer Pflicht und Ehre treu bleiben, und den graben, aber steilen Weg der Freiheit gehen. Das Jahr, welches ich in Cleveland verlebte, hat mich mit dieser kleinen, aber ausdauernden und zuverlässigen Partei bekannt gemacht, und ich werde die Erinnerung daran als einen der dankenswerthesten Momente meines Lebens bewahren. Es ist ein stilles und einförmiges, aber zufriedenes und behagliches Leben dort am Ufer des klaren, silbernen See's, und gewiß, wenn ich selbst dort nicht immer zufrieden fühlte, war es wohl meine eigene Schuld. Wenn selbst Herr Heinzen, der doch dem amerikanischen Westen so gram ist, Cleveland einen Lichtpunkt nennt, so darf ich gewiß um so weniger meine Sympathien für diese Stadt verfehlen, da ich sie in trüben und schweren Zeiten kennen lernte, wo man immer geneigt ist, die Schattenseiten aufzusuchen und die Unbequemlichkeiten zu überschätzen, und wo ich doch vielfache Ursache fand, zufrieden zu sein. Leider ist das kleine Häuflein der entschiedenen Freisinnigen dort allzusehr isolirt, nicht nur von der übrigen deutschen Bevölkerung, sondern auch von den Amerikanern, wovon die Schuld freilich nicht so sehr an den freisinnigen Deutschen, als an den Andern liegt. Wer überhaupt Gelegenheit hat, das deutsche Element in Amerika auf verschiedenen Punkten kennen zu lernen, wird finden, daß es überall ausgezeichnete Kräfte darunter giebt, freisinnige, gebildete, denkende Männer, daß sie aber abseit von der großen Masse leben und deßhalb den Einfluß nicht ausüben können, den man ihnen im Interesse des deutschen Namens wünschen möchte. Dies habe ich besonders in Cincinnati gefunden, wo freilich der große Haufen der deutschen Bevölkerung für einen gebildeten Menschen gerade nichts Anziehendes hat. Ich habe dort Männer von wissenschaftlichem Streben und unabhängigem Charakter gefunden, die in jeder Beziehung die guten Seiten des deutschen Volkscharakters repräsentiren. Aber wie sehr unterscheiden sie sich von dem großen Haufen! Nur ein kurzer Aufenthalt in Cincinnati genügt, um zu zeigen, daß das deutsche Element hier tiefer steht, wie in Deutschland selbst, hier in der freien Republik tiefer, wie drüben unter dem Druck und in der Schande der Despotie. Dies ist ein trauriges Geständniß. Aber wer möchte mir in Deutschland eine Stadt zeigen, wie die „über dem Rheine", wo ganze Straßen buchstäblich von Wirthshäusern angefüllt sind, Haus an Haus eine Kneipe, und wo die Bevölkerung für wenig Anderes mehr Sinn zu haben scheint, wie für die Freiheit des Trinkens! Die politische Stimmung der dortigen Bevölkerung paßt ganz zu dem Anblicke der mit Wirthshäuschen angefüllten Straßen; ich fand eine muthlose, gedrückte Stimmung selbst bei Manchen, die sich zur freisinnigen Partei zählen, und das miserable Thema des Maine Law, dem man von keiner Seite einen vernünftigen Gedanken abgewinnen kann, bildete den Mittelpunkt der deutschen Politik. Dies ist um so verkehrter, da gerade in Ohio diese Frage einstweilen durch ein Kompromiß zwischen der Temperenz- und Antitemperenz-Partei beseitigt ist; in Ohio existirt bekanntlich ein Liquor Law, das den Verkauf von Nativ-Wein und Bier erlaubt und den Verkauf gebrannter Wasser untersagt. Wenn auch einzelne Querköpfe unter den Temperenzlern, sich mit diesem Kompromiß nicht begnügend, die Frage fortwährend agitiren, so ist dies eine einseitige Narrheit, welche von keiner öffentlichen Bedeutung ist. Aber die demokratische Partei, insbesondere die deutschen demokratischen Blätter, holten den weggeworfenen Plunder des Maine Law wieder aus der Rumpelkammer hervor, um die große Masse der Deutschen von jedem freisinnigen Streben zurückzuhalten. Die großen politischen Fragen, welche in Ohio bei der nächsten Staatswahl auf dem Spiele stehen, werden in Bier ertränkt. Nach dem Vorgange der New Yorker Liquor Dealers Association bildete sich auch in Cincinnati ein Verein, der in polit.schen Fragen und bei den Wahlen nur eine einzige Frage berücksichtigt, nämlich die Liquorfrage. Die Bierbrauer sind demzufolge die Herren über die Stimmen der großen Masse der deutschen Bevölkerung. Von dieser Bevölkerung ist natürlich bei der nächsten Wahl wenig zu erwarten, und wir müssen leider gestehen, daß wenn Herr Chase nicht die große Majorität der amerikanischen Stimmen fur sich hätte, wir auf seine Erwählung nicht hoffen dürften. Selbst Viele, die nicht mit dem großen Haufen unter der Fahne der Bierbrauer in das demokratische Lager ziehen, schrecken vor der Wahl Chase's zurück, weil sie ihn der Verbindung mit den Knownothings beschuldigen. Indem wir in Bezug auf diesen Punkt auf frühere Artikel in der Atlantis verweisen, bemerken wir nur, daß, wenn die Deutschen nicht einmal für einen Mann, wie Chase, zu stimmen wagen, daß dann ihnen wohl mehr nie eine Wahl in Amerika gerecht und genehm sein wird. Aber es ist auffallend, daß überall, wo die Deutschen ein Hunkerticket zu stimmen haben, sie demselben durch Dick und Dünn nachfolgen, keine Bedenklichkeiten und Zweifel haben, keine Fragen stellen und Versprechungen verlangen. Aber ereignet sich einmal unglücklicherweise der Fall, daß die Deutschen einem liberalen Manne ihre Stimmen geben sollen, dann findet man überall Bedenklichkeiten u. Verlegenheiten; dann müssen Fragen gestellt, Versprechungen gegeben, Garantien geleistet werden; dann ist der Deutsche der vorsichtigste u. bedenklichste Mann von der Welt.

Wir haben schon bei mehreren Gelegenheiten bemerkt, daß die sogenannte republikanische Partei weder in Ohio, noch anderswo, eine fest in sich abgeschlossene, fertige Partei mit einem bestimmten Programme bildet, sondern eine Vereinigung verschiedener Parteien und Fraktionen ist, welche nur durch ein negatives Bindemittel zusammengehalten wird — nämlich Opposition gegen die Sklavereiausbreitung. Der Gedanke, welcher dieser Vereinigung zu Grunde liegt, ist richtig; denn Opposition gegen die Uebermacht der Sklavenhalterpartei ist die dringendste Forderung der amerikanischen Politik und die beste Basis neuer Parteienbildung. Aber diese Vereinigung sieht vorerst noch etwas chaotisch aus; es sind manche Elemente darin, mit denen wir adoptirte Burger uns nicht befreunden können. Anstatt uns aber durch solche unangenehme Beimischungen von der Theilnahme an der Neubildung der Parteien abschrecken zu lassen, sollten wir vielmehr uns durch eifrige Betheiligung an den Reformbestrebungen einen solchen Einfluß darin verschaffen, daß die unreinen Elemente aus der Reformpartei herausgedrängt werden. Es sind in der Freesoilpartei Männer genug, die uns in einem solchen Streben zur Seite stehen werden, wenn wir nur selbst zeigen, daß es mit unserm Streben uns Ernst ist. Die republikanische Partei in Ohio hat dies bei verschiedenen Gelegenheiten gezeigt. In Tuscawaras County hat sie ein Programm erlassen, welches sich direkt und entschieden gegen die nativistischen Bestrebungen ausspricht; in Toledo hat die County-Convention die Forderungen der freisinnigen Deutschen angenommen; in Sandusky County ist unserm Freunde Rueß vom Sandusky Intelligenzblatt dasselbe gelungen. Wir sehen, daß überall, wo die freisinnigen Deutschen mit den freisinnigen Amerikanern zusammengehen, das Gespenst des Nativismus verschwindet. Hoffentlich werden die andern County-Conventionen der republikanischen Partei die hier aufgeführten Beispiele nachahmen, und dann ist doch wenigstens soviel gewonnen, daß die nächste Legislatur von Ohio eine freesoilistische wird, und Herr Wade nicht durch einen zweiten Herrn Pugh aus dem V.r.Staaten Senate herausgedrängt wird.

Ohio ist ein schöner, fruchtbarer und reicher Staat, der noch vielen Tausenden fleißiger Leute eine bequeme Heimath werden kann. Die diesjährige Ernte hat den großen Reichthum dieses Staates wieder auf's Neue bestätigt. Trotzdem aber hört man häufige Klagen über Verarmung der arbeitenden Klassen und Rückgang der Geschäfte. Einzelne Städte, wie Sandusky, gehen sichtlich zurück, während selbst die Haupthandelsplätze am Eriesee, wie Cleveland, sich nur eines langsamen Emporblühens erfreuen. Nirgends findet man das frische, energische, fast wagehalsige Emporstreben des fernen Westens. Es ist daher erklärlich, daß sich schon viele Augen von Ohio weg nach dem Westen, nach Kansas, Iowa und Wiskonsin wenden; besonders Iowa hat einen bedeutenden Zuschuß seiner Bevölkerung von Ohio erhalten. Indessen rühren diese Veränderungen wohl mehr aus den eigenthümlichen amerikanischen Verhältnissen, wie aus natürlichen Bedingungen her. Die Leute wollen eben im Sturmschritt reich werden, und zu solch übertriebenen Experimenten ist Ohio schon ein zu alter Staat. Außerdem ist es wohl an der Zeit, daß dieser Staat endlich einmal aus der demokratischen Finanzwirthschaft hinauskommt, denn die Steuerlast, welche dort auf einigen Städten, wie Cleveland, Cincinnati liegt, ist enorm und übertrifft selbst die übertriebenen Steuern von Holland und England. Die Stadt Cincinnati allein bezahlt eine Steuerlast, welche das ganze Büdget des Staates Kentucky übertrifft.

An Naturschönheiten kann sich Ohio wohl mit jedem andern Staate der Union messen. Die Städte am Eriesee haben eine reizende Lage; die bewaldeten Ufer erheben sich in mäßiger Höhe über dem klaren, silbernen Spiegel des See's, und gewähren oft eine entzückende Aussicht. Das Innere des Landes ist voll der abwechselnden Naturscenen; man findet an den kleinen Nebenflüssen des Ohio eine Menge der artigsten Landschaften.

Die Schönheiten des Ohio Flußthales sind weltbekannt. Dort wird das Auge durch den Anblick hübscher, wohlgepflegter Weinberge erfreut, ein Anblick, bei dem uns heimathlich zu Muth wird. Gewiß, Ohio eignet sich seinem Klima, wie allen seinen natürlichen Bedingungen nach, vortrefflich zu einer zweiten Heimath für die Deutschen, und wenn diese noch nicht hinlänglichen Einfluß dort erlangt haben, so sind sie selbst von der Schuld daran nicht ganz freizusprechen.

Nun, wir wollen wünschen, daß dieser schöne fruchtbare Staat den Deutschen immer wohnlicher und heimathlicher werde, und daß er immer eine feste Vormauer nördlicher Freiheit und Civilisation gegen südliche Barbarei sei und bleibe. In diesem Herbste wird Ohio ein Vorspiel der großen Ereignisse des nächsten Jahres liefern, und wir können uns trotz mancher Verdrießlichkeiten der Hoffnung nicht entschlagen, daß dieses Vorspiel die Männer der Freiheit mit neuen Hoffnungen erfüllen und zu verdoppelten Anstrengungen ermuthigen werde. Mögen unsere deutschen Landsleute in der letzten Stunde noch erkennen, was ihnen Noth thut. Jedes freie Votum, welches die Deutschen in die Urne legen, wird den Nativismus entwaffnen. Wir hoffen, daß wir immer mit ungetrübtem Auge über den See herüberschauen können zu den Ufern Ohio's, daß wir noch oft von den „freien Deutschen Ohio's" hören, was dem deutschen Namen zur Ehre und der amerikanischen Freiheit zum Nutzen gereicht, und daß wir auch unsere persönlichen Freunde daselbst nicht in der Gleichgültigkeit des Lebens verlieren. Das Leben treibt uns fort und fort, von Stadt zu Stadt, von Land zu Land, aber wenn wir nur überall Einen Freund behalten, an den wir eine ungetrübte Erinnerung bewahren können — dann versöhnen wir uns selbst mit der Heimathlosigkeit.

Idealismus.

Die Reaktion der letzten Jahre scheint immer drohender und gewaltthätiger zu werden, und in diesem Augenblicke gerade sich in ihrem Höhenpunkte zu befinden. Die Menschheit scheint von einem leidenschaftlichen Zuge nach dem Gemeinen und Niedrigen fortgerissen zu werden bis zu jenen dunkeln Abgründen hin, wo die Habsucht ihre Sisyphusarbeit verrichtet und der unbefriedigte Ehrgeiz vo t Tantalusqualen verzehrt wird. Wir mögen dies Jahrhundert ein großes Jahrhundert nennen, — wir haben vielleicht ein Recht dazu — aber niemals hat eine große Zeit ein kleineres Geschlecht gesehen. Wie kann es geschehen, daß gemeine Leidenschaften, niedrige Motive und unedle Empfindungen eine so große

Reihenfolge von Fortschritten und Verbesserungen erzielen, wie dieses Jahrhundert hervorbringt? Wildnisse bevölkern sich; Eisenbahnen verbinden die Länder; der Dampf nimmt die körperliche Arbeit von dem Menschen hinweg und überläßt ihn dem Reiche des Gedankens; die Geheimnisse der Natur erschließen sich den Augen des Forschers; die Grenzen zwischen den Nationen verschwinden und auch die Grenzen zwischen den verschiedenen Klassen der Menschheit; das Menschengeschlecht fühlt sich in seiner Einheit groß u. stark, so daß es selbst der himmlischen Vorsehung nicht mehr bedarf zu seinem Glücke und seiner Größe. Aber hinter diesem massenhaften Aufschwunge aller Verhältnisse, hinter diesem gigantischen Streben der Menschheit sehen wir ein Volk von Pygmäen sich umhertummeln, dem alle Heldenhaftigkeit, aller Idealismus, alle Poesie fehlt, ein Volk von Krämern und Wucherern, von Räubern und Bettlern, deren enges Herz noch niemals von einem Strahle der Humanität durchglüht wurde. Wie läßt sich dieser Gegensatz deuten? Wie ist es möglich, daß aus dem Weltkampfe der niedrigsten Interessen und des gemeinsten Egoismus solche große Fortschritte in der Befreiung, Verbrüderung und Veredelung der Nationen hervorgehen?

Gewiß, es ist in diesen Tagen wohl nothwendig, aus dem engen Rahmen der uns umgebenden Verhältnisse herauszusehen in das weite, große Reich der Menschheit und der Weltgeschichte, damit wir wieder Vertrauen zur Menschheit, zur Zukunft und zu uns selbst gewinnen. Was wir in unserm eigenen Leben und in unsern eigenen engen Verhältnissen nicht finden, das haben wir dort zur Genüge; Leben, Freiheit, Entwickelung. Die Menschheit baut sich einen stolzen Palast ihrer Macht und Größe auf, freilich nicht aus hohen Säulen und mächtigen Felsblöcken, sondern aus kleinen, nichtsbedeutenden, verschwindenden Atomen. Man kann von der Menschheit nicht groß genug denken, sagt Herder, — und wir möchten hinzufügen: vom Menschen nicht niedrig genug. Woher diesen Gegensatz?

Was in unsern Tagen die Welt so öde und freudlos und den Menschen so schlecht und gemein macht, das ist der Mangel an Idealismus. Man hat so viel über die Ideologen und Idealisten gespottet, es war namentlich in Deutschland Mode, die Schwärmer und Träumer zu verlachen; nun, die Ideale und die Idealisten sind verschwunden, und was ist die Folge davon? Der Glaube an Gott ist dahin; — längst schon ist der große Pan gestorben, — aber mit dem Glauben an Gott schwand auch der Glaube des Menschen an sich selbst, das Selbstbewußtsein, Mitglied der großen Menschenfamilie zu sein, der echte, wahre Individualismus, der jeden Menschen in den Mittelpunkt seiner Welt stellt, der alle Fäden des menschlichen Lebens, alle Ströme der dahinrauschenden Zeit in die Brust des Menschen zurückführt. Die Innerlichkeit des

Menschen wich einer oberflächlichen, leichtsinnigen Außerlichkeit; der Mensch verlor sich selbst aus dem Bewußtsein, und daher hatte er auch keinen Halt mehr in sich gegen die wechselnden Erscheinungen des Lebens. Ohne Liebe zur Menschheit, ohne Vertrauen zu sich selbst, ohne das Bewußtsein eigner Kraft, suchte der Mensch in fremden, gleichgültigen Dingen die Befriedigung seines Egoismus, und das Geld wurde das allgemein gangbare Mittel, sich mit dem Leben abzufinden. Eine größere Abstraktion als diese läßt sich nicht denken: der Mensch bestimmt seinen Werth, seine Macht, seine Kraft, seine Genusse, seine Thätigkeit, überhaupt seine ganze Innerlichkeit und Individualität nach einem indifferenten, quantitativen Verhältniß, nach einem allgemeinen arithmetischen Maaße, welches durchaus und in keinem Falle im Stande ist, irgend eine, und sei es die bescheidenste Qualität des Menschen auszudrücken. Das Geld, welches früher nur den Werth gewisser Lebensmittel bestimmte, wurde in unserm Jahrhunderte zum Werthzeichen des Lebens selbst, zum letzten und obersten Zwecke desselben. Der Mensch erniedrigte sich selbst zum Sklaven, zu einem Hausthiere, zu einer verkäuflichen Sache, indem er seinen eigenen Werth nach Geld bestimmte; „dieser oder jener Mann ist hunderttausend Thaler werth," hören wir häufig sagen, und dies ist nicht eine bloße Redensart, sondern das Zeichen eines tiefen, allgemeinen Verfalles der Civilisation. An dieser Verwechselung zwischen Zweck und Mittel ist das gegenwärtige Leben krank, und nie wird wieder Schönheit, Würde und Poesie in das menschliche Leben zurückkehren, ehe an die Stelle dieser äußerlichen und oberflächlichen Abstraktion wieder ein innerlicher, selbstbewußter Individualismus und Idealismus tritt.

Ihr Thoren, die ihr meint, man hätte in der Welt keine Idealisten und Ideale nothwendig. Sie sind nothwendiger wie das Geld, wie Wohnung und Kleidung, wie das tägliche Brod. Seht ihr hier nicht jeden Augenblick, wie öde und trostlos das Leben wird, wenn es der Ideale beraubt ist? Was nützt euch all' euer Geld und Gut, wenn ihr nicht fähig seid, earem Leben die Weihe der Schönheit und Poesie zu geben, wenn ihr euch selbst nicht zu begreifen und empfinden versteht, wenn ihr mit euch selbst nicht jenes innige, trauliche Zwiegespräch halten könnt, das euch zur Erkenntniß eurer selbst und zur Versöhnung mit euch selbst führt. Es giebt doch am Ende nur ein einziges Glück in der Welt, und das ist die Harmonie mit sich selbst, die tiefe, innere Uebereinstimmung und Zufriedenheit des Menschen mit sich selbst, welcher alle andern Harmonien der Welt entspringen. Dieser Idealismus ist auch die einzige Quelle menschlicher Freiheit, denn wenn der Mensch sich selbst nicht als Individualität," in seiner ganzen Kraft, Würde u. Selbstständigkeit begreift, so wird er niemals den Muth haben, unabhängig und frei zu sein. Denn die Freiheit ist doch immer eine That des Menschen selbst, und nicht nur eine Handlung der Politik oder ein Ergebniß der Weltgeschichte.

Man hört so vielfach über das amerikanische Leben und dessen Freudlosigkeit klagen! Der finstere Geist des Puritanismus ist über dieses Land ausgebreitet und verbannt die Anmuth und Heiterkeit aus dem Leben. Die Grazien fehlen unsern Zusammenkünften und Festen; die Musen weilen nicht an dem Ufer unserer silbernen Seen. Kalte Menschen mit gleichgültigen Gesichtern rennen umher, unglückliche Menschen, die nicht einmal die Fähigkeit zum Genusse und den Wunsch zur Freude haben. Wer unter Allen, denen das Bild des schönen Hellas in der Erinnerung lebt, die den Anakreon oder Hafis gelesen, die am Rheine oder Neckar ihre Jugend verlebten, wird nicht dieses Land und diese Menschen beklagen! Und doch ladet hier so Vieles zum Genusse und zur Freude ein! Aber es fehlt der eine St. in der Weisen, der Leben in öde Welten und Freude in das leere Herz zaubert, der Idealismus. Eine Religion, Einen Glauben, Einen Cultus muß der Mensch doch haben, will er glücklich sein, und diese Religion ist am Ende die Sehnsucht nach den Idealen, der Kultus des Schönen und der Glauben an sich selbst.

Unsere Zeit ist vorzugsweise die Zeit des Materialismus; nicht nur das Leben, selbst die Wissenschaft drängt dahin. Aber man begreift nicht, welch ein tiefer Idealismus eben in diesem Materialismus liegt. Die Wissenschaft hat die Identität von Stoff und Kraft, Materie und Bewußtsein bewiesen, und ebenso wie der Stoff überall Kraft äußert, muß auch die Materie überall zum Bewußtsein gelangen. Ueberall Bewußtsein, überall Gedanke, überall Idee, überall Geist und Gott: das ist der wahre Pantheismus, der uns die ganze Welt zum Gedichte vergeistigt. Wie mit einem Zauberschlage können wir die Welt, die jetzt für uns kalt und öde daliegt, mit allem Glücke und aller Poesie schmücken, wenn wir uns den Geist, den wir in unserer eigenen Brust erkennen, über sie ausschütten, und sie mit unserem eigenen Selbstbewußtsein beleben. Denn was wir von der Welt und dem Leben sehen, empfinden, genießen, denken, ist doch nur ein Reflex unseres eigenen Selbstbewußtseins, eine That unseres eigenen Ichs.

Man spricht so vielfach über die Mittel, das gesellige Leben hieselbst zu veredeln und zu verschönern. Ich glaube, das einzige Mittel ist die Veredlung unserer selbst. Philosophie und Poesie, diese gleichmäßig verspotteten und verbannten Schwestern, geben uns die Mittel zu dieser Selbstveredlung. Selbsterkenntniß ist auch hier, wie überall, der erste Schritt zum Ziele, und die Veredlung der Empfindungen durch die Poesie wird auch ein veredeltes Genießen und Leben zur Folge haben. Jeder Mensch, der sich seines Lebens mit Bewußtsein freuen will, sollte deßhalb keinen Tag vorübergehen lassen, ohne einen philosophischen Gedanken zu denken und ein gutes Gedicht zu lesen. Dies scheint uns das beste Heilmittel gegen die Dürre und Oede der Zeit zu sein. Die Zeit ist groß und fruchtbar genug; sie ist voll großer Gedanken und poetischer Eindrücke; wir selbst müssen ihr nur gleichen.

Sittlichkeit in der Politik.

Dies Thema wird gewiß bei Manchem Befremdung erregen, denn Sittlichkeit und Politik liegen überall und besonders in Amerika so weit auseinander, daß sie kaum eine Beziehung zu einander zu haben scheinen. Von den Politikern verlangt man andere Eigenschaften als Sittlichkeit; sie müssen Klugheit, Gewandtheit, Verschlagenheit besitzen; sie müssen sich den Umständen anzupassen und die Umstände zu benutzen wissen; aber Moral und Sittlichkeit pflegt man in der Politik nicht zu suchen. Wir geben zu, daß bei der gegenwärtigen Auffassung beider Begriffe dieselben jedes Zusammenhanges entbehren: in der Politik, wie sie heutzutage getrieben wird, fehlen alle sittlichen Motive und Begriffe, aber wir glauben, daß die menschliche Bildung schon heute soweit vorangeschritten ist, daß die Begriffe Politik wie Sittlichkeit eine wesentlich andere Definition erhalten müssen, als man ihnen bisher gegeben hat. Die bisherige Auffassung der Politik beruhte durchaus auf der Lehre der Zweckmäßigkeit, der Teleologie; derjenige war der beste Politiker, der am besten seinen Zweck erreichen konnte; nach der Natur des Zweckes fragte man ebensowenig, wie nach der Beschaffenheit der Mittel. Man braucht nur die Urtheile und Reflexionen der berühmtesten Historiker durchzugehen, um zu sehen, wie einseitig dieses Verhältniß zwischen Mittel und Zweck der Beurtheilung historischer Personen zu Grunde liegt, und wie man nie nach den zu Grunde liegenden Motiven, sondern nur nach den erzielten Erfolgen das Maaß des Tadels oder der Anerkennung abwiegt. Das alte Vae victis! gilt auch in der Geschichte; wer in seinen Erfolgen glücklich war, wird ein großer Mann genannt, aber für denjenigen, welcher mit seinen Plänen nicht reüssirte, hat man mehr Worte des Tadels, als des Bedauerns. So im Kleinen, wie im Großen. Hier in Amerika, wo die Politik nicht nur in großen weltgeschichtlichen Zügen, sondern auch im kleinlichen Geschäftsgeist des gewöhnlichen bürgerlichen Lebens getrieben wird, ist die Lehre von der Zweckmäßigkeit in der Politik noch überall vorherrschend. Jeder, welcher sich mit Politik beschäftigt, von dem Staatsmann, der eine Rolle in der Weltgeschichte spielen will, bis zum armseligen

Winkeladvokaten, der sich mit einem niedrigen Amte begnügt. Jeder denkt nur an den nächsten Zweck, und macht nicht nur seine Maßregeln, sondern auch seine Theorien, von diesem nächsten Zwecke abhängig. Da natürlich aber die Zwecke sich mit den Verhältnissen verändern, so werden auch die politischen Handlungen und Theorien sich von den jedesmaligen bestehenden Verhältnissen abhängig zeigen, und dieser Abhängigkeit ist auch wohl die Wandelbarkeit der politischen Ueberzeugungen und die große Dehnbarkeit der politischen Systeme in Amerika zuzuschreiben.

Wir haben schon an einem andern Orte darauf aufmerksam gemacht, wie die Wissenschaften der sittlichen Welt, Politik, Recht, Moral u. s. w. von den regenerirten Naturwissenschaften neues Licht, neue Methoden und Systeme empfangen müssen. Nachdem die Philosophie die Lehre der Transzendenz in die Lehre der Immanenz umgewandelt, d. h. nachdem sie gezeigt hatte, daß der Grund und Zweck jedes Dinges in dem Dinge selbst und nicht außerhalb desselben sei, verwandelten die Naturwissenschaften die Lehre von der Zweckmäßigkeit der Natur in die der Naturnothwendigkeit, und dies ist vielleicht der größte Schritt, den die Menschheit im Denken seit Aristoteles Zeiten vorwärts gethan hat. Die Thatsachen und Erscheinungen der Natur werden von den Naturforschern unserer Tage nicht mehr auf einen außerhalb liegenden Zweck bezogen (nicht mehr ist der Korkbaum des Stöpsels wegen erschaffen), sondern aus einem in ihnen liegenden Grunde entwickelt. Dasjenige, was der Naturforscher zu begreifen sucht, ist nicht mehr die Zweckmäßigkeit, sondern die Nothwendigkeit der Naturereignisse. Wird eine ähnliche Umänderung mit den Wissenschaften der sittlichen Welt vorgenommen, so werden wir große, staunenswerthe Erfolge sehen. Die Politik, die Aesthetik, das Recht, die Moral, die Ethik, alle diese Wissenschaften werden, auf einer neuen Basis ruhend, neue Erfolge erzielen. Dann werden wir auch von einer Sittlichkeit in der Politik reden können. Denn unsere politischen Handlungen werden dann nicht mehr durch einen vor uns liegenden Zweck bestimmt, den zu erreichen wir manche Opfer an unsern Grundsätzen und Ueberzeugungen bringen müssen, sondern wir handeln aus einer einfachen Nothwendigkeit; der Grund unseres Handelns liegt nicht in den Verhältnissen, sondern in uns selbst; wir handeln so u. nicht anders, weil dies unsere Ueberzeugung gebietet, nicht, weil wir diesen oder jenen Zweck damit erreichen wollen. Der Grund unseres politischen Handelns liegt nicht vor uns, sondern hinter uns, nicht außer uns, sondern in uns.

Dieser immanenten Politik wird man das Prädikat der Sittlichkeit geben können. Denn unter Sittlichkeit verstehen wir die Treue gegen uns selbst, ein Handeln, das mit unserer normalen Organisation übereinstimmt. Unsittlich ist derjenige, welcher gegen sich selbst unnatürlich oder inkonsequent handelt. Unsittlich in der Politik sind also alle diejenigen zu nennen, welche den Verhältnissen zulieb gegen ihre Ueberzeugnugen handeln, die in der Politik die Lehre der Zweckmäßigkeit, nicht die der Nothwendigkeit befolgen, ihre politischen Ansichten nach den Zwecken, die sie erreichen wollen, modificiren. Die Sittlichkeit in der Politik besteht dagegen in der Treue gegen anerkannte Grundsätze, in der Befolgung der logischen Nothwendigkeit, in einer konsequenten Entwickelung der Gründe bis zu ihren letzten Folgen hin.

Eine solche Politik der Nothwendigkeit wird sich immerhin als nützlicher, wirksamer und erfolgreicher beweisen, als die Politik der Zweckmäßigkeit; die erste wird eher zum Resultate kommen, als die zweite. Denn wenn man in der Politik nichts Anderes im Auge hat, als Zwecke, so verändert sich die Politik mit den Zwecken, wie die Zwecke selbst sich mit den Verhältnissen verändern. Eine solche Politik hat keinen Halt gegen die Erscheinungen des Lebens; sie schwankt hierhin und dorthin, je nachdem es für den Augenblick „zweckmäßiger" zu sein scheint, und verliert bei diesem Umhertappen nach vorübergehenden Urtheilen selbst endlich den eigentlichen Zweck aus dem Auge. Eine gewisse Rath- und Planlosigkeit wird die nächste Folge eines solchen Benehmens sein; man wird zweifeln, welchen Weg man gehen soll, um zum Zwecke zu gelangen, und die verschiedensten Combinationen werden nacheinander versucht werden, je nachdem die Verhältnisse eine neue Chance darbieten. Etwas Anderes ist es jedoch mit der strengen, graden, regelmäßigen Politik der Nothwendigkeit. Da hier dem politischen Handeln ein inneres Gesetz, eine strenge, unwandelbare Nothwendigkeit zum Grunde liegt, eine Nothwendigkeit, unter welche sich am Ende die Verhältnisse selbst beugen müssen, so kann hier von einem Schwanken, Zweifeln und Zögern nicht die Rede sein; der Mensch geht den Weg, den er vermöge seiner geistigen Organisation gehen muß; er ist über alle Verwirrungen der Zeit, über alle Leidenschaften der Parteien erhaben, und wird niemals in die traurige Gefahr kommen, seinen eigenen Ueberzeugungen Zwang anthun zu müssen. In dieser Einheit des Menschen mit sich selbst, in dieser Uebereinstimmung der Handlungen mit den Ueberzeugungen, beruht der Charakter des Menschen, eine Eigenschaft, die den Menschen souverän macht über alle Verhältnisse des Lebens und allein im Stande ist, ihm Freiheit und Unabhängigkeit zu sichern. Eine solche charakterfeste, prinzipielle Politik wird sich dann am Ende auch als die zweckmäßigste erweisen, weil sie die natürlichste ist und am meisten mit dem Organismus des Menschen und mit der Naturnothwendigkeit übereinstimmt. Ebenso wie in der Natur dem Frühling der Herbst und der Aussaat die Ernte folgt, ebenso wird in dem naturgemäßen Leben der Menschheit jedem Keime die Frucht folgen und jedem berechtigten Streben ein entsprechender Erfolg zu Theil werden, ohne daß man etwas Anderes nothwendig hat, als den Weg der Ehre und der Pflicht zu gehen und seinen eigenen Ueberzeugungen treu zu bleiben. Die Geschichte beweist uns dies. Die größten Resultate, welche in der Politik, im Kriege, in der Wissenschaft oder auf irgend einem andern Gebiete errungen sind, wurden durch solche Leute errungen, welche einem inneren Drange, einer unabwendbaren Naturnothwendigkeit folgten; — nicht durch jene macchiavellistischen Politiker oder durch jene transzendentalen Doktrinäre, welche jede ihrer Handlungen, jeden ihrer Gedanken auf eine bestimmte Absicht und einen außerhalb liegenden Zweck bezogen. Wehe dem Menschen, der nicht schon in seiner eigenen Brust diese Macht der Nothwendigkeit gefühlt hat, der nicht die Wahrheit jener Luther'schen Worte empfand: „Hier stehe ich; ich kann nicht anders," der das Gesetz der Natur in seiner eigenen Brust nicht kennen gelernt hat. Ihm entgeht das Bewußtsein seiner eigenen Freiheit u. Würde.

Diese Bemerkungen drängten sich uns besonders in den letzten Tagen häufig auf, als wir namentlich unter der deutschen Bevölkerung ein so großes Schwanken und Schaukeln der öffentlichen Meinung sahen, und so vielfache Beweise davon erlebten, daß momentane Verhältnisse mächtiger waren, als Grundsätze und Ueberzeugungen. Im vorigen Jahre war ein erfreulicher Aufschwung der liberalen Ideen und Bestrebungen unter der deutschen Bevölkerung zu bemerken, aber die Nichtswisserbewegung hat einen großen Theil dieser Bestrebungen wieder aus dem Gleise gebracht, und es ist eine Zerfahrenheit und Unentschiedenheit der öffentlichen Meinung eingetreten, welche gerade in dieser wichtigen Entwickelungsperiode der amerikanischen Geschicke doppelt zu bedauern ist. Es scheint, als wenn die Politik der meisten Deutschen nicht durch innere Gründe, sondern durch äußere Verhältnisse bestimmt würde; sonst wäre es nicht möglich, daß die Furcht vor Knownothings und Temperenzlern solche Verheerungen in dem politischen Bewußtsein der Deutschen anrichten könnte, wie wir gegenwärtig beklagen. Die Deutschen scheinen noch sehr an jener Politik der Zweckmäßigkeit zu leiden, welche wir eben geschildert haben, und wir haben genügende Gelegenheit zu sehen, daß diese Politik, welche sich bloß nach vorübergehenden Zwecken und Veranlassungen richtet, selten ihrem Zwecke gemäß ist und denselben erreicht. Viele Deutsche halten es gegenwärtig für zweckmäßig, mit der demokratischen Partei zu stimmen, um der Knownothing-Gefahr zu entgehen. Sie geben sich mit der Thatsache der Sklaverei zufrieden und unterstützen dieselbe durch ein demokratisches Votum, bloß, um mit dem Temperenzgesetze verschont zu bleiben. Dies nennen wir eine unsittliche Politik, nämlich, eine Politik, die dem eignen Gewissen und der eigenen Ueberzeugung widerspricht. Es ist die Ueberzeugung jedes denkenden Menschen, daß die Sklaverei eine abnorme Erscheinung ist, welche weder zu einem republikanischen Staatswesen noch zu der Civilisation dieses Jahrhunderts paßt, und daß namentlich Amerika durch die Ausbreitung und Propaganda dieses Institutes den größten Gefahren für die Zukunft entgegengeht. Diese Ueberzeugung machte sich in Folge der Nebraskabill auch unter der deutschen Bevölkerung überall geltend; dieselbe legte ihr Votum gegen die Sklaverei und die demokratische Partei in die Urne. Was in aller Welt veranlaßt sie nun, heute von dieser Ueberzeugung abzugehen und sich wieder zu einem Prosklaverei-Votum bewegen zu lassen? Sind heute nicht dieselben Gründe gegen die Sklaverei vorhanden, wie gestern? Ist heute nicht die demokratische Partei ebenso schlecht, wie im vorigen Jahre? Warum denn dieses Schwanken der Handlungen, wo doch die Gründe und Ueberzeugungen dieselben bleiben? Wie kann man der Nichtswisserbewegung einen so großen Einfluß auf unsere Handlungen einräumen, daß dieselben in direktem Gegensatze zu unseren Ueberzeugungen stehen? Können politische Constellationen, so gefährlich und unangenehm sie auch immer sein mögen, aus Weiß Schwarz und aus Schwarz Weiß machen?

Wir glauben, daß überhaupt der größte Fehler der amerikanischen Politik darin besteht, daß man sich mehr nach den Bedürfnissen einer speciellen Wahl, als nach den allgemeinen Grundsätzen und Ueberzeugungen richtet? Der Amerikaner will einen speziellen Punkt durchsetzen, und opfert demselben sein ganzes politisches System. Die Gründe seiner Politik liegen nicht in den vorliegenden Thatsachen, sondern in den Erfolgen, welche er damit zu erreichen denkt. Man nennt diese Politik „praktisch", aber in der Wirklichkeit ist sie sehr trügerisch. Sie verändert sich mit den Bedürfnissen des Tages und hat kein Halt und keine Kraft in sich selbst. Es ist keine innere Nothwendigkeit und Gesetzmäßigkeit darin vorhanden, und ohne das Bewußtsein derselben wird kein Mensch und keine Partei Großes und Entscheidendes leisten können. Daher der Mangel an politischen Charakteren und politischer Originalität in Amerika; daher die Veränderlichkeit der öffentlichen Meinung, die Corruption und Unsittlichkeit in der Politik. Es ist daher nothwendig, auch die Politik auf die Gesetze der Natur und die Naturnothwendigkeit zurückzuführen, und aus der Beobachtung der politischen Thatsachen die politischen Urtheile zu entwickeln, nicht dieselben aber zu momentanen Zwecken abzurichten und zu verunstalten. Ein solches Verfahren steht mit allen Resultaten der modernen Wissenschaften in Uebereinstimmung, und wird der Politik, diesem bisher so freudlosen und zweideutigen Wesen, den Charakter der Gewissenhaftigkeit und Sittlichkeit geben.

Die freie Schule.

Wir finden in der ersten Nummer der Beyschlag'schen „Schul- und Jugendzeitung", einem Unternehmen, das wir mit Vergnügen begrüßen, folgenden Passus: „Die freie Schule soll keine sektionelle oder nationelle, sondern eine allgemeine sein. Daß sie gerade von uns Deutschen ausgeht, kommt nur davon her, daß wir eine wirklich freie Schule unter den Amerikanern zur Zeit nicht antreffen." Abgesehen davon, daß es mit unsern freien deutschen Schulen noch mangelhaft und spärlich genug bestellt ist, glauben wir, daß der Vorwurf, daß die Amerikaner noch keine wirklich freie Schule hätten, sich nur auf gewisse Einzelheiten und Mißbräuche bezieht, nicht aber auf das Fundament des amerikanischen Schulsystems selbst. Wir haben schon oft die Ansicht vertreten, daß uns Deutschen nichts Anderes übrig bleibt, als uns dem amerikanischen Schulsysteme anzuschließen, sowohl in unserm eigenen Interesse, welches ein allgemeines öffentliches und systematisches Erziehungssystem verlangt; als auch im Interesse der amerikanischen Freischulen, welche durch eine Betheiligung der Deutschen jedenfalls an Gründlichkeit und Wissenschaftlichkeit gewinnen würden. Das amerikanische Freischulsystem hat eine tüchtige Basis, welche nur konsequent befolgt zu werden braucht, um allen unsern berechtigten Anforderungen zu entsprechen. Die einzelnen Mängel und Fehler, welche wir daran auszusetzen haben, sind überall und allenthalben einer Abhülfe fähig, sobald wir nur selbst mit Hand anlegen wollen und unsere Kräfte und Mittel nicht in Sonderbestrebungen ableiten wollen. Auf diesem Gebiete geben uns die Amerikaner am Ende eher nach, als anderswo; hier können wir uns leicht und schnell nationalisiren und amerikanisiren in der wahren Bedeutung des Wortes, d. h. zu freien Bürgern einer freien Republik machen. Auf dem Gebiete der Volkserziehung können wir leichter Einfluß gewinnen und Reformen erzielen, als in der Politik; der Amerikaner wird hier gern unsere Berechtigung und Befähigung anerkennen; dafür zeugen die Aussprüche der angesehensten und einflußreichsten amerikanischen Schulmänner. Dies Feld liegt uns Deutschen unter allen amerikanischen Verhältnissen am nächsten. Wir glauben, daß wir hauptsächlich auf zwei Punkte unsere Aufmerksamkeit und Agitation richten müssen, einmal auf die Befreiung der Freischulen von allen religiösen und konfessionellen Einflüssen und dann auf die Vertretung der deutschen Sprache in den amerikanischen Schulen. Durch eine solche Agitation, welcher die Amerikaner am Ende nicht so feindselig gegenüberstehen würden, könnten wir gewiß mehr leisten, als durch Gründung sogenannter deutscher Schulen, die trotz vieler persönlicher Opfer am Ende doch nur Privatanstalten von geringer Bedeutung sind.

Was den ersten Punkt anbetrifft, die Befreiung der Schule von confessionellen Einflüssen, so tritt uns hier das Geschrei der Knownothings:
„Bibel in den Freischulen" entgegen, aber wir halten dies Geschrei
nicht für gefährlich. Unter allen nativistischen Vorurtheilen ist gewiß dieses am leichtesten zu widerlegen. Jeder Amerikaner, der es wirklich
gut mit der Schule meint, — und wir glauben, daß dieß die große
Mehrzahl thut, — kann leicht zu der Einsicht gebracht werden, daß die
Bibel zu Allem gut sein mag, nur nicht zu einem Lesebuch für Kinder,
welche einer einfachen und verständlichen Lektüre bedürfen. Man kann
die Amerikaner leicht darauf aufmerksam machen, daß der nationale, allgemeine Charakter der Staatsschule durch die Einführung der Bibel
verwischt werde, und dieselbe dadurch zu einer Sektenanstalt herabsinke.
Man kann den katholikenfeindlichen Nativisten überzeugen, daß er gerade
dadurch, daß er durch Beibehaltung der Bibel die katholische Kinder
von der Staatsschule fern hält, dem Katholicismus eine große und gefährliche Gewalt einräumt, nämlich das ganze Departement der Erziehung über seine Angehörigen. Man kann auf die Constitution hindeu-
ten, welche Nichteinmischung des Staates in die Religion befiehlt, u. verbietet, religiöse Gesetze zu machen. Tausend Gründe und Beweise sind
an der Hand, um gegen dieses Vorurtheil anzukämpfen, und es ist nur
nothwendig, diese Gründe und Beweise zu benutzen, um das schädlich-
ste Vorurtheil, das auf den Freischulen lastet, zu v rbannen. Wenn
man einmal mit diesem Stein des Anstoßes fert g ist, so wird man
auch den zweiten Punkt zur Erledigung reif finden. Weßhalb wir den
Unterricht in der deutschen Sprache für die englischen Freischulen verlangen, dafür lassen sich die gewichtigsten Gründe anführen; wir verweisen
hier auf einen trefflichen Bericht des Richter Stallo an den Schulsuperin-
tendenten von Ohio, der seiner Zeit im „Westboten" veröffentlicht wurde
und leider nicht die gehörige Beachtung gefunden zu haben scheint.† Herr
Stallo macht in diesem Berichte darauf aufmerksam, daß wir nicht
vom nativistisch-deutschen Standpunkte dies Verlangen stellen, sondern
vielmehr nur, um den allgemeinen, populären Charakter der Schule zu
bewahren; daß wir die deutsche Sprache nicht deßhalb gelehrt wissen
wollen, weil sie gerade unsere Sprache ist, sondern weil diese Sprache den
reichsten Schatz der Literatur und Wissenschaft enthält, und dann auch,
weil das Erlernen einer fremden Sprache für die amerikanischen Zöglinge
das einzige Mittel ist, die Ei enthümlichkeiten und den Bau ihrer eigenen
Sprache kennen zu lernen. Zwei Sprachen überhaupt sollten von jedem
gebildeten Menschen gesprochen werden, und unter allen lebenden Sprachen passen vielleicht keine so gut zusammen, wie die deutsche und die eng-

† Wir ersuchen Herrn Beyschlag, diesen Bericht in seiner Schulzeitung zu veröffentlichen.

lische, da die eine gewissermaßen die Ergänzung und Fortsetzung der andern genannt zu werden verdient. · So ist es auch schon in einigen Staaten, wie z. B. in Ohio, verordnet, daß deutsche Lehrer in den amerikanischen Freischulen angestellt werden, und in Cincinnati z. B. finden wir in jeder Freischule einen wissenschaftlich gebildeten deutschen Lehrer. Daß damit viel mehr erreicht wird, als mit der Errichtung besonderer deutscher Freimännerschulen, liegt auf der Hand. Wir verhehlen nicht, daß bei dem Zustande mancher amerikanischen Freischulen eine deutsche Schule ein lokales Bedürfniß sein mag; wir anerkennen auch gern die ausgezeichneten Leistungen einiger freien deutschen Schulen, wie z. B. der deutschen Schule in der ersten Ward von Milwaulie, die bewunderungswürdige Resultate erzielt hat. Aber trotzdem glauben wir, daß der eingeschlagene Weg nicht der richtige ist. Die Volksschule muß vor Allem eine Schule des ganzen Volkes sein, allgemein, Allen zugänglich und für Alle verbindlich, ein staatliches Institut, und keine private Anstalt! Dies ist in Amerika noch mehr nothwendig, wie in Europa, weil hier die verschiedensten Elemente der Abstammung, wie der Religion nach, sich zu einem Volksganzen verschmelzen müssen. Wir haben schon angedeutet, daß der Prozeß des Amerikanisirens — ein Prozeß, der am Ende für Jeden, der in diesem Lande für sich und seine Familie eine Heimath gründen will, unumgänglich nothwendig ist, — am besten und zweckmäßigsten in der Volksschule vorgenommen werden kann, daß hier die Abkömmlinge der verschiedensten Nationen schon in frühester Jugend sich als Glieder Einer menschlichen Gesellschaft und Eines Staates betrachten lernen. In dieser Beziehung stimmen wir also vollständig mit den Amerikanern überein, und können, wenn wir deßfallsige Wünsche geltend machen, auf Bereitwilligkeit und Geneigtheit von Seiten unserer amerikanischen Mitbürger rechnen. Wir sind gerade nicht geneigt, die Aemterjägerei unter den Deutschen zu verbreiten und zu empfehlen, aber wir glauben, daß es uns mehr Ehre machen würde, wollten wir deutsche Candidaten zu Schulämtern aufstellen, als zu verschiedenen andern Posten. Wiskonsin z. B. hat eines der wichtigsten Staatsämter, das eines Staatsschatzmeisters, gewöhnlich von Deutschen besetzt, und ich denke, daß die Amerikaner den Deutschen noch lieber das Amt eines Staatsschulsuperintendenten, als das eines Schatzmeisters überlassen würden. Ebenso könnten die Deutschen in städtischen und County-Wahlen ihren Einfluß bei Besetzung der Schulämter nicht genug geltend machen. Eine solche Agitation wäre am Ende das beste Annäherungsmittel zwischen Deutschen und Amerikanern, und würde uns den Amerikanern gegenüber nützlich und unentbehrlich machen. Denn im Schulwesen kann der Deutsche, der die wissenschaftlichen Schulen seines Heimathlandes durchgemacht hat, mehr leisten und bessere Rathschläge geben, als der Amerikaner. Nach dieser Seite muß und kann noch viel gethan werden. Man macht durch das ganze Land jetzt Agitation gegen das Maine Law, bildet Vereine, stellt Anwälte an, stiftet Zeitungen, führt Processe und hält Reden: warum agitiren wir nicht einmal die Schulfrage in derselben Weise? Ist das Thema vielleicht nicht ebenso wichtig und dringend? Liegt hier nicht gerade das beste Widerstandsmittel gegen den Nativismus? Kann uns Etwas mehr zur Ehre u. zum Vortheil gereichen, als wenn wir die Reformatoren des amerikanischen Schulwesens werden? Paßt Etwas mehr zu der Geschichte des deutschen Volkes und zu seiner historischen Mission. In dieser Beziehung kann mit geringeren Mitteln mehr geleistet werden, als durch die Stiftung besonderer deutscher Freischulen, die trotz aller Vortheile, welche sie bieten, und Opfer, die sie kosten, doch den amerikanischen Staatsschulen gegenüber nur den Rang einer Sekten- oder Privatschule einnehmen.

Wir legen diese Fragen einstweilen einmal dem Publikum vor und versprechen, unsere Stellung hierselbst so gut, wie möglich, für die Betheiligung der Deutschen an dem amerikanischen Schulsysteme und für die Anstellung deutscher Lehrer daselbst zu benutzen. In Michigan ist dies am Ende nicht ganz so schwer, da dieser Staat viele gebildete Amerikaner zählt, die der organischen Entwickelung des Freischulsystems günstig gestimmt sind. Ein Beweis davon ist die Staatsuniversität, die von dem Geiste der deutschen Wissenschaft beseelt ist. Michigan hat schon lange nach der Ehre gestrebt, eine Vormauer der Civilisation im amerikanischen Westen zu sein, und wir wollen mit unseren schwachen Kräften auch dahin streben, diesen Wunsch erfüllen zu helfen.

Rösler und Loose.

Die Leser wissen, was diese Namen bedeuten. Sie bedeuten die alte, tausendjährige Wahrheit, daß der Fluch der Armuth und des Elendes auf jeder Freiheitsbestrebung und jedem freien Manne liegt. Es scheint, als wenn die Schwelle der Freiheit mit Gift bestreut wäre, als wenn Liebe zur Freiheit und Glückseligkeit ewig feindliche Begriffe wären, die sich immer fliehen und einander abstoßen. Ein düsteres, feindliches Verhängniß scheint über jedem Menschen zu schweben, der sich um die Bildung und Aufklärung seiner Mitbürger kümmert. Die Kämpfer der Freiheit sind auch die Opfer derselben. Wie Viele von denen, die 1848 und 1849 für die Sache des Volkes und der Freiheit in die Schranken traten, haben wir schon untergehen sehen; was Pulver und Blei, was die Stickluft der Kasematten nicht hinwegnahm, das tödtete das Exil und das Elend. Und

nicht nur das. Eine gemeine, gleichgültige Menge lacht in stumpfer Rohheit über die Menschen, die von Freiheit zu sprechen wagen, die noch etwas
Höheres kennen, als den Dollar und den Cent. Vae victis! so heißt es
heute noch, wie vor tausend Jahren. Auch Rösler und Loose gehörten zu
denen, welchen das Schicksal diesen Verdammungsspruch zugerufen hat.
Beide waren thätige Theilnehmer an den revolutionären Bewegungen der
letzten Jahre, und gehörten jener entschiedenen Richtung an, welche die richtigen Mittel zum Zwecke erkannte und wollte. Die Schicksale beider Männer sind bekannt. Während Rösler im Frankfurter Parlamente der entschieden republikanischen Partei angehörte, bewegte sich Loose als ächter
Volksmann, als der treue, unermüdliche Freund der Arbeiter, unter dem
Volke, wo er eine große Popularität und feurige Beredsamkeit für die Sache der Freiheit verwandte. Loose war mit Ronge, Wislicenus und Anderen ein Vorkämpfer auf dem Gebiete religiöser Aufklärung gewesen; er
hatte erst in Schlesien, dann in Neustadt in der Pfalz eine freie Gemeinde
geleitet, und es wird noch Mancher dort seiner in dankbarer Erinnerung
gedenken. Er besaß etwas von jenem Fanatismus der Freiheit, der revolutionäre Männer und Perioden kennzeichnet, und gehörte immer den
extremsten Richtungen an. In dem badisch-pfälzischen Kriege war Loose
einer der energischsten und thätigsten Führer; er wurde mit dem Insur-
rektionsplane in Würtemberg beauftragt, und Niemand, der mit den Thatsachen bekannt ist, wird das Mißlingen dieser wichtigen Bewegung auf
seine Rechnung setzen. Der große Monsterproceß gegen die Würtemberger
Insurgenten trug seinen Namen. In die Schweiz geflüchtet, konnte er es
nicht aushalten, seine Familie darben zu sehen; er kehrte nach Würtemberg zurück, und wurde dort mehrere Jahre auf dem Hohenasperg gefangen gehalten. Es ist leicht erklärlich, daß dort in der Einsamkeit des Ge-
fängnisses, bei dem Gedanken an sein unglückliches Vaterland und seine
darbende Familie, sich in dem ungestümen, leidenschaftlichen Manne der
Keim zu jener Krankheit ausbildete, welche die Geisteskräfte des so hoch-
begabten und kenntnißreichen Mannes zerstörte. Aus dem Asperg entlassen, kam Loose nach Amerika, und hier sollte der Kelch des Leidens für
ihn bis zum Uebermaße gefüllt werden. Wäre Loose ein Wirth oder Bierbrauer geworden, so hätte er wohl nicht die Tage der Armuth und Entbehrung durchleben müssen, welche dem Erzieher der Jugend und dem Prediger der Freiheit zu Theil wurden. Erst in Williamsburg, dann in
Milwaukie als Prediger einer freien Gemeinde und als Lehrer an einer
freien Schule angestellt, hatte er das gewöhnliche Schicksal eines Lehrers,
die Armuth, zur Genüge; auch er hatte oft Gelegenheit, sich an den alten
Vers zu erinnern:
„Wer nie sein Brod mit Thränen aß."
Da verdüsterte sich der helle Geist immer mehr und mehr, und als

noch schwere Krankheitsfälle hinzukamen, da wiederholten sich die Anfälle von Wahnsinn, an denen er schon früher zweimal gelitten hatte, und es ist jetzt so weit gekommen, daß Loose in Ermangelung eines Irrenhauses dem Armenhause von Milwaukie County übergeben worden ist. Doch geben wir immer unsern Freund noch nicht verloren; wir geben immer noch nicht die Hoffnung auf, daß er gerettet und geheilt werden könne. Dazu ist aber eine fortdauernde, bereitwillige Theilnahme des Publikums nothwendig, und wir halten es für die Pflicht der Presse, die Erinnerung immer und immer wieder auf diese Ehrenpflicht gegen einen Märtyrer der Freiheit hinzulenken.

Rösler hatte sich auch an den Insurrektionsversuchen in Würtemberg betheiligt, und wurde nach gewaltsamer Auflösung des Rumpfparlamentes verhaftet und auf den Asperg geschleppt. Die preußische Regierung verlangte seine Auslieferung, und es war nur zu wahrscheinlich, daß die zu diesem Zwecke gepflogenen Unterhandlungen mit der Auslieferung und Hinrichtung Rösler's geendigt haben würden, wenn nicht eine kühne und interessante Flucht, bei der Rösler u. seine Frau ebensoviel Heldenmuth, wie Klugheit an den Tag legte, ihn befreit hätte. Rösler pflegte die romantische Geschichte jener Flucht gerne zu erzählen, und man hörte ihm auch gerne dabei zu. Damals freilich, als die Beiden, dankbar wegen der Rettung, über den friedlichen Bodensee dem sicheren Schweizer-Asyle entgegen ruderten, damals hat gewiß die muthige Frau Rösler's die traurigen Wittwentage am fernen Mississippi nicht geahnt. In Amerika versuchte Rösler zuerst sein früheres Fach, das Schulfach, u. da er darin mit den in Amerika gebräuchlichen und oft unübersteiglichen Hindernissen zu kämpfen hatte, verlegte er sich auf die Journalistik. Da er indessen zur Partei der Whigs sich gesellt hatte, die damals bei den Deutschen sehr in Verruf war, — und wohl nicht ganz mit Unrecht, denn die Whigs hatten gerade damals das Slavenauslieferungsgesetz erlassen, — so fanden seine literarischen Arbeiten Anfangs wenig Anklang, bis daß durch die Veränderung der Politik und Parteien das Publikum ihm geneigter wurde, und er durch einige vorzügliche Arbeiten sich einen großen Ruf erwarb. Trotzdem, daß sein Blatt, die „Quincy Tribune", an politischen Mißständen zu Grunde ging, würde Rösler doch bald wieder einen großen Leserkreis um sich gesammelt haben, wenn der Tod ihn nicht abberufen hätte. An seinem Grabe schweigen die Verläumdungen, mit denen man sein Leben überhäuft hatte, still, und die Deutschen hier, wie drüben, bedauern einen „guten Mann."

Wir brauchen wohl nicht die Subscriptionen für beide Familien zu befürworten. Traurig genug, daß sie nothwendig sind. Traurig genug, daß das Zeichen von Freisinnigkeit, Geist und Charakter die Armuth und die Sorge ist.

Nun, wir haben der großen Rechnung, welche wir noch einmal drüben abzumachen haben, zwei neue Namen hinzuzufügen. Der Weg zur Freiheit ist durch eine lange Reihe von Gräbern bezeichnet; welchen Namen wird man auf das nächste Grab schreiben?

Die Zukunft Deutschland's.

Niemals, selbst nicht in den Tagen von Canossa und der Napoleonischen Unterjochung, hat Deutschland eine so traurige Rolle gespielt, wie in dem gegenwärtigen Weltkriege. Es handelt sich dabei speciell um deutsche Interessen, um die Donaumündungen, Donaufürstenthümer u. s. w., Deutschland ist das nächste Angriffsobjekt der russischen Eroberungspolitik, sobald einmal die ottomanische Macht gebrochen ist: aber Deutschland zieht sich ängstlich vor dem Kampfe zurück, und wagt nicht, sein Schwert zum Schutze seiner Grenzen und Interessen zu ziehen. Die Motive dieser passiven Politik sind in nichts Anderem zu suchen, als in russischen Einflüssen, die sich an den Residenzen der kleinsten deutschen Raubritter, wie auf den Höfen der beiden Großmächte kund geben, und in der inneren Uebereinstimmung des bürokratischen und militärischen Despotismus der deutschen Staaten mit russischem Absolutismus. Einen so traurigen Anblick aber auch der gegenwärtige Zustand Deutschlands bietet, so ist es doch bei der Art und Weise, wie die Westmächte den Krieg führen, kaum zu beklagen, daß Deutschland nicht in einen Krieg verwickelt wird, der, mit unzulänglichen Mitteln geführt, kaum die Möglichkeit eines Erfolges zeigt. Dieser Krieg, welcher die Geschicke Europa's entscheidet, wird mit einer Lauheit und Mattigkeit geführt, die mehr Opfer an Geld und Leuten kostet, als ein rascher, entschiedener, gewaltsamer Operationsplan. Da ist es denn immerhin gut, daß deutsche Heere nicht nutzlos vor Sebastopol geopfert werden. Man wird das deutsche Blut und Geld noch einmal anderswo nothwendig haben. Es ist vorauszusehen, daß der Krieg nicht an den Mauern von Sebastopol zerschellt, sondern sich näher liegende und wirksamere Schlachtfelder sucht. Da wird nun wieder Deutschland das Terrain abgeben, auf welchem die Nationen Europa's ihre Leichen umherstreuen. Es ist vorauszusehen, daß Deutschland in den Mittelpunkt des Kampfes treten wird, sobald derselbe einen mehr prinzipiellen Charakter annimmt und zu einem Revolutionskriege wird. In Deutschland selbst wird der Krieg dann direkt zu einem Parteikampfe, den die absolutistische und republikanische Partei mit einander auskämpfen. Sobald der Krieg den Rhein überschreitet, wird der Krieg der Nationen und Dynastien ein Krieg der Parteien und Prinzipien. Dann und nur erst dann ist es möglich, den letzten Trumpf, mit dem die englischen Blätter schon jetzt zu drohen wagen, auszuspielen, und den Krieg der Nationalitäten ausbrechen zu lassen. Es ist lächerlich, wenn man schon jetzt von einer Schilberhebung in Polen, Ungarn und Italien spricht. Eine Insurrektion in Italien würde zur Zeit und ehe noch in Deutschland revolutionäre Bewegungen auftauchen, nichts als ein blutiges Possenspiel sein, und in Ungarn und Polen ist nichts zu machen, wenn die Revolution daselbst nicht in Deutschland Hintergrund und Basis hat. Alle die Prophezeihungen und Proklamationen von Kossuth und Mazzini entbehren der Wirkung und der Wahrheit, weil sie diesen wichtigsten Punkt übersehen. Deutschland ist schon durch seine jetz'gen politischen Verbindungen,—die vielleicht nicht allein das Resultat dynastischer Erbschleicherei und macchiavellistischer Eroberungspolitik sind, sondern auch ihre natürlichen Ursachen haben,—der Schlüssel von Italien, Ungarn, Polen, und die bisherigen Befreiungsversuche dieser Nationen standen bisher immer mit politischen Bewegungen in Deutschland in Verbindung. Deutschland deutet schon in seiner gegenwärttgen Gestalt die Rolle an, welche es kunftig und vielleicht schon in der nächsten Zeit spielen wird, nämlich, daß es den Schwerpunkt der europäischen Geschicke, das Centrum der politischen Bewegung, die Basis des europäischen Staatsgebäudes wird. Es ist leicht, aus einer Vergleichung Deutschlands mit den andern europäischen Staaten dieses Resultat zu ziehen. Frankreich, welches bisher den Schwerpunkt der europäischen Politik bildete, steigt sichtlich von der Höhe seiner historischen Bedeutung herunter; die Geschichte der letzten Jahre, besonders des Staatsstreiches, beweist die große moralische Entkräftung dieses Volkes; mehr noch, wie dieses, beweist die Unfähigkeit der Franzosen, Kolonien zu gründen, — eine Unfähigkeit, welche in Amerika, wie in Afrika offenkundig geworden ist, — daß dieses Volk keine feste Basis und keine große Zukunft mehr hat. Frankreich wird, aller Voraussicht nach, ebenso wie Spanien, von dem Range der ersten Weltmacht bis zu einem Staate zweiten Ranges heruntersteigen, und schon die einzige Thatsache, daß Frankreich ein katholisches Land ist, ist vielleicht im Stande, dies zu erklären. Die romanischen Nationen, die Völker des Mittelmeeres, scheinen überhaupt unter dem Einflusse der Weltmeer-Politik u. der oceanischen Völker zu verschwinden. England's politische Größe, der Ruhm seiner Verfassung, die Furcht vor seiner Marine, scheint auch in den letzten Jahren ziemlich gelitten zu haben; das Fundament des englischen Staatsgebäudes ist unterwühlt, und sein außereuropäischer Einfluß verringert sich sowohl in Nordamerika, wie in Asien. Außerdem ist es eine politische Nothwendigkeit, daß der Schwerpunkt der europäischen Politik mehr nach dem Osten zurückgedrängt werdé, damit Rußland an seinem gefährlichen Uebergewicht verliere. Polen und Ungarn, die Vormauern gegen russische Barbarei, sind vielfach aus deutschen Elementen und von deutschen Einflüssen durchkreuzt, und diese Einflüsse werden sich noch verstärken, wenn beide Länder von der Suprematie Rußland's befreit und von den politischen Ideen des westlichen Europa's geleitet werden. So wird denn Deutschland als der Mittelpunkt Europa's bastehen, als die Basis jener großen Verbrüderung freier Völker, welche die europäische Demokratie unter dem Namen Völkerbund zu ihrem Losungswort gemacht hat. Diese Idee eines Völkerbundes, welche den Amerikanern noch fremd zu sein scheint, ist in Europa schon ziemlich populär: Männer, wie Göthe, Humboldt, haben diese Idee schon längst ausgesprochen, und sie ist heute in dem Programme jedes europäischen Revolutionärs enthalten. Der Socialismus der Staaten und Völker ist ebenso naturgemäß und nothwendig, wie der Socialismus der Individuen, und nach demselben Naturgesetze, nach welchem sich die Individuen zu staatlichen Gesellschaften vereinigen müssen, werden auch die Nationen sich zu einem großen Völkerbunde verbrüdern, nach den Gesetzen der Gleichberechtigung und Freiheit. Dies ist die einzig mögliche Lösung jener Bestrebungen der Friedensfreunde, welche Kriege durch ein Schiedsgericht der Nationen unmöglich machen wollen; dies ist die wahre und wirkliche Realisirung jener christlichen Verheißung: „Es soll nur Ein Hirt und Eine Heerde sein." Die Menschheit soll sich als ein Ganzes erkennen, in welchem jedes Individuum gleiche Rechte und Pflichten hat, und alle nur Eine Aufgabe und Ein Ziel verfolgen. Dies wird die höchste und oberste Organisation des Menschengeschlechts sein, die schönste und vollendetste Harmonie, welche die Natur hervorzubringen fähig ist. Als den ersten Träger und Vorkämpfer dieser großen Idee können wir kühnlich Deutschland nennen, das vielfach zerrissene und von feindlichen Brüdern bewohnte Deutschland, dem trotz seiner jetzigen Erniedrigung doch noch eine große Zukunft blüht, eine Zukunft, welche sich vielleicht schon in der nächsten Zeit der erstaunten Menschheit zeigen wird. Es mag sein, daß ein gewisser Nationalitätsstolz unsre politischen Ideen verdunkelt, wenn wir glauben, daß Deutschland mehr zur politischen Freiheit befähigt, mehr darauf angewiesen ist, den starken, festen Mittelpunkt der europäischen Föderation zu bilden, als irgend ein anderes Land in Europa. Wir gehen von der Ueberzeugung aus, daß die Begriffe Bildung und Freiheit in Wechselwirkung stehen, und daher vertrauen wir fest der politischen Zukunft Deutschland's. Nur Deutschland kann Europa die Garantie des Friedens, der Ruhe und der Freiheit geben, denn Deutschland ist das einzige Land, das seine politische Hegemonie nicht zur Unterdrückung schwächerer Nachbarn mißbrauchen wird.

Die Karte des zukünftigen Europa, die vielleicht anderswo, als in

Paris, gezeichnet werden wird, zeigt uns Deutschland als den Mittelpunkt eines Kreises von Republiken, welche mit Deutschland entweder durch dieselbe Abstammung, durch eine verwandte Sprache oder übereinstimmende Interessen im Zusammenhange stehen. Die Schweiz, Belgien, Holland, Dänemark, Schweden und Norwegen, die deutschen Ostseeprovinzen, Polen, Ungarn, die Donauprovinzen, endlich Italien: alle diese Staaten werden, wenn einmal der große Kampf gekämpft ist, den Schutz und die Garantie ihrer eigenen Freiheit in der Freiheit Deutschland's finden. Deutschland ist der natürliche Mittelpunkt dieses Völkercomplexes, welcher weder in Paris, noch in London, noch in St. Petersburg sein Centrum suchen kann. An diese Föderation werden sich dann im weiteren Kreise die übrigen europäischen Staaten anschließen, so daß der politische Organismus naturgemäß von dem Innern, von dem Herzen Deutschland's ausgeht, wo alle Fäden des politischen Lebens zusammenlaufen. Deutschland ist für sich selbst schon ein Bild von ganz Europa; es bildet heutzutage schon annäherungsweise die Musterkarte der europäischen Nationalitäten; es vereinigt russische und französische, italienische und englische Elemente in sich; Deutschland ist ein kosmopolitisches Land, dessen Herz von den Ideen und Bestrebungen der ganzen gebildeten Menschheit erfüllt ist. Dieses Land eignet sich also vollständig dazu, den hauptsächlichsten Vermittler des internationalen Verkehres abzugeben, und ein mächtiges Gegengewicht gegen die einseitige und veraltete Nationalitätspolitik zu bilden.

Diese Nationalitätspolitik, die gegenwärtig in den Köpfen der Londoner Emigration so sehr spuckt, wird in dem bevorstehenden Freiheitskampfe vielleicht gefährlicher werden, als die russischen Bajonette, weil sie die große europäische Bewegung in eine Menge kleiner, unnützer Seitenkanäle abzuleiten droht. Es scheint, daß Leute, wie Mazzini, Kossuth u. s. f., durch die Ereignisse der letzten Jahre noch nicht genügend von der Erfolglosigkeit nationaler Schilderhebungen überzeugt sind. Wenn Kossuth von dem orientalischen Kriege redet, so hat er hauptsächlich Ungarn im Auge, und Mazzini denkt noch immer daran, daß von Rom, welches zweimal Europa beherrscht hat, die Wiedergeburt Europa's ausgehen müsse. Nun, wenn sich mit diesen Illusionen nicht noch einmal so schwere Mißgriffe in der Praxis verbinden, wie wir im Jahre 1848 und 1849 erlebt haben, so können wir uns schon damit zufrieden geben. Wird in Europa einmal freie Luft und freier Boden, so daß sich die Staaten, frei, nach natürlichen Gesetzen u. Bedingungen, bilden können, so wird sich das Verhältniß zwischen den einzelnen Nationen schon von selbst ergeben.

Wenn wir der Ueberzeugung sind, daß die Construktion des modernen europäischen Staatensystems nach föderativen Grundsätzen vor sich gehen wird, so geben wir damit nicht gerade dem Lieblingsplane einiger deutschen Revolutionäre Beifall, welche das Föderativsystem auch auf Deutschland selbst anwenden wollen, die von schwäbischen, westfälischen, sächsischen, bairischen ꝛc. Republiken reden, welche in ähnlicher Weise, wie die Ver. Staaten von Nordamerika, miteinander verbunden werden sollen. Das Föderativsystem, wie es in Amerika besteht, paßt gewiß ausgezeichnet zu den Verhältnissen dieses ausgedehnten Landes, das sich unter verschiedenen Zonen erstreckt, von den verschiedensten Racen u. Nationen bewohnt wird, und die entgegengesetztesten lokalen Interessen hat. Aber Deutschland ist ein compaktes, abgerundetes Ganze, das in seiner unendlichen Mannigfaltigkeit doch die Einheit des Volkscharakters, dieselbe Sprache, Bildung, Literatur und Wissenschaft zeigt. Die Deutschen sind vielleicht noch eher dazu befähigt, eine einige und untheilbare Nation zu sein, wie die Franzosen; freilich wird die deutsche Nationalität immer erst ein Produkt der deutschen Freiheit sein. Wir möchten nicht bei der Neugestaltung Europa's von deutschen Duodezrepubliken hören. Soll Deutschland der Schwerpunkt des republikanischen Europa sein, die Basis des europäischen Völkerbundes, so muß es es eine einzige und untheilbare Republik sein, eine imposante, massenhafte Macht von entscheidendem Einfluß, nicht eine Vereinigung von Provinzial-Parlamenten, deren Thätigkeit von lokaler, nicht von europäischer Bedeutung sein würde. Nur dann wird das europäische Staatengebäude eine sichere Zukunft haben.

Manche mögen diese Andeutungen für Träumereien halten; wir glauben, daß etwas Realität in ihnen liegt, falls überhaupt die Wiedergeburt von Europa keine Chimäre ist. Wir sind überzeugt, daß Deutschland in der Reihe der europäischen Republiken eine andere Rolle spielen wird, als in der Reihe der Dynastien. Deutschland, als ein einiges, freies Land, dies ist immer noch die glänzendste Aussicht, welche man von der Zukunft Europa's haben kann. Auch wir wollen es uns nicht verbieten, uns dieser Aussicht zu freuen, wäre es auch nur deßhalb, weil man überhaupt in Amerika Illusionen nothwendig hat. Wo wäre denn auch ein Mensch, der nicht mehr auf sein Vaterland hoffen möchte?

Technische Fortschritte gegen schwarze und weiße Sklaverei.

Man hat in der letzten Zeit vielfache Vergleichungen zwischen schwarzer und weißer Sklaverei gemacht; es war eine stehende Phrase der Hunkerblätter, daß das Streben der amerikanischen Antisklaverei-Partei sei, die schwarzen Sklaven frei und die weißen Arbeiter zu Sklaven zu machen,

und solches Gerede fand bei der gedankenlosen Menge großen Anklang.
Indeßen ist leicht darauf aufmerksam zu machen, daß zwischen dem Loose
eines Negersklaven und dem eines Fabrikarbeiters, — mag derselbe noch
so arm und gedrückt sein, — ein himmelweiter Unterschied ist. Selbst
wenn man dem nördlichen Arbeiter die Trinkfreiheit nimmt, und sein
Stimmrecht beschränkt, wie einzelne Fanatiker wollen, so ist er doch noch
kein Sklave, den man von seiner Familie weg verkaufen kann, so ist sein
Zustand doch noch immer ein Rechtszustand, durch Gesetze geschützt. Wir
geben zu, daß der Zustand der in Fabriken arbeitenden Bevölkerung ein
beklagenswerther ist, aber die Verbeßerung dieses Zustandes ist eine sociale
Frage, während die Abschaffung der Sklaverei eine Frage des absoluten
Rechtes ist. Wenn wir von der Sklaverei sprechen, so müssen wir sehr die
Rechtsfrage von der socialen Frage unterscheiden, erst, wenn die erste
Frage erledigt ist, kann die zweite zur Behandlung kommen. Wir geben
zu, daß der sociale Zustand der Neger dem amerikanischen Volke noch vielfache Schwierigkeiten und Beschwerden verursachen wird, und daß Jahrhunderte nothwendig sind, sie zu lösen. Man verletzt niemals ungestraft
die Menschenrechte. Aber die steigende Kultur und Humanität des Menschengeschlechts wird auch diese Frage lösen, sobald man einmal die
Frage der absoluten, unveräußerlichen Menschenrechte beantwortet hat.
Dies ist der Punkt, um den es sich zunächst handelt, und in Bezug darauf
kann von keiner Parallele zwischen weißen und schwarzen Sklaven die Rede sein, welche in Bezug auf die socialen Zustände allerdings gezogen
werden kann.

Ebenso, wie die Sklavenfrage in Amerika der Angelpunkt aller Politik
und der Ausgangspunkt aller politischen Parteien und Bewegungen ist,
ebenso ist die sociale Frage in Europa die Triebfeder der Revolutionen
und der tiefe, dunkle Hintergrund der Ereignisse. Man hat in Europa,
namentlich in Deutschland und Frankreich, tausende von Theorien aufgestellt, die sociale Frage zu lösen, ebenso wie auch in Amerika die Sklavenfrage das Thema der verschiedensten politischen Doktrinen ist. Aber alle
diese Theorien haben sich bisher als sehr unpraktisch und unglücklich erwiesen. Es handelt sich hier mehr um materielle Interessen, als um politische Doctrinen, und die Fortschritte der Naturwissenschaften, der Technik
und Mechanik, sind am Ende wichtiger für die Verbeßerung des Zustandes
der arbeitenden Klassen, als die kommunistischen Systeme. Der Zustand
der menschlichen Arbeit selbst muß sich ändern, soll sich der Zustand der
Arbeiter ändern.

Jeder Mensch muß arbeiten, nicht nur aus äußerer Nothwendigkeit,
sondern auch aus innerem Bedürfniß. Aber die Arbeit muß der Menschennatur und dem Selbstbewußtsein des Menschen angemessen sein, nicht

eine Arbeit, welche die Naturkräfte allein auch verrichten können. Die Arbeit des Menschen ist Denken, und so lange es nothwendig ist, irgend einer Klasse von Menschen eine gedankenlose, maschinenmäßige Arbeit aufzubürden, so lange wird es unfreie Menschen geben. Die Fortschritte zur Hebung und Verbesserung der Lage der arbeitenden Klassen bestehen also im Wesentlichen darin, daß man die Maschinenarbeit, diejenige Arbeit, zu welcher nur körperliche Kraft gehört, der Maschine überantwortet und den Menschen auf eine bewußte, denkende Thätigkeit anweist. Denn es läßt sich nicht läugnen, daß der Arbeiter, welcher wie ein Zugvieh, bloß mit seiner körperlichen Kraft arbeitet, oder dessen Arbeit in mechanischen, immer wiederkehrenden Handbewegungen besteht, niemals ein freier, wahrer Mensch sein kann, und mögen auch die socialen Verhältnisse so geartet sein, daß sie ihm erlauben, Champagner zu trinken. Es giebt eine Sklavenarbeit, die des freien Mannes nicht würdig ist, und wer diese Arbeit verrichtet, wird sich unter den verschiedensten politischen Organisationen doch immer in einer unfreien Stellung befinden, er mag weiß oder schwarz sein, in Republiken oder Monarchien wohnen. In den alten Republiken hatte man für diese unfreie Arbeit eine besondere Klasse von rechtlosen Menschen; der freie Athener überließ dem Heloten die gemeine Arbeit des Hauses u. Feldes, u. suchte seine Beschäftigung in der Ausbildung seines Geistes. Die Vertheidiger der Sklaverei wollen dieses Beispiel auch auf unsere Zustände anführen; sie sagen, wenn nicht ein Theil der Menschheit Sklaev ist, so kann der andere Theil der Menschheit nicht frei sein, die Sklaverei ist eine Voraussetzung der Freiheit. Man vergißt nur dabei, daß wir etwas Anderes haben, was wir an die Stelle menschlicher Sklaverei setzen können, nämlich daß wir die Natur, ihre Kräfte und Produkte zu unserm Sklaven machen können. Die Naturkraft selbst und das Produkt ihrer Vereinigung mit der Wissenschaft und menschlicher Erfindungskraft, die Maschine, soll die Stelle des Heloten vertreten, soll die große, schwere und gedankenlose Arbeit von den Schultern des Menschen hinwegnehmen, und ihm erlauben, seine Zeit der Ausbildung der Wissenschaften und der Veredlung seiner selbst zu widmen. Schon sehen wir, wie ein großer Theil der Arbeit, welcher vor Jahrhunderten oder Jahrzehnten von Menschenhänden gemacht werden mußte, jetzt von der Maschine gemacht wird, und daß die einzige Thätigkeit des Menschen nur in der Beaufsichtigung der Maschine besteht. Täglich versucht man, an den Maschinen Ersparniß von Menschenarbeit eintreten zu lassen, weil die menschliche Arbeit täglich im Preise steigt, also die Menschen täglich mehr werth werden. Auch die Arbeit des Ackerbauers wird immer mehr und mehr eine gedankenvollere; die Wissenschaft mischt sich hinein, und wo früher nur die gedankenlose Gewohnheit herrschte, da findet man jetzt Anwendung physikalischer und chemischer Grundsätze. Die Handwerker bilden sich zu Künstlern aus; sie müssen der Arbeit ihrer Hände feine, elegante Formen geben und Geschmack und Schönheitssinn zeigen. In allen Gebieten menschlicher Thätigkeit wird das Denken zur Hauptsache: Denken aber heißt frei sein. Verfolgen wir die Fortschritte der Technik und Mechanik, die in den letzten hundert Jahren gemacht sind, so finden wir eine solche Veränderung aller menschlichen Berufszweige und Thätigkeiten, daß wir uns kaum noch an die früheren Zustände zurückerinnern können, als die handarbeitende Bevölkerung der Städte noch in Zünfte und Innungen getheilt war, als auf dem Ackerbauer die Leibeigenschaft lastete, als aus jedem Thale uns das Rauschen eines Mühlrades oder das Klappern des Hammers entgegentönte. Jetzt freilich sind diese kleinen Mühlen und Hämmer in unseren Thälern verödet; man hält es in dem Zeitalter des Dampfes nicht mehr für nützlich, die kleinen Wasserkräfte zu benutzen; große Fabriken treten an die Stelle dieser kleinen Etablissements, und die Arbeitskraft konzentrirt sich immer mehr in den großen Städten, den Sammelplätzen des Proletariates, der „weißen Sclaverei." Scheint aber dies nicht gerade mit dem hier Gesagten in Widerspruch zu stehen? Scheinen die Fortschritte der Technik und Mechanik nicht gerade eine Verarmung der Massen und eine Zusammenhäufung des Reichthums in wenigen Händen hervorzubringen? Dies behaupten wenigstens die meisten socialistischen Schriftsteller. Doch wenn man bedenkt, daß jetzt ein Dutzend Arbeiter mit Hülfe der Maschinen mehr Arbeit produziren können, als früher Hunderte, daß die Summe der Produkte sich unendlich vervielfacht und ihr Preis sich verringert hat, so müssen wir gerade in der Maschine den ersten und hauptsächlichsten Wohlthäter des Arbeiters sehen, dessen Produktionsfähigkeit sie in großem Maße erhöht. Daß es jetzt noch immer eine Anzahl von Menschen gibt, welche gewissermaßen mit zur Maschine gehören, die Theile der Maschine und deßhalb auch zu einem maschinenmäßigen Leben verurtheilt sind, dies ist ein Uebelstand, der durch die Fortschritte der Technik und Mechanik immer mehr und mehr beseitigt werden wird. Die halb vollendete Maschine mag den Arbeiter unterdrücken und zum Sclaven herabwürdigen, die vollendete Maschine wird ihn frei machen. Im Allgemeinen kann man sagen, daß jeder Fortschritt in der Industrie, jede neue Schraube in der Maschine, jede neue Entdeckung in der Chemie u. b Physik ein Schritt zur Befreiung der Arbeitermassen ist, und daß in den Fortschritten der reinen und angewandten Naturwissenschaften für den Arbeiter mehr Heil liegt, als in Cabet's und Fourier's Systemen. Wie überhaupt die Wissenschaft die Grundlage der Freiheit ist, so auch hier; sie macht den Menschen zum Herrn über die Natur und über sich selbst, und stattet ihn mit unerschöpflichen Kräften u. Hülfsmitteln aus.

Der Wille.
(Aus Moleschott's „Kreislauf des Lebens.")

Ob das Blatt einer Pflanze eirund oder rautenförmig, ganzrandig oder federspaltig ist, läßt Jedermann abhängen von Ursachen der Entwicklung, zu welchen sich die Gestalt des Blatts als eine nothwendige, von jeder Willkür unabhängige Folge verhält.

Wenn es eine Biene giebt, die ihre Eier mit Rosenblättern, eine andere Bienenart, welche dieselben mit Blättern des wilden Mohns bedeckt, während eine dritte sie mit Steinchen ummauert; wenn wir hören, daß beinahe jede Spinnenart ein anderes Gewebe spinnt, wenn der Lemming von Skandinavien seinen Vorrath in einem Bau aufspeichert, der nur aus Einer Kammer besteht, während der Hamster einen vielkämmerigen Bau verfertigt, dann schreibt man diese Wirkungen einem Instinktgesetze zu. Auch hier wird eine Folgerichtigkeit zwischen Ursache und Wirkung zugestanden, die seltsamer Weise schon oft dazu veranlaßt hat, dem Thier, wenn auch nur augenblicklich, einen Vorzug vor dem Menschen einzuräumen, weil der Instinkt vor vielen Verirrungen schützt.

Der Mensch steht über dem Thiere, weil er das Instinktgesetz erkennt. „Die Bekanntschaft mit diesem Gesetz," sagt Liebig, „erhebt den Menschen in Beziehung auf eine Hauptverrichtung, die er mit dem Thier gemein hat über die vernunftlosen Wesen, und gewährt ihm in der Regelung sein leiblichen, seine Bestehung und seine Fortdauer bedingenden Bedürfnisse einen Schutz, den das Thier nicht bedarf, weil in diesem die Vorschriften des Instinktgesetzes weder durch Sinnenreiz, noch durch einen widerstrebenden, verkehrten Willen beherrscht werden."

Zugleich wird der widerstrebende, verkehrte Wille als höchste Gabe des Menschen gelobt, und als die Eigenschaft bezeichnet, von welcher alle sittlichen Vorzuge und alles, was dem Menschen heilig ist, hergeleitet werden müssen.

Für die niederen Stufen des Willens giebt man dessenungeachtet zu, daß sie Menschen und Thieren gemein sind, und lange war die Eintheilung beliebt, nach welcher sich die Thiere von den Pflanzen durch willkürliche Bewegung unterscheiden sollten. Zwischen Menschen und Thieren blieb dann nur der Unterschied, daß jene durch einen höheren Grad des Bewußtseins vor diesem ausgezeichnet seien.

Was ist denn aber das Bewußtsein, oder um das stolze Wort der Schule zu gebrauchen, jenes Selbstbewußtsein, das den Menschen zum König der Erde erheben soll.

Stoffliche Bewegungen, die in den Nerven mit elektrischen Strömen verbunden sind, werden in dem Gehirn als Empfindung wahrgenommen. Und diese Empfindung ist Selbstgefuhl, Bewußtsein.

In dem Schulunterricht über das Denken wird strebsamen Köpfen die Auffassung gewöhnlich deßhalb erschwert, weil sich die Schule nicht dazu verstehen kann, die Bildung von Urtheilen, Begriffen und Schlüssen an der bestehenden, frischen Wirklichkeit zu entwickeln. So wenig es gelingt, so eifrig bestrebt man sich doch, dem Schüler einzuimpfen, daß er seine Blicke wegwenden muß vom grünen Baum, daß er das Denken abziehen muß vom Stoff, um ja recht abgezogene Begriffe zu bekommen, mit denen das gequälte Gehirn in einer Schattenwelt sich bewegt.

Gerade so geht es mit den in der Schule gangbaren Vorstellungen vom Bewußtsein. Da soll sich nur der Lehrling nicht beikommen lassen, daß es ein einfaches Verhältniß gebe zwischen Bewußtsein und Außenwelt. Der Mensch, heißt es, hat die Fähigkeit, sein Ich als ein Erkennendes den äußeren Gegenständen entgegenzusetzen, und darin liegt das Selbstbewußtsein, das den Menschen über alle Thiere adelt. Dies aber ist noch viel zu klar. Die Klarheit darf nur scheinbar sein. Und jetzt wird der Gegensatz zwischen dem Ich und dem Ding an sich mit allen Fetzen aus der alten Rumpelkammer von der Wirklichkeit abgezogener Begriffe behängt. Nur gar zu häufig wird das Ziel erreicht, den klaren Begriff in ein geweihtes Geheimniß zu verwandeln, oder, deutlich gesprochen, dem armen Schüler

"wird von alle dem so dumm,
Als ging ihm ein Mühlrad im Kopf herum."

.   .   .   .

"Und in den Sälen, auf den Bänken,
Vergeht ihm Hören, Seh'n und Denken."

Die ganze Sache ist sonnenklar, wenn man sie nicht mit Kunst verunkelt. Das Ding an sich ist nur mit, ist nur durch seine Eigenschaften, durch seine Verhältnisse zu anderen Dingen, durch seine Eindrücke auf meine Sinne. Der denkende Mensch ist die Summe seiner Sinne, wie das Ding, das er beobachtet, die Summe seiner Eigenschaften ist. Darum ist die Erkenntniß des Menschen durch die Sinne beschränkt. Aber diese Schranke umschließt das volle Maaß des Dinges, weil das Ding nur mit Einem gleichartigen Maaß zugleich gemessen werden kann. Andere Geschöpfe finden andere Summen. Der Mensch ist durchaus in seinem Recht, wenn er sich um die Erkenntniß, wie sie im Hirnknoten des Insekts oder im Hirn etwaiger Mondbewohner sich spiegelt, nicht kümmert. Der Mensch ist berechtigt zu sagen: Das Ding an sich ist das Ding für mich.

Offenbar setzt die Empfindung ein Verhältniß unserer Sinneswerkzeuge zu den Dingen voraus. Noch bestimmter: die Empfindung ist ein Verhältniß der Sinne zu den Dingen. Und damit ist es überhaupt gegeben, daß wir unser Ich den einwirkenden Dingen entgegensetzen.

Das Selbstbewußtsein ist nichs Anderes, als die Fähigkeit, die Verhältnisse der Dinge zu uns zu empfinden.

Je häufiger unsere Sinnesnerven den Eindruck stofflicher Bewegungen erlitten, je mehr wir gehört und gesehen, beobachtet und geurtheilt, begriffen und erschlossen haben, je reicher unser Denken, desto lebhafter wird der Gegensatz zwischen dem Ich und dem Ding außer uns. Die Uebung hebt das Bewußtsein. Das Bewußtsein wächst mit der Erkenntniß. Es bekommt um so deutlicher das Gepräge eines ursprünglichen Einzelweselwesens, je schärfer die sinnliche Wahrnehmung sich gliedert.

Darum geht die Entwicklung des Bewußtseins Hand in Hand mit der Entwicklung des Denkens. Das sehen wir in der Reihe der Thiere und in den Lebensaltern des Menschen. Das Kind lebt in den ersten Monaten beinahe unbewußt, ohne Erinnerung seiner Zustände und der Dinge, die auf dasselbe einwirken. Bei Thieren und Menschen ist das Bewußtsein nicht der Art, nur dem Grade nach verschieden. Und dieser Unterschied kann unermeßlich groß, er kann freilich auch ganz außerordentlich klein sein. Immer aber wird es Gelehrte geben, die, wie Condorcet von den Doktoren zu Voltaire's Zeiten spricht, der Furcht leben, daß wenn die angeborenen Anschauungen wegfallen, der Unterschied zwischen ihrer Seele und der der Thiere nicht mehr groß genug sein werde.

Es bedarf der häufig wiederholten Einwirkung, um die Empfindung als klares Bewußtsein festzuhalten. Das Bewußtsein läuft jedoch immer auf Empfindung hinaus. Wir sprechen dem Thiere Bewußtsein ab, wenn es aufhört zu empfinden.

Also ergiebt sich auch das Bewußtsein als eine Eigenschaft des Stoffs.

Das Bewußtsein hat seinen Sitz nur im Gehirn, weil nur im Gehirn die Empfindung zur Wahrnehmung kommt. Das Bewußtsein fehlt, wenn das Gehirn kein Blut mehr enthält oder wenn eine Ueberfüllung mit schwarzem aderlichen Blut seiner regelmäßigen Thätigkeit eine Grenze setzt. Geköpfte Thiere und Enthauptete haben keine Empfindung und kein Bewußtsein, trotz der eigenthümlich zusammenwirkenden Bewegungen, welche Thiere nach der Köpfung vollführen können.

Jobert de Lamballe hat kürzlich eine höchst merkwürdige Beobachtung gemacht an einem Mädchen von einigen zwanzig Jahren, bei welchem durch einen Druck auf den obersten Theil des Rückenmarks dieses Gebilde in seinem ganzen Verlauf unthätig geworden war. Sowohl die Bewegung wie das Tastgefühl war vollständig gelähmt in allen Gliedern und am Stamm. Aber das Bewußtsein war erhalten. Anfangs konnte das Mädchen noch leise ja und nein sagen, bald darauf nicht mehr, obgleich es deutlich die Lippenbewegungen vornahm, welche das Aussprechen jener Wörter erfordert. Die Kranke starb nach einer halben Stunde.

Es kann somit das ganze Rückenmark in Unthätigkeit versetzt werden, ohne daß das Bewußtsein leidet.

Aus dem Gehirn und Rückenmark entspringen an verschiedenen Stellen Nervenbündel, die an ihrer Ursprungsstelle gewöhnlich entweder nur empfindende oder nur bewegende Fasern enthalten. In den mittleren Theilen der Nervengebilde, das heißt im Hirn und Rückenmark, aber auch in vielen Stämmen der Nerven, nachdem sie eine gewisse Entfernung von den mittlern Theilen erreicht haben, legen sich bewegende und empfindende Fasern dicht neben einander.

Eindrücke, die eine Empfindung hervorrufen, werden von dem Umkreis des Körpers nach Rückenmark u. Hirn geleitet. Die empfindenden Fasern leiten rückläufig gegen die mittleren Theile.

In den mittleren Theilen der Nervengebilde überträgt sich der Reiz, der eine empfindende Faser getroffen hat, auf eine bewegende. Und indem diese ihre stoffliche Veränderung nach dem Umkreis des Körpers in die Muskeln fortpflanzt und die Muskelfasern zur Verkürzung veranlaßt, sagt man, die bewegenden Fasern leiten rechtläufig.

Man bezeichnet also die Leitung von der Mitte gegen den Umkreis als rechtläufig, die vom Umkreis gegen die Mitte als rückläufig. Obgleich die Leitung in der Wirklichkeit für die empfindenden Fasern gewöhnlich rückläufig, für die bewegenden rechtläufig ist, hat doch Du Bois-Reymond neulich den Beweis geführt, daß sowohl in den bewegenden, wie in den empfindenden Fasern die Leitung nach beiden Seiten möglich ist.

Trifft nun ein Reiz eine empfindende Faser am Umkreis des Körpers, dann wird derselbe als eine stoffliche Veränderung in die inneren Theile der Nervengebilde fortgepflanzt.

Hierbei sind aber zwei Fälle möglich. Entweder der Reiz war der Art, daß er als Empfindung in das Gehirn fortgepflanzt wurde, und wir werden uns seiner bewußt. Oder die stoffliche Veränderung wird zwar nach Rückenmark und Hirn fortgeleitet, jedoch ohne als Empfindung im Hirn zur Wahrnehmung zu kommen, ohne daß wir uns seiner bewußt werden.

In beiden Fällen kann die Reizung der empfindenden Fasern bewegenden Fasern mitgetheilt werden. Sind wir uns, bevor die Bewegung vollzogen wird, des Eindrucks im Gehirn bewußt, dann nennt man die Bewegung eine willkürliche. Dagegen bezeichnet man sie als eine übertragene Bewegung im engeren Sinne (Reflexbewegung), wenn die Fortpflanzung von der empfindenden Faser auf die bewegende geschieht, ohne daß der Reiz als Empfindung bewußt geworden ist, oder bevor dies geschah.

als der, daß der Reiz, welcher Bewegung erzeugte, mehr oder weniger, oder an der äußersten Grenze auch gar nicht, zum Bewußtsein kam. Nicht dadurch werden wir uns des Reizes bewußt, daß er von empfindenden Fasern auf bewegende übertragen wird und in Folge dessen Bewegung hervorruft, sondern dadurch, daß die empfindende Faser den Eindruck des Reizes bis zum Ort der Empfindung, bis zum Gehirn, mit gehöriger Stärke fortpflanzt.

Wenn die Uebertragung durch Empfindung deutlich bewußt wird, dann nennen wir die Bewegung eine willkürliche.

Aber diese Bewegung ist wie jede andere mit einer Veränderung des elektrischen Stroms in Muskeln und Nerven verbunden. Du Bois-Reymond, dem das ganze Gebiet der wichtigen, hierher einschlagenden Entdeckungen gehört, hat bewiesen: daß in dem Arm, den wir zusammenziehen, ein elektrischer Strom von der Hand gegen die Schulter gerichtet ist. In der Regel ist dieser Strom im rechten Arme stärker, als im linken.

Der elektrische Strom, der eine Abänderung der Magnetnadel hervorbringt, und seine Veränderung entstehen nur in Folge stofflicher Zustände der Nerven, welche durch Reize, durch sinnliche Eindrücke, hervorgebracht werden. Ohne eine solche Veränderung in den Nervengebilden, und zwar im Hirn, kommt eine willkürliche Bewegung nicht zu Stande.

Jene Veränderung kommt aber von Außen.

Die Veränderung steht als Wirkung im geraden Verhältniß zu dem Reiz, der als Ursache einwirkt.

Aus diesem durchaus beweisenden Grunde ist die Bewegung nicht der Ausfluß eines sogenannten freien Willens.

Der Wille ist vielmehr nur der nothwendige Ausdruck eines durch äußere Einwirkungen bedingten Zustand des Gehirns.

Ein freier Wille, eine Willensthat, die unabhängig wäre von der Summe der Einflüsse, die in jedem einzelnen Augenblick den Menschen bestimmen und auch dem Mächtigsten seine Schranken setzen, besteht nicht.

Ich habe absichtlich einen Beweis geführt, ohne Dich erst durch Wahrscheinlichkeitsgründe vorzubereiten oder meine Aufgabe zu erleichtern. Jetzt will ich zeigen, daß alle Einwürfe abprallen an der Richtigkeit jenes Beweises, ich will den Bedenken ihren Stachel nehmen; ich will vor Allem ausführen, daß ich mit den obigen Sätzen nichts Neues lehre, sondern einer Ueberzeugung Worte leihe, die mehr oder minder klar, mehr oder minder gerne von der ganzen gebildeten Menschheit getheilt wird.

Den meisten Menschen wird es schwer, sich die Naturnothwendigkeit ihres Daseins und ihrer Handlungen klar zu machen, weil sie nicht bedenken, daß jeder Eindruck auf Ohr und Auge eine körperliche Einwirkung, eine Bewegungserscheinung ist, welche stoffliche Veränderungen nach sich sieht, weil sie übersehen, daß jeder Trunk, jeder Bissen das Blut und damit die Nerven verändert, daß jeder Luftzug, jede Veränderung des Dunstkreises auf die Hautnerven einwirkt, und diese Wirkung fortleitet bis in das Hirn.

Ein Freund, der uns bewillkommnet, der durch Leid oder Freude unsere Theilnahme erregt, durch eine vertraute Mittheilung unser Urtheil, unsere Begriffe, unsere Schlußfolgerung spannt, beherrscht uns Hirn und Nerven. Das stammelnde Kind versteht nur den Ton der Worte, und anfangs selbst diesen nicht, es freut sich und lächelt über den ernsten Ton der Stimme, wie über den scherzenden. Allmälig lernt es die Worte zu Vorstellungen verbinden, und die stoffliche Veränderung in seinen Nerven pflanzt sich fort in das Hirn, so daß es urtheilen und Antheil nehmen muß.

Wir lesen ein gutes Buch. Das Nachdenken über eine treffende Bemerkung ist eine ebenso nothwendige Folge der Eindrücke, die das Auge errödet, wie das Schauergefühl, das uns bei erhabenen, ergreifenden Schilderungen eines großartigen Unglücks befällt. Darum denken wir auch nicht durch eine Willensthat. Wir werden sehr allmälig durch die Sinne zum Denken erzogen. Das Kind muß schon oft etwas gesehen oder gehört haben, bevor es die einzelnen Eindrücke miteinander vergleicht und zu einem Urtheil verbindet. Noch später greift es das Gemeinsame zweier und mehrer Urtheile zusammen zum Begriff. Zuletzt lernt es nach Begriffen schließen.

In schöner Gegend sind wir angeregt. Wenn der Eindruck mächtig ist, wenn ein armer Bewohner sumpfiger Thäler die Alpen besteigt, wird er gleichsam sich selbst entrissen, und vergißt Stunden, Tage lang alle früheren Verhältnisse zur Außenwelt. Die Stimmung ist die nothwendige Folge, sie ist die ganz verhältnißmäßige Wirkung der sinnlichen Eingriffe. Und auch der Dichter kann seinem Schaffen nicht befehlen.

Eine Musik erweckt Sehnsucht; Vanille, Eier, Glühwein rufen Begierden wach; ein dunkler, wolkenschwerer Himmel, wassergeschwängerte Luft drückt uns nieder, und raubt uns die Schnellkraft zur Arbeit.

Und wann sind wir jemals ohne den Einfluß sich unablässig drängender, oft zahlreich auf uns einstürmender Eindrücke, die in stoffliche Bewegungen aufgeben? Wie unendlich oft greifen die Wirkungen durch so leise Schattirungen in einander, daß wir uns der einzelnen Bedingung nicht bewußt werden, bis doch, wie ein vom Bogen entschossener Pfeil, sich fort und fort bewegt bis an das Ziel, das neuer Veränderung Ursprung ist?

Im Winter, nach Gewittern, auf hohen Bergen erfrischt uns die Luft. Aber im Winter und auf hohen Bergen hat der Sauerstoff eine andere Bewegung, als im Thal und in der Schwüle des Sommers.

Schönbein nennt solchen Sauerstoff erregt, und fand seine Menge größer im Winter, auf Bergen und nachdem ein Gewitter die Luft gereinigt hat. Der denkende Baseler Forscher lehrte den letzteren Ausdruck wörtlich verstehen. Denn jener vom Licht erregte Sauerstoff zerstört die organischen Verbindungen, die als flüchtige Giftstoffe die Luft verderben, und natürlich, je reichlicher er vorhanden ist, desto vollständiger.

Faulende Leichname können die Luft verpesten. Wir merken es, wenn wir in die moderige Luft einer Kirche kommen, die noch vor ziemlich kurzer Zeit als Begräbnißstätte im Gebrauch war. In einer Stadt, die innerhalb ihrer Mauern Kirchhöfe besitzt, bemerkt die Nase den Fäulnißgeruch nicht. Aber dieselben Stoffe, die wir in großer Ansammlung riechen, gehen nichtsdestoweniger in Luft und Wasser über. Sie äußern ihre Wirkung auf den Körper um so unfehlbarer, als sie in Luft, in Wasser die allerunerläßlichsten Bedingungen des Lebens vergiften. Denk was in großer Menge die Luft verpestet, das hört nicht auf, sie zu verderben, weil die Wirkung auf die Nase geschwächt wird. Und Niemand kann bestimmen, wie oft die Ausdünstungen eines Kirchhofes im warmen Sommer Faulfieber erzeugten. Niemand kann es mit Sicherheit widerlegen, wenn ihm ein Dritter die Meinung äußert, daß Kirchhöfe in einer Stadt das Denken verzögern. In Mainz heißt ein hochliegender Theil der Stadt noch heute die goldene Luft, weil er im Jahre 1666 von der Pest verschont blieb.

Wir sind in einem Meere kreisender Stoffe vom Augenblick der Zeugung an. Und schon das neugeborne Kind ist ein Ergebniß zahlreicher Ursachen und nimmer ruhender Schwankungen des Stoffs, das nicht etwa angeborene Anschauungen, aber fertige Anlagen mit auf die Welt bringt, an welchen viele Geschlechter gearbeitet haben. Vom Vater des Urgroßvaters an bis auf seinen Vater ist Desal einem Geschlechte ausgezeichneter Aerzte entsprossen, und auch der Bruder des Grunders der Zergliederungskunde des Menschen war von einer so unwiderstehlichen Neigung zur Naturwissenschaft getrieben, daß ihn die Aeltern nicht zur Rechtsgelehrsamkeit zu zwingen vermochten. Riehl hat in seinem lehrreichen Buch über die bürgerliche Gesellschaft erst kürzlich daran erinnert, daß „man gerade zu einer Zeit, wo man am meisten über den Geburtsadel spottete, dem Stammbaum Sebastian Bach's mühsam nachgeforscht hat; eine lange, stolze Ahnenreihe der kernhaftesten Kunstmeister kam zu Tage, und mit Recht schrieb man diesem künstlerischen Geburtsadel ein gut Theil der auszeichnenden Eigenthümlichkeiten des seltenen Mannes zu." Und wie leicht ließen sich diese Beispiele vermehren!

So ist der Mensch die Summe von Eltern und Amme, von Ort und Zeit, von Luft und Wetter, von Schall und Licht, von Kost und Kleidung. Sein Wille ist die nothwendige Folge aller jener Ursachen, gebunden an ein Naturgeſetz, das wir aus ſeiner Erſcheinung erkennen, wie der Planet an ſeine Bahn, wie die Pflanze an den Boden.

Wenn uns Jemand anredet und wir antworten ihm, wenn ein Schmerz uns trifft, ſo daß wir aufſchreien, dann iſt das Wort, das wir ſprechen, der Schrei, den wir ausſtoßen, mit Nothwendigkeit erzeugt durch Anrede und Schmerz. Aber auch wenn wir nicht antworten mögen, wenn es uns gelingt, den Schrei zu unterdrücken, ſteht die Wirkung in geradem Verhältniß zur Urſache, welche ſie hervorbringt.

Kein Wort iſt irriger, als daß wir nach Belieben den Schmerz ruhig ertragen, oder durch eine Bewegung nach Außen verrathen können. Wir beißen auf die Lippen, ſchneiden fratzenhafte Geſichter, ſtampfen mit dem Fuß auf, heben die Augenbrauen, wir wimmern, klagen, ſchreien, oder verziehen keine Miene, alles je nach dem Grad des Schmerzes, je nach dem Grad der Reizbarkeit, die wir einem gegebenen Reiz entgegenzuſetzen haben. Das Kind ſchreit nie ohne Urſache. Es hat Hunger, Unluſt oder Schmerz. Die Unluſt mag von einem unbefriedigten Verlangen oder vom Unwohlſein herſtammen, immer entſpricht die Bewegung des ſchreienden Kindes genau der ſtofflichen Urſache, die Hunger, Unluſt, Schmerz bedingt.

Eine der höchſten Thaten freier Willensbeſtimmung ſcheint gegeben, wenn der Naturforſcher einen Verſuch anſtellt. Aber der Verſuch iſt Folge eines Gedankens und der Gedanke eine Bewegung des Stoffs, welche ſelbſt die Folge einer ſinnlichen Wahrnehmung iſt. War die ſinnliche Wahrnehmung genau und ſo vollſtändig, wie ſie überhaupt geübten menſchlichen Sinnen möglich iſt, dann wird der Gedanke richtig, der Verſuch vernünftig, und wie jede gute Antwort auf eine vernünftige Frage, das Ergebniß des Verſuchs ein brauchbares ſein. Denn wie man im Leben kenntnißreiche und ſammlungsſtarke Menſchen zunächſt an ihren verſtändigen Fragen erkennt, ſo wird die Vernunft des Naturforſchers vorzugsweiſe durch die Vernünftigkeit ſeiner Verſuche gemeſſen. Aber der Verſuch iſt nothwendige Folge ſeiner Entwickelung. Der Verſuch iſt alſo kein Ausdruck einer unabhängigen Willensregung; der Drang zum Verſuch gehorcht vielmehr einem feſten Geſetze, das alle geiſtige Thätigkeit an ſtoffliche Zuſtände bindet.

Man wird mit Recht bemerken, daß der Verſuch nicht bloß von der Entwicklung des Naturforſchers abhängt, ſondern in ſehr weſentlicher Weiſe auch von den Mitteln und Werkzeugen, deren er zur Anſtellung des Verſuchs bedarf. Denn das Göthe'ſche:

„Und was ſie Deinem Geiſt nicht offenbaren mag,

Das zwingſt Du ihr nicht ab mit Hebeln und mit Schrauben,"

iſt nur richtig in dem Sinn, der ſoeben umſchrieben wurde. Hebel und Schrauben nützen allerdings erſt, wenn vorausgegangene ſinnliche Wahrnehmungen dem Hirn des Menschen einen vernünftigen Gedanken offenbart haben. Aber ohne Hebel und Schrauben, ohne Zink und Kupfer u. Platin, ohne Vergrößerungsglas und Messer, und vor allen Dingen ohne Maaß und Gewicht vermag der forschende Gedanke nichts. Nun liegen freilich diese Mittel und jene Entwicklung des Naturforschers gar häufig in verschiedenen Händen. Dann bleibt der Gedanke eine Zeitlang ein Wunsch, ohne zum Willen erstarken zu können. Bald aber überflügelt die Entwicklung des strebsamen Forschers den Standpunkt desjenigen, der die Waage hat und den Tiegel, ohne sich ihrer zu bedienen. Die Entwicklung wird ein Mittel, die Werkzeuge zu erwerben. Entwicklung und Werkzeuge schaffen den vernünftigen Versuch als unausbleibliche Folge ihrer Vereinigung.

Rede und Styl, Versuche und Schlußfolgerungen, Wohlthaten und Verbrechen, Muth und Halbheit und Verrath, sie alle stehen als nothwendige Folgen in geradem Verhältniß zu unerläßlichen Ursachen, so gut wie das Kreisen des Erdballs.

Man spricht von geschichtlicher Wahrheit, von dichterischer Liebestreue, und verwirft einen Roman, ein Gedicht, das den Charakter seines Helden von unrichtigen Voraussetzungen ableitet. Solche Schöpfungen fehlen gegen die Entwicklungsgesetze der Menschheit. Sie leisten den Forderungen der höchsten Wahrheit, der anerkannten Folgerichtigkeit von Ursache und Wirkung kein Genüge. Es wäre Unsinn, von dichterischer Wahrheit zu reden, wenn das Wollen des Menschen losgebunden wäre von den Schranken ursächlicher Bedingtheit.

Darum ist es durchaus unrichtig, mit Liebig zu behaupten, „daß die moralische Natur des Menschen ewig dieselbe bleibe." „Dieselbe Race", sagt Prichard, „welche zu Tacitus Zeiten zwischen Sümpfen in einsamen Höhlen wohnten, hat Petersburg und Moskau gebaut, und die Nachkommenschaft von Ahnen, die Menschenfleisch und kleine Fichtenfrüchte verzehrten, nährt sich jetzt von Reis mit Trauben oder Weizenbrod." Man bedenke, daß Jupiter und Juno Geschwister waren, und daß die Griechen ihre sittlichen Anschauungen in ihren Göttern verkörpert'n. Ich besuchte in Cleve noch die Schule, a's mich ein kleines Mädchen, das ihren Bruder sehr liebte, fragte, warum es die Menschen nicht machen, wie die Vögelchen, die ihre Geschwister heirathen. Und im Widerspruch mit jener obigen Behauptung sagt Liebig wenige Zeilen später ganz richtig: „Seit der Entdeckung des Sauerstoffs hat die civilisirte Welt eine Umwälzung in Sitten und Gewohnheiten erfahren.

Wie der Einzelmensch, so ist die Gattung ewig im Werden begriffen. Das Hirn und seine Thätigkeit verändern sich mit den Zeiten und mit dem Hirn die Sitte, die des Sittlichen Maßstab ist. Das Heidenthum pries noch den Haß der Feinde als höchste Tugend, während das Christenthum auch für den Feind Liebe verlangte. Wir wissen, daß der Haß als Naturerscheinung nicht unrecht ist, verwerfen es aber, wenn man dem Feinde schaden will, weil dies der Menschlichkeit zuwiderläuft, weil es die edelste Empfindung der Menschennatur verläugnet.

Jene Entwicklung der Sittlichkeit folgt nothwendigen Gesetzen, und jede Stufe ruht auf den vorhergegangenen Ursachen mit unerschütterlich nothwendiger Festigkeit.

Und ist das nicht anerkannt, wenn Quetelet, der berühmteste Erforscher aller Zahlenverhältnisse, die sich auf den Menschen beziehen, der rechtmäßige Stolz Belgiens, schreibt: „Alles, was dem Zufall, dem freien Willen, den Leidenschaften des Menschen oder dem Grade der Intelligenz anheim gegeben zu sein scheint, ist an ebenso feste, unverbrüchliche und ewige Gesetze geknüpft, wie die Erscheinungen der materiellen Welt." Und legt man nicht mit Recht einen unendlich wichtigen Werth auf die Worte des Chors bei Aeschylos im Agamemnon;

> „es kommt
> Wider Willen Weisheit auch,
> Huld der Götter ist dies, die gewaltsam
> Thronen hoch am Rudersitz."

Wir brauchen uns nur klar zu machen, daß die Götter der Griechen, um Liebig's Ausdruck zu gebrauchen, „providentielle Ursachen" sind, Naturgewalten, die als Personen vorgestellt wurden, um die Worte des Chors ganz in Einklang zu finden mit der Weltanschauung, die ich in diesem Brief zu vertheidigen habe.

„Darin liegt das außerordentliche Uebergewicht an Kraft," sagt Liebig, „welches unsere Zeit von allen früheren unterscheidet, daß die Entwicklung der Naturwissenschaften und der Mechanik, sowie die nähere Erforschung aller der Ursachen, wodurch mechanische Bewegungen und Ortsveränderungen hervorgebracht werden, zur genaueren Bekanntschaft mit den Gesetzen geführt haben, welche die Menschen befähigen, Naturgewalten, welche sonst Angst und Entsetzen erweckten, zu seinen gehorsamen und willigen Dienern zu machen. Das bestabgerichtete Pferd folgt nicht geduldiger dem Willen des Menschen, als die Lokomotive unserer Eisenbahnen; sie geht schnell und langsam, sie steht still und gehorcht dem leisesten Druck seiner Finger."

Alles dies ist richtig. Aber möglich ist es eben nur durch die Bekanntschaft mit den Gesetzen, auf welche Liebig mit Recht einen so hohen Werth gelegt hat. Der mächtige Wille ist eine nothwendige Folge der reichen Erkenntniß. Nur dürfen wir es nicht vergessen, daß vorher „die Wirkungen unsern Willen regieren, während wir durch Einsicht in ihren inneren Zusammenhang die Wirkungen beherrschen können." Der Einsicht ent steht immer nur als Folge der Wirkungen, und wird dadurch zur nothwendigen Ursache des Willens.

Es ist nach allem Obigen klar, daß es gar keinen Sinn hat, wenn Liebig schreibt: „Der Mensch hat eine Anzahl Bedürfnisse, welche aus seiner geistigen Natur entspringen, und die durch Naturkräfte nicht befriedigt werden können; es sind dies die mannigfaltigen Bedingungen der Funktionen seines Geistes, auf deren Entwickelung, Vervollkommnung u. Erhaltung die richtige und zweckmäßige Verwendung der Kräfte des Körpers, sowie die Lenkung und Leitung der Naturkräfte zur Hervorbringung aller seiner nothwendigen, nützlichen u. angenehmen Bedürfnisse beruhen." Das Seltsamste aber ist, daß hin und wieder die Vertheidiger ähnlicher Ansichten die neue Weltanschauung als hochmüthig bezeichnen. Als könnte sich der menschliche Hochmuth höher versteigen, als zu „Bedürfnissen, die durch Naturkräfte nicht befriedigt werden können."

Ganz unberechtigt ist es, wenn Liebig von einem Geist spricht, „der in seinen Aeußerungen von den Naturgewalten unabhängig ist", und diesen Geist von Allem unterscheidet, was er außer sich „in den Fesseln unwandelbarer, unveränderlicher fester Naturgesetze sieht." Sehr richtig dagegen ist es, wenn Liebig, auch hier im Widerspruch mit sich selber, an einer anderen Stelle schreibt: „Eine jede Substanz, insofern sie Antheil an den Lebensprozessen nimmt, wirkt in einer gewissen Weise auf unser Nervensystem, auf die sinnlichen Neigungen und den Willen des Menschen ein."

Viel schwerer, als die wissenschaftliche Einsicht in die Richtigkeit des vertheidigten Satzes wird es den Menschen, die so lange an dem Gängelbande eines eingebildeten Gutes liefen, dem die Schwäche des Fleisches widerspricht, viel schwerer wird es ihnen, sich mit dem Willen als Naturerscheinung in den Krümmungen und Kreuzgängen des werkthätigen Lebens zurecht zu finden.

Das erste Bedenken, das sich hier entgegenthürmt, ist immer, daß wenn der freie Wille zu läugnen ist, die Begriffe des Guten und Bösen uns abhanden kommen müssen. Und doch ist eben dieses Bedenken gerade dadurch gelöst, daß wir den Willen als eine feste Naturerscheinung betrachten müssen. Denn nur so lange bleibt die Bestimmung, ob eine Handlung gut oder böse ist, schwankend, als der Maßstab ein zufälliger, das heißt ein von Außen entlehnter ist. Hat man es einmal erkannt, daß das sittliche Maaß in der Natur des Menschen und nirgends anders zu suchen ist, daß wir uns auf das natürlichste Verhältniß stützen, wenn wir das Recht, uns zu richten, weder Affen noch Mondbewohnern, sondern einzig und allein unseres Gleichen zugestehen wollen, dann wird das Urtheil über gut und böse ein naturnothwendig begründetes, und dadurch ewig unerschütterlich.

Gut ist, was auf einer gegebenen Stufe der Entwicklung den Bedürfnissen der Menschheit, den Forderungen der Gattung entspricht. Ich sage: auf einer gegebenen Stufe der Entwickelung. Denn erst dadurch, daß diese berücksichtigt wird, erhebt sich die Geschichte zum Weltgericht. Weil Rotteck die Entwicklungsstufe des Mittelalters verkannte, beurtheilte er die Herrschaft der Kirche für damalige Zeiten um ebensoviel zu hart, wie die Hurter u. Stahl ungerecht sind gegen den heutigen Entwickelungsgang, weil sie den Geist der Zeit mit mittelalterlichen Augen betrachten.

Es wohnt der menschlichen Gattung als Naturnothwendigkeit ein, daß sie als böse verwirft, was den Forderungen der Gattung zuwiderläuft.

Das Böse im Einzelnen bleibt darum, wie der ganze Mensch, Naturerscheinung. Und es ist gewiß nur ein Verlust für verfolgungssücht'ge Parteigänger oder für den bitteren Eifer besiegter Köpfe, nicht für ächte Menschen, wenn uns diese Einsicht gegen jedes Verbrechen, wie gegen jeden Fehltritt versöhnlich stimmt. Das ist der Sinn des Worts der Frau von Stael: alles begreifen hieße alles verzeihen. Ich kann es nicht unterlassen, dieses goldene Wort immer und immer zu wiederholen. Denn wie das „Liebe Deinen Nächsten wie Dich selbst!" der Kern der ganzen Sittenlehre im Christenthum war, so sollte es an der Spitze des Evangeliums der Neuzeit stehen: alles begreifen heißt alles verzeihen.

So wie der Sittenprediger von dem, der den freien Willen widerlegt, eine Grundlage seiner Sittenlehre fordert, so macht der rechtsgelehrte Richter den Naturforscher verantwortlich für die Zurechnungsfähigkeit, die ihm verloren zu gehen scheint. Aber die Zurechnungsfähigkeit wäre nur dann vernichtet, wenn die Strafe den äußerlichen Zweck der Abschreckung oder der Besserung verfolgte. Wie sollte den die Strafe erschrecken, der eine Missethat begeht, die in geradem und unabwendbar folgerichtigem Verhältniß steht zu der Leidenschaft, die ihn bewegt? Das Bessern aber gelingt den Strafanstalten selten oder doch nur auf Kosten von Vorzügen, gegen welche die sogenannte Besserung nicht aufwiegt. Denn der ist nicht gebessert, in dem die Leidenschaft erstorben ist. Und andererseits, wie unendlich häufig kommt es vor, daß diejenigen, die bestraft waren, mit Racheplänen gegen die Gesellschaft ihr Gefängniß verlassen, um es nur zu bald und oft wiederholte Male zu betreten? Sucht man das Recht der Strafe in einem naturnothwendigen Gefühl der Selbsterhaltung, das die Gattung beherrscht, dann erliegt die Zurechnung nicht vor dem milderen Urtheil, das uns das Böse abgewinnt, nachdem wir es als Naturerscheinung kennen. Die Strafe soll nur den menschlichen Forderungen der Gattung entsprechen. Darum bestrafen alle Gesetzbücher nur diejenigen Vergehen, die einem Dritten schaden. Das Recht erwächst nur aus dem Bedürfniß. Aber weil das Bedürfniß menschlich ist, muß auch die Strafe menschlich bleiben.

Bleibt sie nicht menschlich, dann wird die Strafe selbst zum Verbrechen. Und aus diesem Gesichtspunkte ist es nicht tief genug zu beklagen, daß in neuerer Zeit noch Kammern gefunden werden, die, wenn auch mit schwacher Mehrheit, für die Todesstrafe entscheiden. Oder giebt es irgend ein menschliches Verhältniß zwischen dem leidenschaftlich Bethörten, der, gleichviel ob kalt oder heftig, an seinem Nächsten einen Mord begeht, und der Ruhe eines Gerichtshofes, der, wie der Ausdruck lautet, einen Verbrecher vom Leben zum Tode befördern läßt.

Weil aber die Zurechnung von dem Bedürfniß und dem Rechte der Strafe abhängt, so kann man recht gut mit Gervinus einstimmen, wenn er sagt: „Will man den Menschen auch ganz wie die Pflanze in den feindlichen [?] Gewalten der Natur sehen, so hindert uns dies dennoch nicht, auch den fehlerhaften und mangelhaften Baum zu tadeln, zu ziehen, und wenn er uns ärgerte, auszureißen." Ich meine, man kann recht wohl in diesen Ausspruch einstimmen, wenn man nur absieht von der Auffassung der Naturgewalt als einer feindlichen. Ja, man kann noch weiter gehen. Die Naturnothwendigkeit des Baumes und des Menschen hindert uns nicht bloß nicht, sie selbst zwingt uns vielmehr zu Tadel und Zucht. Wenn aber Gervinus an jener Stelle fortfährt: „Dies eben aber zeigt daß der Mensch Freiheit und Willkür hat, denn nur der Baum läßt den Baum in Frieden gewähren", so ist dies eine Vertheidigung so platt und doch zugleich so hohl, daß sie sich weder platter, noch hohler denken läßt. Oder ist es nicht ein ganz nichtssagender Gemeinplatz, wenn es heißt: der Mensch ist frei, weil der Baum stehe, während der Mensch gehe! Hätte Gervinus nur einen Augenblick die Frage erwogen, ob nicht die Ursache der Bewegung, — des Tadels, der Zucht und des Ausreißens, — vielleicht genau der Bewegung entspricht, hätte er die Naturnothwendigkeit der aus der Ursache erwachsenden Folge begriffen, er hätte nicht von freier Willkür sprechen und es hätte ihm nicht so vollständig mißlingen können, die allerbedeutendste Seite von Göthe's Wesen zu würdigen, die Seite, welche Göthe sagen ließ: „Hätte ich einen Fehler begangen, so könnte es keiner sein." Von dieser großartigen Anschauung war Zelter durchdrungen, als er an seinen Göthe schrieb: „Im Unnatürlichen liegt die Sünde, nicht im Willen Böses zu thun."

Sollte uns ein Staatsmann, oder wahrscheinlicher ein Stubengelehrter, einwerfen, daß wer den freien Willen läugnet, die Freiheit nicht erstreben kann, so antworte ich, daß Jeder frei ist, der sich der Naturnothwendigkeit seines Daseins, seiner Verhältnisse, seiner Bedürfnisse, Ansprüche und Forderungen, der Schranken und Tragweite seines Wirkungskreises mit Freude bewußt ist. Wer diese Naturnothwendigkeit begriffen hat, der kennt auch sein Recht, Forderungen durchzukämpfen, die dem Bedürfniß der Gattung entspringen. Ja, mehr noch, weil nur die Freiheit, die mit dem ächt Menschlichen im Einklang ist, mit Naturnothwendigkeit von der Gattung verfochten wird, darum ist in jedem Freiheitskampf um menschliche Güter der endliche Sieg über die Unterdrücker verburgt.

Ich habe dem Sittenlehrer, dem Richter, dem Gelehrten, dem Staatsmanne Rede und Antwort gestanden. Ich komme hier noch einmal auf einen Einwurf mancher engherziger Sittenrichter zurück. Ich berühre ihn zuletzt, weil ich nicht umhin kann, ihn aus tiefster Empfindung zu verachten.

Da heißt es nämlich: „Wenn Du nicht an den freien Willen glaubst, dann stürze Dich doch in Schwelgerei und ausschweifende Sinnenlust, denn als Naturerscheinung bist Du unverantwortlich." Und mir ist, als wanderten mir alle Pharisäer und alle doppelzüngigen Verräther vor den Augen, wenn ich so reden höre. Denn was seid ihr anders, die Ihr so redet, als bestechliche Bestochene, die Ihr für Eure Tugend keinen Antrieb habt, als den jenseitigen Himmel, in dem Ihr Eure träge Feigheit spiegelt, für Eure Sittlichkeit kein Maaß als jenes: „ich bin nicht so wie die, die der Mode des Unglaubens huldigen." Ihr fühlt Euch glücklich in jeder Zeit, denn wie Ihr gestern aus dem Wissen die Wahrheit gefolgert, so könnt Ihr heut' aus ihm die Lüge folgern, wenn nur die Lüge herrscht.

„Stürzt Euch in wüsten Sinnentaumel!" Als wenn der Mensch das nach Belieben könnte, wenn ihm auch täglich der Trugschluß vorgehalten würde!

Weil es dem Bedürfniß der Gattung nie und nimmermehr entspricht, den Leidenschaften zu fröhnen, so kann die Aufforderung zu wilder Ausschweifung auch keineswegs gefolgert werden aus dem Satz, daß der Mensch eine nothwendig bedingte Naturerscheinung ist. Und wenn es trotz dem hin und wieder geschah, so kann es ebenso wenig gegen die erkannte Naturwahrheit sprechen, wie es seiner Zeit den Werth, den das Christenthum nicht als Wissenschaft, sondern als Weisheit ewig behaupten wird, beeinträchtigen konnte, daß die Mönche aus seinem erhabenen Grundsatz der Liebe härene Bußkleider, Fasten und Kasteiung, und alles was naturwidrig ist, abgeleitet haben. Kaum dürfte jemals die Irrlehre der Genußsucht nur halb so viel Nachfolger finden, wie die Herrschaft der Pfaffen aller Farben unglückselige Schlachtopfer gefunden hat. Aber diese sicht den geschichtlichen Werth des Christenthums so wenig an, wie jene die Erkenntniß des Naturforschers, der an die äußerste Grenze seines Denkers geht, um es bis an die äußerste Grenze in's Leben zu setzen.

Die Luft, die wir athmen, verändert in jedem Augenblick des Lebens nicht nur die Luft in den Lungen, nicht nur das Blut der Adern in Blut der Schlagadern, sie verwandelt nicht bloß die Muskeln in Fleischstoff, und Fleischbasis, den Herzmuskel in Harnorydul, das Gewebe der Milz in Harnorydul und Harnsäure, die Glasflüssigkeit des Auges in Harnstoff, sie verändert auch in jedem Augenblick die Zusammensetzung von Hirn und Nerven. Und die Luft selbst, die wir einathmen, ist jeden Tag verschieden, anders im Wald als in der Stadt, anders auf dem Wasser als auf dem Berg, anders auf dem Thurm als in der Straße. Und Nahrung, Geburt, Erziehung, Verkehr, alles um uns ist in fortwährend bewegender Bewegung. Deshalb kann das Gute nicht untergehen, die Bildung nicht veröden. Mit dem Stoff kreist das Leben durch die Welttheile, mit dem Leben die Gedanken, mit den Gedanken der naturnothwendig gute Wille. Mit allen Uebeln — die Erde ist und bleibt ein Paradies. „Man bedenke, daß mit jedem Athemzug ein ätherischer Lethestrom unser ganzes Wesen durchdringt, so daß wir uns der Freuden nur mäßig, der Leiden kaum erinnern." (Göthe.)

Die Menschenrechte.

1. Die Hypothese der Menschenrechte.

In dem Wirrwarr der Politik und dem Hader der Parteien, welcher gegenwärtig uns verstimmt, ist es nothwendig, auf die einfachen, ursprünglichen Grundsätze des Rechtes und der Politik zurück zu kommen, um ein sicheres Urtheil und einen unveränderlichen Standpunkt zur Beurtheilung der Ereignisse zu gewinnen. Man spricht so viel davon, daß man in Amerika praktisch sein, d. h. sich mehr mit den Thatsachen, wie mit den Theorien beschäftigen müsse; man spottet hier so viel über Philosophie und Ideologie; und doch bemerkt man nirgend mehr, als gerade in Amerika, wie sehr das bloß empirische Treiben verwirrt, wie sehr man eines rationellen Studiums und wissenschaftlicher Grundsätze bedürftig ist. Man vergißt hier gar zu leicht, daß die Politik eine eben so rationelle und positive Wissenschaft ist, wie die Mathematik oder Chemie, und daß man auch in dieser, wie in jenen Wissenschaften, die Folgerungen auf einfache Elemente und Grundsätze zurückführen muß. Freilich, die Zeit, wo ein Spinoza die menschlichen Leidenschaften und die politischen Systeme nach strengen mathematischen Regeln entwickelte, ist längst vorüber, und Tausende von denen, welche namentlich hier in Amerika die Politik zu einem professionellen Geschäfte machen, sind weit davon entfernt, zu ahnen, daß es eine Wissenschaft des Rechtes und der Politik gäbe. Und doch ist diese Wissenschaft vielleicht einfacher und systematischer, als irgend eine andere Wissenschaft, die Mathematik nicht ausgenommen. Die Politik ist die Wissenschaft von der Organisation des Menschengeschlechtes; sie ist also gewissermaßen die Physiologie der Menschheit. Ihre hauptsächlichste Aufgabe ist, das Verhältniß des Individuums zur Gattung, des einzelnen Menschen zur Familie, zur Gemeinde, zum Volke, zum Staate, zur menschlichen Gesellschaft zu bestimmen. Um dies Verhältniß zu bestimmen, ist nur Eine Basis nothwendig, Eine Hypothese, die angeborenen, ewigen und unveräußerlichen Menschenrechte. Diese Menschenrechte haben am Ende keinen andern Grund, als das menschliche Selbstbewußtsein und damit die Menschennatur selbst. Jeder Mensch, der denken kann, d. h. der Mensch ist, ist sich gewisser unveräußerlicher Rechte bewußt, deren Verletzung Widerstand in ihm hervorruft. Im Thierreich, ja in noch tiefer stehenden Gebieten der Natur, finden wir schon die ersten, leisen Anfänge dieses Widerstandes gegen Rechtsverletzungen; das Thier wehrt sich, wenn man sein Recht, zu leben, angreifen will, und selbst einzelne Pflanzen, wie Noli me tangere und die Mimosa pudica, äußern eine Abneigung gegen fremde Berührung. Im Menschen kommt dieser Instinkt zum Bewußtsein, freilich oft im größeren, oft in geringerem Grade, so daß man leider aus dem Bewußtsein nicht den Umfang der Menschenrechte abmessen kann. Nichts könnte falscher sein, als wollte man Jedem so viel Recht zugestehen, als er selbst verlangt und dessen er sich selbst bewußt ist, denn dann würde man etwas Schwankendes und Veränderliches an die Stelle der unveräußerlichen und unantastbaren Menschenrechte stellen. Es muß vielmehr für Alle ein gewisses Maaß gleicher Rechte gleicher Weise angenommen werden, ein Durchschnittsmaaß, das die Höhen und Tiefen des menschlichen Bewußtseins nivellirt. Diese Annahme ist eine Hypothese; wir können sie weder aus der Natur des Menschen, noch aus der Geschichte ableiten, denn die Menschennatur, wie die Menschengeschichte haben verschiedene Stufen der Entwickelung; hier wollen und müssen wir aber ein gleiches, bestimmtes und unveränderliches Maaß haben. Ebenso, wie der Astronom die Lehre vom ursprünglichen Stoß, der Optiker die Theorie von der Undulation und vom Weltäther, der Mathematiker den Satz der Parallelen u. s. w. als Annahme nothwendig hat, welche er durch keine weitern Gründe mehr beweisen kann: ebenso muß das Recht und die Politik die angeborenen, unveräußerlichen Menschenrechte als Annahme, als Voraussetzung annehmen, um eine feste, sichere Grundlage ihres wissenschaftlichen Gebäudes zu haben. Es mag sein, daß, wie jede andere Hypothese, so auch diese ein Zeichen menschlicher Unwissenheit ist, daß auch diese Hypothese einen religiösen Charakter hat, — denn der Begriff Gott ist am Ende die allgemeinste Hypothese, welche man überall anwendet, wo die menschliche Erkenntniß nicht zureicht, — aber die Wissenschaften müssen manchmal mit dem Archimedes ausrufen: „Gib mir einen Punkt, wo ich stehe", und es ist am Ende besser, eine für alle Mal eine feste und bestimmte Hypothese anzunehmen, als Wirrwarr und Zweideutigkeit auf das ganze Feld zu übertragen. Es giebt also ein gewisses Maaß von Rechten, welches jedem Menschen, abgesehen von dem Maaße seines Verstandes und dem Grade seines Selbstbewußtseins, abgesehen von seiner geistigen und körperlichen Organisation, abgesehen von der geschichtlichen und kulturhistorischen Periode, in welcher er sich befindet, zuerkannt werden muß. Wo dieses Minimum von Rechten nicht existirt, da steht das positive Recht mit dem Naturrechte in Widerspruch: da ist das bestehende Recht ein absolutes Unrecht. Es kommt bei unserer Hypothese nicht darauf an, daß die Menschenrechte überall in der Praxis gültig sind, sondern nur darauf, daß überall, wo diese Menschenrechte nicht gelten, ein unregelmäßiger, unnatürlicher und unrechtmäßiger Zustand angenommen wird. Mit der Existenz des Menschen stehen auch seine natürlichen Rechte fest; die Geschichte bringt diese Rechte nicht immer zur Geltung; oft fehlen sie ganz, oft sind sie verstümmelt, oft mangelhaft, oft entbehren sie ihrer Consequenzen, aber das Recht als solches bleibt immer dasselbe. Die Geschichte ist nur ein unvollkommenes, veränderliches Spiegelbild der ewigen Wahrheit und nur eine mangelhafte partielle Entwickelung der unveräußerlichen Menschenrechte. Die Geschichte bringt nur die Ideen zur Erscheinung, und wenn diese Erscheinung trübe, undeutlich, unvollkommen ist, so ist die Idee deshalb immer noch dieselbe, und strahlt für das Auge des Denkers in ihrer ganzen Schönheit durch das Dunkel der Zeit hervor.

2. Kurze Geschichte der Menschenrechte.

Wir finden Jahrtausende der menschlichen Geschichte, in welchen gar nicht von Recht überhaupt und Menschenrechten die Rede war. Die dunkle Zeit der orientalischen Welt kannte kein Recht in dem Sinne, wie wir es nennen; in den indischen Sagen findet man keine Spur von den Menschenrechten, obgleich eine tiefe Philosophie aus ihnen hervorleuchtet. Es fehlt der orientalischen Welt jene Subjektivität, jene Lebhaftigkeit und Energie des Selbstbewußtseins, welche den Begriff des Rechtes erzeugt; der Mensch hat sich noch nicht genug von der Natur unterschieden; er lebt in unbewußtem Einklange mit der Natur dahin, wie die Blumen des Feldes. und blüht und verblüht, wie diese. Es ist das Kindesalter der Menschen, in welchem diese sich noch zu Persönlichkeiten mit persönlichen Rechten herangebildet haben; das ganze Volk bildet gewissermasen eine Familie, an deren Spitze eine Gewalt und eine Autorität steht. In dem jüdischen Volke bildet sich dieses Patriarchenthum schon in besonderer, eigenthümlicher Weise; das Recht liegt nicht mehr ganz unentwickelt und ungesondert in der ganzen Masse des Volkes da, wie in der orientalischen Welt, sondern sondert sich in dem Rechte der einzelnen Stämme, Familienhäupter und Patriarchen. Aber es ist hier immer noch mehr von Pietät, wie von Recht die Rede; anstatt rechtlicher Zustände finden wir ein Familienleben, mit allen Launen und Willkührlichkeiten, die demselben eigenthümlich sind. Der Gott Israels liebt und zürnt, belohnt und straft, wie er gerade gelaunt ist; er ist kein gerechter, sondern ein rächerischer Gott, der die Sünden der Väter rächt an den unschuldigen Kindern bis in's dritte und vierte Glied. Die politische Verfassung des jüdischen Volkes ist mehr einem Familienbunde, als einer staatlichen Organisation zu vergleichen; es kommt hier Alles auf das Erbrecht und traditionelle Ueberlieferungen an; jeder Mensch hat sein Recht nur innerhalb seines bestimmten Stammes, seiner Familie u. s. w., und daher die unendlichen Abstammungslisten und Geschlechtsregister im alten Testamente. Man kann ohne Uebertreibung sagen, daß die Juden den Adel und die Stammbäume erfunden haben. Indessen wurde doch Jeder innerhalb des Stammes und der Familie als zum Schutze, zur persönlichen Freiheit, ja sogar zum Eigenthum und zum Lebensunterhalt berechtigt angesehen; jeder Stamm hatte sein Land, das von Zeit zu Zeit, — wir erinnern an die Institution der Jubeljahre, — wieder von Neuem unter die Stammesangehörigen vertheilt und von allen Lasten und Hypotheken befreit wurde. Diese Institution ist jedoch mehr vom Standpunkte des Erbrechtes, wie des Naturrechtes zu betrachten, und steht mit der Forderung der modernen Sozialisten: Garantie der Arbeit und des Lebensunterhaltes als ein natürliches Recht jedes Menschen, unabhängig von Nationalität und Familie, in keinem Zusammenhange.

In Griechenland kam zuerst das Recht als solches, als unveräußerliche selbstverständliche Eigenschaft jedes freigeborenen Helenen, zur Erscheinung. In Griechenland ist überhaupt Alles Individualität, Subjektivität, Persönlichkeit; wir sehen keine großen, ununterscheidbaren Volksmassen, wie im Oriente, oder noch heutzutage in China und Rußland, sondern überall unterschiedene charakteristische Völkergruppen, und fest abgegränzte Individualitäten, voll Eigenthümlichkeiten und originellen Eigenschaften. Die Götterwelt der Griechen ist kein verschwommenes, unklares Ding, wie der dreieinige Gott der Christen oder die indische Dreieinigkeit; Jeder ihrer Götter oder Göttinnen ist eine bestimmte Persönlichkeit, welche der Genius des griechischen Volkes so trefflich charakterisirt hat, daß wir noch heute uns die Pallas Athene und die Aphrodite besser vorstellen und von einander unterscheiden können, als den heiligen Geist oder die Jungfrau Maria. Diese Individualität, welche wir in jeder griechischen Statue finden, war auch in politischer und rechtlicher Beziehung vorhanden; der Hellene war ein Souverän, ein freier, selbstständiger Mann, ein Republikaner im vollen Sinne des Wortes. Deßhalb finden wir auch im alten Griechenland die Spuren von einem wirklichen Naturrechte; es waren gesetzliche Garantien zum Schutze der persönlichen Freiheit gegeben, in ähnlicher Art, wie die Habeas-Corpus-Akte; die Strenge der Schuldgesetze war durch gesetzliche Bestimmungen gemäßigt; das allgemeine Wahlrecht war geschützt, und überhaupt, wenigstens in Athen, der Selbstregierung des Volkes jeder Vorschub geleistet. Freilich bezogen sich diese persönlichen Rechte eben nur auf die Hellenen selbst, denen auf der einen Seite die Heloten, auf der andern Seite die Barbaren vollständig rechtlos gegenüberstanden, so daß man eher von den Privilegien der Hellenen, als von einem Naturrechte in unserm Sinne sprechen kann. Die Sphäre des Rechtes war auf einen kleinen Theil der Menschheit beschränkt; jenseits dieses Rechtes war Sklaverei und Barbarei.

Die Römer, die Schöpfer des eigentlichen positiven Rechtes und der Wissenschaft desselben, betrachteten das Recht und die Freiheit nicht als eine natürliche Thatsache, die sich von selbst versteht und immer voraus gesetzt werden muß, sondern als ein Attribut, welches dem römischen Bürger zukam. Die persönlichen Rechte hingen bei den Römern von den staatsbürgerlichen Rechten ab, so daß selbst das Recht, Handel zu treiben, und eine Ehe zu schließen [jus connubii et commercii] von dem römischen Staatsbürgerrechte abhängig war. Das Recht des Einzelnen war ein Ausfluß der politischen Gewalt seines Standes, seiner Familie, seines Geschlechtes; der Patrizier hatte ein anderes Recht, als der Plebejer, und der Letztere mußte sich jedes Stück Recht Schritt für Schritt erobern. Das Recht wurde als ein erworbenes Eigenthum betrachtet, nicht als eine natürliche Thatsache, und wer auf Recht Anspruch machte, mußte den Beweis dafür beibringen. Selbst die persönliche Freiheit war in Rom nur ein Eigenthumsbegriff, die römischen Juristen definiren einen freien Mann als einen solchen, der sich selbst im Eigenthum hat. Diese Auffassung, daß die Freiheit etwas Erworbenes, etwas Gemachtes, Künstliches sei, die Sklaverei dagegen der natürliche Zustand, daß die Freiheit bewiesen, die Sklaverei dagegen vorausgesetzt werden müsse; diese mit der Natur des Rechtes und der Menschennatur im Widerspruch stehende Auffassung liegt in noch viel entschiedenerer und ausgeprägterer Weise dem Mittelalter zu Grunde. Das Mittelalter und die Jurisprudenz des Mittelalters kennt kein Recht, kein objektives, allgemeines Recht, sondern nur einzelne spezielle Rechte; die persönlichen Rechte werden dort ganz wie Eigenthumsrechte behandelt; man muß sie beweisen und dafür Brief und Siegel vorweisen. Das Recht und die Freiheit im Mittelalter als ein Privilegium betrachtet, welches mit Freibriefen verliehen ist. Einzelne Städte, Zünfte, Corporationen, kauften oder erwarben auf irgend eine andere Weise das Recht, ihre Angelegenheiten bis zu diesem oder jenem Punkte hin selbst zu ordnen, ihre Obrigkeit selbst zu wählen, sich selbst gegen ihre Feinde zu vertheidigen; der Kaiser gab ihnen für schweres Geld einen Freibrief, und diese Freibriefe bilden die gesetzliche Grundlage des mittelalterlichen Städtewesens. Selbst die Magna Charta, die Basis der englischen Verfassung, ist auf diese Weise entstanden; sie ist keine Verfassungsurkunde im modernen Sinne, ein Beschluß der Nation, auf diese oder jene Weise ihre Verhältnisse ordnen zu wollen, sondern ein Freibrief, der von dem Volke einem schwachen und rathlosen Fürsten abgepreßt wurde. Wie überhaupt alle Verhältnisse des Mittelalters auf dem Kopf zu stehen scheinen, und der natürlichen Beschaffenheit und Entwickelung des Menschengeschlechts widersprechen, so auch ist die Quelle des Rechtes hier nicht das Volk und dessen Rechtsbewußtsein, sondern der Fürst und dessen freiwillige oder erzwungene Gnade. Daher kann man im Mittelalter nicht von Recht, kaum selbst von einzelnen Rechten sprechen, sondern nur von Privilegien, die einzelne Stände, Individuen oder Korporationen erhielten. Daher hat jeder Stand und jede Zunft ein besonderes Recht; das Recht des Ritters ist ein anderes, als das des zünftigen Bürgers; der Kaiser hat ein anderes Recht, als der Bischof; und von allen diesen privilegirten Ständen zeichnet sich nur der Bauer aus, der gar kein Recht hat.

Trotzdem, daß dieser mittelalterliche Zustand gewiß kein Lob und keine Billigung verdient, schien es doch noch schlimmer zu werden, als der Katholicismus durch die Reformation und den dreißigjährigen Krieg aus seinem weltbeherrschenden Einflusse herausgedrängt wurde, und die modernen bürokratischen und militärischen Staaten entstanden. Zur Zeit des Feudalismus fand die monarchische Gewalt überall Schranken und Bedingungen vor; Städte, Stände, Corporationen hielten dem fürstlichen Willen ihren Freibrief entgegen; Bischof und Fürst paralysirten ihre Gewalt gegenseitig; und unter diesem Widerstreit verschiedener Gewalten konnte sich ein kräftiges Bürgerthum entwickeln. Als aber die Macht der Geistlichkeit und des Adels gebrochen war, griff die monarchische Gewalt immer mehr und mehr um sich; die Rechte der Einzelnen wurden von der Macht des Einen gar nicht mehr geachtet; ein Chinesenthum breitete sich über Europa aus; die Völker wurden nur nach Ziffern gezählt, und als eine gleichgültige, unterschiedslose Masse ohne Recht und ohne Bedeutung betrachtet. Louis XIV. drückte diesen Zustand sehr passend aus in den Worten: „Der Staat bin ich." Darin liegt die größte Negation der Menschenrechte, welches man sich nur denken kann. Dies Verhältniß mußte in sein unmittelbares Gegentheil umspringen. Die Philosophie in

Frankreich und Deutschland, solle ... erster Theile ein ... Recht hat, ein von den Thatsachen unabhängiges, dem Menschen innewohn- endes Recht, ein angebornes Recht, und diese neue Lehre griff schneller um sich, wie früher das Evangelium und die Reformation. Zwei große Revolutionen waren die Folge davon. Die amerikanische Unabhängig- keitserklärung, die Jefferson'sche Bill of rights, die declaration des droits de l'homme der ersten französischen Revolution: dies sind die großen, welt- historischen Dokumente, in denen zuerst die Menschenrechte für alle, ohne Unter- schied, gesetzlich verkündigt wurden. Diese Dokumente sind die Magna Charta der modernen Menschheit und die allgemeinste Basis der heutigen Rechtswissenschaft und Politik. Sie setzen ein Minimum der Rechte für alle Menschen fest. „Alle Menschen sind frei und gleich geboren und zum Streben nach Glückseligkeit berechtigt,“ heißt es in der Unabhängigkeits- erklärung, und allein diese einzige Phrase macht aller Negersclaverei, un- freiwilliger Dienstbarkeit u. s. w. ein Ende. Schutz der persönlichen Frei- heit durch Habeas Corpus Akte u. Geschwornengericht, Schutz des Eigen- thums, speziell Verbot der Vermögensconfiskation, freie Ausübung der Religion oder vielmehr Nichteinmischung des Staates und der Gesetzgebung in die Religion, keine Besteuerung ohne den Willen des Volkes, Antheil an der Verwaltung des Staates, vermittelst des allgemeinen Wahlrechtes: dies sind die wesentlichsten Bestimmungen jener Dokumente, die unver- äußerlichen, angebornen Menschenrechte.

Ueber diesen Umfang der Menschenrechte ist die Geschichte noch nicht hinausgegangen. In neuerer Zeit machen sich zwar weitere Forderun- gen des fortschreitenden Emancipationsbedürfnisses der Völker geltend; man ver- langte z. B. bei der Debatte über die republikanische Verfassung Frank- reichs im Jahre 1848: Garantie der Arbeit und des Lebensunterhaltes; es giebt viele Socialisten, welche Garantie des freien Unterrichtes verlangen; in Amerika existirt eine große und mächtige Partei, welche das Recht auf freien Boden den übrigen Menschenrechten hinzufügen will; aber alle diese Bestrebungen haben noch keinen historischen und gesetzlichen Boden gewon- nen, wenn auch vorauszusehen ist, daß die rasch sich entwickelnde Civili- sation dieses Jahrhunderts solchen Wünschen bald entsprechen wird.

Natürliche Begründung der Menschenrechte.

Man kann die Menschenrechte aus der natürlichen Organisation des Menschen selbst herleiten. Wie die Natur jedem ihrer Produkte eine unge- störte Entwicklung vergönnt, so auch müssen dem Menschen die Bedingun- gen garantirt sein, unter welchen sein Organismus, seine Individualität seine Persönlichkeit sich naturgemäß entwickeln kann. Das erste Recht welches der Mensch hat, ist also das Recht auf das Leben selbst. Dieses ist das ursprünglichste und einfachste Recht, und die Quelle aller übrigen Menschenrechte. Mit dem Rechte auf das Leben ist auch das Recht auf die Lebensmittel gegeben; das Recht auf Arbeit, als das thätige Mittel „sein Leben zu machen." Der Mensch ist aber auch ein denkendes Wesen, ist Selbstbewußtsein, und verlangt auch nach dieser Richtung hin eine ungestörte Entwickelung, und deßhalb müssen wir dem Menschen ein Recht auf Erziehung zuerkennen. Das oberste Menschenrecht endlich ist das Recht auf persönliche Freiheit, das Recht, ein selbstständiges, willensfreies, unabhängiges Glied in der Kette der Menschheit zu bilden, und den freien Gebrauch seiner geistigen und körperlichen Kräfte zu haben. Diese vier Grundrechte bilden die wesentlichsten Bestandtheile der menschlichen Freiheit, die hauptsächlichste Bedingung der normalen körperlichen und geistigen Entwickelung. Sie stehen außerhalb der Sphäre der Gesetzgebung, welche an diesen Rechten nichts ändern, nichts hinzuthun, nichts hinwegthun kann; sie sind unabhängig von dem Willen der Majoritäten, so daß jeder einzelne Mensch dieses Recht für sich in Anspruch nehmen und vertheidigen kann.

Das Recht und die Geschichte.

Wir haben gesehen, wie die Menschenrechte in der Geschichte nur bruchstückweise u. nach u. nach zur Erscheinung kommen. Das Recht aber ist nicht von den Erscheinungen der Geschichte abhängig, sondern die Geschichte muß dem Rechte dienen, und ihre höchste Aufgabe ist, das Recht zur vollständigen und ungetrübten Erscheinung zu bringen. Wäre das Recht ein Produkt der Geschichte, wie es die positive Jurisprudenz lehrt, so könnte kein Mensch mehr Recht beanspruchen, als ihm die Civilisation seines Jahrhunderts zugesteht; dann wär' alle Barbarei früherer Jahrhunderte gerechtfertigt. Nein, die Geschichte ist ein Produkt des Rechtes; die Idee des Rechtes ist die Triebfeder der historischen Veränderungen und Erscheinungen, das Motiv des geschichtlichen Prozesses; sie ist älter und früher, als die einzelnen geschichtlichen und gesetzlichen Formen des Rechtes, ebenso wie, nach dem Worte Plato's, der Staat älter ist, als die einzelnen Staaten. Die Idee des Rechtes steht, um einen Vergleich zu nehmen, fest und unbeweglich da, wie die Sonne; wenn sie auch manchmal durch Wolken verhüllt ist, und nur einzelne spärliche Strahlen durch die Spalten derselben hindurch werfen kann; wenn sie auch manchmal durch den Nebel barbarischer Zeitalter hindurch nur als eine blasse Scheibe, ihres Glanzes entkleidet, erscheint: so hat sie doch selbst an ihrem eigentlichen Glanze nichts verloren, und sobald der Nebel verschwindet und die Wolken hinwegwehen, prangt sie wieder in ihrer ganzen Schönheit. Wir finden selbst in den dunkelsten Jahrhunderten des Alterthums und des Mittelalters, daß einzelne lichte Köpfe die Idee des Rechtes klar und deutlich erfaßten, während diese Idee für die große Masse der Völker verloren war; wir finden überall die Spuren und Strahlen davon, und jede Aufklärung, welche dem Menschengeschlechte zu Theil wird, stellt die Idee der ewigen, unveräußerlichen Menschenrechte in neues Licht. Deßhalb ist das Recht nicht etwas Entstandenes, Gewordenes, Erobertes, sondern eine natürliche Eigenschaft des Menschen, welche unmittelbar aus seiner leiblichen und geistigen Organisation hervorgeht, und der bekannte Spruch des Dichters:

"Nur der verdient die Freiheit, wie das Leben,
Der täglich es erobern muß."

bezieht sich wohl nur auf die Benutzung und Verwerthung des Rechtes, nicht auf das Recht selbst.

Das Recht und das Selbstbewußtsein.

Man entwickelt das Recht häufig aus dem menschlichen Selbstbewußtsein, und sagt, daß jeder Mensch die Summe des ihm zukommenden Rechtes selbst bestimme nach dem Maaße seiner eigenen Individualität und der Höhe seines Selbstbewußtseins. Man sagt, wie ich mich selbst achte, so kann ich auch verlangen, von Andern geachtet zu werden. Dies ist im Allgemeinen allerdings der richtigste Schätzungsgrad menschlicher Persönlichkeiten, und man wird dabei immer wohl der Wahrheit am nächsten kommen, aber in der strengen, objektiven Sphäre des Rechtes darf man solche individuelle Unterscheidungen nicht gelten lassen. Man muß von dem Grundsatze ausgehen, daß der Mensch selbst sich niemals seiner natürlichen Rechte berauben dürfe, daß diese Rechte ihm selbst dann zu Theil werden müssen, wenn er keinen Anspruch darauf macht, wenn er derselben unwerth ist, ja selbst dann, wenn er sie nicht einmal begreift und versteht. Hat ja doch schon nach den bestehenden Criminalgesetzen der Verbrecher noch Anspruch auf das bestehende Recht, auf die Wohlthaten der Habeas Corpus Akte, der Vertheidigung und des Geschwornengerichtes, selbst wenn er diese Wohlthaten nicht gebrauchen will. Wenn der Mensch eine solche geistige Mißgeburt ist, daß ihm der Begriff des Rechtes ganz entgeht, so ist dies immer noch kein Grund, ihm das Recht zu verweigern; im Gegentheil sollten einem solch' unglücklichen Menschen gegenüber ganz besondere Bestimmungen getroffen werden, um sein Recht zu beschützen und zu wahren.

Man hat die Menschenrechte auf der andern Seite auch vielfach aus dem Verhältnisse der Gegenseitigkeit und Wechselwirkung abgeleitet. Man sehr häufig den Satz auf, daß Jedermann soviel Recht habe, wie er seinem Nebenmenschen zuzuerkennen Willens sei, indem man sich auf das alte Sprichwort beruft: „Wie Du mir, so ich Dir." Es ist nicht zu läugnen, daß dieser Grundsatz der Gegenseitigkeit der beste Regulator der socialen Beziehungen unter den Menschen ist, aber das Recht selbst kann nicht von einem solch' relativen Verhältnisse abhängig gemacht werden. Man kann die Banden der Freundschaft, der Achtung, des Wohlwollens, des Vertrauens von diesem Verhältniß der Gegenseitigkeit und Wechselwirkung abhängig machen, aber nicht das Recht. Denn ich darf das Recht nicht einmal dem gegenüber verweigern, welcher es mir gegenüber verletzt; die menschliche Gesellschaft muß auch noch die Menschenrechte eines Verbrechers, eines Mörders achten; wollte sie sich auf den Standpunkt der absoluten Vergeltung stellen, so hätte sie damit den Zustand der Barbarei erreicht.

Das Recht und die Civilisation.

Man begeht häufig den Fehler, daß man die Frage des Rechtes mit mit den Fragen der Civilisation verwechselt. Die Civilisation ist etwas Bewegliches und Veränderliches; in einem Volke können die verschiedenen Stufen der Civilisation nebeneinander liegen, während das Recht das Bleibende, Unveränderliche ist, das für jeden Menschen dasselbe und in gleichem Maße zugetheilt ist. Die Unterschiede in der Civilisation, welche wir zwischen den verschiedenen Racen, Volksstämmen, Klassen und Individuen finden, ist für den Politiker von der größten Bedeutung; er muß nach Verhältniß dieser Civilisation den Antheil an der Verwaltung des Staates, an der Gesetzgebung u. s. w. vertheilen; die socialen Einrichtungen müssen sich nach diesem Verhältnisse richten; die Intelligenz eines Menschen bestimmt seinen öffentlichen Einfluß und seine politische Wirksamkeit; hier ist keine Gleichheit möglich; hier bestimmt jeder Mensch selbst seinen Werth. Nichts wäre falscher sein, als Jedermann mit gleichen Rechten auch gleiche Macht und Bedeutung einzuräumen, und alle Menschen in politischer und geselliger Beziehung auf gleiche Stufe stellen zu wollen; dies wäre ein unausführbares Experiment, das in allgemeiner Verwilderung und Demoralisation enden würde. Bei dem Thema der Negeremancipation wird häufig die Kultur- und Rechtsfrage miteinander verwechselt; die Gegner der Emancipation machen auf die Unmöglichkeit aufmerksam, dem Neger gleiche politische und sociale Rechte mit dem Weißen zu geben, und wollen aus dieser Unmöglichkeit die Unmöglichkeit der Emancipation selbst beweisen. Dies ist falsch. Die Abschaffung der Sklaverei ist eine einfache Frage des Rechtes und von keinem Kulturverhält niß abhängig, denn kein Kulturzustand, und sei es der tiefste u. niedrigste, rechtfertigt es, einen Menschen in Sklaverei zu halten. Aber erst, wenn diese Frage beseitigt ist, kommt man an die Fragen der Kultur und Civilisation; hier kann man keine Gleichheit und Gleichberechtigung durch Gesetze dekretiren, sondern muß Alles der individuellen Entwicklung überlassen. Wenn daher die Gesetzgebung von Massachussets dem Neger das Stimmrecht giebt, so ist dies keine Maßregel, die überall nachgeahmt werden muß oder unmittelbar mit der Sklavenemancipation zusammenhängt, sondern wohl mehr ein Akt politischer Feindseligkeit gegen den Süden und dessen aggressive Politik. Wir verstehen wenigstens unter Emancipation der Sklaven nur eine Veränderung ihrer rechtlichen Stellung; ihre politische und sociale Stellung zu verändern, bleibt der steigenden Civilisation dieser Race überlassen.

Das allgemeine Wahlrecht.

Wir kommen hier zu der Frage: Gehört das Wahlrecht zu den angebornen Menschenrechten? Oder mit andern Worten: Ist jeder Mensch durch das Naturgesetz berechtigt, an der Organisation und Verwaltung des Staates Theil zu nehmen, und zwar Jeder in derselben Weise und mit denselben Rechten? Nein, wir glauben, daß dies durch die individuelle Fähigkeit u. durch die Culturstufe der einzelnen Theile des Volkes bedingt wird. Wir glauben, daß das allgemeine Wahlrecht nur bei einem durchaus civilisirten Volke ohne Gefahr angewendet werden kann, u. daß selbst hier noch eine Beschränkung der Dinge, welche der Entscheidung des allgemeinen Wahlrechts unterliegen, stattfinden muß. Die Frage, wie weit man die Grenzen des allgemeinen Wahlrechtes ziehen soll, sowohl in Beziehung auf den Kreis der Wähler, als auch in Bezug auf die Wahlobjekte, diese Frage muß nach dem jedesmaligen Stande der Civilisation und den gerade vorliegenden Verhältnissen beantwortet werden. Zu Kriegszeiten oder in gefährlichen Umwälzungsperioden z. B. wird man dem allgemeinen Wahlrecht nicht eine solche Ausdehnung geben können, wie im Frieden, wo die Thätigkeit der Presse und des Vereinsrechtes im regelmäßigen Gange ist. Wir sehen hier ein schwankendes und wechselndes Verhältniß vor uns, das in keiner Weise den absoluten Menschenrechten gleichgestellt werden kann. Die Verehrung, welche man dem allgemeinen Wahlrechte zollt, rührt mehr aus der Mangelhaftigkeit u. Wandelbarkeit unserer politischen Institutionen, wie aus der Trefflichkeit des Wahlrechts und der Unfehlbarkeit der Volksmeinung selbst her. Wir halten das allgemeine Wahlrecht nicht für ein absolutes, objektives Recht, sondern nur für ein politisches Experiment von oft sehr zweifelhafter Brauchbarkeit; wir glauben, daß die Politik kein quantitatives Verhältniß ist, daß, in Ziffern ausgedrückt neben haben, sondern ein ein Produkt der höheren Gesittung des Menschengeschlechts, in welchem das Denken der ganzen Nation sich wiederspiegelt. Wir halten das allgemeine Wahlrecht nur für ein äußerliches Auskunftsmittel, um den wahren Willen des Volkes zu erforschen, und unterscheiden scharf zwischen diesem wahren Willen des Volkes und dem zufälligen Resultat des allgemeinen Wahlrechtes. Wir glauben, daß das allgemeine Stimmrecht nicht überall und unbedingt taugt, sondern nur unter gewissen Bedingungen und Verhältnissen. Wir können daher das allgemeine Wahlrecht nicht auf dieselbe Seite setzen mit den Menschenrechten; die letzteren sind verschieden und haben eine viel tiefere Grundlage, eine weit allgemeinere Berechtigung als das erstere, und dürfte niemals von dem allgemeinen Wahlrecht abhängig gemacht werden. Daher nennen wir auch das Menschenrecht . . . .

Das höhere Recht.

Es ist eine bekannte Thatsache, welch' eine hervorragende Rolle die Theorie vom "higher law" in der amerikanischen Politik spielt. Man kann einen guten regulären Demokraten, der auf das allgemeine Wahlrecht schwört und die strikteste Auslegung der Constitution verfolgt, durch nichts mehr erschrecken, als wenn man das höhere Recht citirt und sich auf dasselbe beruft. Ihm gleitet der Boden unter den Füßen weg, wenn man von einem höheren Rechte, als der Constitution und dem Ausspruche der Majoritäten, spricht. Es ist dies allerdings auch eine gefährliche Theorie, besonders wenn die Religion sich hineinmischt, und puritanischer Eifer oder jesuitische Sophistik dieselbe benutzt. Wenn man dieselbe indessen auf ihr natürliches Gebiet beschränkt, auf die Menschenrechte, auf das Naturrecht, so ist das "höhere Recht", — weit entfernt eine Verletzung oder Umgehung der Constitution, oder eine Verachtung der Volksmeinung, die sich im allgemeinen Wahlrechte zeigt, zu sein, — vielmehr die zuverlässigste Interpretation der Verfassung und der sicherste Leitfaden der Volksmeinung. Eine republikanische Verfassung kann und darf nichts weiter sein, als eine weitere Ausführung jenes höheren Rechtes, welches in den allgemeinen Menschenrechten enthalten ist; jede Volksabstimmung darf nur eine weitere Erläuterung und Bestätigung desselben sein, und sobald dies nicht der Fall ist, muß man im Namen des höheren Rechtes die Constitution, wie die Volksabstimmung modificiren. In diesem Sinne ungefähr sprach auch Seward das berühmte Wort: "Es giebt noch ein höheres Gesetz, als die Constitution"; er wollte damit sagen, daß die edlen Zwecke der Constitution höher stehen, wie die Constitution selbst. Wir müssen immer daran denken, daß alle politischen Constitutionen und Gesetze nur ein Spiegelbild des Naturrechtes, eine weitere Entwicklung der Menschen … sind, und daß sie … insofern, wie sie mit diesem … übereinstimmen, Gesetzeskraft und Gültigkeit haben. Im Namen der Menschenrechte darf ein einzelner Mensch gegen alle Constitutionen u. Majoritäten der Welt ankämpfen, und die Geschichte zeigt uns, daß die edelsten Menschen diesen Kampf gekämpft haben, und daß die größten Fortschritte des Rechtes und der Freiheit daraus entstanden sind; namentlich in der amerikanischen Geschichte u. Politik kann man … finden, wenn man nicht diese Theorie des höheren Rechtes … manchmal einer falschen Interpretation der Constitution u. einer barbarischen … des allgemeinen Wahlrechtes gegenüber in Anwendung bringt. Die amerikanische Politik wimmelt von den größten und schwersten Rechtsverletzungen, welche im Namen der Constitution und auf Geheiß der Majoritäten begangen worden; in Kansas macht eine Majorität Gesetze, welche nicht nur das Menschenrechten, sondern der ganzen Civilisation dieses Jahrhunderts in's Gesicht schlagen; im Namen der Constitution beraubt man die Menschen ihrer persönlichen Freiheit; Temperenzgesetze u. dgl. werden mit großen Majoritäten angenommen, und dadurch bewiesen, daß das amerikanische Volk gar noch nicht einmal weiß, was persönliche Freiheit und persönliches Recht ist, und wo die unübersteigbare Schranke jeder gesetzgeberischen Thätigkeit ist. Diesem Wirrwarr gegenüber muß man die unveräußerlichen Menschenrechte vertheidigen; hier haben wir die einzige Waffe gegen den Fanatismus der Majoritäten und eine pedantische Auslegung der Constitution.

Frauenrecht.

Wir können das bedeutendste und interessanteste Thema, das dem Denker in diesem Jahrhundert geboten wird, an diesem Orte nur vorübergehend berühren, indem wir uns vorbehalten, an einem andern Orte näher darauf zurückzukommen. Wir denken, daß man vieles unfruchtbare und überflüssige Gerede über diesen Gegenstand vermeiden kann, wenn man die fundamentalen Rechte, welche wir hier unter dem Namen Menschenrechte entwickelt haben, von den politischen und socialen Rechten trennt. Das Recht auf Leben, auf Arbeit und Lebensunterhalt, auf Erziehung, auf persönliche Freiheit: diese Menschenrechte sind selbstverständlich auch der Frauen natürliches Eigenthum, und sie müssen den Frauen unter allen und jeden Bedingungen zu Theil werden. Diese Rechte können niemals in Frage gestellt werden, und in Bezug darauf stehen doch schon in allen einigermaßen civilisirten Ländern Männer und Frauen in gleichberechtigtem Verhältniß. Was darüber hinausliegt, ist jedoch eine Frage der Kultur, und man kann keine andere, allgemein gültige Entscheidung dafür finden, als daß man sagt, daß der Kreis der Frauenrechte sich mit dem Umfange menschlicher Civilisation überhaupt vergrößere. Hier eine bestimmte absolute Form festzustellen, ist unmöglich; man muß die politischen Verhältnisse, die Kulturstufe, die Sitten und Gebräuche des Volkes, die religiösen Zustände u. dgl. berücksichtigen, um diese Frage zu entscheiden. Uns scheint, daß die große Verwirrung, welche in der Theorie der Frauenrechte besteht, und die Resultatlosigkeit aller dahin zielenden Bestrebungen daraus entspringt, daß man das Maaß der absoluten und allgemein gültigen Menschenrechte, welche überall von den Frauen, wie von jedem andern Menschen, beansprucht werden können, wie z. B. das Recht auf Erziehung, das Recht auf persönliche Freiheit, nicht genau genug definirt, und daß man manche Rechte als Voraussetzungen eines Kulturzustandes annimmt, welche nur die Folge desselben sind. Wir glauben, daß wenn man die hier entwickelten Menschenrechte den Frauen in vollem Umfange gewährleistet, daß dann die Frauen eine feste und genügende Basis haben, um alle ihre Ansprüche an den Staat und die menschliche Gesellschaft durchzuführen. Das Recht auf persönliche Freiheit z. B., die gesetzlichen Bestimmungen über Habeas-Corpus-Akte, das Recht, nur von seines Gleichen gerichtet zu werden u. s. w. wird, wenn vollständig ausgeführt, jeden Zwang in der Ehe unmöglich machen. Das Recht auf Arbeit giebt auch dem Leben der Frauen eine sichere, materielle Basis. Das Recht auf Erziehung endlich garantirt den Frauen ihre sociale Stellung vollständiger, als irgend eines der bestehenden socialistischen und kommunistischen Systeme. Wir verlangen allerdings nicht, daß die Frauen sich mit diesen Grundrechten für immer begnügen sollen. Die Frauenrechte sind gewissermaßen die Wärmemesser der menschlichen Kultur, und je mehr Rechte die Frauen besitzen, desto höher ist der Culturzustand des Volkes. Ein Streben, diese Rechte zu erweitern, ist daher auch immer ein Streben, die Civilisation zu vermehren. Nur darf man in dieser Beziehung nicht von den nothwendigen Vorbedingungen und Voraussetzungen absehen. Wollte man z. B. in diesem Momente den Frauen das Wahlrecht geben, so wär' dies eine sehr unheilvolle und gefährliche Maßregel, weil einige Vorbedingungen dazu, wie z. B. religiöse Aufklärung, Unabhängigkeit von priesterlichen Einflüssen u. dergl. noch nicht hergestellt sind. Wir sehen auch gar nicht ein, warum das allgemeine Wahlrecht die Sehnsucht emancipationssüchtiger Frauen bildet; es liegen ihnen gewiß viele andere Wünsche und Bestrebungen noch näher, als dieses zweideutige und zweifelhafte Recht, welches so viele Leute gegen ihre eigenen Interessen u. Ueberzeugungen anwenden, und zu ihrem eigenen Schaden gebrauchen.

Schluß.

Die Leser mögen uns verzeihen, daß wir in einer flüchtigen, journalistischen Skizze ein Thema behandelt haben, welches den Eckstein der Philosophie und die Grundlage alles Rechtes bildet. Möge man das hier Mitgetheilte als eine Andeutung und Aufforderung zu einer weiteren Behandlung dieses Gegenstandes betrachten. Wir empfinden bei jeder Berührung mit amerikanischen Verhältnissen und amerikanischer Politik die Nothwendigkeit, eine feste, unzerstörbare Basis des Rechtes zu haben, eine Basis, welche trotz der vortrefflichen Erklärungen der Unabhängigkeitserklärung und der bill of rights einem großen Theil des amerikanischen Volkes ganz zu fehlen scheint. Man weiß in Amerika kein Maaß und Ziel in den politischen Bestrebungen zu halten; man will die Unmäßigkeit abschaffen, und schafft auch gleich damit die persönliche Freiheit und die Sicherheit des Eigenthums ab; man gestattet der Majorität des Volkes über die Frage zwischen Sklaverei und Freiheit abzustimmen; man verletzt überhaupt vielfach die Grenzen, welche der gesetzgeberischen Volksmacht und der Thätigkeit des Staates gezogen sind. Da ist es denn gut, sich daran zu erinnern und Andere darauf aufmerksam zu machen, daß es gewisse unveräußerliche Menschenrechte giebt, welche der veränderlichen Volksmeinung niemals zum Opfer fallen dürfen, daß wir Rechte von der Natur erhalten haben, welche öfter sind und mehr gelten, als die Rechte, welche uns der Staat gegeben. Wir hoffen, daß die Theorie der Menschenrechte, welche bis jetzt noch nicht weit über Rousseau's liebenswürdige Phantasien hinausgekommen sind, bald eine feste, wissenschaftliche Gestalt gewinne; auch diesem wissenschaftlichen Gebiete werden die Naturwissenschaften eine neue Gestalt und ein festeres Fundament geben. Gerade so, wie es trotz der verschiedenartigsten Bildungen des menschlichen Körpers nur eine Wissenschaft der Physiologie und Anatomie giebt; gerade so, wie trotz der verschiedensten Denkoperationen nur eine Wissenschaft der Logik existirt: so auch kann trotz den großen Ungleichheiten der socialen und politischen Verhältnisse nur eine Wissenschaft des Rechtes sein, die für alle Racen und Zeitalter der Menschheit paßt. Diese Lehre handelt von den sittlichen Elementen, die allen andern Wissenschaften der sittlichen Welt, der Politik, der Moral, der Rechtswissenschaft, der Geschichte u. zu Grunde liegen; sie löst die vielfachen und verworrenen Verbindungen des menschlichen Lebens in ihre einfachsten Bestandtheile, in die Elemente auf; sie geht in ähnlicher Weise, wie die Anatomie den medicinischen Studien, allen geschichtlichen, moralischen und politischen Forschungen voran. Die großen revolutionären Katastrophen, welche uns in diesem Jahrhundert noch bevorstehen, setzen eine gründliche Bearbeitung dieser Wissenschaft des Rechtes voraus, und erwarten, daß der Grundstein der neuen Zeit auf dem festen Felsen des Prinzipes, und nicht in den leichten Flugsand der vorübergehenden Ereignisse gebaut werde. Wir haben schon oft darauf hingedeutet, daß die Wissenschaft der sittlichen Welt nicht hinter den rasch voraneilenden Naturwissenschaften zurückbleiben dürfen. Wer ist der Mann, der die Wissenschaft der immer lebendigen und fortschreitenden, und doch ewig unwandelbaren Menschenrechte diesem Jahrhundert lehren wird?

Zur Verständigung.

Unter dieser Aufschrift hat Herr Julius Fröbel in dem „San Francisco Journal" vom 16. August einige Bemerkungen über die politische Richtung der „Atlantis" veröffentlicht, welche uns zu einer Entgegnung veranlassen. Bemerkungen, welche von einem Schriftsteller, wie dem Verfasser der „socialen Politik" ausgehen, sind gewiß immer der aufmerksamsten und sorgfältigsten Beachtung werth, und deßhalb haben wir wohl nicht nothwendig, auf die wohlwollende Theilnahme, welche das „San Francisco Journal" der „Atlantis" geschenkt hat, hinzuweisen, um den Versuch einer Verständigung zu rechtfertigen. Herr Fröbel greift die Lehre von der inneren Nothwendigkeit in der Politik an, und vertheidigt die Theorie der politischen Zweckmäßigkeit. Leider war unser Artikel im gegenwärtigen Hefte „Sittlichkeit in der Politik" schon gedruckt, als uns Fröbel's Bemerkungen zu Gesicht kamen; wir hätten sonst dieselben gewiß schon bei jener Arbeit benützt. Da die Frage, um die es sich handelt, von der allgemeinsten Bedeutung ist, und eine definitive Entscheidung derselben manches überflüssige Gerede über die Tagespolitik abschneidet, so wolle uns der Leser eine nochmalige kurze Besprechung dieses Gegenstandes erlauben. Herr Fröbel sagt unter Anderm Folgendes über die Atlantis:

„Wir sind nicht nur in diesem Hefte (vom Julihefte der Atlantis) sondern auch in den früheren, immer von Zeit zu Zeit auf Aeußerungen gestoßen, zu denen wir unsere Zustimmung ganz oder zum Theil verweigern mußten; und wenn wir nicht irren, bezogen sie sich alle auf einen gemeinsamen Punkt, auf einen Unterschied in der Beurtheilung der Dinge.

1. Wir stießen auf diesen Punkt gleich im ersten Artikel des Juniheftes. In diesem bezeigt der Verfasser auf eine rücksichtslose principielle Haltung in der Politik. Wir sollen uns im Parteikampfe nur betheiligen, wie weit

die Prinzipien der Freiheit x. in vertreten steten," — das ist, wenn wir
richtig verstehen, der Sinn des Artikels. In dem letzten Aufsatze des
Heftes finden wir, in einer Kritik des New Yorker Wochenblattes — „die
Neue Zeit" — eine Ergänzung zu den Aeußerungen des obigen. „Die
Neue Zeit meint", so sagt Essellen, „daß in einem freien Lande das politi-
sche Leben auf Compromissen beruht; wir glauben aber daß es seit der
Nebraskabill zu Ende ist mit der Compromißpolitik."

Wir stehen hier, nicht in der besonderen Anwendung auf einen einzelnen Fall, aber wohl im allgemeinen Grundsatze, auf Seite der „Neuen
Zeit", und glaube, daß Essellen sich irrt. Mit absoluten Feinden
allerdings kann man keinen Compromiß eingehen. Mit diesen kann man
aber auch keinen gemeinsamen Zweck haben. Wir leugnen aber, daß
es Theile der Menschheit giebt, die sich auf diese Weise zu einander verhalten. Ob ein Compromiß mit seinem Gegner gegen einen anderen zu-
lässig, d. h. ehrenhaft und klug ist, das muß vom speziellen Falle abhängen. Niemals aber wird man sagen können, daß die Zeit der Compromisse vorüber sei. Niemals werden Prinzipien allein die Welt beherrschen. Das „fiat justicia et pereat mundus" ist nicht richtig; denn
erst muß die Welt bestehen können, ehe Gerechtigkeit geschaffen werden
kann. Das sittliche Leben besteht im Kampfe der Prinzipien mit den thatsächlichen Verhältnissen, in welchem Kampfe der bewußte Mensch die Verwirklichung seiner Prinzipien zu seinem Zwecke macht, für den er die
politische Praxis als Mittel gebraucht. In der Politik gehören wir
nicht nur zu einer Partei, sondern wir müssen auch Parteien benutzen. Und am Ende besteht selbst die Partei, zu der wir gehören, aus
soviel Compromissen als Individuen, denn Jeder ist genau genommen seine
eigene Partei, die sich mit Anderen durch theilweises Uebersehen der Differenzen verbindet. Die Parteipolitik ist nicht eine Religion, deren Glieder durch ein gemeinsames Glaubensbekenntniß verbunden sind. Eine
Partei besteht nicht, um Grundsätze zu bekennen, sondern um Absichten
zu erreichen, die freilich um so höher stehen, und um so mehr berechtigt
sind, je mehr sie richtigen Grundsätzen entsprechen. Politisch auf dem
rechten Wege sind wir, wenn wir die richtigen Mittel zur Erreichung
richtiger Absichten gebrauchen.

Auf diesen spezifisch politischen Begriff — die Absicht — den
Zweck — scheint uns Essellen nicht den gehörigen Nachdruck zu legen,
um ganz vortheilhaft zu sein. In einem andern Artikel: „die Sache
des Individuums" überschrieben, spricht er geradezu sich gegen das eigentliche Prinzip aller Politik — den Zweck — aus. „Das ist ja gerade die
Errungenschaft der modernen Wissenschaft", sagt er, „die Lehre von der
inneren Nothwendigkeit an die Stelle der Teleologie (Zweckmäßigkeitstheo-
rie) zu setzen. Wie wir die Welt verstehen, heißt dies soviel als die uns

derne Wissenschaft setze die Naturlehre an die Stelle der Moral, wogegen
doch Esselen selbst in dem vorhin erwähnten Artikel — „die Ueberschä-
zung der Naturwissenschaften" — kämpft. Innere Nothwendigkeit und
Zweckmäßigkeit treffen auf dem gleichen Punkte zusammen, oder sind zwei
Seiten derselben Sache. Was für die unbewußte oder von uns nicht be-
herrschte Natur innere Nothwendigkeit heißt, das heißt für das menschliche
Bewußtsein zweckmäßiges Handeln. Die Politik kann als Naturwissenschaft und die Naturwissenschaft als Politik betrachtet werden. Daraus
folgt aber nicht, daß nicht jedes der beiden Gebiete, das physikalische und
das moralische [politische] seine leitende Urtheilsform habe, welche für das
erste die innere Nothwendigkeit; für das zweite die Zweckmäßigkeit ist
und ewig bleibt. Wie die Natur unter der Urtheilsform der Zweckmäßigkeit aufgefaßt, keine Natur mehr ist sondern nur ein Material politischer
Oekonomie, so ist die Moral und Politik unter der Urtheilsform der inneren Nothwendigkeit keine Moral und Politik mehr, sondern Anthropologie
als ein Theil der Naturgeschichte.

Die ganze Politik bewegt sich in dem verwickelten Gewebe von Zwecken und Mitteln, Absichten und Erfolgen. Der sittliche Fortschritt reinigt und erhöht die Zwecke, kann uns aber nie der Nothwendigkeit überhe-
ben, zur Erreichung der Zwecke in den widerstrebenden Elementen der Gesellschaft die geeigneten Mittel zu suchen, und uns demnach mit Andern
in Compromisse einzulassen. — Die Weisheit besteht darin, daß wir dar-
bei keinen Mißgriff begehen."

Wir gestehen von vornherein gern zu, daß es bedenklich scheinen mag,
die Theorie der Zweckmäßigkeit ganz aus der Politik zu verbannen, da auch
doch die tägliche Erfahrung zeigt, welch eine große Rolle sie spielt, und wie
die ganze Politik, wie Fröbel sagt, „in einem verwickelten Gewebe von
Zwecken und Mitteln, Absichten und Erfolgen" besteht. Namentlich sehen
wir dies im amerikanischen Parteileben; jede Partei, die demokratische,
ebenso wie die Fusionsparteien, formuliren ihre Platformen und Systeme
nach dem nächsten Zwecke, nach den Bedürfnissen der nächsten Wahl, so
daß wir in den Platformen derselben mehr ein Wahlprogramm, als eine
Darlegung der Parteigrundsätze sehen. Daß dies in der Praxis so ist,
sehen wir allerdings ein, aber wir halten diese Praxis nicht für die richtige,
und wünschen sie zu modificiren. Wir schieben einen großen Theil der
Principlosigkeit und Wankelmüthigkeit der amerikanischen Politik auf diese
Theorie der politischen Zweckmäßigkeit. Wir geben gern zu, daß ein Politiker nicht nur principielle Grundsätze, nicht nur allgemeine Ideen, sondern
auch specielle Zwecke haben muß, aber diese Zwecke sind doch immer und in
jedem einzelnen Falle, sobald die Politik ehrlich ist, nur Resultate der Grundsätze; der Zweck sinkt in dem Augenblicke, wo er erfüllt wird, zu einem blo-

ßen Mittel haben, die Grundsätze zu verlegnen; und so muß doch immer die Politik der Zweckmäßigkeit mit der Politik der inneren Nothwendigkeit, mit der Politik der Grundsätze zusammenfallen. Wir können uns den Fall nicht denken, daß ein Mensch einen Theil seiner Grundsätze opfern könnte, um einen Theil seiner Zwecke zu erreichen, weil wir zwischen den Grundsätzen und Zwecken keinen principiellen Unterschied entdecken können; die Zwecke in der Politik sind das natürliche Resultat der Grundsätze, und folgen also auch dem Gesetze der inneren Nothwendigkeit. Wenn ich in Europa den Grundsätzen der Demokratie huldige, muß ich den Umsturz der Throne wünschen; die Revolution ist der nächste Zweck, den ich im Auge habe, aber um diesen Zweck zu erreichen, brauche ich kein Opfer an meinen demokratischen Grundsätzen zu bringen. Die Zwecke sind niemals das Letzte und Höchste, was wir in der Politik wollen; sie sind niemals die eigentlichen Ursachen unseres politischen Handelns; sie bilden nur die Staffeln der Leiter, welche zu den Grundsätzen führt. Wenn wir bei der Präsidentenwahl für diesen oder jenen Mann agitiren, so ist nicht eigentlich die Erwählung des Candidaten unser letzter Zweck, sondern die Durchführung der Parteigrundsätze, welche er vertritt; wir kommen also immer wieder auf das Gebiet der Grundsätze und der inneren Nothwendigkeit zurück. Wenn wir bei der Erreichung dieses Zwecks Kompromisse und Zugeständnisse nothwendig haben, so können sich diese Zugeständnisse niemals auf die Grundsätze beziehen, denn durch ein Kompromittiren der Grundsätze würden wir auch die Zwecke kompromittiren. Das Kompromisse können sich also immer nur auf Nebenfragen beziehen, und dies ist es gerade, was wir im gegenwärtigen Momente im Auge haben müssen, wenn wir unsere politische Stellung auswählen.

Wir geben zu, daß man in der Politik nicht immer konsequent sein kann. Aber wenn man nicht alle Consequenzen ziehen kann, ist nicht damit gesagt, daß man dem Grundsatze untreu werden solle. Der Weg vor uns mag noch so unklar, zweifelhaft, trügerisch sein, — wenn nur der Weg hinter uns gerade und deutlich ist, so wird Alles schon recht gehen. Wir brauchen nicht zu wissen, was wir erreichen können, wenn wir nur wissen, was wir erstreben müssen. Das Können ist am Ende immer eine trügerische und zweifelhafte Sache.

Und dann glauben wir auch, daß es gerade im gegenwärtigen Augenblicke bei dem Stande der amerikanischen Politik und dem Verhältniß der Deutschen zu derselben, nicht gerade „zweckmäßig" sei, der Theorie der Zweckmäßigkeit das Wort zu reden. Man ist in Amerika leider schon zu sehr daran gewohnt, „zweckmäßig" zu sein, „praktisch" zu handeln, „Compromisse" zu machen, mit einem Worte, die Grundsätze gegen vorübergehende Vortheile umzuhandeln, den Mantel nach dem Winde zu

hängen," wie ein _____ _____ _____ endlich mal an der
Zeit scheint, auch einmal wieder von der „innern Nothwendigkeit" in der
Politik zu reden. Es ist _____ nichts zu fürchten, daß die große Mässe der
Deutschen _____ dadurch _____ strenge Principe _____ nur die Erreichung der Zwecke
und die Erlangung von Vortheilen bringen wird.

„Ob das „fiat justitia et pereat mundus" richtig ist oder nicht, wollen
wir dahin gestellt sein lassen; ob das Recht eher ist, als die Welt, oder
umgekehrt, das ist am Ende die alte Geschichte von der Henne mit dem Ei,
Genug, die Welt besteht zu Rechten; es geht Alles den nothwendigen,
natürlichen Lauf, und diesen Lauf müssen am Ende wir kleine Menschen
auch mitlaufen.

Wir wollen die Naturlehre _____ der Politik an die Stelle der Moral
_____ sagt Herr Fröbel. Wir müssen offen gestehen, daß wir über diesen
Punkt nicht ganz fertig sind. Wir glauben allerdings, daß die Naturwissenschaften in ihrem gegenwärtigen Zustande und noch mehr, in einer vor-
gerückteren Periode, den Wissenschaften der sittlichen Welt und auch der
Politik eine ganz andere Gestalt geben werden. Wir hielten es für einen
großen und fruchtbaren Gedanken, für alle Wissenschaften nur Eine Basis
anzunehmen, die Natur, die allgemeine Mutter alles Lebens, deren
_____, unveränderliche Nothwendigkeit sich in dem Kreisen der Planeten,
wie in dem Empfinden des kleinen, menschlichen Herzens zeigt. Aber wir
sagen nicht gerade, daß das Gehirn des Menschen die Gedanken ausschei-
det, wie etwa die Drüsen den Speichel, oder daß die Staatsverfassungen
der Menschen ähnlich entstehen, wie die Aepfel auf den Bäumen wachsen.
Wir glauben auch, daß das Resultat der vorangeschrittenen Naturwissenschaften ein Rückfall in den plumpen Materialismus des Herrn von
Hollbach und seiner Zeitgenossen sein wird. Wir glauben, daß erst
durch eine Verbindung der Philosophie mit den Naturwissenschaften, —
eine Verbindung, die angedahnt, aber noch nicht ausgeführt ist, — die
wahre, erklärende Wissenschaft entstehen wird, welche uns aus dem unaufhörlichen Dilemma zwischen Idealismus und Materialismus, Ratio-
nalismus, Realismus u. s. w. heraussetzen wird. Aber so viel ist gewiß
— dies genügt uns hier für unser Thema; — daß die Moral ebenso positive, sichere Gesetze hat, wie die Naturwissenschaften, und daß
auch in der Moral eine strenge Nothwendigkeit liegt, die als Strenge und
Consequenz der Naturnothwendigkeit nichts nachgiebt.

Die hier flüchtig berührten Punkte sind gewiß für das größte Interesse für den denkenden Menschen, und wir halten wenige Denker für so
befähigt, sich darüber auszusprechen, wie grade Fröbel, der zu gleicher
Zeit Naturforscher und Philosoph ist. Daß daher dieser Vertheidigung
noch _____ und _____. Jeder wird der vorliegenden Gegenschrift
folgen mögen, dies ist der eigentliche Zweck unserer wenigen Zeilen.

Wisconsin's Politik.

In neuester Zeit haben sich die Augen der deutschen Bewohner Amerika's wieder vornehmlich auf Wisconsin gerichtet, welcher Staat immer mehr und mehr einen deutschen Charakter annimmt und dem Deutschen eine zweite Heimath zu werden verspricht. Von Louisville, Cincinnati und anderswo ziehen Schaaren von Deutschen dorthin, und Mancher, der sich noch nicht von seinem jetzigen Aufenthalte losmachen kann, wird von der heimlichen Sehnsucht verzehrt, in den Wäldern Wisconsin's eine Ruhestätte zu suchen. Wenn man von „deutschen Staaten" spricht, so denkt man zunächst an Wisconsin, und allerdings, wenn sich irgendwo diese Idee realisiren könnte, wäre es in dem Staate, wo das sociale Leben schon jetzt durch deutsche Kunst und Geselligkeit veredelt ist. Gewiß, auch wir stimmen den Verehrern Wisconsin's bei; schön liegt das Land an den Ufern des silbernen Sees, und man findet manche Stelle dort, wo man ausrufen möchte: „hier ist gut sein; hier möchte ich Hütten bauen". Es ist in der That nicht mehr nöthig, durch Auswanderungsagenturen zu andere derartige zweideutige Mittel die Aufmerksamkeit der Deutschen auf diesen Staat hinzulenken; Wisconsin ist in Deutschland schon fast so bekannt, als läge es zwischen Neckar und Rhein, und es mag in seinem materiellen und intellektuellen Wachsthum nur so fortschreiten, wie es angefangen hat, so wird es seine Bande mit Deutschland immer fester schließen. Wir haben also, als Deutsche, ein natürliches Interesse an dem Gedeihen Wisconsin's; wir wissen, daß die Stellung der Deutschen im amerikanischen Westen, die jetzt schon mehrere Millionen zählen, hauptsächlich von der Entwickelung des deutschen Elements in Wisconsin abhängt, und daß der Einfluß Wisconsin's immer mehr und mehr zunimmt. Besonders wer, wie wir, eine Zeitlang in diesem Lande gelebt und sich dort deutscher Kunst und Geselligkeit erfreut, der die reichen Schätze deutscher Bildung, die dort vergraben sind, kennen gelernt hat, muß spezielle Sympathien für dieses Land hegen und seine Entwickelung mit der lebhaftesten Aufmerksamkeit verfolgen. Wer sollte nicht wünschen, daß dort, wo vorzugsweise deutscher Sinn und deutsches Streben waltet, ein Lichtpunkt im amerikanischen Leben sei, ein Lichtpunkt der Freiheit und Bildung, daß dort freie Grundsätze und freie Männer herrschen, daß von dort die amerikanische Politik neuen Aufschwung und neues Leben erhalte?

Diese Wünsche kamen uns lebhaft wieder zur Erinnerung, als wir von den neuesten politischen Bewegungen in Wisconsin hörten. Die beiden großen Parteien des Landes, die demokratische und republikanische, haben sich gewappnet und gerüstet zum Kampf, und wie dieser Kampf ausfällt, und welchen Antheil speziell die Deutschen daran nehmen, das ist eine Frage von so allgemeiner Bedeutung, daß man auch uns verstatten möge, daran Theil zu nehmen.

Die Deutschen Wisconsin's haben bisher immer in großer Majorität mit der demokratischen Partei gestimmt, und sind mit der Geschichte dieser Partei gewissermaßen verwachsen. Sie sagen, daß sie der demokratischen Partei das einjährige Stimmrecht, dessen sie sich erfreuen, zu verdanken haben. In neuerer Zeit kam noch das Veto gegen das Temperenzgesetz von Seiten eines demokratischen Gouvernors dazu, um die demokratische Partei beliebt zu machen. Auf den demokratischen Tickets stehen immer mehrere deutsche Namen, und angesehene Aemter, wie z. B. die Stelle eines Staatsschatzmeisters, befinden sich regelmäßig in den Händen der Deutschen. So befinden sich die Deutschen behaglich in der Partei; sie haben manche kleine Vortheile von ihr zu erhalten; bei dem Einen ist es persönliches Interesse, bei dem Andern mangelhafte Einsicht, bei allen mehr oder weniger das Band der Gewohnheit, welches sie an die Partei fesselt.

Wenn man diesen kleinen und unbedeutenden Motiven gegenüber daran erinnert, welch eine Politik die demokratische Partei in Bundesangelegenheiten vertritt, wenn man auf den Fluch der Sclaverei hindeutet, für welchen diese Partei emsig Propaganda macht, wenn man auf die Schande des Sklavenauslieferungsgesetzes hinweist, wenn man nach Kansas und Missouri zeigt: dann entgegnet man uns, daß Alles dieses nichts mit der demokratischen Partei Wisconsin's zu thun habe, daß Wisconsin keine Sklaverei besitze u. s. w. Fürwahr, nicht der zehnte Theil der deutschen Demokraten würde mit dieser Partei fernerhin noch stimmen, wußte er nur, daß er mit seinem Votum für die Staatsdemokratie die Schandthaten der nationalen Demokratie unterstützt.

Wenn man ferner auf die schlechte und betrügerische Staats-Verwaltung der jetzigen demokratischen Administration aufmerksam macht, wenn man die Verschleuderung der Schulländereien, die Betrügereien beim Bau des Irrenhauses u. dgl. rügt, wenn man die Corruption der demokratischen Partei des Staates nachweist: dann läugnet man entweder, oder behilft sich wohl mit Redensarten, wie: Es ist doch besser, leichtsinnige Verschwender an der Spitze der Staatsverwaltung zu haben, die uns unsere persönliche Freiheit lassen, als tugendhafte Puritaner, die uns das Temperenzgesetz auf den Hals laden wollen.

Wenn man an die Verbindung der Demokratie mit dem Jesuitismus erinnert, an die charakteristische Alliance, welche beide Mächte zum Zwecke der Aemterausbeutung mit einander abgeschlossen haben: dann antwortet man mit der allgemeinen Knownothingfurcht, welche auch für die Deutschen in Wisconsin die hauptsächlichste Beschäftigung zu sein scheint.

So sehen wir überall halbe Einreden und schlechte Argumente, u. können uns kaum darüber täuschen, daß viele unserer deutschen Mitbürger daselbst gegen besseres Wissen und Gewissen mit der demokratischen Partei stimmen, welche sie doch im Grunde des Herzens verachten müssen.

Sehen wir die Führer dieser Partei unter den Deutschen an. Sind sie nicht fast Alle abgebrauchte, abgestandene, langweilig und lächerlich gewordene Personen, die im allgemeinen Ansehen schon tief gesunken sind und noch immer tiefer sinken? Hat man nicht immer in der Gesellschaft einen Spott und einen Witz für diese abgetretenen Aemterjäger in Bereitschaft? Und doch läßt man in den wichtigsten Fragen der Politik sich von ihnen leiten.

Wir glauben, daß der gebildete Theil der deutschen Bevölkerung es nicht ernsthaft genug meint mit der Politik; man läßt es gehen, wie es immer gegangen hat, und zeigt den Reformgeist, von dem man so viele Spuren und Zeichen unter der deutschen Bevölkerung Wisconsins und in ihren geselligen Instituten findet, dort nicht, wo er am nothwendigsten ist, in der Politik.

Unterdessen rückt die Katastrophe immer näher und näher. Die demokratische Partei zeigt sich immer mehr und mehr in ihrer Gemeinschädlichkeit und Verkommenheit, während auf der andern Seite sich die Partei der Freiheit immer reiner und fester herausbildet. Die letzten Staats-Conventionen der beiden Parteien zeigen dies zur Genüge.

Die demokratische Convention war eine Fälschung, indem von den unbevölkerten Grenzcounties Delegaten zugelassen wurden, deren ganzes Mandat eben nur in ihrer Freundschaft und Ergebenheit gegen Barstow bestand. Barstow erhielt denn auch nur durch die Mitwirkung dieser unberechtigten Delegaten eine kleine Majorität zur Wiederernennung.

Die demokratische Convention stattete den Administrationen von Pierce und Barstow den Dank für treue Pflichterfüllung ab, und hat also die Verantwortlichkeit für alle Handlungen der Generalregierung von Greytown bis Kansas, wie über die Landbetrügereien Barstow's übernommen. Dies ist eine Schamlosigkeit, welcher kein deutscher Ehrenmann beistimmen kann. Dies beweist, daß die demokratischen Parteiführer gar keine Achtung vor der öffentlichen Meinung mehr haben.

In Bezug auf die Temperenzfrage, dieses Hauptthema der Wisconsin Politik, aus dem die demokratische Partei das meiste Kapital zu machen pflegte, haben die Demokraten eine perfide Zweideutigkeit begangen und einen Paragraphen hingestellt, der einem neuen Temperenzgesetze vollständig Thür und Thor offen läßt. Der Antrag auf Streichung dieses hinterlistigen Paragraphen, welcher von den deutschen Delegaten gestellt war, wurde verworfen.

Wir fragen: Was soll den Deutschen eine solche Platform nützen?

Wie anders haben sich dagen die Republikaner ausgesprochen! Nachdem sie in den allgemeinen Fragen der Bundespolitik eine kühne, männliche Haltung angenommen haben, eine Haltung, die nördlichen Männern und Staaten allein ziemt und die allein Amerika's Zukunft retten kann, — treten sie mit den entschiedensten Worten den Bestrebungen der Nativisten entgegen, und weigern sich, das Maine Law zur Testfrage zu machen.

Die Republikaner haben also den Deutschen die Hand geboten; sie haben die Schmähungen und Beleidigungen vergessen, die ihnen immer bisher von den „Ausländern" zu Theil wurden; sie haben vergessen, wie die Deutschen immer ihr Votum für die Sklaverei-Partei in die Urne legten; sie reichen den Deutschen die Hand zum Bunde freier Männer.

Werden die Deutschen das Bündniß annehmen? Wir halten es für unbedingt nothwendig. Alle Befürchtungen und Bedenklichkeiten, welche man von einem solchen Bündniß erwartet, verschwinden bei näherer Prüfung in Nichts.

Die Deutschen wollen kein Temperenzgesetz; und wir geben ihnen in diesem Punkte vollständig Recht. Aber werden sie, wenn sie einen starken, zahlreichen Flügel der republikanischen Partei bilden, ihren Einfluß innerhalb der Partei nicht dahin geltend machen können, daß das Temperenzgesetz unterbleibt? Wenn schon jetzt die Republikaner nicht wagen, die Flagge des Temperenzgesetzes aufzuziehen, werden sie es thun, wenn hunderttausende von Deutschen, welche Alle, Mann für Mann, gegen das Maine Law sind, ihre Reihen verstärken? Man überlege diese Frage. Außerdem ist der Spuck mit dem Maine Law dagewesen; ein vernünftiger Mensch läßt sich davon nicht mehr beirren. Ein vernünftiger Mensch weiß, daß das Temperenzgesetz niemals und nirgend Platz greifen kann, am wenigsten in einem westlichen Staate. Ueberall sieht man in dieser Beziehung einen Umschwung der öffentlichen Meinung; selbst die rabiatesten Temperenzblätter fangen an, ihr Steckenpferd einzuziehen, weil sie die Unmöglichkeit, das Maine Law praktisch durchzuführen, sehen, und die Verwirrungen bedauern, welche in der Politik dadurch angerichtet werden. In Maine selbst ist das Gesetz durch die letzte Wahl verurtheilt worden; in New York ist es inconstitutionell; in Michigan ein todter Buchstabe u. s. w. u. s. w. Und wer wollte sich durch dieses eingebildete Gespenst, von dem man in wenigen Jahren nicht einmal mehr reden wird, schrecken, wer würde sich dadurch in der demokratischen Partei festhalten lassen, zumal, wenn selbst die Demokraten in ihren Platformen mit den Temperenzlern coquettiren. Der Temperenzgaul ist in unsern Tagen vollständig müde geritten und die Hunker werden auf ihm nicht mehr in die Aemter hineinkommen. Man kann sicher sein, daß auf beiden Seiten der Temperenzfrage jetzt nur herabgekommene, hoffnungslose Aemterjäger stehen, die mit ihrem Kampfe für oder gegen das Maine Law vergebens politisches Capital machen wollen, und es wird gegenwärtig mit dieser Frage schon mehr Unfug getrieben auf Seiten der Antitemperenzier, wie auf Seiten der Temperenzler. Es ist an der Zeit, daß man diesen Humbug aufgiebt und sich um die ernsteren Fragen der Politik kümmert.

Mit der Furcht vor den Knownothings wird es auch nicht lange mehr ziehen. Namentlich Wisconsin ist durch alle seine Verhältnisse zu sehr vor nativistischen Bestrebungen geschützt, als daß man etwas Ernstliches zu befürchten hätte. Diejenigen, welche den Deutschen überall den Popanz des Knownothingthums vorhalten, begehen eine indirekte Verläumdung gegen die Deutschen selbst, die in einer solchen Zahl und mit einem solchen Einflusse den Staat bewohnen, daß die nativistischen Bestrebungen spurlos an der Phalanx deutscher Sitte und Bildung abprallen. Wie! Das halb deutsche Wisconsin, dessen Leben nach allen Seiten hin von deutschem Fleiße, deutscher Bildung und Gesittung durchzogen ist, wo der Amerikaner selbst sich nicht mehr deutschen Einwirkungen verschließen kann, wo in Stadt und Land das deutsche Wort und Lied ertönt: — wie; diese zweite Heimath der Deutschen sollte das Land der Proscription und des Nativismus werden! Wir denken, daß eine solche Befürchtung wenig Achtung vor dem deutschen Volkscharakter und speziell vor der deutschen Bevölkerung Wisconsin's zeigt.

Und sollte man wirklich nothwendig haben, den Knownothings Widerstand und Vertheidigungsmaßregeln entgegen zu setzen, so glauben wir, daß dieselben am besten in jenem kernigen deutschen Sinne, in jenem männlichen Freimuthe bestehen, der von dem deutschen Charakter unzertrennlich ist. Die Liebe zur Freiheit ist der beste Schutz gegen jede Art von Verachtung und Unterdrückung. Wenn die Amerikaner einmal einsehen, daß die Deutschen treue Freunde der amerikanischen Freiheit und Verfassung sind, daß sie, als Abkömmlinge einer gebildeten Nation, auch Bildung und Gesittung in Amerika verbreiten, daß sie mit allen ihnen zu Gebote stehenden Kräften der Ausbreitung der Sklaverei, der Herrschaft der Jesuiten und andern ernstlichen Gefahren, welche die Zukunft Amerika's bedrohen, entgegentreten: dann werden sie den Nativismus dem Süden und der Sklavereipartei überlassen, und die Uebereinstimmung der Ueberzeugungen und Bestrebungen wird eine tief begründete Freundschaft zwischen den verwandten Volksstämmen erzeugen. Aber den Sklaven des Jesuitismus, den Dienern der Sklavenhalter und Aemterjäger gegenüber ist jede Art von Feindschaft und Unterdrückung gerechtfertigt.

Dies ist Alles schon oft gesagt worden, und Niemand mag es bestreiten. Aber trotzdem geht man den alten Schlendrian fort.

Die Gelegenheit, eine schöne, würdige Stellung in der amerikanischen Politik einzunehmen, ist den Deutschen Wisconsin's jetzt gegeben. Die republikanische Partei hat die Hand zur Freundschaft geboten. Diese Partei vertritt mehr, wie jede andere Partei, die Interessen und Bestrebungen der Deutschen, und wird durch eine Vereinigung mit den Deutschen ein unzerstörbares Uebergewicht über die andere Partei erhalten. Sollten noch Männer und Grundsätze in dieser Partei verborgen sein, welche unsern deutschen Landsleuten nicht zusagen, so ist es der großen Masse der Deutschen sehr leicht, ihren Einfluß zur Beseitigung dieser Männer und Grundsätze anzuwenden. Die Deutschen werden voraussichtlich, sobald sie sich zahlreich der neuen Partei anschließen, in derselben einen solchen Einfluß gewinnen, daß sie alle Rückfälle in Nativismus und Temperenzsucht unmöglich machen. Der Vortheil, den die Deutschen durch eine solche veränderte politische Stellung erhalten würden, kann gar nicht groß genug angegeben werden, und wird für die ganze westliche Politik entscheidend sein. Wir persönlich sähen es gar zu gern, wenn in dem schönen Wisconsin neben heiterer Geselligkeit und künstlerischem Streben auch der republikanische Freimuth waltete, der allzulange durch ein Dutzend deutscher Aemterjäger und eine Heerde katholischer Pfaffen niedergehalten wurde. Wir wissen, daß in dem deutschen Elemente Wisconsin's noch ein guter Kern ist; möge er bald die mürbe und schmutzige Schaale zersprengen! Wir appelliren an die gebildeten Deutschen Wisconsin's, die schon lange das verderbliche Treiben erkannten, und fordern sie auf, aus ihrer passiven Haltung herauszutreten, damit doch endlich einmal ein Anfang zum Besserwerden gemacht werde.

„Was man in der Jugend wünscht, hat man im Alter die Fülle.“

(Eine kleine Erzählung.)

„Was man in der Jugend wünscht, hat man im Alter die Fülle.“ Dieser berühmte Ausspruch Göthe's prangte in großen goldenen Buchstaben über der Thüre eines einfachen, aber eleganten Landhauses, dessen Besitzer ein großer Liebhaber und Kenner von Naturschönheiten sein mußte, denn er hatte sich eine der schönsten Gegenden des Rheins zur Wohnung ausgesucht. Der Strom floß in majestätischer Ruhe an den Rebenhügeln vorüber, die wie ein breiter Saum die Ufer einfaßten, bis daß sie in einiger Entfernung waldbedeckten Bergen und braunen Felsen Platz machten, von deren Gipfel melancholische Burgruinen auf das Thal blickten. Die Landschaft hatte, wie die meisten Rheingegenden, den Charakter ruhiger, einfacher Schönheit, die nicht blendet und überrascht, sondern erst bei längerem Vertrautsein alle ihre Reize entwickelt. Das Landhaus lag am Fuße eines Rebenhügels in einem weiten bequemen Garten da, und es hätte kaum der auffallenden Aufschrift bedurft, um zu überzeugen, daß dieses Haus vollständig geeignet sei, dem aus den Stürmen des Lebens Entflohenen behagliche Ruhe zu gewähren.

Herr Franz, der Besitzer dieses Hauses, schien denn allerdings auch schon von den Stürmen des Lebens Abschied genommen und sich der Einsamkeit und ruhiger Muße überlassen zu haben. Er war ein Mann, ungefähr in den Vierzigern, von ernstem männlichen Wesen, dem man ansah, daß viele Sorgen und Mühen an seinem Haupte vorübergezogen waren, ohne daß sie ihn aber gebeugt und gebrochen hätten. Man nannte ihn in der Nachbarschaft einen Sonderling, obgleich man nichts an ihm bemerken konnte; das diese Bezeichnung gerechtfertigt hätte, als vielleicht eine gewisse Abneigung gegen den Umgang mit Menschen, eine Selbstgenügsamkeit, die oft für Kälte und Stolz gehalten wurde. Er lebte ganz allein mit einer jungen Verwandtin und den wenigen Domestiken, welche die einfache Haushaltung erforderte.

Diejenigen indessen, welche sich die Mühe gaben, Herrn Franz näher kennen zu lernen, fanden mehr gemüthliche und gesellige Eigenschaften an ihm, als die, welche bloß nach seinem äußeren Erscheinen und dem ersten Eindrucke urtheilten. Es war recht behaglich, in seinem Landhause einige Tage zuzubringen; es war Alles, was zur Gastfreundschaft nothwendig ist, in Fülle vorhanden, und nicht einmal fehlte der Humor und die gute Laune zu dem perlenden Rheinwein. Herr Franz war ein Mann, der viel durchlebt und seinen Erlebnissen reife Urtheile abgewonnen hatte, und wenn man ihn dazu bewegen konnte, in den Schatz seiner Erinnerungen zurückzugreifen, so konnte man interessanter und werthvoller Mittheilungen gewiß sein.

In einer vertraulichen Unterredung, als der Wein und die Freundschaft das Siegel von den Lippen gelöst hatte, fragten wir ihn einmal, warum er gerade diesen Göthe'schen Spruch zum Huter seines Hauses erwählt habe. Obgleich seine Stirn bei dieser Frage sich etwas verfinsterte, gab er uns doch die gewünschte Auskunft.

„Ich war arm," sagte er, „sehr arm in meiner Jugend; ich besaß nichts, als einen glühenden Durst nach Ehre, Vergnügen, Liebe, Freundschaft, nach Kenntnissen, Ruhm und Einfluß, kurz nach allen den Schätzen, welche der Reichthum allein nicht giebt, welche aber ohne Reichthum sehr schwer zu erlangen sind. Ich glaube, daß ich mit den meisten Fähigkeiten ausgerüstet war, welche den Reichthum werthvoll und genußreich machen; ich hatte ein aufgeregtes Temperament, das sich für alles Schöne lebhaft interessirte; das heiße Blut der Jugend floß durch meine Adern, mein Herz stand der Liebe und Freundschaft offen; ich war ein enthusiastischer Bewunderer schöner Gemälde, Statuen und Schauspielerinnen; meine Gesundheit war unverwüstlich; mehr noch wie das: ich hatte Bildung und Erziehung genug, um zwischen den Freuden des Lebens mit Takt und Maaß wählen zu können. Wenn ich vielleicht nicht alle diese Fähigkeiten besaß, so glaubte ich damals doch, sie zu besitzen, und es war mir unerträglich, nicht in dem Besitz des goldenen Schlüssels zu sein, der mir das Reich meiner Wünsche erschlösse. Unter all' den schönen Mythen, die wir in den antiken Schriftstellern finden, war mir keine Stelle so verständlich, wie die Fabel vom Tantalus, denn ich lebte sie täglich, stündlich. O, wenn ich die aristokratischen Schwächlinge sah, die in Mitten der Paläste und des Ueberflusses Langeweile fühlten, die an der Schwelle des Mannesalters schon des Lebens überdrüssig waren; wenn ich den englischen Lords begegnete, die im Uebermaaß aller Freuden des Lebens den Spleen hatten, und mit öden, leichenhaften Gesichtern den Rhein und die Schweiz hinauffuhren; wenn ich die deutschen Barone beobachtete, wie sie mit ihren Pferden und Hunden ein Hundeleben führten: welch ein Groll regte sich in mir, daß ich nicht im Besitz aller der Mittel zum Glücke sei, welche jene Menschen gar nicht zu gebrauchen wußten, daß ich meinen tausend Ideen und Idealen keine goldenen Flügeln geben konnte. Sie mögen ungläubig lächeln, meine Herrn, oder mich gar mit Verachtung betrachten, aber ich hätte damals vielleicht einen Mord begangen, um zu dem Besitze einer Million zu gelangen. Es war nicht die Sucht nach Vermögen, sondern die Sucht nach Leben, nach Freude, nach Genuß, nach allem Glücke des Ruhmes, der Freundschaft, der Liebe. Ja, auch die Liebe mischte sich hinein in das Uebermaaß der Wünsche und Begierden, deren Ziel mir immer als ein unerreichbares Jenseits bevorstand. Es war in Paris, in jener Stadt des Vergnügens und Genusses, in jenem leichtsinnigen, lebensfrohen Paris, wo man sogar die Barrikaden nur aus Zerstreuung baut, daß ich ein Mädchen kennen lernte, dessen Beschreibung sie irgendwo beim Anakreon, Hafis, Tasso oder Schiller nachlesen können. Wenn sie sich ein Bild von ihr machen wollen, die junge Dame, welche sie dort eben noch am Stickrahmen sitzen sahen, ist ihre Tochter und ihr wie aus den Augen geschnitten. Meine Geliebte war arm, wie ich; aber sie war ebenso wenig für die Armuth bestimmt, wie ich; sie hatte eben so hochfahrende Pläne, einen ebenso heißen Durst nach der Zukunft, wie ich. Paßten wir beide nicht prächtig zusammen? Und doch sollte der Lieblingswunsch meines Lebens nicht in Erfüllung gehen. Sie wollte mit ihren hochfahrenden Plänen ein armes, bescheidenes Leben nicht theilen; sie ging

auf die Bühne, wo sie eine Zeitlang glänzte, heirathete dann einen Baron vom Gesandschaftspersonal, hatte eine unglückliche Ehe, und starb
bald, nachdem sie einer Tochter das Leben gegeben hatte.

„Ich war nicht der Mann, der dies gleichgültig ertragen hätte.
Mehr noch, wie meine Liebe, war mein Stolz beleidigt. Ich sah, wie
Alles in der Welt, Liebe, Ehre, Glück und Ruhm dem Gelde nachläuft,
und beschloß, den Weltlauf mitzumachen. Was ein Mann sich einmal
vornimmt, das kann er auch durchsetzen. Damals waren die Goldreich-
thümer von Californien noch nicht entdeckt; ich ging nach Ostindien,
trotzte dem heißen Klima und den kalten Menschen, und legte dort den
Grund zu einem Vermögen, das ich nachher leicht durch kluge Spekulati-
onen vergrößern konnte. In dem Gewühle des Geschäftslebens verstumm-
ten die Leidenschaften, die meine Jugend beunruhigt hatten, allmählig,
und ich lernte meine Wünsche auf solche Dinge beschränken, deren Erreichung mir möglich war. Daher kommt es, daß ich jetzt sagen kann, daß
ich alle die Wünsche, die noch in mir leben, erfüllt habe oder erfüllen
kann, und das Beste von Allem ist, daß ich keinem Menschen Etwas zu
verdanken, sondern mit diesen Händen allein dem Leben seinen Werth ab-
gezwungen habe. Deßhalb habe ich, um mich an der verlorenen Jugend
zu rächen, und mich immer meines Sieges über das Schicksal zu erinnern,
über die Thür meines Hauses jene Worte setzen lassen, welche die Hoffnung meiner Jugend waren und der Lohn meines Alters sind.“

Der Hausherr führte uns nach Beendigung der Erzählung durch die
verschiedenen Säle seines Hauses; Alles war mit Geschmack und im gutem Style angelegt. Auf seine Bibliothek legte er großen Werth, und eine
flüchtige Durchsicht zeigte uns auch, daß wissenschaftliche Sorgfalt bei
der Auswahl derselben vorgewaltet hatte. Ein mäßiger Saal war mit
Gemälden ausgezeichneter Meister geschmückt; in dem Vorsaal waren einige antike Statuen; seltene Blumen und Vögel erregten unsere Aufmerksamkeit; das ganze Haus athmete Heiterkeit und Behaglichkeit, und zeigte
eine angenehme Mischung von fürstlicher Pracht und bürgerlicher Bescheidenheit. Und wenn man durch die blumengeschmückten Fenster blickte,
dann sah man über den wohl ausgelegten Garten hinüber in eine anmu-
thige, idyllische Gegend; die Sonne ging gerade hinter den braunen Felsen unter, und purpurn schimmerten die Wellen des Rheines.

Wir hörten von einer Frauenstimme eine weiche, sanfte, einfache
Melodie singen. Es ist die junge Dame, sagte Herr Franz, von der ich
ihnen gesprochen habe. Es ist eine merkwürdige Grille von mir, fügte
er nach einer Pause hinzu, daß ich durch die stete Gesellschaft dieser
Dame fortwährend die trübsten Erinnerungen meiner Jugend lebendig
erhalte.

Wir freuten uns über die bequeme und anständige Schönheit des

hauses, und Mancher von uns wünschte auch wohl, den Rest des Lebens in solch behaglichen Räumen zubringen zu können. Als man den
Hausherrn fragte, ob er dann ganz mit dem Leben abgeschlossen habe u.
in diesen behaglichen Umgebungen sein Leben zu Ende bringen wollte,
bejahete er diese Frage. „Wenn man", sagte er, „unter einem Philosophen einen Menschen versteht, der in sich selbst die Quellen seines Glückes
findet und dem die andern Menschen nichts mehr zu geben brauchen, dann
kann ich auf diese ehrenvolle Bezeichnung Anspruch machen. Ich habe
meine Jugend nicht genossen; sie ist durch Sorgen und Mühen verzettelt
worden; nun will ich wenigstens die reife Periode des Lebens genießen.
Die Welt hat nichts für mich gethan; ich brauche nichts für die Welt zu
thun; ich lebe für mich, ein Egoist im vollen Sinne des Wortes."

Wir schieden von dem Manne mit einem gemischten Gefühle. Wenn
wir ihm auch nicht unsere Achtung versagen konnten, so war uns doch
der Gedanke unerträglich, daß Jemand sich in diesem bewegten, leidenschaftlichen Jahrhundert von dem Leben und Treiben der Menschheit zurückziehen und auf sein einsames Ich beschränken könnte. Uebrigens sollte
sich auch an diesem Sonderlinge das alte Wort des Krösus bewähren:
„Niemand nenne sich vor seinem Tode glücklich". Es war ein Irrthum
von Franz, wenn er sagte, daß er mit der Menschheit nichts mehr zu
thun habe. Große, allgemeine Erschütterungen des Handels zogen ihm
ansehnliche Vermögensverluste zu, die ihn verhinderten, seinen Liebhabe-
reien in vollem Umfange nachzuhängen. Dann kamen die politischen Unruhen über das Land; das behagliche Landhaus wurde mit Einquartirung
heimgesucht; Franz sollte sich die Insolenzen der Lieutenants gefallen
lassen; es gab Wortwechsel und Streitigkeiten, und das Ende von der
Geschichte war, daß der streng conservative Mann als Rebell in das
Gefängniß geworfen wurde. Hier war er eine Beute der finstersten Gedanken, in welche nur dann und wann ein kleiner Lichtstrahl hineinfiel,
wenn seine Pflegetochter ihn besuchte. Er hatte das Kind seiner unge-
treuen Geliebten, das ihm auf dem Todtenbette der Mutter anvertraut
war, immer achtungsvoll, aber kalt und ernst behandelt, denn es lag
in ihren Zügen eine Fülle schmerzlicher Erinnerungen für ihn; Clara
behandelte ihn mit einer Scheu, welche ein solches Benehmen nothwendig
hervorrufen mußte. So hatte also früher durchaus keine innige und vertraute Zuneigung zwischen ihnen bestanden. Aber mit den Verhältnissen
ändern sich auch die Empfindungen. Franz, der sich in dem Kerker wieder so arm, einsam und elend fühlte, wie in seiner Jugend, glaubte oft,
wenn er in das weinende Auge des Mädchens sah, seine Jugendträume
noch einmal zu leben; Alles erinnerte ihn wieder an frühere Zustände;
oft rief er im verworrenen Traume den Namen der Geliebten aus, und
vergoß heiße Thränen, vergessend, daß seine Haare sich grau färbten und

er längst alle Ansprüch auf die Menschen, auf ihre Freundschaft und Liebe aufgegeben hatte.

Als Franz aus dem Gefängniß entlassen wurde, genügte ein kurzer Ueberblick über seine Finanzen, ihm zu zeigen, daß er nahezu ein Bettler sei. Er entschloß sich schnell; sein Vaterland und alle Verhältnisse dort waren ihm zuwider, und die Tausende, die jenseits des Oceans sich eine neue Heimath suchten, zeigten auch ihm den Weg.

Lebe wohl, Clara, sagte er zu dem Mädchen. Du hast gute und böse Tage mit mir getheilt; ich bin dir dankbar. Die Zeit der Jugend und der Schönheit naht dir jetzt in vollem Glanze; genieße sie und sei glücklich. Ich gehe, wie damals nach Ostindien, wiederum über das Meer; alle die alten Erinnerungen begleiten mich; nur die alten Hoffnungen haben mich verlassen.

Das Mädchen wollte ihn nicht verlassen. Sie fand keine Worte, aber sie fiel ihm um den Hals und weinte, daß auch eines stärkeren Mannes Trotz wie seiner, dadurch gebrochen wäre. Franz wurde von einem Gefühl ergriffen, als wenn ein Vierteljahrhundert seines Lebens nur ein Traum gewesen wäre, als wenn er noch, wie damals, in dem lustigen, leichtsinnigen Paris lebte, wo die Geliebte ihm das erste Wort der Liebe sagte.

Der Reichthum macht hart und kalt, aber die Armuth bringt alle Fülle der Leidenschaften und Empfindungen wieder.

Franz und Clara reisten zusammen über den Ocean. Wie es ihnen in Amerika Anfangs ging, braucht man wohl nicht zu erzählen, denn fast Jeder muß hier den Kelch des Unmuthes und der Sorgen leeren, ehe er in diesem Lande festen Fuß faßt und sich eine neue Heimath gründet. Aber gerade unter den harten, kalten Verhältnissen brennen die Leidenschaften mit dem reinsten, klarsten Lichte, und dieses Licht zeigt immer den Weg in eine bessere Zukunft.

Wir finden Franz auf einer Farm am Ohioflusse wieder, in einer Gegend, die Jedem, der einigermaßen Phantasie hat, an die Ufer des Rheins erinnert. Ein hübsches, behäbiges Framehaus steht am Rande des Hügels; freundlich schaut das weiße Gebäude durch die grünen Obstbäume hindurch. Gesunde, muntere Kinder spielen im Grase, und horchen auf die Abendglocke, die den Vater vom Felde zu Hause ruft. Endlich wirft die Sonne ihre letzten Strahlen über das Thal, und die Kinder springen jubelnd auf den Langersehnten zu. Die Mutter trägt das bescheidene Abendessen auf; die Familie setzt sich um den Tisch, und die Kinder falten fromm die Hände, als der Vater den gewohnten Spruch hersagt: „Was man in der Jugend wünscht, hat man im Alter die Fülle".

Die deutsche Presse.

Die nächste Pflicht der Presse ist, sich um sich selbst zu kümmern, und sich selbst in e ner fortlaufenden Kritik zu beaufsichtigen. Dies ist besonders in einer Zeit nothwendig, wo Desertion und Abtrünnigkeit an der Tagesordnung ist, wie in den letzten Monaten. Man konnte in der letzten Zeit schon an dem übermüthigen Triumphgeschrei einer verdorbenen, schamlosen Prosklavereipresse sehen, welchen Weg der große Haufen einschlug. Unter dem Banner der Pfaffen u. der Wirthe zog die große Masse der deutschen Bevölkerung in das demokratische Lager zurück, zum großen Vergnügen der stereotypen Aemterjäger, die schon längst ihr Spiel verloren gegeben hatten. Die unabhängigen, freisinnigen Männer sahen sich als ein kleines Häufchen, isolirt, ohne Zusammenhang weder mit den Amerikanern, noch mit ihren deutschen Landsleuten. Es war eine traurige Zeit. Je scham- und schrankenloser die Sklavereipartei in ihren Beleidigungen und Angriffen gegen das Rechtsbewußtsein des Volkes verfuhr, desto eifri er suchte man die im entgegengesetzten Lager stehenden Leute zu verdächtigen, und leider boten Manche aus diesem Lager selbst die Hand dazu, solchen Verdächtigungen den Anschein der Wahrheit zu geben. Es war eine Confusion der politischen Bestrebungen, welche nur den nicht verwirren und beirren konnte, welcher seine Politik auf feste, unerschütterliche Grundsätze gebaut hatte, nicht auf die Combinationen der Partien und die Versprechungen der Personen. Glücklicherweise beginnt sich jetzt das Chaos zu klären; nach den Regeln der politischen Wahlverwandtschaft scheiden sich jetzt die einzelnen durcheinander gewürfelten Elemente, und das F ld der Verläumdung wird jeden Tag mehr und mehr begränzt. Die freisinnigen, unabhängigen Zeitungen, welche in dem letzten Sommer einen sehr schweren Stand hatten, und manchmal durch die Abneigung einer verführten und unwissenden Menge in ihrer Existenz bedroht waren, stehen immer mehr und mehr gerechtfertigt da, während die Blätter, deren hauptsächlichste Beschäftigung war, sich vor den Knownothings zu fürchten, am Ende doch auf den krummen Wegen und der falschen Bahn ertappt werden. Niemals hat man wohl in der deutschen Presse ein so klägliches Schauspiel gesehen, als im letzten Sommer, wo die demokratischen Zeitungen durch die Handlungen ihrer Partei jeden Augenblick gezwungen wurden, diese Partei zu besavouiren, und sie der schwersten und schändlichsten Verbrechen zu bezüchtigen, aber doch diese Partei als die einzige hinstellten, die sie empfehlen könnten und der sich die Deutschen anschließen mußten. Sie wateten bis an den Hals in dem Schlamme und Schmutze, mit dem Pierce und seine Genossen die Politik dieses Landes bedeckten, und während sie darüber lamentirten und aus erheucheltem Anstandsgefühl sich von aller Verantwortlichkeit frei machen wollten, versicherten sie den Deutschen, daß dies der einzige Weg wäre, um sich vor den Knownothings zu retten. Und während die Demokraten, mit Herrn Atchison an der Spitze, in hellen Haufen in den Orden der Knownothings liefen, und die Prosklaverettendenzen der nationalen Knownothings und der regulären Demokraten sich überall einander näherten und die Hand reichten: da behaupteten die demokratischen Blätter, die demokratische Partei sei die einzige, vermittelst der man die Knownothings schlagen könne. Es blieb kein Ausdruck der Verläumbung und Beschimpfung übrig, welcher nicht gegen diejenigen angewendet wurde, die wagten, den Prosklavereibestrebungen geg.über die Menschenrechte zu vertheidigen, in deren Namen man doch allein die Proscriptionsgelüste der Nativisten bekämpfen kann. Die Leute, welche an der Spitze der demokratischen Blätter standen und stehen, sind indessen meistens Renegaten von zweifelhaftem Charakter, deren Anstrengungen kein anderes Resultat haben werden, als ihrer Partei den letzten Rest der Achtung zu rauben. An der Spitze dieser Presse steht natürlich die „New Yorker Staatszeitung," welche der Renegat Eickhoff redigirt. Der „Kommunist" Herr Kellner von der ehemaligen Reform hat die Redaktion des berüchtigten „Philadelphia Demokrat" übernommen, eine Veränderung, welche uns nicht im Mindesten überrascht. Diesen Beiden gesellt sich als der Dritte im Bunde, Herr Stierlin, hinzu, der das Cincinnatier Jesuitenblatt redigirt. Die Redakteure der „Neuen Zeit" in New York, die ihre vielleicht ehemals geachtete Namen für zu gut halten, um sie an die Spitze des Blattes zu stellen, verläumben in namenloser Unkenntniß oder Entstellung der Thatsachen die republikanische Partei auch dort, wo sie, wie in Wisconsin, als die entschiedenste Gegnerin der nativistischen Bestrebungen mit unzweideutigen Erklärungen und den loyalsten Absichten hervortritt. Eine Menge kleiner Hunkerblätter tauchen in den kleineren westlichen Städten auf, besonders in Wisconsin, um einen kleinen Antheil an der allgemeinen Beute zu erhaschen; so hat Manitowoc, Port Washington u. Racine sein Hunkerblatt erhalten; man sagt, daß manche dieser Blätter von katholischen Schulmeistern redigirt werden, und nach Styl und Inhalt derselben zu urtheilen, ist dieses Gerücht wohl glaublich. Als einen Beweis von dem tiefen Rückfalle der Presse bemerken wir, daß in der letzten Zeit mehrere Blätter erschienen sind, die es als die beste Empfehlung an die Spitze ihres Blattes drucken lassen, daß sie gar keine Redakteure haben, ein Verfahren, welches den gutmüthigen Lesern gewiß viel Kopfzerbrechen erspart. Dahin rechnen wir das „Cleveland Journal" und das „Quincy Journal", welches letztere von den Setzern der ehemaligen Rösler'schen „Tribüne" allen „Christen" lebhaft empfohlen wird.

Nun, wir brauchen uns durch solche reaktionäre Erscheinungen nicht abschrecken zu lassen. Es geht doch voran, und zwar schnell und sicher voran. Wenn wir auch mit dem heutigen Stande der deutschen Literatur

in Amerika nicht ganz zufrieden sein können, so dürfen wir doch mit dem
Fortschritt, den dieselbe in den letzten Jahren gemacht hat, zufrieden sein.
Es ist doch ein mächtiges, wirksames Gegengewicht gegen die dienstbare
Partei-Presse entstanden, und Blätter haben ein Publikum gefunden, welche dem Publikum nicht zu schmeicheln verstehen. Man kann wohl sagen,
daß der letzte Sommer die Feuerprobe für die unabhängige Presse war,
und diejenigen Blätter, welche sich in dieser Feuerprobe gehalten haben,
dürfen wir auch für die Zukunft verlässig halten. Die New Yorker Presse
ist durch den „Pionier" des Herrn Heinzen bereichert worden, der mit der
„Atenbzeitung" und den „freien Blättern" von Albany den Hunker- und
Anzeigeblättern gegenüber die freie, unabhängige Politik vertritt. In
Ohio war die Stellung der freisinnigen Presse vielleicht die schwierigste; hier gaben sich sonst freisinnige Blätter mit „Schuhnägeln" ab, und
nur wenige Zeitungen, wie der „Wächter am Erie", das Sandusky Intelligenzblatt", die „Ohio Staatszeitung" und der Cincinnati „Republikaner" blieben auf dem geraden Wege, ohne sich in irgend einer Weise zu
compromittiren. Daß die Ohio Staatszeitung der Gebrüder Marr in der
schwierigen und retrograden Zeit ihr Format vergrößern konnte, beweist
gewiß die Energie der Herausgeber. Dagegen mußte ein anderes freisinniges Blatt, die „Tribüne" von Columbus eingehen. Von der pennsilvanischen Zeitungs-Presse haben wir in der letzten Zeit nichts Besonderes gehört. Dieser Staat scheint deutschen Culturbestrebungen weniger
wie die Staaten des Westens, zugänglich zu sein, obgleich einzelne Städte,
wie Pittsburg, tüchtige Fortschrittselemente enthalten. Hier ist von allen Zeitungen allein die „Turnzeitung" zu erwähnen als ein Blatt von
entschieden radikaler Richtung; ihre politische und ästhetische Haltung
wirft ein günstiges Licht auf den Turnerbund und die Einflüsse derselben zeigen sich jeden Tag deutlicher. Hoffentlich prallen die vielfachen
offenen und versteckten Angriffe gegen die Turnzeitung, welche von den
demokratischen Zeitungen ausgingen, an dem gesunden Sinne der Tagsatzung ab, welche gegenwärtig gerade in Buffalo versammelt ist; für
Cincinnati, welche Stadt für die nächste Zeit zum Vorort des Turnerbundes bestimmt ist, wird die Aquisition der Turnzeitung ein großer
Vortheil sein, indem die Fortschrittselemente, namentlich unter der jüngern Bevölkerung, an ihr einen Halt und Mittelpunkt finden. Wir hoffen, daß in der Redaktion dieser Zeitung nicht die mindeste Veränderung
eintritt. Nur möchten wir uns die Bemerkung erlauben, daß wir die
Menge Anzeigen, welche die Spalten des ohnehin kleinen Blattes einnehmen, fortgelassen wünschten. Die Turnzeitung ist durch ihre große Abonnentenzahl gewiß in den Stand gesetzt, ihre Kosten zu decken, ohne auf
diese Nebeneinnahme angewiesen zu sein, und man will doch ganz gewiß
mit der Turnzeitung kein „Bußneß machen.

In Indianapolis hat Herr Beyschlag ein verdienstliches Unternehmen angefangen, indem er eine Schul- und Jugendzeitung herausgegeben hat. In englischer Sprache existiren eine Menge Jugendschriften von größerem oder geringerem Gehalte; in deutscher Sprache hat Herr Beyschlag den ersten Versuch gewagt, und wir hoffen, daß er damit reussiren möge, obgleich der Stand der deutschen Bildung in Amerika und die geringe Aufmerksamkeit, welche der größte Theil der Deutschen dem Schulwesen widmet, diese Hoffnung nicht besonders unterstützt. Auch fragt es sich, ob eine Jugendzeitung, welche nur für Kinder berechnet ist, und also ihren Stoff aus denjenigen Regionen nehmen muß, welche dem kindlichen Gemüthe und Verstande zugänglich sind, mit einer Schulzeitung, die pädagogische Artikel bringen muß, welche für den Erzieher von Interesse sind, zusammentreffen kann. Jugendschriften und pädagogische Journale sind zwei ganz getrennte Gattungen der Journalistik, und es wird wohl nicht möglich sein, für Lehrer und Schüler eine und dieselbe Zeitschrift zu schreiben. Indessen ist das Beyschlag'sche Unternehmen in einer verständigen Weise angefangen, so daß wir hoffen dürfen, daß es über diese Klippen hinwegkommen wird, wenn nur die materielle Unterstützung von Seiten der deutschen Schulfreunde nicht ausbleibt. Was für eine Thätigkeit wir von den Deutschen Amerika's auf dem pädagogischen Gebiete erwarten, dies haben wir in dem Artikel „die freie Schule" mitgetheilt.

Auch von einer Ackerbau-Zeitung hören wir, welche in der Office der „Belleviller Zeitung" herausgegeben werden soll. Wir können einem solchen Unternehmen, vorausgesetzt, daß es wenigstens das leistet, was die englischen Ackerbau-Zeitungen leisten, nur den günstigsten Erfolg prophezeien. Der Farmerstand enthält doch immerhin viele gebildete Elemente, selbst unter der deutschen Bevölkerung, geschweige von der Menge der „lateinischen" Farmer in Wisconsin, Illinois, Texas u. s. w. zu sprechen, die mit dem Horaz in der Tasche oder im Kopfe den Acker pflügen. Es giebt unter den deutschen Landwirthen Viele, welche Naturwissenschaften, Medicin oder dergl. studirt haben, und die im Stande wären, werthvolle Notizen und Correspondenzen einer solchen Ackerbauzeitung mitzutheilen. Belleville u. St. Clair County in Illinois, ein fast ausschließlich deutsches County, welches sehr viel gebildete Farmer zählt, ist gewiß ein günstiger Geburtsort für ein solches Unternehmen, und wir hoffen, daß dasselbe nicht bei dem bloßen Projekte bleibt.

Die „Belleviller Zeitung" ist vor einigen Wochen in die Hände des Dr. Wenzel gekommen und unter dessen Leitung eines der tüchtigsten u. entschiedensten Fortschrittsblätter des Westens geworden. Sonst kann man grade nicht sagen, daß die deutsche Presse von Illinois an den großen Fortschritten, welche dieser Staat in jeder Beziehung macht, Theil nähme.

Es werden allerdings von den deutschen Bewohnern von Illinois viele nicht dem Staate angehörigen Blätter gehalten, aber die deutsche Presse des Staates selbst bedarf noch sehr einer Ergänzung. Im Lande kommen zwar eine Menge kleiner Blätter heraus, aber sie sind meistens ohne politischen und literarischen Werth. In Chicago existirt nur 1 einziges deutsches Blatt bei einer deutschen Bevölkerung von fast 30,000 Seelen, und so fähige Kräfte auch an der „Illinois Staatszeitung" beschäftigt sind, so ist doch nicht zu verkennen, daß diese Zeitung zu vielen Interessen dienen muß, um einen geraden, entschiedenen Cours verfolgen zu können.

Noch spärlicher ist das deutsche Zeitungswesen in unserm Michigan vertreten, wo auf eine Bevölkerung von über 80,000 Deutsche nur zwei Wochenblätter und das halbwöchentliche „Mich. Journal" kommen.

Wisconsin ist das Land der deutschen Zeitungen. Kaum daß in Milwaukee die Zahl der täglichen demokratischen Blätter durch den Tod Fratny's von drei auf zwei herabgesunken ist, spricht man schon von der Errichtung eines neuen täglichen Organs der Sklagereipropaganda, als wenn nicht selbst die übertriebensten Hunkergelüste durch „Banner" und „Seebote" befriedigt würden. In jedem Neste tauchen kleine Hunkerzeitungen auf, deren Stil und Inhalt freilich nicht viel von der vielgerühmten deutschen Bildung in Wisconsin verrathen. Die neuere Richtung in der Politik wird durch drei Wochenblätter vertreten, durch den „Pionier in Wisconsin" von Sauk City, den „Demokraten" von Manitowoc und den trefflich redigirten „Corsar" von Milwaukee, der hoffentlich seine Geburtswehen durchgemacht hat, und auf festen Füßen steht.

In Jowa existiren drei deutsche Zeitungen, in Dubuque, Burlington und Davenport, welche sämmtlich fortschreitender Tendenz sind. Auch von Minesota schreibt uns ein Freund, daß man dort lebhaft eine deutsche Zeitung wünscht, und derselben ein gutes Gedeihen prophezeiht. Ueberhaupt scheint der ferne Westen der freisinnigen Zeitungsliteratur eine günstigere Zukunft zu versprechen, wie der Osten.

An die rückständigen Agenten und Abonnenten der „Atlantis."

Es ist uns leid, mit einer wiederholten Klage vor das Publikum treten zu müssen. Als wir von Cleveland wegzogen, meldeten wir dies eini[ge] Wochen vorher unseren rückständigen Agenten, mit der Aufforderung, d[ie] Rückstände und fällige Abonnements einzusenden. Von den Meisten derselben haben wir bis heute nicht einmal eine Antwort erhalten. Wir un[] serer Seits haben alle persönlichen Opfer gebracht, um die Atlantis auf recht zu halten, und uns selbst vor doppelter Arbeit nicht gefürchtet; sir aber durchaus nicht gewillt, uns um die sparsamen Früchte unserer Arbe[it] betrügen zu lassen; wir wollen nicht immer von pekuniären Sorgen ge[] drängt werden, wenn wir eine solche Abonnentenzahl hab[e]n, daß wir b[ei] regelmäßiger Bezahlung ganz gut damit auskommen können. Die Leute welche uns schulden, denken am Ende, die Atlantis in Bälde durch Ein haltung der Zahlung ruiniren zu können, in welchem Falle sie dann ga[r] nichts bezahlen werden, — vielleicht gab auch unser Umzug zu dieser Hoff nung Veranlassung, — aber wir we[r]den trotz alledem das Unternehme[n] doch durchsetzen, und sollten wir die Hälfte von unsern Abonnenten weger[] Zahlungsversäumniß von der Liste streichen.

Wir erlassen noch einmal eine Aufforderung, indem wir auf die auf dem Umschlage stehende Notiz aufmerksam machen, und versprechen den Agenten und Abonnenten, welche nicht umgehend ihrer Pflicht nachkomm[e]n, daß wir im nächsten Hefte ihr Verfahren schonungslos der Oeffentlichkeit übergeben. Unsere Geould ist bis zum letzten Rest erschöpft, und wir wollen mit Leuten, die uns unser Geschäft auf jede Art erschweren und verbittern, nichts mehr zu thun haben.

Indem wir uns an diese Nachl[ä]ssigkeiten erinnern, s[e]hen wir nun doppelte Verpflichtung für uns, denjenigen Agenten, welche mit Pünktlichkeit und treuer Theilnahme die Atlantis bisher über's Wasser gehalten haben, unsern Dank abzustatten, und sie freundlichst ersuchen, dem Blatte die Theilnahme zu bewahren.

Atlantis.

| Neue Folge, Band 3. Heft 4. | Oktober, 1855. | Alte Folge, Bd. 5., Nr. 105—109. |

Die Naturwissenschaften.

Man findet gewöhnlich, daß irgend eine neue Richtung, welche der Wissenschaft gegeben wird, irgend ein frischer Impuls, der die Gedanken der Menschheit forttreibt, irgend eine neue Idee, welche die öffentliche Meinung beherrscht, in ihrem ersten Auftreten mit allzu großen Prätensionen auftritt, und den Charakter des Absoluten, des Allgemeingültigen, des Unbedingten beansprucht. Wie Pallas Athene geharnischt aus dem Haupte des Zeus hervorsprang, so treten auch die Ideen stolz und kühn in die Welt, und beanspruchen göttliche Achtung. Besonders ist dieses dann der Fall, wenn dieser Idee ein abstrakter, einseitiger, schroffer Widerspruch vorherging, der natürlich einen ebenso schroffen, abstrakten Widerspruch erzeugen mußte. Die Menschheit, müde der einen Uebertreibung u. Einseitigkeit, geräth gar zu leicht in die Gefahr, in eine andere Uebertreibung und Einseitigkeit zu verfallen. Dies kann man besonders deutlich an der Kulturgeschichte des letzten Vierteljahrhunderts sehen, sowohl an der allgemeinen Richtung der öffentlichen Meinung, wie speciell an dem Stande der deutschen Philosophie. Nachdem der Fichte'sche Idealismus durch die Hegel'sche Philosophie in ein System gebracht war, und eine überwiegende Gewalt in allen Gebieten des Denkens errungen hatte, gab es eine Zeit, wo man die ganze physische Welt nur als eine philosophische Abstraktion, nur als einen Reflex, einen Widerschein des menschlichen Geistes erklärte, wo alle Thatsachen und Gegenstände der natürlichen Welt nur als Produkte der schöpferischen Denkkraft des Menschen betrachtet wurden. Diesem Idealismus gegenüber, der sich vielfach im willkürlichen Systematisiren und Construiren verlor, und sich selbst durch seine fortwährenden Negationen und Widersprüche zu Grunde kritisirte, trat man der Empirismus mit einer Gewalt auf, welche er niemals früher besessen, und die man niemals früher geahnt hatte. Der große Aufschwung, den die Naturwissenschaften nahmen, und den sie unter Anderm auch zum großen Theile der besseren Methode des Denkens, welche Hegel gelehrt hatte, zu verdanken haben, die gänzliche Neubildung dieser Wissenschaften seit Erfindung des Gaurstoffes, die Gründlichkeit und Genialität der naturwissenschaftlichen Beobachtungen und Forschungen, und die großen Resultate, welche daraus hervorgingen — Alles dies umgab die Naturwissenschaften mit einer Glorie des Ruhmes, vor welcher alle andern wissenschaftlichen Forschungen und Bestrebungen erblaßten. Die Empirie hüllte sich in den Mantel des Absolutismus, in dem noch kurz vorher die Philosophie stolz einhergegangen war, und die Jünger der neuen Lehre behaupteten: Es gibt nur eine Wissenschaft in der Welt, die Naturwissenschaft, und nur eine Methode, die Wahrheit zu erkennen, nämlich die Beobachtung. Aeußere Umstände kamen noch dazu, um diese Alleinherrschaft der Empirie zu unterstützen; die reaktionäre politische Bewegung in Europa warf alle idealistischen Bestrebungen zu Boden, und namentlich die Philosophie wurde als Staatsverbrechen erklärt, so daß sich der größte Theil der wissenschaftlichen Kräfte, namentlich in Deutschland, den naturwissenschaftlichen Studien zuwandte. Der Materialismus, der dieses Jahrhundert charakterisirt, steht mit dieser wissenschaftlichen Bewegung, welche nur eine natürliche Reaktion auf die vorhergehende philosophische Periode war, in vollständigem Einverständniß; in dem Zeitalter des Dampfes und der Telegraphen braucht man am Ende nicht mehr die Flügel der Ideen, um zum Ziele zu kommen.

Man muß gestehen, daß diese große Bedeutung, welche die Naturwissenschaften erhielten, die sichere, solide Grundlage, auf die sie sich stellten, die Popularität, die sie gewannen, die Resultate für Ackerbau und Industrie, welche man aus ihnen erzielte! daß alle diese Leistungen auf naturwissenschaftlichem Gebiete vielleicht die größte und erfolgreichste That des menschlichen Denkens bilden, daß niemals die Menschheit einen so schnellen und entschiedenen Fortschritt gewagt hat, wie in den letzten Decennien gerade vermittelst der Naturwissenschaften.

Während die Philosophie nur dem Eingeweihten die Mysterien der Religion enthüllte, und ihn von den Fabeln des Himmels, dem Dogma der Ueberlieferungen und den Täuschungen der Priester befreite, so bringen die Naturwissenschaften die religiöse Aufklärung in die breiten Schichten des Volkes, und machen das Wunder auch dem gemeinen Manne verständlich. Soviel ist gewiß, daß die aufklärende Macht der Naturwissenschaften in viel weiteren Kreisen wirkt, als die der Philosophie.

Während die Philosophie sich nur mit der formellen Construktion des Staates beschäftigte, mit allgemeinen politischen Theorien und Systemen; verwandeln die Naturwissenschaften in ihrer Anwendung auf Industrie, Technik, Verkehr ꝛc. die socialen Grundlagen der menschlichen Gesellschaft, und wirken in dieser Beziehung viel revolutionärer, als die revolutionärsten philosophischen Schulen.

Während die philosophischen Schulen von verschiedenen Ausgangspunkten ausgehen, zu verschiedenen Systemen kamen und verschiedene

Resultate erreichten, und daher die Grundlage der menschlichen Bildung immer hin und hergeschoben und verändert wurde, so daß die Wissenschaft am Ende in Scepticismus zu verfallen drohte: geben die Naturwissenschaften dem menschlichen Denken eine feste, unzerstörbare, bleibende Basis, die Basis der Thatsachen, der Beobachtung, der Erfahrung, die wohl in einzelnen Punkten schwankend und mangelhaft sein kann, aber im Ganzen sich doch durch den organischen Zusammenhang ihrer einzelnen Theile hält und trägt.

Während die Philosophie sich selten und nur bei hervorragenden Gelegenheiten, wie z. B. in der ersten französischen Revolution, mit dem praktischen Leben in Beziehung setzen konnte, sind die Naturwissenschaften überall und in jedem Punkte von unmittelbaren praktischer Wirkung, und gehen mit jeder menschlichen Thätigkeit als treue Gefährten Hand in Hand.

So könnten wir die Parallele noch weiter durchführen, und auf die großen Fortschritte und Vortheile aufmerksam machen, welche die Naturwissenschaften in ihrer raschen Entwickelung in alle Gebiete des menschlichen Lebens hineingetragen haben. Doch wir wollen Andern überlassen, eine Apologie der Naturwissenschaften zu schreiben.

Wir glauben, daß die Verdienste der Naturwissenschaften um die Aufklärung und Civilisation der Menschheit genug geschätzt werden, so daß man, um das Gegengewicht zu halten, auch einmal an die Gränzen und Schranken erinnern darf, welche die Naturwissenschaften verhindern, die höchste, die absolute, die einzige Wissenschaft zu sein.

Die naturwissenschaftliche Erkenntniß bezieht sich, wie alles empirische Wissen, auf das Verhältniß zwischen Ursache und Wirkung, Grund und Folge, Kraft und Erscheinung, und wie man weiter diese Reflexionsbestimmungen nennen will. Warum? ist die Frage, welche hier beantwortet werden soll. Die Beantwortung dieser Frage mag viel dazu beitragen, die Eigenschaften eines Naturereignisses, eines Naturproduktes kennen zu lernen, sie wird niemals aber zum Begriff des Ereignisses u. Produktes selbst führen. Denn Ursache u. Wirkung, Grund u. Folge sind doch eigentlich nur zwei Seiten eines und desselben Gegenstandes; in der Wirkung sind keine andern Materialien, Eigenschaften, Naturgesetze u. s. w. enthalten, als in der Ursache auch; das Eine spiegelt sich in dem Andern, und so ist es am Ende eine leere Tautologie, wenn man eins aus dem andern entwickelt. Um ein Beispiel zu nehmen, es war natürlich ein großer Fortschritt in der Aufklärung, als die Menschheit einsah, daß der Blitz nicht mehr vom Jupiter tonans auf die Welt geschleudert werde, sondern eine elektrische Erscheinung sei, aber dem Wesen der Elektricität war man damit noch nicht viel näher auf die Spur gekommen. In dem Causalitätsverhältniß liegt noch nicht der Begriff der Sache, namentlich wenn dies Verhältniß bloß auf die Erfahrung und Beobachtung begründet ist, und nicht auf eine innere Nothwendigkeit. Man mag hundert oder tausend Mal beobachten, daß diese oder jene Naturerscheinung einer andern Naturerscheinung folgt, man hat damit noch kein Resultat gewonnen, denn zum tausend und einen Male kann die zweite Naturerscheinung wegbleiben. Niemals ist auch das Verhältniß zwischen Ursache und Wirkung vollständig adäquat. Einer einzigen Thatsache liegen oft hundert verschiedene Ursachen zu Grunde, und diese Thatsache selbst äußert sich wieder in tausend verschiedenen Wirkungen. Die Fäden zwischen Ursache und Wirkung sind so verschieden durcheinander geschlungen, daß man bei der Analyse derselben oft in Willkürlichkeiten und Spielereien verfällt. Am Ende ist doch jedes Ding seine eigene Ursache (causa sui), und der Grund aller Dinge liegt in den Dingen selbst. Diese Identität zwischen Ursache und Wirkung ist ja gerade die Grundlage der ganzen modernen Wissenschaft. Seitdem die Ursache der Welt nicht mehr außerhalb der Welt liegt, sind die Trugbilder der Religion erblaßt, und die Menschheit hat den Anfang zu geistiger Freiheit u. Selbstständigkeit gemacht. Das gerade ist die Definition der Wissenschaft, im Besitze ihrer eigenen Gründe zu sein. Und ist die Naturwissenschaft als eine reine Beobachtungswissenschaft im Besitze ihrer eigenen Gründe? Ist die Erfahrung und Beobachtung die einzige, ist sie eine genügende Quelle der Erkenntniß? Wir glauben, daß die Naturwissenschaften selbst eine Antwort darauf geben. Ueberall müssen die Naturforscher, sobald sie aus speziellen Thatsachen allgemeine Gesetze ableiten wollen, — und nur in diesem Falle verdient die Naturforschung den Namen einer Wissenschaft — dem Material der Beobachtungen ein neues Material hinzufügen, welches nicht aus der Beobachtung herrührt, sondern ein Produkt des menschlichen Denkens, eine Hypothese, eine allgemeine Kategorie u. dergl. ist; sie müssen gewisse Schlußformen anwenden und Begriffe voraussetzen, um zu einem Resultate zu kommen. Wir geben immer dabei zu, daß die Beobachtung die ursprünglichste und erste Quelle der Erkenntniß ist, aber wir kommen mit der Beobachtung allein nicht weiter voran, als zu einer Anhäufung von einem wissenschaftlichen Notizenkram, der erst in den Händen des philosophischen Denkers Ordnung, Klarheit und Einheit gewinnt.

Nehmen wir z. B. den Gegenstand, der dem Naturforscher, wie jedem denkenden Menschen, am nächsten liegt, den Menschen selbst, und sehen wir, wie weit die Beobachtung desselben das Geheimniß seiner eigenen Organisation enthüllt hat. Die Wissenschaft der Physiologie hat in den letzten Jahren einen ungemeinen Aufschwung erhalten; man hat die einzelnen Organe des menschlichen Körpers chemisch untersucht, die Funktionen bestimmt, und die Entwickelung, die Veränderungen, welche mit dem menschlichen Körper vorgehen, hier mehr, dort weniger deutlich, auf den Stoffwechsel zurückgeführt. Ausgezeichnete Resultate sind aus diesen Untersuchungen hervorgegangen, namentlich in Bezug auf den Prozeß der

Ernährung. Aber kann man das Denken auf chemische und physikalische Weise erklären? Der scharfsinnigste aller neueren Naturforscher, die sich speciell mit diesem Thema abgeben, Moleschott,[*] kommt der Thätigkeit des Denkens nicht näher, als bis zur Empfindung, indem er sagt: „Die Nerven pflanzen stoffliche Veränderungen als Empfindungen zum Gehirne fort." Wie aber die Empfindung in dem Gehirne sich zum Bewußtsein und Selbstbewußtsein gestaltet, diesen Prozeß kann Herr Moleschott uns nicht beschreiben; nach welchen Regeln der Mensch Schlüsse, Urtheile, Begriffe bildet, dazu haben die Physiologen noch keine chemische Analyse gefunden, und es ist auch ohne übertriebenen Skepticismus vorauszusehen, daß diese Analyse niemals gefunden werden wird. Hier reicht die Beobachtung und die sinnliche Erfahrung, das Maaß und Gewicht, nicht mehr hin; hier stehen wir an den Schranken der positiven Naturwissenschaften; hier müssen wir eine höhere Potenz suchen, ohne daß wir gerade, wie Liebig, von einem göttlichen Funken zu reden haben.

Und überhaupt, — auf welchem Fundamente beruht das ganze System der Naturwissenschaften? Ist die Beobachtung und Erfahrung denn wirklich die Grundlage derselben? Oder hören wir nicht in der Chemie von „Atomen" reden; in der Physiologie von den „Molekülen", von lauter Dingen aus Leibnitzens und Wolffens Philosophie, die aber noch kein Mensch jemals mit dem Mikroskope gesehen hat. Eine kauische Beobachtungswissenschaft, deren einfachste Elemente Gedankenbestimmungen sind.

Und ferner, — ist die Theorie, welcher die Naturwissenschaft ihren ganzen wissenschaftlichen Charakter und alle ihre allgemeinen Resultate verdankt, ist die Lehre von der inneren Nothwendigkeit, ein Produkt der Beobachtung und Erfahrung? Können wir dies Gesetz immer in der Natur mit ihren tausend Spielarten und Zufälligkeiten erkennen? Können wir der Natur immer diese Nothwendigkeit und Gesetzmäßigkeit nachrechnen? Nach welcher chemischen Mischung ist das Blatt der Eiche anders geformt, wie das der Buche? Wo ist das chemische Gesetz, welches dem Kohlenstoff bald die glänzende Gestalt des Diamanten, dann die anscheinbare Formlosigkeit des Graphites giebt? Ueberall in der Natur sehen wir Veränderlichkeit, Willkür und Zufall; die Beobachtung zeigt uns tausend widersprechende Dinge; das Gesetz der Nothwendigkeit, dem wir alle diese widersprechenden Dinge unterordnen, ist allein ein Produkt unseres Selbstbewußtseins.

Es hat allerdings etwas Verführerisches an sich, die Naturwissenschaften als die Basis aller andern menschlichen Wissenschaften, und die

---

[*] Wir theilen den Aufsatz von Moleschott „der Gedanke" aus dem „Kreislauf des Lebens" mit, weil er die uns entgegenstehende Ansicht am konsequentesten vertritt.

Beobachtung als die einzige Quelle der Erkenntniß anzunehmen. Hier glauben wir aus dem Wirrwarr der verschiedenen wechselnden Systeme und Meinungen mal endlich auf festen Boden zu kommen, auf den festen Boden der Thatsachen und der Natur. Hier erwarten wir Einheit, Uebereinstimmung, Harmonie. Wie der Mensch selbst ein Theil und Produkt der Natur ist, so soll er auch sich selbst und alle seine Verhältnisse nach natürlichen Gesetzen regeln, und die Gesetze des menschlichen Lebens den Gesetzen der Natur entnehmen. Die Organisation des Staats und der Gesellschaft soll der natürlichen Organisation des Menschen entsprechen, und so soll die Weltgeschichte, welche bisher in vieler Beziehung auf den Kopf gestellt zu sein schien, wieder auf ihre natürliche Grundlage zu stehen kommen.

Das lautet Alles sehr hübsch und verführerisch, und scheint auch zu den Verhältnissen des wirklichen Lebens und zu der Katastrophe, in welcher wir uns gegenwärtig befinden, zu passen. Wir können uns nicht verhehlen, daß wenn auch die alten politischen und socialen Zustände sich noch erhalten, doch die alten politischen und socialen Wissenschaften schon todt sind, längst todt und in dem Staube der Bibliotheken vergraben. Eine Rechtswissenschaft giebt es gegenwärtig gar nicht, denn die Hinterlassenschaft der römischen Juristen, das kanonische Recht des Mittelalters, das deutsche Privatrecht des Sachsenspiegels ꝛc., hat allen Zusammenhang mit den gegenwärtigen Zuständen verloren; das englische Common Law ist eine träge Last der Vergangenheit, welche die Gegenwart nicht mehr mitschleppen will, und selbst der Code napoleon ist nur eine kurze und präcise Ueberarbeitung jener alten Ueberlieferungen, aber kein Produkt des modernen Geistes. Was unter dem Namen Recht auf den europäischen Universitäten gelehrt wird, — in Amerika giebt es gar keine Wissenschaft des Rechtes, — das ist entsetzliches Zeug, das vollständig dazu geeignet ist, den letzten Funken gesunder Menschenverstandes im Kopfe des Menschen zu vernichten. Mit dem Strafrecht sieht es nicht besser aus, wie mit dem Civilrecht; die verschiedensten Theorien tauchen in den Lehrbüchern des Criminalrechts auf, aber alle erweisen sich als unstatthaft und unlogisch, während in der Praxis die reine Barbarei der Abschreckungs- und Vergeltungstheorie gilt. Eine Wissenschaft des Staatsrechts giebt es gegenwärtig gar nicht; in Europa herrscht der Despotismus der Bajonette und Kanonen, in Amerika der Despotismus der Majoritäten; aber eine Wissenschaft von der Organisation des Staates und der Vertheilung der Pflichten und Rechte zwischen den einzelnen Individuen und der Gesammtheit existirt noch nicht, obgleich eine solche Wissenschaft im Angesicht der gegenwärtigen politischen Verwirrungen und Katastrophen sehr nothwendig wäre. Denn Morgen schon kann das europäische Staatsgebäude zusammenbrechen, und man hat noch kein Fundament zum Neubau einer politischen Ordnung gelegt.

Wie mit dem Rechte und der Politik, so steht es auch mit der Moral aus. Diese wichtigste aller Wissenschaften, — denn sie ist die Grundlage der Politik, des Rechtes und der Civilisation, — ist fast ganz aus dem Kreise wissenschaftlicher Forschungen verschwunden; was unter ihrem Namen auf unsern Universitäten sich breit macht, ist pfäffischer Handwerkskram; was sich im praktischen Leben als Moral ausgiebt, ist Habsucht, schnöde, gemeine Gewinnsucht. Von einer ethischen und psychologischen Auffassung der Moral ist nirgends die Rede. Wie in dieser, so in allen andern Wissenschaften; überall findet man veraltete Systeme und unbrauchbare Theorien, die mit dem vorandrebenden Leben dieses Jahrhunderts im schroffsten Widerspruche stehen. Da ist es denn natürlich, neue Grundlagen und Garantien zu suchen, um ein Gebäude der Wissenschaften aufzurichten, das mit dem modernen Selbstbewußtsein, dem Geiste freier Forschung und Prüfung, übereinstimmt, und der politischen und socialen Befreiung der Völker den Weg zeigt. Können uns die Naturwissenschaften diese Grundlagen geben? Oder, wenn sie es jetzt noch nicht können, ist zu hoffen, daß sie in einer mehr vorgeschrittenen Periode der Entwicklung diese Grundlagen bilden werden? Mit andern Worten, können wir den Proceß des Denkens und alle dadurch hervorgebrachten Gedankenbestimmungen, Wissenschaften, Künste rc. auf einfache Naturgesetze zurückführen und als einfache Naturerscheinungen auffassen?

Wir glauben, daß diese Frage verneint werden muß. Abgesehen davon, daß die Naturwissenschaften selbst es noch nicht in allen ihren Theilen zu einer wissenschaftlichen Vollständigkeit gebracht haben, und daß ihre Grundlage vielfach aus Hypothesen besteht: können dieselben uns keine genügende Erklärungen über die Erscheinungen der sittlichen Welt geben; man wird niemals aus den Naturgesetzen allein die Begriffe des Rechtes, der Freiheit u. s. w. entwickeln; man wird niemals das Recht, die Moral, die Ethik, die Staatswissenschaft rc. als Naturwissenschaften behandeln können. Wir haben schon in der vorigen Nummer nachzuweisen versucht, daß man z. B. die Idee des Rechtes nicht von natürlichen Voraussetzungen und Bedingungen abhängig machen kann, daß das Recht nicht von der natürlichen Organisation des Menschen abhängig ist, denn sonst gäbe es verschiedene Stufen des Rechtes, wie es verschiedene Stufen der menschlichen Organisation giebt, und durch eine solche Verschiedenartigkeit würde der Begriff des Rechtes schon von vornherein aufgelöst. Ebensowenig wie die Physiologie nachweisen kann, durch welche chemische Zersetzungen oder Verbindungen, durch welche elektrischen Ströme u. s. w. die Idee des Rechtes in dem Gehirn des Menschen entsteht: eben so wenig kann der Rechtslehrer ein „Naturrecht" darstellen, d. h. das Recht aus Naturkräften entwickeln und als Naturerscheinung darstellen. Was man allgemein Naturrecht nennt, ist aber eine Idee, ein Abstraktum, das man weder im

Tiegel des Chemikers, noch mit dem Mikroskope des Anatomen, noch mit
dem Fernrohr des Astronomen entdecken kann. Daß die Ausübung u. Anwendung des Rechtes vielfach von natürlichen Vorgängen und Zuständen
abhängig ist, geben wir gerne zu, aber das Recht selbst ist davon unabhängig. Wer möchte ein Criminalrecht, ein Civilgesetzbuch, ein Naturrecht
auf die Theorie der absoluten Naturnothwendigkeit gründen? Die menschliche Willensfreiheit und Zurechnungsfähigkeit, welche die Naturwissenschaft immer leugnen wird und muß, ist die allgemeinste Voraussetzung
unserer ganzen sittlichen Welt; läugnen wir diese Willensfreiheit, so ist es
mit den Wissenschaften des Rechtes, der Moral, der Geschichte u. s. w. zu
Ende. Diese Mischung von Gesetz und Willkür, von Nothwendigkeit und
Freiheit, von Naturbestimmtheit und Selbstbewußtsein, von passiven Eindrucken und aktiven Handlungen; diese seltsame und so oft unerklärliche
Mischung von Gegensätzen, aus denen unser ganzes freudvolles, leidvolles
Leben besteht: sie überschreitet die Gränzen, innerhalb welcher sich die
Naturwissenschaften bewegen, und folgt höheren Gesetzen, als den Gesetzen
der Schwere, der Orydation, der Elektricität u. s. w. Das volle, reiche
Leben, das uns umgiebt, entsteht aus dem Kampfe des freien Willens
gegen die unerbittliche Nothwendigkeit; am Ende freilich siegt die Naturnothwendigkeit — im Tode. Aber diejenigen, welche die menschliche Zurechnungsfähigkeit läugnen, fangen den Tod mit der Geburt des Menschen
schon an; das Leben ist ihnen eine Maschine, die so lange arbeitet, wie
sie aufgezogen ist; sie sehen keine Freiheit u. Selbstständigkeit, keine Poesie
und Würde darin; das Gesetz, nach dem sie sich entwickeln, ist ihnen ein
fremdes, äußerliches, ein Zwang, dem sie sich willenlos zu fügen haben.
So leben diese Leute in einem abergläubischen Fanatismus, der noch
schlimmer ist, als jede Art von Religion; der plumpe, gemeine Materialismus, zu dem sie sich bekennen, zeigt sich in allen ihren Verhältnissen, und
die Folge davon ist, daß die Freiheit, welche man wissenschaftlich läugnet,
auch aus der Praxis und dem Leben verschwindet. Gerade in unserer Zeit
kann man diesen Rückgang aller Verhältnisse sehen. Trotz der großen
Fortschritte, Erfindungen und Entdeckungen, welche auf dem Gebiete der
Naturwissenschaften gemacht worden, scheint die Menschheit Tag für Tag
mehr in geistige Trägheit und Indolenz zu verfallen; die materiellen Interessen überwuchern alle höheren Bestrebungen; die Allgewalt des Geldes
macht sich mit einer wirklichen cynischen Offenheit geltend; der ideale Gehalt, der künstlerische Sinn verschwindet immer mehr und mehr, und der
Mensch scheint auch im gewöhnlichen Leben die Ansicht der Naturforscher
zu bestätigen, welche sagen, daß der Mensch zum Thierreiche zähle.

Weit entfernt, daß wir die Naturwissenschaften für diesen Rückgang
der öffentlichen Bildung verantwortlich machen, glauben wir nur, daß ein
Gegengewicht gegen die Alleinherrschaft der empirischen Wissenschaften

gefunden werden müsse, um die Menschheit vor geistlosem Materialismus zu bewahren. Jede neue naturwissenschaftliche Beobachtung und Entdeckung ist auch ein Fortschritt der menschlichen Kultur, und je mehr Material angesammelt wird, desto schneller kann der menschliche Genius sich entwickeln. Aber mit der Vermehrung des Materiales muß auch eine Erhöhung des Selbstbewußtseins Hand in Hand gehen, um das Gleichmaaß und die geistige Gesundheit zu erhalten. Je mehr der Mensch in die Geheimnisse der Natur eindringt, desto lebhafter muß er sich als eine von der Natur unterschiedene Individualität fühlen, als ein Ich mit freier Selbstbestimmung und Willenskraft. Die Fortschritte der Naturwissenschaften werden und müssen dahin führen, daß der Mensch immer mehr und mehr von der Natur unabhängig wird und sich von ihren Einflüssen emancipirt; nicht aber dürfen sie das Resultat haben, daß der Mensch sich auf eine Stufe mit den unbewußten willenlosen Naturkörpern stellt und keine höheren Ansprüche an sich macht, als ein Atom unter Millionen andern Atomen zu sein. Wenn daher die großen Fortschritte der Naturwissenschaften wirklich der menschlichen Bildung zu Gute kommen, und zur Aufklärung und Befreiung des Menschengeschlechtes verwandt werden sollen, dann müssen sie ihre Ergänzung und Vervollständigung in den Wissenschaften der sittlichen Welt, in der Anthropologie, Ethik, Rechtswissenschaft, Moral, Aesthetik u. s. w. finden. Ohne daß man diesen Wissenschaften wieder die allgemeine Aufmerksamkeit zuwendet, bleiben auch die Naturwissenschaften ihrer schönsten Resultate beraubt.

Der Gedanke.

(Aus Moleschott's „Kreislauf des Lebens.")

Ich habe im vorigen Briefe ganz allgemein den Beweis geführt, daß Mischung, Form und Kraft eines Körpers sich immer gleichzeitig verändern. Die Wichtigkeit des Gegenstandes mag es rechtfertigen, wenn ich diesen Satz im einzelnen Fall für das Gehirn einer besondern Prüfung unterwerfe.

Wenn der Satz, daß Mischung, Form und Kraft einander mit Nothwendigkeit bedingen, daß ihre Veränderungen allezeit Hand in Hand miteinander gehen, daß eine Veränderung des einen Gliedes jedesmal die ganz gleichzeitige Veränderung der beiden anderen unmittelbar voraussetzt, auch für das Hirn seine Richtigkeit hat, dann müssen anerkannte, stoffliche Veränderungen des Hirns einen Einfluß auf das Denken üben. Und umgekehrt, das Denken muß sich abspiegeln in den stofflichen Zuständen des Körpers.

Stoffliche Veränderungen des Hirns üben einen Einfluß auf das Denken.

Der vorderste und größte Abschnitt des Gehirns besteht aus zwei, durch eine tiefe Spalte von einander getrennten Hälften, die beide vereinigt ungefähr die Gestalt einer Halbkugel haben, während jede einzeln eigentlich die Form des Viertels einer Kugel besitzt. Sie heißen trotzdem groß: Halbkugeln des Hirns.

Wenn in beiden diesen Halbkugeln eine Entartung stattfindet, dann braucht dieselbe häufig nur einen beschränkten Raum einzunehmen, um Schlafsucht, Geistesschwäche oder vollständigen Blödsinn zu erzeugen.

Das Hirn ist von einer weichen Haut überzogen, welche einen großen Reichthum an Blutgefäßen besitzt. Auf diese weiche Haut folgt nach Außen eine sehr zarte Spinnwebenhaut, welche aus zwei Blättern besteht. Endlich ist die Spinnwebenhaut nach Außen von einer dritten faserigen Hülle umgeben, die unter dem Namen der harten Hirnhaut bekannt ist.

Zwischen den beiden Blättern der Spinnwebenhaut, die ebenso am Rückenmark vorhanden sind, zu welchem das Gehirn die unmittelbare Fortsetzung bildet, ist ein Saft vorhanden, den man Hirnrückenmarksflüssigkeit nennt. Diese Flüssigkeit kann sich in Krankheiten übermäßig vermehren. Folgen des unregelmäßigen Zustandes sind Verstandesschwäche, Betäubung.

Oft zerreißen im Hirn Blutgefäße, so daß eine beträchtliche Menge Blut in die Hirnmasse austritt. Das ist der häufigste Fall beim sogenannten Schlagfluß. Verlust des Bewußtseins ist eine sehr bekannte Folge dieser krankhaften Veränderung.

Hirnentzündung besteht in einer Ueberfüllung der Blutgefäße des Hirns, der ein unregelmäßig vermehrtes Ausschwitzen der Blutflüssigkeit nachfolgt. Der Irrwahn, der sich in wilden Reden austobt, ist der Ausdruck der Hirnkrankheit. Das Irrsein in Nervenfiebern und andern Leiden dieser Art geht aus ähnlichen Ursachen hervor.

Wenn der Herzschlag so weit geschwächt wird, daß eine Ohnmacht entsteht, dann wird dem Hirn zu wenig Blut zugeführt. Darum begleitet Bewußtlosigkeit eine vollkommene Ohnmacht. Das Hirn Enthaupteter stirbt in Folge des Blutverlustes in kurzer Zeit ab.

Sauerstoff, den wir beim Athmen aufnehmen, ist zur richtigen Mischung aller Werkzeuge des Körpers erforderlich. Kein Theil aber verspürt den Mangel an Sauerstoff im Blut so rasch, wie das Gehirn. Wenn das

Hirn nur ordentliches Blut enthält; wenn ihm nicht die nöthige Menge schlagaderlichen Blutes zugeführt wird, stellen sich Sinnestäuschungen ein; Kopfschmerz, Schwindel, Bewußtlosigkeit sind gewöhnliche Folgen.

Thee stimmt das Urtheil, Kaffee nährt die gestaltende Kraft des Hirns. Wir kennen in diesem Fall die stoffliche Verbindung nicht, welche das Hirn erleidet. Wir wissen aber, daß der Hunger, der auf nichts Anderes gegründet ist, als auf einen mangelhaften Ersatz der verlorenen Blutbestandtheile, unlustig zur Arbeit, reizbar, aufrührerisch, wahnsinnig macht.

Beim Genuß von Wein und geistigen Getränken geht der Weingeist über in's Blut und in das Hirn. Zugleich sind die Gefäße des Hirns, des Rückenmarks, der Nerven an den Stellen, an welchem sie aus dem Hirn entspringen, die Gefäße der Hirnhäute mit Blut überfüllt. Die Anwesenheit des Weingeistes und diese Anhäufung des Bluts im Hirn sind die Ursachen des Rausches.

Aber ebenso wie offenbare stoffliche Veränderungen des Hirnes Thätigkeit beherrschen, so greift auch die Verrichtung des Hirns durch die stofflichen Zustände des Körpers hindurch.

Das Hirn und Rückenmark sind im Grunde genommen nichts Anderes, als mächtige Ansammlungen von Nervenfasern, welche an verschiedenen Stellen zu Bündeln und Strängen vereinigt, von Hirn und Rückenmark gegen die Oberfläche des Körpers und in die einzelnen Werkzeuge desselben ausstrahlen.

Zu den größten Entdeckungen, die auf dem Gebiete der Physiologie in diesem Jahrhundert gemacht wurden, gehört unstreitig die Thatsache, daß in allen Nerven ein elektrischer Strom vorhanden ist. Diese Entdeckung haben wir Du Bois-Reymond zu verdanken.

An den Nerven haften die Vorgänge, welche eine Verkürzung der Muskelfasern und dadurch Bewegung veranlassen. Die Nerven sind ferner die Träger der Empfindung im thierischen Körper. Eindrücke, welche die Außenwelt auf unsere Sinne macht, werden als Empfindungen im weitesten Sinne des Worts durch die Nerven zum Rückenmark und zum Gehirn geleitet. In dem Gehirn kommen diese Eindrücke zum Bewußtsein. Reize, die den Nerven am Umkreis des Körpers treffen, werden erst wahrgenommen, wenn sie der Nerv bis zum Gehirn fortgeleitet hat.

Du Bois-Reymond hat seine berühmte Entdeckung dahin erweitert, daß jeder Vorgang in den Nerven, der sich in den Muskeln als Bewegung, in dem Hirn als Empfindung kundgiebt, von einer Veränderung im elektrischen Strom der Nerven begleitet ist. Im Augenblick der Bewegung oder der Empfindung erleidet der Strom nach Du Bois-Reymond's ebenso scharfsinnig ausgedachten, als gründlich und erfolgreich ausgeführten Untersuchungen eine Abnahme.

Nun aber bewirkt der elektrische Strom überall eine chemische Umwandlung der Leiter, die er durchsetzt. Der elektrische Strom ist sogar im Stande, Wasser zu zersetzen, also diejenige Verbindung, in welcher die Grundstoffe, der Wasserstoff u. Sauerstoff, die schroffsten Gegensätze, auf's Innigste miteinander verbunden sind. Folglich muß auch in den Nerven mit dem elektrischen Strom eine chemische Umwandlung Hand in Hand gehen. Und jeder Veränderung im elektrischen Strom muß eine stoffliche Veränderung im Nerven entsprechen.

Das Hirn ist eine Ansammlung bewegender und empfindender Fasern. Alle Vorgänge der Empfindung und Bewegung sind von einer Abnahme des Nervenstroms, und demnach auch von einer chemischen Umsetzung des Stoffs begleitet.

Mit Einem Worte: Die Nerven pflanzen stoffliche Veränderungen als Empfindungen zum Gehirne fort.

Verschiedene Formen der Hirnthätigkeit ertheilen den verschiedensten stofflichen Bewegungsvorgängen des Körpers ihr Gepräge.

Gemüthsbewegungen beherrschen den Durchmesser der feinsten Blutgefäße, der Haargefäße des Antlitzes. Wir erblassen vor Schreck, weil die Haargefäße der Wangenhaut eine Veränderung erleiden, in deren Folge sie weniger rothes Blut führen. Umgekehrt erweitern sich die Haargefäße des Gesichts, wenn wir glühen vor Zorn oder erröthen vor Scham.

Wenn das Auge glänzt vor Freude, so ist es praller mit Säften gefüllt. Von dem stärker gewölbten Augapfel, von dem ein größerer Abschnitt aus der Augenhöhle hervorragt, wird mehr Licht zurückgeworfen; der Augapfel glänzt aus demselben Grunde, der auch dem Kinderauge seinen lieblichen Glanz verleiht.

In einer freudigen Erregung wird die Zahl der Pulsschläge in der Minute vermehrt, während umgekehrt ein plötzlicher Schreck den Puls verzögern, ja sogar einen augenblicklichen Stillstand des Herzens, eine Ohnmacht erzeugen kann.

So verändern Gemüthsbewegungen die Milch der Mutter. Die Erinnerungen an leckere Speisen bedingt vermehrte Speichelabsonderung. Schon die Alten wußten es, daß die Leber bei leidenschaftlichen Wallungen des Gemüths eine wichtige Rolle spielt. Aerger erzeugt Gallenergüsse. Wehmuth, Schmerz, Freude, Mitleid vermehren die Absonderung der Thränen. Und es hat schwerlich Jemand seine Jungfernrede gehalten, ohne daß ihm ein vermehrter Drang zum Harnlassen und Blähungen die Aufregung seines Hirns als einen körperlichen Zustand fühlbar machten.

Wenn wir endlich in Folge angestrengter Gedankenarbeit hungrig werden und dabei, wie Davy und von Bärensprung berichtet, die Eigenwärme eine Steigerung erleidet, so kann das nur durch einen beschleunigten Stoffwechsel erklärt werden. Hunger ist ein sicheres Anzeichen einer Verarmung des Bluts und der Gewebe, einer Veränderung in der stofflichen Mischung, die sich in den Nerven bis zum Gehirn als Empfindung fortpflanzt. Jene Verarmung erfolgt nur durch eine vermehrte Ausscheidung, und namentlich durch eine Zunahme der ausgehauchten Kohlensäure. Somit muß die Verbrennung im Körper gesteigert sein. Und daß beim Denken auch die Wärme erhöht wird, das ist die Probe, welche die Richtigkeit unserer Rechnung bestätigt, wenn wir die vermehrten Ausgaben des Körpers von der Hirnthätigkeit herleiten. Der Gedanke erweist sich als eine Bewegung des Stoffs.

Es ändert sich aber nicht bloß die Mischung des Hirns mit seiner Thätigkeit. Der Entwicklung des Denkens entspricht auch der Bau des Werkzeugs. Und es ist vollkommen richtig, wenn Liebig sagt: „Die Wirkungen des Gehirns müssen im Verhältniß stehen zu der Masse des Gehirns, die mechanischen Wirkungen zu der Masse der Muskelsubstanz."

Sömmering, der berühmteste Zergliederer des menschlichen Körpers, den Deutschland hervorgebracht hat, derselbe, dessen Namen beim Volk schon durch seine Freundschaft mit Georg Förster einen guten Klang hat, entdeckte das wichtige Gesetz, daß das Hirn des Menschen im Verhältniß zu der Masse der Kopfnerven größer ist, als das Hirn von irgend einem Thier.

An ihrer Oberfläche sind die Halbkugeln des großen Gehirns in zahlreiche, mehr oder weniger wulstig hervorragende Halbinseln eingetheilt, welche durch Furchen von einander getrennt werden. Diese Halbinseln haben einen unregelmäßig gewundenen Verlauf und werden deßhalb als Hirnwindungen bezeichnet.

Bei den Affen, auch selbst bei denen, welche dem Menschen durch die Ausbildung ihrer geistigen Fähigkeiten am nächsten stehen, sind die Hirnwindungen regelmäßiger gestaltet, die Halbinseln haben auf den beiden Halbkugeln des Hirns eine viel größere Aehnlichkeit der Umrisse, sie sind weniger zahlreich, als beim Menschen. (Tiedemann.)

Unter den Thieren sind diejenigen, welche im Naturzustand gesellig leben, wie die Robben, Elephanten, Pferde, Rennthiere, Ochsen, die Schafe und Delphine durch die große Anzahl und die Unregelmäßigkeiten ihrer Hirnwindungen ausgezeichnet. [Cuvier und Laurillard.]

Jede Halbkugel des großen Gehirns läßt sich in fünf Lappen eintheilen. Ein mittlerer Lappen ist nämlich umgeben von einem vorderer, einem hinteren, einem obern und einem untern. Der vordere liegt in der Stirngegend, der hintere in der Gegend des Hinterkopfs, der obere entspricht dem Scheitel, der untere der Schläfe des Schädels. Die vier Lappen, welche den mittleren umgeben, besitzen jeder einzeln drei Hauptwindungen. [Gratiolet.]

Der Mensch, der Orang-Outang und der Chimpanse besitzen auch

Windungen auf dem mittleren Lappen. Bei allen übrigen Affen ist der mittlere Lappen durchaus glatt.

Gratiolet, dem wir diese Angabe verdanken, hat sich überhaupt in der neuesten Zeit auf's Eifrigste bemüht, genaue Unterschiede zwischen dem Hirn des Menschen und dem der höchst entwickelten Affen anzugeben. Er hebt es namentlich hervor, daß beim Menschen, wie beim Affen, außer den Hauptwindungen Uebergangswindungen vom Hinterhauptslappen gegen den Scheitellappen verlaufen. Beim Menschen sind zwei von diesen groß und oberflächlich. Sie füllen eine senkrechte Furche, die beim Affen ein Hinterhauptslappen vom Scheitellappen trennt, vollständig aus. Durch diese Eigenthümlichkeit ist das Hirn des Menschen dem Hirn aller Affen entgegengesetzt.

Vor dem Hirn der Affen ist das des Menschen ausgezeichnet durch die Größe seines Stirnlappens. Je höher die Affen stehen, desto mächtiger ist der Stirnlappen entwickelt. Seine Größe weicht zurück gegen die des Scheitellappens und des Hinterhauptlappens, wenn man sich in der Reihe der Affen nach abwärts bewegt. [Gratiolet.]

Das Rückenmark geht durch das allgemeine Mark in das Hirn über. Zwischen dem Rückenmark und dem großen Gehirn, über dem verlängerten Mark liegt das kleine Gehirn.

Beim Menschen ist das kleine Gehirn vollständig überdeckt von den Halbkugeln des großen Gehirns.

Je höher ein Thier in der Thierreihe steht, je mehr es sich durch seine Entwicklung dem Menschen nähert, desto vollständiger bedeckt das große Gehirn das kleine. Schon bei den Affen ragt nach hinten ein schmaler Rand des kleinen Gehirns unter den Halbkugeln des großen Gehirns frei hervor. Selbst der Chimpanse und der Orang-Outang unterscheiden sich hierdurch in bestimmter Weise vom Menschen. Alle anderen Thiere, unsere Hauswiederkäuer, der Ochs, das Schaf entfernen sich in dieser Hinsicht weiter vom Menschen. Die großen Halbkugeln besitzen jederseits eine Höhle, die sogenannte Seitenkammer, welche sich beim Menschen in ein hinteres, blind endigendes Horn, die sogenannte fingerförmige Grube fortsetzt. Diese fingerförmige Grube fehlt zugleich mit den Hinterlappen allen Thieren, mit Ausnahme der Affen. Das Hirn des Ochsen ist von dem des Menschen in seinem Bau sehr wesentlich verschieden.

Das Gesetz, nach welchem das Hirn um so höher entwickelt ist, je weiter die Halbkugeln des großen Hirns, das kleine bedeckend, nach hinten ragen, hat Tiedemann vor mehr als fünfunddreißig Jahren auch aus der Bildungsgeschichte des Hirns des Menschen erwiesen. Bei der Frucht im Mutterleibe ist das kleine Gehirn erst im siebenten Monat vom großen überwölbt.

Schon Leuret hat darauf aufmerksam gemacht, daß die Entwickelung der Halbkugeln des großen Gehirnes im Verhältniß zum kleinen wichtiger ist, als die der Windungen. Und ebenso ertheilt Gratiolet nach
seinen neuesten Untersuchungen der Größe des Stirnlappens den Vorrang
vor der Zahl und der Unregelmäßigkeit der Windungen. Erst wenn bei
zwei Thieren die Halbkugeln des großen Hirns das kleine gleichweit nach
hinten überragen, wenn die Stirnlappen in beiden gleich entwickelt sind,
werden die zahlreichen und unregelmäßigen Windungen entscheidend für
eine höhere Entwicklungsstufe.

Die Affen, und namentlich die Halbaffen, besitzen nicht so wellenförmige Windungen, wie der Elephant und der Wallfisch. Aber die allgemeine Form des großen Hirns, das bei den Affen das kleine Gehirn nach
hinten viel weiter überdeckt, und die Größe des Stirnlappens stellen das
Hirn des Affen dem des Menschen viel näher. [Leuret.]

Hieraus erklärt es sich auf ganz natürliche Weise, daß man die Entwicklung des Hirns von Menschen nicht lediglich nach dem Reichthum und
der Unregelmäßigkeit der Windungen beurtheilen kann. Nur wenn die
ganze Gestalt des Hirns, wenn die Entwicklung der Vorderlappen in zwei
gegebenen Fällen durchaus gleich ist, wird man die Windungen zum Maßstab erheben dürfen. Es begründet also durchaus keinen Einwurf gegen
das stetige Verhältniß zwischen Bau und Denkkraft, daß bei Cretinen
Gehirne vorkommen, die eine auffallende Anzahl von Windungen zeigen.
Dazu kommt noch, daß innere Entartungen die Vorzüge der Windungen
reichlich aufwiegen können.

Ein sehr kleines Gehirn ist häufig mit Geistesschwäche oder mit Blöd-
sinn verbunden. Und wer die Bilder kennt von Vesal, von Shakes-
peare, von Hegel und Göthe, der hat es sich wohl schon längst als
Ueberzeugung festgesetzt, daß eine hohe, freie Stirn, die einer mächtigen
Entwicklung der Stirnlappen entspricht, den großen Denker verräth. Auch
dieses Gesetz wird nicht dadurch umgestoßen, daß ein Hirn mit großen
Stirnlappen in seinen übrigen Theilen mangelhaft entwickelt, arm an
Windungen, regelmäßig in der Furchung beider Halbkugeln sein kann.
Dann wird die Ueberlegenheit der Stirnlappen durch andere Nachtheile
verdeckt, und es ist deßhalb durchaus nicht unmöglich, daß hinter einer
großen Stirn ein schwaches Werkzeug der Gedanken wohnt.

Nunmehr kann es nicht räthselhaft sein, daß bei Thieren die geistige
Thätigkeit um so tiefer sinkt, je weiter man mit dem Messer die Halbkugeln
des großen Hirns von oben nach unten abträgt. Man hat enthirnte
Vögel durch künstliche Fütterung länger als ein Jahr am Leben erhalten.
Die Bildung des Bluts und der Gewebe bleibt möglich. Aber die Thiere
verhalten sich ganz stumpf gegen die Eindrücke der Außenwelt. Das Bewußtsein ist spurlos verschwunden.

tung ift durchaus richtig. Aber ebenfo gewiß fteht es feft, baß der Menſch
die Eigenſchaften des Kreiſes nur durch eine Kreislinie im Sande, nur
durch ein ſinnliches Wahrzeichen entdecken konnte.

Sagt man nun, baß die Sinne niemals das Weſen der Dinge erfaſ-
ſen können, ſo liegt das nur an der unklaren Vorſtellung vom Weſen der
Dinge, in der ſich ſelbſt einzelne Phyſiker gefallen. Die Idealiſten mögen
ſich damit beſchäftigen, das Weſen der Dinge mit einer hochtönenden
Phraſe zu verdunkeln. Dem Naturforſcher ſollte es klar ſein, baß das
Weſen eines Dinges nichts Anderes vorſtellt, als die Summe ſeiner Eigenſchaften.

Jede Eigenſchaft iſt ein Verhältniß zu den Sinnen. Aber ieder ſinnliche Eindruck iſt eine Bewegungserſcheinung, die ſich dem Stoff unſerer
Sinnesnerven mittheilt.

Der Aether und die feften Theilchen eines Körpers ſchwingen, und es
entſteht ein Lichtbild im Auge. Schwingungen einer Luftſäule, einer Saite,
eines geſpannten Felles erzeugen den Schall. Wir riechen nur diejenigen
Stoffe, welche in flüchtigem Zuſtande den feinſten Ausbreitungen des Geruchsnerven entlang bewegt werden. Die Bewegung gelöſter Stoffe wirkt
auf den Geſchmacksnerven. Druck, Rauhigkeit, Härte, Wärme, Kälte ſind
ebenſo viele Zuſtände des Stoffs, die den Taſtnerven nur vermittelſt der
Bewegung zur Wahrnehmung kommen.

Mit dieſer Erinnerung iſt einer der verbreitetſten Irrthümer widerlegt,
als wenn bie Einwirkung auf die höheren Sinne, auf Ohr und Auge, eine
unſtoffliche wäre.

Wir ſehen ein farbiges Bild. Die Nervenhaut des Auges erzittert
unter dem Eindruck der Lichtwellen. Daraus erwachſen in uns gewiſſe
Vorſtellungen. Wir üben uns im Schauen von Kunſtwerken und wir gelangen zum Ideal des Schönen. Das Schöne iſt kein feſter und fertiger
Begriff, den das Hirn des Menſchen mit auf die Welt bringt. Das Schöne
läßt ſich nicht erdenken, es läßt ſich nur finden. Und gefunden wird es
eben nur von den Kunſtrichtern, die nach Winkelmann's Beiſpiel das
Kunſtwerk hegen mit den Sinnen, wie der Naturforſcher die Pflanze oder
das Thier, deſſen Weſen er ergründen, deſſen Eigenſchaften er umfaſſen
möchte.

Das Wort berührt uns ſinnlich. Wenn das Ohr geöffnet iſt, ſo ſind
wir unter der Macht des Wortes, gleichviel ob es uns überredet oder zum
Widerſpruch reizt. Das Wort wird allmächtig, wenn bie Rede klar gegliedert an unſern Bildungsſtandpunkt anknüpft, ſo daß es nicht an der
Uebung fehlt, um den Zuſammenhang der Worte aufzufaſſen. Uebung
aber iſt dazu ebenſo unerläßlich, wie zur Unterſcheidung der Töne, zum
Feſthalten einer Geſangsweiſe, zum Belauſchen der Rolle Einer Stimme,
oder eines Inſtruments in einem Chor oder einer Symphonie.

der hiesigen Verhältnisse überwältigt werden. Wer wollte ihnen Unrecht geben? Wer mag sich hier in Amerika zu einem langsamen Selbstmorde verurtheilen? Ja, wir gestehen, auch unsere Augen richten sich wieder nach Osten; ja auch wir empfinden eine leidenschaftliche Sehnsucht nach Europa. Trotzdem, daß wir uns bemühen, alle Hoffnungen auf die Zukunft Amerika's sorgsam zusammen zu lesen, und alle Illusionen zu nähren und zu erhalten, werden wir doch oft von der traurigen Wirklichkeit überwältigt, u. sehen die Einöde, die um uns her starrt, in ihrer ganzen Trostlosigkeit. Man sagt, westwärts zieht der Geist der Weltgeschichte, aber es scheint, als wenn wir uns schon in einer retrograden Epoche des Lebens befinden, daß wir uns von der Zukunft weg nach der Vergangenheit wenden und unsere Blicke ostwärts richten. Wie dem auch sei, die Ueberzeugung, daß es kein Glück und keine Zufriedenheit in der Welt gibt, verhindert nicht das immerwährende, selbstquälerische Streben nach Glück und Zufriedenheit, und dieses Streben treibt uns rast- und ruhelos durch die Welt, bis daß die letzte Illusion mit dem Leben selbst geschwunden ist.

Positive und negative Politik.

Die Politik ist gegenwärtig eine der unangenehmsten Beschäftigungen, und man kann sich trotz der großen Interessen und Ideen, die dabei auf dem Spiele stehen, nur mit Widerwillen zu einer Betheiligung daran entschließen. Ueberall herrscht Verwirrung und Verstimmung; überall bemerken wir kleinliche, niedrige Motive; nirgends sehen wir großartige Beweggründe, edle Tendenzen und erhabene Zwecke. Der hauptsächlichste Grund von dieser Entartung der Politik scheint uns in ihrem negativen Charakter zu liegen; anstatt positive Zwecke zu verfolgen und eine organische Entwickelung anzustreben, weiß die Politik dieses Jahrhunderts nur zu verneinen; sie ist eine Politik des Widerstandes, und hat eine zerstörende, aber keine aufbauende, organisirende Kraft. Dies ist in Europa, wie in Amerika der Fall, aber mehr noch hier, wie drüben. Während die europäische Politik in einer mühsamen Aufrechthaltung des bestehenden Zustandes, in einer Abwehr von Neuerungen und Aenderungen, in einer Bekämpfung des Fortschrittes besteht, während sie die Entwickelung des Volkes, seiner Reichthümer und Hülfsmittel zu verhindern strebt: ist die politische Doktrin der Amerikaner und besonders derer, welche sich zur

Unsere Stimmung wird vom Tonkünstler durch richtig gewählte Geg-
sätze beherrscht. Ist die Empfänglichkeit schon vorher erhöht, so kann uns
die Gewalt einer Tonschöpfung bis zu Thränen hinreißen. Die Stimmung des Hirns, die durch das Erzittern der Hörnerven erzeugt wurde,
spiegelt sich wieder in andern stofflichen Zuständen des Körpers. „Die
große Entdeckung," sagt Liebig, „daß die musikalische Harmonie, ein
jeder Ton, der das Herz rührt, zur Freude stimmt, für Tapferkeit begeistert, das Merkzeichen einer bestimmten und bestimmbaren Anzahl von
Schwingungen der Theile des fortpflanzenden Mediums ist und damit ein
Zeichen von Allem, was nach den Gesetzen der Wellenlehre erschließbar ist
aus dieser Bewegung, hat die Akustik [die Lehre vom Schall] zu dem Range
erhoben, den sie gegenwärtig einnimmt.

Wer wüßte es nicht, daß Gerüche Erinnerungen erwecken? Die Tafel-
freuden bezeichnen ganz mit Recht den Antheil, den man auch dem Ge-
schmacksinn auf unsere Stimmung zuschreiben muß und der bisweilen eine,
freilich dürftige, Entschädigung bietet für die Langeweile, die eine große
Mahlzeit je nach der Gesellschaft mit sich führen kann. Wenn Ohr und
Auge darben müssen, wird die Zunge um so thätiger und folglich um so
größer der Einfluß, den sie auf unser Wohlbehagen ausübt. Tasteindrücke
erwecken Wollust und Begierden.

Ohne Ausnahme beruhen die sinnlichen Eindrücke, und die von denselben abhängigen Zustände des Gehirns auf Bewegungserscheinungen des
Stoffs, die sich auf die Sinnesnerven übertragen.

Unser Urtheil ist ein sinnliches. Es ist auf sinnliche Beobachtung
gestützt. Weil alle Dinge überhaupt nur sind durch ihre Verhältnisse zu
einander, so ist auch der Eindruck, den ein Gegenstand auf unsere Sinneswerkzeuge macht, ein wesentliches Merkmal des Gegenstandes.

Dadurch ist die Möglichkeit der Sinnestäuschungen nicht ausgeschlos-
sen. Das Wesentliche liegt nur darin, daß es nicht der Verstand ist,
sondern wiederum ein Sinneswerkzeug, eine andere sinnliche Beobachtung,
welche die Sinnestäuschung berichtigt.

Ich sehe die Luft nicht, ich sehe nicht ihren Sauerstoff, ihren Wasserdampf, ihre Kohlensäure. Der Laie kann hiernach zweifeln an der Kör-
perlichkeit der Luft, an dem leibhaftigen Bestehen von Sauerstoff, Wasser
und Kohlensäure in derselben. Aber das Eisen rostet, wenn es feuchter
Luft ausgesetzt wird. Es verbindet sich mit Sauerstoff und Wasser, es
wird dabei um eben soviel schwerer, als das Gewicht des aufgenommenen
Sauerstoffs und des Wassers beträgt. Der Eisenrost beweist dem Auge
das Vorhandensein von Sauerstoff und Wasser in der Luft. Jedermann
weiß, daß Kochsalz an der Luft feucht wird. Und ein sehr einfacher, chemischer Versuch zeigt, daß die Luft durch ihre Kohlensäure Wasser trübt.

Das Kalkwasser nimmt um das Gewicht der Kohlensäure an Schwere zu. Kohlensaurer Kalk fällt zu Boden.

Wasser bricht die Lichtstrahlen anders als Luft. Wenn ich in eine Tasse einen Kreuzer lege und mich von der Tasse so weit entferne, daß ich eben aufhöre, den Kreuzer zu sehen, weil ihn die hohe Wand der Tasse verdeckt, dann wird er mir auf der Stelle wieder sichtbar, wenn ich die Tasse mit Wasser fülle, weil das Wasser die Lichtstrahlen stärker bricht, als die Luft. Hätte ich von Anfang an so weit gestanden, daß ich den Kreuzer in der Tasse nicht sehen konnte, so hätte nimmermehr eine angeborene Anschauung mich dazu geführt, die Anwesenheit des Kreuzers zu errathen. Auch die Brechung des Lichts hätte das Hirn nicht erdacht. Durch Wasser wird der Kreuzer sichtbar. Diese oder ähnliche Beobachtungen führten zu der Entdeckung der gebrochenen Lichtstrahlen.

Zwei Reihen von Bäumen, die überall gleich weit von einander gepflanzt sind, die Schienen einer Eisenbahn scheinen in großer Entfernung zusammenzulaufen. Wir beurtheilen die Größe eines Gegenstandes, in dem gegebenen Falle die Entfernung, nach der Größe des Winkels, den zwei Linien miteinander bilden, welche von den äußersten Grenzen des Leuchtkörpers nach einem bestimmten Punkt im Auge gezogen werden. Wenn der Körper, den wir sehen, gleich groß bleibt, dann wird natürlich dieser Winkel, den man Gesichtswinkel nennt, um so kleiner, je ferner uns der Gegenstand entrückt ist. Darum scheint in einem langen Saal an dem unserem Standpunkte entgegengesetzten Ende die Decke sich zu senken, der Fußboden sich zu heben. Ein Bergpfad, aus der Ferne betrachtet, macht einen steileren Eindruck. Hohe Thürme scheinen sich gegen den Beobachter, der an ihrem Fuß steht, zu neigen.

Daß aber die Bäume und die Schienen der Eisenbahn in weiter Ferne ebenso weit auseinander sind, wie in nächster Nähe, daß der Saal überall gleich hoch, der Bergpfad minder steil, der Thurm nicht schief geneigt ist, das sind alles Thatsachen, die wir nur durch Beobachtung erfahren konnten, wenn wir sie auch immerhin, nachdem die Beobachtung einmal gemacht und durch häufige Wiederholung verallgemeinert war, in neuen Fällen ohne Weiteres erschließen.

So lernt das Kind Entfernungen nur durch vieles Greifen und Tasten beurtheilen. Ebenso unsicher erkennt es Anfangs die Richtungen des Schalls. Und wie viel Uebung erheischt es später, wenn wir die feinere Unterscheidung von Tönen, von Farben und Maaßverhältnissen erlernen sollen.

Der eine Sinn ergänzt und berichtigt den anderen. Wenn wir schon einige Gläser Wein geleert haben, sind wir mit verbundenen Augen nicht mehr im Stande, rothen und weißen Wein mit Sicherheit zu unter-

Windungen auf dem mittleren Lappen. Bei allen übrigen Affen ist der mittlere Lappen durchaus glatt.

Gratiolet, dem wir diese Angabe verdanken, hat sich überhaupt in der neuesten Zeit auf's Eifrigste bemüht, genaue Unterschiede zwischen dem Hirn des Menschen und dem der höchst entwickelten Affen anzugeben. Er hebt es namentlich hervor, daß beim Menschen, wie beim Affen, außer den Hauptwindungen Uebergangswindungen vom Hinterhauptslappen gegen den Scheitellappen verlaufen. Beim Menschen sind zwei von diesen groß und oberflächlich. Sie füllen eine senkrechte Furche, die beim Affen ein Hinterhauptslappen vom Scheitellappen trennt, vollständig aus. Durch diese Eigenthümlichkeit ist das Hirn des Menschen dem Hirn aller Affen entgegengesetzt.

Vor dem Hirn der Affen ist das des Menschen ausgezeichnet durch die Größe seines Stirnlappens. Je höher die Affen stehen, desto mächtiger ist der Stirnlappen entwickelt. Seine Größe weicht zurück gegen die des Scheitellappens und des Hinterhauptlappens, wenn man sich in der Reihe der Affen nach abwärts bewegt. [Gratiolet.]

Das Rückenmark geht durch das allgemeine Mark in das Hirn über. Zwischen dem Rückenmark und dem großen Gehirn, über dem verlängerten Mark liegt das kleine Gehirn.

Beim Menschen ist das kleine Gehirn vollständig überdeckt von den Halbkugeln des großen Gehirns.

Je höher ein Thier in der Thierreihe steht, je mehr es sich durch seine Entwicklung dem Menschen nähert, desto vollständiger bedeckt das große Gehirn das kleine. Schon bei den Affen ragt nach hinten ein schmaler Rand des kleinen Gehirns unter den Halbkugeln des großen Gehirns frei hervor. Selbst der Chimpanse und der Orang-Outang unterscheiden sich hierdurch in bestimmter Weise vom Menschen. Alle anderen Thiere, unsere Hauswiederkäuer, der Ochs, das Schaf entfernen sich in dieser Hinsicht weiter vom Menschen. Die großen Halbkugeln besitzen jederseits eine Höhle, die sogenannte Seitenkammer, welche sich beim Menschen in ein hinteres, blind endigendes Horn, die sogenannte fingerförmige Grube fortsetzt. Diese fingerförmige Grube fehlt zugleich mit den Hinterlappen allen Thieren, mit Ausnahme der Affen. Das Hirn des Ochsen ist von dem des Menschen in seinem Bau sehr wesentlich verschieden.

Das Gesetz, nach welchem das Hirn um so höher entwickelt ist, je weiter die Halbkugeln des großen Hirns, das kleine bedeckend, nach hinten ragen, hat Tiedemann vor mehr als fünfunddreißig Jahren auch aus der Bildungsgeschichte des Hirns des Menschen erwiesen. Bei der Frucht im Mutterleibe ist das kleine Gehirn erst im siebenten Monat vom großen überwölbt.

Schon Leuret hat darauf aufmerksam gemacht, daß die Entwickelung der Halbkugeln des großen Gehirnes im Verhältniß zum kleinen wichtiger ist, als die der Windungen. Und ebenso ertheilt Gratiolet nach seinen neuesten Untersuchungen der Größe des Stirnlappens den Vorrang vor der Zahl und der Unregelmäßigkeit der Windungen. Erst wenn bei zwei Thieren die Halbkugeln des großen Hirns das kleine gleichweit nach hinten überragen, wenn die Stirnlappen in beiden gleich entwickelt sind, werden die zahlreichen und unregelmäßigen Windungen entscheidend für eine höhere Entwicklungsstufe.

Die Affen, und namentlich die Halbaffen, besitzen nicht so wellenförmige Windungen, wie der Elephant und der Wallfisch. Aber die allgemeine Form des großen Hirns, das bei den Affen das kleine Gehirn nach hinten viel weiter überdeckt, und die Größe des Stirnlappens stellen das Hirn des Affen dem des Menschen viel näher. [Leuret.]

Hieraus erklärt es sich auf ganz natürliche Weise, daß man die Entwicklung des Hirns von Menschen nicht lediglich nach dem Reichthum und der Unregelmäßigkeit der Windungen beurtheilen kann. Nur wenn die ganze Gestalt des Hirns, wenn die Entwicklung der Vorderlappen in zwei gegebenen Fällen durchaus gleich ist, wird man die Windungen zum Maßstab erheben dürfen. Es begründet also durchaus keinen Einwurf gegen das stetige Verhältniß zwischen Bau und Denkkraft, daß bei Cretinen Gehirne vorkommen, die eine auffallende Anzahl von Windungen zeigen. Dazu kommt noch, daß innere Entartungen die Vorzüge der Windungen reichlich aufwiegen können.

Ein sehr kleines Gehirn ist häufig mit Geistesschwäche oder mit Blödsinn verbunden. Und wer die Bilder kennt von Vesal, von Shakespeare, von Hegel und Göthe, der hat es sich wohl schon längst als Ueberzeugung festgesetzt, daß eine hohe, freie Stirn, die einer mächtigen Entwicklung der Stirnlappen entspricht, den großen Denker verräth. Auch dieses Gesetz wird nicht dadurch umgestoßen, daß ein Hirn mit großen Stirnlappen in seinen übrigen Theilen mangelhaft entwickelt, arm an Windungen, regelmäßig in der Furchung beider Halbkugeln sein kann. Dann wird die Ueberlegenheit der Stirnlappen durch andere Nachtheile verdeckt, und es ist deßhalb durchaus nicht unmöglich, daß hinter einer großen Stirn ein schwaches Werkzeug der Gedanken wohnt.

Nunmehr kann es nicht räthselhaft sein, daß bei Thieren die geistige Thätigkeit um so tiefer sinkt, je weiter man mit dem Messer die Halbkugeln des großen Hirns von oben nach unten abträgt. Man hat enthirnte Vögel durch künstliche Fütterung länger als ein Jahr am Leben erhalten. Die Bildung des Bluts und der Gewebe bleibt möglich. Aber die Thiere verhalten sich ganz stumpf gegen die Eindrücke der Außenwelt. Das Bewußtsein ist spurlos verschwunden.

Ebenso wie wir mit Einem Auge sehen, mit Einem Ohre hören können, so können wir auch mit Einer Halbkugel denken. Man hat bei Menschen in Einer Halbkugel des großen Gehirns Entartungen gefunden, ohne daß die Gedankenthätigkeit hierdurch merklich gestört gewesen war. Man beobachtet das Gleiche an Thieren, denen man eine der beiden Halbkugeln weggeschnitten hat. Aber trotzdem leidet das Bewußtsein. Die Thiere schrecken leichter auf.

Für Liebig's Satz, daß „die Wirkungen des Gehirns im Verhältniß stehen zu der Masse des Gehirns," verdient es alle Beachtung, daß nach Peacock's Wägungen das Hirn des Menschen bis in das fünfundzwanzigste Jahr im Gewichte zunimmt, daß es sich bis etwa zum fünfzigsten Jahr auf gleicher Höhe erhält, um dann im hohen Alter wieder bedeutend abzunehmen. Nur ausnahmsweise behält das Hirn bei Greisen die Kraft des Mannesalters, ganz ungebrochen schwerlich jemals. Von Newton, der funfundachtzig Jahr alt geworden ist, wissen wir, daß er in seinem hohen Alter eine unglückselige Beschäftigung mit dem Propheten Daniel und der Offenbarung des Johannes trieb. Die Offenbarung des Johannes als Spielzeug in der Hand des Erforschers der Gesetze der Schwere! Die Kraft ist so unsterblich, wie der Stoff.

Es hat nicht die mindeste Beweiskraft, daß man nicht immer bei Geisteskranken eine stoffliche Entartung des Gehirns nachweisen kann. Das spricht so wenig gegen das unauflösliche Band zwischen Hirn und Gedankenthätigkeit, wie es gegen die Gesetze der Schwere spricht, daß Hunderte von Naturforschern nie den Lauf der Sterne beobachtet haben. Einer chemischen Untersuchung hat man das Gehirn von Irren niemals unterworfen. Und man muß wissen, wie zusammengesetzt und verwickelt der Bau des Gehirns ist, man muß wissen, daß wir kaum über eine geographische Eintheilung des Hirns in benannte Bezirke hinausgekommen sind, um einzusehen, daß entweder mehr Kenntnisse, oder mehr Zeit und Mühe dazu gehören, als gewöhnlich auf eine Leichenöffnung verwandt werden, um in irgend einem Fall behaupten zu dürfen, das Gehirn eines Geisteskranken sei in seinem Bau und seiner Mischung unversehrt gewesen.

Und dennoch liest man bei Liebig: „Das Seltsamste ist . . . . ," daß Viele die Eigenthümlichkeiten des unkörperlichen, selbstbewußten, denkenden und empfindenden Wesens, in diesem Gehäuse als eine einfache Folge von dessen innerem Bau und der Anordnung seiner kleinsten Theilchen ansehen, während die Chemie den unzweifelhaften Beweis liefert, daß, was diese allerletzte, feinste, nicht mehr von den Sinnen wahrnehmbare [!] Zusammensetzung betrifft, der Mensch identisch mit dem Ochs oder mit dem niedrigsten Thiere der Schöpfung sein sollte." Wenn Liebig nicht weiß, daß das Ochsenhirn in seinem Bau von dem des Menschen wesentlich abweicht, so ist das dem Chemiker nicht übel zu nehmen. Wenn aber der Chemiker aussagt, daß die Anordnung der kleinsten Theilchen im Hirn des Ochsen und im Hirn des Menschen die gleiche sei, so behauptet er etwas mit der Feder, was nur durch die Wage zu ermitteln ist. Niemand hat es aber bisher versucht, zu bestimmen, nach welchen Zahlenverhältnissen das Eiweiß, Oelstoff, Perlmutterfett, Gallenfett, das phosphorhaltige Fett und die einzelnen Salze im Hirn des Ochsen und des Menschen vertreten sind. Wenn man aber hiernach durch Wägung forscht, dann wird man einen Unterschied in der Zusammensetzung auffinden, gerade weil der Bau des Ochsenhirns mit dem des menschlichen Gehirns auf keine Weise völlig übereinstimmt. Oder glaubt Liebig, die Pflanzen mit ihrer mannigfaltigen Blüthenpracht wären gleich, weil sie alle Zellstoff enthalten, oder weil sie alle den größten Theil ihres Körpers aus Kohlensäure, Wasser und Ammoniak aufbauen?

Verschiedene Stoffe sind nicht erforderlich, um in zwei Werkzeugen des Körpers eine verschiedene Mischung zu bewirken; es reicht hin, daß dieselben Stoffe in verschiedenen Verhältnissen miteinander verbunden sind. So gut die schweflichte Säure ein anderer Körper ist, als die Schwefelsäure, weil diese auf die gleiche Menge Schwefel ein Mischungsgewicht Sauerstoff mehr enthält, als jene, so gut eine Tasse Kaffee verschieden schmeckt, je nachdem sie zwei gleich schwere Zuckerstücke oder nur eines derselben in Auflösung enthält, so gut sind auch zwei Gehirne verschieden, wenn sie Eiweiß, phosphorhaltiges Fett oder irgend einen andern Bestandtheil in verschiedener Menge enthalten. Und daß solche Unterschiede vorkommen, das hat die Wissenschaft vorläufig bereits ermittelt. Lassaigne fand weniger phosphorhaltiges Fett in dem Hirn der Katze und der Ziege, als in dem Hirn eines Pferdes, Denis in dem eines achtundsiebzigjährigen Greises mehr, als in dem eines zwanzigjährigen Jünglings. Nach Hermann Nasse ist das Gehirn der Frösche vor dem von andern Thieren ausgezeichnet durch seinen Reichthum an Eiweiß und Salzen.

Daher ist es kein Wunder, wenn Liebig im Widerspruch mit sich selber schreibt: „Gewiß ist es, daß drei Menschen, von denen der eine sich mit Ochsenfleisch und Brod, der andere mit Brod und Käse oder Stockfisch, der dritte mit Kartoffeln sich gesättigt haben, eine ihnen entgegenstehende Schwierigkeit unter ganz verschiedenem Gesichtspunkte betrachten; je nach gewissen, den verschiedenen Nahrungsmitteln eigenthümlichen Bestandtheilen ist ihre Wirkung auf Gehirn und Nervensystem verschieden". Und an einer anderen Stelle heißt es ebenso richtig, daß die Nahrung dem Instinktgesetz und der Natur entgegen nicht geändert werden kann, ohne die Gesundheit, die körperlichen und geistigen Thätigkeiten des Menschen zu gefährden.

Natürlich! Die Mischung verhält sich zu Form und Kraft, wie die nothwendige und Alles bedingende Grundlage der Erscheinungen. Aber darin liegt das eigenthümliche Verhältniß dieses Satzes zu einer großen Anzahl unserer Zeitgenossen, daß ihnen entweder die Klarheit fehlt oder der Muth, die letzten Folgerungen desselben ohne Scheu und ohne Rücksicht anzuerkennen. Wie viele lustige Gesellen haben schon begeistert in den biblischen Ausruf eingestimmt: Der Wein erfreut des Menschen Herz. Und wie oft hört man es von Frauen, von Künstlern, von Gelehrten, daß ihr Geist morgens erst wach und frisch zum Schaffen ist, wenn sie ihren Kaffee getrunken haben. Aber der lustige Gesell, die Frau, der Künstler und namentlich der Gelehrte erschrecken in der Regel, sowie man jene Erscheinung in einen allgemeinen Satz einkleidet, ja, sie möchten gern der Macht ihrer eigenen Beobachtung ausweichen, wenn sie ahnen, daß sie selbst das Hülfsmittel liefern müssen, um den Geist als Eigenschaft des Stoffes zu erweisen. Der Beobachtung kann man jedoch nicht entfliehen. Die Thatsache herrscht.

Sinnliche Eindrücke bedingen die Stimmungszustände des Gehirns. Ich habe es in meinem zweiten Brief entwickelt, daß wir außer den Verhältnissen der Körperwelt zu unseren Sinnen nichts aufzufassen vermögen. Alle Erkenntniß ist sinnlich.

Angeborene Anschauungen giebt es nicht. Die Einheit der Auffassung des Dinges für uns und des Dinges an sich ist nicht darin begründet, daß das Wesen der Dinge und die Gesetze, nach welchen es sich entwickelt in einem vom Stoff unabhängigen Geiste vorgebildet sind. Jene Einheit besteht vielmehr dadurch, daß es überhaupt nur Eine Auffassung giebt, nämlich die Auffassung des Dinges, wie es für uns ist.

Wir fassen nichts auf als Eindrücke der Körper auf unsere Sinne. An sich bestehen die Dinge nur durch ihre Eigenschaften. Ihre Eigenschaften sind aber Verhältnisse zu unseren Sinnen. Und diese Verhältnisse sind wesentliche Merkmale.

Man erinnere sich doch der größten, der wichtigsten Entdeckungen aller Zeiten, auf dem Gebiet der Wissenschaft, der Kunst, des Gewerbes. Immer war es eine sinnliche Beobachtung, die zu allem den Anstoß gab. Es fällt ein in Holz geschnitzter Buchstabe in den Sand, und die Buchdruckerkunst ist erfunden. Newton liegt behaglich sinnend in seinem Garten; ein Apfel fällt vom Baum; die Entdeckung des Gesetzes der Schwere ist gesichert. Und dieser Fall wiederholt sich überall, wo mit der Entdeckung ein neuer Begriff und nicht bloß die Anwendung bekannter Gedanken gegeben ist.

Biot hat neulich geschrieben: Die Mathematiker haben eine vollkommene Kenntniß des Kreises, obgleich ihnen weder die Natur, noch die Kunst jemals eine vollkommene Kreislinie gezeigt haben." Die Behauptung ist durchaus richtig. Aber ebenso gewiß steht es fest, daß der Mensch die Eigenschaften des Kreises nur durch eine Kreislinie im Sande, nur durch ein sinnliches Wahrzeichen entdecken konnte.

Sagt man nun, daß die Sinne niemals das Wesen der Dinge erfassen können, so liegt das nur an der unklaren Vorstellung vom Wesen der Dinge, in der sich selbst einzelne Physiker gefallen. Die Idealisten mögen sich damit beschäftigen, das Wesen der Dinge mit einer hochtönenden Phrase zu verdunkeln. Dem Naturforscher sollte es klar sein, daß das Wesen eines Dinges nichts Anderes vorstellt, als die Summe seiner Eigenschaften.

Jede Eigenschaft ist ein Verhältniß zu den Sinnen. Aber jeder sinnliche Eindruck ist eine Bewegungserscheinung, die sich dem Stoff unserer Sinnesnerven mittheilt.

Der Aether und die festen Theilchen eines Körpers schwingen, und es entsteht ein Lichtbild im Auge. Schwingungen einer Luftsäule, einer Saite, eines gespannten Felles erzeugen den Schall. Wir riechen nur diejenigen Stoffe, welche in flüchtigem Zustande den feinsten Ausbreitungen des Geruchsnerven entlang bewegt werden. Die Bewegung gelöster Stoffe wirkt auf den Geschmacksnerven. Druck, Rauhigkeit, Härte, Wärme, Kälte sind ebenso viele Zustände des Stoffs, die den Tastnerven nur vermittelst der Bewegung zur Wahrnehmung kommen.

Mit dieser Erinnerung ist einer der verbreitetsten Irrthümer widerlegt, als wenn die Einwirkung auf die höheren Sinne, auf Ohr und Auge, eine unstoffliche wäre.

Wir sehen ein farbiges Bild. Die Nervenhaut des Auges erzittert unter dem Eindruck der Lichtwellen. Daraus erwachsen in uns gewisse Vorstellungen. Wir üben uns im Schauen von Kunstwerken und wir gelangen zum Ideal des Schönen. Das Schöne ist kein fester und fertiger Begriff, den das Hirn des Menschen mit auf die Welt bringt. Das Schöne läßt sich nicht erdenken, es läßt sich nur finden. Und gefunden wird es eben nur von den Kunstrichtern, die nach Winkelmann's Beispiel das Kunstwerk hegen mit den Sinnen, wie der Naturforscher die Pflanze oder das Thier, dessen Wesen er ergründen, dessen Eigenschaften er umfassen möchte.

Das Wort berührt uns sinnlich. Wenn das Ohr geöffnet ist, so sind wir unter der Macht des Wortes, gleichviel ob es uns überredet oder zum Widerspruch reizt. Das Wort wird allmächtig, wenn die Rede klar gegliedert an unsern Bildungsstandpunkt anknüpft, so daß es nicht an der Uebung fehlt, um den Zusammenhang der Worte aufzufassen. Uebung aber ist dazu ebenso unerläßlich, wie zur Unterscheidung der Töne, zum Festhalten einer Gesangsweise, zum Belauschen der Rolle Einer Stimme, oder eines Instruments in einem Chor oder einer Symphonie.

Unsere Stimmung wird vom Tonkünstler durch richtig gewählte Geg-
säße beherrscht. Ist die Empfänglichkeit schon vorher erhöht, so kann uns
die Gewalt einer Tonschöpfung bis zu Thränen hinreißen. Die Stimmung des Hirns, die durch das Erzittern der Hörnerven erzeugt wurde,
spiegelt sich wieder in andern stofflichen Zuständen des Körpers. „Die
große Entdeckung," sagt Liebig, „daß die musikalische Harmonie, ein
jeder Ton, der das Herz ruhrt, zur Freude stimmt, für Tapferkeit begeistert, das Merkzeichen einer bestimmten und bestimmbaren Anzahl von
Schwingungen der Theile des fortpflanzenden Mediums ist und damit ein
Zeichen von Allem, was nach den Gesetzen der Wellenlehre erschließbar ist
aus dieser Bewegung, hat die Akustik [die Lehre vom Schall] zu dem Range
erhoben, den sie gegenwärtig einnimmt.

Wer wüßte es nicht, daß Gerüche Erinnerungen erwecken? Die Tafel-
freuden bezeichnen ganz mit Recht den Antheil, den man auch dem Ge-
schmacksinn auf unsere Stimmung zuschreiben muß und der bisweilen eine,
freilich dürftige, Entschädigung bietet für die Langeweile, die eine große
Mahlzeit je nach der Gesellschaft mit sich führen kann. Wenn Ohr und
Auge darben mussen, wird die Zunge um so thätiger und folglich um so
größer der Einfluß, den sie auf unser Wohlbehagen ausübt. Tasteindrücke
erwecken Wollust und Begierden.

Ohne Ausnahme beruhen die sinnlichen Eindrücke, und die von denselben abhängigen Zustände des Gehirns auf Bewegungserscheinnngen des
Stoffs, die sich auf die Sinnesnerven übertragen.

Unser Urtheil ist ein sinnliches. Es ist auf sinnliche Beobachtung
gestützt. Weil alle Dinge überhaupt nur sind durch ihre Verhältnisse zu
einander, so ist auch der Eindruck, den ein Gegenstand auf unsere Sinneswerkzeuge macht, ein wesentliches Merkmal des Gegenstandes.

Dadurch ist die Möglichkeit der Sinnestäuschungen nicht ausgeschlos-
sen. Das Wesentliche liegt nur darin, daß es nicht der Verstand ist,
sondern wiederum ein Sinneswerkzeug, eine andere sinnliche Beobachtung,
welche die Sinnestäuschung berichtigt.

Ich sehe die Luft nicht, ich sehe nicht ihren Sauerstoff, ihren Wasserdampf, ihre Kohlensäure. Der Laie kann hiernach zweifeln an der Kör-
perlichkeit der Luft, an dem leibhaftigen Bestehen von Sauerstoff, Wasser
und Kohlensäure in derselben. Aber das Eisen rostet, wenn es feuchter
Luft ausgesetzt wird. Es verbindet sich mit Sauerstoff und Wasser, es
wird dabei um eben soviel schwerer, als das Gewicht des aufgenommenen
Sauerstoffs und des Wassers beträgt. Der Eisenrost beweist dem Auge
das Vorhandensein von Sauerstoff und Wasser in der Luft. Jedermann
weiß, daß Kochsalz an der Luft feucht wird. Und ein sehr einfacher, chemischer Versuch zeigt, daß die Luft durch ihre Kohlensäure Wasser trübt.

Das Kalkwaſſer nimmt um das Gewicht der Kohlenſäure an Schwere zu. Kohlenſaurer Kalk fällt zu Boden.

Waſſer bricht die Lichtſtrahlen anders als Luft. Wenn ich in eine Taſſe einen Kreuzer lege und mich von der Taſſe ſo weit entferne, daß ich eben aufhöre, den Kreuzer zu ſehen, weil ihn die hohe Wand der Taſſe verdeckt, dann wird er mir auf der Stelle wieder ſichtbar, wenn ich die Taſſe mit Waſſer fülle, weil das Waſſer die Lichtſtrahlen ſtärker bricht, als die Luft. Hätte ich von Anfang an ſo weit geſtanden, daß ich den Kreuzer in der Taſſe nicht ſehen konnte, ſo hätte nimmermehr eine ange-borene Anſchauung mich dazu geführt, die Anweſenheit des Kreuzers zu errathen. Auch die Brechung des Lichts hätte das Hirn nicht erdacht. Durch Waſſer wird der Kreuzer ſichtbar. Dieſe oder ähnliche Beobach-tungen führten zu der Entdeckung der gebrochenen Lichtſtrahlen.

Zwei Reihen von Bäumen, die überall gleich weit von einander ge-pflanzt ſind, die Schienen einer Eiſenbahn ſcheinen in großer Entfernung zuſammenzulaufen. Wir beurtheilen die Größe eines Gegenſtandes, in dem gegebenen Falle die Entfernung, nach der Größe des Winkels, den zwei Linien miteinander bilden, welche von den äußerſten Grenzen des Leuchtkörpers nach einem beſtimmten Punkt im Auge gezogen werden. Wenn der Körper, den wir ſehen, gleich groß bleibt, dann wird natürlich dieſer Winkel, den man Geſichtswinkel nennt, um ſo kleiner, je ferner uns der Gegenſtand entrückt iſt. Darum ſcheint in einem langen Saal an dem unſerem Standpunkte entgegengeſetzten Ende die Decke ſich zu ſenken, der Fußboden ſich zu heben. Ein Bergpfad, aus der Ferne be-trachtet, macht einen ſteileren Eindruck. Hohe Thürme ſcheinen ſich gegen den Beobachter, der an ihrem Fuß ſteht, zu neigen.

Daß aber die Bäume und die Schienen der Eiſenbahn in weiter Ferne ebenſo weit auseinander ſind, wie in nächſter Nähe, daß der Saal überall gleich hoch, der Bergpfad minder ſteil, der Thurm nicht ſchief geneigt iſt, das ſind alles Thatſachen, die wir nur durch Beobach-tung erfahren konnten, wenn wir ſie auch immerhin, nachdem die Beob-achtung einmal gemacht und durch häufige Wiederholung verallgemei-nert war, in neuen Fällen ohne Weiteres erſchließen.

So lernt das Kind Entfernungen nur durch vieles Greifen und Ta-ſten beurtheilen. Ebenſo unſicher erkennt es Anfangs die Richtungen des Schalls. Und wie viel Uebung erheiſcht es ſpäter, wenn wir die feinere Unterſcheidung von Tönen, von Farben und Maaßverhältniſſen erlernen ſollen.

Der eine Sinn ergänzt und berichtigt den anderen. Wenn wir ſchon einige Gläſer Wein geleert haben, ſind wir mit verbundenen Augen nicht mehr im Stande, rothen und weißen Wein mit Sicherheit zu unterscheiden. Mit sehenden Augen nimmt die Zunge den Unterschied deutlich wahr.

Aus der Verbindung der sinnlichen Wahrnehmungen, aus der gegenseitigen Ergänzung der Sinne, aus Beobachtungen, die unter verschiedenen Verhältnissen, mit mannigfaltigen Hülfsmitteln angestellt werden, und vor Allem aus der Uebung der Sinne geht das richtige Urtheil hervor. Eine vollkommene sinnliche Wahrnehmung ist ein Erfassen oer Summe aller Eigenschaften mit vollkommen geübten, entwickelten Sinnen. Die Summe aller Eigenschaften ist das Wesen des Dinges.

Die einzelnen Eigenschaften eines Körpers sind jedoch nicht unabhängig von einander. Jede einzelne Eigenschaft ist vielmehr durch alle andere mit Nothwendigkeit bedingt. Wir haben dies bereits für das gegenseitige Verhältniß von Mischung, Form und Kraft gesehen.

Wegen dieser nothwendigen Verbindung der Eigenschaften, deren Summe den einzelnen Körper bezeichnet, gelingt es uns, für die Dinge der Außenwelt einen allgemeinen Ausdruck von bestimmtem Inhalt zu finden.

So giebt es einen Körper, der in Wasser löslich ist, sich mit Säuren zu Salzen verbindet, die von Wasser aufgelöst werden, mit Platinchlorid einen gelben, mit Weinsäure einen weißen krystallinischen Niederschlag bildet, der Flamme des Alkohols eine violette Farbe ertheilt. Die Summe aller dieser Eigenschaften nennt der Chemiker Kali. Er erhebt sich durch diese Bezeichnung zu einem allgemeinen Begriff, der ihn ohne Weiteres an eine ganze Reihe von einzelnen Beobachtungen erinnert.

Hierher gehört die ganze Thätigkeit des beschreibenden Naturforschers. Wir begegnen z. B. zwei Thieren, die in allen Merkmalen mit einander übereinstimmen, aber durch eine minder augenfällige Eigenschaft von einander abweichen. Daraus macht man zwei Arten. Man kennt ein indisches und ein javanisches Nashorn, beide dadurch ausgezeichnet, daß sie nur ein Horn haben auf der Haut, welche den Nasenknochen bedeckt. Aber das indische Nashorn hat eine glatte Haut, während die der javanischen Art mit kurzen Höckern bedeckt ist. Wegen jener Uebereinstimmung in den übrigen Eigenschaften vereinigt man beide Arten in Eine Gattung. Der Gattungsbegriff ist in diesem Fall die Summe einer gewissen Anzahl von Beobachtungen, die, von der Haut absehend, auf die Zehen, die Zähne, die Auswüchse an der Nase Rücksicht nehmen und in diesen Gebilden eine allgemeine Uebereinstimmung der Eigenschaften ergeben. Mit dem Tapir und dem Klippdachs hat das Nashorn unter Anderen sieben Backenzähne jederseits im Oberkiefer und Unterkiefer und das Fehlen der Gallenblase gemein. Tapir, Nashorn und Klippdachs werden hiernach zu einer Familie vereinigt. Nach einer ähnlichen Uebereinstimmung der Merkmale zwischen dieser und mehreren andern Familien ist die Ordnung der Dickäuter aufgestellt, zu welcher der Elephant, das Schwein, das Flußpferd gehören. Und indem alle Arten dieser Familie mit zahlreichen anderen die Eigenschaft theilen, daß sie lebendige Jungen gebären, die aus den Zitzen der Mutter Milch als erste Nahrung saugen, erheben wir uns zu dem noch allgemeineren Begriffe der Klasse der Säugethiere.

Der Begriff ist somit nichts Anderes, als eine Summe gemeinsamer Merkmale, deren Zahl die Weite oder die Grenzen des Begriffs bestimmt. Je weniger Merkmale den Begriff zusammensetzen, desto mehr einzelne Körper fallen in das Bereich desselben. Wenn die übereinstimmenden Eigenschaften, deren Summe den Begriff ausmacht, sehr zahlreich sind, dann wird der Begriff um so enger. So entstehen Begriffe höherer und niederer Ordnung.

Auf diesem Wege werden aber alle Begriffe gebildet, auch die aller-abgezogensten. Wir nennen alles, was Bewegung des Stoffs hervorruft, Kraft. Die Bildung eines solchen Begriffs hat aber nur dann einen Werth, wenn der Begriff die wirkliche Welt der Erscheinungen deckt.

Oft muß man es hören, daß der abgezogene Begriff nur im Verstand gegeben sei, daß der Begriff als solcher nicht in Erscheinung trete. Wer diesen Glauben theilt, der ist sich über die Bede. tung, über die Entstehung des Begriffs ebenso wenig klar, wie jene Naturforscher, die über das Wesen der Dinge grübeln. Man braucht nur festzuhalten, daß der Begriff eine Summe von Merkmalen bezeichnet, die mehreren Dingen gemeinsam sind, um sich ein vor allemal vor hohlen Vorspiegelungen zu sichern und den Begriff in jedem Falle leibhaftig bethätigt zu sehen.

Ich gelange zum allgemeinen Begriff des Stoffs, wenn ich denselben von allen Eigenschaften entkleide, durch welche sich der eine Stoff von anderen unterscheidet. Dann bleiben immer noch drei Eigenschaften übrig. Der Stoff ist schwer, der Stoff erfüllt den Raum und der Stoff ist der Bewegung fähig. Ohne diese Eigenschaften besteht der Stoff nicht. Aber alle Körper besitzen diese Merkmale. Ich darf daher nicht sagen, daß der Stoff, begreiflich genommen, nicht besteht; ich muß vielmehr sagen, er besteht überall.

Nachdem es uns gelungen ist, die Summe der Eigenschaften eines Dinges in ihrer nothwendigen Verbindung zu erkennen, sind wir auch im Stande, durch die Kenntniß einiger Eigenschaften die übrigen zu erschließen.

Begegnet der Chemiker einem Stoff, der mit Weinsäure einen weißen krystallinischen Niederschlag gibt, der in kurzen dicken Nadeln an der Wand des Proberöhrchens haftet, einem Stoff, der außerdem mit Platinchlorid einen gelben krystallinischen Niederschlag liefert, dann weiß er, daß er Kali vor sich hat. Er weiß dann ohne Weiteres, daß ein Stoff

vorliegt, der sich in Wasser löst, der zu den Säuren eine innige Verwandtschaft besitzt, der mit allen anorganischen Säuren in Wasser leicht lösliche
Salze b se, der der Alkoholflamme eine violette Farbe ertheilt. Kurz
der Chemiker erkennt durch zwei oder drei Eigenschaften ein ganzes Dutzend
und mehr andere Merkmale, die mit Nothwendigkeit an jene zwei oder drei
geknüpft sind.

Auf diese Schlußfolgerung, welche die Kenntniß der nothwendigen
Verbindung der einzelnen Eigenschaften, die Festigkeit des allgemeinen Begriffs voraussetzt, ist die ganze Lehre der chemischen Prüfungsmittel ge-
grundet. Man nennt eine solche Probe charakteristisch, wenn das Merkmal, das sie zur Erscheinung bringt, hinreicht, um auf alle übrigen Eigen-
schaf s .nen Schluß zu erlauben. Wenn die Chemie nicht als Handwerk
betrieben wird, dann setzt sie bei allen ihren Thätigkeiten eine der tiefsten
und gewandtesten Anwendungen allg meiner Begriffsbestimmungen voraus. Wie der Mathematik, so kann man auch der Chemie, wenn auch
nach einer andern Seite hin, nachrühmen, daß sie eine vortreffliche Schule
des Denkens bildet, eine Schule, welche den einseitigen Idealismus überall
zu Schanden macht.

Einzelne Knochen eines vorweltlichen Thiers, das nicht mehr zu den
Bewohnern der Erde gehört, waren für Cuvier hinreichend, um den
ganzen Bau des Thiers zu erschließen. Cuvier lehrte den Knochen als
den erfahrungsmäßigen Ausdruck kennen für ein Gesetz der Form, das zu
den übrigen Körpertheilen den Schlüssel bietet.

Es ist aber falsch zu sagen, daß das Gesetz die Form baut, daß der
Leib geschaffen würde von der Idee. Im Gegentheil, das Gesetz ist abgeleitet aus den erfahrungsgemäß beobachteten Formen.

Das Gesetz ist nur der kürzeste, der allgemeine Ausdruck für die Uebereinstimmung vieler tausend Erzählungen. Das Gesetz hat nur geschichtliche Gültigkeit. Es verdollmetscht die Erscheinung, es bannt den Wechsel
der Erscheinungen in eine kurz Formel, bindet die Summe der Eigenschaften an ein Wort, aer es regiert sie nicht. Nie und nimmermehr ward
das Gesetz vor der Erscheinung erdacht, es ward in der Erscheinung gefunden.

Je besser wir es verstehen, in der Körperwelt, in der Natur und in
Kunstgebilden zu lesen, desto reicher sind unsere Gedanken. Denn der
Gedanke ist der lebendige Ausdruck des Gesetzes. Wenn wir der Welt,
welche von den Sinnen erschlossen ward, nachsinnen, dann erzeugen wir
die Idee. Fürwahr, der steht noch sehr im Anfang seines Denkens, der
mit Liebig von der Idee glaubt, daß „Niemand weiß, von wo sie stammt.“
Nur daraus, daß Liebig di s nicht weiß, läßt es sich erklären, daß Liebig
das eine Mal spricht von „der Hülfe des göttlichen Funkens von oben,
welcher genährt durch Religion u. Gesittung die Grundlage aller geistigen

Vervollkommnung ist," um das andere Mal zu klagen, „daß in dem Instinkt eines Schafs oder Ochsen mehr Weisheit sich kund giebt, als in den
Anordnungen des Geschöpfes, welches seltsamer Weise häufig genug sich
als das Ebenbild des Inbegriffs aller Güte und Vernunft betrachtet."

Urtheile, Begriffe und Schlußfolgerungen füllen die ganze Summe
unseres Denkens aus. Die Schlußfolgerung ergiebt sich aus dem Begriff,
der Begriff aus dem Urtheil, das Urtheil aus der sinnlichen Beobachtung.
Aber die sinnliche Beobachtung ist die Auffassung des Eindrucks einer stofflichen Bewegung auf unsere Nerven, der sich bis in das Gehirn fortpflanzt.

Der Gedanke ist eine Bewegung des Stoffs.

Sehr richtig hat Karl Vogt gesagt: „Ein jeder Naturforscher
wird wohl, denke ich, bei einigermaßen folgerechtem Denken auf die Ansicht
kommen, daß alle jene Fähigkeiten, die wir unter dem Namen der Seelen-
thätigkeiten begreifen, nur Funktionen der Gehirnsubstanz sind; oder, um
mich einigermaßen grob hier auszudrücken, daß die Gedanken in demselben
Verhältniß etwa zu dem Gehirn stehen, wie die Galle zu der Leber oder der
Urin zu den Nieren." Der Vergleich ist unangreifbar, wenn man versteht,
wohin Vogt den Vergleichungspunkt verlegt. Das Hirn ist zur Erzeu-
gung der Gedanken ebenso unerläßlich, wie die Leber zur Bereitung der
Galle, und die Niere zur Abscheidung des Harns. Der Gedanke ist aber
so wenig eine Flüssigkeit, wie die Wärme oder der Schall. Der Gedanke
ist eine Bewegung, eine Umsetzung des Hirnstoffs, die Gedankenthätigkeit
ist eine ebenso nothwendige, ebenso unzertrennliche Eigenschaft des Gehirns, wie in allen Fällen die Kraft dem Stoff als inneres, unveräußer-
liches Merkmal innewohnt. Es ist so unmöglich, daß ein unversehrtes
Hirn nicht denkt, wie es unmöglich ist, daß der Gedanke einem anderen
Stoff als dem Gehirn als seinem Träger angehöre.

Unser Denken, unsere Gemüthsbewegungen und unsere Leidenschaften
werden durch sinnliche Eindrücke gezeugt und genährt. Als Ersatz der
Todesstrafe ward einmal von einem Gelehrten Einzelhaft im Dunkeln mit
wachsverstopften Ohren vorgeschlagen. Das wäre der Gipfel der Ver-
folgungssucht, den das Jahrhundert erstiegen. Einzelhaft, mit Absperrung
der Sinne verbunden, ist der fluchwürdigste Geistesmord, den es giebt.

Ein Ausflug nach Wisconfin.

Wenn es überhaupt als eine Prätenfion erscheint, mit einer Reisebe-
schreibung vor das Publikum zu treten, so ist es um so bedenklicher, eine
Reise von wenigen Tagen zum Gegenstand einer öffentlichen Mittheilung
zu machen, da in dem kurzen Zeitraume unmöglich genaue und zusammenhängende Beobachtungen, die der allgemeinen Aufmerksamkeit werth sind,
gemacht werden können.   Indessen ist unser ganzes Leben ja eine schnelle,
flüchtige Reise, der wir im Fluge ihren Reiz und ihre Bedeutung abgewinnen müssen, und was uns daran am meisten freut, ist nicht das Bleibende und Ewige, sondern das Wechselnde und Veränderliche.   Und hier
in Amerika ist ja Alles in einer so schnellen Entwicklung begriffen, daß man
in kurzen Zeiträumen die größten Veränderungen erblickt, und schnell zu-
greifen muß, will man den Faden des Zusammenhangs nicht verlieren.
Bloß ein einziges Jahr war verflossen, seitdem wir zum letzten Male den
Westen gesehen, und welche Veränderungen fanden wir!   Chicago wird
nicht mit Unrecht von seinen ruhmredigen Bewohnern ein Weltwunder genannt; die Stadt scheint unter den Augen des Beschauers aus der Erde
zu wachsen, und See und Prairie weichen erschreckt vor dem anschwellen-
den Kolosse zurück.   Die Bauten der Illinois-Central und Michigan Centralbahn haben dem See ein bedeutendes Areal geraubt, und dort, wo wir
noch vor wenigen Jahren Fischernachen und Segelbauten schaukeln sahen,
erheben sich massive steinerne Gebäude von den kolossalsten Dimensionen.
Namentlich ist die große Halle der Illinois Centralbahn zu erwähnen, ein
Gebäude, das seines Gleichen nicht in Amerika und kaum in Europa hat,
und das durch seine riesigen Dimensionen anzudeuten scheint, daß die
Illinois Centralbahn die Beherrscherin der Stadt und des Staates ist.
Für den Augenblick mag man in Illinois noch nicht merken, welch einen
Despotismus diese Bahn vermittelst ihres kolossalen Landreichthums ausüben wird, aber es ist leider nicht zu bezweifeln, daß die Bedrückungen,
welche aus diesem Landwucher- und Monopol-System hervorgehen, hun-
dertmal die Vortheile und Erleichterungen, welche Chicago und Illinois
gegenwärtig durch diese Bahn erhalten, übertreffen werden.   Nun, in
Amerika kümmert man sich nicht um die Zukunft, obgleich Amerika das
Land der Zukunft ist.   So auch denkt Chicago nicht an die Möglichkeit solcher commerciellen Katastrophen, wie sie in allen Handelsstädten Amerika's
vorgefallen sind; die Spekulanten dort — und wer ist in Chicago kein
Spekulant? -- fürchten keine Handelskrisen, und richten ihre Geschäfte
nach dem Maßstabe ein, als wäre die Stadt zweimal so groß und bedeutend, wie sie jetzt schon ist. Wenn Chicago eine große Zukunft hat, — wir
zweifeln nicht im Mindesten daran, — so ist diese Zukunft jedenfalls schon
anticipirt, und wer jetzt dorthin kommen will, um sein Glück auf eine
schnelle und außerordentliche Weise zu machen, setzt seine Hoffnungen auf

ein Lotteriespiel, welches sehr viele Nieten enthält. Indessen, wir wollen den Unglückspropheten nicht machen; die Sicherheit und Beständigkeit, mit welcher Chicago die Handelskrisis des letzten Winters ausgehalten hat, zeugt doch von einem soliden Fundamente, und am Ende sind doch die geographischen und commerziellen Verhältnisse der „Garden City" so günstig, daß ihre Zukunft die Hoffnungen der größten Sanguiniker übertreffen wird.

Unter den vielen und prächtigen Neubauten, welche wir sahen, zog unsere Aufmerksamkeit besonders das d e u t s c h e H a u s auf sich, welches auf der Nordseite in der Nähe des Geschäftstheiles der Stadt liegt, in einer centralen Lage, so daß sie den Bewohnern der Nord-, West- und Südseite in gleichem Maße zugänglich ist. Diese Halle ist von Deutschen auf Aktien erbaut, und dazu bestimmt, einen Vereinigungspunkt für alle deutschen Bestrebungen, Gesellschaften, Versammlungen u. s. w. zu bilden. Wir halten ein solches Unternehmen für vortrefflich, und prophezeien die schönsten Resultate davon, namentlich weil dieses Haus nicht von irgend einem Verein, einer Loge oder dergleichen gebaut wurde, sondern der ganzen deutschen Bevölkerung gehört, und deßhalb voraussichtlich niemals das Loos der deutschen Freimännerhallen in Cincinnati, St. Louis u. s. w. theilen wird. Die deutsche Bevölkerung wird dadurch an Einigkeit und in Folge dessen an Macht gewinnen, und wir sind überzeugt, daß sie diese Macht niemals für eine reaktionäre Politik und ein corruptes Aemterjägerwesen vergeud n wird. Denn man kann von der deutschen Bevölkerung Chicago's im Allgemeinen behaupten, daß sie freisinnig ist; sie besteht aus jungen, frischen Elementen, die rastlos vorwärts streben; die wenigen alten Grauen haben keinen Einfluß und stehen allein. Aus der deutschen Bevölkerung Chicago's ist Alles zu machen, wenn man es nur richtig anfängt; ein weicher Thon liegt dem Bildner zur Verfügung, und es hängt nur von seiner festen, sicheren Hand ab, demselben edle und zweckmäßige Form zu geben.

Dies ist speziell die Aufgabe der einzigen deutschen Zeitung, welche dort existirt, der „Illinois Staatszeitung." Wie diese Zeitung in materieller Beziehung prosperirt, kann man sich denken, wenn man sich daran erinnert, daß sie die einzige deutsche tägliche Zeitung in Illinois und das einzige deutsche Blatt in Chicago unter einer Bevölkerung von fast 30,000 Deutschen ist. Aber die politische und sociale Bedeutung dieser Zeitung reicht weit über ihre materielle Basis hinaus. Denn wie gesagt, es existiren unter der deutschen Bevölkerung Chicago's noch wenig vorgefaßte Meinungen und Parteivorurtheile; dieselbe ist in mancher Beziehung einem unbeschriebenem Blatte zu vergleichen, das man nach Belieben vollschreiben kann. Wir wußten deßhalb fast kein deutsches Blatt in den Ver. Staaten, das so selbstständig und unabhängig vorangehen kann, wie diese Zeitung; sie braucht dort der öffentlichen Meinung nicht zu folgen, sondern kann sie leiten; das Publikum dort ist so geartet, daß es das Gute und Beste annehmen wird, wenn es auch freilich mit dem Gewöhnlichen zufrieden ist.

Die Illinois Staatszeitung hat sich in dieser einflußreichen, aber sehr verantwortlichen Stellung verdiente Anerkennung erworben, und wir können nach den Männern, welche das Blatt leiten, zu urtheilen, versichert sein, daß dieselbe auf der graden Bahn der Politik bleiben wird. Manche Schwankungen, wie z. B. in Bezug auf die Wahl von Chase, sind nur vorübergehend gewesen, und haben bald wieder einer entschiedenen Antisclaverei-Politik Platz gemacht. Die Illinois Staatszeitung steht in Uebereinstimmung mit der großen Majorität der amerikanischen Bevölkerung in Chicago, die Herrn Douglas bei seiner vorigjährigen Nebraskarede mit dem Namen „Benedikt Arnold" begrüßte, und die deutsche Bevölkerung billigt diese Richtung im Allgemeinen, wenn sie sich auch mehr um das Bußneß, wie um die Politik kummert. Jedenfalls ist die Sehnsucht nach einem guten regulären Hunkerblatte nicht sehr groß in Chicago, und sollte ein solches von der Partei gestiftet werden, wird diese sicherlich mehr dabei einbüßen, wie gewinnen.

Als wir in Chicago ankamen, hatte Hillgärtner, der drei Jahre lang die Illinois Staatszeitung redigirte und welchem das Aufblühen u. die freisinnige Richtung derselben vorzugsweise zu verdanken ist, grade die Stadt verlassen, um in Jowa seinem früheren, dem juridischen Berufe nachzugehen. Wir können diese Gelegenheit nicht vorübergehen lassen, ihm einen Scheidegruß zuzurufen. Ein Mann, wie Hillgärtner, sollte nicht auf dem Kampfplatze fehlen in einer so ernsten, schwierigen Zeit; wir hoffen ihn bald in öffentlicher Wirksamkeit wieder zu sehen. Und wenn auch hier in Amerika die Politik mit ihren Zweideutigkeiten und Widersprüchen den Freund nicht mehr fesselt, so wird doch noch in Europa die Stunde kommen, wo die Männer des Rechtes und der Freiheit zusammenstehen, und dann wird Hill.ärtner gewiß nicht fehlen.

Unter den englisch geschriebenen Zeitungen steht der „Staatszeitung" jetzt die „Chicago Tribune" am nächsten. Dieses Blatt war noch vor einem halben Jahre ein rabiates Temperenz- und Knownothing-Organ, und stand der Illinois Staatszeitung und der ganzen deutschen Bevölkerung in der schroffsten Haltung gegenüber. Besonders bei den Temperenzstreitigkeiten im vorigen Frühjahr spielte die Tribune eine aufreizende Rolle, welche fast an den berüchtigten „Louisviller Courier" erinnerte. Aber seitdem ein Personalwechsel des Blattes stattgefunden hat, sind die nichtswisserischen Tendenzen daraus verschwunden, und die Tribune steht im besten Einverständniß mit dem freisinnigen Theile der deutschen Bevölkerung. Wir hatten das Vergnügen, die Herren Medill und Vaughan, früher von

dem „Cleveland Leader" und Herrn Rey, früher von „Galena Jeffer-
sonion", die jetzigen Redakteure der „Tribune", auf ihrer Office zu begrüßen, und uns thatsächlich zu überzeugen, daß alle nichtswisserischen
Gestalten von dort verschwunden sind. Für die politische Haltung der
Deutschen und ihr Verhältniß zur Freesoilpartei ist diese Aenderung gewiß
von Bedeutung.

Chicago ist die Stadt der Spekulanten und Projektenmacher. Tausend
neue Projekte tauchen dort auf, aber die meisten derselben rühren nicht aus
einem geschäftlosen Mussiggange, sondern aus einem praktischen Bedürf-
niß her. Von allen Projekten wird am lebhaftesten besprochen, einen
Tunnel unter dem Chicagoflusse zu bauen, um die Nord- und Südseite der
Stadt mit einander zu verbinden. Das Bedürfniß desselben stellt sich von
Tag zu Tag dringender heraus, denn das Ein- und Auslaufen so vieler
Schiffe, — an dem Tage, als wir dort waren, sollen über 200 Schiffe
eingelaufen sein, — bewirkt jeden Augenblick eine solche Stockung des
Verkehres, daß Dutzende von Wagen und Hunderte von Menschen die
Straßen zu beiden Seiten der aufgezogenen Brücken füllen. Der Chicagoer erträgt freilich diese Unterbrechung des Verkehres gern, denn er freut
sich über die gefüllten Straßen und den lebhaften Verkehr, der sich durch
solche Störungen in vollem Maaße zeigt. Rechnet man nun noch dazu
die vielen Bahnzüge, welche die Straßen füllen und oft in einer Ausdehnung von fünf bis sechs Block versperren, so daß manche Straße ein vollständiger Bahnhof zu sein scheint, die Menge der Schiffe, welche nach allen
Seiten der Stadt ihren Mastenwald ausdehnen, die ungeheuren Waaren-
häuser, Mühlen, Fabriken u. s. w. am Rande des Flusses, das Hin- und
Herrennen der Menschen, vor denen man Jedem das „Business" an der
Nase ansehen kann; so glaubt man wirklich oft, in London am Ufer der
Themse in der Nähe der London Bridge zu sein, im Mittelpunkte des Weltverkehres, wo das Geschäft der Docks und der City zusammenströmt. Ein
richtiger Chicagoer fürchtet sich denn auch durchaus nicht vor diesem Vergleiche, und ist im Stande, noch Größeres zu prophezeien. Denn er hat
dort, wo jetzt die marmornen Bankhäuser stehen, noch vor einem Dutzend
Jahren einen Hirsch geschossen oder einen Fuchs gefangen; er hat dort,
wo sich jetzt Waarenlager an Waarenlager drängt, vor einigen Jahren
noch Sümpfe gesehen, die ihren Gifthauch über die Stadt ausschütteten;
warum soll dieser Fortschritt nicht noch Jahre und Jahrhunderte so fortgehen, und die übertriebensten Illusionen verwirklichen?

Milwaukie, das freundliche, blühende Milwaukie, sieht diesem bei-
spiellos raschen Aufblühen seiner Nachbarin mit einer schlecht verhehlten
Eifersucht zu, obgleich es dazu keinen Grund hat, da jeder Fortschritt Chicago's nothwendig auch das Gedeihen Milwaukie's fördern muß und umgekehrt. Auch hat Milwaukie gewiß der Vorzüge so viel, daß es dem

niſſe, Bequemlichkeiten, Genüſſe entbehren, für welche drüben durch politiſche oder ſociale Einrichtungen geſorgt war, die wir aber hier aus eig. nen Mitteln beſchaffen müſſen. Wenn wir in Europa ein gutes Drama hören wollten, ſo hatten wir nur in das erſte beſte Hof- oder Stadttheater zu gehen, um dieſen Wunſch zu befriedigen; hier müſſen wir aber unter vielen Mühen und Sorgen ein Liebhabertheater gründen. Wenn wir drüben unſer Haus gegen Feuer verſichern wollten, ſo waren ſtaatliche Anſtalten bereit, die Verſicherung zu übernehmen; hier müſſen Privatleute zu einer ſolchen Aſſekuranz zuſammentreten. In Deutſchland iſt für alle Bedürfniſſe der Geſelligkeit hinreichend geſorgt, aber wenn man hier kein ganz iſolirtes und einſames Leben führen will, ſo muß man für die Bildung geſelliger Vereine ſorgen. In jeder Beziehung ſehen wir die Nothwendigkeit der Vereinigung ein. Dazu kommt, daß hier das Vereinsrecht durchaus keiner Beſchränkung und Controle unterliegt, daß daſſelbe eine der wichtigſten conſtitutionellen Beſtim-mungen und gegen alle Angriffe geſichert iſt, um uns aufzufordern, dieſen großen Vorzug republikaniſcher Verfaſſung nach allen Kräften zu benutzen.

Trotzdem ſieht es mit den deutſchen Vereinen in Amerika nicht be-ſonders günſtig aus. Trotzdem beſteht der größte Theil der deutſchen Vereine in Amerika aus geheimen Logen von keinem weitreichenden Ein-fluſſe und keiner humanen Thätigkeit, deren einziges Reſultat die Zerſplit-terung des geſelligen Lebens überhaupt iſt. Trotzdem haben diejenigen Vereine, die ein wirklich gutes Streben verfolgen, die Vereine der Auf-klärung, der Freiheit und des Fortſchrittes, eine mühſame und unſichere Exiſtenz; heute tauchen ſie auf, morgen brechen ſie wieder nieder, und das Ende vom Liede iſt, daß die wenigen aufopferungsfähigen Leute durch das ſtete Mißlingen ihrer Beſtrebungen ſelbſt irre an ihrer Partei und ihrem Streben werden. Wer ſelbſt nur kurze Zeit in Amerika war, hat ſchon vielfache Beiſpiele davon geſehen. Im vorigen Jahre ſchien das Vereinsleben namentlich der im Weſten lebenden Teutſchen einen ſchönen Aufſchwung zu nehmen, in Wisconſin hatten ſich ſämmtliche freie Vereine zum „freien Menſchenbund‟ vereinigt; in Louisville und Ohio waren die Plattformen der „freien Deutſchen‟ aufgeſtellt, und namentlich in Ohio eine zweckmäßige Organiſation der Freimänner-Vereine begründet. — Aehnliches hatten die freien Vereine von Illinois auf der Convention zu Peoria gethan. Wo ſind gegenwärtig dieſe Organiſationen? Kaum daß man noch eine Spur und eine Erinnerung an ſie findet. Die Frei-männer-Hallen werden, wie in St. Louis und Cincinnati, verkauft; die Freimänner-Vereine ſind aufgelöſt oder ſchleppen, wo ſie noch beſtehen, ein mühſames Leben fort. Woran liegt der Grund dieſer traurigen Er-ſcheinung? Zunächſt allerdings darin, daß dieſe Vereine eine aus-

Nachbar die Hegemonie im Handel wohl lassen kann. Da neben der Dampfschifffahrt auch jetzt eine Eisenbahnverbindung beide Städte miteinander verbindet, so werden die Interessen und Bestrebungen beider Städte sich gewiß schnell miteinander verschmelzen.

Die See-Ufer-Bahn von Chicago nach Milwaukie führt uns schnell durch die Prairien von Illinois in die dichten, schattigen Wälder Wisconsin's. Wir schauten mit innigem, freudigen Behagen in den üppigen, laubreichen Wald hinein, der in des Herbstes tausend reichen Farben prangte, und freuten uns der silbernen Fläche des See's, welche von Zeit zu Zeit hinter den Bäumen durchschimmerte. Es war ein schöner, frischer Herbsttag; allen Leuten sah man die Munterkeit und das Vergnügen an, und die warme Sonne machte tausend Erinnerungen und Hoffnungen lebendig.

Wir wunderten uns darüber, daß der Zug oft mitten im Walde hielt, und der Conducteur uns mit erhobener Stimme den Namen einer Stadt nannte, von der wir leider in dem dichten Walde nichts sehen konnten. Es scheint, daß dies öftere Anhalten, welches uns auf der kurzen Strecke von 85 Meilen über eine Stunde Aufenthalt verursachte, eine Folge von vorzeitigen Landspekulationen ist, und wir konnten nicht umhin, die Schlauheit, mit welcher der Yankee jede Gelegenheit, Geld zu verdienen, ausbeutet, zu belächeln.

Nach einer fast sechsstündigen Fahrt lichtete sich der Wald, und wir sahen Milwaukie am Ufer des silbernen See's vor uns liegen. Die Lage dieser Stadt ist unstreitig eine der prachtvollsten auf der Erde, und muß jeden Beschauer imponiren. Amphitheatralisch steigt sie in weiten Halbbogen vom Ufer des See's auf, und die weißen Häusermassen scheinen eine Reihe von Marmorpalästen zu bilden. Es liegt in dem Anblick etwas Europäisches, das sonderbar gegen andere amerikanische Städte und namentlich gegen Chicago absticht.

Da gerade die State Fair war, so fanden wir ein ungewöhnliches Leben auf den Gassen; Menschenschaaren wogten auf den Gassen umher, und die Menge der Fuhrwerke versperrte sich den Weg. In den Hotels war schon Alles überfüllt. Jeder, dem wir begegneten, schien an der allgemeinen Prosperität der Stadt Antheil zu nehmen, und drückte seine Zufriedenheit über den Stand der Geschäfte aus. Milwaukie geht offenbar einer schönen Zukunft entgegen.

Wir hatten das Vergnügen, eine Menge alter Freunde von der Stadt und dem Lande zu sehen, welche die bevorstehende Aufführung der „Norma" zusammen geführt hatte. Es war ein fröhliches Rendezvous, das man leider in Amerika zu selten findet. Wir sahen wiederholt bei dieser Gelegenheit, welch einen Reichthum von trefflichen Menschen Wisconsin enthält, und bestärkten auf's Neue die Hoffnung in uns, daß dieser Staa

striften Auffassung der Demokratie und Volkssouveränität bekennen, nichts als eine Politik der Nichteinmischung, der Indifferenz und Neutralität, sowohl in Beziehung auf die äußere, wie auf die innere Politik. In der auswärtigen Politik verhält sich die Union vollständig negativ und neutral; die Neutralitätspolitik wird fast von allen Parteien mit großem Fanatismus vertheidigt, und die größten Ereignisse, wie der gegenwärtige orientalische Krieg, vermögen das amerikanische Volk nicht aus dieser ablehnenden, negativen, isolirenden Haltung herauszureißen. In der innern Politik regiert der Grundsatz: Hilf dir selbst! Der Staat hat sich so wenig, wie möglich, in die Verhältnisse der einzelnen Individuen, ihren Corporationen und Associationen einzumischen; der Grundsatz der Selbstregierung und der Volkssouveränität ist ein vollständiger und permanenter Protest gegen jede Art von staatlicher Aktivität und Organisation. Ohne zunächst diesen Grundsatz der Selbstregierung und Volkssouveränität einer Analyse zu unterwerfen (wir verweisen auf unsern Artikel „Volkssouveränität" im Januarhefte), wollen wir die praktischen Wirkungen dieser negativen Politik im gewöhnlichen Leben beobachten; wir können vielleicht manche Erscheinungen des amerikanischen Lebens, manche Einseitigkeiten, manche Uebertreibungen, manchen Fanatismus auf diese negative Politik zurückführen.

Prüfen wir die erste beste Frage der amerikanischen Politik, z. B. die Temperenzfrage, so sehen wir, daß aller Wirrwarr und Unsinn, der aus der Agitation dieser Frage entspringt, vermieden werden könnte, wenn man die negative Behandlung der Frage in eine positive umwandeln würde. Anstatt für die Erziehung des Volkes in einer genügenden und umfassenden Weise zu sorgen, für Aufrechthaltung der Moral auf moralischem Wege zu wirken, Aufklärung, Kenntnisse, Sittlichkeit zu befördern, begnügt man sich mit einer rohen, plumpen Prohibitivmaßregel, welche natürlich niemals den gewünschten Erfolg hat. Die Gehässigkeit, welche allen Prohibitivmaßregeln eigen ist, zeigt sich auch hier in ihrer ganzen Widerwärtigkeit; der Fanatismus bemächtigt sich der Frage, und am Ende ist die allgemeine Corruption, welche durch diese Frage vermieden werden sollte, die Folge davon.

Fragen wir aber, wie es die Antitemperenzler machen so finden wir hier noch größere Einseitigkeit, noch gefährlicheren Fanatismus, als in den Reihen der Temperenzler. Diese Leute concentriren ihre ganze Politik in einer Abneigung gegen die Temperenzbestrebungen; alle andern Fragen der Politik und öffentlichen Wohlfahrt verlieren für sie ihre Bedeutung; die Politik ist für sie nur des Liquors wegen da, und dem Liquor opfern sie alle andern Interessen und Bestrebungen. Man muß nur die Verhandlungen der Liquor Dealers Association von New York, Ohio, das Gesdrei der Antitemperenz-Zeitungen u. s. w. lesen, um die ganze Efel-

eigenen Grundfätze ftützen, will fie ein dauerhaftes und zuverläffiges Fundament haben. Die Parteien müffen fich nicht mit negativen Mitteln begnügen, fondern fich auf beftimmte Grundfätze ftellen und pofitive Zwecke verfolgen. Erft dann find die Parteien mehr, wie Werkzeuge der Corruption, der Volksausbeutung und Aemterjägercliquen. Die Politik muß einen pofitiven, organifchen Charakter annehmen, denn der Staat felbft ift ein Organismus und hat pofitive Zwecke.

Diefe Anficht widerfpricht allerdings einer fehr populär gewordenen und allgemein verbreiteten Meinung, als fei die Politik wie der Staat nur ein zeitweiliges Uebel, welches mit der wachfenden Freiheit und Bildung der Menfchheit nothwendig verfchwinden müffe. Die letzte, extremfte Form der Volksfouveränität u. Selbftregierung ift nach diefer Anficht die Anarchie, u. allerdings, wenn wir diefe für die vollendetfte u. zweckmäßigfte Weife des menfchlichen Zufammenlebens halten, dann dürfen wir nicht von einem Staate und von Politik fprechen. Aber wir können uns nicht zu diefer Auffaffung von Volksfouveränität verftehen; fie fcheint uns noch brutaler und roher, als die Interpretation der Douglas'fchen Volksfouveränität durch Atchifon und Conforten. Wir halten es für die Natur des Menfchen, ein gefellfchaftliches Wefen (zoon politicon) zu fein, und fehen überall, wie er durch diefe feine Natur darauf hingewiefen wird, Familien, Vereine, Genoffenfchaften, Affociaten, Corporationen u. f. w. bilden; die oberfte und allgemeinfte diefer Affociationen ift aber der Staat. Wie jeder Menfch feiner Naturfeite nach einem Volke angehört, fo gehört er feiner fittlichen Bildung nach einem Staate an, und diefer Staat hat eine ebenfo nothwend'ge und naturgemäße Organifation, wie der einzelne Menfch felbft, fo daß man nicht mit Rouffeau vom Staate als einem "contract social" fprechen kann, dem anzugehören, oder nicht, von dem Willen jedes einzelnen Contrahenten abhängig wäre. Der Menfch ift, vermöge feiner natürlichen Organifation, ebenfo gut auf den Staat, wie auf die Familie angewiefen, und der Staat ift eine ebenfo pofitive Anftalt, wie die Familie,* mit beftimmten Einrichtungen, Rechten und Zwecken. Diefer organifche, pofitive Charakter des Staates muß im Auge behalten werden, um zu einer organifchen, pofitiven Politik zu kommen. Daß in Europa, wie in Amerika, die Politik nur zu den erften fchwachen Anfängen einer wiffenfchaftlichen, fyftematifchen Behandlung gekommen ift, liegt eben daran, daß der Staat noch nicht feine naturgemäße Organifation erreicht und noch nicht zum Bewußtfein feiner Zwecke gekommen ift. Man begreift den Staat gewöhnlich nur als eine Mafchine, um gewiffe, mechanifche Funktionen der Verwaltung und Gefetzgebung zu vollziehen, als eine Schranke für die Freiheit des einzelnen Menfchen, als ein Mittel zur Verhinderung von

---

* Ueber unfere Auffaffung der Familie fiehe einen weiteren Artikel „Ehe und Familie."

Nachbar die Hegemonie im Handel wohl laſſen kann. Da neben der
Dampſchifffahrt auch jetzt eine Eiſenbahnverbindung beide Städte mit-
einander verbindet, ſo werden die Intereſſen und Beſtrebungen beider
Städte ſich gewiß ſchnell miteinander verſchmelzen.

Die See-Ufer-Bahn von Chicago nach Milwaukie führt uns ſchnell
durch die Prairien von Illinois in die dichten, ſchattigen Wälder Wisconſ-
ſin's. Wir ſchauten mit innigem, freudigen Behagen in den üppigen,
laubreichen Wald hinein, der in des Herbſtes tauſend reichen Farben
prangte, und freuten uns der ſilbernen Fläche des See's, welche von Zeit
zu Zeit hinter den Bäumen durchſchimmerte. Es war ein ſchöner, friſcher
Herbſttag; allen Leuten ſah man die Munterkeit und das Vergnügen an,
und die warme Sonne machte tauſend Erinnerungen und Hoffnungen lebendig.

Wir wunderten uns darüber, daß der Zug oft mitten im Walde hielt,
und der Conducteur uns mit erhobener Stimme den Namen einer Stadt
nannte, von der wir leider in dem dichten Walde nichts ſehen konnten.
Es ſcheint, daß dies öftere Anhalten, welches uns auf der kurzen Strecke
von 85 Meilen über eine Stunde Aufenthalt verurſachte, eine Folge von
vorzeitigen Landſpekulationen iſt, und wir konnten nicht umhin, die Schlauheit, mit welcher der Yankee jede Gelegenheit, Geld zu verdienen, ausbeutet, zu belächeln.

Nach einer faſt ſechsſtündigen Fahrt lichtete ſich der Wald, und wir
ſahen Milwaukie am Ufer des ſilbernen See's vor uns liegen. Die Lage
dieſer Stadt iſt unſtreitig eine der prachtvollſten auf der Erde, und muß
jeden Beſchauer imponiren. Amphitheatraliſch ſteigt ſie in weiten Halbbogen vom Ufer des See's auf, und die weißen Häuſermaſſen ſcheinen eine
Reihe von Marmorpaläſten zu bilden. Es liegt in dem Anblick etwas
Europäiſches, das ſonderbar gegen andere amerikaniſche Städte und namentlich gegen Chicago abſticht.

Da gerade die State Fair war, ſo fanden wir ein ungewöhnliches
Leben auf den Gaſſen; Menſchenſchaaren wogten auf den Gaſſen umher,
und die Menge der Fuhrwerke verſperrte ſich den Weg. In den Hotels war
ſchon Alles überfüllt. Jeder, dem wir begegneten, ſchien an der allgemeinen Proſperität der Stadt Antheil zu nehmen, und drückte ſeine Zufriedenheit über den Stand der Geſchäfte aus. Milwaukie geht offenbar einer
ſchönen Zukunft entgegen.

Wir hatten das Vergnügen, eine Menge alter Freunde von der Stadt
und dem Lande zu ſehen, welche die bevorſtehende Aufführung der „Norma"
zuſammen geführt hatte. Es war ein fröhliches Rendezvous, das man
leider in Amerika zu ſelten findet. Wir ſahen wiederholt bei dieſer Gelegenheit, welch einen Reichthum von trefflichen Menſchen Wisconſin enthält, und beſtärkten auf's Neue die Hoffnung in uns, daß dieſer Staat

noch einmal den Deutschen eine neue Heimath im vollen Sinne des Worts
sein wird.

Die Norma wurde unter Leitung Balatka's so tüchtig durchgeführt,
wie man es nur von den reichen Talenten des Milwaukie Musikvereins
erwarten kann. Welch ein Fortschritt war vom „Waffenschmied" und
„Czaren" bis zur Norma zu bemerken! Es ist hier ein Beispiel geliefert,
was der Dilettantismus leisten kann, sobald er unter künstlerischer Leitung
steht und von künstlerischem Streben beseelt ist. Was die Leistungen der
Dilettanten von den Leistungen der gewöhnlichen Fachkünstler unterscheidet, die sorgfältige Behandlung aller einzelnen Theile des Ganzen, die
aufmerksame Berücksichtigung aller Nebenpartien, die Trefflichkeit der
Chöre, die Würde und Mäßigung der Darstellung: Alles dies war in
jener Aufführung vollständig zu bemerken; Keiner wollte auf Kosten des
Andern glänzen, aber Alle thaten ihre Pflicht, so daß die Darstellung in
einer vollständig edlen und schönen Weise vorüber ging. Namentlich die
beiden Damen verdienten den Dank des Publikums in vollem Maaße;
Adalgisa war allerliebst; aber Norma zeigte alles Feuer des Genie's
und der Leidenschaft.

Nachdem wir das süße Gift dieser einschmeichelnden und verführe-
rischen Musik zur Genüge hinuntergesogen hatten, fanden wir Abends
einen großen Kreis von Freunden in Wettstein's Hotel, wo Gesellschaft
und Laune zu dem Champagnerlied und andern fröhlichen Gesängen des
Männerchores paßte.

Am andern Tage wohnten wir einen Augenblick der musikalischen
Convention bei, welche Balatka zum Zwecke, einen nordwestlichen
Sängerbund zu bilden, zusammenberufen hatte. Etwa ein Dutzend Ge-
sangvereine von Iowa, Illinois und Wisconsin waren vertreten und
gaben dem Projekte ihre Zustimmung; nicht so der Verein „Harmonie"
von Detroit, der eine einstweilige Betheiligung aus dem Grunde ab-
lehnte, weil man an der bisherigen Organisation des westlichen Gesang-
bundes, dessen Vorort gegenwärtig Cincinnati ist, genug habe. Zugleich wurde bestimmt, daß im Juni nächsten Jahres ein Gesangfest in
Milwaukee abgehalten werden soll, bei welcher Gelegenheit der Milwaukee Musikverein die Oper „Alessandro Stradella" aufführen will.
Dies wird sicherlich ein schönes Fest geben, und können wir unsern
Freunden in Milwaukee nur Glück dazu wünschen.

Am zweiten und letzten Abende unseres Aufenthaltes wurde im
Theater „Preciosa" aufgeführt; Balatka dirigirte das Orchester. Auch
hier fanden wir den großen Fortschritt, den wir in vieler Beziehung in
Milwaukee bemerkten. Es war eine abgerundete, gut durchgeführte Darstellung; namentlich die Darstellerin der Preciosa zeigte sich, wie immer,
als eine Künstlerin von schönen Anlagen, vielem Fleiße und geläutertem

Geschmacke. Wir konnten indessen das ganze Stück nicht zu Ende sehen, da wir der larmoyanten Trochäen bald überdr.ßig wurden.

So gut es unsere karg zugemessene Zeit erlaubte, bewegten wir luns in den verschiedenen Kreisen der Gesellschaft, um ein Bild des geistigen und politischen Lebens zu erhalten und die Veränderungen wahr zu nehmen, welche sich seit unserer letzten Anwesenheit ereignet hatten. Während in geselliger Beziehung Alles munter und guter Dinge war, und wir in materieller Hinsicht Fortschritt und Zufriedenheit bemerkten, fanden wir in der Politik eine faule, lahme Stimmung, welche im seltsamen und traurigen Contraste zu den sonstigen Leistungen der Stadt steht. Die Politik scheint in Milwaukee ganz in Bier versunken zu sein, und die Deutschen für nichts anders Auge u. Ohr zu haben, als für das Temperenzgesetz. Eine dahin bezügliche Anekdote ist bezeichnend. In einem Biersaloon hängt unter Glas und Rahmen als Reliquie die Feder, mit welcher der Gouvernor Barstow das Temperenzgesetz geveto't hat, und die Andacht, mit welcher der vom Lande kommende Farmer dies Heiligthum b.trachtet, hat etwas Rührendes an sich.

Am Tage unserer Anwesenheit zog gerade Barstow mit seiner Regierungsclique zu Wahlzwecken in der Stadt umher; wir sahen ihn am Marktplatze von Wirthshaus zu Wirthshaus gehen, um Lagerbier zu trinken; dies ist die Weise, wie man in Wisconsin demokratischer Gouvernor wird.

Wir wollen dies Thema nicht weiter ausführen, weil wir sonst in Gefahr kommen, bitter zu werden. Die Staatswahl scheint — wenigstens was die deutschen Stimmen anbetrifft, — für die republikanische Partei verloren zu sein; letztere hat dieselbe muthwillig verloren durch die hartnäckige Vertheidigung des Maine Law, und sich die Niederlage ganz allein zuzuschreiben. Aber wir haben Anhaltspunkte, zu hoffen, daß sich der politische Horizont bei der Präsidentenwahl im nächsten Jahre aufkläre, und die deutsche Bevölkerung Wisconsin's dann ihre Stellung begreife. Wir können uns noch immer der Hoffnung nicht entschlagen, daß die Deutschen Wisconsin's zu ihren geselligen Eigenschaften und zu ihren künstlerischen Bestrebungen auch noch den Ruhm der Freisinnigkeit und Humanität hinzufugen, um dem deutschen Namen alle die Ehre zu machen, die ihm gebührt.

Was uns in Mitten aller der Genüsse der Freundschaft und Geselligkeit, von denen wir umgeben waren, schmerzlich berührte, war der Entschluß mehrerer Freunde, iu diesem Herbste oder im nächsten Frühjahr Amerika zu verlassen und nach Europa zurückzukehren. Gerade Manche der Leute, welche hier in Amerika nothwendig sind, um einigermaßen ein geselliges, wissenschaftliches und künstlerisches Leben aufrecht zu halten, wollen scheiden, weil sie doch am Ende von der Oede und Trostlosigkeit der hiesigen Verhältnisse überwältigt werden. Wer wollte ihnen Unrecht geben? Wer mag sich hier in Amerika zu einem langsamen Selbstmorde verurtheilen? Ja, wir gestehen, auch unsere Augen richten sich wieder nach Osten; ja auch wir empfinden eine leidenschaftliche Sehnsucht nach Europa. Trotzdem, daß wir uns bemühen, alle Hoffnungen auf die Zukunft Amerika's sorgsam zusammen zu lesen, und alle Illusionen zu nähren und zu erhalten, werden wir doch oft von der traurigen Wirklichkeit überwältigt, u. sehen die Einöde, die um uns her starrt, in ihrer ganzen Trostlosigkeit. Man sagt, westwärts zieht der Geist der Weltgeschichte, aber es scheint, als wenn wir uns schon in einer retrograden Epoche des Lebens befinden, daß wir uns von der Zukunft weg nach der Vergangenheit wenden und unsere Blicke ostwärts richten. Wie dem auch sei, die Ueberzeugung, daß es kein Glück und keine Zufriedenheit in der Welt gibt, verhindert nicht das immerwährende, selbstquälerische Streben nach Glück und Zufriedenheit, und dieses Streben treibt uns rast- und ruhelos durch die Welt, bis daß die letzte Illusion mit dem Leben selbst geschwunden ist.

Positive und negative Politik.

Die Politik ist gegenwärtig eine der unangenehmsten Beschäftigungen, und man kann sich trotz der großen Interessen und Ideen, die dabei auf dem Spiele stehen, nur mit Widerwillen zu einer Betheiligung daran entschließen. Ueberall herrscht Verwirrung und Verstimmung; überall bemerken wir kleinliche, niedrige Motive; nirgends sehen wir großartige Beweggründe, edle Tendenzen und erhabene Zwecke. Der hauptsächlichste Grund von dieser Entartung der Politik scheint uns in ihrem negativen Charakter zu liegen; anstatt positive Zwecke zu verfolgen und eine organische Entwickelung anzustreben, weiß die Politik dieses Jahrhunderts nur zu verneinen; sie ist eine Politik des Widerstandes, und hat eine zerstörende, aber keine aufbauende, organisirende Kraft. Dies ist in Europa, wie in Amerika der Fall, aber mehr noch hier, wie drüben. Während die europäische Politik in einer mühsamen Aufrechthaltung des bestehenden Zustandes, in einer Abwehr von Neuerungen und Aenderungen, in einer Bekämpfung des Fortschrittes besteht, während sie die Entwickelung des Volkes, seiner Reichthümer und Hülfsmittel zu verhindern strebt: ist die politische Doktrin der Amerikaner und besonders derer, welche sich zur

ſtriften Auffaſſung der Demokratie und Volksſouveränität bekennen, nichts
als eine Politik der Nichteinmiſchung, der Indifferenz und Neutralität,
ſowohl in Beziehung auf die äußere, wie auf die innere Politik. In der
auswärtigen Politik verhält ſich die Union vollſtändig negativ und neutral; die Neutralitätspolitik wird faſt von allen Parteien mit großem Fanatismus vertheidigt, und die größten Ereigniſſe, wie der gegenwärtige
orientaliſche Krieg, vermögen das amerikaniſche Volk nicht aus dieſer ablehnenden, negativen, iſolirenden Haltung herauszureißen. In der innern Politik regiert der Grundſatz: Hilf dir ſelbſt! Der Staat hat ſich
ſo wenig, wie möglich, in die Verhältniſſe der einzelnen Individuen, ihren
Corporationen und Aſſociationen einzumiſchen; der Grundſatz der Selbſtregierung und der Volksſouveränität iſt ein vollſtändiger und permanenter
Proteſt gegen jede Art von ſtaatlicher Aktivität und Organiſation. Ohne
zunächſt dieſen Grundſatz der Selbſtregierung und Volksſouveränität einer
Analyſe zu unterwerfen (wir verweiſen auf unſern Artikel „Volksſouveränität" im Januarhefte), wollen wir die praktiſchen Wirkungen dieſer negativen Politik im gewöhnlichen Leben beobachten; wir können vielleicht
manche Erſcheinungen des amerikaniſchen Lebens, manche Einſeitigkeiten,
manche Uebertreibungen, manchen Fanatismus auf dieſe negative Politik
zurückführen.

Prüfen wir die erſte beſte Frage der amerikaniſchen Politik, z. B.
die Temperenzfrage, ſo ſehen wir, daß aller Wirrwarr und Unſinn, der
aus der Agitation dieſer Frage entſpringt, vermieden werden könnte, wenn
man die negative Behandlung der Frage in eine poſitive umwandeln
würde. Anſtatt für die Erziehung des Volkes in einer genügenden und
umfaſſenden Weiſe zu ſorgen, für Aufrechthaltung der Moral auf morali-
liſchem Wege zu wirken, Aufklärung, Kenntniſſe, Sittlichkeit zu befördern,
begnügt man ſich mit einer rohen, plumpen Prohibitivmaßregel, welche
natürlich niemals den gewünſchten Erfolg hat. Die Gehäſſigkeit, welche
allen Prohibitivmaßregeln eigen iſt, zeigt ſich auch hier in ihrer ganzen
Widerwärtigkeit; der Fanatismus bemächtigt ſich der Frage, und am
Ende iſt die allgemeine Corruption, welche durch dieſe Frage vermieden
werden ſollte, die Folge davon.

Fragen wir aber, wie es die Antitemperenzler machen ſo finden wir
hier noch größere Einſeitigkeit, noch gefährlicheren Fanatismus, als in
den Reihen der Temperenzler. Dieſe Leute concentriren ihre ganze Politik in einer Abneigung gegen die Temperenzbeſtrebungen; alle andern
Fragen der Politik und öffentlichen Wohlfahrt verlieren für ſie ihre Bedeutung; die Politik iſt für ſie nur des Liquors wegen da, und dem Liquor
opfern ſie alle andern Intereſſen und Beſtrebungen. Man muß nur die
Verhandlungen der Liquor Dealers Aſſociation von New York, Ohio, das
Geſchrei der Antitemperenz-Zeitungen u. ſ. w. leſen, um die ganze Ekel-

haftigkeit dieses Verfahrens zu begreifen. So verstärken die Antitemperenz-bestrebungen gerade erst recht den Fanatismus der Temperenzler, und es entsteht ein Kampf, der auf beiden Seiten mit unwürdigen und falschen Waffen geführt wird. Würden die Gegner der Temperenzbestrebungen ihren Kampf mit positiven Waffen führen, mit den Waffen der Aufklärung und Bildung, auf dem breiten Boden der Volkserziehung, mit den positiven Mitteln der Civilisation, so würden sie viel bessere und schnellere Resultate erreichen, als jetzt, wo sie dem einen Fanatismus mit dem andern Fanatismus antworten, und die allgemeine Corruption nur vermehren.

In dem Hauptquartier des Fanatismus, auf dem religiösen Gebiete, sehen wir ähnliche Bestrebungen. Während die positive Aufgabe aller Religionen Liebe, Duldung, Versöhnung ist, kämpfen die Priester mit den negativen Mitteln des Hasses, der Verfolgung, der Proscription. Das allgemeinste Kennzeichen jedes Priesters ist Intoleranz; der Bannfluch, die Inquisition und die Folter sind die Mittel religiöser Propaganda, die auch noch heute angewendet werden, wenn auch keine Scheiterhaufen mehr angezündet werden.

Aber auch hier finden wir in dem gegenüberstehenden Lager eine Politik, welche um kein Haar besser ist, als die Politik der Pfaffen und Je-suiten. Wir hören ein fanatisches Geschrei gegen Pfaffen und Kirchen, das vollständig an den Zelotismus der Pfaffen selbst erinnert. Ein platter, gemeiner Materialismus zeigt sich mit cynischem Uebermuthe und tritt alles ideale Streben in den Staub. Wir haben hier in Amerika genug Gelegenheit, Beispiele davon zu sehen. Gab es eine Gemeinheit, eine Un-fläthigkeit, eine Schamlosigkeit, die sich nicht in der sogenannten „radikalen" Literatur, welche sich ausschließlich mit dem Kampfe gegen die Pfaffen be-schäftigte, vorgefunden hätte? Handeln die Gegner der Pfaffen nicht oft fanatischer, wie die Pfaffen selbst? Sind sie nicht mehr von der Unfehl-barkeit ihrer alleinseligmachenden Theorien überzeugt, als die borniertesten Katholiken? Wir haben hier in dem Kampfe zwischen Pfaffen und Anti-pfaffen ein Gegenstück zu dem Kampf zwischen Temperenzlern und Anti-t.mperenzlern; beide Gegensätze stehen auf einseitigem abstrakten Boden, und sind nicht fähig, ein höheres Terrain, als das der Verdächtigungen und Beschimpfungen zu gewinnen.

Ein besseres Mittel, als das ewige Schimpfen über die Pfaffen, als dieser negative Krieg gegen die Kirche, als die seichte, oberflächliche Auf-klärerei wäre gefunden, wollte man den idealen Gehalt der Religion, den künstlerischen und poetischen Gehalt, der veralteten Form der Religion entnehmen, und ihn auf dem Wege der Verstandes- und Herzensbildung zum Eigenthum des Volkes machen. Sittliche und künstlerische Erziehung des Volkes, dies ist das einzige Mittel, Kirchen und Pfaffen überflüssig zu machen. Aber es ist natürlich viel leichter und wohlfeiler, über die Pfaffen zu räsonniren und schlechte Witze zu machen, als an der Reiniguug und Vereblung seines eigenen Herzens zu arbeiten. Mit negativen Miteln, mit Schmähungen, Proscriptionen, Unduldsamkeit, ist der Kirche nie beizukommen, denn dieser Mittel ist die Kirche selbst Meister; dies hat die Geschichte zur Genüge bewiesen. Es gibt nur eine positive Art, jeglichen Fanatismus zu beseitigen, und das ist die Entwickelung des Menschen, seiner Neigungen, Fähigkeiten und Anlagen aus sich selbst heraus, die organische Entwickelung des Menschen und der menschlichen Gesellschaft, des Staates, zu einem harmonischen, nach allen Seiten ausgebildeten, naturgemäßen Ganzen.

Die Art und Weise, wie man hier in Amerika den Kampf um die Sklaverei treibt, ist ferner selbst auf Seiten der liberalen Partei nicht frei von Fanatismus. Die Abolitionisten der Neu-England Staaten haben in ihrem fortwährenden Geschrei über die Sklaverei den Sklavenhaltern wohl ebensowenig Schaden gethan, wie ein Theil der „radikalen" Presse den Pfaffen. Ihr Thun und Treiben war eben nur ein negatives Ankämpfen gegen eine bestehende Thatsache, denn alle positiven Mittel fehlten. Mit dem Munde haben diese Abolitionisten schon der Sklaverei das Garaus gemacht, aber wenn es galt, die Hand anzulegen, dann zogen sie sich in den Hintergrund zurück. Dies hat die Geschichte von der Auslieferung des Burns in Boston bewiesen. Die Sklaverei läßt sich weder durch religiöse Phrasen, noch durch philantropische Phantasien bekämpfen, sondern nur indem man sich auf den positiven Boden der Menschenrechte stellt. Wenn die Gegner der Sklaverei ihre Aufgabe so auffassen, daß es gilt, nicht die Sklaverei abzuschaffen, sondern die Menschenrechte herzustellen, wenn sie also statt einer negativen Maßregel ein positives Recht verlangen: dann sind alle die Verwirrungen in der Politik unmöglich, welche wir in der letzten Zeit gesehen haben, dann können im Schooße der Antisklavereipartei niemals mehr nativistische Bestrebungen, als im Widerspruch zu den Menschenrechten stehend, vorkommen. Als die Nebraskabill das Missouri-Compromiß aufhob, begnügten sich die meisten der Gegner der Nebraskabill, den Widerruf derselben zu verlangen, und daß sie mit diesem Verlangen nichts ausrichteten, war nur allzu erklärlich und natürlich. Sie mußten nicht sich darauf beschränken, die Fortschritte ihrer Gegner wieder rückgängig zu machen, sondern mußten selbst Fortschritte zu machen suchen, nicht nur mit den Handlungen ihrer Gegner operiren, sondern selbst sich zu Handlungen und entschiedenen Maßregeln entschließen. Es ist immer ein Zeichen dafür, daß eine Partei unklar und zweideutig ist, wenn sie nichts Anderes weiß, als die Fehler der Gegner auszubeuten, und da diese Parteitaktik in Amerika die gewöhnliche ist, so ist es nicht zu verwundern, daß hier die Politik einen so widerwärtigen Charakter hat. Eine Partei muß sich nicht auf die Fehler der Gegner, sondern auf die Tüchtigkeit der eigenen Grundsätze stützen, will sie ein dauerhaftes und zuverlässiges Fundament haben. Die Parteien müssen sich nicht mit negativen Mitteln begnügen, sondern sich auf bestimmte Grundsätze stellen und positive Zwecke verfolgen. Erst dann sind die Parteien mehr, wie Werkzeuge der Corruption, der Volksausbeutung und Aemterjägercliquen. Die Politik muß einen positiven, organischen Charakter annehmen, denn der Staat selbst ist ein Organismus und hat positive Zwecke.

Diese Ansicht widerspricht allerdings einer sehr populär gewordenen und allgemein verbreiteten Meinung, als sei die Politik wie der Staat nur ein zeitweiliges Uebel, welches mit der wachsenden Freiheit und Bildung der Menschheit nothwendig verschwinden müsse. Die letzte, extremste Form der Volkssouveränität u. Selbstregierung ist nach dieser Ansicht die Anarchie, u. allerdings, wenn wir diese für die vollendetste u. zweckmäßigste Weise des menschlichen Zusammenlebens halten, dann dürfen wir nicht von einem Staate und von Politik sprechen. Aber wir können uns nicht zu dieser Auffassung von Volkssouveränität verstehen; sie scheint uns noch brutaler und roher, als die Interpretation der Douglas'schen Volkssouveränität durch Atchison und Consorten. Wir halten es für die Natur des Menschen, ein gesellschaftliches Wesen (zoon politicon) zu sein, und sehen überall, wie er durch diese seine Natur darauf hingewiesen wird, Familien, Vereine, Genossenschaften, Associaten, Corporationen u. s. w. bilden; die oberste und allgemeinste dieser Associationen ist aber der Staat. Wie jeder Mensch seiner Naturseite nach einem Volke angehört, so gehört er seiner sittlichen Bildung nach einem Staate an, und dieser Staat hat eine ebenso nothwendige und naturgemäße Organisation, wie der einzelne Mensch selbst, so daß man nicht mit Rousseau vom Staate als einem "contract social" sprechen kann, dem anzugehören, oder nicht, von dem Willen jedes einzelnen Contrahenten abhängig wäre. Der Mensch ist, vermöge seiner natürlichen Organisation, ebenso gut auf den Staat, wie auf die Familie angewiesen, und der Staat ist eine ebenso positive Anstalt, wie die Familie,* mit bestimmten Einrichtungen, Rechten und Zwecken. Dieser organische, positive Charakter des Staates muß im Auge behalten werden, um zu einer organischen, positiven Politik zu kommen. Daß in Europa, wie in Amerika, die Politik nur zu den ersten schwachen Anfängen einer wissenschaftlichen, systematischen Behandlung gekommen ist, liegt eben daran, daß der Staat noch nicht seine naturgemäße Organisation erreicht und noch nicht zum Bewußtsein seiner Zwecke gekommen ist. Man begreift den Staat gewöhnlich nur als eine Maschine, um gewisse, mechanische Funktionen der Verwaltung und Gesetzgebung zu vollziehen, als eine Schranke für die Freiheit des einzelnen Menschen, als ein Mittel zur Verhinderung von

---

* Ueber unsere Auffassung der Familie siehe einen weiteren Artikel „Ehe und Familie."

Verbrechen und zur Einschränkung der individuellen Entwickelung. Dieser Staat, der Polizeistaat, hat nur zu verbieten und zu bestrafen, nicht aber zu erziehen und zu organisiren. Daß ein solcher Staat uns lästig und widernatürlich vorkommt, ist erklärlich. Aber ein solcher Staat ist erst der Keim des Staates der Zukunft, eines Staates, der, wie Hegel definirt, die objektive Sphäre der Sittlichkeit ist. Die positiven Zwecke dieses letzten Staates sind die Erziehung, den Wohlstand und die Freiheit jedes Menschen zu sichern, und ihm dadurch die ungestörte Entwicklung seiner Individualität zu garantiren. Es ist eine solidarische Verantwortlichkeit zwischen dem einzelnen Menschen und der Menschheit vorhanden, und vermittelst dieser Verantwortlichkeit besteht der Staat. Der Mensch ist nur dadurch Mensch, daß er der Menschheit angehört und ihre Pflichten theilt, ihre Aufgabe erfüllt. Wenn in diesem Sinne der Mensch seine staatsbürgerliche Rolle auffaßt, dann wird der Staat und die Politik einen organischen und positiven Charakter annehmen, und die negative Politik der Prohibition, Proscription u. s. w. ihr Ende erreicht haben.

Wir sehen, was bisher aus dieser negativen Politik geworden ist. Die Trümmer der mittelalterlichen Staaten zerfallen vor unseren Augen; Europa ist sichtlich in einem politischen Verwesungsprocesse begriffen; und selbst in Amerika sind die Grundlagen eines freien, selbstständigen Staatswesens unterminirt, so daß ängstliche Staatsmänner den baldigen Zusammensturz des ganzen Gebäudes vorhersehen. Die Könige bekriegen sich drüben, die Parteien hier, und aus diesem Kriege gehen nur Verluste, keine Gewinnste hervor. Der Fanatismus ruft den Fanatismus hervor, und beide stählen im Kampfe miteinander ihre Macht. Ueberall negative, destruktive Tendenzen, überall Haß und Feindschaft, überall Zerstörung und Verwüstung. Wohin soll dies führen? Wir sehen, wie die alte Welt zerbricht, und machen gar keine Anstalten, eine neue zu bauen. Wir sehen, daß wir nicht rückwärts können, und wollen uns doch nicht zu dem Vorwärts entschließen. Wir sehen, daß der positive Gehalt der mittelalterlichen Staaten, Religionen und Wissenschaften sich vor dem verneinenden kritischen Geist der modernen Zeit auflöst, aber Niemand bemüht sich, das Leben der heutigen Menschheit mit neuem wissenschaftlichen und künstlerischen Inhalte anzufüllen, und den Staat und die Politik auf neue, positive Aufgaben hinzuweisen. So zerbröckelt die Menschheit immer mehr und mehr in Atome auseinander, und ein neues Zeitalter der Völkerwanderung und des Faustrechtes scheint heranzubrechen.

Also eine organische, eine positive Politik ist nothwendig. Wo ist sie zunächst zu beginnen? Wir denken, auf dem Felde der Erziehung. Alle politischen Fragen und Parteikämpfe weisen uns auf dieses Gebiet hin; alle die wichtigsten Themate der amerikanischen Politik finden hier ihre Lösung. Wir haben die Einseitigkeiten und Widersprüche angedeutet,

welche aus der negativen Behandlung aller dieser Fragen, der Racenunterschiede, der religiösen Verwirrungen, der Temperenzfrage, der Na-
tionalitätsbestrebungen entstehen. Weisen wir alle diese Fragen auf das
breite, weite Terrain der Volkserziehung, so haben wir den positiven Boden
gefunden, auf dem wir einen Kampf auskämpfen, der bis jetzt auf beiden
Seiten mit einseitigen und falschen Waffen gekämpft wird. Damit wäre
einmal ein Anfang gemacht, die positiven Zwecke des Staates zu erkennen
und anzustreben, und weitere Resultate auf dem Gebiete des Rechtes, der
Moral, der Kunst, der Wissenschaft würden nicht ausbleiben. Sehen wir
immer rückwärts, so gerathen wir in einen leidenschaftlichen, erbitterten
Kampf mit den schlechten Elementen der Vergangenheit, der uns selbst
aufreibt; sehen wir indessen vorwärts, so gewinnen wir neues Leben und
neue Kraft im Erkennen bedeutender Aufgaben und im Verfolgen großer
Pläne.

Die deutsche Hochschule.

Das Institut der deutschen Hochschule ist in letzterer Zeit wieder von
mehreren Seiten in Anregung gebracht worden, so daß wir veranlaßt sind,
auf dies wichtigste aller Unternehmungen, das uns am Herzen liegen kann,
aufmerksam zu machen. Wir hatten schon in der Märznummer der „Atlantis" bei Gelegenheit der deutschen medicinischen Fakultät in St. Louis
dieses Projekt besprochen; in letzterer Zeit haben wir mehrere thätige und
einflußreiche Männer gesehen, welche die Realisirung dieses Projektes zu
ihrer Lebensaufgabe machen, und wir glauben, uns zu der Hoffnung hin-
neigen zu dürfen, daß dies viel gewünschte und viel bezweifelte Unternehmen doch am Ende verwirklicht wird. Anfänge dazu sind schon in Cincinnati — wo eine Art jüdischer Akademie errichtet wird — und in St. Louis
— deren deutsche medicinische Fakultät wir in dem Märzheft der Atlantis
beschrieben haben — gemacht, und wenn auch die vollständige Durchführung des Planes große materielle Opfer erfordert, so steht doch kein eigentliches positives Hinderniß demselben entgegen. So tief der Nativismus
auch im amerikanischen Volke wurzeln mag, so werden die Amerikaner
uns auf dem Gebiete des Unterrichts, und namentlich auf dem Gebiete
des höheren, des wissenschaftlichen Unterrichts, eher Einfluß und Thätigkeit gestatten, als auf den Gebieten der politischen und industriellen Interessen; sie werden eher in Bezug auf Schulen, als in Bezug auf Tavernen

unfern nationalen Wünschen nachgeben. Wir Deutsche wissen, daß wir unter unseren wissenschaftlichen Kräften die Mittel besitzen, eine tüchtige Universität, eine wirkliche Schule der Wissenschaft, eine Quelle der wissenschaftlichen Forschung und Mittheilung herstellen zu können. Wir wissen, daß wir damit uns selbst und den Amerikanern den größten praktischen Nutzen bringen können. Wir wissen, daß wir durch eine solche Anstalt mehr, wie durch alle politische Agitation, dem Nativismus die Quellen verstopfen können. Wenn wir einmal ernstlich wollen, so können wir das Unternehmen mit verhältnißmäßig leichter Mühe durchsetzen. Um zuerst auf den Kostenpunkt zu kommen, — ein Gegenstand, welcher in Amerika bei allen Dingen der Anfang und das Ende ist, — so liegt es nicht außerhalb der Möglichkeit, durch Privatsubscriptionen, durch Aktienunternehmungen die Million zusammen zu bringen, welche zur ersten Herstellung des Unternehmens gehört. Amerika hat schon durch Privatschenkungen gestiftete Anstalten, wie das „Girard College" zu Philadelphia, das „Smithsonian Institute" zu Washington, welche mit größerer Munificenz ausgestattet sind, als zur Errichtung der projektirten Universität nothwendig wäre. Aber wenn auch in diesem Jahrhundert des engherzigen Egoismus auf privatem Wege die Mittel nicht zusammen zu bringen wären, so besitzen die Deutschen doch noch genug politischen Einfluß, um auf dem Wege der Gesetzgebung das Ziel zu erreichen. Wollten die Deutschen in Ohio, in New York, oder selbst nur in Illinois oder Wisconsin, diese Frage bei irgend einer bedeutenden Wahl einmal zur Testfrage machen, würde dann nicht jede Partei ihnen die Hand dazu reichen? Wenn man doch einmal in der Politik Kompromisse machen und Handel treiben will, — warum denn nicht gleich lieber eine ganze Universität verlangen, als einige deutsche Clerks- und Constablerstellen? Wir ständen mit diesem Begehren gewiß nicht in der Luft, denn unter denjenigen Amerikanern, welche sich am meisten mit dem Schulwesen und namentlich dem höheren Schulwesen befassen, giebt es genug, welche die Errichtung und Beschaffenheit der europäischen Hochschulen kennen und zu würdigen wissen, und die auch gern ihr eigenes Land mit solchen wissenschaftlichen Mittelpunkten bereichern möchten. Wir Deutsche sollten nur einmal diese Frage zum permanenten Agitationspunkt machen; wenn auch im Anfang diese Sache nur wenig Anklang findet, wird deren öftere Wiederholung doch Aufsehen erregen, und am Ende die Nützlichkeit und Nothwendigkeit der Sache selbst für sich sprechen. Aber wir Deutsche haben freilich für nichts Anderes, wie für Trinkfreiheit, zu agitiren, und auf diesen einzigen Punkt alle politische Thätigkeit zu verwenden.

Wenn wir sagen „eine deutsche Universität", so ist dieser Ausdruck nicht im engen nativistischen Sinne zu nehmen, als wollten wir eine exclusiv deutsche Anstalt, vielleicht gar eine Zopfuniversität, wie wir sie in Göttingen oder Bonn haben, wo die Studenten damit beschäftigt werden, tausend Controversen über das Corpus iuris auswendig zu lernen, und sich zu gehorsamen Dienern des Königs oder zu wohlbeleibten Pfarrherrn heran zu bilden. Wir bezeichnen mit diesem Ausdrucke nicht eine Copie der jetzigen deutschen Universitäten, sondern eine Anstalt, die ihrem Wesen nach deutsch, d. h. universell, wissenschaftlich, vom philosophischen Geiste getragen ist. Wir glauben, daß wir eine solche Anstalt vorzugsweise mit dem Namen „deutsch" bezeichnen können, weil in Deutschland sich die Universitäten am originellsten und selbstständigsten entwickelt und die allgemeinste Bedeutung erreicht, und die Hochschulen anderer europäischer Staaten mehr oder weniger die Verfassung und Einrichtung der deutschen Universitäten nachgeahmt haben. Auch scheint uns der Name „deutsch" bezeichnend, um die ideelle, philosophische Richtung anzudeuten, durch welche sich eine wirklich wissenschaftliche Anstalt, d. h. eine Anstalt, die nur um der Wissenschaft selbst willen existirt, von den Erziehungsmaschinen und Doktorfabriken, welche namentlich in Amerika das ganze Feld der wissenschaftlichen Erziehung ausfüllen, unterscheidet. Denn wenn es sich bloß um eine Anstalt handelte, chemische, botanische, anatomische Kenntnisse zu lehren und Chirurgen und Allopathen zu erziehen, welche nicht ganz so unwissend sind, wie die Zöglinge amerikanischer Anstalten, so werden wir die Sache allerdings für vortheilhaft, aber nicht für so wichtig halten, um sie für die Deutschen zu einer politischen Frage zu machen. Unserer Ansicht nach müßte eine solche Universität ein Gegengewicht gegen die materielle Büsineßrichtung unserer Zeit, ebenso wie gegen die oberflächliche, religiöse Heuchelei geben, und dazu bestimmt sein, dem Menschen den Adel des Geistes und die Schönheit der Seele zu verleihen, welche allein nur aus dem Umgange mit den Musen entspringt.

Bei der Gründung einer solchen Universität müßte die Grenze zwischen Wissen und Glauben mit der größten Strenge gezogen werden, denn alles Wissen besteht nur dadurch, daß es diese Grenze erkannt hat. Die Wissenschaft ist nicht nur eine Negation des Glaubens, sondern sie hat gar nichts mit demselben zu thun; sie steht auf einem ganz anderen Boden, und es ist gar keine Vermittlung und Verständigung zwischen den beiden verschiedenen Elementen möglich. Wir denken, daß mit einer solchen vollständigen Auseinanderhaltung beider Gebiete sich die Religion, — wo dieselbe noch existirt und Geltung für sich beansprucht, — ebenso gut beruhigen kann, wie die Wissenschaft, denn so viele Nachtheile auch die Wissenschaft durch die Einmischung der Religion erlitten hat, so leidet doch die Religion noch in viel höherem Grade durch die Berührung mit der Wissenschaft, durch welche sie zersetzt und aufgelöst wird. Nichts kann dem religiösen Glauben gefährlicher sein, als der Versuch einer wissenschaftlichen Erklärung und Vermittlung, und deßhalb handelte die römische Kurie vollständig consequent, daß sie jede philosophische Erklärung und Rechtfertigung ihres Glaubens, wie z. B. von Professor Hermes in Bonn versucht wurde, zurückwies. Die Wissenschaft selbst wird sich gern mit einer solchen Zurückweisung zufrieden geben, denn sie hat noch nie ein positives Resultat gewonnen, wenn sie sich mit den Gegenständen des Glaubens abgegeben hat. Diese absolute Scheidung zwischen Wissenschaft und Religion ist ein Punkt, der zuerst vollständig im Klaren sein muß, ehe man daran denken kann, eine wissenschaftliche Anstalt in unserem Sinne einzurichten. Hier treffen wir nun allerdings in Amerika vielfache Abneigungen und Vorurtheile, und dies ist am Ende die Klippe, an welcher das Unternehmen zuerst zerschellen könnte. Man kann übrigens von der Entwicklung des Selbstbewußtseins im amerikanischen Volke, und besonders von der steten Reibung des Puritanismus mit dem Katholicismus erwarten, daß die religiöse Tünche, welche die amerikanischen Verhältnisse bedeckt, immer mehr und mehr weggewischt werde; die Religion ist hier in Amerika keine Sache des Herzens und der Ueberzeugung, sondern der Mode und des Gebrauches; Mode und Gebrauch ändern sich aber alle Tage. Der vielgerühmte, praktische Sinn der Amerikaner wird in diesen Verhältnissen wohl bald eine Aenderung hervorbringen, und ihm können wir das Resultat ruhig anheimstellen. Der Amerikaner treibt die Religion als eine Sache des Herkommens gleichgültig fort, aber beschäftigt sich nicht gern mit theologischen Streitfragen und Dogmen. Er sucht sich ein passenderes und ergiebigeres Feld aus, als das der Dogmatiker und Kirchenväter. Die Naturwissenschaften sind wegen ihres fruchtbringenden Zusammenhanges mit dem praktischen Leben, mit Ackerbau und Industrie, ihm am zugänglichsten; die Kenntnisse, welche er auf diesem Gebiete erwirbt, kann er jeden Augenblick in die Scheidemünze des alltäglichen Nutzens umwechseln, und daher die große Vorliebe, mit der die Naturwissenschaften in Amerika getrieben werden. Wie dieselben überhaupt die Basis der modernen Bildung sind, so werden sie besonders in Amerika die Grundlage der gesammten Volkserziehung werden. Auch unsere Hochschule müßte die Naturwissenschaften zu ihrer Basis wählen, auf dem das ganze wissenschaftliche Gebäude errichtet wird. Chemie, Physik, Anatomie, Physiologie, Geologie, Astronomie: alle diese wissenschaftlichen Disciplinen werden schon jetzt fast auf jedem College gelehrt, und ein systematischer, wahrhaft wissenschaftlicher Unterricht in diesen Fächern würde der Anstalt eine Menge von Schülern sichern. Aber bei diesen empirischen Wissenschaften darf man nicht stehen bleiben. Es muß vielmehr die hauptsächlichste Aufgabe der Hochschule sein, dem ausschließlichen Materialismus und Empirismus des amerikanischen Volkes, dem einseitigen Geschäfts- und Nützlichkeitsgeiste ein Uebergewicht zu geben, jene wissenschaftliche und künstlerische Bildung, jenes ideale Streben, jenes philosophische Bewußtsein, welches wir bei den

Weisen und Staatsmännern der antiken Republiken finden. Was vor Allem in einer Republik gelehrt werden muß, das ist die Wissenschaft des Rechtes, der Rechtsgeschichte und der Rechtsphilosophie, um eine feste Grundlage der republikanischen Ueberzeugungen zu legen. Die Wissenschaften der Politik, der Gesetzgebung, der Statistik, der Nationalökonomie u. s. w. müssen ferner ihre Lehrstühle haben, denn hier, wo Jeder berufen ist, an der Leitung des Staates Theil zu nehmen, müssen auch die Staatswissenschaften einen Theil jeder höheren Erziehung bilden. So groß die Corruption gegenwärtig auch in der Politik sein mag, so kann man doch kühn behaupten, daß noch viel mehr Fehler in der Verwaltung, Gesetzgebung ꝛc. auf Rechnung der allgemeinen Unwissenheit in der staatswirthschaftlichen Sphäre, als auf Rechnung der Corruption zu schreiben sind. Wie viele ehrliche Farmer und verständige Geschäftsleute sitzen in den Legislaturen der einzelnen Staaten und in den County-Boards, ohne daß sie nur wissen, daß eine Wissenschaft der Nationalökonomie, Statistik ꝛc. existirt. Man klagt soviel über die Pfuscher in der Medicin, aber die Pfuscher in der Politik sind noch viel zahlreicher, als jene, und der Staat hat gar kein Recht, sich darüber zu beklagen, da er gar keine Anstalten hat, diese Wissenschaften zu verbreiten. Man kann kein Schuster und Schneider werden, ohne den Gebrauch der Nadel und Pfrieme zu lernen, aber Politiker kann Jeder werden, der eine Stumprede zu halten und sich in den Kneipen populär zu machen versteht. Nun, wir wollen nicht gerade sagen, daß in unsern Legislaturen, die so viele Gesetzgeber nothwendig haben, gerade nur akademische Gelehrte sitzen sollten; dies würde eine Aristokratie der Gelehrsamkeit begründen. Aber es sollte in jeder Legislatur wenigstens eine solche Summe von Sachkenntniß und wissenschaftlicher Bildung sein, daß dadurch jeder Mensch mit gesundem Menschenverstande in den Stand gesetzt würde, sich selbst ein Urtheil zu bilden. Aber bis jetzt hat man nur in einigen wenigen Ausnahmsfällen daran gedacht, daß es politische Wissenschaften giebt, ohne deren Kenntniß jede Verhandlung der Gesetzgebung nur versuchsweises Umhertappen und resultatloses Experimentiren ist.

Die Spitze der akademischen Erziehung nun ist die philosophische und ästhetische Erziehung des Menschen. Wir brauchen wohl nicht darauf aufmerksam zu machen, wie sehr eine solche Erziehung in Amerika nothwendig ist, hier, wo jeder Mensch frei von äußerem Zwange sich selbst in der Hand hält, und es in seiner Gewalt hat, eine edle, harmonische, würdige Persönlichkeit, die wirklich den Namen eines Republikaners verdient, oder eine rohe, gemeine Figur, die den Stempel der Gesetzlosigkeit auf der Stirn trägt, aus sich zu machen. „Erkenne dich selbst," dies ist die große Forderung, welche an jeden Menschen zu stellen ist, und daß diese Forderung in Amerika mit dem größten Nachdruck wiederholt werden muß, dies zeigt uns unter Anderem besonders die letzte Nichtswisserbewegung. Aus der Selbsterkenntniß entsteht Bescheidenheit, und dies ist in Amerika eine ebenso seltene, wie nothwendige Tugend. Wir in Deutschland haben uns an der Philosophie vielleicht schon übergegessen, aber in Amerika ist sie nöthiger, wie das tägliche Brod, um endlich einmal in den chaotischen Zustand der Köpfe und Verhältnisse Ordnung und Klarheit hereinzubringen.

Den Schlußstein der ganzen Erziehung endlich bildet die Aesthetik, die Lehre vom Schönen. Hier eröffnet sich uns das Reich der Kunst als eie höchste Spitze der Nationalerziehung; hier wiederholen sich die Ideale der Religion in reinerer, schönerer Form; hier erhebt sich der Mensch über die gemeinen Pflichten und Sorgen des Lebens zum Genusse seiner selbst, seiner eigenen Schönheit und Würde. Die ästhetische Erziehung, welche fast die ausschließliche Erziehung der alten Griechen bildete, die Kunst, fast die einzige Beschäftigung der Hellenen, wird freilich hier in Amerika noch nicht einmal zur Volkserziehung gerechnet, und dies ist gewiß ein trauriges und niederschlagendes Zeichen davon, wie weit das Volk der Union noch von der wahren Auffassung der Volkserziehung entfernt ist.

Wir haben hier mit kurzen Worten angedeutet, auf welche Weise wir eine deutsch-amerikanische Hochschule eingerichtet wünschten. Die Naturwissenschaften, die Staatswissenschaften, die Aesthetik, stellen uns in ihrem Zusammenhange die wissenschaftliche Entwicklung des Wahren, Guten und Schönen dar, in welchem Dreiklang der Inbegriff alles Republikanismus und aller Menschenwürde liegt.

Wir gedenken, diese flüchtigen Andeutungen später noch näher auszuführen.

Ehe und Familie.

(Ein Beitrag zur Theorie von der „freien Liebe.")

Das Thema der Frauenrechte, der freien Liebe u. s. w. bietet vorzugsweise der Deklamation und der Phrase ein ergiebiges Feld; nirgend vielleicht findet man so viele hochtönende Worte ohne bestimmte Gedanken, so viel unklare Ansichten und unnatürliche Empfindungen, wie auf diesem Gebiete. Daher kommt es, daß so oft auch bieses Thema schon behandelt und von den verschiedensten Seiten her besprochen ist, doch noch keine festen Resultate erzielt sind, und die Meisten kaum wissen, was sie unter Frauenrechten, freier Liebe u. s. w. verstehen. Der Hauptfehler, der dabei gemacht wird, scheint uns darin zu bestehen, daß man Ursache und Folge miteinander verwechselt und das Resultat vieler zusammenwirkender socialer Ursachen unabhängig von diesen Ursachen selbst behandelt. Die Rechte und Stellung der Weiber ist ein Resultat aus tausend verschiedenen Verhältnissen, und man kann an dieser Stellung nichts ändern, wenn man die socialen Bedingungen nicht ändert. Man mag den trefflichsten Coder über freie Liebe machen und den Kreis der Frauenrechte gesetzlich noch so weit ausdehnen, es wird nichts damit geholfen sein, so lange die Verhältnisse des socialen Lebens, auf denen der bestehende Zustand gegründet ist, sich nicht geändert haben. Was hilft von „freier Liebe“ zu sprechen, so lange die Bedürfnisse der Versorgung, des Geschäftes, der Kindererziehung u. s. w., jede freie Wahl und Entscheidung mehr oder weniger unmöglich machen! Was soll überhaupt der Ausdruck „freie Liebe“ heißen? Als ob überhaupt das Verhältniß, was wir Liebe nennen, jemals ein freies sein könnte! Nach keiner Seite sind wir so sehr an die Naturbestimmtheit gebunden, nach keiner Seite hin so wenig frei und Herren unserer Wahl, wie in Bezug auf dies Verhältniß; hier waltet ein Dämon, der unsere Gefühle und Neigungen leitet gegen unser Wissen und Willen, und über den selten die Vernunft und Ueberzeugung den Sieg davon trägt. Dadurch wird ja gerade dieses Verhältniß eine unerschöpfliche Quelle für den tragischen Dichter, weil die dämonische Kraft der Leidenschaft oft den Menschen in Widerspruch mit sich selbst bringt, aus welchem Widerspruche die größten tragischen Katastrophen hervorgehen. Gewiß, der muß noch gar nicht einmal geahnt haben, was Liebe ist, der von freier Liebe spricht, als wenn es auf diesem Gebiete freie Wahl und Entscheidung gäbe. Es läßt sich bei dem Ausdrucke „freie Liebe“ nichts Bestimmtes, Positives denken, und deßhalb bietet er beliebiger Schwärmerei einen weiten Tummelplatz. Welche hochtönende, himmelhohe Phrasen werden nicht von den Schriftstellern und insbesondere von den Schriftstellerinnen über freie Liebe angewendet; welch ein grausiges Gemälde zeigen sie uns von dem wirklichen Leben, welche Paradiese winken uns in der Ferne! Aber wenn man dem Faden ihres Gedankens sorgsam nachgeht, und fragt, was sie denn eigentlich wollen, so kommen wir von den poetischen Phrasen zurück auf ein sehr nüchternes, hausbackenes Thema, nämlich auf die Erleichterung der gesetzlichen Ehescheidung. Diese einfache, unpoetische Sache, die mehr den Juristen, wie den Dichter angeht, ist der Kern aller Theorien über die freie Liebe. Manche Gesetzgebungen sind auch in der That schon seit Jahren beschäftigt gewesen, diese Frage im Interesse der sogenannten freien Liebe zu lösen. In einzelnen Ländern Europa's, in manchen deutschen Staaten, und besonders in Frankreich, können Ehepaare, wenn sie zu drei verschiedenen Terminen erklären, daß sie ihre Ehe aufgeben wollen, geschieden werden. In England freilich ist zur Auflösung einer Ehe eine besondere Parlamentsakte nothwendig; auch in Amerika besteht noch die absurde Praxis, daß ein Ehegatte dem Andern ein Verbrechen, Ehebruch, gröbliche Vernachlässigung und dergleichen nachweisen muß, um Ehescheidung zu erzielen. Diese Bestimmung kann übrigens leicht aufgehoben oder doch wenigstens modificirt werden, und wenn die Agitatoren für freie Liebe sich einmal zu diesem Zwecke an die Gesetzgebung wenden wollten, so würden sie bei aufgeklärten Legislatoren gewiß ein bereitwilliges Entgegenkommen finden. Die Sache ist also nicht so himmelhoch, daß man sie nicht auf platter Erde erreichen könnte.

Allerdings, die bloße Einwilligung beider Gatten dürfte unserer Ansicht nach nicht immer und in allen Fällen ohne Weiteres die Auflösung der Ehe nach sich ziehen. Denn wir halten die Ehe nicht, wie Kant und seine Schule, für einen Contrakt, also für einen Akt der freiwilligen Gerichtsbarkeit; wir können in den wenigsten Fällen in der Abschließung einer Ehe freien Willen finden; die Ehe ist ein natürliches Verhältniß, auf welches der Mensch durch das Naturgesetz hingewiesen ist. Es würde in vieler Beziehung zu einem Mißverständniß des Institutes führen, wollte man es als einen bloßen Gesellschaftsvertrag betrachten.

Wir glauben, daß wir das ganze Verhältniß am einfachsten und deutlichsten auffassen, wenn wir zwischen Ehe und Familie unterscheiden. Mit der Geburt des Kindes ändert sich dir ganze Sache; aus dem privaten Verhältniß wird ein öffentliches; aus dem freiwilligen Bündniß ein gesetzliches; die menschliche Gesellschaft, der Staat, gewinnt ein Interesse und ein Recht daran, und umgiebt das Verhältniß mit seinem Schutz. Dies ist der Unterschied. Die Familie ist ein staatliches Institut, den Gesetzen unterworfen, nicht mehr allein von dem freien Willen der Betheiligten abhängig, durch den Staat geschützt und beaufsichtigt; die Ehe dagegen ist ihrem ganzen Charakter nach durchaus privater Natur, und hat kein anderes Recht und Gesetz, als die freiwillige Uebereinstimmung beider Theile.

Sind wir berechtigt, einen solchen Unterschied zu machen? Können wir dem Staate ein Aufsichtsrecht über die Familie zuerkennen? Wird die Stellung der Eheleute zum Staate durch die Geburt eines Kindes verändert? Wir glauben allerdings. Wir halten den Staat für eine Anstalt mit positiven Zwecken, deren oberster Grundsatz, die Beschützung der Menschenrechte ist, und zum Schutze dieser Menschenrechte, zur Garantie der Erziehung u. s. w. muß der Staat in jedem einzelnen Falle eintreten. Wie diese Einmischung des Staates beschaffen ist, dies wird immer von den speziellen Kultur- und Rechtsverhältnissen abhängen, aber man kann im Allgemeinen sagen, daß, je mehr der Staat seine Aufgabe

erkennt und erfüllt, er auch desto sorgfältiger und aufmerksamer seine Interessen in den Interessen der Familie beschützen wird.

Die nächsten Folgerungen daraus sind also folgende: Erstens ist
die Ehe weder ein Sakrament, noch ein staatliches Institut; sie besteht
nur aus zwei Elementen, der natürlichen Reigung und der freiwilligen
Uebereinstimmung. Zweitens können kinderlose Ehen durch einfache Entschließung der Betheiligten aufgelöst werden. [Dies ist in den meisten
civilisirten Ländern schon jetzt annäherungsweise der Fall.] Drittens ist
die Ehe durch Geburt eines Kindes, oder auch schon durch die Schwan-
gerschaft, für beide Theile verbindlich, und kann nur in den vom Gesetze
bestimmten Fällen und nur auf legalen Wege getrennt werden. Dies
sind die einfachen Grundsätze, welche auch jetzt schon mehr oder weniger,
die Gesetzgebungen der einzelnen civilisirten Staaten leiten, und nach
diesen Grundsätzen muß man verfahren, will man die bestehenden Mißbräuche in dem Verhältniß der Ehe zum Staate reformiren.

Was nun den letzten Punkt anbetrifft, die gesetzliche Gültigkeit und
Verbindlichkeit der Ehe nach Geburt des Kindes, so ist wohl kaum zu bemerken, daß diese Verbindlichkeit sich nicht weiter erstreckt, als auf den
nothwendigen Schutz, den die Gesellschaft für das unmündige Kind von
den Eltern in Anspruch nehmen darf. Sind die Rechte des Kindes gewahrt, so hören die Ansprüche des Staates auf. Es werden also die
Ehescheidungen in keinem Falle unmöglich gemacht, sondern nur an gewisse Bedingungen geknüpft, die aus dem Verhältniß selbst hervorgehen.
Je mehr der Staat selbst für öffentliche Anstalten, Volkserziehung u. s. w.
thut, desto weniger ist das Kind auf die Familie angewiesen, desto weniger schroff und streng brauchen die gesetzlichen Bestimmungen über Ehescheidung zu sein. Daher sehen wir auch, daß je freier und vernünftiger
ein Staat eingerichtet ist, desto leichter die Ehescheidung gemacht
wird. Die gesetzlichen Banden, welche die Familie zusammenhalten,
müssen so lose sein, wie es nur eben möglich ist, ohne die Rechte dritter,
der Kinder und der menschlichen Gesellschaft, zu verletzen, denn jeder
Zwang und jede Unfreiheit in dieser Beziehung ist eine empörende Verletzung der Sittlichkeit.

Es liegt übrigens ein komischer Widerspruch darin, daß das Wesen der „freien Liebe" darin besteht, sich so leicht und schnell, wie möglich, wieder scheiden lassen zu können. Es scheint, als wenn die Apo-
stel der freien Liebe mehr an die Scheidung, als an die Liebe selbst
dächten, denn sie befürworten jene mehr, als diese. Es mag wohl gerade der Reiz der freien Liebe darin liegen, daß man so bald, wie
möglich, von ihr wieder loskommen kann. In der That scheint es, als

wenn diejenigen, welche am meiſten dieſes Thema behandeln, am wenig-
ſten davon wiſſen und empfinden, und daher wollen wir das Thema
ſchnell abbrechen, um nicht in üblen Verdacht zu gerathen.

Der „Corſar" über die „Atlantis."

Der Milwaukie „Corſar" hat in ſeiner Nummer vom 6. Oktober einen
Artikel „die Atlantis über Wisconſin's Politik", der uns einige Erwiede-
rungen abnöthigt. Der Corſar macht uns den Vorwurf, daß wir die Zuſtände in Wisconſin, und namentlich die Verhältniſſe der deutſchen Bevölkerung daſelbſt mit zu günſtigen Augen betrachtet haben. Nun, wir wollen
lieber dieſen Vorwurf verdienen, als den entgegengeſetzten. Uebrigens
konnte es durchaus nicht unſere Abſicht ſein, eine Apologie Wisconſin's
zu ſchreiben, denn das hieße Eulen nach Athen tragen; die Leute in Milwaukie ſind von den Vorzügen ihres Deutſch-Athen ſo überzeugt, daß ſie
keinen Apologeten von auswärts nothwendig haben. Wir glauben denn
auch nicht, daß der beregte Artikel wie eine Apologie ausſieht. Es iſt
vielleicht nur in der Anſchauungsweiſe das „Corſar" und der „Atlantis"
ein kleiner Unterſchied. Die „Atlantis" hat ſich noch immer die Mühe
gegeben, die guten Seiten und Eigenſchaften des amerikaniſchen Lebens
zuſammen zu leſen, und ſich wo möglich mehr an die Lichtpunkte, wie an
die Schattenſeiten zu halten, und der „Corſar" wird uns zugeſtehen, daß
dies in Amerika ſehr nothwendig iſt, um nicht ganz die Hoffnung und das
Vertrauen zu verlieren. Auch in Wisconſin und unter ſeiner deutſchen
Bevölkerung giebt es ſo Vieles, welches verſtimmt und verletzt, daß man
wohl daran thut, die guten und lobenswerthen Dinge, die man dort findet,
nicht aus den Augen zu laſſen. Milwaukie unterſcheidet ſich allerdings
in manchen Punkten recht günſtig von andern weſtlichen Städten. Das
Deutſchthum iſt dort noch weniger, wie anderswo, von dem amerikaniſchen
Geſchäftseifer verdrängt worden. Der Corſar ſpottet darüber, daß wir
einen Nachdruck auf das „Deutſchthum" legen, und meint, daß er im er-
ſten Augenblick gar nicht wußte, wie er mit all dem d e u t ſ ch e n Streben
und d e u t ſ ch e m Wachsthum und d e u t ſ ch e m Sinn zurecht kommen
ſollte. Er wird uns hoffentlich zugeben, daß dies Deutſchthum in ſocialer
Beziehung nicht zu verachten iſt, wenn man es dem kalten, nüchternen

Amerikanerthum gegenüber hält; wenn das Deutschthum auch sonst keine
Berechtigung haben sollte, so ist es dem amerikanischen Bäsineßgeiste und
Puritanismus gegenüber jedenfalls am Platze. Wenn wir eine Verschmelzung der Nationalitäten in ein großes Ganze befurworten, so meinen wir
dabei keineswegs ein Aufgeben der nationalen Eigenschaften. Indessen
scheint uns der Corsar gar nicht zuzugeben, daß die bessern Eigenschaften
des deutschen Volkscharakters unter den Deutschen Wisconsin's zu finden
sind; er findet da kein Wachsthum, wo Rückschritt und Verkümmerung
ist; er sieht da kein Deutschthum, „wo rechts die pfäffischen Eulen und
links die demokratischen Wölfe heulen." Nun, so lange wir in Wisconsin
verweilten, haben uns wenigstens die pfäffischen Eulen nicht sehr beunruhigt. Milwaukie mag noch so voll von Pfaffen sein, im geselligen
Leben haben wir den Einfluß derselben nicht bemerkt; das sociale Leben
ist durch sie gewiß nicht genirt. Allerdings mögen die Pfaffen, und namentlich die katholischen Pfaffen in der Politik jetzt mehr Einfluß haben,
wie früher, — was hauptsächlich nur den Knownothings zu verdanken ist,
aber warum soll man sich nicht darüber freuen, daß die Hunkerpartei durch
ihre Alliance mit den Jesuiten sich um den letzten Credit bei allen anständigen Menschen bringt? Kann es ein größeres Zeichen von der Schwäche
der demokratischen Partei sein, als wenn sie Schutz und Hülfe von den
katholischen Pfaffen erbetteln muß? Gewiß, die pfäffischen Eulen brauchen uns nicht viel Kummer zu machen, weder in Wisconsin, noch anderswo, und was die „demokratischen Wölfe" anbetrifft, so haben wir auch noch
nicht gehört, daß sie die Republikaner zum Frühstuck speisen. Der eigentlichen Hunker giebt es in Milwaukie verhältnißmäßig sehr wenige; es sind
die stereotypen Aemterjägerfiguren, die in der Stadt so lächerlich geworden
sind, daß die Kinder mit den Fingern darauf zeigen. Allerdings ist eine
schiefe Richtung in der Politik bei der großen Masse der Deutschen zu bemerken, aber wir können uns immer noch nicht von der Ansicht trennen,
daß dies mehr eine momentane bedauernswerthe Verstimmung sei, durch die
Temperenzbestrebungen hervorgebracht, als eine freiwillige Zustimmung
zu der Prosklaverei-Politik. Jedenfalls ist zwischen der jetzigen politischen
Stimmung in Milwaukie und der allgemeinen Bildung, welche man dort
findet, ein großer Unterschied, und um diesen Unterschied hervorzuheben,
ihn recht empfindlich fühlbar zu machen, suchten wir gerade die guten Leistungen und Eigenschaften des Milwaukee Publikums in das hellste Licht
zu stellen.

Unter diesen Leistungen sind drei Anstalten zu erwähnen, welche uns
eine Bürgschaft für das stete Voranstreben des Milwaukie Publikums geben; wir meinen den Musikverein, die Engelmann'sche Schule und auch
das Theater. Diese drei Anstalten, namentlich die beiden ersten, sind in
den drei letzten Jahren in sicherem, stetem Fortschritte begriffen gewesen,

zuje̜t auf einer Höhe angelangt, daß die größten Städte des Westens, wo Chicago, Cincinnati und St. Louis nichts Aehnliches aufzuweisen haben. Man kann den Leistungen dieser Anstalten seine Zustimmung und Anerkennung nicht verweigern, und muß von derselben einen günstigen Schluß auf die Bildung des Publikums machen.

Freilich, diesen günstigen Schluß will der Corsar uns nicht zugeben. Er schiebt die etwaigen Leistungen dieser Anstalten auf Rechnung einer intelligenten Minorität. Allerdings betheiligen sich von den zehn oder zwölftausend deutschen Bewohnern Milwaukie's nur einige Hundert an diesen Anstalten; aber ist dies nicht überall der Fall? Warum befindet sich denn nicht in den andern westlichen Städten eine solche Minorität? Der Corsar möge sich erinnern, daß man über amerikanische Zustände immer nur ein relatives und vergleichendes Urtheil fällen kann, und im Vergleiche mit andern Städten steht Milwaukie immerhin noch günstig da.

Damit wollen wir durchaus nicht die politische Stimmung in Wisconsin entschuldigen. Im Gegentheil, der Vorwurf darüber wird noch größer, der Tadel noch bitterer, wenn man die vielen Spuren der Intelligenz u. Freisinnigkeit, die man in Wisconsin findet, mit dieser politischen Stimmung vergleicht. Man begreift es kaum, wie eine solche Bevölkerung für ein demokratisches Ticket stimmen kann. Deßhalb können wir uns auch immer noch nicht der Hoffnung entschlagen, daß die öffentliche Meinung der Deutschen sich bald und entschieden umkehren werde, besonders, wenn die momentanen Fragen, welche jetzt gerade die politische Stimmung verwirren, durch ihre eigene Unausführbarkeit und Widersinnigkeit beseitigt sind. Der „Corsar" selbst wird uns in dieser Hoffnung beistimmen, denn wenn er nicht auf eine solche Umkehr der öffentlichen Meinung hoffte, so würde er sich ja nicht mehr bemühen, für eine freisinnige Politik Propaganda zu machen. Aber ein nothwendiges Bedingniß zur Propaganda ist, daß man die Hand zur Verständigung bietet, nicht aber zurückweist, und daß man mit der größten Entschiedenheit in Betreff der Grundsätze eine größtmögliche Versöhnlichkeit gegen Personen verbindet.

Die deutschen Vereine in der Union, speciell die Turnvereine.

In letzterer Zeit, und namentlich bei Gelegenheit der Tagsatzung des Turnerbundes in Buffalo, hat sich die Presse vielfach mit dem deutschen Vereinswesen beschäftigt, und der Gegenstand ist auch in der That wichtig genug, um von allen Seiten besprochen zu werden. Auch die „Atlantis" hat sich wiederholt schon mit diesem Gegenstande beschäftigt, und besonders den geheimen Gesellschaften die nothwendige Kritik widerfahren lassen. Die Gemeinschädlichkeit dieser geheimen Vereine hat sich in diesen Nichtswisserzeiten auf das Unzweideutigst erwiesen; man kann ohne Uebertreibung sagen, daß sich die Hefe der Bevölkerung, die schlechtesten Elemente aus allen Klassen derselben, in den geheimen Gesellschaften zusammenfinden, und daß die wenigen besseren Elemente, welche sich denselben anschließen, von den Andern zur Beförderung ihrer eigensüchtigen Absichten mißbraucht werden. Wir haben uns hierüber in mehreren früheren Artikel über diesen Gegenstand zur Genüge ausgesprochen. Es war interessant zu sehen, wie gerade die Leute, welche den Know Nothing Logen die schärfste Opposition zu machen vorgaben, am ersten selbst zu dem Mittel der geheimen Logen griffen, wie sich überall aus der demokratischen Partei die geheimen Logen der „Sagenichtse" bildeten, die in ihrer Art ebenso corrupt und zweideutig, wie die Logen der Nichtswisser, waren. Ueberhaupt ist das geheime Logenwesen besonders unter denienigen Deutschen in der Mode, welche sich zu der demokratischen Partei bekennen; die Aemterjäger finden in diesen Logen eine nicht zu verachtende Unterstützung; hier ist der Anfang der Corruption, welche alle Handlungen dieser Partei treulich begleitet. Ein richtiger Aemterjäger gehört oft zu einem halben Dutzend geheimer Vereine; als Mitglied der Odd fellows, Wilhelm Tell's Söhne, Harungari, Hermannssöhne ꝛc. ꝛc. hat er jeden Abend seine Meeting und in jeder Kneipe seine Logenbrüder, die stets bereit sind, bei der Wahl sein Interesse zu vertreten. Wie ungemein verbreitet dieser Unfug in Amerika ist, beweist, daß selbst einer der aufgeklärtesten und edelsten Männer der Union, George Lippard, der treueste Freund der Armen und Unterdrückten, eine geheime Loge gründete, um der Humanität und Menschenliebe eine bleibende Stätte zu verschaffen. Hoffentlich wirken indessen die Erfahrungen, welche man mit den Know Nothing Logen gemacht hat, auf das Unwesen der geheimen Logen selbst zurück, und entfernen wenigstens die Männer aus den geheimen Logen, welche in denselben etwas Anderes, als selbstsüchtige Zwecke, zu erreichen glaubten.

Gewiß, die geheimen Gesellschaften sind in Amerika von der öffentlichen Meinung verurtheilt, und werden hoffentlich nie wieder die Gunst derselben erlangen. Aber man ist in neuerer Zeit so weit gegangen, die Gehässigkeit, mit welcher das geheime Vereinswesen umgeben war, auf das ganze Vereinswesen überhaupt auszudehnen, und von einzelnen Mängeln und Schattenseiten gewisser Vereine Anlaß zu nehmen, jedes Bestehen irgend eines socialen oder politischen Vereins als eine reaktionäre Thatsache hinzustellen. Dies scheint uns nicht gerechtfertigt und nützlich zu sein. Der Mensch, und namentlich der deutsche Mensch, hat nun einmal den Trieb zu Geselligkeit, und kann diesen Trieb gewiß zu etwas Gutem und Brauchbarem benutzen, wenn er demselben vernünftige Zwecke unterschiebt. Dies sehen wir an den tausend Beispielen der wissenschaftlichen und künstlerischen Vereine in Deutschland, denen man gewiß nicht das Prädikat der Ueberflüssigkeit geben kann. Allerdings hat Herder in gewisser Beziehung Recht, wenn er sagt, daß er keinem kleineren Vereine angehören wolle, als dem Bunde der ganzen Menschheit. Aber dies scheint uns so verstanden werden zu müssen, daß jedem Vereine die allgemeinen Interessen der Menschheit zu Grunde liegen, daß jeder Verein in seinem kleineren Kreise die Zwecke verfolgen solle, welche die Menschheit im großen Umfange verfolgt. Die Kreise der menschlichen Gesellschaft sind größer und kleiner, je nach ihrer Bestimmung und Organisation; aber auch dem kleinsten Kreise soll allgemeines Streben zu Grunde liegen. Die Menschheit sondert sich in Staaten, Völker, Volksstämme, Corporationen, Associationen, Familien u. s. w.; zwischen allen diesen einzelnen Kreisen herrscht ein organischer Zusammenhang; jedes Glied ist nothwendig und das engere und kleinere ist die Basis des höheren und weiteren. Zu diesem naturgemäßen Organismus, zu diesem gigantischen Baue von dem Individuum bis zur Gattung, von der Familie bis zur Menschheit fügt der Mensch nur eine Menge kleinerer und größerer Verbindungen hinzu, die dem Leben Reiz und Mannigfaltigkeit geben, ähnlich wie der Baumeister eines gothischen Domes das große Gebäude mit tausend kleinen Verzierungen schmückt.

Vereine an und für sich sind also nicht gemeinschädlich; nur diejenigen Vereine können so genannt werden, welche in ihrem engen Kreise auch enge Bestrebungen verfolgen. Dies ist freilich häufig genug der Fall; im engen Kreis verengert sich der Sinn, und anstatt auf dem großen weiten Ozean der Geschichte umherzuschwimmen, bewegen wir uns in einem kleinen Wirbel, der uns bald in den Abgrund hinabzieht. Die kleinlichen Verhältnisse umher machen uns auch kleinlich, und wir verlieren die großen Zwecke unseres Lebens aus dem Auge. Dies ist ein Fehler, zu welchem die geselligen, politischen u. s. w. Vereine häufig Anlaß geben, aber er widerlegt nicht die Nothwendigkeit und Nützlichkeit der Vereinsbildung. Wir sehen auch häufig, daß z. B. daß Familienleben eine Veranlassung wird, daß der strebende, denkende Mensch sich von den allgemeinen Zwecken der Menschheit zurückzieht, und seine Sorgen dem Geschäfte und Erwerbe zuwendet, aber sollte man deßhalb das Familienleben abschaffen? Und ebenso, wie der Mann von Herz und Geist gerade durch sein Verhältniß zu seiner Familie an die großen Zwecke der Menschheit erinnert wird, und für die Beförderung der allgemeinen Wohlfahrt, der persönlichen Freiheit u. s. w. sorgen muß: ebenso wird auch das' freie Zusammenhalten in einem vernünftigen Vereine den Menschen nicht von seinem allgemeinen

Streben ablenken, sondern gerade darauf aufmerksam machen. Es kommt nur Alles darauf an, welchen Tendenzen die Vereine nachfolgen; sie sind ein Mittel zu bösen und guten Zwecken, und es wäre sehr unbesonnen und oberflächlich geredet, wollte man ein allgemeines Urtheil über die Vereine überhaupt abgeben.

Leider sehen wir, daß die Vereine, welche am besten prosperiren, oft die gemeinsten, reaktionärsten Motive haben. Wir brauchen nur an die religiösen Vereine, vom großen, mächtigen Bunde des Katholizismus bis zur kleinsten Quäcker- oder Methodistenkirche herab zu erinnern, um den Abstand zwischen diesen und unsern vielversplitterten und schnell sich auflösenden Freimänner-Vereinen zu zeigen. Wir brauchen nur auf das feste Zusammenhalten der Aristokratie aller Länder in Europa im Unterschiede mit den ewigen Kämpfen der Revolutionäre hinzuweisen, um einzusehen, daß die Despotie ein besseres Vereinigungsmittel ist, als die Freiheit. Dies ist auch natürlich. Das Dogma ist für alle Menschen dasselbe, aber das Selbstbewußtsein entwickelt sich in jedem Menschen besonders; die Despotie vereinigt die Menschen durch eine gemeinsame Sklaverei, während die Freiheit Jedem seine besondere Individualität gibt und ihn dadurch von den übrigen Menschen isolirt. Je höher die Menschen entwickelt und je besser sie erzogen sind, desto mehr unterscheiden sie sich von einander; aber die plumpe, rohe Masse der Sklaven — mögen sie nun Sklaven der schwarzen Farbe, oder der schwarzen Kutte sein, — enthält ununterscheidbare Exemplare einer und derselben Art und Beschaffenheit. Daß man nun die letzteren eher vereinigen kann, wie die ersteren, versteht sich von selbst; daß man im Namen der Autorität die Menschen leichter vereinigen kann, als im Namen der Freiheit, dies ist in der Natur der Sache begründet. Aber sollte deßhalb die Freiheit auf ihr Associationsrecht verzichten? Gewiß nicht: sie muß sich an die Eigenschaften wenden, welche jedem wahren und guten Menschen gemein sind, und die Aufgabe zu lösen versuchen, welche jeder Mensch, der seine Stellung innerhalb der Menschheit erkennt, als seine eigene betrachtet: dann kann eine Vereinigung entstehen von unzerstörbarer Dauer und dem glänzendsten Erfolge.

Wenn wir nun speziell auf unsere deutsch-amerikanische Vereine übergehen, so sehen wir gleich, daß das Bedürfniß besonderer Organisationen, ebenso wie die Schwierigkeit derselben hier viel größer ist, als in Europa, weil die Isolirung hier viel größer ist, als drüben. Abgesehen von dem politischen System der Selbstherrschaft und der socialen Praxis des: Hilf dir selbst!, kommen die nationalen Unterschiede dazu, um uns hier zu isoliren, und uns mit allen Unannehmlichkeiten des „Fremdseins" zu behelligen. Wir fühlen jeden Augenblick die Nothwendigkeit, besondere Vereine und Organisationen zu bilden, da wir jeden Augenblick Bedürfnisse, Bequemlichkeiten, Genüsse entbehren, für welche drüben durch politische oder sociale Einrichtungen gesorgt war, die wir aber hier aus eignen Mitteln beschaffen müssen. Wenn wir in Europa ein gutes Drama hören wollten, so hatten wir nur in das erste beste Hof- oder Stadttheater zu gehen, um diesen Wunsch zu befriedigen; hier müssen wir aber unter vielen Mühen und Sorgen ein Liebhabertheater gründen. Wenn wir drüben unser Haus gegen Feuer versichern wollten, so waren staatliche Anstalten bereit, die Versicherung zu übernehmen; hier müssen Privatleute zu einer solchen Assekuranz zusammentreten. In Deutschland ist für alle Bedürfnisse der Geselligkeit hinreichend gesorgt, aber wenn man hier kein ganz isolirtes und einsames Leben führen will, so muß man für die Bildung geselliger Vereine sorgen. In jeder Beziehung sehen wir die Nothwendigkeit der Vereinigung ein. Dazu kommt, daß hier das Vereinsrecht durchaus keiner Beschränkung und Controle unterliegt, daß dasselbe eine der wichtigsten constitutionellen Bestimmungen und gegen alle Angriffe gesichert ist, um uns aufzufordern, diesen großen Vorzug republikanischer Verfassung nach allen Kräften zu benutzen.

Trotzdem sieht es mit den deutschen Vereinen in Amerika nicht besonders günstig aus. Trotzdem besteht der größte Theil der deutschen Vereine in Amerika aus geheimen Logen von keinem weitreichenden Einflusse und keiner humanen Thätigkeit, deren einziges Resultat die Zersplitterung des geselligen Lebens überhaupt ist. Trotzdem haben diejenigen Vereine, die ein wirklich gutes Streben verfolgen, die Vereine der Aufklärung, der Freiheit und des Fortschrittes, eine mühsame und unsichere Existenz; heute tauchen sie auf, morgen brechen sie wieder nieder, und das Ende vom Liede ist, daß die wenigen aufopferungsfähigen Leute durch das stete Mißlingen ihrer Bestrebungen selbst irre an ihrer Partei und ihrem Streben werden. Wer selbst nur kurze Zeit in Amerika war, hat schon vielfache Beispiele davon gesehen. Im vorigen Jahre schien das Vereinsleben namentlich der im Westen lebenden Deutschen einen schönen Aufschwung zu nehmen, in Wisconsin hatten sich sämmtliche freie Vereine zum „freien Menschenbund" vereinigt; in Louisville und Ohio waren die Plattformen der „freien Deutschen" aufgestellt, und namentlich in Ohio eine zweckmäßige Organisation der Freimänner-Vereine begründet. — Aehnliches hatten die freien Vereine von Illinois auf der Convention zu Peoria gethan. Wo sind gegenwärtig diese Organisationen? Kaum daß man noch eine Spur und eine Erinnerung an sie findet. Die Freimänner-Hallen werden, wie in St. Louis und Cincinnati, verkauft; die Freimänner-Vereine sind aufgelöst oder schleppen, wo sie noch bestehen, ein mühsames Leben fort. Woran liegt der Grund dieser traurigen Erscheinung? Zunächst allerdings darin, daß diese Vereine eine ausschließlich negative Tendenz, den Kampf gegen das Pfaffenthum, verfolgten, und durch kein positives Bestreben aufrecht gehalten wurden. Diese Vereine, welche mit positiven Mitteln, wie z. B. durch die Einrichtung von Schulen, für die Aufklärung sorgten, haben sich noch am längsten gehalten, und existiren zum großen Theil heute noch. Aber die hauptsächlichste Ursache an dem Verfall dieser Vereine liegt daran, daß es an einem brauchbaren Materiale zum Baue derselben fehlt. Den Menschen fehlt hier fast allgemein jeder höhere ideale Schwung, jede prinzipielle Grundlage, jede rationelle Tendenz, die ihn zu socialen und wissenschaftlichen Bestrebungen befähigte; die materiellen Sorgen und Mühen drücken ihn nieder; die Gemeinheit, die ihn umgibt, steckt ihn an; die plumpe, rohe Masse überwältigt den einzelnen voranstrebenden Mann; daraus kann man sich das traurige Resultat leider nur allzuleicht erklären. Die Kirche, das „Business" und das Bier: dies sind die drei Faktoren, welche jeder höheren und edleren Geselligkeit in Amerika entgegentreten, und die noch für lange Zeit ein geistiges Streben von der Masse der Deutschen fern halten werden.

Wenn auch dem so ist, so dürfen wir uns doch nicht gegen die Bildung von Vereinen überhaupt erklären. Auf so niedriger Stufe die Vereine auch stehen, sie stiften doch noch etwas Gute, und ohne sie käme oft nicht der geringste Funken von Aufklärung und Freisinnigkeit an manchen jungen Menschen heran. Der Weg, den man hier einschlagen muß, ist nicht, das Ungenügende zu unterlassen, sondern zu vervollständigen.

Die deutschen Vereine, welche es in ihrer Organisation am weitesten gebracht und bis jetzt schon die bemerkenswerthesten Resultate erreicht haben, sind offenbar die Turnvereine. Mit verhältnißmäßig geringen materiellen und intellektuellen Mitteln begründet, haben die Turner jetzt eine Organisation zu Stande gebracht, die sich über die ganze Union erstreckt und viele Tausende von Mitgliedern zählt. Von der körperlichen Uebung des Turnens ausgehend, haben sie auch das Reich der geistigen Bildung zu ihrem Eigenthume zu machen gesucht; unter ihrer Pflege werden Vorlesungen und Debatten gehalten und Schulen, Bibliotheken u. s. w. gegründet. Sie haben sich durch ihr Organ, „die Turnzeitung" und die neulich gefaßten Tagsatzungsbeschlüsse für eine Partei des Rechts und der Freiheit in Bezug auf amerikanische Politik erklärt, und dadurch den ersten Grundstein zu einer Organisation der freien Elemente in politischer Beziehung gelegt. Alles dies sind Anfänge einer tüchtigen Wirksamkeit, und wenn die Turner die bedenklichste Periode der Jugend, die Flegeljahre, glücklich überwinden, so können sie viel zur Hebung und Veredlung des deutschen Elementes beitragen.

Die Turnvereine sind in der letzten Zeit vielfach zum Gegenstande der öffentlichen Besprechung gemacht worden, und die selbst mitunter bitteren und ungünstigen Urtheile über dieselben können ihnen nur zum Vortheile gereichen, wenn man sie einer vorurtheilsfreien Prüfung unterwirft. Man findet in den Turnvereinen allerdings noch manche Anklänge an das burschikos-renomistische Studententhum auf der einen, und das rohe, materialistische Knotenthum*) auf der andern Seite; es sind noch viele jungenhafte, unreife Züge in den Vereinen, namentlich in den kleineren, und vor Allem ist ein gewisser Corporationsstolz zu tadeln, mit dem der Turner sich auf diese seine Eigenschaft und die damit verbundenen Jacken und Bänder Etwas zu Gute thut. Würden diese jungen Eigenschaften sich weiter entwickeln, so kämen wir in Gefahr, in den Turnvereinen ähnliche Anstalten zu sehen, wie in den mit Recht berüchtigt gewordenen amerikanischen Feuercompagnien gewisser amerikanischer Städte, deren Mitglieder jeglicher Zucht und Sitte überhoben zu sein scheinen, sobald sie die Feuermanns-Uniform angezogen haben. In den Turnvereinen sind indessen diese Elemente in der Minderheit, und die Richtung, welche Turnzeitung und Tagsatzung eingeschlagen hat, bürgen uns dafür, daß dieselben immer mehr und mehr daraus verschwinden werden.

Die Turnvereine bilden die einzige zusammenhängende Organisation der deutschen Bewohner dieses Landes, und werden deßhalb von socialer und auch politischer Bedeutung werden, wenn sie ihre Aufgabe richtig begreifen und die nöthigen Mittel dazu wählen. Sie müssen suchen, dasjenige, was von Geist und Intelligenz in der deutschen Bevölkerung zerstreut ist, an sich zu ziehen und es zur Bildung und Erziehung ihrer Mitglieder zu verwenden. Es sollten übrigens auch alle diejenigen, welche für den socialen und politischen Fortschritt der Deutschen streben, an den Turnvereinen nicht gleichgültig vorübergehen, denn sie treffen selten mehr Gelegenheit, wirken zu können und Propaganda zu machen, wie gerade in diesen Kreisen jugendlicher Männer, die ja doch alle mit wenigen Ausnahmen den Fortschritt wollen und wünschen. Auf der andern Seite sollten aber auch die Turner sich von einem gewissen Exclusivität lossagen, als bestände die ganze Welt für sie nur im Turnvereine, als müßten alle geselligen, künstlerischen, wissenschaftlichen und politischen Bestrebungen auf dem Boden der Turnvereine vollendet werden. Die Organisation des Turnerbundes bietet dem Turner nur eine Gelegenheit, sich an andern verwandten und gleichgesinnten Organisationen und Bestrebungen zu betheiligen; der Turnerbund als solcher kann nicht Alles

*) Wir brauchen wohl nicht erst zu sagen, daß wir mit diesen Worten keinen Stand, keine Menschenklasse, sondern ein gewisses Betragen bezeichnen, das sich unter Menschen aller Stände findet.

thun, was hier zu thun nothwendig ist, aber die einzelnen Turner können zu allen nothwendigen Bestrebungen ihre Hand reichen, ohne dadurch ihre engere Organisation aufzulockern. Ueberhaupt muß bei aller Treue und Anhänglichkeit an den Turnerbund niemals ein Corporationsgeist sich der Mitglieder bemächtigen; die Turner mögen sich immer daran erinnern, daß nicht der Turnverein, die Blüthe und das Gedeihen desselben, ihr oberster Zweck ist, sondern daß der Turnverein nur ein Mittel ist zur Erfüllung allgemeiner Zwecke der Cultur und der Freiheit.

Indem wir den Turnvereinen zu den freisinnigen Beschlüssen der letzten Tagsatzung und zu der tüchtigen Leitung ihres Bundesorganes gratuliren, freuen wir uns selbst darüber, daß endlich einmal ein Anfang zu einer allgemeinen Organisation der Deutschen gemacht ist, zu einer Organisation, die unabhängig von den amerikanischen Parteiverbindungen und unbeeinflußt von den Aemteriägern ist. Mögen sich die Hoffnungen, die wir an diese Organisation knüpfen, realisiren.

Die europäische Börse.

Wir sprechen so viel von dem Einfluß des Geldes auf die amerikanische Politik, und in der That, die Corruption ist so groß und tritt so schamlos nackt an den Tag, daß wir geneigt werden, sogar die europäischen Verhältnisse der hiesigen Wirthschaft vorzuziehen. Wie die Corruption sich in der kleinsten Stadtwahl geltend macht, so durchdringt sie auch die wichtigsten Verhältnisse der Union, und das Uebergewicht, welches die Sklaverei in den letzten Jahren davon getragen hat, ist am Ende nur dem Uebergewicht des großen Kapitales, welches im Sklaveneigenthum repräsentirt ist, zu verdanken. Schon spricht man davon, daß einer der größten Geldmänner in Amerika, George Law, die Nomination zur Präsidentschaft erhalten solle, und damit hätte dann die Herrschaft des Dollars, die in allen untergeordneten Verhältnissen geltend ist, auch in dem höchsten Amte der Union einen entsprechenden Ausdruck gefunden. Wir Europäer sind gewöhnt, diese schamlose Corruption mit Verachtung zu betrachten, und die heimischen Verhältnisse trotz aller Despotie und Ungerechtigkeit doch noch der hiesigen Käuflichkeit und Bestechlichkeit vorzuziehen. Allerdings ist in Europa die Herrschaft des Geldes nicht so unumschränkt und absolut wie in Amerika; sie muß sich mit der Krone, dem Adel u. s. w. in die politische Macht theilen, aber trotzdem regiert das Geld, namentlich das große Kapital, in Europa alle Verhältnisse, so daß wir den gegenwärtigen politischen Zustand gar nicht begreifen können, wenn wir die Einflüsse der Börse nicht in Anschlag bringen.

Mit Staunen lesen wir in den Zeitungen, daß wieder ungeheure Anleihen von Oesterreich, Frankreich, England ausgeschrieben werden, Anleihen von wirklich fabelhaften Summen, obgleich die bisherige Rente dieser Staaten, namentlich Frankreichs und Oesterreichs, schon ein bedeutendes Defizit bewirkte. Trotz der mehr wie unsichern Verhältnisse dieser Staaten, trotz der Ueberverschuldung, welche in keinem Vergleiche zu der Einkünfte und zum nutzbaren Eigenthum der Staaten steht, trotz des jährlich steigenden Defizits, scheint der Credit mit den Schulden und der Zahlungsunfähigkeit zu wachsen. Und nicht nur der Credit, auch die Popularität, die Sicherheit der bestehenden Regierungen, die Stabilität des Despotismus, die Dauerhaftigkeit des status quo scheint mit der wachsenden Schuldenmenge zu wachsen, und aus jeder finanziellen Verlegenheit eine Garantie für die Dauer der bestehenden Verhältnisse hervorzugehen. Könnte man sich in Frankreich und auch selbst in England eine dauernde Regierung denken, ohne die enormen Menge der Staatsschulden? Gewiß nicht. Durch die Staatsschulden werden eine Menge Privatinteressen an den Bestand der gegenwärtigen Regierungen geknüpft; der bei weitem größte Theil des Privatvermögens ist von dem Stande der Kurse abhängig; der besitzende Theil des Volkes muß den Bankerott des Staates als seinen eigenen Bankerott betrachten, und daher die Angst vor Umwälzungen und Katastrophen, daher die blinde Unterwürfigkeit unter die bestehende Gewalt, daher die Unterstützung einer Regierung, die man im Grunde des Herzens haßt und verachtet, daher die immer neuen Opfer, welche man in das Danaidenfaß des öffentlichen Schatzes wirft. Hätten die europäischen Staaten keine Schulden, sie schwebten in der Luft; eine Katastrophe würde der andern folgen. Aber die Schulden sind die Fäden, welche die öffentlichen Interessen mit tausend und aber tausend Privatinteressen verbinden; sie sind das eigentliche Fundament des conservativen Elementes im Volke, jenes Elementes, das sich Alles gefallen läßt, wenn es nur den Dollar behält, und welches wirksamer, wie die zwei Millionen Bajonette Europa's, die Revolution zurückhält. Je mehr neue Anleihen aufgenommen werden, desto tiefer gräbt man den bestehenden Zustand der Dinge in den Egoismus der Kapitalisten ein, und wenn man es macht, wie Louis Napoleon, wenn man nicht von den Kapitalisten, sondern von den Arbeitern leiht, wenn man nicht ganze Millionen, sondern nur einzelne Franken borgt, so identifizirt man das Interesse des Gouvernements mit dem pekuniären Interesse der breiten Massen des Volkes. Unter allen Grundlagen des Despotismus scheint uns diese die sicherste zu seyn. Wenn man den Despotismus auf den Aberglauben baut, so kommt der nimmer ruhende Geist der Forschung und Aufklärung, und unterwühlt die Grundlage. Wenn man zu seinem Fundamente die brutale Gewalt macht, so wird diese am Ende mächtiger, als jener, und entsteht die wechselvolle Zeit der Pretorianerherrschaft. Wenn man den Staat auf Verträge und Constitutionen gründen will, so wird dadurch ein Schwanken zwischen den verschiedenen Gewalten hervorgebracht, welche den Staat unterwühlt. Gründet man aber den Despotismus auf den gemeinen Egoismus, auf die Liebe zum Gelde, auf die Hab- und Gewinnsucht, dann hat man eine Grundlage gewonnen, die eben so unzerstörbar und unverwüstlich ist, wie der gemeine Egoismus der Massen.

Was ist es, was heute die Politik beherrscht und den Ereignissen ihre Bedeutung giebt? Kein menschliches Interesse, kein Prinzip, keine Idee, nicht einmal ein Vorurtheil, — nein einzig und allein der Stand der Kurse. Dem Stand der Kurse opfert man politische Ueberzeugung, persönliche Unabhängigkeit, vorgefaßte Meinungen, hergebrachte Ansichten, gegebene Versprechungen, kurz, Alles und Alles. Der Legitimist in Fauburg St. Germain jubelt dem Bonaparte zu, wenn der Staatsstreich die Aktien der Bank von Frankreich um 100 Franken in die Höhe treibt; der getreueste Verehrer der Orleans, der Cottonspinner in Mulhausen oder Rouen, zeichnet hunderttausende in die Napoleon'sche Anleihe, und selbst der rothe Republikaner der Junibarrikaden, der Arbeiter aus dem Fauburg St. Antoine, bringt seine funfzig Franken zu der Kasse des Staatsstreichs, wenn die Kurse zwei oder drei Franken höher stehen. Wenn irgend eine ungeheure That geschehen, und auf Tausenden von Leichen und auf einer Welt von Trümmern ein Sieg erfochten, wenn Sebastopol gefallen ist, so ist die erste Frage nicht die: Wie viel tapfere Franzosen sind gefallen? sondern, um wie viel Prozent sind die fünfprozentigen Papiere gestiegen? Mit dieser Nachricht fliegt der Telegraph zuerst nach Amerika und nach allen Theilen der Welt, und die Welt notirt erst die Kurse und dann das Ereigniß.

Und was ist es, was man mit dem Steigen der Kurse gewonnen hat? Es ist ein altes Wort: je höher die Kurse, desto tiefer das Volk. Es ist ein umgekehrtes Verhältniß zwischen den Interessen des Volkes und denen der Börse. Wenn die Aktien der Börse auf voll stehen, sind die Aktien des Volkes, des Arbeiters, auf Null gesunken; wenn aber die Kurse der Börse auf Null stehen, dann kommt das Volk in Cours.

Der Besitz von Staatsrenten ist nichts weiter, als die Erlaubniß, sich an dem offiziellen Plünderungssystem des Staates zu betheiligen. Der Steuerzahler zahlt dem Kapitalisten seine wucherischen Zinsen, und der Staat vermittelt das Wuchergeschäft. Der Staat ist an dem Spiel-

tische der Börse der Croupier, der die Gewinnste vertheilt und den Pro-
fit einstreicht. Es ist ein ganz einfaches Experiment. Der Staat und
sein Land wird betrachtet, etwa wie eine Mine oder eine Fabrik, aus der
die Besitzer möglichst viel und schnell Interessen ziehen wollen; sie rufen
Alle, die Geld haben, dazu, sich an dem Ausbeutungsgeschäft zu betheiligen; es entsteht eine lebhafte Concurrenz, um Theil an der Beute zu
haben; so wird das Volk verhandelt und zum höchsten Preise ausgeboten.

Und wer sich einmal in den Strudel gestürzt hat, wer sich einmal
dem Satan des Börsenspieles verschrieben hat, der ist daran gebunden,
der ist verloren; der muß den verwesenen Zuständen der Gegenwart
bis in ihr Grab nachfolgen. Die Fabel vom Bolzen, in Shakespeare's
„Juden von Venedig", ist eine wahre Geschichte. Wer einmal einen
Bolzen abgeschossen hat und ihn verloren, muß den zweiten und dritten
und den letzten abschießen, um den ersten wieder zu finden. Wer einmal sein Geld in Staatsfonds angelegt hat, muß auch bei jeder neuen
Anleihe wieder dabei sein, um den Staat und dabei sich selbst vor Bankerott zu retten. Dabei fallen seltsame Sachen vor. Als z. B. De-
sterreich während des letzten Ungarkrieges am Rande des finanziellen
Abgrundes war, gaben die Holländer zu einer neuen Anleihe noch eine
bedeutende Summe; sie verwünschten Oesterreich und sympathisirten, —
schon aus bornirtem Protestantismus, — mit den Ungarn; — aber sie
hatten zu viel österreichische Staatspapiere, u. durften daher den öster-
reichischen Despotismus nicht untergehen lassen. So geht es überall.

Aus denselben Gründen, aus denen die europäischen Staaten immer neue Anleihen brauchen, geben die europäischen Völker immer
neue Darlehen, und so schwellen die Anleihen und Darlehen immer
mehr an, bis —

Nun, das ist gerade der Vortheil von der ganzen Geschichte, daß
alle die schnoden Geldinteressen, welche die Menschen gegenwärtig zu
schlecht und gemein machen, sich an die Sohlen der zum Abgrunde
schreitenden Despotie geheftet haben, und daß sie derselben unerbittlich
bis zum letzten Verhängniß folgen müssen.

Die Wurzeln der Despotie haben sich tief in das Erdreich unserer
socialen Verhältnisse eingegraben, und wird dieselbe gestürzt, so wird weit
und breit das Erdreich umwühlt, daß sie für eine neue Aussaat empfäng-
lich wird.

Ja, wenn es sich um weiter nichts handelte, als die Könige und
die Pfaffen abzuschaffen, die Revolution würde nicht bis Morgen auf
sich warten lassen. Wenn wir uns 1848 damit hätten begnügen wollen,
jeder deutsche Philister wäre damit zufrieden gewesen. Aber die Wurzeln der bestehenden Zustände reichen in das Privatinteresse jedes ein-

zelnen Menschen herein, und mit dem Bestehen politischer Einrichtungen wird Manches zusammenfallen, das die Welt noch mit Liebe und Zuneigung betrachtet.

Gewiß, es würde in Europa noch lange so gehen, wie es geht, wenn es nur so gehen könnte. Die Völker würden noch lange, lange Zeit ihre Unfreiheit ertragen, wenn sie dadurch vor einem allgemeinen Bankerott bewahrt blieben. Die unbestimmte Angst vor Anarchie und Communismus hält die Leute mehr vor revolutionären Bestrebungen ab, als Kanonen und Bajonette. Aber das ist es gerade, was die Katastrophe unabwendbar macht, daß die bestehenden Verhältnisse durch sich selbst einen allgemeinen Bankerott herbeiführen müssen, daß gerade die Mittel, durch welche sich heute der Despotismus rettet, morgen gegen ihn selbst und sein eigenes Fleisch und Blut wüthen. Das Defizit, d. h. der Ueberschuß der Staatsausgaben über die Staatseinnahmen, steigt, in allen großen Staaten Europa's von Jahr zu Jahr, und die Existenz dieses Defizits allein ist schon ein anticipirter Bankerott. Denn es ist kein großer Unterschied dazwischen, ob man überhaupt seine Schulden nicht bezahlt, oder ob man für Bezahlung derselben wieder von denen Geld erpreßt, welchen man schuldig ist. Und dies ist die Lage Englands, Oesterreichs, Frankreichs

Unterdessen wüthet die Hungersnoth in Deutschland, Frankreich, Irland. Während die politische Situation jeden Tag schwieriger wird, und sich die Gefahren in drohender Menge am politischen Horizont aufhäufen, wüthet der Hunger unter den Bauern und Arbeitern und reizt sie zu verzweifelten Handlungen. Das ist ein Zustand, der jeden Tag gewaltsame Katastrophen hervorbringen kann. Ob diese Katastrophe, ob die allgemeine europäische Revolution das Resultat hervorbringen kann, welches wir wünschen, dies ist allerdings eine schwer zu beantwortende Frage; daß aber diese Revolution in Bälde ausbrechen wird, dazu haben wir alle Garantien in den bestehenden Verhältnissen.

Herbst-Betrachtungen.

Die schönste Zeit in Amerika ist der Herbst, sagt man. Auch wir freuten uns nach einem wechselvollen, regnerischen Sommer auf die behagliche angenehme Herbstzeit, die uns in Amerika den mangelnden Frühling ersetzen muß. Aber nur wenige von den schönen Tagen, die wir erwarteten, sind gekommen; nur wenige von den Hoffnungen, die wir begten, erfüllt. Schon ist Alles winterlich um uns her; die Strahlen der Sonne haben keinen Glanz und keine Wärme mehr; die Wälder verlieren ihr Farbenspiel; der Sturm heult über den grauen mißfarbigen See, und schon spielen die Schneeflocken mit den fallenden Blättern der Bäume. Da sieht es freilich auch in uns winterlich aus; die Zukunft erscheint uns kalt und trübe, und in der Vergangenheit finden wir nur traurige Erinnerungen und getäuschtes Hoffen. Ueberhaupt sind in Amerika die klimatischen Verhältnisse, wie alle Naturbestimmtheiten, viel mächtiger als in Europa; hier hat die Civilisation noch nicht so nivellirt und egalisirt als drüben; hier leben wir noch in den Armen der Natur und sind von ihrer wechselnden Güte und Strenge abhängig. Der Winter verändert hier viele Verhältnisse, die in Europa von ihm unabhängig sind; Handel und Verkehr wird durch ihn vermindert; das einsame, ungesellige Leben vermehrt seine Strenge; Theuerung und Elend aller Art ist in seinem Gefolge, und alle die Reize und Annehmlichkeit der Kunst und Geselligkeit, mit der wir in Europa die Winterabende schmücken, machen hier einer trostlosen Langeweile Platz. Da ist es denn freilich wohl natürlich, dem scheidenden Sommer mit Wehmuth nachzublicken; da drängen sich denn gegen unsern Willen alle schwarzen Bilder vor die Seele, und rauh, wie Novemberwind, weht uns die Zukunft entgegen. Die Einsamkeit, in der wir das Leben verbringen, macht sich in unerträglicher Weise geltend, und man muß alle Kraft, allen Stolz und alle Selbstgenügsamkeit des Mannes aufbieten, um nicht in Trübsinn zu versinken.

Ja, wenn wir nur noch mit dem Bewußtsein in den Winter hinein gehen könnten, daß der Sommer uns seine Früchte und der Herbst seine Ernte gebracht hätte! Wenn wir von dem, was wir das Jahr über gethan, behagliche Erinnerung nähren könnten! Wenn wir Zufriedenheit mit uns selbst und Gleichmuth des Gemüthes mit in den Winter hinein bringen könnten! Dann ginge Alles. Dann wäre der Winter die Zeit geselliger Einkehr in uns selbst, eine Aufforderung philosophischer Selbstbetrachtung, eine Gelegenheit, uns mit uns selbst zu versöhnen. Aber in diesem unsteten Leben, bei dem Mangel aller inneren Befriedigung, bei den vielen Widersprüchen, die unser Leben zerreißen, und der nüchternen, unpoetischen Stimmung, die überall waltet: da ist es schwer, an der Einsamkeit Gefallen zu finden, und sich mit sich selbst zu begnügen.

Der Winter wird voraussichtlich ohne große Ereignisse vorübergehen. In Amerika wird die Agitation vor den Herbstwahlen eine allgemeine Erschlaffung in politischer Beziehung zur Folge haben, und die ohnehin gedrückte Stimmung noch mehr niederdrücken. In Europa wird man einen resultatlosen Winterfeldzug in der Krim führen, und sich in noch resultatlosere Friedens-Unterhandlungen einlassen. Dazwischen wird die Hungersnoth in Europa wüthen und Amerika von einer Geldkrisis in die andere fallen, so daß überall unbehagliche Zustände und unerfreuliche Thatsachen uns begegnen. So wird der Winter vorübergehen mit kalten, herzlosen Ereignissen; wir müssen dem nächsten Frühling alle unsere Hoffnungen und Illusionen anvertrauen.

Und wie wir die großen allgemeinen Hoffnungen verschieben müssen, so auch die kleinen persönlichen Wünsche. Ein wenig Geselligkeit und Freundschaft wäre am Ende genug, um alle Schwierigkeiten zu mildern; ein wenig Kunst und Poesie könnten sich wie eine schützende Decke um unser Herz legen, um es vor dem Erfrieren zu bewahren. Aber so geringe Ansprüche man auch in dieser Beziehung machen will, sie werden doch nicht befriedigt. So bleibt denn nichts anders übrig, als sich in seinen Beruf zurückzuziehen und durch Arbeit der Zeit Meister zu werden suchen.

Das sind Aussichten, grau und trostlos, wie der November-Himmel, an dem die düstern Wolken vorüberjagen. An solchen Tagen und in solcher Stimmung müssen wir unserer alten Doktrin abtrünnig werden, daß die Summe der menschlichen Glückseligkeit bei allen Menschen dieselbe ist Denn man findet in seinem eigenen Leben einen solchen Unterschied der Stimmung und Laune, daß man in trüben Stunden gar nicht begreifen kann, wie man überhaupt nur jemals eine Hoffnung hegen oder eine frohe Stunde haben konnte. Man findet einen solchen unermeßlichen Unterschied zwischen dem Glück, dessen wir fähig sind, das zu unserer Natur paßt und von derselben verlangt wird, und zwischen der Lage, in der wir uns wirklich befinden, daß wir das Recht haben, dem Schicksal unsern Fluch zuzurufen. Dies spottet aller Erfahrung und allen Naturgesetzen. Denn überall in der Natur entwickelt jedes Ding alle seine Kraft, zeigt alle seine Eigenschaften, erreicht alle seine Wirkungen; aber der Mensch kann oft den besten Theil seiner Kraft nicht anders anwenden, als zu seiner eigenen Vernichtung.

Und doch — haben wir denn eigentlich Ursache, uns zu beklagen? Leben wir nicht in einer merkwürdigen Zeit, in einem großen Jahrhundert? Ist dies nicht die Zeit großer historischer Ereignisse und wissenschaftlicher Forschungen? Werden unsere Nachkommen nicht diejenigen bewundern, welche auf der Markscheide der alten und neuen Zeit standen, und die alten Götter sterben, die alten Zustände vergehen sahen? Die Weltgeschichte zieht mit raschen, bedeutenden Scenen an uns vorüber; wir erleben in dem Zeitraum eines Jahres ein Jahrhundert; Schlacht folgt auf Schlacht; ein Ereigniß verdrängt das andere, und die wechselnden Zustände fliegen an uns vorüber. Wird nicht jeden Tag unsere Aufmerksamkeit auf's Neue beschäftigt, unser Interesse in Anspruch genommen, unsere Hoffnung neu belebt, unsere Thätigkeit gesteigert? Sind wir nicht Alle, der Kleine, wie der Größte, mithandelnde Personen in

dem großen Drama; können wir nicht so stolz sein, zu sagen: die Weltgeschichte ist unsere eigene Geschichte? Und in diesem reichen, wechselvollen Leben fänden wir Gelegenheit, zu klagen, und Zeit, Langeweile
zu empfinden? Wenn die Leute klagen und zürnen, die der Vergangenheit angehören, die Gläubigen, Frommen, denen man schonungslos die
Wunder der Religion und die Romantik des Mittelalters zerstört, so ist
dies erklärlich und natürlich, — aber wir, die wir unser ganzes Leben der
Zukunft verschrieben haben, die wir ganz der Zukunft angehören, wir
sollten nicht frei und stolz und glücklich dieser Zukunft entgegensehen? Wie
sollten wir zu melancholischen Herbstgedanken kommen, da wir an der
Schwelle des Frühlings stehen; wie könnten wir uns mit traurigen Erinnerungen quälen, da wir nicht rückwärts sondern nur vorwärts zu sehen
haben?

Ja, auch noch durch die Wolken des Herbstes hindurch scheint die
freundliche Sonne. Prächtig steht der Wald in seinen tausend Farben
da; der Strom wälzt sich an ihm vorüber mit schwellenden Fluthen, die
der geschäftige Schiffer noch zur letzten Frist mit Segeln und Masten be-
völkert. Schwärme der Vögel ziehen her und hin, und rufen uns den
Abschied zu. Mit einem Stolze, der eines Königs würdig, fährt der
Bauer den hochbeladenen Wagen zur Stadt; auf den Märkten, in den
Mühlen, am Flusse ist Alles lebendig; überall ist reges, geschäftliches
Leben und ein Wetteifer von Thätigkeit und Rührigkeit wird entfaltet.
Da gilt es nicht zu klagen und zu murren, sondern an der allgemeinen
Thätigkeit Theil zu nehmen; da gilt es zuzugreifen, daß man auch
seinen Theil an der Erndte bekommt. Der Egoist bedenkt, daß die Be-
nutzung des Augenblickes mehr werth ist, als die ganze Zukunft, und
handelt darnach. Sind wir aber nicht alle Egoisten? Ja, wir sollten
keinen Tag vorübergehen lassen, dem wir nicht seinen vollen Werth
abgewinnen, und kein Herbst sollte für uns anbrechen, der nicht auch seine
Erndte hätte. Was nützt alles Sehnen und Warten auf die Zukunft?
Man sehnt sich so viel nach Glück und Zufriedenheit, aber das ist
gewiß: jeder Mensch hat schon so viele Gelegenheit dazu ungenützt
vorübergehen lassen, daß es hingereicht hätte, ein Dutzend Leben glücklich
zu machen. Erst wenn die Sonne untergeht, sehen und empfinden wir
ihre Pracht; erst im Herbste unseres Lebens merken wir, wie gut und
glücklich wir hätten sein können.

Religiöser Fanatismus in Amerika.

Wir haben mehrmals die Ansicht ausgesprochen, daß die Religion in Amerika mehr Sache des Herkommens, der Mode und des Geschäftes sei, als des Herzens und der Ueberzeugung, und wir können von dieser Ansicht immer noch nicht ablassen, trotzdem daß wir Ausbrücke des religiösen Fanatismus zu berichten haben, welche an die finstersten Zeiten mittelalterlicher Intoleranz erinnern. Es scheint in der That, als wenn der fanatische Geist, der die Louisviller Mordthaten hervorgerufen hat, immer noch fortspuckt. Der puritanische Geist scheint in Amerika einen noch finsterern Charakter angenommen zu haben, wie in England zu Zeiten Cromwells, denn damals hatte der Puritanismus durch seine Opposition gegen den Katholizismus eine gewisse historische Berechtigung; er verfolgte die dunkeln Schatten der Vergangenheit, die Inquisition und den Papismus, mit revolutionärem Eifer, und leitete eine neue Phase der menschlichen Entwickelung ein. Aber der amerikanische Puritanismus kämpft nicht nur mit der Vergangenheit, sondern vornehmlich mit der Zukunft; er läßt am Ende sogar seine Opposition gegen den Katholizismus fahren, um seine Waffen gegen die moderne Weltanschauung, gegen die Philosophie und die naturwissenschaftliche Auffassung der Dinge, welche er Unglauben nennt, zu richten. Dieser Haß gegen den Unglauben ist in jedem Puritaner zehnmal mächtiger, als der Haß gegen den Katholizismus, denn am Ende stehen katholische und puritanische Pfaffen und Zeloten doch auf einem und demselben Boden. So sieht man, wie in den Nichtswisser-Logen und in ihren Blättern das Geschrei über die „Infidels" die Opposition gegen Papismus und Jesuiten in den Hintergrund gedrängt hat; so sehen wir, wie jede Reformidee aus den nativistischen Bestrebungen verschwindet, und nichts wie reaktionäre Tendenzen übrig bleiben. Dies Schicksal haben wir dem Nativismus und Puritanismus immer profezeit; so gut wie er seine Opposition gegen die Sklaverei aufgeben mußte, wird er auch noch die Opposition gegen den Katholizismus aufgeben, und sich in seinem wahren reaktionären Charakter als erbitterten Feind der Freiheit und Aufklärung zeigen.

Zwei auffallende Beispiele haben wir zum Beweis dieser Thatsache. Der „Corsar" erzählt uns von Milwaukie folgenden Vorfall.

„Am letzten Mittwoch starb die Gattin des Herrn Gustav Pfeil, eines begüterten Bürgers dieser Stadt, nach langjährigen Leiden. Schon seit Jahren war es der Wunsch der Verstorbenen gewesen, nach ihrem Tode nicht begraben, sondern verbrannt zu werden, und sie nahm diesen

Wunsch nicht zurück*). Herr Pfeil achtete den Willen seiner verstorbenen Gattin und machte daher am Donnerstag Anstalten, den Leichnam zu verbrennen. Er ließ Holz und andere Brennmaterialien auf sein Grundstück am Seeufer bringen, wurde aber von Sheriff Connover an der Vollstreckung des letzten Willens der Frau Pfeil verhindert. Die Kunde von der Verbrennung hatte sich blitzschnell unter der Bevölkerung von Milwaukee verbreitet, und viele Hunderte, namentlich Amerikaner und Irländer, versammelten sich vor dem Pfeil'schen Grundstücke, aber nicht, um der Todtenverbrennung beizuwohnen, sondern um sie zu verhindern und vielleicht noch andere Dinge zu begehen, womit die Stadt Milwaukee bis jetzt glücklicher Weise verschont blieb. Die ärgsten Drohungen wurden vernommen, und angesehene Amerikaner sprachen von Niederreißen des Pfeil'schen Hauses und von Lynchen des Herrn Pfeil selbst. In der Befürchtung, die Aufregung möge die Masse zu übeln Handlungen verleiten, intervenirte der Sheriff Connover und verhinderte die Verbrennung. Der Leichnam wurde dann auf den Kirchhof gebracht und in einer Gruft beigesetzt. Dies ist der Verlauf der Sache."

Die Art und Weise, in welcher das Know-Nothing Blatt „Daily American" über diese Affaire urtheilt, verräth ganz den wüthenden fanatischen Haß gegen die „Infidels„, der alle Know-Nothing-Logen beseelt. Der „American" sagt, sein christliches Blut sei ihm geronnen, als er den Holzstoß erblickte; er meint, dies Beginnen dürfe nicht erlaubt werden in einem Lande der Kirche, des Lichts und der Wissenschaft. Abgesehen von den dummen Phrasen dieser Zeitung, abgesehen davon, daß wir nirgend ein christlich Dogma finden, nach welchem die Verbrennung der Leichen ein Unrecht sei, müssen wir zunächst den Grundsatz aufstellen, daß das Christenthum in Amerika durchaus keine allgemeine Bedeutung und gesetzliche Gültigkeit hat, daß jede andere Religion, jeder Unglaube gerade so berechtigt ist, wie das Christenthum. Das Einschreiten der Obrigkeit war also in diesem Falle ein rein willkührliches und despotisches; gerade so gut, wie man die Leiche dem Willen Hrn. Pfeils entgegen begrub, konnte man auch priesterlichen Mummenschanz beigesellen, und überhaupt allen möglichen christlichen Unsinn begehen. Ueber diesen Punkt brauchen wir gar kein Wort mehr zu sagen, als daß wir an den ersten Paragraphen in den Amendements zur Ver. Staaten Constitution erinnern, welcher jede Einmischung des Staates in die Religion verbietet. Was nun die öffentliche

*) Wir persönlich haben schon vor zwei Jahren von dieser Dame, als sie damals, obwohl kränkelnd, noch nicht an den Tod zu denken hatte, den Wunsch aussprechen hören, daß ihr Leichnam verbrannt werden solle. Uebrigens ist Alles, was die Zeitungen von religiösen Gelübden und heiligen Gebräuchen, von Bramanenthum u. s. w. erzählen, nichts als Unsinn. Madame Pfeil war eine Dame von ungewöhnlich hoher Bildung, die durchaus auf dem Boden der modernen Weltanschauung stand, so daß Alle, die das Glück hatten, sie zu kennen, nur mit der größten Hochachtung an sie zurückdenken. Friede ihrer Asche!

Meinung, die Furcht vor Unruhen und Riots betrifft, so können wir gar nicht begreifen, wie dieser Vorfall ein solches Aufsehen erregen konnte, da er durchaus nichts Anstößiges und Verletzendes enthielt. Die Verbrennung der Leichen ist gewiß ein viel ästhetischerer Akt, als das Einscharren derselben; dafür spricht schon, daß die ästhetischen Griechen diesem Gebrauche huldigten. Polizeiliche Hindernisse konnten auch nicht im Wege stehen, da das Grundstück, auf welchem die Verbrennung vorgenommen wurde, der Art liegt, daß für die Nachbarn keinerlei Unannehmlichkeiten erfolgen konnten. Woher also die ganze Aufregung? Lediglich aus leidigem, traurigem Fanatismus. Bezeichnend ist, daß gerade Irländer und Amerikaner, Leute, die sich sonst immer in religiösen Fragen direkt gegenüber stehen, sich an der Zusammenrottung betheiligten, und daß bei dieser Angelegenheit die Ansichten sogenannter gebildeter Amerikaner mit den Vorurtheilen der Irländer zusammentrafen.

Ein anderer Fall, der sich in New-York ereignete, verdient diesem Ereigniß an die Seite gesetzt zu werden. Wir meinen die polizeiliche Verhaftung der Bekenner der „freien Liebe". Der „Pionier" erzählt Folgendes darüber:

„Die „freie Liebe" macht, namentlich in New-York, immer mehr Sensation und Fortschritte. Die Gesellschaft, welche den Mittelpunkt dieser Bewegung am hiesigen Orte bildet, vergrößert sich mit jedem Tage und die bedeutendsten Blätter widmen der Besprechung des Gegenstandes ganze Seiten. Die Versammlungen jener Gesellschaft finden jeden Montag und Donnerstag Abends von etwa 9 bis 11 Statt: 553 Broadway, drei Treppen hoch. Jeder kann eingeführt werden. Ein Herr mit einer Lady bezahlt 20 Cents, ein Herr ohne Lady 25 Cents. In der Versammlung vertreibt man sich die Zeit mit Tanzen, Unterhaltung, Redehalten, Bekanntschaften anknüpfen u. s. w. Die Plane der Vorsteher — an der Spitze steht Hr. S. P. Andrews — erstrecken sich auf das ganze Gebiet des Sozialismus. Sie wollen nach und nach das Volk immer mehr in diese Versammlungen hereinziehen, um es zu cultiviren und es an edlere Geselligkeit zu gewöhnen. Zu dem Zweck wollen sie Hallen bauen u. s. w. Im Hintergrunde steht auch das Projekt einer freien Universität. Aus der Sache kann um so eher etwas werden, da sich die intelligentesten Personen beiderlei Geschlechts dafür interessiren und weder engengende Statuten noch Glaubensbekenntnisse die Theilnahme beschränken.

„Wenn wir früher sagten, der Abolitionismus und die „freie Liebe" würden Nordamerika umgestalten, so sehen wir dazu in New-York erfreuliche Vorarbeiten. Erfreulich ist, daß die moralische, d. i. die Heuchler-Presse, den „Herald" voran, diese Bestrebungen in den Koth zieht und offen die Polizei dagegen hetzt. Dadurch werden die Prinzipien wie ihre

Vertreter auf die Probe gestellt und wir sind überzeugt, daß sich schon jetzt nicht blos Vertreter, sondern auch Vertreterinnen genug finden, welche bereit sind, das Märtyrerthum jeder Verfolgung auf sich zu nehmen.

"Nachschrift. Die Denunziationen der Polizei- und Pöbelpresse haben schon zu wirken begonnen. Die letzte Versammlung der „Free-love-Gesellschaft" am 18. war von ungefähr 500 Personen besucht und unter diesen war eine Menge Loafer und Polizisten, die mit dem Vorsatz resp. Auftrag gekommen waren, die Gesellschaft aufzubrechen. Gleichzeitig waren mehrere hundert Rowdies auf der Straße versammelt. Nachdem ein Paar Redner, unter denen der bekannte Alb. Brisbane, aufgetreten waren, fingen die Loafer Unruhen an und statt die Unruhestifter zu verhaften, verhaftete die würdige Polizei die Häupter der Gesellschaft, (Herr Andrews war wegen Unpäßlichkeit abwesend), namentlich Hrn. Brisbane, auch ein Paar Damen, wegen „disorderly conduct" und „keeping a disorderly house". So versteht also die fromme Polizei die Freiheit in New-York! Es versteht sich also von selbst, daß keine Idee von Unanständigkeit u. s. w. zu dem Verfahren berechtigt hat. Dasselbe ist nichts, als eine rohe Tyrannei, um den Pfaffen und dem Pöbel zu gefallen. Aber es ist zugleich ein vortreffliches Mittel, der angegriffenen Sache zu nützen. Die Vertreter und Vertreterinnen derselben werden jetzt erst zu wirken beginnen; davon sind wir überzeugt."

Wir müssen gestehen, daß uns solche Vorfälle selbst in Amerika, in dem Lande der Sklaverei und des Sklavenfanggesetzes, überraschen. In England wäre dies nicht möglich. Denn dort hält man sehr viel auf die persönliche Freiheit, Vereinsrecht u. s. w. und die dasselbe schützenden constitutionellen Bestimmungen. Aber in Amerika scheint man vom Habeas-Corpus Akte, Versammlungs- u. Vereinsrecht u. s. w. nicht viel mehr zu wissen. Im Interesse einer gefälschten, erheuchelten Religion und einer betrügerischen, geldgierigen Priesterkaste läßt sich der Amerikaner jede Beschränkung der persönlichen Freiheit und jede polizeiliche Brutalität gefallen. Der Plan des Herrn Brisbane ist allerdings auch den Pfaffen gefährlich. Bis jetzt sind in Amerika die Kirchen die Orte, wo die beiden Geschlechter sich sehen, wo Bekanntschaften angeknüpft werden und wo hinter dem Gebetbuche weg verstohlene Liebesblicke ausgetauscht werden. Die Kirchen wären nicht zur Hälfte so voll, wie sie sind, walteten nicht solche und ähnliche Motive zum Kirchenbesuche vor. Werden aber solche Hallen gebaut, wie es in dem Plane der „Free-Lovers" liegt, so wird man sie den Kirchen gewiß vorziehen, und das Verhältniß, welches für das Lebensglück des Menschen am wichtigsten ist, die Liebe und Ehe, bleibt von vornherein von puritanischer Heuchelei und ecclesiastischem Einflusse frei. Wir können nicht leugnen, daß uns dieser Plan der „Free-Lovers" sehr gut gefällt und wir von ihm hoffen, daß er eine Aenderung in den socialen Verhältnissen Amerika's hervorbringen wird. Eine Geselligkeit in großem Maßstabe wird dadurch hervorgebracht, die sich von der bisherigen Abzirkelung einzelner geselliger Kreise in Familien, Casino's, geheimen Logen u. s. w. vortheilhaft unterscheidet. Geselligkeit, Freundschaft, Liebe, mit Kunst und Wissenschaft verbunden, hatte in Griechenland ihre Tempel, geweihten Haine, zauberische Eilande, prächtige Marmorhallen; ach, wie lange wird es dauern, bis daß wir in diesem puritanischen Amerika die Feste von Mithylene feiern können?.

Wir sehen übrigens an solchen kleinen Vorfällen, welchem Zeitalter wir entgegengehen, wie rasch die Reaktion ist, die uns aus der republikanischen Atmosphäre der Constitution und Unabhängigkeitserklärung in das Zeitalter der Bigotterie und Priesterherrschaft zurückführt. Nicht nur in Bezug auf das Hauptthema amerikanischer Politik, auf die Sklaverei, ist eine vollständige Verleugnung der constitutionellen Bestimmungen über die Menschenrechte, die persönliche Freiheit u. s. w. eingetreten: nein in allen Gebieten können wir dieselbe Reaktion sehen, namentlich auf dem religiösen Felde. Der Amerikaner hat keinen Respekt mehr vor der Freiheit, der Pfaffe und das Büssineß ist ihm mehr werth wie sie.

Dieser beginnenden Barbarei und Unterdrückung gegenüber können wir nichts Anderes und Besseres thun, als uns immer und immer wieder auf die Grundsätze der Constitution, der Unabhängigkeitserklärung, der Jefferson'schen bill of rights zurückzuretten, um in der Verwirrung der Politik und der öffentlichen Meinung wieder festen Boden unter den Füßen zu gewinnen. Hier finden wir Anhaltspunkte genug, um uns gegen die Brutalitäten der Polizei und Pfaffen zu vertheidigen. Vor Allem muß ein großer Grundsatz wieder in's Leben zurückgebracht werden, der Grundsatz der Nichteinmischung des Staates in die Religion und der Religion in den Staat. Dieser Grundsatz ist der festeste Pfeiler jeglicher politischer und socialen Freiheit, und wir hoffen, daß es niemals den fanatischen Pfaffen, ob Puritanern, ob Jesuiten gelingt, ihn abzubrechen.

Macht die Civilisation den Menschen glücklicher, besser, freier?

Es ist ein bekanntes Wort von Jean Jaques Rousseau, daß die Bildung den Menschen nicht glücklicher mache, und in der That, wenn man das Leben der wilden Völker mit dem civilisirter Nationen, wenn man die Zustände, Sitten und Gebräuche der uncultivirten Landbevölkerung mit dem Leben der großen europäischen Hauptstädte vergleicht, so kann man dem berühmten Philosophen nicht ganz Unrecht geben. Es ist auch am Ende gerade kein Vorwurf, den man in diesen Worten gegen die Civilisation erhebt. Denn mit der Kategorie des Glückes kann man keinen allgemeinen Satz beweisen; das Glück ist ein relatives, schwankendes, launenhaftes Verhältniß, welches man nicht zum Maaße irgend einer allgemeinen objektiven Bestimmung gebrauchen kann. Das Glück ist eine schlechte Kategorie, mehr ein Spielzeug für Kinder, als ein Gegenstand der Thätigkeit für den Mann. Die Summe des Glückes ist bei jedem Menschen von seiner individuellen Organisation abhängig, und seine Anforderungen an dasselbe sind größer oder niedriger, je nach dem Maaße und der Beschaffenheit seiner Individualität. Je mehr Jemand fähig ist, glücklich zu sein, desto mehr ist er dem Unglücke unterworfen, so daß, wenn man das Durchschnittsmaaß zwischen der Höhe des Glückes und der Tiefe des Unglücks nimmt, man bei allen Menschen ziemlich dieselbe Summe finden wird. Je größere Fähigkeiten der Mensch zum Glücke hat, desto größer ist auch sein Bedürfniß dazu; desto mehr muß er also entbehren und vermissen. Da also der rohe, uncultivirte Mensch an das Leben keine andere Ansprüche macht, als die Befriedigung der natürlichen Bedürfnisse der Ernährung und Fortpflanzung, so ist er, was seine Zufriedenheit und sein Glück anbetrifft, in einer viel vortheilhafteren Lage, als der geistig entwickelte Mensch, dessen Organismus viele sociale, künstlerische u. dgl. Genüsse verlangt, die er sich selten zur vollen Genüge verschaffen kann, so daß also immer Entbehrung, Unzufriedenheit, Unglück entsteht. Was die Leute Glückseligkeit nennen, ist am Ende nichts anderes, als die Befriedigung aller Wünsche und Bedürfnisse, und diese Befriedigung kann natürlich um so leichter eintreten, je niedriger die Entwickelung eines Individuums steht, je mangelhafter seine Organisation, je thierischer seine Bedürfnisse sind. Das Glück ist also durchaus kein Maaßstab, nach welchem man den Fortschritt des Menschengeschlechtes beurtheilen kann.

Aber wenn man fragt, ob der Mensch durch die Civilisation besser und freier wird, dann hat man eine Frage von großer Bedeutung, deren Beantwortung Jedem, der sich um sich selbst und um die Menschheit kümmert, von dem lebhaftesten Interesse sein muß. Die Frage, ob die Menschen durch die Civilisation besser werden, wird am häufigsten von solchen Leuten verneint, welche ein persönliches Interesse haben, die Civilisation zu verhindern. Sie predigen gegen die Aufklärung und ihre Gefahren, weil sie in dem alten dummen Köhlerglauben eine Quelle ihrer Macht und ihres Einflusses finden; sie deklamiren gegen die lasterhaften Sitten und Gebräuche unserer großen Städte, weil sie gern wieder die idyllischen Zustände des mittelalterlichen Feudalismus mit Rittern und Leibeigenen,

Nonnen und Mönchen, dem jus primae noctis u. dgl. zurückrufen möchten. Diese Pfaffen und Romantiker aller Arten verstehen unter Moral nur die Befriedigung ihres Egoismus und die Anerkennung ihrer Privilegien. Mit einer solchen Moral haben wir hier nichts zu schaffen. Wir nennen den Menschen einen guten Menschen, der seine Zwecke erkennt und erstrebt; die Zwecke des einzelnen Menschen sind aber den Zwecken der ganzen Menschheit untergeordnet, so daß nur derjenige Mensch den Namen gut verdient, welcher in und mit der Menschheit lebt und die Aufgabe der Menschheit mit zu der seinigen macht. Dazu gehört, oder vielmehr darin besteht aber gerade die Bildung, und ohne sie kann niemals der Mensch den Namen „gut" verdienen. Oder man möchte denn die Bezeichnung „gut" in dem mitleidigen und spöttischen Sinne nehmen, wie man etwa in Frankreich von einem "bon homme" spricht. Gut in unserm Sinne, in dem Sinne, in welchem die Griechen von einem „schönen und guten Manne" sprechen (womit sie den Inbegriff aller republikanischen Tugenden bezeichneten) ist keine private Eigenschaft, sondern eine öffentliche Tugend, welche das Verhältniß des Menschen zur Gattung, zum Volke und Staate bezeichnet. Es ist darin Fleiß und Thätigkeit, Nützlichkeit, Humanität, Menschenliebe, Gerechtigkeit enthalten. Daß diese Eigenschaft ein Produkt der Erkenntniß des Menschen, der Erkenntniß seiner selbst und seiner Verbindung mit der Menschheit, seiner Aufgabe und Stellung in der menschlichen Gesellschaft sei, braucht wohl nicht näher ausgeführt zu werden. Je kenntnißreicher und selbstbewußter der Mensch ist, je civilisirter die menschliche Gesellschaft ist, d.h. je mehr und größere Zwecke sie verfolgt, desto mehr Gelegenheit findet der Mensch, der menschlichen Gesellschaft nützen zu können, d. h. sich gut zu zeigen. Aber ein Mensch ohne große Aufgaben u. Zwecke, ohne vielseitige Thätigkeit, ohne allgemeine Tendenzen, ohne bedeutendes Streben wird niemals mit dem Namen „gut" bezeichnet werden können, wenn er auch kein Unheil stiftet und keine Verbrechen begeht; ein Mensch, der sich von den Bestrebungen der Menschheit, der bürgerlichen Gesellschaft, des Staates isolirt, ein Wilder auf der einsamen Insel, oder ein Egoist im gemeinen Sinne des Wortes, der nichts Höheres kennt, als seine eigenen niederen Interessen, kann mit diesem Worte nicht charakterisirt werden. Wir sehen also, daß die Frage, ob die Menschen mit der steigenden Civilisation besser werden, eine überflüssige ist, da der Mensch ohne Civilisation gar nicht gut genannt werden kann.

Nur in Verbindung mit der Menschheit, nur in der Civilisation, — denn Civilisation ist nichts anderes, als der gesellschaftliche Zustand der Menschheit, — kann der Mensch sich gut zeigen. Der Zweck dieser gesellschaftlichen Verbindung ist die Freiheit. Gut und frei sind also reentische d. h. unzertrennbar zusammenhängende Begriffe; nur der gute Mensch ist frei, nur der freie gut. Die Freiheit ist ein Produkt innerer und äußerer Ursachen. Die inneren Ursachen sind Selbsterkenntniß, Selbstbewußtsein, vermittelst deren der Mensch die Naturnothwendigkeit als vernünftige Nothwendigkeit, das Naturgesetz als sein eigenes Gesetz erkennt. Die äußeren Ursachen sind solche Einrichtungen der gesellschaftlichen und politischen Zustände, die dem Menschen erlauben, treu gegen sich selbst zu sein, seiner eigenen Organisation gemäß zu leben und sich zu entwickeln. Wo beide Bedingungen zusammentreffen, da ist Freiheit. Beide sind aber ein Produkt menschlicher Bildung, Erkenntniß und Wissenschaft, und je mehr diese voranschreiten, je mehr Bildung verbreitet wird, je aufgeklärter die Leute werden, je mehr die Wissenschaften blühen, desto mehr Voraussetzungen und Garantien der menschlichen Freiheit sind gegeben. Die letzte Wurzel aller Freiheit liegt im Denken, und nur der denkende Mensch ist frei.

Ist der Wilde in der Wüste frei? Gewiß nicht. Gleich den Thieren des Waldes den Naturgesetzen unterworfen, isolirt von der Menschheit und ihren großen Bestrebungen, fehlen ihm alle Erfordernisse der Freiheit; selbst der Negersklave, der im barbarischen Süden Amerika's von der ersten leisen Spur menschlicher Cultur berührt wird, selbst der Leibeigene der sibirischen Steppen ist freier, wie er. Der Wilde hat gar keinen Willen, weil kein Objekt seines Willens da ist, kein Gegensatz zu seiner Persönlichkeit, an welcher er dieselbe bethätigen könnte. Wir sind ja nur dann und nur dadurch frei, wenn wir unsern eigenen Willen der menschlichen Gesellschaft gegenüber durchsetzen können, wenn wir uns unserer eigenen Persönlichkeit als im Unterschiede von den andern Naturprodukten und den andern Persönlichkeiten bewußt werden. Ohne diesen Unterschied und Gegensatz existirt keine Freiheit. Der thätige, handelnde, denkende, selbstbewußte Mensch ist frei, aber Thätigkeit, Gedanke, Selbstbewußtsein ist nur innerhalb der Grenzen der Civilisation möglich.

Der Mensch als reines Naturprodukt, das menschliche Leben als Naturerscheinung betrachtet, ist niemals frei. Wenn man den Menschen als Naturprodukt behandelt, wie es die moderne Moleschott-Vogt'sche Schule thut, — eine Auffassungsweise, die gerade jetzt in fast allen wissenschaftlichen Kreisen Mode geworden ist, — so fallen die Begriffe der menschlichen Freiheit, Zurechnungsfähigkeit, Verantwortlichkeit u. s. w. die Begriffe der Moral, gut, böse u. s. w. vollständig weg. Der Mensch handelt, wie er handeln muß, und es kann keine Rede davon sein, ob er gut oder schlecht, zweckmäßig oder unzweckmäßig, klug oder unklug gehandelt hat. Diese abstrakte Naturbestimmtheit liegt dem theologischen Begriffe von der Erbsünde zu Grunde; das „Fleisch" wird dem „Geiste" entgegengesetzt; nach der Seite des Fleisches ist der Mensch schwach, unfrei, gebunden, den Gesetzen der Nothwendigkeit unterworfen. So wenig wir auch mit den theologischen Doktrinen, und namentlich mit der schrecklichen Theorie der Erbsünde, zu thun haben; so gestehen wir doch einen natürlichen Hintergrund dieser symbolischen Doktrinen zu; der Mensch ist von Natur nicht das, was er sein soll; er ist als Naturprodukt jenen dämonischen Gewalten unterworfen, die der fromme Christ, der von Naturgesetzen nichts weiß, mit dem Namen „Teufel" bezeichnete. Dieser Teufel muß ausgetrieben werden — durch die Civilisation. Die Naturbestimmtheit, die Abhängigkeit des Menschen von der Natur, die unbewußte Identität des Menschen mit der Natur muß durch die Civilisation gemildert werden; wenn auch die Civilisation den Menschen nicht über die Naturgesetze stellt, so lehrt sie ihn doch, die Naturgesetze nach seinem Belieben zu verwenden; anstatt daß die Naturgesetze eine Schranke seiner Freiheit sind, werden sie zur Grundlage und zum Material derselben.

Worin besteht die Civilisation der Menschheit? In der Ueberwältigung der Natur. Seit den Tagen, als Achilles fruchtlos mit seinem Schwerte gegen die anrollenden Wogen des Meeres ankämpfte, sind schon viele, viele Siege über die Natur davon getragen. Das Meer ist dem Menschen keine Schranke mehr; die Eisenbahnen verkürzen den Raum und verbinden die Länder; der Dampf webt für die Menschen Kleider, und der elektrische Funken, den früher der zürnende Zeus als Blitz strafend auf die Erde schleuderte, bequemt sich jetzt, der fliegende Briefträger des menschlichen Gedankens zu sein. In diesen Siegen über die Natur besteht eben die Civilisation und die Freiheit, während in der Abhängigkeit von den Naturkräften das Wesen der Religion besteht. Während die Alten die Schrecken der Natur, die elektrischen Erscheinungen, die wilden Thiere, die großen Ströme, das Feuer u. s. w. als Gottheiten verehrten, haben wir diesen Erscheinungen der Natur ihre Schrecken genommen, und uns von dem Zwange derselben emancipirt. Diese Ueberwindung der Abhängigkeit von der Natur, diese Benutzung der Naturkräfte zu unsern Zwecken, das ist die eigentliche Wiedergeburt des Geistes, von welcher die Theologen figürlich sprechen. Wir wollen damit nicht sagen, daß die Civilisation etwas der Natur Entgegengesetztes, etwas Unnatürliches sei. Im Gegentheil, die Civilisation ist die Natur des Menschen. Es liegt in der Natur, in der Organisation des Menschen, sich über die Naturbestimmtheit zu erheben und die Naturgesetze zu seinen Zwecken zu gebrauchen. Es liegt in der Natur des Menschen, frei zu sein und nach Freiheit zu streben; Freiheit ist das natürliche Gesetz für den Menschen. Und je mehr Civilisation, desto mehr Freiheit.

Wir haben die Civilisation als ein zweiseitiges Verhältniß aufzufassen, in Beziehung auf die Natur und auf die menschliche Gesellschaft. Die Ueberwältigung der Natur, die freie Benutzung ihrer Kräfte und Gesetze, die Organisation der Gesellschaft in Uebereinstimmung mit den

Bedürfnissen der Einzelnen: dies sind die beiden Bedingungen menschlicher Cultur und Civilisation; eine ist von der andern abhängig; eine unterstützt die andere. In beiden Beziehungen ist die Menschheit in einem steten, raschen Fortschreiten begriffen, und namentlich seit dem Schlusse des vorigen Jahrhunderts, seit der amerikanischen und französischen Revolution, seit der Entdeckung der Dampfkraft und des Sauerstoffes, hat dieser Fortschritt grandiose Dimensionen angenommen. Nach den großen politischen Fortschritten im vorigen Jahrhundert kam die Blühezeit der Technik und Mechanik, der Erfindungen und Naturwissenschaften, und wir werden nicht lange zu warten haben, bis wechselsweise der Fortschritt in den Naturwissenschaften auch die Befreiung in der Politik zur Folge hat. Jeder Sieg über die Natur, jede Befreiung von der Naturbestimmtheit ist auch ein Fortschritt in socialer und politischer Beziehung, ein Beitrag zur menschlichen Freiheit.

Diese Einsicht erhebt uns über manche Verstimmungen und Schwierigkeiten der gegenwärtigen Periode. Denen, die sagen, daß die Civilisation den Menschen nicht freier mache, daß gegenwärtig trotz der großen und schnellen Fortschritte der Wissenschaften die politische Unfreiheit in Europa, die allgemeine Knechtschaft und Servilität immer mehr um sich greife: diesen Leuten können wir nur das Buch der Geschichte aufschlagen, um das Trügerische ihrer Behauptung zu beweisen. Trotz des politischen Druckes, der auf Europa, wie auf Amerika lastet, werden die Menschen jeden Tag freier und aufgeklärter; die Freiheit arbeitet sich mächtig von innen heraus, und wird auch bald äußere Gestalt gewinnen. Jede Schiene Eisenbahn, die gelegt wird, ist ein Nagel am Sarge des Mittelalters; jede neue Dampfmaschine ein Todesurtheil für den Despotismus.

Für den Augenblick freilich benützt in Europa der Despotismus die Mittel, welche zur Erringung der Freiheit bestimmt sind. Die Dampfwagen tragen die Soldaten auf das Schlachtfeld zur Unterdrückung der Freiheit; der Telegraph arbeitet im Dienste der Despoten und Speculanten; die Buchdruckerpresse ist ein Mittel zur Verdummung des Volkes und zur Verfälschung der öffentlichen Meinung; die Naturwissenschaften arbeiten einem plumpen, rohen Materialismus in die Hände. Könnte dies so fortgehen, so würde ein Despotismus entstehen, der weit unerträglicher wäre, als der Despotismus des Orientes und des Mittelalters. Denn es stehen jetzt dem Despotismus ungeheure Hilfsmittel zu Gebote, die, richtig angewendet, jede Regung der Freiheit unmöglich machen könnten. Aber die Mittel wachsen dem Zwecke über den Kopf. Die Freiheit und Civilisation schreitet trotz des Despotismus mit ruhigen sichern Schritten voran; die Völker verbinden sich täglich mehr; die Intelligenz der Massen vermehrt sich, die religiösen Schatten verschwinden, und die Fortschritte der Menschheit während eines Dezenniums übertreffen frühere Jahrhunderte.

Wir haben also nicht nothwendig, in den Urwald oder in die Wildniß zu fliehen, um Freiheit zu finden. Die Idylle des Urwaldes und der Wildniß verliert ihren poetischen Reiz, sobald man mit ihr näher vertraut wird. Der Mensch soll ein menschliches Leben führen. Je mehr er sich von den Menschen isolirt, desto unfreier und abhängiger wird er. Nur im Streben mit der Menschheit und für die Menschheit, nur in einer kräftigen energischen Thätigkeit innerhalb der Menschheit besteht die Freiheit des Mannes, die moralische Gesundheit desselben.

So sehen wir in allen Verhältnissen, daß die Freiheit nicht so sehr von äußeren Bedingungen und politischen Formen abhängig, sondern des Menschen eigenstes, innerstes Gut sei. Man kann den Menschen nicht durch ein politisches Gesetz frei machen. Dies sieht man am deutlichsten in Amerika. Die politischen Formen sind hier freier, als in irgend einem Staate der Welt; der persönlichen Freiheit sind die umfassendsten Garantien gegeben, und die ganze Staatseinrichtung ist nur ein biegsamer Abbruck der öffentlichen Meinung und des Willens der Majoritäten. Aber ist den hier wirklich Freiheit zu finden? In der That, manche Bestrebungen des amerikanischen Volkes, manche Symptome der öffentlichen Meinung verrathen uns, daß der Amerikaner gar nicht einmal eine Ahnung davon hat, was persönliche Freiheit ist. Das Temperenzgesetz hebt die persönliche Freiheit, die Handels- und Gewerbefreiheit und die Sicherheit des Eigenthums auf, und doch ist dieses Gesetz das Lieblingsthema der amerikanischen Politiker. Die Sonntagsgesetze, welche im direkten Widerspruche mit der Constitution stehen, werden mit einer wahrhaft katholischen Unduldsamkeit ausgeführt. Ueberhaupt ist der Amerikaner von seinen Pfaffen abhängiger, wie selbst der Russe von seinem Popen. Das Vorurtheil, das Herkommen regiert hier mit einer fanatischen Gewalt, und sebst die aufgeklärten Amerikaner wagen nicht, demselben zu opponiren. Fälle, wie die lebenslängliche Einsperrung des Williamson in in Philadelphia durch bloßen Machtspruch des Richters, wären in keinem Lande Europa's, Rußland vielleicht ausgenommen, möglich. Es ist keine Absurbität, zu sagen, daß die Leute selbst in despotischen Ländern, in Deutschland, Frankreich u. s. w. in vieler Beziehung freier leben, als in Amerika. Namentlich ist das Freiheitsgefühl und der Stolz des freien Mannes bei dem Engländer viel lebhafter, als bei dem Amerikaner, und es wird noch lange dauern, bis in Amerika das Freiheitsbewußtsein der Massen sich zum Umfange der constitutionellen Bestimmungen darüber erweitert hat. Der Grund davon liegt darin, daß die Civilisation in Amerika bloß eine äußerliche Hülle ist, welche die innere Rohheit und Barbarei verbirgt; sie ist etwas Fremdes, Angelerntes, Angekünsteltes, das nicht aus dem Wesen und der Organisation des Menschen selbst hervorgeht; sie ist ist nur eine oberflächliche Tünche, mit welcher man sich im gewöhnlichen Leben maskirt. Wird die Schminke weggewischt, so sieht man die Wildheit und Rohheit des Urwaldes. Dies kann man an tausend Beispielen sehen. Man hat deßhalb mit Recht von dem „indianischen Elemente im amerikanischen Volkscharakter" gesprochen. Was man bis jetzt in Amerika Erziehung nennt, besteht im Allgemeinen bloß in der Mittheilung solcher Kenntnisse, welche dazu dienen, Geld zu erwerben oder in der Gesellschaft zu glänzen. An eine organische Entwickelung aller menschlichen Kräfte, an eine übereinstimmende Geistes- und Herzensbildung, an eine sittliche Veredelung des Menschen durch Kunst und Wissenschaft denkt man hier nicht. Daher ist auch das Schicksal Amerika's noch lange nicht für alle Zukunft entschieden; ebenso oberflächlich, wie die Civilisation dieses Landes, schweben die trefflichen Grundsätze der amerikanischen Verfassung über einem Chaos roher, wuster, ungeordneter Thatsachen und Zustände, die mehr, wie Einen Keim der Barbarei in sich enthalten. So viel scheint gewiß, daß die civilisirten Nationen Europa's trotz des gegenwärtigen Despotismus mehr zur Freiheit befähigt sind, als die Amerikaner, und daß die Engländer, die Deutschen, ja selbst die Franzosen mit einer amerikanischen Verfassung und einer Jeffersonianischen bill of rights freier und glücklicher leben würden, als der puritanische Bewohner der Neu-Englandstaaten. Hoffentlich wird bald die Zeit kommen, wo ein solcher Vergleich in der Praxis angestellt werden kann, und das neubelebte Europa einen thatsächlichen Beweis dafür liefert, daß die Civilisation die treue Gefährtin der politischen Freiheit ist.

Vermischtes.

Veränderung in der Presse. Julius Fröbel hat einstweilen die Redaktion des „San Franzisko Journal" niedergelegt, und ist über New-York nach England gereist. Den vielfachen Verläumdungen, mit denen er in der letzten Zeit überhäuft wurde, antworteten bei Gelegenheit seiner Abreise die Vereine und die ehrenwerthesten Bürger San Franzisko's durch die aufrichtigsten und ungeheucheltsten Ehrenbezeugungen. Es ist ein großer Verlust für die deutsch-amerikanische Presse, daß eine solche literarische Kraft ihr für die Augenblicke entzogen wird; die politischen, naturwissenschaftlichen und ethnographischen Artikel des „San

Franzisko Journal" machten die Runde durch die gelesensten Zeitungen des Ostens und Westens, und besonders die Schilderungen aus Mexiko, Central-Amerika und Californien wären vom größten Interesse. Wir hoffen, daß Hr. Fröbel nicht lange feiern wird, und wünschen ihn bald hier oder druben, wieder in einer öffentlichen Thätigkeit zu sehen.

Die Turnzeitung wird vom Anfang des November ab in Cincinnati erscheinen. Damit verliert Pennsylvanien die einzige radikale deutsche Zeitung. Das Deutschthum in Pennsylvanien entwickelt sich ieden Tag geistreicher. Daß die Turnzeitung nach der „Königin" des Westens verlegt wird, darüber können wir uns nur freuen, denn Cincinnati, welches 8000 Stimmen Majorität für Medill gegeben hat, bedarf einer Verstärkung der radikalen Kräfte. Der Turnverein in Cincinnati wird durch die Verlegung des Vorortes und der Turnzeitung, doch in einen festen Mittelpunkt erhalten, und die bisherigen Leistungen desselben berechtigen uns zu den besten Aussichten für die Zukunft.

Die „Illinois Staatszeitung" hat eine gute Acquisition an Hrn. Binder, fruher von den freien Blättern zu Albany, gemacht. Den Hunkern mißfällt die Richtung dieses Blattes durchaus, und sie haben deßhalb den langgehegten Plan, ein reguläres Nebraskablatt zu stiften, endlich ausgefuhrt. Briefe versichern uns, daß die neue Zeitung schon ausgegeben sei; wir haben aber noch kein Exemplar davon gesehen.

Die früher bei Wiegand in Göttingen als Monatsschrift erschienenen „Atlantischen Studien", welche eine Zeitlang, nachdem sich die New-Yorker Mitarbeiter derselben zurückgezogen hatten, als Nachdruck amerikanischer Zeitungen ausgegeben wurden, haben Titel und Verlag gewechselt, und erscheinen gegenwärtig in der Form einer Vierteljahrschrift und unter dem Namen „Amerikanische Studien", bei Hoffmann und Campe in Hamburg. Wir wünschen dem Unternehmen ein gutes Gedeihen, indem wir hoffen, daß die früher allzu schroffe anti-amerikanische Tendenz der „Studien" sich an der Wirklichkeit etwas abschleifen möge. Es ist in der That an der Zeit, daß man in Teutschland endlich einmal etwas Anderes über Amerika liest, als die gewöhnlichen Handbücher für Auswanderer, die Anlockungen der Landspekulanten u. dgl. Hunterliteratur, daß anstatt der Tendenzberichte einmal eine unabhängige, objektive Auffassung der amerikanischen Verhältnisse in Deutschland verbreitet werde.

So eben bekommen wir die erste Nummer des „National Demokraten" von Chicago in die Hand. Es wäre zu boshaft, wollten wir nach der ersten Nummer, der wir die Bezeichnung der äußersten Mittelmäßigkeit geben müssen, beurtheilen. Wenn gegenwärtig ein Blatt Blödsinn bringt, wie folgt, so haben wir wohl kein weiteres Urtheil nothwendig:

„Der „National-Demokrat" betrachtet die Religion als ein heiliges, unantastbares Gut der Menschheit, als den innern Lebensgeist, welcher, wie die Seele den Leib, die Nationen und Staaten zusammenhält, und er meßt es sich nicht an, ein frivoles Krittler- oder Richteramt über die religiöse Denk- und Handlungsweise eines Andern auszuüben, gleichviel ob derselbe seinen Glauben an Gott durch ein prangendes Formelwesen oder in einer abgeschlossenen Anzahl dunkler Lehrsätze (??) ausdruckt, oder im Tempel der Natur seine Kirche sucht, oder vor dem Idole seines Verstandes zur Anbetung niederkniet.

Und weiter: „Pierce, welchen die demokratische Partei auf den ersten Posten des Landes erhob, verwaltet sein Amt als Mann von Ehre, und verdient unsere volle Achtung. Mit patriotischem Eifer und nach bestem Wissen und Gewissen verfolgt er, ohne rechts und links zu wanken, das vorgesteckte Ziel und sucht er, unbekummert um die Lästerungen des selbstsüchtigen Parteigeistes, die Prosperität der Republik zu befördern."

An diesen Stilproben haben wir wohl genug. Wir können unsern Freunden von der „Ill. Staatszeitung" zu einem solchen Collegen nur gratuliren. Wir fragen aber: Wer ist Koch? Es sind uns in unserm Leben schon viele Köche vorgekommen, aber wir müßten bedauern, wenn dieser Hunkerkoch ein spezieller Landsmann von uns und sein Organ eine Fortsetzung gewisser deutsch-katholischen Faseleien wäre.

＊　　　＊

Wir haben die vier ersten Lieferungen der zehnten Ausgabe des bekannten Brockhausenschen Conversationslexikons erhalten. Die Herren Theobald und Theuerkauf in Cincinnati haben die General-Agentur für Amerika übernommen, und sind in den Stand gesetzt, den Viertelband — zwölf Druckbogen groß Format — für 25 Cents, das Ganze in 60 Viertelbänden zu 15 Dollars zu verkaufen. Wir glauben, daß dieses Werk, dessen Nützlichkeit selbst in Deutschland durch die große Verbreitung bewiesen ist, in Amerika ein noch fruchtbareres Feld finden wird, weil hier selten Privat- oder öffentliche Bibliotheken sind, bei denen man sich Raths erholen könnte. In Deutschland war das Conversationslexikon am Ende nichts, wie eine Eselsbrücke für den Halbgebildeten; in Amerika dagegen ist es für Jeden, der sich mit der Literatur beschäftigt, ein nothwendiges Hilfsmittel. Wie manche historische oder statistische Notiz hat man ver-

geſſen, und kein Mittel an der Hand, um die Lücken der Erinnerung auszufüllen. Wir glauben deßhalb, auf das Conversationslexikon aufmerkſam zu machen, und demſelben einen zahlreichen Abſatz verſprechen zu
dürfen. Wir machen auf die Anzeige auf dem Umſchlage aufmerkſam.

Der „Anzeiger des Weſtens“ in St. Louis hat ſeinen zwanzigjährigen
Geburtstag gefeiert; wir gratuliren dazu. Der Anzeiger hat im amerika-
niſchen Weſten eine große Circulation gewonnen und der alten grauen
„New-Yorker Staatszeitung“ manchen Abonnenten abtrünnig gemacht.
Wir wünſchen ihm einen guten Fortgang.

Der Herausgeber der Atlantis erſucht diejenigen Herren, welche Arbeiten für dieſelbe in Ausſicht geſtellt haben, ihrem Verſprechen ſobald wie
thunlich nachzukommen. Die „Atlantis“ iſt jetzt ſicher geſtellt und hat
einen ſo ausgebreiteten Leſerkreis, daß die darin veröffentlichten Arbeiten
eines großen und gebildeten Publikums gewärtig ſein können. Der Zweck
des Blattes iſt, einen Mittelpunkt für die wiſſenſchaftlichen Beſtrebungen
der Deutſchen in Amerika abzugeben, und um denſelben zu erreichen, ſind
Mitarbeiter durchaus nothwendig. Bereits haben ſich tüchtige literariſche
Kräfte bereit erklärt, an der „Atlantis“ mitzuarbeiten; wir hoffen in der
nächſten Nummer ſchon Arbeiten dieſer Herren mittheilen zu können. Der
Herausgeber der „Atlantis“ weiß, daß, wenn er wie bisher allein die Spalten
füllen muß, nothwendigerweiſe eine Einſeitigkeit herauskommen wird, und
verſpricht, alle ihm zu Gebote ſtehende Mittel anzuwenden, um dieſer
Gefahr vorzubeugen. Diejenigen Herren, welche Arbeiten verſprochen
haben, ſind gebeten, dieſelben ſobald wie möglich einzuſenden; diejenigen,
welche Luſt haben für die „Atlantis“ paſſende Arbeiten zu liefern, ſind auf
dieſe allgemeine Einladung hin erſucht, ihre Bedingungen mitzutheilen.

☞ Wir machen wiederholt darauf aufmerkſam, daß diejenigen
Abonnenten, denen irgend ein Heft des diesjährigen Jahrgangs fehlen
ſollte, daſſelbe auf Verlangen nachgeſchickt erhalten können.

Erklärung.

Wir hören von einem Freunde aus Chicago, daß man eine Aeußerung im letzten Hefte der Atlantis uns sehr verdacht hat, in der wir von den „vielen Interessen" sprachen, welche die „Illinois Staatszeitung" zu vertreten hätte. Wir glauben nicht, daß man uns dahin mißverstehen könnte, als wollten wir die vollständige Unabhängigkeit und Ehrenhaftigkeit dieses Blattes nur im Mindesten in Zweifel ziehen. Es sollte in dem Ausdruck, der vielleicht nicht gerade sehr passend gewählt sein mag, nichts Anderes gesagt sein, als daß in einer so vielseitigen und vielbewegten Stadt unter der deutschen Bevölkerung zu viele Interessen auftauchen, als daß ein einziges Blatt nicht große Schwierigkeit haben sollte, allen diesen Interessen gerecht zu werden. Diese Schwierigkeit wird den Redakteuren der „Illinois Staatszeitung" selbst wohl fühlbar geworden sein. Wie viele Fragen tauchten im letzten Jahre am politischen Horizonte auf! Wie viele Interessen waren unter der deutschen Bevölkerung zu vertreten! Temperenzfrage, deutsches Haus, deutsche Gesellschaft, Tunnel, Baugeschichten und dergleichen speciell die deutsche Bevölkerung betreffende Sachen mußten gewiß manchmal die Aufmerksamkeit dieser Zeitung von den Hauptfragen der Politik abwenden, ohne daß man deßhalb zu einem Vorwurf gegen dieselbe berechtigt wäre. Sollte man in unsern Worten einen solchen gefunden haben, so möge er durch vorliegende Erklärung zurückgenommen sein; denn nichts könnte dem Redakteur dieses Blattes widerwärtiger sein, als wenn man glauben könne, er wolle eine hochrenhafte und freisinnige Zeitung, wie die „Illinois Staatszeitung", verdächtigen.

Druckfehler.

Auf der ersten Seite dieses Heftes in der letzten Zeile lies: Auffindung statt Erfindung.

Atlantis.

| Neue Folge, Band 3. Heft 5. | November, 1855. | Alte Folge, Bd. 8., Nr. 110—111. |

Die Hauptfrage.

Wir kommen wiederholt auf das Thema zurück, welches den Schlüssel zu allen Verwirrungen und Widersprüchen der Zeit enthält, auf die Frage der absoluten Naturnothwendigkeit und der menschlichen Willensfreiheit. Dieser Gegensatz ist der Motor dieses Jahrhunderts, und überträgt seine Consequenzen auf alle Gebiete des menschlichen Lebens, der Politik und der Wissenschaft. Der Unterschied zwischen der alten und neuen Weltanschauung, zwischen Glauben und Wissen, zwischen Despotismus und Freiheit, zwischen Autorität und Selbstbestimmung ist auf diesen Gegensatz als auf seinen letzten und einfachsten Ausdruck zurückzuleiten. Der Kampf zwischen der Naturnothwendigkeit und der menschlichen Freiheit ist der Inhalt der Weltgeschichte, der Zweck der Wissenschaft, das Objekt der Kunst. In tausend verschiedenen Formen hat dieser Kampf die Jahrhunderte beschäftigt, bis daß die Frage in unsern Tagen einfach und unverhüllt auf den Kampfplatz tritt und eine definitive Lösung verlangt.

Alle geschichtliche Erkenntniß besteht darin, daß man die Uebereinstimmung zwischen der geistigen Bildung, der Literatur, Kunst und Wissenschaft der Völker und zwischen den äußeren politischen Formen und geschichtlichen Thatsachen einsieht. So auch können wir alle politische Kämpfe und Parteiungen der Gegenwart, wie die Entwickelung der socialen Verhältnisse, auf eine Aenderung der Weltanschauung, auf eine weitere Entwickelung des menschlichen Selbstbewußtseins zurückführen. Diese Aenderung besteht darin, daß man an die Stelle der Jenseitigkeit die Diesseitigkeit, oder wie der philosophische Schulausdruck ist, an die Stelle der Transzendenz die Immanenz setzt. Während man früher den Gott in den Wolken suchte, und die Seele des Menschen als etwas vom Körper Getrenntes und Unabhängiges betrachtete, während man in den Wissenschaften von allgemeinen Systemen und Kategorien ausging: so geht man jetzt von den Thatsachen aus, und sucht aus den Thatsachen selbst die Kraft, die Idee, den Geist, das Gesetz zu entwickeln. Es ist der gerade Gegensatz zu dem Wege, den die Transcen-

dentalphilosophen und die Theologen eingeschlagen hatten. Nach derrAn-
sicht dieser bestand die Thatsache nur vermittelst der Idee und die Natur
nur als eine Schöpfung Gottes; nach der modernen naturwissenschaftlichen Ansicht aber ist die Idee nur eine Abstraktion aus der Thatsache,
statt des jenseit'gen Gottes haben wir ein Naturgesetz, welches aus
den Naturerscheinungen selbst entwickelt ist. Während man früher vom
Subjekt ausging, um das Objekt zu finden, schlägt man jetzt den umgekehrten Weg ein; die Uebereinstimmung zwischen Subjekt und Objekt
aber ist die Wahrheit. Es ist leicht einzusehen, welch einen großen Fortschritt das menschliche Denken gemacht hat, als es sich aus den Wolken der
Theorien auf den festen Boden der Wirklichkeit zurückzog; als die praktische
Beobachtung und das Experiment an die Stelle allgemeiner Voraussetzungen trat. Man erkannte, daß Naturgesetz und Naturerscheinung identisch,
daß das Wesen jedes Dinges nur die Summe seiner Eigenschaften ist,
daß jedes Ding sein eigener Grund, seine eigene Nothwendigkeit, sein
eigenes Gesetz sei. Die innere Nothwendigkeit aller Dinge wurde die
Grundlage der neuen Weltanschauung, die ebensowohl das Eigenthum
des Naturforschers, wie des Philosophen ist, welcher das berühmte Wort
ausgesprochen hat: „was wirklich ist, das ist vernunft'g." Dies ist ein
großer, mächtiger Gedanke; dies ist eine sichere, bequeme Weltanschauung.
Alles, was ist, besteht als eine natürliche Nothwendigkeit; auch die
Menschheit mit allen ihren Erscheinungen und Entwickelungen, mit ihren
Kämpfen und Siegen, ihren Leiden und Sorgen, ihren Gedanken und Em-
pfindungen ist ein Produkt der Natur und die Naturgesetze walten über sie.
Nächst jenem

> „holden, freundlichen Gedanken,
> „Daß über uns in unentdeckten Höh'n
> „Ein Vaterauge wacht."

ist diese Weltanschauung gewiß die tröstlichste und behaglichste, welche sich
der Mensch denken kann: hier findet er Ruhe, Sicherheit, Zufriedenheit;
hier schweigt die strafende Nemesis; hier löscht die Furie des Gewissens
ihre Fackel aus. Wenn der Mensch sich selbst a's Naturprodukt, sein
Leben als eine Entwickelung der Naturgesetze und seine ganze geistige und
körperliche Organisation als eine natürliche Nothwendigkeit betrachtet,
dann hören die Vorwürfe des Gewissens auf, dann ist der Mensch von der
Qual der Verantwortlichkeit befreit, dann schwinden die Zweifel und Un-
gewißheiten. Wie auch die Welt um ihn her geartet sein mag, wie auch
die politischen Zustände, die socialen Verhältnisse sein mögen: er weiß,
daß eine innere Nothwendigkeit für alles Bestehende da ist, gegen welche
er nicht ankämpfen kann; er hält die Welt, welche ist, für die beste, und so
wird ihm das höchste Glück, welches der Mensch erringen kann, die Zufriedenheit zu Theil. Diese Weltanschauung ist fast ebenso bequem, als

der alte fromme Glauben, als der Fatalismus der Muhamedaner, als die christliche Gnade und die Tröstungen der Priester.

Und wenn man nun diese Weltanschauung weiter verfolgt, wenn man sich die ganze Welt und die ganze Menschheit als ein zusammenhängendes Ganze denkt, als einen großen, natürlichen Organismus, in welchem jedes Theilchen, jedes Atom an seiner Stelle ist, (die Welt ist Kosmos, d. h. Harmonie, Schönheit, Ordnung) und alle Kräfte und Bestrebungen zu einem Ziele zusammenwirken: dann wird man wie geblendet von dieser großen Idee und der menschliche Geist fühlt sich bis zum Universum erweitert. Wir sehen die Wissenschaften, die früher vielfach in Widerspruch zu einander standen, eine isolirte Stellung einnahmen und verschiedene Richtungen verfolgten, nach dieser veränderten Weltanschauung als Theile eines großen Ganzen, als Zweige, Blumen und Früchte, auf e i n e m Baume gewachsen, als verwandte Glieder einer und derselben Familie, die sich gegenseitig unterstützen, aufklären und vervollkommnen. Die Probleme der sittlichen Welt, die Zwecke des Staates, der Gesellschaft, des Rechtes und der Freiheit, der Wissenschaften und Künste verlieren, als natürliche Erscheinungen betrachtet, ihre Hypothesen und Voraussetzungen. Wir betrachten und behandeln sie in derselben Weise, wie die Erscheinungen des Lichtes, der Schwere, der Elektrizität u. s. w. und bilden aus den wechselnden Erscheinungen die ewig bleibenden Gesetze. Die Kunst endlich, das höchste Gebiet menschlicher Thätigkeit, dessen Ideal bisher weit über die Grenzen des menschlichen Geistes hinauszuragen schienen, bekommt bestimmte Gestalt und festen Boden; wir führen sie auf die Natur, die allgemeine Mutter alles Lebens, zurück, und die sonst so stolze und fremde Göttin wird uns ein vertrautes und verwandtes Wesen. Alles, was wir bisher an Göttern und Wundern in den fernen Wolkenregionen suchten, tritt uns als natürliches Wesen und verständliche Erscheinung entgegen, und wir können mit Recht von unserm Zeitalter wiederholen, was man von jenem alten Philosophen — Sokrates — sagte, daß er den Himmel auf die Erde zurückgebracht habe.

Solche Hoffnungen hegen manche von der neuen wissenschaftlichen Periode, welche durch die Naturwissenschaften eingeleitet und von ihnen beherrscht wird. Sie glauben durch die Naturwissenschaften aus dem Nebel der Romantik auf den festen Boden der Wirklichkeit zurückzukommen; sie glauben, den Punkt des Archimedes gefunden zu haben, mit dem sie die alte Welt aus den Angeln heben können; sie glauben den Stein der Weisen zu besitzen, mit dem sie die Geheimnisse der Vergangenheit und Zukunft erschließen können. Gewiß, diese Hoffnungen haben viel Verführerisches, besonders für ein Zeitalter, das der religiösen Täuschungen und des philosophischen Geredes müde, sich auf den Boden der Wirklichkeit und der Thatsachen zurücksehnt. Aber die Sache hat leider eine andere

Seite, wo uns statt des frischen, lachenden Lebens, welches wir in den Armen der Natur zu genießen gedenken, ein Todenkopf entgegen grinst. Wir haben es am Ende gemacht wie jener Faust, der, um die Lust der Welt zu gewinnen, sich mit seinem Herzblut dem Teufel verschrieb. Die Naturnothwendigkeit nimmt die menschliche Willensfreiheit, Zurechnungsfähigkeit und Verantwortlichkeit aus dem menschlichen Leben hinweg, und damit alle Consequenzen, welche wir aus der Willensfreiheit ziehen, die Tugend, die Moral, das Recht, die politische und sociale Freiheit, die Aesthetik, den Reiz der Poesie, kurz, Alles, was unsere Gedanken, Hoffnungen und Phantasien beschäftigt. Das Leben ist nach dieser Ansicht eine öde, trostlose mathematische Rechnung: zwei mal zwei ist vier; ein ewiger Kreislauf von Ernährung und Ausscheidung, eine unermüdliche Wiederholung des Prozesses der Orydation und Desorydation. Wir sehen den Menschen als einen körperlichen Stoff, welcher, wie jede Materie, gewisse Eigenschaften und Kräfte hat; diese Kräfte sind Aeußerungen des Stoffes und von der Mischung des Stoffes abhängig. Es kommt also Alles auf die Mischung des Stoffes an; die Küche ist das große Laboratorium der Geister und Gedanken; die Marentheorie der Communisten findet auch bei den Chemikern Anklang; die materialistische Richtung der Zeit ist wissenschaftlich begründet, und so geht es fort bis zum Cynismus, der im Schlamme des materiellen Genusses die Ideen und Ideale verspottet. So finden wir statt des Fortschrittes einen ungemeinen Rückschritt der menschlichen Cultur, statt der Freiheit die unbegrenzte Sklaverei, statt der Aufklärung den Absolutismus, statt wissenschaftlicher Resultate nichts, wie das Aufgeben alles selbstständigen Denkens.

Wir sehen schon an diesem traurigen Dilemma, daß wir auf den Boden der Einseitigkeiten und Abstraktionen gerathen sind. Wir sehen, daß wir die Begriffe Natur und Geist, Nothwendigkeit und Freiheit in einen Gegensatz gebracht haben, der abstrakt und unwahr ist, denn sonst könnten wir nicht zu abstrakten und unwahren Resultaten kommen. Wenn wir das Verhältniß zwischen beiden Gegensätzen als ein gleichberechtigtes, als das Verhältniß der Wechselwirkung erkennen, so können wir leicht mit denselben fertig werden. Man muß immer im Auge behalten, daß die Wahrheit zwei Seiten hat, daß sie die Identität zweier Gegensätze ist, und daß jede Seite dieses Verhältnisses eine gleiche Berechtigung hat. Wenn wir dem Chemiker zugeben, daß die Kraft nichts anderes ist, als eine Aeußerung der Materie, so muß uns derselbe von seiner Seite aus zugestehen, daß die Materie nichts anderes ist, als ein Produkt der Kraft. Wollten wir untersuchen, was das Erste und Ursprüngliche von beiden wäre, so würden wir auf die bekannte interessante Untersuchung vom Ei und der Henne zurückkommen. Eine ähnliche Parallele wie zwischen diesem gleichberechtigten Verhältnisse von Stoff und Kraft ist zwischen

der natürl'chen Organisation des Menschen und dem menschlichen Bewußtsein; wir finden nicht nur, daß das Bewußtsein, daß die Thätigkeit des Denkens von der natürlichen Organisation abhängig ist, sondern'
auch, daß die Organisation des Menschen von seinem Bewußtsein, von
der Kraft des Gedankens influenzirt wird. Ebenso wie wir die Wirkungen verfolgen können, welche Krankheiten des Körpers auf den Geist hervorbringen, können wir auch die Krankheiten des Geistes, des Gemuthes,
die Leidenschaften u. s. w. in dem leiblichen Ausdrucke wiederfinden. Wir
brauchen hier wohl nicht die Menge von Beispielen aufzuführen, mit denen
man die Abhängigkeit des Geistes von der Zusammensetzung, Menge und
Bildung des Gehirnes beweisen will, denn kein wissenschaftlicher Mensch
wird in gegenwärtiger Zeit noch diese Abhängigkeit leugnen wollen. Aber
auf der andern Seite sehen wir auch, wie die Individualität des Menschen
sich seine eigene Leiblichkeit bildet und dieselbe durchdringt. Beim denkenden Menschen wölbt sich die Stirn höher, als bei einem Menschen, der sich
wenig mit geistigen Beschäftigungen abgibt; der gefräßige Mensch zeichnet
sich aus durch eine ungewöhnliche Entwickelung der unteren Partien des
Antlitzes, durch einen breiten Mund, hervorstehende Kiefer u. s. w.; die
die Leidenschaften flammen im Auge auf; die Bildung des Mundes, der
Zug der Lippen, die ganze Physiognomie ist der beste Schlüssel, um eines
Menschen innerstes Wesen zu durchschauen. Alle diese Erscheinungen
sind die Rückwirkungen der Individualität auf die Leiblichkeit. Man
kann den edlen, guten, aufrichten Menschen in den meisten Fällen an
seinen Zügen von dem falschen, heuchlerischen Schurken unterscheiden;
der Adel der Seele prägt sich ebenso deutlich im Antlitz ab, wie Gemeinheit
und Schlechtigkeit. Solche Bildungen des Antlitzes und auch des Schädels sind nicht bloße Naturbestimmtheiten, an die der Mensch gebunden ist,
wie die älteren Phrenologen lehrten, sondern Rückwirkungen des Selbstbewußtseins auf die leibliche Bildung. Der Schädel ist allerdings schon fester
und unveränderlicher; seine Bildung wird in der Jugend des Menschen
bestimmt; aber das Antlitz ist der stets biegsame, lebendige Ausdruck der
Individualität, der sich mit jeder Aenderung der Individualität auch verändert. Man kann diese Rückwirkung der Individualität auf die körperliche Organisation noch viel weiter verfolgen. Die Leidenschaften verändern oft die wichtigsten Organe des menschlichen Körpers. Heftige Gemüthsbewegungen können gefährliche Krankheiten verursachen. Die
Freude, das Gefühl des Glückes und der Zufriedenheit, ein klares, unge-
trübtes Selbstbewußtsein, erhöht auch die Stärke und Gesundheit des
Körpers. Große Entschlüsse sind im Stande, dem ganzen Körper des
Menschen neues Leben mit utheilen, und ihn um Jahre zu verjüngen.
Die Beispiele von solchen Einwirkungen des Bewußtseins auf die körperliche Organisation sind ebenso zahlreich und leicht aufzuzählen, wie die

Beispiele der Gegner von dem Einflusse der körperlichen Funktionen, ihrer Störungen und Veränderungen auf die geistige Thätigkeit des Menschen. Der Organismus des Menschen ist deßhalb nicht nur ein Produkt der Natur und ihrer Gesetze, sondern auch ein Produkt menschlicher Thätigkeit und menschlichen Denkens. Ebenso wie dies Verhältniß zwischen Selbstbewußtsein und Naturgesetz ein Verhältniß der Wechselwirkung ist, so auch das Verhältniß zwischen dem Individuum und der Gattung, zwischen dem Einzelleben und der Geschichte, zwischen dem einzelnen Menschen und der menschlichen Gesellschaft, der Familie, dem Staate, der Menschheit. Der Charakter der Zeit prägt sich in jedem einzelnen Menschen ab; die Culturstufe des Jahrhunderts, die Stimme der öffentlichen Meinung beherrscht ihn; die Literatur, Philosophie, Wissenschaft, Kunst seiner Zeit ist die Grundlage seiner Bildung; die Zustände der Politik und der Gesellschaft formen seinen Charakter. Der Mensch ist ebenso sehr Produkt der Geschichte, wie der Natur; er ist ein Produkt der ihn umgebenden natürlichen menschlichen Zustände und Gesetze. Aber ebenso sehr, wie der Mensch gegen die brutale Gewalt der Natur reagirt, so reagirt er auch gegen die Einflüsse der menschlichen Gesellschaft; er opponirt sich gegen die öffentliche Meinung; er ist neuerungssüchtig und sehnt sich nach Veränderungen; er ist ein Gegner der bestehenden Zustände in Staat und Kirche. Diese Opposition gegen das Bestehende ist eine Eigenschaft, die allen Menschen gemein ist, wenn sie auch bei Manchen durch Furcht, Eigennutz und andere niedrige Motive zurückgedrängt wird: sie ist die Triebfeder, welche die Weltgeschichte voranbewegt. Jeder Mensch — und er sei noch so klein, arm und schwach — läßt eine Spur in den ihn umgebenden Verhältnissen zurück; seine Individualität ist ein Stein, der zum Baue der Zukunft verwendet wird; er gibt die Einflüsse, welche er von seiner Umgebung erhalten hat, wieder an diese Umgebung zurück. Während also der Mensch in jeder Stunde seines Daseins von natürlichen und geschichtlichen Bedingungen abhängig ist, reagirt er gegen die Naturbestimmtheit wie gegen die Abhängigkeit von historischen Thatsachen; und je bedeutender die Einflüsse der Natur und der Menschheit auf ihn wirken, desto kräftiger und energischer sucht er seine Persönlichkeit diesen Einflüssen gegenüber selbstständig zu behalten und zu bethätigen. Das gerade macht den Werth und die Bedeutung des Menschen aus, daß er durch sehr viele Eigenschaften mit der Natur und der Menschheit verbunden ist, daß der Zusammenhang zwischen dem Einzelnen und Allgemeinen möglichst vielseitig ist, weil dann auch die Selbstthätigkeit, das Selbstbewußtsein, die Persönlichkeit des Menschen am stärksten hervortritt. Der Mensch mit starken Naturbestimmtheiten, großer Leidenschaft, hervorragenden Anlagen, der in innigem Rapport mit der Menschheit, ihren Zuständen und Bestrebungen steht, verdient mehr den Namen eines freien Men-

schen, als der, dem die Natur und die Geschichte keinen bestimmten
Stempel aufgedruckt hat. Je mehr Bestimmungen von Außen, desto
mehr Thätigkeit und Energie von Innen; je mehr Naturnothwendigkeit,
desto mehr geistige Freiheit, je mehr Empfänglichkeit auf der einen, desto
mehr Spontanität auf der andern Seite. Diese Wechselwirkung zwischen
Aktivität und Passivität ist der Grund von der unendlichen Mannigfaltigkeit der Individualitäten; in jedem Individuum mischt sich das Verhältniß
anders, und je mehr Bestimmungen und Eigenschaften eine Persönlichkeit,
in sich vereinigt, desto mehr ist sie von andern Individuen unterschieden,
desto origineller und selbstständiger ist sie.

Wenn wir von diesem Standpunkt aus die Frage von der menschlichen
Willensfreiheit und Zurechnungsfähigkeit betrachten, so kommen wir zu
dem einfachen Resultate, daß gerade in der Naturbestimmtheit die Quelle
menschlicher Selbstständigkeit und Individualität liegt, daß gerade die
Nothwendigkeit die Basis der Freiheit ist. Das Selbstbewußtsein, das
Denken ist der Prozeß, der die Identität der Nothwendigkeit und Freiheit
vermittelt. Die begriffene Nothwendigkeit ist Freiheit; der denkende
Mensch ist frei. Denn durch das Denken macht der Mensch die Naturnothwendigkeit zu seinem eigenen Gesetz, zu seinem eigenen Wesen, zu
seinem Ich, zu einer Thatsache, die in ihm selbst ihren Grund hat, zu einem
Produkte seines Begriffes. Er macht die Naturbestimmtheiten zur Grundlage, zum Materiale seiner freien Thätigkeit; die Leidenschaften, welche
er von der Natur erhalten hat, werden in seiner Hand das Mittel, die
Naturbestimmtheiten zu überwinden; die natürlichen Anlagen, die von der
Menschheit erhaltene Erziehung wird von ihm benutzt, auf die Menschheit
zu wirken und seine Persönlichkeit den ihn umgebenden Verhältnissen ein-
zuprägen. Das menschliche Selbstbewußtsein verwandelt jeden Einfluß,
den der Mensch erleidet, in einen Einfluß, den er ausübt; die Passivität
wird in Aktivität übersetzt, und in diesem Prozesse besteht die menschliche Freiheit.

Wenn wir nun das Gebiet der menschlichen Freiheit mit dem Namen
„Sittlichkeit" bezeichnen, so kommen wir zu der Frage, in welchem Verhältniß steht die natürliche Organisation des Menschen zu der sittlichen,
oder mit andern Worten: was ist das Verhältniß zwischen Körper und
Geist? Diese Frage ist identisch mit einer Frage, welche gegenwärtig
häufig aufgeworfen wird, nämlich: gibt es eine vom Körper getrennte
Seele? Wir glauben, daß diese Frage deßhalb noch keine befriedigende
Antwort gefunden hat, weil sie unrichtig gestellt ist. Die sittliche Organisation des Menschen, worunter wir das Selbstbewußtsein des Individuums bis zur höchsten Ausbildung der Kunst, Wissenschaft, der
Staaten u. s. w. verstehen, läuft parallel mit der natürlichen Organisation desselben, und ist von den Gesetzen dieser abhängig, aber sie

ist nicht ein und dasselbe, sondern eine weitere Entwickelung, eine höhere Potenz der natürlichen Organisation. Aehnlich wie sich
ein Kunstprodukt von einem Naturprodukt unterscheidet, unterscheidet sich
die sittliche Welt von der natürlichen. Es läßt sich allerdings kein Kunstwerk denken, ohne Befolgung der natürlichen Gesetze, ohne Treue gegen
die Natur, aber die Natur selbst hat noch niemals eine medizeische Venus
oder eine Raphaelische Madonna gebildet. Es liegt eine höhere Harmonie, Einheit und Uebereinstimmung in der Kunst, als in der Natur; es
liegt in der Kunst das Bewußtsein dieser Harmonie, welches der Natur
fehlt. Ebenso ist in der sittlichen Welt das Bewußtsein der Gesetzmäßigkeit, Nothwendigkeit, der Einheit und Harmonie vorhanden, und durch
dieses Bewußtsein unterscheidet sie sich von der natürlichen Welt. Was
wir Seele, Geist, Gedanken nennen, das läßt sich weder mit Vogt, Moleschott und deren Schule als eine Ausschwitzung irgend eines speziellen
körperlichen Organes erklären, noch mit Wagner als das Produkt einer
besondern Seelensubstanz, von welcher noch mit keinem Mikroskop etwas
beobachtet würde, sondern es ist der Ausdruck der Totalität der menschlichen Organisation, — diese Organisation als das zusammengesetzte Produkt der Naturbestimmtheit, der Erziehung und der Individualität selbst
betrachtet. Was wir, um wieder auf den alten Vergleich zurückzukommen,
Kunst nennen, ist nicht die Aeußerung irgend einer bestimmten Naturkraft, irgend eines besonderen Organes, sondern der Ausdruck der Harmonie, welche in der Natur liegt, der Ausdruck einer Vollendung und
Vollkommenheit der Naturerscheinungen, welche die Natur selbst nicht hervorbringen kann. So auch ist die sittliche Welt das Ideal der natürlichen
Welt; hier finden wir die Einheit, Schönheit und Harmonie, welche die
Natur nur annäherungsweise ausdrückt, in ihrer weiteren Entwickelung;
hier finden wir das, was die Natur unbewußt leistet, durch das Bewußtsein verklärt und geläutert. Wie uns in der Kunst die Schönheit der
Natur erst zum Bewußtsein kommt, so auch erst erkennen wir die Harmonie des Weltalls erst in den Wissenschaften der sittlichen Welt, in der Lehre
vom Guten, Schönen und Wahren; sie sind der Spiegel, in dem wir uns
selbst und die Natur erkennen. In diesem Sinne bezeichnet Humboldt
die Welt selbst mit einer sittlichen Katagorie; er nennt sie Kosmos, d. h.
Ordnung, Schönheit. Die Welt ist aber nur für den denkenden Menschen
Kosmos und Harmonie; der ungebildete Mensch sieht darin nichts, wie
Mängel und Widersprüche. Ebenso ist auch die sittliche Welt nur für
den Menschen mit entwickeltem Selbstbewußtsein und energischer Thätigkeit ein harmonisches Ganze. Wer keine selbstständige Thätigkeit entwickelt, wer blos eine passive Rolle spielt und sich von den Wogen des
Lebens hin und her treiben läßt, der wird niemals in den bestehenden
Verhältnissen Klarheit und Ordnung finden, und niemals die historische

Nothwendigkeit begreifen. In dieser Beziehung kann man sagen, daß die Freiheit kein Postulat, keine theoretische Voraussetzung ist, sondern immer und in jedem Augenblicke durch die menschliche Thätigkeit und Aktivität produzirt werden muß; die Freiheit besteht nicht nur im Denken, sondern auch im Handeln; nur der Mann ist frei, welcher die Einflüsse und Eindrücke, welche er von der Menschheit empfangen hat, wieder an dieselbe zurückgibt, der mit an der Bildung der Weltgeschichte arbeitet, und durch diese Arbeit sich täglich Leben und Freiheit erobert.

Wir glauben, daß man die Einseitigkeiten in der Literatur und Wissenschaft, wie im Leben, welche in der letzten Zeit aufgetaucht sind, überwinden kann, wenn man daran denkt, daß jede Wahrheit zwei Seiten hat und in einer Vermittelung zweier Gegensätze besteht. Man kann nichts in der Welt erkennen, wenn man nicht den Widerspruch erkennen kann. Und namentlich der Widerspruch zwischen der Naturnothwendigkeit und der menschlichen Freiheit ist von solch allgemeiner Bedeutung, daß uns das Verständniß des Lebens, der Natur, der Weltgeschichte und unserer selbst vollständig entgeht, wenn man dieses Verhältniß einseitig und abstrakt auffaßt. Es ist unmöglich, die Nothwendigkeit; es ist unmöglich, die Freiheit zu leugnen; aus dem Kampfe beider entsteht das wechselvolle Leben des Menschen, das nach der Naturseite hin allerdings der Nothwendigkeit, dem Tode verfallen ist, aber durch Betheiligung an der Arbeit der Civilisation und Befreiung des Menschengeschlechtes eine unzerstörbare Existenz gewinnt.

Geistesverfassung der Thiere.*)

Bis jetzt hat man sich im Allgemeinen und selbst unter den Gebildeten nur sehr unklare Vorstellungen in Betreff der Geistesverfassung der Thiere gemacht. Die eigentliche Natur dieser Verfassung ist noch nicht allgemein bekannt und wird noch nicht so angesehen. Freilich gibt es eine Ansicht von der Herkunft, wonach der Geist in einer oder der andern Weise mit dem Gehirn in Verbindung steht, aber die Metaphysiker bestehen darauf, daß wir ihn in der Wirklichkeit nur aus seinen Handlungen und Wirkun-

---

*) Wir theilen folgenden Auszug aus einem englischen Werke mit, das Carl Vogt im Jahre 1851 übersetzt hat, und bemerken nur dabei, daß der Uebersetzer in manchen Punkten durchaus nicht mit dem anonymen Verfasser übereinstimmt. Die Vogt'schen Ansichten über das Verhalten zwischen Seele und Körper stimmen im Allgemeinen mit Moleschott überein, und dürfen als den Lesern der „Atlantis" bekannt vorausgesetzt werden.

gen erkennen, und sie stellen demnach den Gegenstand unter einer Form
dar, die mit jeder andern Wissenschaft keine Aehnlichkeit mehr hat, da sie
nicht einmal Ansprüche darauf machen, eine Grundlage in der Natur zu
haben. Es herrscht eine allgemeine Abneigung, den Geist als Etwas mit
der Organisation Verbundenes anzusehen, weil man fürchtet, die religiöse
Doktrin vom Geist der Menschen werde dadurch beeinträchtigt und es
werde der Mensch dadurch den Thieren gleich gestellt. Man macht daher
einen Unterschied zwischen unsern geistigen Lebensäußerungen und denen
der niederen Thiere. Die letzten begreift man unter dem Namen Instinkt,
während die unseren zusammengenommen Geist genannt werden, welches
Wort dann wieder mit S e e l e , dem unsterblichen Theil des Menschen,
synonym ist. Es ist dies ein seltsames System von Confusion und Irrthum, und es ist sehr unklug, dasselbe als ein der Religion wesentliches
anzusehen, da eine aufrichtige Prüfung der Natur seine Unhaltbarkeit mehr
und mehr nachweiset. Es hindert uns in der That nichts, den Menschen,
in Uebereinstimmung mit seiner Stellung als Haupt und Herr der Thiere,
als mit einem unsterblichen Geist begabt, anzusehen, während wir zur
selben Zeit in seine gewöhnlichen Geistesmanifestationen nur einfache, aus
seiner Organisation entspringende Phänomene erblicken, und diejenigen
der niederen Thiere für Phänomene ansehen, die ihrem Charakter nach
dieselben und nur innerhalb engerer Grenzen entwickelt sind.(a). *)

(a) „Ist nicht Gott die erste Ursache der Materie sowohl, wie des Geistes? Liegen die ersten Attribute der Materie nicht ebenso unerforsch-
lich in dem Busen Gottes, — ihres ersten Urhebers — wie die des
Geistes? Hat die Materie selbst nicht unlängbar von Gott die
Macht der Erfahrung empfangen, in Folge der Eindrücke von den
früheren Modifikationen der Materie ein gewisses Bewußtsein, welches die Empfindung derselben heißt? Ist demnach das Wunder,
daß die Materie Bewußtsein von einer anderen Materie empfängt,
welche Idee des Geistes heißt, nicht ebenfalls ein Wunder, das sich
mehr in Analogie mit andern Wundern zuträgt, als es bei der entgegengesetzte Annahme der Fall sein würde, wenn das Wunder dieser
Geistesfähigkeit mit keiner Eigenschaft der Materie etwas zu thun
hätte? Ist dies nicht ein Wunder, daß man, weit entfernt, unsere
Hoffnung auf Unsterblichkeit zu vernichten, diese Lehre in eine Reihe
von Beweisen und Folgerungen bringen kann, was der frühere
Glaube nicht konnte, sobald wir nämlich bewiesen haben, daß die
Materie nicht vergänglich, sondern nur verschiedenen Verbindungen
und Zersetzungen unterworfen ist?"
„Können wir in Einer Richtung weiter zu dem ersten Ursprung der
Materie zurückschauen, als wir in der andern Richtung in die letzte
Entwicklung des Geistes vorwärts schauen können? Können wir
eher sagen, Gott habe in die Materie selbst den Samen jeder Geistesfähigkeit gelegt, als er habe das erste Prinzip des Geistes von dem
der Materien ganz verschieden erschaffen? Kann nicht die erste Ur-

Was den Geist in den Augen der Gelehrten und Ungelehrten hauptsächlich als außerhalb des Naturgebietes stehend hat erscheinen lassen,
das ist sein unregelmäßiger und wunderlicher Charakter. Wie verschie-

sache von Allem, was wir sehen und wissen, die Materie selbst, nicht
ebenso wohl von ihrem ersten Augenblick an mit allen Attributen
versehen haben, die nothwendig waren, um sie bis zum Geist zu entwickeln, als er von Anfang an die Attribute des Geistes durchaus
von denen der Materie unterschieden haben kann, um sie später durch
ein unwahrnehmbares unbegreifliches Band beide zu verbinden?

„Ist die Auflösung der Materie, auf welcher der Geist beruht, ein
Grund, wonach der Geist verachtet werden muß? Ist die zeitliche
Rückkehr des Geistes und des Sinnes, aus welchem heraus sich dieser
Geist entwickelt, zu ihren ursprünglichen Elementen ein Grund zu
denken, daß in einer späteren Zeit und auf einem anderen höheren
Himmelskörper sie nicht wieder zusammengesetzt werden können und
zwar glänzender als vorher?"

Das neue Testament verspricht uns nicht nach dem Tode eine mit der
Materie unverbundene Seele und keine, die mit unserem gegenwärtigen Geist in keinem Zusammenhang stehe, verspricht uns keine von
Zeit und Raum unabhängige Seele. Das ist eine phantastische
Idee, die nicht in den Ausdrücken liegt, nimmt man dieselben in ihrer
wahren Bedeutung: Im Gegentheil, es verspricht uns einen Geist,
wie den gegenwärtigen, gegründet auf Zeit und Raum, da derselbe,
wie der jetzige, eine gewisse Stellung in der Zeit und einen gewissen
Ort im Raum behaupten soll, aber es verspricht uns einen Geist in
den gegenwärtigen verschiedenen Zeit- und Raumverhältnissen; einen
aus ausgedehnteren, vollkommeneren und herrlicheren Elementarstoffen
zusammengesetzten Geist, einen Geist, der aus Stoffen verschiedener
Himmelskörper zusammengesetzt, tiefer in die Vergangenheit, tiefer in
die Zukunft blicken kann, als jeder Geist hienieden; einen Geist, der,
befreit von der partiellen und unharmonischen Zusammensetzung, die
hier sein Loos war, von den Wechselfällen des Uebels erlöst sein wird,
welchen hienieden Geist wie Materie unterworfen sind, und künftig
nur noch die Wechselfälle des Besseren, welche die Materie in richti-
gem Gleichgewicht alsdann allein erfahren wird; einen Geist, der
den Tod, die totale Zersetzung, zu der er hier auf der Erde bestimmt
ist, nicht mehr fürchtend, ewig und unsterblich leben wird." Hope, on
the Origin and Prospects of Man. 1831.

*) Wenn dies wahr ist, was der Verfasser sagt, daß die Geistesphänomene des Menschen nur
einfache, aus seiner Organisation entspringende Phänomene seien (und dies ist die einzige
richtige Ansicht), so weiß ich nicht, wozu dann noch ein unsterblicher Geist im Menschen
vorhanden sein soll, und welche Aufgabe dieser im Menschen und seinem Leben haben soll?
Ist die Unsterblichkeit allein Grund der Existenz eines unsterblichen Geistes und besteht dessen
Thätigkeit etwa nur im Unsterblich-Sein? Oder nimmt der Verfasser nur deßhalb den
unsterblichen Geist an, um die Theologen zu beruhigen? Von diesem Gesichtsraum te aus
handelt er wenigstens klug, denn wenn er sagt, die gewöhnliche Ansicht von dem Verhältniß
zwischen Seele und Körper sei etwas zur Religion Unwesentliches, so irrt er durchaus. Sie
ist die einzige Basis, auf welcher Reliquien und Kirche ruhen, und wenn, wie der Verfasser
sehr richtig bemerkt, eine aufrichtige Prüfung der Basis deren Unhaltbarkeit mehr und mehr
darthut, so dürfen wir auch hoffen, bald das ganze unsinnige Gebäude stürzen zu sehen, das
auf dieser unterwühlten Grundlage errichtet ist.   C. Vogt.

den sind seine Kundge'ungen in verschiedenen Wesen! Wie unbeständig
in Allen; — bald so ruhig, bald so wild und ungestüm! Es schien Unmöglich, etwas so Subtil s un, Unstätes für einen Theil seines Systems
zu halten, dessen Merkmale R gelmäßigkeit und Genauigk.it sind. Aber
die Unregelmäßigkeiten der Phänomenen des Geistes sind nur scheinbare.
Wenn wir vom Individuum absehen und die Masse in Betracht ziehen,
so finden wir hier eine ebenso groß: Gleichförmigkeit der Resultate, wie in
jeder andern Klasse natürlicher Phänomene. Die Unregelmäßigkeit ist
genau von derselben Art, wie die der Witterung. Niemand kann sagen,
was für Wetter wir morgen haben werden, aber die Quantität Regen,
welche an irgend einer Stelle während fünf Jahren fällt, ist genau ebenso
groß wie die Quantität, welche in andern fünf Jahren an derselben Stelle
fällt. Ist es in d.rselben Weise auch unmöglich, einem Franzosen
vorausz tsa;en, daß er im Lauf des nächsten Jahres ein Verbrechen begehen werde, so ist es doch ganz gewiß, daß es unter ungefähr 650 Franzosen Einer thun wird, weil in den letzten Jahren dieses Verhältniß im
Allgemeinen stattgefunden hat , und weil die Neigung zu Verbrechen in
ihrem Verhältniß zu den Versuchungen überall während eines beträchtlichen
Zeitraums unveränder ich ist. So ist sich auch die Zahl von Personer,
die von der Londoner Polizei wegen Trunkenheit und Straßenunfugs in
Strafe genommen werden, Woche für Woche fast ganz gleich, und es geht
hieraus hervor, daß die Neigung bis zum Uebermaß zu trinken, in der
Masse fast immer dieselbe ist, — wobei jedoch den bestehenden Versuchun-
gen und Reizungen zu diesem Laster Rechnung getragen werden muß·
Selbst die Mißgriffe und Unachtsamkeiten kehren regelmäßig wieder, denn
auf den Postämtern groß.r Städte findet sich, daß die Zahl der ohne
Adressen aufgegebenen Briefe alljährlich fast dieselbe ist. Die Statisti'
hat eine gleiche bestimmte Regelmäßigkeit in weit größerem Umfange i
Bezug auf manche andere den Geist beschlagende Dinge ermittelt und d.
daraufgegründete Doktrin hat neulich einen Plan hervorgerufen, der di
Unwissenden in Erstaunen setzen wird. Es ist vorgeschlagen worden, ü
London eine Gesellschaft f r Ehrlichkeiteversicherung der Bureau-Gehülfer
Cassire, Collektoren und solcher Funktionäre zu gründen, die genöthigt sind,
für das Geld, das im Laufe der Geschäfte durch ihre Hände geht, Burgschaft zu leisten. Ein Herr von sehr hoher Stellung sprach über den Plan
in folgender Weise: „Wenn sich ein tausend Comptoirgehulfen zusammen-
thäten, um für einander gegenseitig Burgschaft zu leisten, dadurch daß
Jeder Ein Pfund per Jahr einzahlte und wenn Jeder Burgschaft für 50(
Pfund geleistet hatte, so ist es klar, daß in jedem Jahre zwei Unterschleife
von jenem Betrag, vier Unterschleife von der H.älfte jenes Betrages u.s.w
vorkommen könnten, ohne daß dadurch di: Burgschafts asse insolven
wurde. Wenn es hinlänglich ermittelt wäre, daß sich die (jährlichen

Fälle von Unehrlichkeit, die unter diesen Personen vorkommen, wie eins zu funfhundert verhalten, so wurde diese Gesellschaft bestehen können auf die Gefahr hin, in schlechten Jahren Schulden zu machen, die sie aber in einem guten Jahr wieder abtragen könnte. Die einzige Frage, die vor der Bildung einer solchen Gesellschaft nothwendig in Betracht kommen mußte, wäre: Steht nicht zu fürchten, daß die Motive, der Unehrlichkeit zu widerstehen, durch die Existenz einer solchen Gesellschaft geschwächt werden möchten, oder daß ausgemachte Schurken, dadurch, daß sie zu dieser Gesellschaft gehörten, leicht Stellen finden könnten, die sie sonst aus Mangel an Burgschaft von Seiten derjenigen, die sie kennen, nicht erhalten haben würden? Nehmen wir an, diese Fragen werden hinlänglich durch die Erwägung erledigt, daß man nur solche Personen in die Gesellschaft aufnehmen wurde, welche hinlängliche Zeugnisse uber ihre vorhergehende gute Aufführung beizubringen vermöchten, — und daß Personen, welche in den gegenwärtigen Verhältnissen darauf rechnen, ein Unterschleif, den sie begehen, werde durch einen Freund oder Verwandten erstattet oder vertuscht werden, sehr wohl einsehen wurden, daß die Gesellschaft keinen Grund haben könne, eine gerichtliche Verfolgung abzulehnen oder etwas zu vertuschen u.s.w., so bliebe alsdann nur noch die Frage, ob die für die für die Burgschaft verlangte Summe zureiche". — Das philosophische Prinzip, auf welchem dieser Plan beru t, scheint einfach dieses zu sein, daß unter einer beträchtlichen Anzahl gutgearteter Personen in einem Jahr oder einem andern beträchtl chen Zeitraum eine bestmmte Zahl voe Fällen eintritt, in welchen die moralischen Grundsätze und die Furcht vor Strafe durch Versuchungen von einer bestimmten Art und Stärke überwältigt werden und so einen gewissen periodischen Verlust veranlassen, den die Gesellschaft ersetzen muß."

Die statistische Regelmäßigkeit in moralischen Dingen zeigt deutlich, daß sie Gesetzen unterworfen sind. Der Mensch ist nur als Individuum ein Räthsel, in der Masse ist er ein mathematisches Problem. Es ist kaum nöthig zu sagen, viel weniger zu beweisen, daß die geistige Thätigkeit, einmal als eine von Gesetzen abhängige nachgewiesen, sofort in die Kategorie der natürlichen Dinge tritt. Ihr alter metaphysischer Charakter v rschwindet mit einem Male, und die Unterscheidung zwischen Physischem und Moralischem wird aufgehoben. Diese Ansicht stimmt mit dem überein, was die Beobachtung lehrt, nämlich daß alle Geistesphänomene direkt aus dem Ge irne fließen. Man sieht, daß sie von natürlich construirten und natürlich bedingten Organen abhängen und also, wie alle andern organischen Phänomene, gewissen Gesetzen gehorchen. Wie wunderbar muß die Einrichtung dieses Apparats sein, der uns das Bewußtsein von Gedanken und Gefühlen gibt, der uns mit den zahllosen Dingen auf Erden bekannt macht und uns gestattet, uns durch unser Begriffs- und Mittheilungsvermögen selbst bis zu den Rathschlößen Gottes zu erheben. Materie ist es, was das Medium oder Instrument bildet, — eine kleine Masse, die, zersetzt, ebensoviel gewöhnlichen Staubes ist. In ihrer lebendigen Verfassung aber, durch göttliche Weisheit bestimmt, geformt und enthalten — wie wunderbar ist alsdann ihr Charakter! Wie spiegelt sich in ihr alsdann die unergründliche Tiefe jener Macht ab, durch welche sie also gebildet und also erhalten wird.

In der Weltökonomie nimmt die Geistesthätigkeit ihre Stelle ein, als Mittel für die unabhängige Existenz und die verschiedenen Verhältnisse der Thiere zu sorgen, indem jedes Thier so ausgerüstet ist, wie es seine besonderen Bedürfnisse und seine verschiedene Beziehungen erheischen. Das Nervensystem — der umfassendere Ausdruck für den organischen Apparat desselben — ist in verschiedenen Klassen und Species und ebenso in verschiedenen Individuen verschiedentlich entwickelt, wobei das Volumen oder die Masse zu dem Betrag der Kraft in einem gewissen allgemeinen Verhältniß steht. Indem wir die niedrigsten Ordnungen übergehen, wo der Nervenapparat so unentwickelt ist, daß er kaum unterschieden werden kann, finden wir bei den Nematoneuren Owen's*) in Fasern und Kernen die bloßen Rudimente des Systems. In den Gliederthieren ist es schon zu einem doppelten Nervenstrang fortgeschritten und häufig mit Ganglien oder Nervenmaterie untermengt und sendet Fasern nach allen Seiten hinaus. Die Ganglien in der Nähe des Kopfes sind augenscheinlich diejenigen, welche Nerven nach den Sinnenorganen entsenden. Diese Anordnung findet sich auch, nur weniger symmetrisch, bei den Mollusken. Bei den Wirbelthieren finden wir einen Ruckenstrang mit einem Gehirne an seinem oberen Ende und zahlreichen Abzweigungen von Nervengeweben — eine auffallend höhere Organisation. Doch auch hier, wie in der allgemeinen Structur der Thiere, ist das große Prinzip der Einheit gewahrt. Das Gehirn der Wirbelthiere ist nur eine Ausdehnung des vordern Ganglienpaares der Gliederthiere, oder es können diese Ganglien als das Rudiment eines Gehirns angesehen werden, wonach dann die oberen Organe nur als weitere Entwicklung der unteren erscheinen. Es gibt manche Thatsachen, die zu beweisen suchen, daß die Thätigkeit dieses Apparats elektrischer Natur und eine Modification jener merkwürdigen Kraft ist, die sich des Magnetismus, der Wärme und des Lichtes als anderer untergeordneter Formen bedient, und deren allgemeine Bedeutung im großen System der Dinge wir kaum schwach zu erkennen beginnen. Man hat gefunden, daß die einfache Elektricität, künstlich erzeugt und über die Nerven eines todten Körpers geleitet, Muskelbewegungen hervorruft. Als

---

*) Der Roche der als ein niedrig stehender Fisch angesehen wird, liefert die ersten schwachen Andeutungen eines Gehirns in gewissen spärlichen markähnlichen Massen, die lediglich aus erweiterten Nervenanfängen zu bestehen scheinen.

man das herausgenommene Gehirn eines eben getödteten Thieres durch
eine Materie ersetzte, welche elektrische Wirkungen erzeugt, wurde die un-
terbrochene Verdauungsoperation wieder aufgenommen, — woraus hervorgeht, daß das Gehirn nach einer seiner Fähigkeiten und Kräfte, mit einer
galvanischen Batterie identisch ist. Diese Vorstellung darf uns nicht auf-
fallen, wenn wir bedenken, daß die Elektrizität fast ebenso metaphysisch ist,
als dies vom Geiste je geglaubt wurde. Sie ist ein durchaus ungreifbares,
unwägbares Ding. Eine Metallmasse mag magnetisirt oder bis zu 700
Fahrenheit erhitzt werden, ohne dadurch um den hundertsten Theil eines
Grans schwerer zu werden. Und doch ist die Elektrizität ein wirkliches
Ding, eine in der Natur existirende Wirklichkeit, wie die Wirkungen von
Hitze und Licht auf die Vegetation, das Vermögen eines galvanischen
Stroms, die Kupfertheilchen einer Auflösung wieder zu einer festen
Masse zu vereinigen und die spaltende Kraft des Donnerschlags, der die
Eiche trifft, genugsam bezeugen. Man sehe auch, wie Licht und Hitze den
Incidenzwinkel bei der Reflexion beobachten, gerade wie ein Stein, der
schräg gegen eine Mauer geworfen wird. So mag die Geistesthätigkeit
unwägbar, ungreifbar und doch eine wirkliche Existenz sein, gelenkt vom
Ewigen durch seine Gesetze*)

Die gewöhnliche Wahrnehmung zeigt eine große Ueberlegenheit des
menschlichen Geistes über den der niederen Thiere. Der Geist des Menschen ist fast unendlich im Reich der Gedanken, er umfaßt die ganze Welt,
er bildet die wunderbarsten Combinationen, er forscht rückwärts in der
Vergangenheit und eilt voraus in die Zukunft, während die Thiere ein
nur enges Gebiet des Gedankens und Handelns zu haben scheinen. Aber
auch das Kind hat ein beschränktes Gebiet, doch ist es der Geist, der in
ihm, wie in dem vollendetsten Erwachsenen, arbeitet. Der Unterschied
zwischen Geist in dem Menschen und den Thieren ist nur ein Graden-
unterschied, kein spezifischer**). Alle, welche die Thiere wirklich beobachtet
haben, und selbst die, welche diesem Gegenstand, wo er in Büchern abge-
handelt wird, eine redliche Aufmerksamkeit geschenkt haben, müssen sich von
dieser Wahrheit mehr oder minder deutlich überzeugen, trotz all' der Finsterniß, die hier das Vorurtheil verbreitet haben mag. Wir sehen die

---

*) Wenn die Geistesthätigkeit elektrisch ist, so kann die sprichwörtliche Gedankenschnelligkeit —
d.h. die Schnelligkeit der Uebertragung von Empfindung und Willen als unter ein genaues
Maß gebracht angesehen werden. Die Schnelligkeit des Lichts beträgt, wie längst bekannt,
192,000 Meilen per Sekunde, und die Versuche des Prof. Wheatstone haben gezeigt,
daß das elektrische Agens mit derselben Schnelligkeit reiset (wenn wir so sagen dürfen) und
also auf die Wahrscheinlichkeit, daß Ein Gesetz alle unwägbaren Körper regieret, hinweiset.
Die Geistesthätigkeit dürfte demnach 192,000 Meilen in der Sekunde betragen — eine
Schnelligkeit, die offenbar mehr als genügt, um Entschluß und Ausführung einer unserer
gewöhnlichen Muskelbewegungen in Betreff der Zeit, wie dies der Fall ist, scheinbar identisch
zu machen.

**) Sehr richtig.   C. B.

Thiere zu Liebe, Eifersucht und Neid fähig, wir sehen, wie sie mit einander zanken und wie sie ihren Streit gerade in der Weise der rohern und ungebildetern Menschenklassen weiter führen. Wir sehen, daß sie der Schmeichelei zugänglich sind, daß sie vom Stolz aufgeblasen, durch Beschämung gebeugt werden. Wir finden sie zärtlich gegen ihre Jungen, wie menschliche Eltern gegen ihre Kinder, und ihren Herrn so treu, wie menschliche Diener immerhin. Das Pferd staunt beim Anblick ungewöhnlicher Gegenstände, wie der Mensch; der Hund und manche andere Thiere zeigen ein hartnäckiges Gedächtniß. Der Hund beweist auch durch seine Träume, daß er Einbildungskraft besitzt. Pferde, die ein Hufeisen verloren hatten, gingen aus freiem Antrieb vor die Schmiede, wo sie beschlagen wurden. Katzen, die in einem Zimmer eingeschlossen sind, werden auf die Klinke springen, oder die Schelle läuten, um ihre Freiheit zu erlangen. Ein Affe, der auf einen besonderen Baum zu steigen wünschte, und unter demselben eine gefährliche Schlange bemerkte, lauerte Stunden lang, bis er die Schlange in einem unbewachten Augenblick ertappte; da sprang er auf sie, faßte sie beim Hals, zerschmetterte ihren Kopf an einem Stein und stieg dann ruhig auf den Baum.

Wir können in diesem Falle nicht daran zweifeln, daß das Thier den Kopf ergriff und zerschmetterte, weil es diesen Theil für gefährlich hielt. Es ist zu wiederholten Malen beobachtet worden, daß bei einer Viehherde, worunter sich ein oder zwei Stück durch ihre Bosheit auszeichneten und darauf beharrten, die andern zu schädigen und zu tyrannisiren, die letzteren allem Anscheine nach sich berathschlagten, und dann die Störenfriede mit vereinter Macht von der Weide trieben. Auch hat man gesehen, daß die Glieder eines Krähengenistes die Reihe hielten, um für die Bedürfnisse einer verwaisten Familie zu sorgen. Dieses sind insgesammt Vernunfthandlungen, die sich in keinerlei Hinsicht von ähnlichen Handlungen der Menschen unterscheiden. Noch mehr. Obgleich die niederen Thiere keine Erbschaft angesammelter Kenntnisse wie wir Menschen, überkommen, so sind doch auch sie bis zu einem gewissen Grade zu jenen Modificationen des natürlichen Charakters und zu jener Ausbildung fähig, die wir Erziehung nennen. Die Zähmung und Heimischmachung der Thiere und die Veränderungen, die dadurch ihre Natur im Verlauf der Generationen erleidet, sind Resultate, die gleichbedeutend sind mit der Civilisation der Menschen, und der ruhige gehorsame Stier ist wahrscheinlich dem ursprünglichen Rindvieh dieses Landes so unähnlich, wie der englische Gentleman der Gegenwart dem rohen Baron aus der Zeit des Königs Johann. Zwischen einem jungen ungerittenen Pferde und einem zugerittenen ist ebenso derselbe Unterschied, der zwischen einem wilden frei auf dem Lande aufgewachsenen Jünglinge und derselben Person besteht, wenn sie durch dauernden Einfluß der feinen Gesellschaft der Stadt herabgestimmt worden ist. Ausgedehnter Gedankencombinationen dürfen wir kaum ein Thier für fähig halten, und doch werden die meisten von uns das Gewicht einer Bemerkung Walter Scott's, daß es kaum ein Ding gebe, dessen er nicht einen Hund für fähig halte, schwerlich in Abrede stellen. Es ist ein merkwürdiges Resultat der Erziehung bei einigen Thieren, daß Gewohnheiten, die man ihnen beigebracht hat, in einigen Fällen erblich werden. So zeigt sich z. B. die Fertigkeit des Stehens auf der Jagd, obgleich es eine bloße Folge der Erziehung ist, auch bei den jungen, fern von ihren Eltern und Verwandten erzogenen Hunden. Der besondere Sprung des irischen Pferdes, den es sich durch sein Herumlaufen in sumpfigem Lande aneignete, ist auch der nach England verpflanzten Zucht eigen. Die Erblichkeit dieser specifischen Gewohnheiten läßt auf ein Verhältniß zu jener Form psychologischer Manifestationen schließen, die man gewöhnlich Instinkt nennt; aber Instinkt ist nur ein anderer Ausdruck für Geist, oder ist Geist auf einer besonderen Entwickelungsstufe; und wäre es auch anders, immerhin müßte die Schlußfolgerung stehen bleiben, daß Manifestationen, wie die angeführten, bloße geistige Manifestationen und als solche nicht von den menschlichen zu unterscheiden sind.

Noch mehr: Die niederen Thiere gaben geistige Phänomene kund, lange zuvor ehe noch Menschen existirten. Während noch kein Menschengehirn da war, um ein mathematisches Problem zu lösen, wurde schon das Verhältniß der sechseckigen Figur durch den Instinkt der Biene dargestellt. Der Hund und der Elephant lieferten ein Vorbild des Scharfsinnes des menschlichen Geistes. Die Liebe einer menschlichen Mutter zu ihrem Säugling wurde fast von allen Säugethieren, die Fleischfresser nicht ausgenommen, anticipirt. Der Pfau brüstete sich, der Puter polterte, der Hahn kämpfte um den Sieg, gerade wie es die Menschen später thaten und noch thun. Unser Nachahmungsvermögen, von dem so viele unserer Vergnügungen abhängen, ward schon vorher durch den Spottvogel geltend gemacht, und die ganze Affensippschaft muß schon in der vormenschlichen Zeit all' die Streiche gespielt haben, in welcher wir das Komische und die Schalkhaftigkeit unseres Charakters in so seltsamer Uebertreibung erblicken.

Die Einheit und Einfachheit, welche der Natur eigenthümlich ist, macht wahrscheinlich, was die Beobachtung fast zu bestätigen scheint, nämlich daß, wie das Gehirn der Wirbelthiere im Allgemeinen nur als eine weitere Entwickelung eines Ganglions erscheint, so daß das Gehirn der höheren und intelligenteren Wirbelthiere nur eine Weiterbildung des Gehirns der niedrigeren Ordnungen derselben Klasse ist. Demnach kann in derselben Hinsicht gesagt werden, daß jede Species gewisse höhere Entwickelungen, je nach ihren Bedürfnissen, hat, während sich andere in einem rudimentären oder verkümmerten Zustand befinden. Dieß wird noch deutlicher hervortreten, wenn wir einige Untersuchungen über die verschiedenen Kräfte, die man unter dem Wort Geist zusammenfaßt, werden angestellt haben. (Schluß folgt.)

Die Electricität im menschlichen Organismus. *)

Seitdem der große Naturforscher Alexander von Humboldt uns das Weltall als einen großen, lebendigen Organismus, als eine vielgegliederte Einheit, als einen beseelten Leib beschrieben und vor die Augen gestellt hat, sind die Männer der Wissenschaft immer mehr zu weiteren Forschungen über den Menschen, das Abbild des großen Naturganzen, den Mikrokosmos, aufgemuntert worden. Schon längst hatte bei der Mehrzahl der Gebildeten die Ansicht, als sei der Mensch ein Doppelwesen, zusammengesetzt aus einem sterblichen Leibe und einem unsterblichen Geiste, ihre Geltung verloren, aber es fehlte noch der vermittelnde, klare Gedanke der Einheit zwischen Geist und Materie; der Ausspruch des Königsberger Philosophen Kant, daß die Materie nicht denke, galt noch als untrügliches Orakel. Da trat Du Bois Raymond in Berlin auf und lenkte durch seine Experimente, welche er im Angesichte der Lehrer und Studenten an der Hochschule wiederholt gemacht hatte, die Aufmerksamkeit unserer Zeitgenossen auf das sogenannte geistige oder psychische Element im Menschen, welches kein anderes ist, als die Electricität.

Die Electricität ist das wirkliche Lebenselement, welche als integrirende Eigenschaft aller Materie, jedem Sonnenstäubchen, jeder Moleküle des Universums innewohnt, bald in gebundenem und daher unserem Auge verborgenem, bald in einem freien, unsern Sinnen zugänglichen Zustaube. Die Electricität ist Geist, Leben, Bewegung, jener unsichtbare Aether, welcher sich selbst in unzähligen Gestalten von Mineralien, Pflanzen und Thieren darstellt und sich im Werden, Sein und Sterben oder Verändern derselben thätig zeigt. Auch der Menschenleib ist eine Stätte, ein Apparat desselben, und alle Vorgänge im menschlichen Organismus, die psychischen wie die physischen, sind nichts anderes, als Thätigkeitsakte, Wirkungen, Offenbarungen des Wesens der Electricität.

Allein diese erwähnte Thätigkeit der Electricität ist eine zweifache;

---

*) In dem Bestreben, die verschiedenen selbständigen Ansichten über den Zusammenhang zwischen Körper und Geist darzustellen, theilen wir folgende Abhandlung des Dr. Rauch (aus dem Manitowoc Demokrat) mit, in welcher die Entdeckung des Du Bois Reymond von der Electricität in den Nervenfasern entwickelt wird.

sie wirkt d u r ch und a u f die Stoffe und Körper, also durch ihre Apparate nach A u ß e n , und nach dieser Seite h'n war sie schon den alten Grie= chen und Römern bekannt; sie wirkt aber auch i n und a u f sich selbst zu= rück und diese Wirkung ist unseren Sinnen verborgen.

Die Wirkungen der Electricität nach A u ß e n nennen wir das p h y s i s ch e Leben, die Wirkungen nach I n n e n das g e i s t i g e. Jene hat längst allgemeine Anerkennung gefunden; sie offenbart sich in dem dumpfen Rollen des Donners und in seinen zuckenden Blitzen; sie wirkt in der Dampfkraft der Lokomotive und entrückt uns mit Sturmeseile auf den Eisenschienen und den stolzen Wogen des Weltmeeres dem Blicke d s Zuschauers; sie strahlt als Nordlicht vom Himmel ni der auf die finstere monatelange Nacht des kalten Nordens; sie verwandelt unter der Hand des Chemikers Stahl und Diamant in flüchtige Gase; sie strahlt als Wär= me aus den geheizten Ofen durch unsere Wohnungen und hilft uns die Speisen bereiten zum erquickenden Mahle; sie flammt als Lichtmantel an der brennenden Kerze; sie leitet in dem unermeßlichen Meere der Atmos= phäre den segenvollen Wechsel von Regen und Sonnenschein; sie knistert als leuchtend r Funke aus der künstlichen Maschine des Naturforschers; kurz überall, wo Leben ist und Bewegung um uns her, da ist die Electri= cität wirksam.

Anders war es bisher mit der Wahrnehmung der electrischen Thä= tigkeit im thierischen Organismus. Man hat die Vorgänge, die Lebens= äußerungen der E ectricität bisher bei den Thieren Instinkt, bei den Men= schen Willensäußerungen der Seele und ihres Lebens genannt. Was aber Ennemoser längst ausgesprochen! „Der Leib ist beseelte Materie und die Seele ist ein beleibter Geist, Leib und Seele b det also eine schlechter= dings unzertrennbare Einheit im lebendigen Menschen, dergestalt, daß er als Seelenkraft im Leibe das geistige Wesen ist, d.h. das innerste Wesen selbst" — das hat Du Bois Raymond durch seine Experimente vor aller Welt Augen bewiesen. Er zeigte durch seinen Multiplicator, den er mit dem betreffenden Organ eines lebenden Menschenkörpers in Verbindung gesetzt, daß bei jeder Bewegung der Hand, des Fußes ꝛc. die polarische Thätigkeit der Electrizität diese Lebensvorgänge vermittle und bewirke. Er zeigte ferner, daß in jedem Nervenatom die n e g a t i v e Richtung der Electricität nach Außen, nach der Peripherie des Körpers, die p o s i t i v e aber nach Innen, nach den Central=Organen der Nerven (Gehirn und Rückenmark) gehe. Er wies weiter nach, daß bei jedem Eindrucke, der von Außen auf eines der Sinnesorgane des Menschen wirkt, die Electricität in selbem erregt und nach Innen fortgepflanzt werde. Er überzeugte end= lich seine Zuschau r davon, daß selbst bei inneren G müthsaffecten die Electricität im Organismus polarisch erregt werde, und zwar in demselben Grade der Stärke, in welchem der Affekt sich regt.

Diese Experimente hat Du Bois Raymond vor drei und zwanzig Jahren gemacht. Seitdem hat man dieselben an vielen Universitäten Deutschlands wiederholt und es gilt jetzt als eine unzweifelhafte Thatsache, daß das Lebensprinzip im menschlichen Organismus, wie in allen Stoffgebilden der Natur, die Electricität sei. Der genannte Naturforscher trug alsobald Sorge dafür, daß die von ihm entdeckten Resultate durch zweckmäßige Schriften weitere Verbreitung fanden. Er geht aber in seinen Schriften weiter und seine Erörterungen sind gewiß interessant genug, daß sie auch in Amerika bekannt zu werden verdienen. Wir wollen die Hauptgedanken daraus in gedrängter Kürze hier wiedergeben.

Du Bois Raymond sagt: Es ist eine ausgemachte Wahrheit, daß Alles Materie sei. Selbst die Töne sind Materie; sie sind bestimmte Modificationen, bestimmte Gestalten der Luft. Ebenso wahr ist es auch, daß Alles Seele sei. Die Form und die Eigenschaften der Materie heißt man Seele. Was man also Seele nennt, ist also nichts Anderes, als das Sichformen und Gestalten der Materie selbst, mithin die Materie. Bei der Materie ist das sich ewig gestaltende Leben, der Organismus. Am Organismus sind Leib und Seele nur Eigenschaften. Die Seele ist der innere Leib und der Leib die äußere Seele. Organismus heißt beider Einheit. Keine Kraft ohne Stoff, kein Stoff ohne Kraft. Keine Materie ohne Seele, keine Seele ohne Materie. Leib und Seele sind Eins. Ist aber dem so, dann ist das Denken, Fühlen und Wollen ebenfalls mit der Materie Eins, denn das Denken, Fühlen und Wollen ist der Geist; ist dem so, dann muß man auch annehmen, daß die geistigen Verrichtungen wie die körperlichen, die Electricität zu ihrem Schöpfer haben.

Die Sache verhält sich also: So lange der Mensch lebt, ist stets ein Theil der Electricität in seinem Organismus polarisch thätig, während der andere Theil in seinen Urquell, in sich selbst versenkt, keine Wirkung nach Außen vollbringt. Auf dieselbe Art ist die Electricität in der künstlichen Electrisirmaschine nur in sich selbst thätig und erst dann, wenn wir mit dem Eisenstäbchen oder mittelst der Kette die getrennten Electricitäten vereinigen, wirken sie nach Außen.

Im wachem Zustande, während welchem die Organe des Körpers, deren Systeme den elektrischen Apparat bilden, von der Electricität durchdrungen und belebt werden, wird dieselbe von Außen durch die fünf Sinne auf die mannigfaltigste Weise polarisch erregt. Die Schallwellen, welche in unser Ohr dringen, werden durch die Gehörnerven, die Luftstrahlen, welche in unser Auge gelangen, durch die Sehnerven nach dem Centrum, nach dem Gehirn geleitet und indem die electrische Erregung nach Innen dringt bis in den Urquell der Electricität, wird sie daselbst zum physischen Akt, d. h. sie wird Empfindung, Gedanke. So gleitet an Drahte des elektrischen Telegraphen die polarisch erregte Electricität fort und gestaltet sich am Orte ihrer Bestimmung an der aufgestellten Scheibe zu Worten, welche die Gedanken und Empfindungen, die Jemand in sich getragen und in Zeichen auf den Draht übertragen ließ, wiedergeben. Die psychischen Akte bilden sich den Gehirnzellen in den beiden Hemisphären des großen Gehirns ein, und diese Eindrucke bleiben eine kürzere oder längere Zeit, so, daß sich der Mensch deren bei bestimmten Veranlassungen wieder benußt werden und sie durch Zeichen auch nach Außen mittheilen und wirksam machen kann. Für jede geistige Funktion ist ein besonderes Organ im Gehirn vorhanden und so lange sich das geistige Prinzip, die Electricität, dieser Organe bedient, wird sich auch der Mensch, welcher die Einheit von Geist — Electricität — und Materie ist, der geistigen Funktionen bewußt.

Im Schlafe ist die electrische Thätigkeit in den Urquell zurückgekehrt; die Organe sind, mit Ausnahme der thierschen Körperverrichtungen, ihrer Funktionen entbunden; das geistige Prinzip schöpft aus seinem Urquell neue Kraft, mit der es dann (nach dem Erwachen) von Neuem den ganzen Organismus durchdringt.

Im Schlafe kann der Mensch kein Bewußtsein haben von dem, was in dem Urquell seines Geistes vorgeht, denn die Materie, welche den einen Faktor des Produkts — Mensch — ausmacht, ist ihrer Thätigkeit für physische Akte, also auch der Denkthätigkeit entbunden; nur wenn unter gewissen Umständen die Denkorgane im Schlafe des Menschen von dem Urquell der Electricität sanft erregt werden, entsteht der Traum und mit ihm ein mehr oder weniger deutliches Bewußtsein.

Der Tod ist das gänzliche Aufhören der electrischen Thätigkeit im menschlichen Organismus. Der elektrische Apparat geräth durch irgend eine Veranlassung in Unordnung, oder ist durch vieljährigen Gebrauch abgenußt, unbrauchbar geworden. Das geistige Agens, die Electricität versenkt sich ganz in ihren Urquell; aber die tausendfältigen Modifikationen und Eindrucke, welche sie durch den Organismus während des Lebens empfangen hat, den reichen Schaß von Erfahrungen, Handlungen und Grundsätzen nimmt sie mit sich, sie sind ihr Eigenthum, ihr eigenes Wesen, gleichsam ihr Fleisch und Blut geworden, wie die Nahrungsmittel, welche unser Leib in sich aufnimmt, sich demselben assimiliren, d. h. zu m selbst werden.

Es unterliegt keinem Zweifel, daß der electrische Urquell im menschlichen Organismus schon während des Lebens desselben seine eigenen unsichtbaren Organe hat, die er mit den Körperorganen in Verbindung setzt, deren er sich aber, in sich selbst zurückgezogen, bei seiner Wirkung nach Innen bedient, um die empfangenen Eindrucke sich zu assimiliren, d. h. in sein eigenes Wesen zu verwandeln. Wer in seinem Leben auch nur ein einziges Mal Gelegenheit gehabt hat, eine wirklich somnambu le oder in magnetischen Schlaf gebrachte Person zu beobachten und ihre Aeußerungen zu hören, der wird sich überzeugt haben, daß eine solche Person in diesem abnormen Zustande mit ganz anderen Sinnen Eindrücke wahrnimmt, die wir mit unsern gewöhnlichen Sinnen wahrzunehmen nicht im Stande sind, daß sie Gedanken und Empfindungen offenbare, welche ihr im wachen Zustande völlig unbekannt und fremd sind.

Aus welchem Stoffe diese inneren Sinnesorgane des electrischen oder geistigen Urquells auch bestehen mögen, ob aus feinen, ätherischen Gebilden oder uns gänzlich unbekannten Elementen: soviel ist erwiesen, daß solche geistige Organen im Menschen existiren und daß der electrische Geist oder Funke in und mit demselben thätig sein kann, ohne der Körperorgane dabei unbedingt zu bedürfen. Aus dem Begriffe, wie wir den Geist auffassen, lassen sich alle bisherigen psychologischen Räthsel von Sympathie, animalischem Magnetismus, alle Geisteskrankheiten und Wechselwirkungen zwischen Leib und Seele ohne große Schwierigkeit lösen.

So weit die Gedanken des Du Bois Raymond. — Ich selbst will nichts weiter hinzufügen, als daß bei der weiteren Vervollkommnung und Verbreitung dieser neuen Idee ein neuer Wendepunkt, eine neue Aera für die Psychologie eintreten müsse. Welchen Einfluß die Electricitätslehre auf die physiologische und zoochemische Heilkunde erlangen müsse und zum Theil schon erlangt habe, davon nächstens mehr.

Aus der preußischen Kaserne.

Es war genau um ein Uhr Nachmittags am 3. August 1846, als ich zum ersten Male auf Wache zog und vor dem Palais des Prinzen Carl am Wilhelmsplatze zu Berlin mit langsamen Schritten und geschultertem Gewehre auf und ab schritt. Mir war sonderbar zu Muthe, als ich mich in den großen Spiegelscheiben des Palais betrachtete in meiner kriegerischen verantwortlichen Stellung, den Helm auf dem Kopfe, das Gewehr in der Hand; ich konnte keinen rechten Gefallen an mir finden. Der preußische Kamaschendienst hat für einen jungen Menschen überhaupt nichts Anziehendes, am allerwenigsten aber für mich, da ich die ersten Requisite des preußischen Soldatenthums, Langeweile und Gehorsam, nie recht vertragen konnte. Hätte ich gewußt, wie es kommen würde, daß ich doch bald auf die Ehre, preußischer Unterthan zu sein, verzichten müßte, ich würde niemals die Institutionen des „herrlichen Kriegsheeres" aus eigner Erfahrung haben kennen lernen. Aber wer dachte zu jener Zeit an Revolution, Exil und Amerika? Es war damals allerdings vielleicht mehr Oppositionsgeist unter den jungen Leuten, den Studenten, Offizieren u. s. w., als jetzt, aber dieser Oppositionsgeist beschränkte sich hauptsächlich auf constitutionelle Reformen und parlamentarische Einrichtungen, während nur ausnahmsweise in einigen exaltirten Köpfen der Communismus spukte. Aber aller Oppositionsgeist verhinderte die Leute nicht, sich in das Bestehende zu fügen und so war auch ich, trotz der extremsten Ansichten, die damals mein Gehirn beherrschten, ein so pflichtgetreuer Soldat, wie nur jemals Einer die Uniform des zweiten Garderegimentes getragen hat. Obgleich ich nur mit der größten Unlust den bunten Rock anzog und jede Stunde verwünschte, welche ich dem Dienst opfern mußte, so war ich doch nicht blind gegen die großen Vortheile, die mir aus meiner neuen Stellung erwuchsen; das Leben tritt uns in der Kaserne ganz anders entgegen, als in den früheren gewohnten Verhältnissen; man thut den ersten Schritt zur Menschenkenntniß, wenn man zur Compagnie in Reih' und Glied tritt. Ich kann die Eindrücke, welche das Kasernenleben auf mich machte, nur mit den Eindrücken vergleichen, die man in dem mit Emigranten vollgepfropften Zwischendecke eines nach Amerika segelnden Dreimasters davon trägt; man lernt die breiten, tiefen Massen des Volkes kennen, sammt ihren ordinären Bedürfnissen und Gewohnheiten, so daß die stolzen Ideen von Menschenwürde, Freiheit u. dgl. einigermaßen gedämpft werden, die man früher auf den Schulbänken träumte. In den Berliner Kasernen findet man eine übersichtliche Musterkarte von allen „Unterthanen" des preußischen Staates, denn, während die übrigen Armeecorps aus ihren speziellen Provinzen rekrutirt werden, ist das Garde-Armeecorps aus allen sieben Provinzen zu gleichen Theilen zusammengesetzt, so daß man hier den derben Westfalen neben dem Polen, den Altpreußen neben dem Rheinländer findet. Und nicht nur die verschiedenen Provinzen, auch die verschiedenen Klassen sind repräsentirt, von dem ärmsten Bauern bis zum reichsten Grafen findet man hier alle Stände: Arbeiter, Studenten, Handwerker, Beamte stehen in Reih' und Glied, und man findet oft neben dem rohen polnischen Bauern, der keines deutschen Wortes mächtig ist, einen Mann von gediegener wissenschaftlicher Bildung. In dieser Beziehung ist das Leben in den Kasernen ein ein höchst instruktives. Namentlich in unserer Zeit, wo sich jeder Mensch in den verschiedensten Kreisen des Lebens bewegen muß, ist eine solche Vorschule der demokratischen Gleichheit sehr nützlich. Wie? Wir nennen die preußische Armee eine Schule der demokratischen Gleichheit? Allerdings, so paradox es auch lautet; wir lernen, wenn wir in Reih und Glied unter dem Kommando stehen, zum ersten Male, daß wir einem Staate angehören, daß wir Theile eines Ganzen sind, dem wir uns unterordnen, dem wir gehorchen müssen. Soweit wie unsere persönliche Erfahrung reicht, haben wir immer gesehen, daß gerade die gebildeten Leute diese Nothwendigkeit am ersten erkannten und sich derselben fügten; aber unter den Bauern fand man oft prächtige Exemplare eines ausgeprägten Eigensinnes, Leute, die durchaus nicht begreifen konnten, was Gehorchen ist. Wir erinnern uns eines derben, breitschulterigen Westfalen, dessen ganzer Dienst in einem Marsche von der Kaserne bis zum Militärarreste bestand; jedesmal, wenn er eine Strafe überstanden hatte und wieder bei der Compagnie erschien, beging er irgend einen neuen Fehler, der ihm eine neue Strafe zuzog. Ist übrigens auch einmal ein Individuum bei seinen Vorgesetzten schlecht angeschrieben, so gibt die preußische Disciplin Mittel und Wege genug, um einen solchen armen Teufel in's Grab hineinzuquälen; der Soldat, der Rekrut ist durch nichts gegen die Launen seiner Vorgesetzten geschützt, und alle gesetzliche Bestimmungen, welche ihm Schutz gewähren sollen, erweisen sich in der Praxis als unbrauchbar. Aus diesem Grunde ist es sehr zu bedauern, daß der Stand der Unteroffiziere, der in unaufhörlicher Berühru g mit dem gemeinen Soldaten lebt, im Allgemeinen- wenigstens bei der Infanterie und Cavallerie, - aus den gemeinsten und brutalsten Subjekten besteht; es scheint, als wenn dieser Stand von der Hefe der Bevölkerung gebildet würde, von solchen Leuten, denen durchaus kein anderer Lebenslauf mehr freisteht, als der Kasernendienst. Von ihren Vorgesetzten werden diese Leute wie die Hunde behandelt, und haben gar kein anderes Mittel, sich zu rächen, als daß sie die ihnen anvertrauten Rekruten wiederum auf das Brutalste behandeln. — Wenn man nun bedenkt, daß der Unteroffizierstand gerade derjenige Stand ist, welcher die ganze Armee zusammenhält, auf dem die Disciplin und Manneszucht beruht, so kann man sich manche Brutalitäten erklären, die das „herrliche Kriegsheer" in Baden und Sachsen verübt hat, ohne daß man gerade die preußische Armee und das preußische Volk dafür verantwortlich zu machen braucht.

Die Ereignisse in Sachsen, Baden, Hessen, Berlin u. s w. haben viele Hoffnungen, welche man von der preußischen Armee erwartete, zu Nichte gemacht oder wenigstens auf eine spätere Zeit verschoben. Die preußische Armee hat sich zur Unterdrückung des eigenen Volkes hergegeben. Dies stimmt mit der ersten, ursprünglichen Grundlage der preußischen Heeresverfassung nicht überein. — Dieselbe ist allerdings eine demokratische, volksthümliche, republikanische; außer der Schweiz gibt es kein anderes Land in Europa, wie Preußen, wo das ganze Volk in den Waffen unterrichtet, zum Kriegsdienste erzogen und verpflichtet ist. Die Grundlage dieser Heeresverfassung stammt noch aus der Zeit, wo das preußische Volk im Namen der Freiheit gegen den französischen Usurpator zu Felde zog, wo Fichte von seiner Professoren-Kanzel hinunter das Volk zu den Waffen rief, wo Stein und Scharnhorst und Gneisenau die Landwehr stifteten. Die Landwehr aber ist die Basis der preußischen Armee, die Linie ist eigentlich nur eine Erziehungsanstalt fur Rekruten. Dies Verhältniß, welches der preußischen Heeresverfassung ursprünglich zu Grunde liegt, änderte sich aber mit der steigenden Reaktion, die mit den Karlsbader Beschlüssen und später mit dem Regierungsantritt Friedrich Wilhelm's IV. hereinbrach; die Linie wurde immer mehr und mehr der Landwehr vorgezogen und die letztere zuletzt nur als eine Ergänzung, als eine Reserve der ersteren betrachtet. Dies Uebergewicht der Linie über die Landwehr mag in den Jahren 1848—1849 den preußischen Thron gerettet haben, aber es hat auch Preußen aus der Reihe der Großmächte hinweggewiesen und zu einer Macht zweiten oder dritten Ranges degradirt. Denn Preußen — ein verhältnißmäßig kleiner Staat von 16 Millionen Menschen, — hat nicht die finanziellen und anderweitigen Ressourcen, um ein stehendes Heer, das sich mit dem französischen oder russischen Heere messen könnte, zu erhalten; es kann nur vermittelst seiner Landwehrverfassung eine Armee von 500,000 Mann ins Feld stellen und dadurch sich als eine Großmacht, deren Stimme man bei den europäischen Angelegenheiten hören muß, zeigen. Die Landwehrverfassung kann aber nur bei einem Volke existiren, das mit seiner Regierung in Uebereinstimmung steht, nicht in einem Lande, wo die Regierung dem Volke die zahlreichsten Beweise des Meineides und der Treulosigkeit gegeben hat. Daher mußte auch die Landwehr in den Hintergrund gedrängt werden. Indessen hat das Landwehrsystem in Preußen gegenwärtig noch eine solche Ausdehnung und solche Resultate, daß die revolutionären Hoffnungen, welche man darauf baut, immer noch gerechtfertigt sind. Wenn z. B. die Revolution von 1849 sich ein ebenso großes Terrain, wie Baden und die Pfalz, in Norddeutschland, statt in Süddeutschland ausgesucht hätte; wenn wir dort überall in Städten und Dörfern die Bevölkerung waffengeübt gefunden hätten, wie dies in Preußen der Fall ist: dann hätten wir leicht 120,000 Mann brauchbarer Revolutions-Truppen in's Feld führen können, und der Ausgang würde ein anderer gewesen sein. Nun, wir wollen hoffen, daß die Ereignisse der nächsten Zeit diesem Raisonnement Recht geben. Im Norden, sagt man, liegt die eigentliche Kraft Deutschlands, aber der Norden muß sich noch gewaltig anstrengen und Manches nachholen, um sich mit dem Süden, mit Baden, der Pfalz, mit Wien u. s. w. vergleichen zu können.

In der revolutionären Zeit dachte man über alle solche Verhältnisse noch viel unbefangener, und es wurde selbst nicht einmal in den aristokratischen Kreisen befürchtet, daß die preußische Armee noch einmal gegen das eigene Volk verwendet werden müßte. Damals war der politische

Standpunkt viel unbefangener und naiver. Das eigentliche Preußen-
thum bestand in jenen Landwehrpreußen der sogenannten Freiheitskriege;
Leute, welche in allem Ernste glaubten, daß sie den alten Napoleon besiegt
hätten, Leute, die voll von Erinnerungen an Blücher, Scharnhorst und
Gneisenau waren und deren Ideal immer noch der alte Fritz mit seinem
Hasse gegen das Mittelalter und die Pfaffen war. Von jenem modernen
Ritterthum der uckermärkischen Granden, das sich heute in der Kreuzzeitung
breit macht, war zu jener Zeit nur wenig zu sehen. Zwar bestand das
ganze Offizierscorps der Garde-Regimenter, — vielleicht Artillerie und
Infanterie ausgenommen, — aus diesen Sprößlingen des uckermärkischen
und pommerschen Sandbodens, aus jenem alten Adel, dessen A nen schon
als Pferdediebe u.s.w. in der Urgeschichte Preußens bekannt sind — aber
welche Ritter stellten diese Jünglinge dar? Man konnte sich kaum des
Mitleids erwehren, wenn man diese fadenscheinigen, dünn aufgeschos-
senen Treibhauspflanzen sah, denen jedes Mark und jede Kraft fehlte,
Leute, die oft durch die steife Uniform zusammengehalten werden mußten,
um nicht zusammenzubrechen. Gerade der Gegensatz zwischen diesen
winzigen Offizieren und den großen kräftigen Gestalten der Grenadiere,
gab den letztern oft Gelegenheit zu schlechten Witzen, die zu einem Heine'-
schen Spottgedichte gepaßt hätten. Nun, diese Aristokratie wird im Fall
einer Revolution kaum ein Coblenz finden, wohin sie sich verkriechen kann.
Uebrigens müssen wir, der Gerechtigkeit wegen, auch Ausnahmen erwähnen, Leute von weltmännischer und künstlerischer Bildung, die nicht nur
Aristokraten von Geburt, sondern auch von Erziehung waren. Wir lern-
sen einige Offiziere kennen, welche die Vorzüge ihrer Stellung dazu benutzt hatten, sich eine allgemeine wissenschaftliche und künstlerische Bildung zu verschaffen, ähnlich wie sie in der britischen Aristokratie sich vorfindet, und die durch diese Bildung auch einen humanen, demokratischen
Grundzug ihres ganzen Wesens erlangt hatten. Freilich, die Revolution
und ihre Consequenzen mögen in dieser Beziehung Manches verändert
haben; wahrscheinlich sind auch die letzten humanen Elemente aus der
preußischen Militärherrschaft und Aristokratie verschwunden. Aber wir
erinnern uns noch einiger trefflicher Männer, wie unseres ersten Haupt-
mannes, Hrn. von Alvensleben, deren Humanität und Menschenfreund-
lichkeit eine Oase in der Wüste der militärischen Bureaukratie war. Leider
wurde dieser Mann, der uns Freiwilligen die ungewohnte Pflicht so leicht
wie möglich zu machen suchte, bald von seiner Compagnie auf einen höheren
Posten berufen, und wir erhielten den dummsten und plumpesten Offizier
des ganzen Regimentes, einen von Ledebur zum Chef, der alle Brutalität
und Bornirtheit seiner 16 Ahnen in sich zu vereinigen schien. Nun, wir
mußten uns in das Unvermeidliche schicken; manchen Schweißtropfen
haben wir an den Rehbergen, am Plötzensee, am Kreuzberg und den an-

dern Sandparadiesen vergossen, bei mancher Parade unsern stillen Fluch gemurmelt, ohne daß wir durch ein patriotisches Gefühl uns über die Strapazen und den Zeitverlust hätten trösten können.

Die militärische Erziehung in den preußischen Garden ist nicht viel werth. Die Garden werden mehr zum Paradedienst, als zum Feld- und Kriegsdienst vorbereitet. Während der Felddienst sehr vernachläßigt wurde, mußten wir Woche für Woche den Parademarsch üben, und hierbei fanden die Offiziere alle Gelegenheit, ihren Pedantismus und ihren Kamaschengeist zu zeigen. Chef des Garde-Armee-Corps war damals der Prinz von Preußen, ein Mensch, der von einem General, oder gar einem Feldherrn keinen Zoll an sich hat, aber das Ideal eines gestrengen Corporals ist, dessen Hauptaugenmerk darauf gerichtet ist, daß die Knöpfe der Soldaten blank geputzt sind und das Lederzeug zwischen dem zweiten oder dritten Knöpfe der Uniform vorbeigeht. Wir haben diesen Menschen gesehen, wie er bei Revüen die Knöpfe der Soldaten anhauchte, um zu sehen, ob sie blind würden; wie er den Leuten die Helme in's Gesicht stieß u. s. w. Auf diese Weise bildet man sich zum Könige von Preußen heran.

Zu der Zeit, als wir dienten, war gerade eine große Gährung unter der preußischen Armee. Der liberale Geist, die Oppositionsgelüste gegen das pedantische Kasernenthum und gegen den falschen "esprit des corps," welche unter den Artillerie-Offizieren am Rhein und in Westfalen aufgetaucht waren, kamen auch, freilich in sehr vorsichtiger und bescheidener Zurückhaltung, nach Berlin, und man konnte oft im Kreise der Artillerie-Offiziere Aeußerungen hören, die wenig zu den Ansichten des Militär-Wochenblattes und der preußischen Staatszeitung paßten. Ueberhaupt war die Artillerie in Preußen ziemlich liberal gestimmt, während die Infanterie das conservative und die Cavalerie das reaktionäre, ultraroyalistische Element abgab. Dies Verhältniß ist allen europäischen Armeen gemein, in Oesterreich und Frankreich gerade, wie in Preußen. Die Cavalerie vertritt den Adel und großen Grundbesitz, die Infanterie die Bourgeoisie, die Artillerie die Intelligenz, und darnach richtet sich auch die politische Stimmung dieser Truppenkörper. In Preußen konnte sich damals leider diese oppositionelle Stimmung unter dem Militär nicht weiter vorbereiten, weil die Revolution der nächsten Jahre aller geräuschlosen Propaganda ein Ziel setzte. Uebrigens beschäftigte sich damals selbst das größere Publikum mit großer Vorliebe mit den militärischen Einrichtungen; eine Menge Broschüren wurden gedruckt über ehrengerichtliche Prozesse, Disciplinar-Untersuchungen u. dgl. und vom Publikum mit Heißhunger verschlungen. Die alten Militärs waren wuthend über die „Indiscretion", mit welcher man ihre heiligen Institutionen behandelte, und oft hörte ich meinen alten Major, einen Bramarbas aus den Napoleonischen Kriegen, den Fluch aussprechen, daß man die verdammten Scribenten von ihrem grünen Tische wegholen und an den ersten besten Baum aufhängen solle.

Eine kurze persönliche Bekanntschaft mit dem preußischen Militär-wesen genügte indessen schon, um das Hohle, Geschraubte, Erkünstelte des ganzen Systemes einzusehen. Das Band, welches die preußische Armee hauptsächlich zusammenhält, ist der "esprit des corps", die militärische Sonderehre, deren Wesen gerade im Gegensatze zur bürgerlichen Ehre besteht, eine aparte Ehre, welche wie ein Schnürleib den Leuten ansitzt, und die jede ihrer Bewegungen genirt. Diese Ehre ist blos das Eigen-thum des Offiziers, vom Fähndrich hinauf bis zum Marschall: der gemeine Soldat hat keinen Theil daran. Der gemeine Soldat und der Unter-offizier ist in der preußischen Armee Canaille; nur der Offizier hat „Ehre". Der große Unterschied, welcher zwischen dem Offizier- und Soldaten-stande stattfindet, nimmt der preußischen Armee allen volksthümlicher, naturwüchsigen, einheitlichen Charakter; dem Soldaten, dem Unteroffi-zier, der weiß, daß er niemals die Epauletten bekommen kann, fehlt jeder Trieb, jeder Stachel, sich auszuzeichnen; die militärische Kameradschaft, welche die Truppenkörper mehr zusammenhält, wie jedes Disciplinargesetz, fehlt in der preußischen Armee, wo jeder naseweise Fähndrich mit Hoch-muth und Verachtung auf den alten, grauen Feldwebel herabsieht, und eine unübersteigbare Kluft zwischen dem Soldatenstande und Offiziers-stande existirt. Bei der französischen Armee ist dies ganz anders; hier ist Alles kameradschaftlich verbunden - vom gewöhnlichen „Troupier" bis zum Divisionsgeneral; jeder Soldat trägt seinen Marschallsstab in der Tasche; Jedermann weiß, daß der gemeine Soldat, wie der Marschall von Frankreich, keinen größeren Ruhm hat, als ein Sohn von Frankreich und Mitglied der französischen Armee zu sein.

Der Gegensatz, der zwischen dem privilegirten und unterdrückten, dem adeligen und bürgerlichen Elemente der preußischen Armee liegt, wird bei einer genügenden Gelegenheit sich zu einem vollständigen Bruche er-weitern. Sollte die preußische Armee zu den Waffen für Ruß und u. gegen die Westmächte gerufen werden, so werden sich die Consequenzen dieses künstlichen und geschraubten Systemes zeigen. Der Theil der preußischen Armee, welcher dem Volke angehört, wird sich nicht für die Russen schla-gen; die in der Armee aufgegangenen Elemente, die Söldner von Beruf, die Remplaçants, die altgedienten Unteroffiziere, die adeligen Offiziere, sie mögen sich dann in Rußland ein zweites Coblenz und eine zweite Con-dé'sche Armee suchen. Preußen aber, das nichts ist, wie seine Armee, das durch nichts anderes zusammengehalten wird, als durch seine Armee, hat mit der Auflösung des „herrlichen Kriegsheeres", eine Auflösung, die 1848 im März schon eine fast vollendete Thatsache war, sich selbst aufge-löst; es hat durch die Geschichte der letzten Jahre sich so gegen seine historische Mission und den Geist des Jahrhunderts vergangen, daß es nicht einmal dem Namen nach fortzueristiren verdient. Soviel ist aber gewiß, daß an dem preußischen Landwehrsystem die Revolution e n gewaltige Waffe finden wird, welcher der Weg zum Herzen Rußlands offen steht.

Kunst und Natur.

Wenn wir die Produkte des Kunst und der Natur mit einander vergleichen, so finden wir neben einer großen Aehnlichkeit und Verwandtschaft doch einen ganz verschiedenen Grundcharakter, eine scharfe Grenzlinie zwischen beiden Gebieten, in denen ganz verschiedene Gesetze und Gewalten herrschen. Nichts ist gewöhnlicher, aber nichts auch falscher, als die Kunst eine Nachahmung der Natur zu nennen; der Charakter der Kunst ist damit ganz verkannt und ihre Selbstständigkeit, Würde und Schönheit beleidigt. Der Maler, der dieses Namens wirklich werth ist, begnügt sich nicht damit, irgend einen Wald, eine Landschaft, ein Porträt so wiederzugeben, wie es in der Natur beschaffen ist, sondern er benutzt nur die Linien und Farben der Natur zu einem künstlerischen Ganzen, das allerdings den natürlichen Gegenstand getreu wieder gibt, aber doch ein eigenes, freies Produkt des Künstlers ist, und seine individuelle Auffassung des Gegenstandes, seine Gedanken bei der Arbeit, seine Phantasie u. s. w. hindurchscheinen läßt. Wollte der Maler, selbst derjenige, welcher am meisten an seinen Gegenstand gebunden ist, der am treuesten sein muß, der Portraitmaler, blos eine Copie des abzubildenden Gegenstandes liefern, so würde er von dem hohen Standpunkte der Kunst zurücktreten auf den des Daguerotypisten; wenn Kunst nur Nachahmung der Natur wäre, dann würden Daguerotypie und Photographie die höchsten Gipfelpunkte der Malerei bilden. Wenn der Musiker blos die Töne, welche er in der Natur findet, copiren wollte, so würde er höchstens den Namen eines geschickten Virtuosen, niemals aber den eines Künstlers verdienen. Gewiß würde der Bildhauer kein eigentliches, wahres Kunstwerk zu Stande bringen, wenn er bei Anfertigung einer Statue verschiedene Theile wohlgebildeter menschlicher Körper n..r copiren, von der einen Gestalt den Fuß, von der andern den Arm, von der dritten die Hand, von der vierten Stirn, von der fünften die Nase u. s. w. nehmen wollte; er würde niemals ein harmonisches Ganze schaffen, einen Totaleindruck hervorbringen, sondern sich nur als ein Stümper erweisen.

Wie es denn überhaupt der beste, ja der einzige Weg ist, die Gesetze der Kunst aus den Meisterwerken der Kunst selbst abzuleiten, so können wir uns auch über das Verhältniß der Kunst zur Natur am besten Raths erholen, wenn wir uns an die großen Gemälde und Statuen der alten Meister erinnern. Sieht man eine antike Statue, eine Pallas, eine Venus, einen Zeus, so empfindet und begreift man gleich, daß hier das Maaß der Kraft, Schönheit, Anmuth, welches die Natur uns bietet, überschritten ist; wir fühlen den göttlichen Gedanken, die göttliche Majestät, die göttliche Schönheit aus der Statue heraus; wir empfinden eine gewisse Ehrfurcht vor dem Zauber der Kunst, ein Gefühl, das bei den glücklichen Griechen die einzige Religion war. Hat dieser Zeus, diese Aphrodite gelebt? Bildete jemals die Natur einen solchen Apollo? Gab es jemals eine so zarte, rosige Schönheit, wie die Madonna Raphael's? Ein Blick auf das Kunstwerk überzeugt uns davon, daß wir das Gebiet der Natur und der Wirklichkeit weit, weit unter uns gelassen haben, daß wir uns in höheren Regionen aufhalten. Oder wenn wir die Pastoral-Symphonie von Bethoven, oder die Musik zum Sommernachtstraum hören, haben wir dann mit natürlichen Erscheinungen zu thun? Die Motive der Melodien sind allerdings dem Kreise der Natur entlehnt; wir hören das Rauschen des Waldbaches, das Flüstern des Windes in den Zweigen, das Kosen der Vögel, wie den Donner des Gewitters; aber die Wirkung, die das Tonwerk in uns hervorbringt, ist viel mächtiger und intensiver, als der Effekt der Naturscenen selbst, und der Zauber der Naturerscheinungen kommt uns erst durch die Kunst zum Bewußtsein. Wer hat nicht schon jener prachtvollen Scene in Haydn's Schöpfung, in welcher der Aufgang der Sonne beschrieben wird, zugejubelt? Gewiß, man kann auf dem Kulme des Rigi stehen, und alle Gletscher flammen, alle Seen blitzen sehen, man hat nicht den kleinsten Theil des Eindruckes erlebt, den dies Tonwerk in uns erregt. Woher kommt diese magische Gewalt der Kunst?

Wir können diese Frage noch weiter fassen. Woher kommt es, daß die Natur selbst nur dann schön ist, wenn sie dem denkenden Menschen begegnet? Woher kommt es, daß nur der Gedanke des Menschen der großen, mächtigen Natur, in derem großen Reiche der Mensch ja nur ein verschwindendes Atom ist, den Reiz der Schönheit und der Poesie geben kann? Der Strom des Niagara stürzte Jahrtausende lang die Felsen hinunter, ohne daß der wilde Indianer nur daran dachte, daß dies ein großes, schönes Schauspiel sei; und auch jetzt hat dieses Schauspiel noch nicht die Hälfte seiner Großartigkeit und Schönheit erreicht, weil rings umher ein Volk wohnt ohne künstlerische Bildung und poetischen Sinn. Wie schön, wie prächtig liegen die silbernen Seen des amerikanischen Westens da. Aber wenn, wie über jenem Genfer See, der Geist Roußeau's, die Erinnerungen an Voltaire, die Verse Byron's über diese Seen schwebten, wie anders würde dann das Schauspiel sein? Wo finden wir in Europa die Natur am schönsten? Wo sind die Schauplätze unserer jugendlichen Ideale? Dort, wo der Geist des Menschen sich am thätigsten und kräftigsten zeigte, dort, wo sich eine Fülle von Gedanken und Thaten offenbarte, am Rhein, wo zwei Jahrtausende die Weltgeschichte spielte, in jenem lustigen Paris mit seiner reizenden Umgebung, am Vierwaldstätter See, wo das Grütli und die Tell's Kapelle uns an die Großthaten der Freiheit erinnert, in dem Schatten des braunen Salève, wo die Stadt Rousseau's und Voltaire's sich in den klaren Fluthen des See's spiegelt. Nehmt diese historischen und poetischen Erinnerungen, nehmt den lebendigen Menschengeist, der sich in diesen Fluren verkörpert hat, vom See, Berg und Thal hinweg, — und wo ist alle Poesie der Natur geblieben? Gewiß, nur wenn der denkende Menschengeist uns aus Flur und Thal und Wald entgegen blickt, werden wir die Schönheit der Natur empfinden; die schönste Gegend ohne poetische Erinnerungen und historische Thaten erinnert an jene regelmäßigen, wohlgeformten Frauengesichter, die nur so lange erträglich scheinen, bis daß sie den Mund aufthun. — Gerade deßhalb, weil hier in Amerika keine oder nur eine sehr uninteressante Vergangenheit ist, kommt uns die Gegend langweilig und unschön vor, und es müssen ganz andere historische Erinnerungen, als die an Indianer-Gräuelscenen hier auftauchen, ehe wir die weite, große Poesie des Landes fassen.

Die Vermählung der Natur mit dem menschlichen Bewußtsein: das ist Presse, daraus entsteht die Kunst. Die blos natürliche Welt ist gerade so unschön und unbefriedigend, wie die abstrakt geistige Welt; aber die Identität zwischen Natur und Geist, eine Identität, welche praktisch einzig und allein durch die Kunst dargestellt werden kann, ist Anmuth, Schönheit, Poesie. Nur die Kunst, die Kunst allein kann daher den abstrakten Materialismus, nach dessen Lehre wir alle als willenlose Naturkörper hinleben, wie auch den verhimmelten Idealismus, der seinen Gott und sein Paradies im jenseitigen Himmel sucht, beseitigen, und eine warme, lebensvolle, ebenso natürliche, wie verständige Weltanschauung hervorbringen.

Die Schönheit, welche die Natur unbewußt und nach den Gesetzen der Nothwendigkeit hervorbringt, erzeugt die Kunst als eine bewußte, beabsichtigte, gewollte. Ebenso, wie die Musik die einzelnen Schallwellen, welche die Natur ungeordnet auf einander folgen läßt, so daß nur selten eine natürliche Harmonie entsteht, nach den Gesetzen des Musik, nach bestimmten Zahlenverhältnissen, ordnet und zu einem Ganzen zusammenfügt: so auch ordnet die Kunst im Allgemeinen die Erscheinungen der Natur, wie die Ereignisse der Zeit, nach einem bewußten Plane, nach einem regelmäßigen Systeme, in welchem Mittel und Zwecke, Absichten und Erfolge in bewußtem Zusammenhange stehen. Es kann man sagen, daß die Kunst die Wahrheit der Natur, wie der Geschichte ist; wir begreifen die Natur, wie die Geschichte nur vermittelst der Kunst, die uns dort überall Klarheit, Ordnung und Schönheit zeigt, wo das unkünstlerische Auge nur Verwirrungen und Wiedersprüche findet. Die Natur ist die Basis der Kunst, aber nur in der Kunst kommt die Natur zu ihrem wahren Ausdrucke und zu ihrer Vollendung.

Das Gefällige, Anziehende, Befriedigende, welches in jedem Kunstwerke liegt, die erheiternde, erfreuende Wirkung der Kunst rührt aus der der Erkenntniß des Zusammenhanges zwischen Mittel und Zweck, zwischen Absicht und Erfolg her. Es gibt uns eine gewisse Beruhigung, wenn wir die Nothwendigkeit einsehen, mit welcher die Wirkungen aus den Ursachen entspringen, wenn wir bemerken, wie genau die Absichten und die Resultate zusammenpassen, wie Plan und Ausführung sich vollständig decken. Gerade die Einsicht in diese Harmonie, in diese Uebereinstimmung der einzelnen Theile, in diese innere Nothwendigkeit, mit der die Handlungen eines Drama's die Schönheiten eines Bildes sich entwickeln, macht das ästhetische Vergnügen aus, welches wir beim Anblick eines Kunstwerkes empfinden; wir freuen uns, wenn wir den Künstler auf dem geheimnißvollen Prozeß des Schaffens ertappen, wenn wir einsehen, welche Absichten er mit dieser oder jeder Handlung empfand, und wie richtig er die Mittel zur Erreichung dieser Absichten gewählt hat. Je deutlicher wir diese Uebereinstimmung zwischen Mittel und Zweck erkennen, je klarer wir die Intentionen des Dichters und Künstlers begreifen, desto lebhafter ist das ästhetische Vergnügen, desto größer aber auch der Kunstwerth des uns beschäftigenden Werkes. Nehmen wir z. B. ein Kunstwerk von anerkannter Meisterschaft, z. B. die Tragödie Emilie Galotti von Lessing. — woher rührt der ungeheure Eindruck, mit welchem dies Gedicht uns überwältigt? Offenbar daher, weil wir einsehen, daß alle Fäden der Handlung auf ein Ziel hinlaufen, daß alle Motive, welche der Dichter aufbietet, in ein Resultat zusammentreffen, weil wir von vornherein die Absicht kennen, welche den Dichter auch bei der unbedeutendsten Handlung, bei dem geringsten Worte leitet, weil wir nichts Ueberflüssiges, Unbestimmtes, Zweifelhaftes sehen, sondern Jedes an seinem rechten Platze und in seiner nothwendigen Stellung finden. Diese Durchsichtigkeit des Planes und der Absichten macht den größten Reiz und Werth eines Kunstwerkes aus; darin besteht gerade der Unterschied zwischen einem Natur- und Kunstprodukt. Denn die Natur hat keine Absichten und Zwecke; sie verfolgt keine Pläne; in ihr gebietet das Gesetz der blinden, unabänderlichen Nothwendigkeit. Aber im Reiche der Kunst wird die Nothwendigkeit zu einer freien Entschließung des Menschen; der Künstler verfolgt mit Absicht und Bewußtsein ein nothwendiges Ziel; er ist sich seiner

Zwecke bewußt, und weiß die dazu passenden Mittel zu wählen. Daher kommt es, daß in einem Kunstwerke die höchste Nothwendigkeit und die höchste Freiheit sich mit einander verbinden; sehen wir z. B. die Werke unserer großen Tragiker, so finden wir, daß sich die glühendste Phantasie mit der strengsten Logik vereinigt; in der Lyrik, wo die gebundenste, geschlossenste Form herrscht, hat der Gedanke des Menschen den weitesten Spielraum.

Aus diesen Andeutungen ergibt sich zur Genüge, wie lächerlich es ist, wenn man sagt, daß man bei künstlerischen Genüssen nicht zu denken habe. Der künstlerische Genuß besteht eben gerade darin, daß man das Warum? beantwortet, daß man die Gesetze erkennt, nach denen der Dichter und Künstler verfahren hat, daß man die Intensionen erräth, die ihn geleitet haben. Spielt dem Hottentotten eine Beethoven'sche Symphonie vor, er wird keine Freude daran haben, weil er nichts von den Absichten versteht, die der Meister in der Composition verfolgte. In der Kunst interessirt uns nicht nur das Resultat, das Produkt, sondern noch mehr die Art und Weise der Entstehung dieses Produktes, und wenn wir dasselbe recht empfinden und würdigen wollen, müssen wir gleichsam den Entstehungsprozeß des Kunstwerkes in unserer Seele selbst durchleben; das Schicksal der im Drama handelnden Personen wird unser eigenes, und wir prüfen die allgemein menschliche Wahrheit der darin vorkommenden Motive und Handlungen an den Schlägen unseres eigenen Herzens.

In diesem Sinne eröffnet uns die Kunst auch das Verständniß der Natur, des Lebens, der Geschichte. Wir bekommen Einsicht in den Bildungsprozeß der Ereignisse; wir sehen die Fäden, welche die einzelnen Thatsachen mit einander verbinden, wenn wir mit künstlerischem Gefühle und ästhetischem Blicke die Verhältnisse des Lebens und die Erscheinungen der Natur betrachten, wenn wir die uns umgebenden Thatsachen als ein harmonisches, übereinstimmendes Ganze erkennen, in welchem selbst die Gegensätze und Widersprüche nothwendige Beziehung zu einander haben. Daher das Glück, die Beseligung des menschlichen Herzens, welche durch die Kunst und durch eine künstlerische Erziehung entsteht; daher die olympische Ruhe, mit der ein Göthe, ein Herder die Welt betrachteten. Die Kunst hat dieselbe Aufgabe, wie die Philosophie, nämlich Harmonie und Ordnung in die Welt und das Leben zu bringen, aber die Kunst löst diese Aufgabe schneller und sicherer, wie die Philosophie, denn sie setzt die Harmonie voraus, welche der Philosoph erst beweisen muß. Allerdings gibt es einen Punkt, wo Kunst und Poesie mit der Philosophie zusammentreffen müssen, einen Gipfelpunkt menschlicher Bildung, auf dem der philosophische Gedanke sich mit der künstlerischen Form vermählt; wir haben schon Andeutungen einer solchen universellen Literatur in den Werken Shakespeare's, Milton's, Pope's, vorzüglich in Goethe's Faust, und die Zukunft wird diese Literatur noch vervollständigen. Es gibt einen Punkt im menschlichen Leben, wo alles Denken, Empfinden, Wollen zusammentrifft, wo alle verschiedenen Geistesfähigkeiten sich zu einem einzigen Ausdruck vereinigen, wo der Mensch sich selbst als das Universum fühlt, das er in seiner Harmonie und Vollkommenheit begreift.

Die Kunst ist die Verkörperung der Idee, die Darstellung der Idee in der Materie, die eingeborne, der Welt immanente Gottheit, im Gegensatze zu dem jenseitigen Gotte der Theologen: sie ist deßhalb der radikale Gegensatz zu der Religion und nur an der Kunst findet die Religion ihre letzte Schranke. Die Religion leugnet die Natur; ihr ist die natürliche Seite des Menschen ein Gräuel — (Erbsünde, Züchtigung des Fleisches u.s.w.); aber die Kunst bringt die Natur zur Wahrheit, und vergeistigt und idealisirt den Stoff. Ebenso wenig daher, wie die Kunst ohne die Natur sein kann, ebenso wenig kommt die Natur ohne die Kunst zu ihrem Rechte. Die Kunst ist die höhere Wahrheit der Natur, das Ziel, dem die Natur entgegenstrebt, die Aufgabe, die sie lösen muß, das Gewissen, das Bewußtsein der Natur. Sie verwandelt die Naturnothwendigkeit in eine bewußte Absicht und bildet dadurch die Grundlage der menschlichen Freiheit. Der Kampf zwischen Nothwendigkeit und Freiheit ist das eigentliche Thema der Kunst, und wo dieser Kampf in seiner strengsten Form hervortritt, da ist das höchste Gebiet der Künst, die Tragödie.

Das dämonische Element im Leben der Menschen und Völker.

So mußt Du sein: Dir kannst Du nicht entfliehen,
So sprachen schon Sibyllen, so Profeten,
Und keine Macht und keine Zeit zerstückelt
Geprägte Form, die lebend sich entwickelt.

(Göthe. Urworte Orphisch.)

So entschieden die Abneigung ist, mit welcher sich der humane, aufgeklärte Geist dieses Jahrhunderts von den religiösen Dogmen und Symbolen abwendet, so können wir doch selbst von unserem, der Religion ganz fremden Standpunkte aus nicht bestreiten, daß in diesen religiösen Symbolen eine tiefe, allgemein menschliche Wahrheit enthalten ist, welche uns oft den Schlüssel zur Erkenntniß unserer selbst und der Welt gibt. Die Religion umgibt diese Wahrheit mit einem mystischen Schleier und dem Heiligenscheine des Wunders; wir haben von unserm Standpunkte aus diese

Wahrheit nicht zu leugnen, sondern nur von allen mystischen und wunderbaren Beimischungen zu befreien. Die wichtigsten Probleme der Logik, Psychologie, Geschichte, Politik, des Socialismus sind in der Religion schon angedeutet, und wir würden uns einer Oberflächlichkeit schuldig machen, wollten wir die Genesis dieser Probleme nicht bis an die verborgenen, geheimnißvollen Quellen des frommen Glaubens verfolgen. Alle die Probleme, welche die bewegende Kraft dieses Jahrhunderts bilden, sind schon in symbolischen Andeutungen in den religiösen Mysterien enthalten. Wenn der Naturforscher sagt, daß überall mit der Materie Kraft und Geist verbunden, daß die Materie mit der Kraft und dem Geiste identisch sei, so sagt er nichts Anderes, nur in deutlicheren, bestimmteren Ausdrucken, als was der religiöse Mensch unter der Allgegenwart Gottes versteht. Die Einheit des Menschengeschlechtes, die Verbrüderung der Nationen, dieses revolutionäre Ziel des Jahrhunderts, ist in jener Fabel von einem Hirten und einer Heerde längst schon vorausgesagt. Der Dualismus im Menschen, der Kampf der Naturbestimmtheit mit dem Selbstbewußtsein des Menschen, bildet den eigentlichen Inhalt der Religion, welche Gott von der Welt und die Seele vom Körper scheidet. Wir sehen, das menschliche Gehirn ist nicht im Stande, sich so sehr zu verwirren, daß nicht aus den verrücktesten religiösen Hypothesen eine Wahrheit hervorleuchtete. So ist die Lehre vom Teufel, gewiß die verrückteste Lehre des Christenthums, die unsäglich viel Ungeheuerlichkeiten und Brutalitäten hervorgebracht hat, doch von einer großen psychologischen Bedeutung; die Teufelssage läßt uns einen tiefen, tiefen Blick in unser Inneres thun, und wenn auch längst der Teufel in allen seinen classischen Gestalten, vom alten dummen Teufel bis zum modernen Mephisto, aus der Furcht der Leute verschwunden ist, so ist doch immer noch viel Teufelei in uns und um uns. Goethe, der den Teufel besser begriff und schilderte, wie je ein Mensch zuvor, sagt:

„Den Bösen sind sie los, die Bösen sind geblieben."

und in der That, jeder Mensch trägt seinen Teufel mit sich herum, von dem ihn kein Erorzismus der Priester befreit, und wenn auch der Teufel an der äußersten Politur dieses Zeitalters Theil genommen hat, und sich nicht mehr mit Pferdefuß und Bockshörnern darstellt, so hat er deßhalb seine Wildheit noch nicht gemildert und seine bösen Absichten noch nicht aufgegeben.

Der Dualismus im Menschen, diese eigentliche, ursprüngliche Quelle aller Religion, wird mit der Religion nicht verschwinden, sondern sich gerade dann erst, wenn alle religiösen Hüllen und Schleier hinweggenommen sind, in seiner ganzen Schroffheit darstellen. Es ist der alte Gegensatz zwischen Natur und Geist, zwischen Nothwendigkeit und Freiheit, zwischen Naturbestimmtheit und Selbstbestimmung, der den Motor aller unserer

- 356 -

Thätigkeiten und Handlungen bildet. Dieser Gegensatz existirt, was auch die Naturforscher einer gewissen Schule sagen mögen; gerade die Naturwissenschaften weisen ihn auf. Gewiß, Materie und Bewußtsein, oder mit andern Worten, Nothwendigkeit und Freiheit fallen nicht unmittelbar zusammen, so daß kein Unterschied zwischen ihnen wäre; sie sind vielmehr die entgegengesetzten Pole einer und derselben Kraft, und diese Entgegensetzung ist eine polare, so daß die ganze Welt mit ihrem Leben, Lieben und Leiden dazwischen liegt. Welch eine Kluft starrt zwischen beiden Gegensätzen! Die Hölle des Virgil und des Dante füllt sie nicht aus. Angeschmiedet an die ehernen Gesetze der Natur, gleicht das Menschengeschlecht noch heute jenem Prometheus, dem ein Geier die Eingeweide zerreißt, weil er das Licht auf die Erde gebracht hat. Jeder Mensch, der nur einmal wagte, den Blick in die eigene Seele zu thun, sieht einen dunkeln, unergründlichen Abgrund starren, wo der Dämon haus't, dem sein Leben zum Opfer fällt.

Dieser Gegensatz ist das dämonische Element im menschlichen Leben, und zeigt sich gerade bei bedeutenden Menschen und in bedeutenden Zeitaltern am bedeutendsten. Gerade der Mensch, dessen Individualität mit ungeheurer Willenskraft hervorbricht, gerade das Zeitalter, das kühn und neuerungssüchtig die Schranken der alten Zeit niederbrechen will, ist dem Dämon am meisten unterworfen. Der dämonische Zug im Leben der Völker ist das Revolutionsfieber, wo glühender Paroxismus und Todesmattigkeit wechselt, und jedem hellen Gipfelpunkte des Lebens ein finsterer Abgrund folgt. Leben wir nicht heute in einem solchen dämonischen Zeitalter?

Gewiß, bei gleichgültigen Menschen und indifferenten Zeitperioden geht der Teufel vorüber; es ist ihm nicht der Mühe werth, bei einer seichten, flachen Seele anzuklopfen, welche nicht durch Abgründe und Klüfte zerspalten ist. Aber einem Faust, der den Schlüssel in der Hand hat, womit er die Geister beschwört, der die letzte Frage an das Schicksal zu stellen wagt, naht der Teufel in der geweihten Nacht, und lockt ihm die Unterschrift mit seinem Herzblute ab. Allerdings, da verlohnt es sich schon der Mühe. Es ist eine alte Geschichte: der Teufel sitzt als Schlange auf dem Baume der Erkenntniß. Daher ist es auch kaum den Leuten, welche sich vor dem Teufel fürchten, übel zu nehmen, daß sie jeder Erkenntniß unzugänglich und abgeneigt sind, daß die Pfaffen der Buchdruckerkunst den Tod schwören und erbitterte Feinde einer allgemeinen Volkserziehung sind. Ja, der Teufel lauert hinter dem Baume der Erkenntniß, und der Engel mit dem flammenden Schwerte treibt die Menschen, die von dem Baume der Erkenntniß gegessen haben, aus dem Paradiese hinweg.

Das war der erste Sündenfall und daher stammt die Erbsünde. Und die Erbsünde ist ewig. Der Durst nach Erkenntniß, der Wissensdrang, der Forschungsgeist, der Freiheitssinn ist ewig, und treibt die Menschheit unaufhörlich voran, mit flammendem Schwerte vorwärts und vorwärts ohne Ruh' und ohne Rast; jede neue Erkenntniß macht zehn weitere Kenntnisse nothwendig; jeder neue Berg, der erstiegen ist, zeigt ein neues Gebirge, das erstiegen werden muß.

Ja, jeder Mensch hat sein „verlorenes Paradies", aus dem nur noch einzelne dunkle Erinnerungen in die Gegenwart, in das wilde, verworrene Leben hineinragen, jene Idylle der Jugend, jene klösterliche Ruhe des Gemüthes, wo wir, in Einklang mit der Natur und der Menschheit, das Einzige nicht empfanden, was uns schmerzen und quälen könnte, nämlich uns selbst. Diese Idylle, wie bald ist sie zerstört! Aus den Tönen, Bildern und Versen der Künstler und Dichter klingen noch einzelne Erinnerungen an uns heran, aber nur um uns den Wirrwar und den Widerspruch unseres Lebens recht empfindlich fühlbar zu machen.

Und doch, wir mögen uns noch so sehr der Natur zu entfremden suchen, wir mögen noch so sehr unseren Eigensinn und Eigenwillen gegen die Naturbestimmtheit herauskehren, die Natur behält doch Recht und zwingt uns wieder in ihre Macht und ihre Arme zurück. „So mußt Du sein, Dir kannst Du nicht entfliehen", sagt das unerbittliche Schicksal; der Dämon mag noch so mächtig in uns sein, die Nemesis ist mächtiger; selbst im Göthe'schen Faust entgeht dem Teufel seine Beute.

Die Bibel unterscheidet zwischen den Kindern Gottes und den Kindern der Welt, aber die Kinder Gottes verlieren sich immer mehr und mehr und überlassen die Welt den Kindern der Welt, denen sie auch von Rechtswegen gehört. Der Dämon, der die ersten Menschen trieb, vom Baume der Erkenntniß zu essen, wühlt und schürt noch immer fort; der Hochmuth, Gott gleich zu sein, greift immer mehr um sich; der Mensch zerreißt mit teuflischer Hand den Schleier vor den Mysterien der Natur und controlirt die ewigen Naturgesetze. Die Teufelsgeschichten des Mittelalters werden heutzutage alltäglich; die Teufelsbrücken, die früher blos in einzelnen entlegenen Alpengegenden vorkamen, schwingen sich jetzt fern im Westen schon über den breiten Strom des Mississippi, und über die gähnenden, schwindelnden Abgründe des Niagara; der Goldteufel durchsucht die Gebirge Californiens und Australiens, und aus dem von gieriger Hand durchsuchten Gestein sprießt Cultur und Civilisation hervor; der Revolutionsteufel geht von Land zu Land, und schürt die Leidenschaften der Massen, daß sie zuletzt in hellen Flammen ausbrechen; der Liebesteufel schleicht sich unter Jung und Alt umher; überall hört man von Frauen-Emanzipation, freier Liebe und dergleichen Teufelsgeschichten sprechen; aber am teuflichsten wird es in den chemischen Laboratorien, auf den Sternwarten, in den physikalischen Cabinetten getrieben, wo man mit frecher Hand die Eingeweide der Natur durchwühlt, und die Wunder der Schöpfung bis in ihre letzten Bestandtheile, die Sterne des Himmels bis an die Grenzen des Raumes verfolgt. Ueberall Teufelswerk und Teufelskunst; wie viel Scheiterhaufen wurden im Mittelalter von der Inquisition dafür gebaut worden sein! Man fürchtet den Teufel heut zu Tage nicht einmal mehr; man ißt ohne Scham be.'m hellen Tage von dem Baume der Erkenntniß; man hat nicht einmal mehr nothwendig, sich dem Teufel mit seinem Herzblute zu verschreiben; man gehört ihm ohnehin mit Haut und Haaren an, und keine Osterlieder und Orgeltöne locken den frevelnden Faust in den Schooß des frommen Glaubens zurück.

Ja, der Teufel bietet auch heute noch die Reichthümer und Genüsse des Lebens, die er einst Fausten versprach; Meer und Land, Thal und Berg, legt er dem Menschen zu Fuß n und macht ihm die geheimen Kräfte der Natur unterthan. Welch' eine Menge von Mitteln zum materiellen Wohlsein und zur geistigen Freiheit hat das Menschengeschlecht schon von dem Baume der Erkenntniß gepflückt; die Elementargeister der Natur, die Urkräfte der Schöpfung sind ihm dienstbar geworden; Wasser und Feuer mischen sich auf Befehl des großen Zauberers zu einer Kraft, die den Menschen über Land und Meere trägt und ihm die schwere Last der Handarbeit abnimmt. Das Alles sind Thaten jenes Dämons, der die Schlange im Paradiese spielte; man kann deßhalb sagen, daß der Tag, an dem die Eltern der Menschheit aus dem Paradiese getrieben wurden, der Anfang menschlichen Strebens, menschlichen Gluckes, menschlicher Freiheit war. Der Teufel führt uns auf die Zinnen des Tempels, zeigt uns die Welt zu unseren Füßen — sagt uns, Alles ist euch zu eigen, wenn ihr mir dienen wollt,— und siehe da, die Welt ist unser Eigenthum.

Ja, dies diabolische Element ist das charakteristische Zeichen des Menschen, wodurch er sich von den Thieren unterscheidet; es ist der Stolz und die Kraft des Menschengeschlechtes. Man hat lange nach einem Kriterium gesucht, um das Menschengeschlecht vom Thierreiche zu unterscheiden, aber dasselbe selbst im Denken und Bewußtsein nicht gefunden, denn auch die Thiere können denken und haben Bewußtsein. Aber die Thiere können sich nicht in Widerspruch mit sich selbst setzen; ihnen fehlt der Dualismus, der die Triebfeder des menschlichen Lebens bildet, diese unaufhörliche permanente Opposition des Menschen gegen die Natur überhaupt und gegen seine eigene Natur, der tragische Conflikt, wo sich der Mensch im Kampfe mit sich selbst vernichtet. Die Thiere sind nicht fähig, Selbstmord zu begehen, aber die meisten Menschen, und gewiß nicht nur diejenigen, welche sich eine Kugel vor den Kopf schießen, sterben an einem langsamen Selbstmorde, an dem Kampfe ihrer Leidenschaften, die mit Gift und Gluth die menschliche Seele verheeren.

Das Thema der menschlichen Leidenschaften gehört ganz speziell hieher; dieselben sind Ausflüsse jenes diabolischen Elementes im Menschen,

das aus dem Kampfe desselben mit seiner eigenen Natur entsteht.
Wir können die Leidenschaften nicht nach mathematischen Formeln construiren, wie Spinoza, der alle Leidenschaften aus dem einfachen Behar-
rungsvermögen (animus, in suo esse perseverandi) entwickelt; wir glauben,
daß dieselben keine einfachen, ursprünglichen, primären Eigenschaften
sind, sondern zusammengesetzte, in sich gebrochene und widersprechende
Neigungen und Bestrebungen, die des Menschen Wollen und Denken nach
zwei entgegengesetzten Richtungen hin auseinander zerren, und dadurch
in der menschlichen Seele einen Abgrund öffnet, der das Glück und
das Leben verschlingt. Die Leidenschaften bilden vielleicht das schwierigste
Kapitel der Psychologie: man kann sich keine Leidenschaft denken ohne
Widerspruch und Gegensatz und nur vermittelst dieses Gegensatzes wird
irgend eine Neigung, ein Bestreben, eine Absicht zur Leidenschaft. Nur
wer hassen kann, kann auch lieben, und nur die Liebe macht uns zu einem
tödtlichen Hasse fähig. Auch die gemeinen Leidenschaften, die Habsucht,
der Geiz u.s.w. tragen den ewigen Widerspruch mit sich herum; der Habsüchtige kann nicht genug bekommen, der Geizige nie reich genug werden.
Dies Verhältniß geht die ganze Skala der Leidenschaften durch bis zum
höchsten Gipfel derselben, und selbst ein Cäsar, ein Napoleon wurde von
seiner eigenen Ruhmsucht und dem nie endenden Ehrgeiz zertrümmert.
Die Personen, welche sich die Dichter zu den Helden ihrer Tragödien
aussuchen, gehen nicht an den äußeren Verhältnissen, sondern an sich selbst
zu Grunde; die Welt und die Verhältnisse können nie
einen Menschen unglücklich machen, nur der Mensch
sich selbst. Denn jeder Mensch ist sein eigener Teufel, wie sein eigener
Gott, und der Wettkampf zwischen Himmel und Hölle, den uns der Dichter
des Faust schildert, findet in jedem, auch in dem kleinsten menschlichen
Leben statt.

Wir glauben nicht, daß es verschiedene Arten von Leidenschaften gibt,
so verschieden sich auch dieselben aussprechen und kund geben. Die
Leidenschaft ist ein erhöhter Temperaturzustand des ganzen Menschen; sie
nimmt den ganzen Menschen in Anspruch, und ist der treueste Spiegel
seiner Individualität. Wenn man also die Leidenschaften nach ihren
Erscheinungen klassifiziren wollte, bekäme man am Ende so viel Leidenschaften, wie Individualitäten. Jede Leidenschaft, Liebe, Haß, Ehrgeiz
u.s.w. variirt in tausend verschiedenen Spielarten, so daß wir schwerlich
bestimmte Gruppen und Gattungen der Leidenschaften unterscheiden
können. Die extremsten Leidenschaften berühren sich oft; die Liebe gränzt
oft an den Geiz, oft an die Verschwendung; der Ehrgeiz vermählt sich mit
der glühendsten Freiheitsliebe, wie mit der unbändigsten Herrsucht. Man
kann deßhalb schwerlich einzelne Leidenschaften definiren und unterscheiden; die Leidenschaften sind undefinirbar, wie die Individuen selbst. Aber

so viel ist sicher, daß ieder Mensch zur selben Zeit nur einer einz'gen Leidenschaft fähig ist; jede Leidenschaft besitzt die Alleinherrschaft über den Menschen, und es ist nur Täuschung, wenn man von einem Wettstreite und Kampfe verschiedener Leidenschaften spricht. Nicht nur nicht, daß zur selben Zeit irgend eine Leidenschaft, wie z. B. die Liebe sich zwei oder mehr verschiedene Objekte aussuchen könnte; nein, eine Leidenschaft läßt nicht einmal der zweiten Raum; Ehrgeiz und Liebe können z. B. nicht in einer und derselben Brust wohnen, wenn beide in einer solchen Stärke vorhanden sind, daß sie den Namen Leidenschaft verdienen; eine Leidenschaft muß die andere überwältigen. Denn leider ist des Menschen Seele keine Republik, wo alle Neigungen, Bestrebungen und Ueberzeugungen einträchtig und gleichberechtigt neben einander wohnen, sondern eine Monarchie, wo immer Ein Gedanke, Ein Wille, ein Leidenschaft alle anderen Gedanken und Leidenschaften beherrscht. Die tägliche Erfahrung beweist uns dies. Wo zwei Leidenschaften, wie z. B. Ehrgeiz und Habsucht, sich zusammenfinden, —wie dies z. B. bei den römischen Proconsuln zur Zeit des Unterganges der Republik der Fall war,- so dient entweder die Habsucht dem Ehrgeize, wie z. B. bei Cäsar und Pompejus, oder der Ehrgeiz der Habsucht, wie dies bei'm Crassus oder Lucullus der Fall war; immer ist aber eine Leidenschaft nur das Mittel und Werkzeug der andern. Liebe und Ehrgeiz scheinen allerdings öfter sich in demselben Individuum zusammenzufinden, weil beide Leidenschaften dem jugendlichen Gemüthe eigen zu sein pflegen, aber eine einigermaßen genaue Beobachtung und Analyse zeigt, daß die eine Leidenschaft nur die Nahrung der andern ist und von dieser verschlungen wird. Die einzige Ausnahme von dieser Regel scheint zu sein, wenn Liebe und Eifersucht sich begegnen; aber auch diese Ausnahme ist nur scheinbar, denn die Eifersucht ist nicht eine selbstständige Leidenschaft, sondern nur eine Krankheit der Liebe, welche der Liebe nicht entgegengesetzt ist, sondern dieselbe nur in einer unangemessenen, krankhaften Weise ausdruckt.

Wenn die Chemiker sagen, daß das Leben ein langsames Verbrennen sei, so ist jedenfalls die Leidenschaft der Sauerstoff, welcher es verzehrt. Je mehr von diesem Sauerstoff dem menschlichen Leben zugeführt wird, desto heller und schöner flammt das Leben auf, aber desto bälder wird es auch verzehrt. Deßhalb sagt der Dichter:

— — „Die Guten sterben jung,
Doch deren Herzen trocken, wie der Staub
Des Sommers brennen bis zum letzten Stumpf."

Ohne eine glühende Leidenschaft ist noch niemals etwas Großes in der Weltgeschichte vollbracht worden, von jener Zeit an, wo Homer den Zorn des göttlichen Achilles besang bis zu unseren Tagen, wo der Zorn der Völker die Throne der Könige zerschmettert.

Auch die Völker haben ihre Leidenschaften; auch in den Völkern
schlummert jenes dämonische, teuflische Element, das mit einem Male
alle die gewohnten Bedingungen und Verhältnisse des Lebens zerstört und
die Menschheit mit flammendem Schwerte aus dem Paradiese der behaglichen Gewohnheit hinaustreibt. Dieser Dämon äußert sich in den Revolutionen. Um sich diese „Lokomotiven der Weltgeschichte", wie Karl
Marx die Revolutionen nennt, zu erklären, ist es nothwendig, das dämonische Element im Völkerleben mit in Anschlag zu bringen, denn sonst bliebe
dies gewaltsame Aufflammen der Völker, diese allgemeine Begeisterung,
dieser todesmuthige Heroismus, namentlich in einer sonst so materiellen
und egoistischen Zeit, ein vollständiges Räthsel. Wie? Dieses Frankreich
der Februar- und Juni-Barrikaden wäre dasselbe gewesen, das unter Louis
Philipp, Guizot und Thiers siebenzehn Jahre lang Polizeidienste versah,
dasselbe, welches neulich der Viktoria und dem Louis Napoleon Hosiannah
zurief? Das Wien der März- und Oktobertage, sollte es dasselbe Wien
sein, das die Possen Nestroi's und die elenden Witze Saphir's beklatscht,
das gutmüthige, bequeme Volk der Bierhäuser und Kaffeegärten, dem
tausend Spitzel keinen hochverrätherischen Gedanken abzulauschen vermögen? Und selbst Berlin, das vornehme, kritische Berlin, wo man sich
mit einem schlechten Witz und einem noch schlechteren Glase Weißbier über
alle Schwierigkeiten der Zeit hinweghilft, die Stadt der Geheimräthe,
Lieutenants und Philister: selbst Berlin hatte seine teuflische Walpurgis-
nacht, wo die Leute nicht mit Schneeballen, sondern mit Kartätschen spiel-
ten. Wie ist dies möglich? Man traut kaum der Erinnerung, wenn man
die Gegenwart mit der kaum entschwundenen Vergangenheit vergleicht.
Es war der Dämon, der auf einmal im Volke lebendig wurde, eine heiße,
wilde Leidenschaft, die plötzlich alle Rücksichten vergessen ließ, ein Funken
im Pulverfaß, der die Explosion herbeiführte, ein Rausch, den die Völker
aus dem bittern Kelche des Elendes und der Sclaverei getrunken hatten.
Es war der Dämon, der ewige Versucher, der den Völkern, wie einst dem
Heilande, von der Zinne des Tempels hinab die Welt zeigt und zum Eigenthum anbietet. Auch heute noch schürt und wühlt der Dämon, wie ein
Maulwurf hier und dort, im Osten und Westen; schon rollt der unter-
irdischer Donner, und bald erleuchtet wieder die Flamme der Revolution
die Trümmer eines untergegangenen Zeitalters.

So verderblich wie die Leidenschaften für den Menschen auch sein
mögen, sie bilden seinen Adel und seine Schönheit. Der ist kein Mensch,
der keiner Leidenschaften fähig ist; derjenige wandelt als lebendige Leiche
umher, dem nicht die Flamme der Leidenschaft von den Wangen strahlt.
Alle Poesie, aller Reiz, alle Blumen des menschlichen Lebens wachsen aus
dem Abgrunde hervor in dem die Leidenschaften grollen; auf der flachen,
ebenen Sandwüste der Gleichgültigkeit und Gewohnheit wachsen keine

Rofen. Darin beſteht die menſchliche Größe, nicht, daß Jemand der
Leidenſchaften entbehrt. ſondern daß er ſie zu beherrſchen weiß, daß die
Leidenſchaften nur ein brauchbares Material ſeines Willens ſind. Darin
beſteht die Herrſchaft über ſich ſelbſt und über die andern Menſchen, daß
man ihre Leidenſchaften zu benutzen weiß.

So wie die Leidenſchaften der Individuen die Thatkraft, die Energie, das Selbſtbewußtſein, überhaupt die ganze Menſchlichkeit des
Menſchen erhöhen, und ihm Schönheit, Adel und Würde geben, ſo auch
ſind die Leidenſchaften der Völker ein Mittel, dieſelben zu veredeln, ihren
Werth und ihre Tüchtigkeit zu erhöhen. Welch' eine Thatkraft und Energie, welch eine Hingebung und Aufopferung, welch einen Muth u. Helden-
ſinn entwickeln die Völker in revolutionären Kataſtrophen! Nur in ſolchen
Momenten kann man ſich von der Majeſtät des Menſchegeſchlechtes an-
näherungsweiſe einen Begriff machen. Gewiß, die Gluth der Leidenſchaft
reinigt die Sitten und Anſchauungen der Völker; die Flamme der Revolution verbrennt nicht nur die Throne, ſondern auch die ſchlechten Gewohnheiten, die traurigen Ueberlieferungen der Vergangenheit, den gemeinen
Egoismus des Volkes; ſie iſt nicht nur die verheerende Flamme, ſondern
auch die Leuchte der Wiſſenſchaft und das heilige Feuer der Poeſie.

Ja, wir ſehen, daß der Dämon im Menſchen nicht immer mit der
Teufelsfratze und dem Pferdefuße zum Vorſchein kommt, ſondern ſich
menſchlich, edel, groß zeigt. Denn dieſer Dämon iſt weiter nichts, als
die ideale Natur des Menſchen, die ſich gegen die Naturbeſtimmtheit auf-
lehnt, der Eigenſinn, der in ſich ſelbſt eine Welt bildet, die mit der Welt
da draußen kämpft, die Originalität des Menſchen, die ſich von der großen
Maſſe unterſcheidet, das Selbſtbewußtſein deſſelben, das ſich ſelbſt weiß
und ſelbſt will. Freilich, dieſes Selbſtbewußtſein, dieſer Eigenſinn mag
noch ſo lebendig ſein, der Menſch mag noch ſo ſehr das Bewußtſein ſeiner
Perſönlichkeit haben, am Ende ſiegt denn doch die Natur und das Verhängniß, und reißt den Menſchen in den Abgrund hinunter. Das iſt das
Schickſal des Menſchen, daß er ſich nicht entfliehen kann, daß er an ſeine
eigene Naturbeſtimmtheit gebunden iſt, die ihn mit ſtrenger Hand aus dem
Reiche der Freiheit und des Ideals in das Gebiet der Nothwendigkeit
zurückfuhrt.

Lehren der Geschichte.

Unter den niederdrückenden Ereignissen der Gegenwart und jüngsten
Vergangenheit scheint es wohl erklärlich und verzeihlich, wennJemand die
Hoffnung verliert und gegen die Menschheit und die Geschichte mißtrauisch
wird. Schlag für Schlag brach die Reaktion über die Völker her u. der letzte
Rest der Freiheit wurde in seinen constitutionellen Schlupfwinkeln aufge-
sucht und zerstört. Die Völker dulden die allgemeine Unterjochung und
beantworten den Uebermuth der Großen mit niederträchtiger Unterwerfung. Furwahr, wer in Preußen in den Jahren 1848 — '49, in Frankreich zur Zeit des Staatsstreiches das Benehmen der Massen betrachtete,
der mußte sich mit Verachtung von dem widerlichen Wettstreite des Ueber-
muthes mit der Niedertracht abwenden. Menschenverachtung, Mißtrauen
gegen die Sache der Freiheit, Hoffnungslosigkeit für die Zukunft, dies
waren die Resultate, welche mancher für die Freiheit schwärmende Mensch
aus dem verlornen Kampfe zurückbrachte. Das ist nun schlimm, denn
wenn der Glauben an die Sache verloren ist, dann ist auch das Streben
dafür gebrochen. Wir glauben, daß eine allgemeinere Betrachtung des
Weltlaufes und der Menschengeschichte, die sich nicht gerade an den Ereignissen der letzten Jahre festklammert, uns eine ruhigere, vertrauensvollere
Stimmung geben wird; wir sehen, daß es doch nicht so schlimm mit der
Menschheit und der Freiheit steht, wie die Misanthropen denken; wir
sehen doch größere Erfolge auf Seiten der Freiheit, wie auf Seiten des
Despotismus. Nehmen wir selbst die Ereignisse der letzten Jahre! Während der Kampf weniger Tage und das Opfer einiger Tausend Menschenleben hinreichend war, in Paris, Wien, Berlin die Revolution siegreich zu
machen, während unter diesem schwachen und fast zufälligen Angriffe das
ganze europäische Staatensystem, an welchem man drei und dreißig Jahre
lang mit der größten Sorgfalt und Aufmerksamkeit gearbeitet hatte, vollständig in Trümmer sank: konnte der größte Aufwand aller diplomatischen
finanziellen und militärischen Hülfsmittel, konnten alle schonungslosen
Maßregeln der Reaktion, alle Vereinigung der monarchischen Kräfte,
konnten zwei Millionen Bajonnette den alten Zustand der Dinge nicht
wieder herstellen, und dem europäischen Monarchismus keine dauer-
hafte Grundlage wiedergeben. Der Sieg der Freiheit 1848 war ein
geniales Spiel, und eine glückliche Laune des Momentes genügte, ihn
durchzuführen; der Sieg der Despotie war dagegen ein mühsames, lang-
wieriges Werk, das mit aller Anstrengung, das mit der Wuth der Verzweiflung durchgeführt wurde, wo die despotischen Mächte ihre letzten
Ressourcen in den Kampf führten und ihre letzten Hoffnungen auf das
Spiel setzten. Und doch steht die Reaktion in Europa unsicherer und
schwankender da, wie jemals; doch sind ihre Verlegenheiten größer, wie je,

und der nächste Tag kann der ganzen Sache ein Ende machen. Fürwahr, wäre die Freiheit im Besitz des hundertsten Theiles der Mittel, welche die Despotie besitzt, es wäre nicht möglich, sie zu besiegen, während die Despotie in Mitten von Millionen Bojonnetten dem Grabe zuwankt.

Und so ist es nicht nur heute; so war es von jeher in der Weltgeschichte; die Freiheit war immer unter gleichen Verhältnissen ungleich mächtiger, als die Tyrannei; die Freiheit zaubert tausend Hülfsmittel aus sich selbst hervor, welche die Tyrannei nur mit den größten Mühen und Kosten sich verschaffen kann; die Freiheit ist ein unversiegbare Quell von Kraft, Muth, Aufopferung und Vertranen, während die Tyrannei sich gegen sich selbst mißtrauisch beschützen muß; die Freiheit schafft ein positives Terrain mit positiven Mitteln und Zwecken, während der Despotismus nichts ist, wie eine negative Macht, die am Ende sich selbst negirt. Dies zeigt uns die Weltgeschichte in ihren schönsten brillantesten Perioden. Die Perserkriege z. B., die uns als Knaben begeisterten, geben sie nicht auch dem Manne die Ueberzeugung von der unendlichen Uebermacht der Freiheit über den Despotismus? Diese Kämpfe bei Salamis, bei den Thermopylen, bei Marathon, — muß die Erinnerung daran nicht jeden Tyrannen erbeben machen? Welch' ein Mißverhältniß der Kräfte auf beiden Seiten! Aber die Freiheits- und Vaterlandsliebe auf der einen Seite überwog das große Uebergewicht materieller Hülfsmittel auf der andern Seite, und wer bei Salamis und Marathon siegte, das waren nicht einzelne heldenherzige, todesverachtende Jünglinge, sondern die siegende Macht der Idee. Auch die Entwickelung des römischen Reiches zeigt uns diese Macht der Idee, obwohl in der römischen Geschichte verhältnißmäßig wenig Idealismus ist: so lange die Römer den republikanischen Prinzipien treu waren, konnte man ihren Gang durch die Welt nur als Reihe von Siegen bezeichnen und der Wendepunkt der Republik war auch der Wendepunkt römischer Macht und Größe. Sehen wir die Erfolge, di z. B. der ältere Grachus mit seinen wenigen Anhängern gegen das ganze unermeßliche Rom errang, so finden wir auch hierin, trotz der baldige. Niederlage der Grachen einen Beweis für unsere Behauptung, denn di von den Grachen erzielten Resultate standen durchaus nicht im Verhältniß mit den dazu verwandten Mitteln. Und welch' eine Zeit der Verwirrungen, der Bürgerkriege, der Greuelthaten aller Art mußte vorhergehen, ehe man es wagen konnte, die römische Republik zu stürzen; Jahrhunderte lang mußte man selbst unter dem Kaiserreich noch wenigstens die Form der Republik beibehalten. Es hat noch niemals eine Monarchie ohne Dynastienwechsel oder Revolution so lange u. b mit solchem Erfolge exi. stirt, wie die römische Republik; und dieser Thatsache gegenüber wag' man zu sagen, daß die republikanische Staatsverfassung keine dauerhaft sei?

Nichts zeigt uns indeſſen ſo deutlich die Macht der Freiheit und des Gedankens, als die Ausbreitung des Chriſtenthum's. Daſſelbe trat in die Welt ohne irgend welchen äußeren Schutz und materielle Hülfsmittel. Es hatte mit der ganzen damals bekannten Welt, welche im römiſchen Reiche vereinigt war, zu kämpfen, und es gelang demſelben, die ganze alte Welt aufzulöſen und eine neue Periode der Weltgeſchichte einzuleiten.

Erinnern wir uns an Luther auf dem Reichstage zu Worms. Da ſtand er, der einfache Mönch, gegen Kaiſer und Reich, gegen Pabſt und Kirche. Aber die Idee, welche er vertrat, war ſiegreicher, als Reich und Kirche. Denn ſeine Idee war zeitgemäß, und in dieſem Worte liegt mehr Gewalt, als in allen Bajonnetten der Welt.

Eins der ſchönſten Beiſpiele aus der Weltgeſchichte ſind die Bauern-kriege; dieſe Kriege des armen Mannes gegen die ganze reiche, mächtige, vornehme Welt, dieſe Heldenfiguren eines Ziska, Thomas Münzer, Flo-rain Geyer u. ſ. w., die nur durch Verrath um ihren Sieg gebracht wer-den konnten. Mit welchem Heldenmuthe fochten dieſe Bauern! Die Erfolge, welche ſie zu Stande brachten, — und man rechnet in der Welt ja Alles nach dem Erfolg, — waren im Verhältniß zu ihren Mitteln und den Mitteln ihrer Freunde bewunderungswürdig, und ſie hätten auch den endlichen Erfolg davon getragen, wenn die Reformation ſich ihrer natür-lichen Conſequenzen bewußt geworden wäre.

Die erſte franzöſiſche Revolution zog dieſe Conſequenzen. Wenn man ſich den Augenblick erinnert, als — bei dem Aufruhr in der Vendée, — vierzig Departements in Frankreich gegen die Republik die Waffen erhoben hatten, und ganz Europa in einer bewaffneten Coalition gegen die franzöſiſche Revolution begriffen war, als die Hungersnoth in Paris wüthete und der Fraktionsgeiſt überall ſchon die Grundlagen der Republik unterwühlte: wenn man ſich erinnert, wie damals der Wohl-fahrtsausſchuß Frankreich gerettet und die Revolution die Reiſe um die Welt machen ließ: könnte man dann jemals an der ſiegenden Gewalt der Freiheit und der Idee verzweifeln?

Und ſelbſt Napoleon I. wurde vom Glücke verfolgt, ſo lange er noch den Erinnerungen der Revolution treu war und ihren Ideen ſeine Waffen lieh. Aber als er der Revolution den Rücken wandte, mit der der Kaiſer-krönung und der Heirath der öſterreichiſchen Prinzeſſin, da ging ſein Stern unter, und Schritt für Schritt ſchritt er dem Abgrunde zu. Napoleon's Glück iſt nicht am Waffenglück der europäiſchen Coalition geſcheitert, ſondern an dem eigenen Verrathe der Freiheit.

Wir haben ſchon angedeutet, wie ſich in der neueſten Zeit die Kräfte der Revolution und Reaktion zu einander verhalten haben.

Als die beiden Länder Baden und die Pfalz 1849 zu den Waffen grif-fen, bedurfte es nicht nur der vereinten Militärmacht des ganzen außerösterreichischen Deutschland, sondern auch noch der eigenen groben Fehler, um diese kleinen, unregelmäßigen Revolutionsarmeen zu besiegen. Auf jeden Freiheitssoldaten kamen damals mindestens drei reguläre Soldaten, und doch — wo sind die glänzenden Siege der Preußen?

Mieroslawski rechnet in seiner trefflichen Schrift über die polnische Revolution, daß ein freies Land, in Revolution begriffen und in revolutionärer Weise geleitet, wenigstens zehn mal so viel Soldaten in's Feld stellen könne, als ein despotisches Land, weil der Despot Soldaten nothwendig hat, um sein eigenes Land und seine eigene Armee zu bewachen, um die Festungen zu schützen, um Reserven aufzustellen, um Rekruten und Steuern aufzutreiben; alles Dinge, deren eine revolutionäre Armee zum größten Theile überhoben ist, abgerechnet von dem Enthusiasmus und der Begeisterung, welche die Schlagfähigkeit eines revolutionären Heeres unter sonst gleichen Umständen wenigstens verdoppelt.

Wir geben allerdings gern zu, daß man mit Enthusiasmus und Begeisterung allein keine Schlacht schlagen kann; es gehört auch Disciplin, Geübtheit in den Waffen und eine verhältnißmäßige Macht dazu; aber so viel ist sicher, daß unter sonst gleichen Umständen ein Soldat der Revolution so viel gilt, als ein Dutzend zwangsweise eingetriebener Söldlinge. Als Preußen und die Reichstruppen die badischen Truppen schlugen, hatte Preußen und die andern deutschen Staaten wenigstens 400,000 Mann unter den Waffen, aber Baden und die Pfalz hatten niemals mehr, wie 35,000 Mann in ihrer Revolutionsarmee, worunter fast die Hälfte irreguläres, ungeübtes Freischaarenthum. Und doch wäre es den Preußen unter anderer Führung auf der revolutionären Seite, schlimmer ergangen. Ein ähnliches Verhältniß wird sich überall herausstellen. Die Chancen sind der Freiheit so günstig, daß, wenn nur einigermaßen Terrain und Anknüpfungspunkte gegeben sind, man mit kleinen Hebeln große Kolosse niederwerfen kann.

Wenn man nun ferner bedenkt, daß die ganze Intelligenz sich auf Seiten der Freiheit befindet; daß Jeder, der denken kann, der ein richtiges Urtheil über die Welt und das Leben hat, der wissenschaftliche Bildung besitzt, auf Seiten der Freiheitspartei stehen muß: so werden wir immer mehr und mehr von der Uebermacht derselben überzeugt, und sehen mit Vertrauen in ihre Zukunft. Die reaktionäre Partei hat weder in Europa, noch in Amerika nur so viel Intelligenz, um sich nothdürftig vertheidigen zu können; die Dichter, Philosophen, Männer der Wissenschaft sind zum größten Theil in den Reihen der Opposition, und es bleibt den reaktionären Gewalten nichts übrig, als sich mit mittelmäßigen Kräften oder mit Apostaten, die von der Freiheitspartei weggeworfen sind, zu begnügen. Hier in Amerika sieht man dasselbe; welch' eine Nachfrage ist z. B. nach demokratischen Redakteuren, mit welch' zweifelhaften Leuten muß sich

z. B. die deutsch-demokratische Presse behelfen! Es ist natürlich, daß ieder Mann von Talent, der Streben in sich fühlt, der sich eine Zukunft grunden will, nicht auf die Partei der Vergangenheit, sondern auf die der Zukunft spekulirt, denn in der reaktionäten Partei hat er mit viel mehr Verurtheilen und Widerwärtigkeiten zu kämpfen, als in einer neuen, frischen, freisinnigen Partei, wo er nicht jeden Augenblick gegen einen Strohkopf rennt und von den Ueberlieferungen der Vergangenheit in sei. nem Wege aufgehalten wird. Der Soldat z. B. der Ehrgeiz, Muth, Talent besitzt, wird im Falle einer Katastrophe gewiß nicht in der Armee des Despotismus bleiben, wo er sich immer hinter unwissenden Adligen und hochmüthigen Günstlingen zurückgesetzt sieht; die Armee der Repubik bietet ihm eine schnellere, erfolgreichere Laufbahn. So führen alle die Egen schaften, welche den Menschen zu raschem, kühnem Handeln befähigen, die ihm Selbstvertrauen, Muth und Entschlossenheit geben, in das Lager der Revolution, und im andern Lager bleibt nur die plumpe, rohe Masse zurück, die nicht den Willen und die Fähigkeit hat, sich von der Last der Vorurtheile los zu machen.

Der Despotismus endlich kann sich nur vertheidigen; die Freiheit dagegen greift an, und ist also, wie iede angreifende Macht in großem Vortheile. Während der Despotismus durch einen gewonnenen Sieg nichts gewinnt, sondern nur in seiner alten Lage verharren bleibt, erobert sich die Freiheit durch jeden Sieg eine Fülle von neuen Hülfsmitteln. Die Freiheit hat Alles zu gewinnen, nichts zu verlieren; mit dem Despotismus ist es umgekehrt. Daher ist auch die Freiheitspartei unzerstörbar, da dieselbe nach jeder Niederlage sich in ihre alte Position zurückziehen kann, um bei der nächsten, besten Gelegenheit wieder hervorzubrechen. Jede Niederlage aber, die der Despotismus erleidet, wird zu einem bleibenden Schaden.

Wenn z. B. heute die Revolution in Deutschland wieder losbräche, so fände dieselbe den Despotismus noch immer an jenen Märztagen leiden; die Völker erinnern sich noch immer lebhaft dieser Zeit, den König schreckt die Erinnerung daran aus seinem trunkenen Schlafe auf; die Armee ist heute noch wankelmüthig und zweifelnd, wie damals; die Bourgeoisie hat den süßen Zauber der politischen Macht noch nicht vergessen. Alle die Reizmittel, welche damals zur Revolution anregten, bestehen heute noch in gesteigertem Maaße. Aber die Niederlagen, welche die Freiheit erlitten, das blutende Haupt Robert Blum's, die Hinrichtungen in Rastadt, die Octroirungen in Berlin, diese Niederlagen der Republikaner sind die Gespenster, die den Despotismus in das Grab verfolgen. Jede Niederlage, welche die Freiheit erlitten, wird zu einem Lorbeerkranze für sie, zu einer neuen Quelle der Begeisterung und Thatkraft, während die Niederlage des Despotismus niemals durch Contrerevolutionen wieder gut gemacht werden kann, sondern immer als eine tödtliche Wunde forteitert.

Sehen wir, mit welchen Schwierigkeiten gegenwärtig der Despotismus zu kampfen hat, sehen wir die Verzweiflung in Preußen, die Verlegenheit in Oesterreich, die blasse Furcht an den kleineren deutschen Höfen; erwägen wir die ungeheuern Opfer, die täglich gebracht werden müssen, um den jetzigen, unnatürlichen Zustand der Dinge zu erhalten: dann können wir sagen, daß wir schon vor der Schlacht mehr, wie die halbe Schlacht gewonnen haben, und daß der geringste Stoß hinreicht, der Weltgeschichte eine andere Wendung zu geben.

Wie kommt es aber, fragt man uns, daß, wenn die Freiheit alle diese Vortheile und Vorzüge besitzt, sie in den letzten Jahren so viele und große Niederlagen erlitten hat, wie vielleicht selbst in den dunkelsten Zeiten des Mittelalters nicht stattfanden; Wie kommt es, daß in Europa ein Land nach dem andern der Freiheit beraubt worden ist und selbst im Amerika die ganze Politik der Sklaverei in die Arme steuert? Wie kommt dieser allgemeine Rückgang der öffentlichen Meinung, während wir doch die Fortschritte der Intelligenz nicht genug rühmen können?

Um uns durch diesen Einwurf nicht verwirren zu lassen, müssen wir bedenken, daß die Freiheit in anderer Weise voranschreitet, wie die Reaktion. Während die Reaktion Schritt für Schritt zurückkriecht, jedes kleine Mittel benutzt, jede Gelegenheit ergreift, während sie mühsam und mit unaufhörlichen Anstrengungen das alte Gleise wieder zu erringen sucht: eilt die entfesselte Freiheit im Sturmschritte voran, und drängt die Arbeit eines Jahrhunderts in den Zeitraum weniger Tage oder Stunden zusammen. Die Freiheit sucht nicht, wie der Despotismus, emsig und mühselig jeden Stein zusammen, der ihrem Gebäude Halt geben kann, sie wuhlt nicht unverdrossen, wie der Jesuitismus, das Erdreich auf; nein, die That der Freiheit springt geharnischt wie Pallas Athene aus dem Dunkel der Weltgeschichte hervor, und wo sie auftritt, ist ihr Erfolg schon gesichert. Den Weg, den der Despotismus in Jahren zurücklegt, hat die Freiheit in Stunden wieder eingeholt; Alles was in den letzten Jahren in Europa zum Schutze des Despotismus geschehen ist, kann eine einzige kühne That der Freiheit wieder umwerfen. Je schneller daher der Despotismus zu seinem alten Ziele rückwärts zu schreiten scheint, desto weiter und großartiger wird die Bahn sein, welche die Freiheit im ersten Stadium ihres Wiedererscheinens zu durchlaufen hat; jeder vermeintliche neue Sieg des Despotismus ist nur eine Veranlassung zu neuen Triumphen der Freiheit.

Der Materialismus.

(Für die „Atlantis", von J. B. Stallo.)

Eine der letzten Fragen alles Wissens betrifft die Begriffe Geist und
Materie? Mit ihrer Lösung, mit der endlichen Bestimmung des Ur-
sprungs, des Wesens und des Verhältnisses der Materie und des Geistes
zu einander, wäre auf immer für alle menschliche Forschung die sicherste
Grundlage gewonnen. Kein Wunder daher, daß diese Frage unaufhörlich
wieder auftaucht, und daß sie besonders jetzt, wo unser entwurzeltes Ge-
danken- und Gemüthsleben neuen Boden zu gewinnen strebt, vor allen
andern in den Vordergrund getreten ist.

Die eine Hälfte dieser Frage hat in jüngster Zeit eine sehr bündige
Erledigung gefunden, — dadurch nämlich, daß man statt des kritischen
Messers einfach das Richtschwert zur Hand nahm, und der Existenz des
Geistes mit einem Schlage ein Ende machte. „Es gibt keinen Geist; nur
der Stoff und seine Wechsel sind wirklich", — das ist die alleinselig-
machende Lehre, die von den Zinnen der modernen Wissenschaftlichkeit
gepredigt wird. In mehreren unserer deutschen Zeitschriften liest man
seit einiger Zeit nur Nekrologe. In fast jeder Nummer wird der Katafalk
des doppelt todten, weil nie dagewesenen, Geistes von Neuem zu Grabe
getragen. Eigentlich ist dies nur die Aufführung eines bekannten Schauspiels mit einigen Varianten. Früher bemühte man sich, die längst zer-
stobene Asche des alten jüdisch-christlichen Gottes aber- und abermals auf
der Brandstätte des Atheismus zusammenzulesen, um sie zum hundert
und ersten Male in Flammen aufgehen zu lassen. Der alte Staub wollte
sich indeß durchaus zu keinem neuen Lichte entzünden, und so sah man
sich denn nach einem andern Schatten um. Man feiert jetzt Leichenbe-
gängnisse des Geistes, und singt dabei allerlei Psalmen und Litaneien ab
die zwar in sehr modernem Dialekt abgefaßt sind, in denen sich aber dennoch gewisse wohlbekannte, besonders altgriechische und französische, Wen-
dungen und Melodieen sehr deutlich vernehmbar machen. So kommt denn
zum Atheismus der Materialismus.

Es läßt sich gegen den Versuch, die alte christliche Weltanschauung
durch eine andere höhere zu verdrängen, Nichts einwenden. Der
christliche, außerweltliche Gott, sowie der metaphysische außerkörperliche
Geist, sind Begriffe, die der Vergangenheit unserer Erkenntniß angehören.
Ob aber der Inhalt unseres jetzigen tiefern Bewußtseins sich in den Formeln „Atheismus" und „Materialismus" erschöpfend ausprägen läßt,
wagen wir zu bezweifeln.

Dem Versuch einer Kritik des Materialismus stellt sich die große
Schwierigkeit entgegen, daß wir es mit einem Namen zu thun haben, der
bei den Vielen, die auf diesen Namen hin selig werden der verschieden.

artigsten Deutung unterliegt. Weder der Clerus, noch die Laien der neuen Kirche sind uber die Satzungen ihrer Lehre einig. Hat man irgend Einem der Wortführer des Materialismus die Widersprüche oder die Sinnlosigkeit seiner Behauptungen nachgewiesen, so erhebt sich sofort die ganze übrige Gemeinde, und verwahrt sich feierlichst gegen die Irrthümer des Einzelnen. Lehrt z. B. Karl Vogt: das Hirn sondere die Gedanken ab, wie die Nieren den Urin, oder wie die Leber die Galle, so wird ihm das von seinen Glaubensgenossen als eine Privatansicht in die Schuhe geschoben, (obwohl er, beiläufig gesagt, keineswegs der Urheber dieser geistreichen Betrachtung ist.) Weißt man einem Andern nach, daß mit dem freien Willen eben aller Wille geläugnet wird, indem der Ausdruck „freier Wille" eine Tautologie ist, sofern die Freiheit das innerste Wesen des Willens ausmacht, — daß der Materialist mit der moralischen Zurechnungsfähigkeit also eine Thatsache läugnet, die er wenigstens als ein von der Erfahrung Gegebenes stehen lassen sollte, wenn er sie nicht in seine endlose Construction von Grund und Folge hineinflicken kann: so schüttelt wieder der Materialismus diesen Staub von seinem Mantel. Und so scheint es überhaupt kaum einen Theil des gerühmten Systems zu geben, den nicht Dieser oder Jener von der großen Jüngerschaft ausstieße, ohne deßwegen das System selbst als unhaltbar aufzugeben.

Aber irgend einen Kern, irgend eine glandula pinealis (um mit Cartesius zu reden) des materialistischen Lehrorganismus, muß es doch geben, um welchen oder welche sich die verschiedenen Auswüchse gruppiren, und von wo aus sich die vielen abweichenden Ansichten als Schattirungen eines und desselben reinen Lichts erkennen und überschauen lassen. Ein oberster Grundsatz muß sich vorfinden, auf den sich Alle, so sich Materialisten nennen, zuletzt berufen, und der ihnen im Kampfe gegen ihre Gegner zum Feldgeschrei dient.

Wenn es einen solchen Grundsatz giebt, so ist es folgender: „nur das sinnlich Wahrnehmbare ist wirklich." Dieser Satz ist einfach das bekannte Locke'sche Prinzip in kurzer Fassung. Aller Materialismus wurzelt in der Behauptung, daß die Sinne die alleinigen Quellen oder Vermittler unserer Erkenntniß sind. Da aber alles Sinnliche räumlich ist, so erweitert sich dieser Satz dahin, daß nur das im Raume sich Vorfindende wirklich ist.

Hievon ausgehend stellen nun die Materialisten folgende Behauptungen oder Folgerungen auf:

1. Wo kein Gegenstand außerhalb des sogenannten Geistes ist, ist auch keine Vorstellung in demselben. Unsere Vorstellungen sind sonach nur wiederholte, wie unsere Gedanken zusammengefaßte Eindrücke von Außen. Ding und Vorstellung verhalten sich wie Ursache und Wirkung.

2. Da alles sogenannte Geistige (Vorstellungen, Gedanken u. s. w.) nur aus Reproduktionen, aus Wiederholungen der äußern materiellen Gegenstände besteht, letztere somit dem ersteren vorausgehen, so sind diese materiellen Gegenstände von ihren sogen. geistigen Abbildern abhängig. Die Materie ist, hat Bestand für sich, und außer ihr und den ihr zugehörigen oder innewohnenden Kräften existirt Nichts.

3. Alles Wirkliche ist zusammengesetzt aus materiellen Elementen, die man Atome oder Moleküle nennt. Alle Verschiedenheit, wie alle Aenderung besteht in der v e r s c h i e d e n e n G r u p p i r u n g, alle (auch die sog. geistige) Thätigkeit in der B e w e g u n g dieser Elemente.

Die vorstehenden sind die hervorragendsten, von allen Materialisten anerkannten, Sätze. Wir lassen die weiteren Folgerungen daraus, die zum Theil auf den Gebieten der rein willkührlichen Meinung ab- und auseinanderfließen, einstweilen unberücksichtigt, und nehmen den Materialismus in der hier vorliegenden allgemeinen Form in's Verhör. — Damit man uns die Competenz des Forum's nicht von vorn herein streitig mache, laden wir die Materie vor denselben Richterstuhl, von welchem herab dem Geist sein Todesurtheil gesprochen wurde. Wir halten uns an den Satz der Materialisten selbst, daß die sinnliche Erfahrung allein es ist, deren Lehren Geltung beanspruchen können. Es handelt sich darum, ob der Materialismus in sich so bst stichhaltig ist. Wir wollen untersuchen, was uns die Sinne über die Materie und ihre Existenz zu eröffnen haben. Bei dieser Untersuchung verbitten wir uns indeß alle Hypothesen. Wir gestatten den Sinnen, sich auf jede mögliche Weise zu bewaffnen, nur nicht mit dem rein unsinnlichen Gedankenapparat des umgebrachten oder umzubringenden Geistes.

Sehen wir nur, was uns der Materialist an der Hand seiner sinnlichen Erfahrung über irgend einen seiner materiellen Gegenstände nachweis't. Er sagt uns z. B., der Gegenstand sei hart, von einer bestimmten Farbe, von bestimmtem Geschmack, bestimmter Temperatur, u. s. w. — Fragen wir ihn näher, was er unter diesen Eigenschaften verstehe, so sagt er uns, der Gegenstand übe auf sein Gefühl einen entschiedenen Gegendruck, gebe ihm die Sensation dieser Farbe, jenes Geschmacks, u. s. f. — oder, er wirke so auf die Nerven des Tastsinns, so auf die Nerven der Retina, anders auf die Papillen der Zunge. Und wie weißt Du das? „Weil ich mir dessen bewußt bin." Deine sinnliche Wahrnehmung ist folglich weiter Nichts, als e i n e R e i h e v o n b e s o n d e r n Z u s t ä n d e n D e i n e s B e w u ß t s e i n s. Der ganze Gegenstand, sofern er Gegenstand der Erfahrung ist, liegt also innerhalb Deiner Haut, in Dir selbst; Deine Erfahrung sagt Dir nur, was in Deinem „Ich" vorgeht.

„Aber diese Zustände sind Wirkungen, die eben jetzt eingetreten sind; sie müssen doch von einer äußern Ursache herrühren." Warum sind sie

Wirkungen, denen äußere Ursachen entsprechen müssen? „Weil alle Veränderungen in mir von äußern Ursachen herrühren."

Woher hat nun der Materialist den Satz, daß alle inneren (subjektive) Veränderungen von äußern (objektiven) Ursachen herrühren? Doch wohl nicht aus d r sinnlichen Erfahrung, denn alle sinnliche Erfahrung ist nur eine Wiederholung des Obigen; alle sinnliche Erfahrung setzt diesen Satz voraus und beruft sich auf ihn. Damit sie uns Etwas darüber lehren könnte, müßte man aus seiner eigenen Haut fahren und sich an die Stelle des Gegenstandes setzen, ein Kunststück, das dem Materialisten, dessen Ich ganz körperlich ist, am allerwenigsten gelingen wird. Alle Versuche, das Gesetz der Causalität aus der sinnlichen Erfahrung abzuleiten, sind logische Zirkel; denn auf welche Erfahrung man sich auch berufen möge, man hat immer nur subjektive Zustände, vor denen die objektive Welt als Fragezeichen steht. Hundert addirte Fragezeichen geben aber keinen Punkt und kein Ausrufungszeichen. Der Empiriker, welcher immer neue Erfahrungen macht, um dem Ursprung des Causalitätsgesetzes auf die Spur zu kommen, verfällt dem Gelächter der olympischen Götter eben so sehr, wie der bayerische Küirassier, der sich seinen Federbusch auf dem festgeschnallten Helm befestigen wollte, und, da er nicht hinaufreichen konnte, dabei auf den Stuhl stieg. Und das Unterfangen, die Gültigkeit der sinnlichen Erfahrung durch Wiederholung derselben beweisen zu wollen, ist eben so gescheidt wie der Einfall des amerikanischen Gerichtsschreibers, der, um allen Fragen Betreffs der Aechtheit einer von ihm gefertigten Urkunde vorzubeugen, in die Urkunde selbst siebenmal hineinschrieb, sie sei gewiß authentisch!

Es versteht sich von selbst, daß wir die Gültigkeit des Causalitätsgesetzes durchaus nicht in Abrede zu stellen gedenken; wir wollen nur zeigen, daß der Materialist durch seine vielgerühmte sinnliche Erfahrung nicht einmal von der Existenz, geschweige denn von den Eigenschaften irgend eines Gegenstandes Gewißheit erhalten kann, ohne eine Wahrheit vorauszusetzen, die ihm von der sinnlichen Erfahrung durchaus nicht geliefert wird. Wir dürfen ferner wohl nicht erinnern, daß wir uns gar nicht einbilden, hiemit etwas Neues, Originelles vorgetragen zu haben; seit Kant, wenn nicht seit Berkeley, gilt bei jedem denkenden Menschen die Wahrheit, daß die Welt nur unsere Vorstellung ist, und daß alle Außendinge nur existiren, sofern sie angeschaut oder gedacht werden.

Beiläufig möge noch bemerkt werden, daß wir zwar die Gültigkeit des Causalitätsgesetzes, nicht aber seine Anwendung auf das Verhältniß zwischen Ding und Vorstellung, wie sie auf der einen Seite von den Materialisten und auf der andern Seite von den Intellectuisten gemacht wird, anerkennen. Die unsinnige Behauptung, daß die Vorstellung eine bloße Wirkung des Außendings sei, kehrte sich folgerichtig in die Lehre Berkeley's

(und in gewiſſem Sinne Fichte's) um, das Außending ſei eine b'oß Wirkung des Vorſtellungsvermögens. Doch, das Weitere darüber gehört
nicht hieher.

Wir haben geſehen, daß am Prüfſtein der bloßen ſinnlichen Erfahrung die Außenwelt, alle ſogenannte Materie, ſich in eine Reihe von Vorſtellungen auflöſ't, und daß man, um der Wirklichkeit eines Außendings
gewiß zu ſein, nothwendig eine Wahrheit zu Hülfe rufen muß, die aller
ſinnlichen Erfahrung vorausgeht und von ihr durchaus abhängig iſt. —
Wir hätten Behufs dieſer Unterſuchung es bei einer noch näher liegenden
Be'rachtung bewenden laſſen können. Der Materialiſt, wenn er von den
Hirnoperationen in ihm auf die Gegenſtände außer ihm ſchließt, und dabei
behauptet, das äußere Ding gehe ſeinem innern Gegenbild als Urſache
voraus, ſtützt ſich ganz unbefugter Weiſe auf die unſinnlichen Ideen (Anſchauungen) von Raum und Zeit. Woher kommen dem Materialiſten
ſeine Gegenſätze zwiſchen innen und außen, vor und nach, bis
dem Schluß von innerer Folge auf den äußern Grund? Gewiß nich
aus der ſinnlichen Erfahrung. Man kommt bei dem Gegenſtande, der
Materie, erſt an, man hat alſo ſinnliche Erfahrung, erſt nachdem man den
Schritt von innen nach außen, von der Folge auf den Grund, bereits gethan hat. Wer liefert nun den Boden für dieſen Schritt? Der Materialiſt, welcher Zeit und Raum aus der ſinnlichen Erfahrung ableiten will,
geräth hier wieder unrettbar in den alten logiſchen Zirkel. Die Erfahrung wird ihm erſt möglich durch die Vorausſetzung des Raums und die
Anſchauung des Raums iſt ihm wieder ein Reſultat der Erfahrung. Es
iſt die alte Geſchichte mit der Henne, die ein Ei legt, aus welchem die
Henne ſelbſt hintennach wieder hervorkriecht; oder das Lichtenberg'ſche
Wunder:

> „In jenem Loch war noch ein Loch,
> Und dieſes Loch war größer noch,
> Als obbedachtes Schleßloch.“

Der Materialismus iſt gezwungen, bei ſeinem Erbfeind, dem Idealismus, betteln zu gehen, um nur die gegenſtändliche Wirklichkeit ſeiner
Materie zu retten. Die Erfahrung erklärt uns auf's Unzweideutigſte, daß
nach ihren Kriterien allein die Materie ſich als ein bloßes Hirngeſpinſt
barſtellt, ſo daß wir, nachdem wir vorneweg den Geiſt geläugnet, dem ab-
ſurden Nihilismus anheimfallen.

Abgeſehen aber von den hier erörterten Schwierigkeiten, und zugege-
ben, daß die ſinnliche Wahrnehmung an den äußern Gegenſtand ſelbſt hin-
anreichte und die Exiſtenz der Materie vollſtändig zu dokumentiren im
Stande wäre: die von den Materialiſten ſtatuirte, über allen Zweifel erhabene Greifbarkeit der Materie würde ſich dennoch als völlig richtig erweiſen. Die Eigenſchaften, auf welche man bei der Materie am ſtärkſten

pocht, sind die Undurchdringlichkeit und die Schwere. Was lehren uns
nun die Sinne bezüglich dieser Undurchdringlichkeit und Schwere? Die
von der Erfahrung gelieferte Thatsache, auf welche hin wir den Körper un=
durchdringlich nennen, ist nur, daß er dem Eindringen von Außen, oder
dem Drucke widersteht; ebenso ist die Schwere nur die Aeußerung eines
Drucks, eines Strebens nach Bewegung (und der wirklichen Bewegung,
wenn der Widerstand beseitigt ist). Das Ganze ist also nur eine Wahr=
nehmung von Kräften, die einen bestimmten Raum
erfüllen; der Körper zerfährt Angesichts aller Hebel und Schrauben
der Empirie in ein bloßes Dehnen und Recken von Kräften innerhalb
des Raumes. Was ist nun eine Kraft, — wir meinen eine Kraft in dem
Sinne, in welchem sie der Materie beigemessen wird? Woher hat der
Materialist den Begriff der Kraft? Einfach daher: wenn er eine Be=
wegung oder Veränderung sieht (wir können einfach Bewegung sagen,
denn alle materielle Veränderung reducirt sich auf Bewegung), so schließt
er, die Bewegung müsse einen Grund haben, und diesen Grund nennt er
Kraft. Die Kraft ist nichts in sich selbst und unabhängig Bestehendes;
sie ist nur die vorausgesetzte ungeborne Bewegung. Die Kraft ist, nach
scholastischem Ausdruck, potentia, was die Bewegung actu. In der Na=
tur, in dem Wesen der Kraft ist nichts, was nicht im Wesen der Bewe=
gung wäre. Was aber ist Bewegung? In der Sprache der Erfahrung
einfach ein Raumwechsel, weiter nichts. Das Greifbare, unzweifelhaft
Wirkliche, worauf sich der Materialist so viel zu Gute thut, löst sich also
durch seine eigene Analyse auf in bloße Raumbestimmungen. Der
Raum, seine Gränzen und sein Wechsel sind das einzige Wirkliche, was
von der Materie übrig bleibt. Trotz alledem aber, trotz der entschie=enen
Aussage des großen Orakels, der sinnlichen Erfahrung, spricht der Mate=
rialist von der Materie, den Atomen oder Molekülen und ihren Kräften,
von der Verschiedenheit des Stoffs von den Kräften, von dem Stoff im
Raum, von dem todten (inerten) Stoff, von dem Stoff unter der Herr=
schaft der Kräfte, und wie diese tiefsinnigen Redensarten sonst noch heißen!

Eben so widersinnig, wie das Gerede von selbständigen Stoffen und
Kräften ist die Phrase: der Stoff und seine Eigenschaften. Wie man
sich den Stoff vorstellt als eine todte Masse, zu der die Kräfte hinzukom=
men, so denkt man sich auch eine kahle, indifferente Materie, die mit be=
stimmten Eigenschaften versehen ist. Das heißt, die Materie ist ein Ding
für sich, auch ohne die Eigenschaften, die in der Materie eben stecken, wie
etwa die Rosinen im Kuchen. Dieser Urstoff bleibe also, als Träger der
bloßen Existenz, sich gleich, so sehr auch die Eigenschaften wechseln. Nun
nehme man aber einmal von einem Körper seine Eigenschaften, z. B. seine
Härte und Undurchdringlichkeit, sein spezifisches Gewicht, seine Farbe,
seine spezifische Wärme, seinen Geruch u.s.w. weg: was bleibt denn noch

übrig? Nichts, — absolut gar nichts. Das Ding h a t also nicht Eigenschaften, es i st in und durch seine Eigenschaften. Diese Eigenschaften aber haben sammt und sondern keinen eigenen Bestand; sie entstehen nur durch den Gegensatz gegen andere Eigenschaften, die ohne Ausnahme außerhalb des augenblicklich betrachteten Gegenstandes liegen. Ohne Grün z. B. gäbe es kein Ro h, ohne Weiß kein Schwarz, ohne Ausdehnung keine Zusammenziehung, ohne Widerstand keine Kraft, ohne Gegendruck keinen Druck, keine Undurchdringlichkeit und keine Schwere, ohne Plus kein Minus, ohne Basis keine Säure, ohne positive Electricität keine negative u. s. f. Einer der dicksten Nägel in den Köpfen der Materialisten, welche fortwährend von dem Urstoff, von Atomen, von der unbestreitbaren Wirklichkeit und Tangibilität der Materie u. s. w. reden, ist die Annahme, daß den Außendingen nach dem Zeugniß der Sinne ein selbstständiges Sein zukomme. Die Erfahrung bezeugt das pure Gegentheil; sie zeigt uns, daß jedes sogenannte stoffliche Ding nur ein Komplex von Beziehungen auf Anderes ist. Bildlich ausgedrückt: ein stofflicher Gegenstand ist nur das Zusammenfallen verschiedener Schatten von Außen in dem Fleck, wo sich der Gegenstand wahrnehmbar macht.

Wenn nun, wie aus Obigem zur Genüge erhellt, das selbstständige Sein des Stoffs für sich eine Hypothese ist, die in der sinnlichen Erfahrung nicht die mindeste Rechtfertigung findet, wenn der Stoff sich unter der Leuchte der empirischen Beobachtung als ein Gewebe von Kräften und Beziehungen darstellt, so fragen wir: wie kommt nun in diese vielen Kräfte und Beziehungen Einheit und Bestand? Nicht durch einen eigenschaftslosen stofflichen Urteig, denn wir haben uns hoffentlich überzeugt, daß dieser ein bloßes Gespenst ist. Wodurch denn? Wir sind begierig auf die Antwort des Materialisten, und harren mit Sehnsucht des Augenblicks, wo uns auch nur e in stoffliches Ding in seinem unzweifelhaften atomistischen Bestand für sich außerhalb des erkennenden Geistes vorgezeigt werden wird. Denen, die den Geist kurzweg dadurch „abmucken" zu können glauben, daß sie uns zurufen: „zeigt uns einmal den Geist," erwiedern wir mit der bescheidenen Gegenaufforderung; „zeigt Ihr uns einmal die Materie". Wir begnügen uns mit einem sehr kleinen Stück.

Wohlverstanden! wir läugnen weder die Existenz, noch die Unzerstörbarkeit der Materie; wir fahren nur dem Materialisten sein stoffliches Ding vor, und zeigen es ihm unter seiner eigenen Loupe, der bloßen Sinneswahrnehmung, um ihm, wo möglich, begreiflich zu machen, in welches eitle Nichts es vor ihm zerrinnt, wenn er nicht von dem Licht des subjectiven Geistes seine Strahlen borgt.

· Die Dogmen der Materialisten bezüglich der stofflichen Urelemente, woraus alles Wirkliche zusammengesetzt sein soll, erledigen sich durch das Vorstehende von selbst. Darauf, daß der Materialist kein Recht hat, auf

Grund der direkten Beobachtung von untheilbaren oder ungetheilten letzten Elementen, von Atomen oder Molekülen, zu reden, ist oft genug aufmerksam gemacht worden. Noch keinem sterblichen Auge haben sich die Atome oder Moleküle entschleiert, und in so fern läuft wieder Alles auf eine windige Hypthese hinaus. Die Atomistiker lassen sich aber hierdurch keineswegs aus dem Felde schlagen, sondern verschanzen sich auf dem Gebiete der Stöchiometrie. Obwohl die Atome, sagen sie, ihrer Kleinheit wegen sich selbst dem bewaffneten Auge entziehen, so folgt die Existenz bestimmter, begränzter, bleibend für sich bestehender Elemente doch aus der die Chemie erst möglich machenden Thatsache, daß verschiedene Stoffe sich stets nur in bestimmten Verhältnissen mit einander verbinden. Acht Theile Sauerstoff verbinden sich z. B. nur mit einem Theil, nicht aber mit drei, vier u.s.f. Theilen Wasserstoff zu Wasser. Ferner: ein Theil Wasserstoff verbindet sich nicht mit acht, sondern mit sechszehn Theilen Schwefel zur Hydrothionsäure, (Schwefelwasserstoff). Wollte man den Sauerstoff in dem erstern, oder den Schwefel in dem letztern Fall durch Chlor ersetzen, um Salzsäure zu bilden, so würde man zu dem einen Theil Wasserstoff weder 8, noch 16, sondern 35,4 Theile Chlor zu nehmen haben. Ein Aehnliches gilt von den übrigen Elementen, in welche die Chemie die bisher untersuchten Stoffe zerlegt hat, und welche durch die uns bis jetzt zu Gebote stehenden Mittel wenigstens nicht weiter zerlegt werden können. Sie Alle vereinigen sich nur in wenigen bestimmten Verhältnissen. Diese Thatsachen nun, behaupten die Atomistiker, lassen sich durch die Annahme erklären, die einzelnen Atome lagern sich in der Verbindung an einander, und werden bei der Zersetzung wieder getrennt; und daraus folge wieder, ein Atom Sauerstoff sei acht Mal so schwer, als ein Atom Wasserstoff, halb so schwer, wie ein Atom Schwefel u.s.w., — die Atome aber erhalten sich überall in ihrer Integrität. Das hieraus erwachsende atomistische System ist natürlich ein interessantes Machwerk. Die Atome oder Moleküle werden als ewig unveränderlich und sich selbst gleich vorausgesetzt; alles Leben und alle Veränderung ist weiter nichts als eine praktische Erläuterung der Theorie der Permutationen und Combinationen, die man Stoffwechsel nennt. Das Universum ist eine Art von Ballsaal, in welchem die Atome ewig ihren Cotillon tanzen; es ist aber sehr unstatthaft, die Materialisten zu fragen, wer den eigentlich zu diesem Tanz geige. Die Atome, (diese neuen Götter der Materialisten, denen sie ja wieder das Absolute sind) führen dabei ein entsetzlich luderliches Leben, conserviren sich aber nichts desto weniger sehr gut. Das Alles ist sehr hübsch, und hat das große Verdienst fast handgreiflicher Deutlichkeit. Aber was sagt die Erfahrung dazu? Ergiebt es sich aus den bisher gemachten Versuchen und Beobachtungen, daß im Wasser z. B. Wasserstoff und Sauerstoff als Wasserstoff und Sauerstoff neben einander liegen? Allerdings, nachdem wir das Wasser dem Galvanismus oder der chemischen Reaktion unter vorsen haben, kommen die Dinge zum Vorschein, welche wir Wasserstoff und Sauerstoff nennen ; was aber während der Zersetzung mit diesen Stoffen vorgegangen ist, darüber schweigt die Chemie. Dazu kommt noch, daß man in sehr vielen Fällen den von den Chemikern statuirten Körper erst erkennt, nachdem man zweimal auf ihn reagirt hat, einmal bei der Zersetzung, und dann wieder bei der chemischen Prüfung. Erst nach dieser umständlichen Handthierung hat man das sogen. Urelement vor sich. Steht uns nun das Recht zu, zu behaupten, das Element habe dadurch nicht Anders erlitten, als eine Scheidung von dem Atom oder den Atomen, womit es früher kopulirt war? Ein Gleiches gilt von dem umgekehrten Fall, wo eine Verbindung der sog. Atome bewerkstelligt wird.

Damit man nicht glaube, wir bewegen uns hier auf dem Felde der logischen Spitzfindigkeiten und Schrullen, wollen wir hier einige chemische Autoritäten, und weiterhin einige empirische Thatsachen für uns reden lassen, die man wohl nicht im Verdacht haben wird, im geheimen Bunde mit den Metaphysikern zu stehen. Einer der schwierigsten Vorwürfe für die neuere chemisch-analitische Forschung besteht bekanntlich in der Ermittelung der sog. Atomvolume und ihrer Verhältnisse zu einander, — ein Feld, worauf sich besonders Kopp, Rammelberg, Gerhardt, Laurent, Hunt, J. D. Dana u. A. große Verdienste erworben haben. Im 9. Band des „Silliman's Journal", S.S. 220—245, findet sich eine umfassende Abhandlung von J. D. Dana über diesen Gegenstand, worin er Arbeiten Früherer mit seinen eigenen zusammenstellt, und die Atomvolume der Verbindungen mit denen der einzelnen sogen. Atome vergleicht, um zu sehen, ob letztere zu den ersteren die richtigen Maßstäbe liefern, wie es nach der Atomtheorie der Fall sein sollte. Dana ist der bekannte Chemiter und Mineralog, einer der besten Analisten unserer Zeit, eine in Europa entschieden anerkannte Autorität, und durch und durch Empiriker, der sich vielleicht in seinem Leben keine Stunde mit der sogen. Metaphysik beschäftigt hat. Seine Untersuchungen bewegen sich auf rein materialistischem Boden. Und was findet er! Daß die Atomvolume der Verbindungen zu den Aggregatvolumen der einzelnen Elemente durchaus nicht stimmen! Und Dana selbst fügt seinen Untersuchungen folgende ausdrückliche Folgerung hinzu; „daß die Elementarmolekule in einer Verbindung nicht (nach gewöhnlichen Begriffen) mit einander vereinigt sind, sondern daß Jedes unter der Einwirkung des Andern eine Veränderung erleidet, die es zu einem durchschnittlichen Resultat der thätigen Molekularkräfte machen." Das wäre also eine Transsubstantiation in den Tabernakeln des Materialismus? Und das ist nicht eine von einem deutschen Naturphilosophen erklügelte Grille, sondern das mit schwerem Herzen gemachte Geständniß eines Empirikers, dem es von den

Ergebniſſen in ſeinem Laboratorium, an ſeinem Löthrohr und ſeiner Retorte, abgedrungen wurde. Aehnlich ſagt auch Hunt (der jetzige Staatsgeognoſt von Canada, ein fähiger Analyſt, der keinen naturphiloſophiſchen Aether, ſondern, als geborner Brite, ächt realiſtiſche Butkugelchen in den Adern hat): „Die chemiſche Verbindung iſt nicht eine Anmanderlagerung der Atome, wie man gewöhnlich annimmt, ſondern ein gegenſeitiges Durchdringen der Elemente." Fragen wir irgend einen Chemiker, worin der Unterſchied zwiſchen einer mechaniſchen Miſchung und einer chemiſchen Verbindung beſtehe, ſo belehrt er uns, in der Miſchung finde man bei genauem Zuſehen hier das Eine, dort das Andere; in der chemſchen Verbindung hingegen ſei das Reſultat überall, auch in dem kleinſten Theil, gegenwärtig! Klingt das nicht, wie das alte: „tota in minimis existit natura"? Wenn man die gewöhnlichen für das Volk im Intereſſe der modernen naturwiſſenſchaftlichen Anſchauungen verfaßten Schriften lieſt, ſo geräth man auf die Anſicht, das einzige gegen die Atomtheorie zu erhebende Bedenken betreffe die Frage, ob die Atome abſolut untheilbar, alſo wirklich Atome, oder nur bis jetzt unzerſetzte Theile, Molekule, ſeien; daß aber die Permanenz dieſer Theilchen in ihrer Reiſe durch die Welt von den Forſchungen der Analiſten über allen Zweifel erhoben worden ſei, und daß man die bis jetzt entdeckten Molekulen auf's Genaueſte beſtimmt, gewogen u.ſ.w. habe. Erkundigt man ſich jedoch bei dem wirklichen, wiſſenſchaftlichen, praktiſchen Chemiker, der ſelbſt die Stoffe unter der Tortur zu haben gewohnt iſt, ſo lautet der Beſcheid ganz anders. Es ſtellt ſich dann heraus, daß, wie die Sachen eben jetzt ſtehen, die Hypotheſe noch eine ſehr bedeutende Rolle ſpielt, daß die Molekule von ſehr zweifelhafter Beſtimmtheit und Dauer ſind, und daß wohl ſo Vieles, was jetzt als ewig feſtſtehende Thatſache gilt, ſich ſpäter als ganz unhaltbar erweiſen dürfte. Man ſtreitet ſich noch über die Molekularverhältniſſe der einfachſten und bekannteſten Stoffe. Beſteht z. B. das Waſſer aus zwei Atom'n Waſſerſtoff bei einem Atom Sauerſtoff, oder aus einem Atom Waſſerſtoff in Verbindung mit einem Atom Sauerſtoff; iſt alſo ſeine Formel H^2O (nach Gerhardt, Laurent u. A.) oder HO (nach Berzelius und And.)? Wird die Zuſammenſetzung des Schwefelkaliums richtig ausgedruckt durch die gewöhnliche Formel KS, oder durch die Gerhardt'ſche Formel $S(K^2)$? Iſt die wahre Formel für die Schwefelſäure $SO^3 + HO$ (Berz.) oder $SO^4(H^2)$ (Gerhardt und Laurent), oder eine von den Dutzend andern, die von den Chemikern aufgeſtellt werden? Wie ſteht es mit den Formeln für die Phosphorſäure aus?

Auch die Atome ſind nichts weniger als beſtimmt. Gehen wir auf die Methoden zur Ermittelung der Atomgewichte zurück, ſo zeigt es ſich, daß dieſe Methoden durchaus keine übereinſtimmenden Reſultate liefern, und daß bei der Wahl zwiſchen den ſich widerſprechenden Ergebniſſen oft

die reine Willkür entscheidet. Bei der Bestimmung der Atomgewichte hält
man sich

an die allgemeinen physischen Eigenschaften der Stoffe;

an ihre specifische Wärme;

an ihr Volum im festen, flüssigen und gasigen Zustande;

an ihrem Siedepunkt;

an die Isomorphie u. s. w,

Nehmen wir nun z.B. einmal das Jod; sein Atomgewicht, nach der
specifischen Wärme bestimmt, ist 63,1; die andern Methoden geben 126,3,
und Letzteres findet sich in den Büchern. So hätte Arsenik, nach der specifischen Wärme zu urtheilen, ein Atomgewicht von 37,7, wohingegen man
aus andern Gründen 75,4 nimmt. Das Atomgewicht für Phosphor nach
der spec. Wärme wäre 15,7; man stellt es aber auf 31,4. Und so könnte
eine Masse von andern Beispielen angezogen werden.

In dem Bereiche der sogen. höhern Verbindungen ist die Anarchie
noch größer, und wir stoßen auf eine Reihe von Fragen, die von den
Einen so, von den Andern anders, beantwortet werden. Verbinden sich
die Säuren direkt mit den Basen (wie in den meisten Lehrbüchern der
Chemie angegeben wird) — verbindet sich z. B die Schwefelsäure direkt
mit dem Kali, oder ist die scheinbare Verbindung in der That eine doppelte
Zersetzung zweier Salze, des schwefelsauren Wassers und des Kali-Hy-
drats? Wechseln in der Doppelzersetzung zweier Salze die Säuren und
Basen als solche ihre Rollen, oder findet dabei allemal eine Auflösung
in die Uratome Statt? Bildet sich die Basis wieder unter dem Einfluß
der Säure, damit diese sich damit copuliren kann, nach Umständen umgekehrt, wie französische Chemiker behaupten? Diese letzte Frage ist sehr
wichtig, denn es giebt naseweise Empiriker, die im Fall der Bejahung
weiter fragen, warum man denn nicht auch das Entstehen electro-negati-
ver Ur-Moleküle unter dem Einfluß electro-positiver Moleküle annehmen
könne, zur Befriedigung ihrer Affinität? — ein argumentum palmarium,
womit wir jählings am Ende der Atomistik anlangen würden.

Am schlimmsten ist der Wirrwar und der Hypothesenlärm in der organischen Chemie. In den populären Büchern sieht es da naturlich wieder
recht schön aus; man meint, die Molekülen hätten Schilder auf dem
Rücken, und man könnte sie in ihrem Durchgang durch die unzähligen Verbindungen unverwandt im Auge behalten. Aber an der Thüre des Labo-
ratoriums wimmelt es von Fragezeichen. Wer hat Recht, Liebig mit
seiner Radikaltheorie oder Gerhardt mit der (von Gmelin befürworteten)
Kerntheorie? Wie steht es mit dem Dualismus in der organ. Chemie?
Um bestimmte Belege zu finden, brauchen wir gar nicht weit zu gehen;
wir nehmen den ersten, besten, bekanntesten Körper, z. B. die Essigsäure.
Ist die Essigsäure eine Verbindung des Sauerstoffs mit Acetyl und Wasser,

seine Formel also $C^4H^3(O^3)+HO$? (Es ist wohl nicht nöthig, zu bemer-
ken, daß H, C, O die in der Chemie allgemein gebräuchlichen Symbole für
Wasserstoff, Kohlenstoff, Sauerstoff sind, wobei die angefügten Ziffern die
Atomenzahl anzeigen). Oder ist die Essigsäure ein oxydirtes Aethen —
$C^4H^4(O^4)$? Oder ist sie eine Kleesäureverbindung — $(C^2H^6)C^2O^3 +H^2O$?
Oder eine Kohlensäureverbindung — $(C^2H^6)C^2O^4 + H^2$? Oder wird ihre
wahre Molecularconstitution, nach Graham, dargestellt als $C^4H^2+O^4H^6$?
Oder, nach Longchamp, als $C^4H^6O^2 + O^2H^2$? Oder ist eine der nach-
stehenden Formeln die richtige:

$$C^4H^6O^3 + H^2O;$$
$$C^4H^6O^4 + H^2;$$
$$C^4H^6 + O^3 + H^2O;$$
$$C^4H^6O + O^2 + H^2O; \text{ u.s.w.}?$$

Das sind lauter Formeln, die von den tüchtigsten Chemikern aufgestellt
worden sind, deren jeder sich auf die sinnliche Erfahrung beruft, obwohl
jeder dieser Formeln eine andere Hypothese zu Grunde liegt.

In den auf Grund der Analyse der thierischen Gebilde aufgestellten
atomistischen Formeln geht es gar in's Hundertste und Tausendste. Man
kann da permutiren und combiniren nach Herzenslust, und den Metaphysikern zum Trotz Dutzende von Systemen aufstellen, die man angeblich alle
aus der Erfahrung nimmt. Besonders, wenn so ein chemischer Physiolog,
der eben vor einer materialistischen Gemeinde die Kanzel bestiegen hat, den
Mund voll nimmt, und von Albumin, Natronalbuminat, Protein, Glo-
bulin, Hämatin, Pichurimtalgsäure, Pelargonsäure, Hyocholinsäure, Hyo-
cholalsäure, Cholesterin, Cholopyrrhin, Chlorpepsionwasserstoffsäure und
f. w. spricht, und dabei Formeln aufstellt, wie $NC^{52}H^{54}O^{14}S^2$ (Choleïnsäure)
so wird es uns ganz schwindlig, nnd wir bekommen gewiß einen eben so
gewaltigen Respekt, wie wenn man uns ein Kapitel aus irgend einem ora-
kulirenden philosophischen Werke vorgelesen hätte.

Wir sind natürlich weit entfernt, der Chemie, wie überhaupt den auf
den schwierigen Pfaden der Beobachtung und des Experiments vorwärts
strebenden Wissenschaften, ihre hohen Verdienste absprechen zu wollen, und
wir theilen dabei die Verachtung der Empiriker gegen alle willkührlich
schematisirenden sogen. Philosophen. Am aller wenigsten sind wir geneigt,
dem Chemiker sein Mikroskop, seine Wage oder sein Probirmaß aus der
Hand zu nehmen und ihm dafür eine metaphysische Narrkappe oder eine
mystische Hieroglyphenmütze auf den Schädel zu stülpen. Wir wollen
nur zeigen, daß der Empiriker, wenn er sich auf seinen eigenen Krautfel-
dern umsieht, Grund genug findet, bescheiden zu sein, — daß der wahre
wissenschaftliche Forscher nicht mit Hammer und Zange auf Gebiete hin-
überfährt, wo sich für seine Operationen der Natur der Sache nach keine
Anhaltspunkte finden, und daß es Dinge giebt, denen man nicht darum

ihre Wirklichkeit absprechen soll, weil man sie nicht messen und wägen kann. Es wird sehr häufig in unsern Tagen mit dem geläufigen Hersagen gewisser Wörter, wie Atom, Stoffwechsel, Kreislauf des Stoffs, Nervenfasern, Nervenfluidum u. s. w. eben so viel Unfug getrieben, wie früher mit dem sinn- und grundlosen Konstruiren der Metaphysiker. Es giebt Leute, die in vollem Ernst die Lösung aller letzten Fragen des menschlichen Wissens von dem Mikroskop oder der Retorte erwarten, und die der Zeit gewärtig sind, wo man die Lehre von den Vorstellungen als einen Zweig der Optik, die Theorie der Begriffe als ein Kapitel aus der Pneumatologie, (indem sie das Begriffebilden als bloße Windmacherei erklären), die Untersuchungen über Gedächtniß und Ideenassociationen als einen Paragraphen in der Stöchiometrie, und die Theorie des Willens als eine Lektion in der Hydraulik behandeln werde. Solche Leute glauben z.B. die Empfindung genugsam erklärt zu haben, wenn sie dieselbe als „eine Bewegung von außen nach innen" definirt haben, und meinen, der Willensakt höre auf ein Räthsel zu sein, nachdem sie gesagt, er sei „eine von den Empfindungsnerven auf die Gehirnfasern und von da auf die Nerven der Muskelbewegung fortgesetzte Bewegung." In dem Pionier vom 5. August 1855 findet sich eine mit „Dissector" unterzeichnete Einsendung (die im Allgemeinen durchaus keinen Mangel an Bildung verräth) worin es, zur Erwiderung auf gewisse sehr triftige Einwendungen des Hrn. Kopp, wörtlich heißt: „Ich soll ihnen auf nervösem Wege beweisen, wie abstrakte Begriffe gebildet werden? Weiter fragen Sie, „„wie besitzen wir die Fähigkeit, allgemeine Begriffe zu bilden?"" Gut. Der Mensch besitzt überhaupt nicht die Fähigkeit, Begriffe zu bilden. Den die Begriffe bilden sich von selbst; sie sind die nothwendige Folge oft wiederholter Empfindungen. Ich glaube schon, daß Sie mich verstehen." (Ob Hr. Kopp das versteht, wissen wir nicht; wir aber müssen gestehen, daß es uns geht, wie dem Bauer, dem der Crabbe'sche Schulmeister auseinandersetzt, auf welche Weise die verbesserten Poststraßen ihn in den Stand gesetzt haben, schon jetzt anzukündigen, daß die Türken am 26. künftigen Monats eine große Schlacht gewonnen haben: wir verstehen es wohl, aber begreifen es doch nicht.) Weiterhin sagt „Dissector": „Auch der Wille reducirt sich auf Empfindung." Im Pionier vom 5. März '55 hatte aber eben dieser „Dissector" drucken lassen: „Ich verneine, daß der Materialismus mit Unfreiheit des Willens gleichbedeutend sei; ich behaupte das Gegentheil. Wenigstens sind meine materialistischen Gründe für die Willensfreiheit eben so stichhaltig u.s.w." Der Wille ist also frei, trotzdem, daß er sich auf Empfindung reducirt, und die Empfindung von außen kommt! Die Freiheit des Sklaven ist auch sehr stark Empfindung, und kommt ebenfalls von außen, — nämlich von der Knute seines Herrn. — Die übrigen Definitionen und Eröterungen „Dissector's" sind eben so nullreich. Wir fagen nullreich, denn unter den Refultaten feiner Diffection wird von ihm auch folgendes angekündigt: „Geift = Null." Herr Kopp hatte um das Zugeftändniß gebeten, es gebe keine Materie ohne Geift, fo wie es keinen Geift ohne Materie gebe. „Diffector" aber ift unerbittlich; er fagt: quod non; „ich läugne den Satz, daß es keine Materie ohne Geift gebe." „Geift = 0."

In dem foeben angeführten Fall wird indeß wenigftens die Empfindung u.f.f. nicht geradezu mit einem Atomgebilde verwechfelt; Man findet aber bei den Koryphäen des Materialismus Erklärungen, wie diefe (worauf wir fchon oben hingedeutet haben): das Hirn fondere die Gedanken ab, wie die Nieren den Harn, oder wie die Leber die Galle! Da müffen wir uns wohl darauf gefaßt machen, daß man nächftens eine Gedankenfäure und eine Vorftellungsbafis entdeckt, fo daß fich ein lyrifches Gedicht als ein Alkaloid, ein Drama als eine polymere Verbindung, etwa wie Eupion, Paraffin oder Eeten, eine logifche Unterfuchung als eine bibaffifche Säure, und eine Abhandlung über die Kegelfchnitte als ein Doppelfalz herausftellte. Wir wären aber doch begierig, das Kunftftück der Gedankenfekretion einmal mit anzufehen. Den Prozeß der Gallenabfonderung, nach der Darftellung der chemifchen Phyfiologen, können wir fo ziemlich faffen. Wenn man uns zeigt, daß die in dem Rohftoff, woraus die Leber die Galle bereitet, (in den eiweißartigen, fchwefelhaltigen Verbindungen) enthaltenen Molekule nur ihre Plätze wechfeln, und fpäter in veränderter Gruppirung als Cholalfäure, Taurin, Leimzucker u.f.w. wieder zum Vorfchein kommen, fo ift uns das leidlich klar. Wie aber das Hirn aus Rohftoffen, die gar nicht in's Hirn felbft hineingelangen, die draußen, fogar außer der Haut, ftehen bleiben, — nämlich aus den äußern Gegenftänden — Anfchauungen, Vorftellungen und Begriffe abfondern foll, das ift ein Vorgang, bei dem wir in ftummer Andacht uns alles Begreifens begeben.

Vielleicht fagt man uns jedoch, es fei dies nur bildlich gemeint, — man fpreche nur von einer allgemeinen Analogie. Nun gut, worin befteht diefe Analogie zwifchen der Galle- und Gedankenbildung? Wir muthen den Materialiften gewiß nicht zu viel zu, wenn wir verlangen, daß fie uns von den Vorgängen ein anfchauliches Bild entwerfen. Denn bei ihnen ift Alles materiell, daher räumlich; die von ihnen behandelten Operationen müffen fich daher auch anfchaulich darftellen, räumlich verfinnlichen laffen. Man kann uns zwar einwenden, die Forfchung fei noch nicht weit genug vorgefchritten, um uns den Prozeß der Gedankenbildung zu verdeutlichen. Wohl, wir wollen denn auch nicht fordern, daß man uns den wahren Vorgang mit abfoluter Gewißheit vor Augen führe; aber wir haben das Recht zu fordern, daß man uns zeige, wie überhaupt eine folche Prozedur nach materialiftifchen Vorausfetzungen als möglich vorgeftellt werden könne. Wie bildet sich eine Vorstellung im Hirn? Hat etwa, nach Leibnitzens Ausdruck, das Hirn Fenster, durch welche die Gegenstände aus- und einsteigen? Wie kommt aus der Vielheit der Anschauungen der einheitliche Begriff zu Stande? Wie ist es mit dem Gedächtniß, — dem Festhalten einer Idee, eines Gedankens oder einer Vorstellung, die Jahre lang, ohne vor dem Bewußtsein zu stehen, im Hirn schlummert, und nun auf einmal wieder auftaucht? Ist diese Idee als bestimmte Gruppirung der Hirnatome vorhanden? Wie kommt es denn, daß mitlerweile Tausende von andern Ideen, die doch wieder andere Gruppirungen bedingen, die erste nicht verwischen? Wie ist es nur möglich, ein halb Dutzend Gedanken, Vorstellungen u. s. w. im Gedächtniß zu haben?

Lehnt man die Antwort auf alle diese Fragen ab, und schickt uns heim mit der banalen Phrase: das Denken sei eine **Funktion des Hirns,** oder: die Gedanken kommen im Hirn zu Stande, weil das Hirn das Denkorgan sei, u.s.f., so ist das eine Weisheit, die wir schon von Alters her kennen:

„Mihi demandatur
A doctissimo doctore,
Quare opium facit dormire;
Et ego respondeo,
Quia est in eo
Virtus dormitiva,
Cujus natura est sensus assopire.“[*]

Sehr viele Materialisten, und Andere, die auf angränzendem Boden stehen (wie z. B. Auguste Comte) suchen sich den „graugestrickten Netzen", in welche sie auf den höhern Stufen der menschlichen Forschung unfehlbar gerathen, dadurch zu entwinden, daß sie alle die Fragen, womit sich die Philosophie seit Jahrtausenden beschäftigt, für Aeußerungen eitler Neugier erklären, an deren Lösung wir durchaus kein eigentliches Interesse haben. Wir können dieser Behauptung die einfache Thatsache entgegen stellen, daß gerade diese Frage von jeher das innere Triebrad aller Forschung gewesen ist. Wenn man dem Menschen den Hunger nach absoluter Wahrheit, den Drang zur Lösung aller der Probleme, die sein eigenstes Wesen, sein inneres Verhältniß zur Natur u. s. w. betreffen, nehmen könnte, so würde damit alle wissenschaftliche Strebsamkeit ein Ende haben. Und eben diese Probleme wird der Materialist nicht einmal berühren, geschweige denn lösen, — nicht, weil seine Nerven nicht fein genug, sondern weil seine Apparate mit den zu erforschenden Gegenständen durchaus incommensurabel sind. Man kann die Gedankewelt nicht nach Wheatstone's Licht-

[*] Ich wurde von einem sehr gelehrten Doctor gefragt, warum Opium schlafen mache, und ich entscheide, weil in demselben eine schlaftreibende Kraft ist, deren Eigenschaft ist, die Sinne zu betäuben.

meffer beſtimmen, ſo wenig, wie man das Licht oder den Schall wägen
kann. Die Unzulänglichkeit der empiriſchen Methoden, beſonders des
Geſetzes der Cauſalität, zur Erforſchung des Weſens der Dinge, hat ſchon
der Herausgeber der „Atlantis" (in der letzten Nummer) ſehr treffend
nachgewieſen. Man kommt mit dem Cauſalitätsgeſetz nicht weiter; man
läuft immer an demſelben rothen Faden fort Das Cauſalitätsgeſetz im
gewöhnlichen Sinne gilt nur zwiſchen äußern Objecten, und betrifft lediglich Raum- und Zeitverhältniſſe; es giebt uns nur Aufſchluß uber die
Aehnlichkeit und Aufeinanderfolge, über Analogie und Succeſſion,
der Gegenſtände; und denkende Empiriker beſchränken daher auch ausdrücklich das Gebiet der Erkenntniß auf eine Art Chronologie und Phyſiognomik der Dinge. Dabei bleiben wir aber ewig in demſelben Zirkel feſtgebannt. Wenn man uns auf den Bahnen des Cauſalitätsgeſetzes das
Weſen der Dinge vorzuführen meint, ſo iſt uns (wie einer unſerer deutſchen
Denker, — wir entſinnen uns nicht, wer — bemerkt hat) zu Muthe, wie
Jemandem, der zufällig in eine im völlig fremde Geſellſchaft gerathen iſt,
wo nun der Erſte, dem er begegnet, ihm den Zweiten als ſeinen Vetter vorſtellt, dieſer wieder den Dritten als ſeinen Bruder, dieſer den Vierten als
ſeinen Vater oder Onkel, u.ſ.w., bis der ſo Herumgehetzte voll Verzweiflung
ausruft: „Wie in aller Welt komme ich aber zu der ganzen Geſellſchaft?"
Durch die Anwendung des Cauſalitätsgeſetzes auf Beziehungen, die ihr
nicht unterworfen ſind, wird die heilloſeſte Verwirrung angerichtet; zwiſchen dem Object und dem erkennenden Ich herrſcht freilich auch ein gewiſſes Verhältniß von Grund und Folge, das aber von dem gewöhnlich gehandhabten Cauſalitätsgeſetz weſentlich verſchieden iſt. Zur nähern Erörterung dieſes Gegenſtandes bedürfte es aber einer eigener Abhandlung.

Wir haben bei dieſer flüchtigen Beleuchtung des Materialismus abſichtlich die ſich daraus für die Moral u.ſ.w. ergebenden Conſequenzen
nicht berührt, denn wir geben zu, daß es eine ſchlechte Logik iſt, die Unhaltbarkeit eines Syſtems oder einer Anſicht dadurch beweiſen zu wollen, daß
man die Folgerungen daraus mit vorgefaßten Meinungen oder der beſtehenden Ordnung der Dinge im Widerſpruch bringt. Wir ſind ganz mit
Georg Forſter einverſtanden, wenn er uns mahnt, nicht "vor einer kühnen
Folgerung, die ganz unmittelbar aus deutlichen Prämiſſen floß, zurückzubeben", und fortfährt: „Man unterſuche ſorgfältig den zurückgelegten
Weg, und prüfe jeden Schritt mit unerbittlicher Strenge. Iſt Alles ſicher,
nirgends ein Sprung geſchehen, nirgends auf betrüglichen Triebſand gefußt worden, ſo trete man getroſt dem neuen Ungeheuer unter die Augen,
und reiche ihm vertraulich die Hand, und in demſelben Augenblicke wird
alles Schreckliche an ihm verſchwinden." — Wir rechten nicht mit dem
Materialismus um eines eingebildeten Verderbens willen, das wir hinter
demſelben wittern; wenn ſein Gebäude nicht auf Triebſand ruht, möge

man es getrost ausbauen, und wir werden uns sogar eine bescheidene Man-
sarde darin ausbitten. Nur dem Gebahren Einzelner, die das alte „compelle
intrare" der theologischen Sekten an die Thüre schreiben möchten, und, bei
Strafe des Bannes aus der Gemeinschaft aller Erleuchteten, uns zwingen
wollen, auf ihre Formeln zu schwören, als da sind: „Es ist kein Gott und
ich bin sein Prophet", oder: „Es ist kein Geist, und ich bin sein Vertreter"
können wir keinen Geschmack abgewinnen. Noch weniger können wir uns
mit dem Treiben Derer befreunden, die sich Miene geben, als wäre ihr
Materialismus etwas Nagelneues, zu dem die menschliche Erkenntniß
nach einer Reihe von Entpuppungen aus den alten Larvenformen der
geistigen Nacht, deren letzte sie in Ludwig Feuerbach abgestreift, erst jetzt
gelangt wäre. Denn von Leukipp, Demokrit und Epikur herab bis zu
Hobbes, La Mettrie, Cabanis, Helvetius und den Neuern hat der Materialismus schon eine lange Geschichte; und wir gestehen, daß wir oft versucht sind, statt der modernen Schriften der Materialisten, obwohl diese
den in unserm Jahrhundert von den empirischen Wissenschaften zu Tage
geförderten Reichthum für sich auszubeuten suchen, das „système de la na-
ture" oder Helvetius' "de l'esprit" zur Hand zu nehmen. Außerdem
will es uns bedünken, daß, nach ihren Leistungen zu urtheilen, Viele der
materialistischen Heerführer sich füglich des Naserümpfens über die deutschen Philosophen (von denen in der Regel nur Feuerbach vor ihren Augen
Gnade findet) entschlagen könnten; denn einige dieser Philosophen haben
mit Ernst und Eifer Sachen zur Untersuchung gebracht, über die sich die
Materialisten vergebens die Köpfe zerbrechen. Namentlich könnte man
noch immer die „Kritik der reinen Vernunft" des alten Kant, oder die
Hegel'sche Phänomenologie mit Nutzen lesen, wenn man wieder den
Stoffen und Kräften auf der Fährte ist; in beiden Büchern kommen
Dinge zur Sprache, die unsere Materialisten sehr nahe angehen. Man
wird nebenbei finden, daß die Verfasser dieser Schriften nicht nur Metaphysiker waren, sondern auch etwas Tüchtiges, „Positives" gelernt hatten.
Wenigstens sollte man auf Leute, wie Bnecke und seine Jünger Rücksicht
nehmen, die auch in ihrer Weise Empiriker sind, aber freilich den Urgrund
der Dinge nicht mit dem Fernrohr oder Mikroskop suchen.

Ueberhaupt ist es eine eigene Sache mit dem Vermessen der materialistischen Empiriker, daß sie ohne „metaphysische oder philosophische
Fictionen" fertig werden, und es ist an der Zeit, diese Illusion fahren zu
lassen. Sie werden sich hoffentlich nicht zu sehr entsetzen, wenn wir ihnen
die Versicherung geben, daß sie allesammt auf dem mäotischen Sumpfboden
der Metaphysik stehen. Es ist ein Irrthum, zu meinen, die Empirie stehe
auf der einen Seite und die sog. Philosophie auf der andern. Die Empirie setzt stillschweigend ein ganzes Philosophem voraus, obwohl sie sich
gebehrdet, als mache sie gegen alle Philosophie Front; und dies Philoso-

phem kann sich eben nicht rühmen, nach bessern Recepten zusammengebraut zu sein, als andere Systeme. Vor dem Okular seines Mikroskops trägt der Empiriker immer das keineswegs achromatische Brillenglas einer metaphysischen Weltanschauung, deren Ursprung in Zeiten zu suchen ist, wo der alte Baco seine idola specus und tribus noch nicht aufgestellt und davor gewarnt hatte. Drei Viertel der Elemente, womit die Empiriker in aller Unbefangenheit darauf los operiren, wie z. B. ihre vielen Kräfte, sind „metaphysische Fictionen". Nur haben es diejenigen Empiriker, welche sich rühmen, Materialisten zu sein, in der Regel besser, als die andern armen Denker; sie kommen zu ihrer Philosophie ganz unbewußter Weise — der Herr bescheert sie ihnen im Schlafe. Man wird uns einwenden, es müsse mit der Philosophie eine ganz eigene Bewandtniß haben, wenn man auch im Schlafe dazu kommen könne, und wir wissen uns aus dieser Klemme nur mit der Bemerkung zu helfen: die Philosophie ist auch darnach!

Zum Schluß wollen wir noch darauf hinweisen, daß der Materialist mit seiner Naturanschauung wesentlich auf demselben Boden mit der mittelalterlichen Scholastik steht. Die Scholastik, wie die Systeme, woraus sie hervorging, stellte Gott und den Geist auf die eine Seite, und die Körperwelt auf die andere; so wurde diese Körperwelt folgerichtig ein bloßes Aggregat von todten Atomen und mechanischen oder chemischen Kräften. Dieses Aggregat nun ist es, welches der Materialist in seiner Anschauung vor sich hat; nur hat er die andere Hälfte, Gott und den Geist weggestrichen.

„Zum Teufel ist der Spiritus.
Das Phlegma ist geblieben."]

Das Streichen ist aber keine sehr große Kunst.

J. B. Stallo.

Cincinnati, Nov. 11., 1855.

Das amerikanische Bürgerrecht.

„Ein deutscher Flüchtling, Namens Anton Pfund, der seit der Revolution das amerikanische Bürgerrecht erworben hatte, war nach der Schweiz gegangen und zwar nach Basel. Von dort wurde er aus der Schweiz ausgewiesen. Der amerikanische Gesandte in Bern fragte um die Gründe dieses Verfahrens bei dem Bundesrathe an, und derselbe billigte alsbald die Maßregel der Polizei, indem er antwortete, daß besagter Pfund durch seine Anwerbung des amerikanischen Bürgerrechts seine Eigenschaft als Flüchtling nicht verloren habe in Bezug auf sein früheres Vaterland, und daß daher die früheren Maßregeln auch auf ihn Anwendung finden müssen; auch sei es bekannt, daß viele Flüchtlinge nur deswegen amerikanische Bürger werden, um dann zurückzukehren und unter dem Schutze des Bürgerrechts gegen die Ruhe ihres alten Vaterlandes zu agitiren. Der Bundesrath behielt sich eine weitere Prüfung des Falles vor. Der amerikanische Gesandte, Hr. Fay, hat durchaus nicht protestirt gegen die Maßregel der Ausweisung, sondern nur um die Gründe gefragt, so daß wir über einen etwa darüber ausbrechenden Krieg zwischen den beiden Republiken uns beruhigen können."

(Wechselblatt.)

Während in allen deutschen Zeitungen Amerika's gegen die Know-Nothings gekämpft und auf den Werth des amerikanischen Bürgerrechts aufmerksam gemacht wird, fallen Ereignisse vor, die uns glauben machen, daß der amerikanische Bürgerbrief ein werthloses Stück Papier sei, und daß es kaum der Mühe verlohne, gegen die Know-Nothings für Aufrechthaltung der bestehenden Naturalisationsgesetze zu kämpfen. Während hier in Amerika sich das Bürgerrecht ziemlich werthlos erweist, weil der Amerikaner im Allgemeinen — und nicht nur der Know Nothing — in uns immer trotz des Bürgerbriefes den „Fremden" sieht, und weil das Stimmrecht, welches mit dem Bürgerrechte verbunden ist, uns von den Intriguen der politischen Drahtzieher weggekapert wird: erweist sich auch die Qualität als amerikanischer Bürger im Auslande grade als keine Garantie gegen Polizeiwillkühr und gibt keinen Anspruch auf die Unterstützung oder auch nur auf die Verwendung der amerikanischen Behörden. Der oben mitgetheilte Fall des Hrn. Pfund steht nicht allein da; in Oesterreich, Italien, Preußen sind noch ganz andere Dinge gegen amerikanische Bürger begangen worden. Wir gestehen, daß für uns diese Sache nicht nur eine Frage des allgemeinen Völkerrechts ist, sondern ein spezielles persönliches Interesse hat. Wir gaben uns immer der Hoffnung hin, daß die Erlangung eines Bürgerscheines die politische Emigration in Frankreich und der Schweiz sicher stellen würde, vorausgesetzt, daß man nicht in die politischen Angelegenheiten Frankreichs und der Schweiz selbst verwickelt ist. Wir glaubten, daß der amerikanische Regierungspaß eine genügende Legitimation für solche Länder sei, gegen deren Gesetze und politische Institutionen man nicht gefehlt hat. Daß ein politischer Flüchtling aus Preußen oder Oesterreich durch den Besitz eines amerikanischen Passes nicht den Verfolgungen seiner früheren Obrigkeit entzogen und von allen Folgen seines Betragens befreit wird, daß er also mit einem solchem Passe nicht straflos in sein Heimathland zurückkehren kann, versteht sich von selbst. Aber in den Ländern, welche uns früher das Asyl verweigerten, müssen wir auf Grund eines amerikanischen Passes wenigstens eine **Aufenthaltsbewilligung** bekommen: dies durften wir nach den allgemeinen Paßvorschriften des europäischen Continentes erwarten. Englische Pässe z. B. gelten überall als eine genügende Legitimation, und wäre Hr. Pfund mit einem englischen Passe bewaffnet gewesen, so wurde man ihm wohl schwerlich diese polizeilichen Verfolgungen bereitet haben. Aber der amerikanische Paß wird als keine genügende Legitimation angesehen; der schweizerische Bundesrath hat sich vorbehalten, in jedem einzelnen Falle daruber zu entscheiden, ob der Paß respektirt werden solle oder nicht. Es ist jetzt ungefähr fünf Jahre her, daß die deutschen Flüchtlinge aus der Schweiz vertrieben wurden, und man kann leicht einsehen, daß die Entscheidung des Bundesrathes gegen die ganze politische Emigration gerichtet ist, der man eine Ruckkehr an die Grenzen ihrer Heimath verweigern will. Dies ist nicht nur eine Ungerechtigkeit, sondern eine Grausamkeit. Nun es ist einmal so der Lauf der Welt. Der Mann, der gewagt hat, sein Wort, oder seine Hand für die Freiheit zu erheben, soll für alle Zeit und in allen Ländern geächtet sein. Wir wollen darüber nicht rechten. Wir wissen genau, daß uns nur ein Weg in die Heimath zurückführen kann, d. i. die Revolution. Wir sind deßhalb doch noch nicht dazu verdammt, in dem Lande der Sklavenhalter und Know-Nothings unser Leben zu Ende zu leben. Es kommt noch der Tag, wo wir uns selbst die Pässe schreiben und zwar nicht für uns allein, sondern auch für die, welche uns vertrieben haben. Es kommt vielleicht schon im nächsten Jahre der Tag, wo Herr Pierce und seine Kreaturen, die nach jedem Bedientendienste haschen, um den europäischen Despoten gefällig zu sein, von dem amerikanischen Volk den Paß erhalten. Es kommt noch einmal der Tag, wo die Herren Bundesräthe von der Schweiz, die auf der Leiter eines erheuchelten Liberalismus sich in Amt und Würden hinaufgearbeitet haben, vom enttäuschen Volke ihren Paß bekommen, einen Paß, gegen den das Brandmal eines Galeerensklaven noch ein Ehrenzeichen ist.

Daß die Herren „Demokraten" in Washington sich nicht damit abgeben, ihre Bürger im Auslande zu beschützen, dies kann man sich leicht erklären. Sie müssen Sklaven fangen, Sclaverei ausbreiten, Sklavenhandel treiben, Sklaverei-Politik machen u.s.w. Daß ferner der Bundesrath der Schweiz in philisterhafter Engherzigkeit den Polizeibuttel von Oesterreich, Preußen und Frankreich macht, getreu der Ochsenbein'schen Tradition, das befremdet uns nicht, und hierbei wurden wir kein Wort verlieren. Aber wir erinnern uns, daß Herr Stämpfli Mitglied des Bundesrathes ist, Stämpfli, der Führer der radikalen Partei im Kanton

Bern, Stämpfli, der rothe Republikaner, Stämpfli, der Gegner der Neutralitätspolitik, der Freund der Flüchtlinge, der Schüler Schnell's. Als wir die Nachricht von dem Eintritte dieses Mannes in den schweizerischen Bundesrath hörten, da forderten wir die vollständige Wiederherstellung des Asylrechtes, als eines der wesentlichsten Erfordernisse einer wirklichen und nicht blos erheuchelten Neutralität. Wir wissen, daß Herr Stämpfli sich 1848 und 1849 entschieden gegen die massenhaften Ausweisung der Flüchtlinge, welche von Hrn. Druey vorgenommen wurden, ausgesprochen hat, und hofften, daß er 1855 die Worte von 1849 noch nicht vergessen hätte. Es ist am Ende dies kein Gegenstand von welthistorischer Wichtigkeit, zu dem die Kanonen vor Sebastopol donnern, aber doch immer wichtig genug, um die Politik der Schweiz zu charakterisiren. Was thut Stämpfli jetzt?

Wir sehen, wie der Pesthauch, der von den Thronen Europa's ausgeht, sich über alle offiziellen Kreise verbreitet.. In den Regionen, in welchen sich Minister, Diplomaten, Gesandte u. s. w. bewegen, ist keine Freisinnigkeit, Ehrlichkeit, Treue und Rechtschaffenheit mehr möglich. — Die Ministerplätze sind mit dem Mehlthau der Corruption und des Verrathes überschüttet, so daß selbst talentvolle und populäre Leute, wie Stämpfli, dort verderben. Gewiß, wenn man heutzutage eines Mannes Charakter und Zukunft ruiniren will, muß man ihn nur zum Minister machen. In den Zuchthäusern werden die Menschen nicht so schnell verdorben. Nun, wir sehen, daß wir auch hier an den „gastlichen Gestaden" immer noch Flüchtlinge sind, und daß es mit dem langersehnten amerikanischen Bürgerrecht nur Humbug ist. Es ist auch Recht so. Wer einmal sich zur Partei der Revolution geschlagen hat, für den gibt es nur ein Bürgerrecht — das allgemeine Menschenrecht, nur eine Heimath — den Völkerbund.

Urwald und Ruinen.

(Aus einem Cyklus von Gedichten.)

I.

Wie? Wär' es möglich? Leise Glockentöne
Fernster Erinn'rung klingen an mein Ohr,,
Und zaubern mir die Welt in alter Schöne
Mit neuen, frohen Hoffnungen empor.
Darf ich es wagen, diesem Traum zu trauen,
Schreckt nicht die bange, harte Zeit mich ab?
Darf ich es wagen, in mein Herz zu schauen,
So vieler langvergeßner Wünsche Grab?

Ich habe lang genug gezürnt der Zeit,
Gehadert mit dem Volk, dem feigen, schlechten;
Doch bin ich jetzt des Haderns, Zürnens leid,
Will nicht mit mir, nicht mit den Andern rechten.
Es mag die Welt nur um mich weiter tosen,
Mein Herz ist gegen ihren Sturm gefeit.
Vorwärts! der Weg ist lang, die Welt ist weit,
Und selbst am Abgrund blühen uns noch Rosen.

Ja, Rosen, wilde rothe Rosen blüh'n
An den Ruinen dort, im Epheugrün,
Dort, wo der Rhein in Silberwogen glänzt,
Dort, wo die Rebe rings die Hügel kränzt:
Bei Heidelberg, an alten grauen Mauern,
Am Rolandsbogen hoch, wo alte Mythen
Noch länger, wie die starren Felsen dauern,
Da pflückten wir der Jugend Rosenbluthen.

Jetzt irrt im Urwald fern der müde Fuß;
Es braust der Sturm im Wipfel hoher Eichen;
Der flücht'ge Hirsch erwiedert nicht den Gruß,
Und mürrisch sieht den Bär man weiter schleichen.
Wir steigen Berg hinauf und Berg hinab,
Bis zu der fernen Wildniß fernstem Ort;
Was sehe ich? Wilde Rosen streuen dort
Die Blätter auf ein unbekanntes Grab.

Die Rosen, die wir in dem Urwald finden,
Die Rosen, die auf den Ruinen blühen.
Wir wollen sie zu Einem Kranze winden,
Zum alten Sinnbild heit'rer Phantasieen.
Wo nur ein Grab ist, blühen Veilchen, Rosen,
Wo nur ein Gram ist, blüht die Poesie,
Drum stirbt der Dichter und die Dichtkunst nie:
Selbst hier nicht, wo des Urwalds Stürme tosen.

II.

Fort, Schiffer, fahre in den See!
Zum Ruderschlag die alte Weise!
Die Sterne blicken aus der Höh',
Und winken: Gute Reise!

Ein milder Wind fährt durch die Fluth
Und murmelt stille Lieder,
Und wie die Welt rings um uns ruht,
Still blicken auch wir nieder.

Wir blicken nieder in die Fluth,
Und auf die Felsen druben,
Und in das Herz, darinnen ruht
Das Bild von unsern Lieben.
Schau'n zu den Sternen in der Höh,
Die funkeln heute prächtig,
Und uns umschleicht ein seltsam Weh,
Gespenstisch, mitternächtig.

Der alte Rigi dort, er strebt
Gigantisch auf zum Himmel,
Und Berg an Berg die Kuppe hebt,
Chaotisches Getummel.
Auf Gletschern strahlt des Mondes Schein
In weiter Nebelferne,
Es spiegeln sich die Sterne
Tief in den Wogen, klar und rein.

O stilles Wasserparadies,
Von Felsen eng umschlossen,
Wo ist die Einsamkeit so süß,
Wie ich sie dort genossen?
Das ferne Grütli, an dem Rand
Des See's, die Tellskapelle:
Das ist geweihtes, heil'ges Land,
Der Freiheit liebste Stelle.

O, welche Träume träumten mir
Dort in des Thales Stille,
Das war des Dichters Jagdrevier
Der Mährchen reiche Fulle.
Und jetzt, — verlassen haben wir
Die liebliche Idylle
Für fremdes Land und fremdes Streben,
Für kalter Menschen kaltes Leben.

Nicht mehr die stille Wasserbahn,
Nicht mehr das liebe, kleine Thal;
Wir treiben auf dem Ozean
Schiffbrüchig ohne Ziel und Wahl.
Das ist ein wildes, hast'ges Leben,
Ein rast- und ruheloses Streben:
Vorwärts, vorwärts, wir eilen schnelle,
Doch nimmer kommen wir zur Stelle.

Wild donnert der Niagara
Den neuen Heimath-Gruß uns zu;
Weit liegt des Sees Spiegel da,
Weit auch des Urwalds ernste Ruh.
Der Dampf selbst kann den Raum nicht überwinden,
Endlos dehnt sich d r Prärie Bluthenmeer;
Und auch der Mensch kann keine Grenze finden
Für seiner Wunsche endlos Heer.

Fort, fort, nach Kansas! ruft man dort,
Nach Californien, fort und fort!
Wo ist ein Land, das weit genug,
Zu hemmen diesen wilden Flug?
Wo ist ein Herz, das sich beschränkt
Auf kleiner Wunsche kleines Ziel:
Ein ruhig Herz, das sich versenkt
In seiner eignen Träume Spiel?

Wo ist die liebliche Idylle
Der Jugend, jenes kleine Thal,
Des Waldes klösterliche Stille,
Die Phantasien ohne Zahl?
Vorwärts, du Thor! Wer wird noch fragen?
Die Welt ist we t, die Welt steht offen;
Das Spiel ist hoch und hoch das Hoffen,
Und großer Sieg folgt großem Wagen.

III.

Urwald, Ruinen — wer gab mir das Zeichen?
Wer wies zu diesem Bilde mir die Spur? —
Mein Kind, dem Urwald muß ich dich vergleichen,
Dem stillen, heil'gen Tempel der Natur.

Da herrscht ein ernstes, feierliches Schweigen
D s Windes, Waldes Rauschen hört man nur,
Und von den Leidenschaften unsrer Tage
Vernimmt man keinen Jubel, keine Klage.

Ein dichtes Laubdach deckt den dunkeln Raum,
Hindurchzublicken wagt die Sonne kaum.
Nur selten schickt sie einen Strahl hinab
Tief in des Urwalds schattenreiches Grab.
Da ist kein Wald von Rosen und von Reben,
Nicht lacht uns dort des Fruhlings Blumenleben;
Stumm stehen da die Fichten und die Eichen, —
Und diesem ernsten Schauspiel willst Du g'eichen?

Wann bringt der ersten Liebe Morgenlicht
In deiner Seele tief verborg'ne Räume?
Der Fruhling, der des Eises Decke bricht,
Wann weckt er auf der Liebe zarte Ke me?
Wo ist der Gott, der das Orakel spricht,
Und löst der Jugend ahnungsvolle Träume?
O, wolle nicht zu früh das Schicksal fragen;
Wenn Du's nicht weißt, ich will es Dir nicht sagen.

Hoch auf dem Felsen die Ruine steht,
Dort, wo der Wind in schrillen Tönen weht;
Halb liegt der Thurm zerschmettert im Gebusch,
Halb ragt er in die Höh' noch, keck und frisch.
Schon mancher Blitzstrahl schlug ein Loch hinein
Das sieht man an den breiten Mauerspalten:
Doch schl ngt sich schutzend Epheu um den Stein
Und will das morsche Ding zusammenhalten.

Ja, Epheu und auch wilde Rosen klettern
Dort auf die grauen, moosbedeckten Trümmer,
Wo Nachtigallen ihre Lieder schmettern,
Und silbern glänzt des Mondes sanfter Schimmer.
An diesem Felsen haften tausend Sagen
Und tausend Mährchen aus d r alten Zeit;
Willst Du nicht auch die grauen Mauern fragen
Um all die Wunder der Vergangenheit?

Sieh, ein Jahrhundert voller Blut und Schlacht
Hat erst den stolzen Bau zum Fall gebracht.
Doch eine kleine Stunde reicht oft hin,
Zu brechen eines Mannes stolzen Sinn.
Dem Dämon bleibt sein Opfer unverloren;
Da hilft nicht Priester, nicht Gebet und Sühne.
Drum ist das Zeichen wahr, das ich erkoren:
Dein Herz ist Urwald, meines ach! Ruine.

(Wird fortgesetzt.)

Literarisches.

Es scheint denn doch, als wenn sich eine deutsch-amerikanische Literatur entwickeln sollte; wenigstens ist der erste Schritt dazu geschehen, in dem man die klassischen Werke der heimischen Literatur in massenhaften Auflagen hier verbreitet. Schiller, Göthe, und die andern Klassiker sind in Tausenden von Exemplaren in den Hütten der Arbeiter, auf den Comptoirs der Kaufleute, in den Blockhäusern der westlichen Farmer zu finden, und man darf fast die Frage wagen, ob wohl in Deutschland in den letzten Jahren so viele Exemplare der Klassiker verkauft worden sind, als in Amerika. Wir wollen hier nicht die Frage untersuchen, ob der geschäftsmäßige Nachdruck, vermittelst dessen die hiesigen Buchhändler das Publikum mit Büchern versehen, ein Unrecht sei oder nicht; so viel ist sicher, daß wenn irgend etwas im Stande ist, die deutsch-amerikanische Bevölkerung auf der Stufe heimischer Cultur zu erhalten, es diese ungemeine Verbreitung ihrer Dichter und Klassiker ist. Die Folgen werden sich bald zeigen Namentlich in jetziger Zeit, wo alle Täuschungen über Amerika und die Amerikanisirungsprozeß verschwunden und man durch die gewichtigste Gründe veranlaßt wird, an deutscher Sprache und Cultur festzuhalten, i der Buchhändler, der uns den Schiller und Göthe verkauft, ein Mann, de Zeit; er opponirt dem Know-Nothing Geiste vielleicht wirksamer, al irgend ein Politiker oder eine politische Bewegung. Schon daß der Nachdruck von Thomas und Weik die deutschen Verleger veranlaßt hat, die Preise der Klassiker bedeutend herabzusetzen, ist eine indirekte Rechtfertigung für diesen Nachdruck, und wir können den Wunsch nicht verhehlen daß der Buchhandel auf dem betretenen Wege fortfahre, und uns auch di Werke unserer bedeutendsten Philosophen und Naturforscher mittheile. — Bereits ist schon ein Anfang gemacht worden, indem Hr. Thomas in Philadelphia den Kosmos von Humboldt in einer anständigen Ausgabe un zu dem billigen Preise von zwei Dollars dem Publikum angeboten hat, ei

Unternehmen, das allerdings ein Wagniß genannt werden muß, indem der Kreis derjenigen Leute, welche Vergnügen daran finden, den Kosmos zu lesen, in Amerika nicht gerade ausgedehnt ist. Indessen hören wir, daß auch dies Unternehmen guten pekuniären Fortschritt hat, und so wird dem Anfang wohl eine Reihe von weiteren Publikationen auf naturwissenschaftlichem Gebiete folgen. Dann bliebe noch das historische und philosophische Feld zur Bearbeitung übrig, und auf diesem besitzen wir in Deutschland treffliche und auch populäre Werke, deren Verbreitung in Amerika ebenso nützlich, wie leicht zu bewerkstelligen wäre. Die große Verbreitung, welche die Schriften von Thomas Paine in Amerika auch in deutscher Ausgabe gefunden haben, zeigt uns, daß auch die Schriften eines Ludwig Feuerbach hier wohl auf einen ausgedehnten Leserkreis rechnen dürften, und wir machen die betreffenden Buchhändler darauf aufmerksam, mit dem „Wesen des Christenthums" von Ludwig Feuerbach einmal den Anfang zu machen. Die Verbreitung solcher Bücher würde dem seichten und rennomistischen Radikalismus ein rasches Ende machen. Auch die Importation guter Geschichtswerke dürfte zu empfehlen sein, da doch wohl das Geschichtschreiben in Amerika bei dem Mangel aller Quellen und Hülfsmittel nicht von Statten geht, wie der Struve'sche Versuch, der leider verunglückt zu sein scheint, beweist. Hier ist noch ein großes, weites Feld und ein ergiebiger Markt offen. Wir wünschen nur, daß dieser Zweig des Buchhandels nach einem festen, bestimmten Plane geleitet werde, damit das wenige Geld, das die deutsche Bevölkerung Amerika's für Lektüre übrig hat, nicht für übrige Sachen verschwendet wird. So können wir z. B unsere Verwunderung und unser Bedauern darüber nicht verbergen, daß die Werke von Heinrich Heine in zwei rivalisirenden Nachdrucksausgaben hier verbreitet wurden. Wir glauben, daß es mit Heine geht, wie mit der Rachel; Beide sind außer ihrer Rolle und Bedeutung, wenn man sie aus ihrer Umgebung hinwegnimmt. Wir wissen in der That nicht, was die frivole Stimmung der Heine'schen Muse, was die verzerrte Romantik der Nordseelieder u.s.w. in Amerika thun soll.

Ebenso auffallend scheint uns der Plan des unermüdlichen Thomas, die Spindler'schen Romane in einem Nachdruck dem Publikum anzubieten. Was in aller Welt soll das hiesige Publikum mit den Spindler'schen Romanen anfangen? Wir wollen diesen Produktionen ihren relativen Werth nicht absprechen, aber denken, daß es doch tausend andere Werke gibt, deren Republikation in Amerika wichtiger wäre.

Ein Unternehmen, auf welches wir die Aufmerksamkeit des Publikums besonders noch lenken zu müssen glauben, ist das schon in vorigen Hefte erwähnte Conversationslexikon von Brockhaus, welches durch Vermittlung der Theobald'schen und Theuerkauff'schen Buchhandlung in Cincinnati und deren Agenten für den Gesammtpreis von 15 Dollars in einzelnen

Lieferungen oder Bänden zu beziehen ist. Wenn schon in Deutschland das Brockhausen'sche Conversationslexikon einen guten Ruf und eine beispiellose Verbreitung fand, so muß die Verbreitung in Amerika verhältnißmäßig noch viel ansehlicher se n, da hier das Bedurfniß nach einer solchen Encyclopädie viel größer ist, als drüben. In Deutschland ist fast in jeder Familie eine kleine Bibliothek, in welcher man sich über geschichtliche Notizen, statistische Zahlen, geographische Bestimmungen, u. dgl. Dinge, die man jeden Augenblick nothwendig hat, erkundigen kann; die Bibliotheken der Städte, Corporationen, Gymnasien und Un versitäten stehen Jedem zu Gebote, so daß man mit Recht die aus einem Conversationslexikon entlehnte Bildung als eine oberflächliche und ungründliche verspottet. Aber in Amerika, wo auch in der Literatur der allgemeine Grundsatz gilt: „Hilf dir selbst!" ist man in dieser Beziehung auf sich selbst angewiesen, und das umfassendste Gedächtniß kann uns nicht immer die fehlenden Bibliotheken u. s. w. ersetzen. Der Zeitungsleser — und wer liest nicht in Amerika Zeitungen — wird jeden Tag Ausdrücke finden, deren Bedeutung ihm nicht klar ist; er stößt auf historische Thatsachen, die in allen ihren Einzelheiten ihm nicht mehr bekannt sind; er hört von Personen, die er nicht mehr an den rechten Punkt zu bringen weiß: kurzum er findet vielfache Lücken des Verständnisses, die er durch den Gebrauch des Lexikons mit der geringsten Muhe ausfullen kann. Wer einigermaßen mit dem zeitungslesenden deutschen Publikum in Amerika vertraut ist, wird einsehen, daß ein solches Buch in jedem Hause nothwendig ist; leider bedürfen nicht nur die Zeitungsleser, sondern auch die Zeitungsschreiber einer solchen „Eselsbrücke". Wir brauchen wohl nur die Nothwendigkeit und Brauchbarkeit dieses Werkes darzuthun, nicht das Werk selbst zu empfehlen, da das Brockhausen'sche Conversationslexikon vor einer umsichtigen und scharfen Kritik in Deutschland selbst, wo es doch so viele Nebenbuhler gefunden hat, ehrenvoll bestanden hat. Die Hrn. Theobald und Theuerkauff versichern uns, daß sie jeden Auftrag auf das Punktlichste ausrichten werden, und wir fügen noch hinzu, daß fur Detroit und den Staat Michigan Hr. Böhnlein die Agentur übernommen hat.

Bei der Besprechung dieser buchhändlerischen Erscheinungen mag es uns verstattet sein, eine Nebenfrage aufzuwerfen, nämlich, auf welche Art die Geschäftsführung des deutsch-amerikanischen Buchhandels zu verbessern und zu erleichtern sei. Alles Streben der Verleger, alle Bereitwilligkeit von Seiten des Publikums führt nicht zu dem gewünschten Resultate, wenn nicht die Mittelspersonen, welche zwischen dem Verleger und dem Publikum stehen, geübte, erfahrene und vor Allem zuverläßige Personen sind. In dieser Beziehung wollen wir nicht die alten Klagen wiederholen. Aber es ist gewiß nothwendig, das ein Verfahren geändert werde, welches den ganzen Buchhandel für den Verleger zu einem Hazardspiel macht, in welchem sehr viele Nieten, d. h. Agenten, welche nicht bezahle n, sich befinden. Es sind genug fähige und zuverläßige Personen in dieser Branche beschäftigt, aber auch eine Menge unfähiger und unzuverläßiger Leute, so daß man in vielen Fällen, — der Herausgeber der „Atlantis" war und ist oft dazu genöthigt, — die Gefälligkeit von Freunden in Anspruch nehmen muß, um den Vertrieb eines Werkes an entfernten Plätzen zu besorgen. Wenn man sich an die ausgezeichnete Organisation des deut, schen Buchhandels erinnert und ihn mit den hiesigen Zuständen vergleicht, so begreift man die Unlust der Verleger, sich auf neue Unternehmungen einzulassen; man begreift aber auch, wie sehr der deutsch-amerikanische Buchhandel floriren würde, wenn es ihm gelänge, die besprochenen Uebel- stände abzuschaffen. Da indessen die Anzahl der Verleger der hier erschei_ nenden Werke immer zahlreicher und das buchhändlerische Geschäft selbst immer bedeutender und selbstständiger wird, so wäre es wohl an der Zeit, daß die Verleger, welche in dieser Beziehung Erfahrung gemacht haben, sich über eine Liste von Personen vereinigten, die fähige und zuverläßige Agenten sind, daß diese Liste von Zeit zu Zeit revidirt würde, und daß jeder neu Eintretende irgend eine Bürgschaft leisten mußte. In Deutschland selbst hat man eine solche Controle; es wird Niemand in den buchhänd. lerischen Börsenverein aufgenommen, der nicht eine gewisse Bürgschaft .leistet und einer anständigen Firma vorsteht. Hier ließe sich natürlich ein solcher buchhändlerischer Verein nur annäherungsweise bilden, oder es ließe sich doch immer etwas machen. Mit einer solchen Einrichtung könnte man dann auch allgemeine Bestimmungen über Zahlungstermine, Zeitungsregeln u. dgl. verbinden, um dem ganzen Geschäfte eine allgemeine und sichere Grundlage zu geben. Dies sind allerdings nur geschäftliche und pekuniäre Bemerkungen, aber wenn sie beachtet werden, kann die deutsch-amerikanische Literatur und der Buchhandel eines neuen, fröhlichen Aufschwunges versichert sein.

Während die Philadelphier Buchhändler sich mehr mit dem Nachdrucke deutscher Bücher beschäftigen, hat Hr. Bernhard in New-York das Verdienst, das erste deutsche Verlagsgeschäft in Amerika begründet zu haben, und wenn wir auch mit der Richtung, welche einzelne seiner Unternehmungen verfolgen, nicht ganz einverstanden sein können, so ist es doch immer schon anerkennenswerth, daß endlich einmal ein Buchhändler den Muth gehabt hat, hier ein Verlagsunternehmen zu begründen. Hr. Bernhard hat die Sachen aus dem Verlage von H. J. Meyers übernommen, nämlich die deutschen Monatshefte, das Universum, die Volksbibliothek, und daneben ein großes politisches Wochenblatt „Die neue Zeit" gegründet, über welches letztere Unternehmen wir uns schon früher ausgesprochen haben. Von allen Bernhard'schen Verlagsartikeln scheinen uns die Lieferungen der Volksbibliothek am empfehlenswertesten zu sein; die darin enthaltenen populären Aufsätze über die Naturwissenschaften sind höchst mannigfaltig und interessant, und der Werth dieser Lekture steht in keiner Uebereinstimmung mit dem Preise derselben.

In der periodischen Presse haben wir wenig Aenderungen nachzutragen. Die tägliche „N. Y. Abendzeitung" hat ihr Format und ihren Lesestoff vergrößert; wir freuen uns darüber, denn wir können daraus auf eine Vergrößerung des freisinnigen Publikums schließen. Es heißt, daß die Abendzeitung endlich ein Wochenblatt herausgeben wolle; wir haben dies schon vor zwei Jahren dem Herausgeber gerathen und sind überzeugt, daß ein solches Wochenblatt im Westen einen zahlreichen Abonnentenkreis finden wird. Die Turnzeitung ist vos Philadelphia nach Cincinnati übergesiedelt: sie erscheint in größerem Formate, wie früher, und die beiden Redakteure geben sich alle Mühe, ein tüchtiges Blatt zu liefern. Wenn der Turnerbund sich ebenso gut fortentwickelt, wie die Zeitung, so werden sich gewiß alle Hoffnungen die man von dieser Organisation hegt, erfüllen.

Das nächste Jahr mit seiner Präsidentenwahl wird wohl wieder eine Menge neuer deutscher Winkelblätter an das Tageslicht bringen, ephemere Erscheinungen, die auf Kosten einzelner Aemteriäger gedruckt, den ganzen Koth der Parteiumtriebe durchwaten, bis sie nach den Tagen der Wahl eines elenden Todes sterben. Gewöhnlich ist die Präsidentenwahl keine Veranlassung zur Bereicherung der deutschen Presse; der Hader der Parteien drängt alle ruhige Diskussion in den Hintergrund, und das Interesse an ernsteren wissenschaftlichen Bestrebungen nimmt ab unter der Aufregung des Wahlkampfes.

Hoffentlich sind die großen Fragen, die bei der nächsten Präsidenten wahl auf dem Spiele stehen, von solchem Einflusse auf die Art und We se des Kampfes selbst, daß derselbe mit ruhigen und würdigen Waffen gekämpft wird. Die Blätter wenigstens, welche für die Partei der Freiheit streiten, sollen die Ehrenhaftigkeit ihrer politischen Ueberzeugungen und Grundsätze auch in ihrer Sprache und in ihrem ganzen Benehmen zeigen. Diejenigen Zeitungen ferner, welche dem republikanischen Lager noch fremd sind, aber auch nicht mit der demokratischen Partei, mit Pierce, Douglas, Stringfellow — durch Dick und Dünn gehen können, werden bei der Präsidentenwahl mit jedem Schritt, den die demokratische Partei rückwärts thut, einen Schritt vorwärts thun müssen, und so wird sich das Lager der freien und unabhängigen Presse ansehnlich vergrößern. Es kommt diesmal mehr, wie jemals früher darauf an, zu überzeugen — nicht Leidenschaften zu erregen, sondern politische Kenntnisse zu verbreiten. Die politischen Fragen treten scharf und deutlich auf den Kampfplatz, und es ist unserer Ansicht nach nichts anderes nothwendig, als diese Fragen scharf und klar in's Auge zu fassen, um das Publikum von dem Richtigen und

Wahren zu überzeugen. In diesen Tagen, wo es von allen Seiten
Schmähungen gegen die Einwanderer und die Deutschen regnet, sollte die
deutsche Presse in Ton und Haltung zeigen, wie sehr deutsche Bildung
über die nativistischen Verläumdungen erhaben ist. Wir vertreten hier in
Amerika einen Zweig der deutschen Literatur, der in Deutschland selbst
noch niemals recht geblüht hat und gegenwärtig ganz abgeschnitten ist;
die politische Literatur ist das ausschließliche Eigenthum der Deutsch-Ame-
rikaner, und es wäre zu wünschen, daß dieser Zweig in Amerika genügend
kultiwirt würde, um sich den andern Zweigen der deutschen Literatur würdig
anschließen zu können.

Schließlich möchten wir uns noch eine Frage erlauben, die jetzt wenigstens kein direkt persönliches Interesse mehr für uns hat. Wie steht es mit
dem „American Liberal", dem englischen Organ der Deutschen? Sollte
die interessante politische Katastrophe, der wir entgegengehen, sollten die bedeutenden Fragen, die auf dem Spiele stehen, sollten endlich die Gefahren,
von denen die eingewanderte Bevölkerung bedroht wird, nicht genügende
Veranlassung sein, um ein solches Blatt, das unsere Ansichten und Bestrebungen dem amerikanischen Volke gegenüber in ein klares Licht stellt, wieder
in's Leben zu rufen? Unbedingt ist das nächste Jahr einem solchen Blatte
günstiger gestimmt, als das verflossene war. Auch ist der erste verunglückte Versuch, an dem wir uns persönlich betheiligten, kein Beweis für
die Unausführbarkeit eines Unternehmens, das doch zu nothwendig ist,
als daß es auf die Dauer mißglücken könnte. Ist keine von den größeren
deutschen freisinnigen Zeitungen bereit, ein solches Unternehmen zu
wagen?

In Betreff der „Atlantis".

Das Jahr ist bald zu Ende und wir ersuchen dringend unsere Hrn.
Agenten und Abonnenten, bis zum 1. Januar ihre Rechnungen mit uns
abzumachen, damit wir unbelästigt von Rückständen das neue Abonnement
antreten können. Wir danken unsern Freunden, die sich für die Verbreitung des Blattes interessirt haben, und müssen es als das Resultat
ihrer Bemühungen betrachten, daß die „Atlantis" jetzt soweit gesichert ist,
daß, wenn keine unerwarteten Verhältnisse eintreten, dieselbe regelmäßig
forterscheinen wird. Wir werden in den nächsten Monaten Anstalten
treffen, das Blatt früher herauszugeben, damit es, gleich den englischen
Magazinen, am Anfang des Monates schon in den Händen der Abonnenten
ist. Mit Hülfe unserer Mitarbeiter werden wir in den Stand gesetzt sein,
die Zeitschrift immer mehr und mehr zu einem allgemeinen Organ des
wissenschaftlichen und politischen Fortschrittes zu machen; wir wiederholen
unsere frühere Einladung an die Herren, welche uns Arbeiten versprochen
haben, oder geneigt sind, für die „Atlantis" zu arbeiten, sich mit uns da-

rüber in Vernehmen zu setzen. Sobald wie die fortgesetzte und vermehrte Theilnahme des Publikums es erlaubt, werden wir das Magazin vergrößern, die äußere Ausstattung desselben verschönern und überhaupt alle die Mittel, welche das Publikum uns gibt, zur Verbesserung des Unternehmens verwenden. Für solche, welche die „Atlantis" nach Deutschland schicken wollen, bemerken wir, daß den Mittheilungen einiger Abonnenten nach die „Atlantis" dort regelmäßig und unbelästigt ankommt. Wir sind gern erbötig, etwaige Bestellungen direkt zu besorgen. Diejenigen Abonnenten, welche einzelne Hefte nachgeliefert wünschen, ersuchen wir, uns die betreffenden Nummern anzuzeigen, damit wir diesem Wunsch entsprechen können. Vollständige Exemplare des Jahrganges 1855, wie die Nummern des Jahrgangs 1854 sind noch zu haben. In Städten, wo noch keine Agenten sind, werden zuverläßige Personen zu diesem Geschäft gesucht, und die allgemein gebräuchlichen Provisionen bewilligt.

Hr. Duvernois wird von den Detroit Abonnenten die fälligen Abonnements colligiren.

Hr. Schröder [in der Office von Beavis u. Muller] ist Agent für Cleveland, und sind die dortigen Abonnenten ersucht, an ihn ihre etwaigen Rückstände und fälligen Abonnements zu bezahlen.

Hr. Langenau ist Agent für Chicago und reisender Agent für den Westen.

Hr. Schuster ist Agent für St. Louis und den Staat Missouri.

In New-York ist Hr. Kleefisch, Buchhändler in Grand-Street Agent der „Atlantis. Vollständige Exemplare können durch ihn bezogen werden.

Die Hrn. Rev. Krebel in Reading, Schwarz in New-Orleans, Gilsheimer in Fort Wayne und Schleiden in San Francisco werden dringend ersucht, die Abrechnung für ihre Agentur einzusenden.

Wir müssen leider nächstens eine schwarze Liste veröffentlichen. Einstweilen fordern wir diejenigen rückständigen Abonnenten, welche vom Januar 1855 oder seit längerer Zeit uns schulden, — wie z. B. Dr. Eckermann, Handy, Mich. [mit 5 Doll.] — Dr. Egry, Dayton, Ohio, [mit $5] Beisner und Deneke in Waukesha, Wisc. [jeder mit $5] — und andere Herren auf, ihre Beträge einzusenden, widrigenfalls wir ihre Namen einer wenig ehrenvollen Öffentlichkeit preis geben müssen.

Die rückständigen Abonnenten, welche bis zum ersten Januar nicht zahlen, erhalten keine Hefte des neuen Jahrganges mehr.

Druckfehler in dem Artikel über Materialismus.

Seite 369 Zeile 4 von oben ist statt des Fragzeichens ein Punkt zu setzen; S. 371 Z. 4 v. o. statt abhängig lies unabhängig; S. 372 Z. 3 von unten statt Inellectuisten lies Intellektualisten; S. 373 Z. 8 v. o. statt abhängig lies unabhängig; S. 373 Z. 2 v. u. statt richtig lies nichtig; S. 374 Z. 5 v. u. statt bleibe lies bliebe und Z. 25 v. o. statt überzeigt lies überzeugt; S. 376 Z. 14 v. u. streiche natürlich; S. 377 Z. 10 v. o. statt nicht lies nichts; S. 378 Z. 20 v. o. statt Molekülen lies Moleküle, ebenso auf S. 379 Z. 9 v. u.; S. 381 Z. 18 v. u. statt den lies denn; S. 383 Z. 9 v. u. statt diese Frage — ist, lies diese Fragen — sind; S. 384 Z. 17 v. u. statt eigener lies eigenen.

Atlantis.

| Neue Folge, Band 3. Heft 6. | Dezember, 1855. | Alte Folge, Bd. 5., Nr. 113—118. |

Der Widerspruch.

Das wissenschaftliche Urtheil unterscheidet sich dadurch von der gewöhnlichen Meinung, daß es jede Wahrheit als eine Uebereinstimmung von Gegensätzen begreift, während die Meinung, der abstrakte Verstand, den man auch oft mit dem Namen des gesunden Menschenverstandes bezeichnet, immer nur eine Seite derselben der Beurtheilung unterwirft. Der Unterschied zwischen dem wissenschaftlichen und unwissenschaftlichen Urtheile bezieht sich nicht so sehr auf das Objekt, welches demselben zu Grunde liegt, — man kann auch über wissenschaftliche Gegenstände sehr unwissenschaftlich räsonniren— als auf die Methode des Beurtheilens. Der sogenannte „gesunde Menschenverstand“ hält sich bei jeder Frage an das Nächste, Greifbarste, und ist dort mit seinem Urtheil gleich fertig. Tritt nun gleich darauf der Gegensatz, der Widerspruch ihm vor Augen, dann ist der „gesunde Menschenverstand“ entrüstet, und verketzert und verdammt den Widerspruch, der am Ende nicht einmal ein Widerspruch der Sache, sondern nur ein Widerspruch seines eigenen Urtheils ist, als schlecht und unwahr. Das abstrakte, einseitige Urtheil des „gesunden Menschenverstandes“ gleicht in vieler Beziehung der katholischen Kirche: es ist unfehlbar, wie diese, und Alles, was sich diesem Urtheil nicht fügen will, wird ohne Gnade mit dem Bannfluche belegt. Gerade unsere Zeit wird von dieser einseitigen Verketzerungssucht vielfach belästigt; die öffentliche Meinung schwankt von einer Einseitigkeit in die andere, und bleibt sich vielleicht nur darin gleich, daß sie immer die ihr gegenüberstehende Meinung mit gleicher Wuth und Gereiztheit verketzert. Nicht nur verdammt Dich der Priester zu ewiger Höllenqual, wenn Du nicht an das Dogma der katholischen Kirche glaubst; nicht nur läßt der König Dich füsiliren oder in Ketten legen, wen Du dem monarchischen Prinzip widerstrebst: nein, auch in der sogenannten radikalen Partei regnet es Bannfluche über Bannflüche auf Jeden, der nicht mit jedem beliebigen Menschen auf seinem speziellen Steckenpferde herumreiten mag. Ja, was man gewöhnlich radikal nennt, ist fast nichts Anderes, als das Verzichten auf jede Vermittlung und Verständigung, das hartnäckige Festhalten einer Seite der Frage, das einseitige Leugnen jedes berechtigten Widerspruches. Der Communist schreit Wehe!

Wehe! über Dich, wenn Du Dich seiner alleinseligmachenden Theorie nicht unterwirfst; der Anarchist hält Dich für einen Reaktionär, der Guillotine verfallen, wenn Du noch vom Staat und staatlichen Anstalten sprichst; jede barocke und übertriebene Ansicht, die sich im radikalen Lager geltend macht, verlangt unbedingte Unterwerfung und schleudert ihre Bannflüche auf alle abweichenden Ansichten.

Ja, diese Intoleranz und Verketzerungssucht erstreckt sich nicht nur auf Prinzipien, Systeme und Theorien, sondern selbst auf einzelne Maßregeln. Ob die europäische Revolution von Frankreich oder Ungarn ausgehen soll, ob dem Interesse der Revolution ein Sieg der Westmächte oder der Russen förderlich ist, ob in einer Republik Schulzwang herrschen müsse, oder nicht — diese und andere Fragen der Zeit werden nicht etwa einer gründlichen, ruhigen und verständigen Diskussion unterworfen, sondern an der Schwelle der Diskussion steht schon der Bannfluch geschrieben, der alle Andersdenkenden zurückschrecken soll. Namentlich hier in Amerika wüthet dieser Fanatismus in allen möglichen Gestalten, und überall sieht man anstatt der Menschen, deren Leben ein Gemisch von Irrthum und Wahrheit ist, entweder Götter oder Teufel. Dem Demokraten ist ein Know-Nothing, dem Antitemperenzler ein Temperenzmann ein Greuel, und umgekehrt. Jeder hat das allein gültige Rezept für die allgemeine Glückseligkeit und Wahrheit in der Tasche; jeder ist sein eigener Pabst, dem die Gewalt gegeben ist, zu binden und zu lösen.

Am deutlichsten zeigt sich dieser moderne Absolutismus bei der auch in der „Atlantis" mehrfach besprochenen Frage vom Geiste. Die modernen Materialisten machen dieselbe abstrakte Unterscheidung zwischen Geist und Körper, wie die gläubigen Leute des Mittelalters, nur mit dem Unterschied, daß diese allen Nachdruck auf den Geist, jene allen Nachdruck auf den Stoff legen. Sonst sind beide, was ihr Urtheil, ja sogar, was ihr Benehmen und ihre Sprache betrifft, aus einer Familie. Kein Priester kann den Ketzer mit größerer Heftigkeit verdammen, als mit welcher diese Materialisten, vom Hohenpriester der Naturwissenschaften bis zum communistischen Schneidergesellen, der sich zur „Magentheorie" bekennt, herunter, ihren Bannfluch gegen Jeden schleudern, der nicht, gleich ihnen, den Geist für Null hält. Es ist merkwürdig, wie eine sonst ganz berechtigte Erscheinung, die ein wesentliches und nothwendiges Glied in der menschlichen Entwickelung bildet, dadurch zu einer Fratze verzerrt wird, daß man sie, anstatt ihren relativen Werth zuzugeben, zu einem absoluten Dogma stempelt.

Wir von unserem Standpunkte geben den relativen Werth dieses Materialismus gewiß zu. Der einseitigen Weltanschauung der religiösen Vergangenheit gegenüber, welche einen außerweltlichen Gott und einen außerkörperlichen Geist annahm, war es ganz natürlich, daß die Menschheit auf den striken Gegensaß fiel, die Materie anstatt des Geistes für das Absolute erklärte, und dem Geiste jede Selbstständigkeit abstritt. Es war dies ganz natürlich; ebenso, wie der ießigen Einseitigkeit wieder ein Gegensaß folgen muß. Dies ist also eine ganz natürliche Entwickelung; die ganze Welt entwickelt sich ja nur durch die Aufeinanderfolge von Gegensäßen. Eine große Gefahr indessen, welche hiermit verbunden ist, besteht darin, daß man wieder auf den alten Standpunkt der religiösen Transzendenz zurückfällt, und eine vom Körper getrennte Seele, einen von der Welt getrennten Gott annimmt. Diesen Fehler scheint Professor Wagner in Göttingen gemacht zu haben, — obgleich er darüber kein offenes Geständniß wagt, — und deßhalb ist die Kritik Carl Vogt's in seinem bekannten „Köhlerglauben und Wissenschaft" vollständig gerechtfertigt und am Plaße. Daß wir — wie man uns von mehreren Seiten beschuldigt hat — auf diesen Wagner'schen Standpunkt zurücksinken, das, hoffen wir, ist nur zum kleinsten Theile der Ungenauigkeit unserer Ausdrücke, zum größten Theile jedoch dem absichtlichen Mißverstehen der Gegner zuzuschreiben. Wir glauben eben so wenig, daß das Denken durch eine eine besondere, bis jetzt noch unentdeckte und wohl immer unentdeckbare Seelensubstanz (nach Wagner) entstehe, wie daß es ein Präparat von Nervenöl, phosphorsaurem Fett ꝛc. sei, wie die Neurofluidalmenschen behaupten, denken übrigens, daß der wissenschaftliche Werth beider Ansichten nicht weit von einander verschieden ist. Wenn wir uns nicht auf dem kahlen, nackten Materialismus, wie er die Mode der Gegenwart geworden ist, stellen können, so sind wir doch weit entfernt, in das Lager Wagners zurückzukehren; wir sind der Ansicht, daß es zwischen dem abstrakten Idealismus und dem abstrakten Materialismus noch eine Stufe der Vermittlung und Versöhnung giebt, zwischen der These und Antithese eine Synthese, einen materiellen Idealismus oder einen ireellen Materialismus, in dem der Keim der neuen und wirklich freien Weltanschauung enthalten ist. Nur durch eine solche Uebereinstimmung und Identität der Gegensäße würde die abstrakte, einseitige Auffassung der Gegensäße beseitigt werden, während durch den abstrackten Materialismus der alte religiöse Sinn immer wieder auf's Neue belebt und erregt wird. Das ist gerade der Grund, weßhalb wir gegen die Einseitigkeit der materialistischen Theorien sind, weil sie durch ihre eigene Unhaltbarkeit und ihren innern Widerspruch immer den alten religiösen Kram wieder aufwecken, und durch ihre eigene Einseitigkeit die Einseitigkeit jener verhimmelten Theorien gewissermaßen rechtfertigen.

Allerdings, wir dürfen in diesen Zeiten der Empirie und des Materialismus, wo die Chemiker und Physiker sagen, daß die erste Bedingung, um die Natur zu erkennen, um ein Chemiker, Physiker ꝛc. zu werden, in einer gründlichen Verabscheuung der Philosophie bestehe; — allerdings wir

dürfen in dieser Zeit kaum den Namen eines Philosophen in den Mund
nehmen, ohne das Mitleiden und Bedauern der radikalen Größen zu
erregen. Aber wir können doch nicht umhin, Hegel das Verdienst zuzuge-
stehen, daß er die Methode des wissenschaftlichen Denkens geschaffen, daß
er das Geheimniß der wissenschaftlichen Entwickelung entdeckt und veröffentlicht hat. Alles entwickelt sich durch den Widerspruch; jeder Begriff,
jeder Zustand, jedes Ding hat seine eigene Negation, seinen eigenen Gegensatz in sich und ist mit diesem Gegensatz identisch; jedes Ding existirt nur
vermittelst seines Gegensatzes. Diese Methode des Denkens, die gerade
die großen Fortschritte, welche die Naturwissenschaften in den letzten
Jahren gemacht haben, hauptsächlich hervorgerufen hat, wird uns auch
über das Dilemma zwischen Geist und Materie hinweghelfen. Gerade
bei dieser Debatte sieht man die Richtigkeit des alten Satzes ein: wo kein
Widerspruch ist, ist keine Wahrheit; diejenigen Leute, welche den Widerspruch nicht vertragen können, zeigen dadurch, daß sie der Wahrheit fremd
sind. Kein Gegenstand ohne Gegensatz, kein Mensch ohne Widerspruch,
und wer diesen Widerspruch in sich selbst nicht begreift, wer am meisten auf
seine eigene Consequenz und Unfehlbarkeit pocht, der täuscht sich über sich
selbst am meisten und ist oft selbst eine permanente Lüge.

Wir stimmen gewiß mit den Empirikern darin überein, daß die Methode der Entwickelung für alle Dinge dieselbe sei, daß der Weg der
Weltgeschichte analog ist der naturgeschichtlichen Entwickelung, und daß
die Urtheile und Begriffe sich in ähnlicher Weise bilden, wie die Steine,
Pflanzen und Thiere. Die Natur, wie das Leben des Menschen entwickelt
sich durch den Widerspruch. Schlagen wir die Bücher der Geologie auf,
so finden wir kein langsames, stufenweises Entstehen, sondern eine Kette
von den gewaltsamsten Revolutionen; in der Geschichte des Erdkörpers
finden wir noch größere Katastrophen, als in der Geschichte des Menschengeschlechtes; eine Bildung vernichtet die andere; ein Zeitalter begräbt
das andere unter den Ruinen. Die größte Negation, die Zeit, negirt sich
immer selbst; im ewigen Wechsel ist eine ewige Dauer; wir sehen in
einem geognostischen Profil die feindlichen Jahrtausende einträchtig
neben einander liegen, gleichsam ein ewiges, unveränderliches Bild der
wechselnden, verschwindenden Zeit. Alles Werden, alles Entstehen in der
Natur ist nur ein Produkt dieses Widerspruches; der Keim der Pflanze
zersprengt die Frucht, und die Frucht tödtet die Blüthe. Je mehr wir in
der Werkstätte der Natur bekannt werden, desto deutlicher sehen wir dieses
Aufeinanderprallen der Widersprüche; am einfachsten und deutlichsten
aber in der Chemie. Die chemische Wahlverwandtschaft beruht auf entgegengesetzten Eigenschaften; bei den verschiedenen chemischen Verbindungen sehen wir niemals langsame und allmälige Uebergänge, sondern überall
schroffe, gewaltsame Sprünge. Um ein bekanntes Beispiel aufzuführen —

wenn wir zu Eisenorydul eine kleine Quantität Sauerstoff hinzuführen, so nimmt das Orydul den Sauerstoff nicht an, und bleibt, was es zuvor war; erreicht aber der Sauerstoff ein bestimmtes Atomgewicht, dann entsteht plötzlich ein neuer Körper, das Eisenoryd, das wesentlich andere Eigenschaften hat, wie das Orydul; zwischen beiden Naturkörpern gibt es keinen Uebergang und keine Vermittlung. So bilden nicht nur die großen Reiche der Natur, nicht nur die unorganische und organische Natur, das Thier- und Pflanzenreich große Gegensätze zu einander, sondern die verwandtesten Naturprodukte, die einzelnen Spezies einer und derselben Gattung sind von einander ganz unterschiedene Körper, welche ganz entgegengesetzte Eigenschaften besitzen. Je entwickelter die Produkte der Natur sind, desto mehr Bestimmungen, d. i. Negationen, d. i. Widersprüche enthalten sie, bis daß wir zuletzt im menschlichen Leben finden, daß jede Individualität ihre eigene Art ist und einen Gegensatz zu allen andern Dingen und Personen bildet.

In der Geschichte der Menschheit finden wir eine ähnliche Entwickelung, wie in der Natur, wie man denn überhaupt die Geschichte der Menschheit an die Naturgeschichte anknüpfen kann. Einzelne Katastrophen, wie z.B. die sog. Sündfluth nehmen einen Platz in der Geologie wie in der Weltgeschichte ein. So wie die einzelnen geologischen Formationen der Erdrinde durch gewaltsame Katastrophen gebildet sind und einen Gegensatz zu früheren Formationen darstellen, so auch negirt jede einzelne Periode der menschlichen Entwickelung die vorhergehende und findet in der nachfolgenden ihren Widerspruch und ihre Negation. Jede Entwickelung, jeder Fortschritt im Leben der Menschheit gibt also natürlicherweise zuerst negative, oder wie die reaktionären Leute sagen, destruktive Tendenzen kund; selbst wenn der Fortschritt sehr positiver Natur istund positive Resultate bezweckt und erreicht, so ist er doch in seinem ersten Auftreten immer negativ und tritt gegen eine frühere Periode und gegen bestehende Thatsachen als ein Widerspruch auf. Dies sehen wir im Leben der einzelnen Menschen wie im Leben der Menschheit.

Das Griechenthum mit seinem vorwiegenden Individualismus bildete den schroffsten Gegensatz zu dem Orientalismus, in welchem wir ununterschiedene, bewußtlose Massen finden. Diesem Gegensatze zwischen der individuellen und idealen Natur des Griechen gegen den blinden Fatalismus und die unterschiedslosen Massen des Orientes entsprangen alle Großthaten der hellenischen Geschichte, von dem trojanischen Kriege an bis zu den Siegen von Salamis und Marathon, ja, bis zu den indischen Zügen Alexander's des Großen. Was uns von den Heldenthaten bei Salamis und Marathon, bei den Termopylen 2c. besonders anzieht, ist gerade die Ueberwältigung der rohen orientalischen Massen durch die Freiheit und Schönheit des griechischen Geistes. Bei den Griechen ist Alles bestimmt,

plastisch, individuell; bei den Orientalen Alles verschwommen, unklar, un=
selbstständig, und aus diesem Gegensatze ging eine Menge von Conflikten
hervor, welche den Untergang der orientalischen Welt zur Folge hatten.
Den Griechen gegenüber traten die Römer als prinzipieller Gegensatz auf;
die Individualität wurde von der Nationalität verschlungen; der Römer
war nicht stolz auf sein Ich, seine Individualität, sondern auf seine Eigen=
schaft als Römer. "Cives romanus sum!" dieß war sein größter Ehren=
titel und nur auf diesen Titel hin konnte er Rechte für sich beanspruchen.
Während bei den Griechen der „schöne und gute Mann" das Ideal war,
faßte der Römer sein Ideal in dem Worte "virtus" zusammen, welches
nicht so sehr eine moralische Qualifikation, als eine staatsburgerliche
Eigenschaft war. Der Grieche lebte für sich selbst, seiner eigenen Schön=
heit und Trefflichkeit zu Willen; der Römer nur für den Staat. Das
Römerthum war gewissermaßen nur eine Wiederholung des orientalischen
Despotismus, nur in anderer Weise und in einer vollendeteren Entwicke=
lung. Wir finden überhaupt, daß jede einzelne Periode der menschlichen
Entwickelung die Eigenthümlichkeiten der vorigen Periode wiederholt. So
gleicht das Christenthum mit seinem Idealismus und seiner Philosophie
ebensosehr dem Griechenthum, wie das Römerthum den alten Zeiten der
Meder und Perser. Gerade an dem orientalischen Elemente, das im
Römerthum enthalten war, ging dasselbe zu Grunde; die Siege und
Eroberungen im Oriente waren die Ursachen von dem Rückgange und
Verfalle der römischen Republik.

Während die Römer sich den ganzen, damals bekannten Erdkreis an=
eigneten, sprach das Christenthum das große Wort aus: Mein Reich ist
nicht von dieser Welt. Das jenseitige Reich des Christenthums verschlang
das diesseitige des Römerthums; das Band der Nationalitäten wurde
gelockert und der Gedanke der Menschheit, der allgemeinen Verbrüderung
aller Menschen, welcher zu dem spezifischen Römerthum den größten
Gegensatz bildete, trat zuerst auf den Schauplatz der Geschichte. Aber das
Christenthum selbst behielt viel römische Elemente in sich und stellte daher
im Katholizismus einen permanenten Widerspruch mit sich selber dar. —
Während es sein Reich als nicht von dieser Welt proklamirte, eroberte es
die ganze Welt, verschlang ganze Länder und erwarb sich unermeßliche
Reichthümer. Die natürliche Folge war die Reformation, die den Idea=
lismus des alten Christenthums wiederherstellen wollte, aber sich auf das
Gebiet einer eingebildeten Gewissensfreiheit beschränkte, welche erst in der
ersten französischen Republik und in der Erklärung der Menschenrechte
eine bestimmte politische Form gewann.

Um nun das Produkt aller dieser verschiedenen Entwickelungsstufen der
Menschheit, die Gegenwart, beurtheilen zu können, muß man bedenken,
daß alle die verschiedenen Perioden der menschlichen Entwickelung sich in

dem Bewußtsein der Gegenwart abgelagert haben, und dort als antidilu-
vianische und postdilnvianische Formationen anzutreffen sind. Jede uber-
wundene Periode der Weltgeschichte bleibt eine permanente Thatsache in
derselben, und kann von dem kundigen Forscher in größerer oder geringerer
Mächtigkeit nachgewiesen werden. Alle die einzelnen Widersprüche, durch
welche hiedurch die Menschheit den Weg zur Wahrheit und Freiheit verfolgte, liegen in der Gegenwart aufgeschichtet da; die Widersprüche nach
einander sind die Widersprüche neben einander geworden, und manche
dieser Widsprüche liegen als todte Versteinerungen da, die man mit
Gewalt hinwegsprengen muß, um Platz für die Bahn in die Zukunft zu
finden.

Nirgend zeigen sich diese Widersprüche so thätig, so flüssig und lebendig, wie in Amerika, dem modernsten Lande der Gegenwart. In Europa
sind die verschiedenen Versteinerungen der Weltgeschichte festgebannt und
von einer durch Vorurtheile und Gewalt erbauten Mauer umgeben. Aber
in Amerika ist jede Weltanschauung gleichberechtigt, und deßhalb sehen wir
hier die Widersprüche, welche drüben nur noch als Ruinen längst ver-
schwundener Zeiten conservirt werden, in voller Thätigkeit und mit frischem
Leben. Es ist, als ob sich auf diesem jungfräulichen Boden alle die Geister
der Vergangenheit ein Rendevous gegeben hätten und hier ihren tollen
Hexentanz aufführten. Man hat mit Recht gesagt, daß hier in Amerika
alle Raçen, Völker und Perioden der Weltgeschichte ihre Auferstehung
feiern. Hier sehen wir noch heute den Kampf zwischen Rom und Car-
thago, zwischen Luther und Tetzel: hier sehen wir neben der Erklärung
der Menschenrechte, dem größten historischen Triumphe der Freiheit, die
orientalische Sklaverei. Der moderne Bourgeois, der im Gelde den
Heiland verehrt, sieht sich dem mittelalterlichen Ritter des Südens gegenüber, der heute noch den chevaleresken Uebermuth aus den Zeiten Don
Quixote's hat. Neben dem vorsichtigen Kaufmann, der seine Verbindungen nach Japan und China ausdehnt, sehen wir die fahrenden Ritter aus
der Zeit der Normannen und Kreuzfahrer, die heute nach Cuba, morgen
nach Sonora, dann nach Central Amerika filibustern, dann die Sandwich-
Inseln insurgiren rc. rc. Religionen in tausend Sekten und Arten tauchen
auf, und dazwischen wühlt der triumphirende Unglaube. Afrikaner und
Chinesen, Spanier und Angelsachsen, Franzosen, Deutsche, Irländer —
kurzum alle Raçen und Nationen tummeln sich hier durcheinander; alle
Leidenschaften, alle Vorurtheile, alle Bedürfnisse machen sich geltend.
Gewiß, Amerika ist vorzugsweise das Land der Widersprüche, und wer
nicht fähig ist, den Widerspruch zu denken, wer immer eine Seite eines
Verhältnisses abstrakt betrachtet, der wird in Amerika sich niemals zurecht
finden können, der wird niemals die hiesigen Zustände verstehen und denselben gerecht werden. Dies kann man jeden Augenblick in Amerika sehen.

Je einseitiger Jemand gebildet ist, je abstrakter er in seinen Urtheilen verfährt, je hartnäckiger er auf einem bestimmten, voraus eingenommenen Standpunkte stehen bleibt, desto weniger kann er sich den hiesigen Verhältnissen befreunden und sich in dieselben hineinfinden. Die Widersprüche, welche er in so reicher Zahl um sich her findet, erscheinen ihm unvermittelt, ohne Zusammenhang, ohne innere Beziehung; die Welt ist ihm wüst und verworren, wie das Chaos, ehe noch der Geist Gottes darüber schwebte. Wie häufig hören wir Aeußerungen des sogenannten gesunden Menschenverstandes, — gesund mag dieser Verstand sein, aber gewiß nicht erzogen und unterrichtet, — worin man sich bitter über diese Widersprüche und Verwirrungen beklagt und bedauert, keinen Ariadnefaden zu haben, um sich aus dem Labyrinthe herauszufinden. Deßhalb ist vor Allem hier eine philosophische Bildung nothwendig, eine Erziehung zum dialektischen Denken, wodurch man zum Begreifen des Widerspruches befähigt wird. Dann wird man einsehen, daß nichts in der Welt so unsinnig ist, daß es nicht einen Sinn hat, daß nichts so widerspruchsvoll ist, daß man es nicht mit den andern Dingen in Uebereinstimmung setzen könnte. Dem gebildeten Auge erscheinen die Widersprüche, welche der gesunde Menschenverstand abstrakt und in ihrer Vereinzelung betrachtet, als flüssige, zusammenhängende und sich gegenseitig durchdringende Verhältnisse, als verschiedene Beziehung einer und derselben Rechnung, in welcher das Positive und Negative sich ausgleicht. Anstatt des abstrakten, apodiktischen Urtheils muß man sich an ein beziehungsweises, relatives Urtheilen gewöhnen, wenn man namentlich in Amerika nicht ganz die Zustände verkennen will. Nichts könnte falscher sein, als sich hier einfach an die Thatsachen halten, wie sie sind; eine solche realistische Weltanschauung würde hier jedes Trostes und sogar jeder Gerechtigkeit entbehren. Das gegenwärtige Amerika ist nur ein Reflex seiner Zukunft, und die meisten Thatsachen, welche man hier vorfindet, kann man nicht so sehr darnach beurtheilen, was sie sind, als darnach, was aus ihnen wird. Amerika ist in vieler Beziehung nur ein großes Experiment, ein Versuch, eine staatliche Gesellschaft ohne religiöse oder nationale Grundlage zu bilden, und den Begriff der Nation und des Staates bis zu dem Begriffe der Menschheit zu erweitern. Daß bei einem solchen Experimente vielfache Mißgriffe und Mißbräuche vorkommen, versteht sich von selbst, aber im Hinblick auf den Zweck, der damit erreicht werden soll, sieht man auch in den Mißgriffen und Mißbräuchen eine gewisse Nothwendigkeit. Wenn man hier bei der Beurtheilung jedes Ereignisses, jeder Thatsache auch die Umstände, die Verhältnisse, die Resultate berücksichtigt, so wird das schroffe, absprechende Urtheil tolerant und versichtig, und wir sind im Stande, gleich den Bienen, selbst aus giftigen Blumen noch den Honig der Hoffnung zu saugen. Dies könnten wir an hundert Beispielen aus der amerikanischen Tagesgeschichte zeigen; wir

könnten zeigen, wie an der so vielverfluchten Nebraskabill noch einmal das
ganze Institut der Sklaverei scheitern wird, wie gerade durch die nativistischen Bestrebungen sich der universelle, kosmopolitische Charakter dieser
Republik herausstellt und herausbildet rc. Diese indirekte Beurtheilung
der Ereignisse mag demjenigen nicht genehm sein, der in seiner Unfehlbarkeit dasselbe Messer der Kritik an alle Gegenstände legt, und zum Maßstab
der Thatsachen nicht die Thatsachen selbst, ihre Verhältnisse, Ursachen,
Bedingungen nimmt, sondern sein eigenes, voreingenommenes Urtheil.

Wir verhehlen nicht, daß wir in dieser Beziehung gewissermaßen
eine "Oratio pro domo" halten, und uns gegen vielfache und wiederholte
Angriffe vertheidigen von Seiten Solcher, die uns mehrfacher Widersprüche
beschuldigen. Wir geben zu, daß wir bei der Beurtheilung einzelner amerik.
Zustände und Verhältnisse nicht Grau in Grau gemalt haben, sondern uns
bemühten, noch den Keim einer besseren Zukunft ausder verwesenden
Frucht herauszufinden. Wir geben zu, daß wir immer ein relatives, be-
dingungsweises Urtheil dem absoluten und kategorischen vorzogen. Wir
geben sogar zu, daß wir oft die Thatsachen nicht nach ihrem unmittelbaren
momentanen Werthe, sondern nach dem wahrscheinlichen Werthe einer
künftigen Zeit geschätzt haben. Dies ist allerdings eine Sünde gegen den
realistischen Geist unserer Zeit. Aber verfährt man nicht in Amerika in
den meisten Fällen, — fast möchte ich sagen, instinktmäßig, — auf dieselbe
Weise? Berechnet nicht selbst der kluge, vorsichtige Yankee den Preis
des Landes nach dem Ertrage, den dasselbe in ferner Zukunft bringen wird?
Ist der Preis des Eigenthums in den westlichen Städten nicht jetzt schon
so hoch, als wenn diese Städte vierfach so groß und reich wie jetzt wären?
Entlehnt nicht Jeder in Amerika den Maßstab für die Gegenwart von der
Zukunft? Dies ist ja nicht lediglich eine Schwindelei von Spekulanten,
sondern liegt in der Natur der Sache.

Muß man nicht auch die europäischen Ereignisse nach den Regeln des
Widerspruches beurtheilen? Lehrt uns der schnelle Wechsel zwischen Revolution und Contrerevolution nicht, auf welche Weise sich die Weltgeschichte entwickelt? Hoffte man nicht im Interesse der Revolution und
Freiheit den Sieg der Russen? Ist es möglich, das Wesen irgend eines
europäischen Volkes, z. B. des deutschen, zu erfassen, wenn man es nur
nach den vorliegenden Thatsachen, Zuständen und Eigenschaften beurtheilt?
Muß nicht immer ein ideales Moment in die Beurtheilung der Thatsachen
hineingezogen werden? Gewiß, ebenso wie der Idealismus krankhaft
einseitig, religiös u. s. w. wird, wenn er sich der realen Basis entschlägt
ebenso ist der Realismus plump, gemein und dumm, wenn er jeder idellen
Anschauung entbehrt. Es gibt am Ende doch nur einen Widerspruch in
der Welt, nämlich, daß man den Widerspruch nicht begreift.

Wir haben schon oben gesagt, daß je entwickelter irgend ein Produkt

der Natur oder Geschichte ist, es desto mehr Bestimmungen, d. h. Unterschiede, d.h. Widersprüche enthält. Darum ist auch unsere Zeit, als ein:
sehr entwickelte und fortgeschrittene Periode der Weltgeschichte, voll von
Widersprüchen. Man hat nicht ohne Unrecht die antike Zeit mit der modernen verglichen, indem man diese eine Harmonie, jene eine Melodie
nannte. Das antike Leben war ein einfaches, von e i n e m Streben, von
e i n e r Idee beherrschtes, von e i n e m Träger geleitetes; ein Volk nach
dem andern trat auf den Schauplatz der Weltgeschichte, eine Culturstufe
folgte der andern; die Weltgeschichte bildete eine einfache Melodie, deren
Töne nach bestimmten Gesetzen wechselten. Aber die moderne Zeit ist
mehr einer Harmonie zu vergleichen, wo die entgegengesetztesten Töne sich
zu einem Vollklang vereinigen; die Gegensätze, welche früher nacheinander
folgten, liegen nebeneinander; nicht löst ein Volk das andere, eine Religion die andere; eine Weltanschauung die andere ab, sondern die verschiedensten Völker, Religionen, Weltanschauungen machen sich zur selben Zeit
geltend, und aus dem Zusammenwirken dieser verschiedensten, widersprechendsten Elemente entsteht eine Harmonie, deren Schönheit und Erhaben-
heit wir vielleicht deßhalb nicht verstehen, weil wir dem Orchester zu nahe
sind, und einzelne schrille Blasinstrumente uns so stark in die Ohren
tönen, daß wir die sanften Flöten und Geigen nicht hören. Der engl sche
Dichter Pope sagt in dieser Beziehung sehr schön, daß jedes Unglück nur
ein mißverstandener Ton in der großen Harmonie des Weltalls sei.

Gewiß, die Widersprüche sehen wir immer, aber nicht immer die
Harmonie. Wir können die Harmonie nicht aus einem Theile, sondern
nur aus dem Großen und Ganzen erkennen, aus dem allgemeinen Leben
der Menschheit, aus dem Buche der Natur und Geschichte, aber nicht aus
unserm eigenen kleinen Leben. Nur derjenige Mensch, der ein so großes
Herz und einen so weit reichenden Geist hat, daß er das Leben der Menschheit, ihre Entwickelung, ihre Fortschritte, ihre Leiden und Kämpfe in
seinem eigenen Herzen mit durchlebt; nur der ist einigermaßen im Stande,
die Ordnung und Schönheit des menschlichen Lebens, den „Kosmos" der
Weltgeschichte einzusehen, und sich über das Misère einzelner vorüberge-
hender Zustände mit der Einsicht in die Zweckmäßigkeit und Gerechtigkeit
der Gesammtentwickelung, zu trösten. Daher wird man auch immer finden,
daß je mehr Jemand sich in bornirtem Egoismus auf sein eigenes Ich zurückzieht, und sich den allgemeinen Ideen der Zeit verschließt, daß er desto
mehr Widersprüche, Einseitigkeiten und Unvollkommenheiten im Leben
findet, und also ein unglückliches Dasein lebt, das von Gegensätzen aller
Art zerrissen ist. Mit der Größe unserer Bestrebungen und der Tragweite unserer Gedanken nimmt auch die Ruhe des Herzens, die Festigkeit
der Ueberzeugung und jener philosophische Gleichmuth zu, der uns die
Thorheiten der Menschen nicht verspotten, sondern erkennen läßt.

Es gibt indessen zwei Irrwege, auf welche man hier leicht stoßen kann, nämlich sowohl in einen erkunstelten, eingebildeten Optimismus zu fallen, als sich mit sophistischen Argumenten, mit einem willkührlichen Spiel der Gegensätze über die Schwierigkeiten der Zeit hinwegzuhelfen. Der Satz, daß Alles, was wirklich ist, nothwendig, und alles Nothwendige vernünftig sei, daß jeder Widerspruch den Theil einer großen Harmonie bilde, daß Unglück und Unrecht nur auf einer mißverstandenen Weltanschauung beruhe, ist allerdings wohl geeignet, das Rechtsbewußtsein des Menschen zu verwirren und seine Thätigkeit zu lähmen, wenn er nicht in seiner allgemeinen Bedeutung aufgefaßt wird, sondern in Beziehung auf einzelne spezielle Fälle. Es wäre sehr sonderbar, wollten wir uns mit den Nachtseiten des menschlichen Lebens zufrieden geben, weil wir wissen, daß dieselben einen nothwendigen Gegensatz zu den Lichtseiten desselben bilden. Es wäre ein Verbrechen, wollten wir das Unrecht dulden, weil wir voraussehen, daß dadurch eine weitere Rechtsbildung hervorgebracht wird. Um ein spezielles Beispiel anzuführen, der Knotenpunkt der amerikanischen Politik ist die Sklaverei, und alle politische Institutionen, wie überhaupt das ganze Rechtsgefühl und der sociale Charakter des amerikanischen werden sich in dem Kampfe gegen die Sklaverei entwickeln. Der Kampf des alten Rom zwischen Patriziern und Plebejern und weiterhin zwischen Römer und Bundesgenossen ist hier zu einem allgemeinen Kampfe der Raçen und Nationen erweitert. Sollten wir uns deßhalb mit der Sklaverei versöhnen, weil dieselbe ihren nothwendigen Widerspruch gebären muß? Sollten wir, um spezieller auf die Sache einzugehen, deßhalb mit der Nebraskabill zufrieden sein, weil dieselbe die Sklavenfrage zur bringenden unmittelbaren Entscheidung und damit auch zu Ende bringen wird? Wir halten dies für eine vollständig unrichtige Auffassung der Sache. Das Schlechte ist nur dann eine Quelle des Guten, wenn wir das Gute aus ihm ableiten; wir finden nur dann den nothwendigen Gegensatz zum Schlechten, wenn wir das Schlechte negiren, d. h. vernichten, wenn wir uns mit aller Kraft demselben gegenüberstellen, wenn wir es mit erbitterter Feindschaft verfolgen. An dem Schlechten ist nur das einzige Gute, daß es uns zum Widerstande und zur Vernichtung desselben aufreizt. Weit entfernt also, daß die Theorie der Widersprüche zum Optimismus und Quietismus führt, reizt sie vielmehr zum Widerstand und zum Kampf an; sie ist die direkteste und vollständigste Negation jeder Neutralität. Jede ungerechte Thatsache, jedes schlechte Institut hat seine eigene Negation in sich, und nur in dieser Negation liegt die relative Berechtigung des Schlechten und Ungerechten. Die Sklaverei in Amerika z. B. hat nur dadurch einen historischen Werth, daß sie fortwährend ein Sporn und Antrieb für die Freiheitsbestrebungen ist, daß sie immer und immer wieder die ewigen und unveräußerlichen Menschenrechte auf den Kampfplatz fordert, den die Freiheit nur siegend verlassen kann.

Ebenso wenig, wie der Optimismus, ist die Sophistik in der Lehre vom Widerspruch begründet. Die Sophistik besteht in der willkührlichen Vertauschung der Gegensätze, in einem Spiele mit den Reflexionsbestimmungen, die man bald auf dieser, bald auf jener Seite anwendet. Da jede Wahrheit, jede Thatsache, jeder Zustand seinen eigenen Gegensatz in sich enthält, so stellt der Sophist alle Wahrheiten auf den Kopf und vertauscht sie mit ihren Widersprüchen. Da jede Wahrheit relativ ist und nur eine bedingungsweise Gültigkeit hat, so leugnet der Sophist alle Wahrheiten überhaupt, nimmt der Wahrheit jede Objektivität und stellt sie nur als den flüchtigen, veränderlichen Wiederschein individueller Meinungen dar. Das Unheil, welches dadurch die Sophistik angerichtet hat, ist um so größer, da sie dem abstrakten, einseitigen Urtheile gegenüber Recht zu haben scheint, und der gewöhnliche Verstand keine Waffen dagegen hat. Indem wir uns vorbehalten, an einem andern Orte die historischen und wissenschaftlichen Erscheinungen der Sophistik zu besprechen, bemerken wir hier bloß, daß die Beziehung der Gegensätze keine willkührliche, sondern nothwendige ist, und man die Gegensätze nicht beliebig mit einander vertauschen kann, sondern sie nach nothwendigen, logischen Gesetzen auseinander entwickeln muß. Es ist kein Kreislauf, den die Widersprüche machen; nicht kehrt der zweite Widerspruch in den ersten, aus dem er entstanden war, zurück; die Synthese, welche die These und Antithese mit einander verbindet, d. h. der Satz, welcher sich als die Uebereinstimmung zweier Widersprüche erweist, ist eine höhere Entwickelung des Gedankens, als die beiden vorhergehenden Widersprüche. Dies können wir überall in der Logik, wie in der Geschichte sehen. Die europäische Geschichte der letzten Jahre z. B. ist nicht als eine gleichgültige Abwechselung zwischen Revolution und Contrerevolution zu betrachten, sondern als eine regelmäßige, fortschreitende Entwickelung des Volksbewußtseins durch große historische Gegensätze hindurch, an deren Ende ganz andere Resultate stehen, wie am Anfang. Bricht heute die europäische Revolution wieder los, so wird sie nicht eine Wiederholung der nationalen Sympatien und des parlamentarischen Spieles von 1848, sondern eine durch die Erfahrungen der Contrerevolution bereicherte und gesteigerte Bewegung sein. Um ein anderes Beispiel zu nehmen, wird die Nebraskabill widerrufen, so wird man sich nicht mit dem Status ante quo, mit der Wiederherstellung des Missouri-Compromisses begnügen, sondern eine viel striktere und bestimmtere Eindämmung der Sklaverei verlangen. Die Theorie vom Kreislauf ist eine öde und trostlose Theorie, die selbst nicht einmal in der Natur ihre Bestätigung findet, denn selbst die Natur schafft vermittelst ihrer Widersprüche, ihrer entgegengesetzten chemischen und physikalischen Prozesse immer neue Formen und Bildungen, und kein neues Frühjahr findet. Wald, Wiese und Land wieder, wie im vorigen Jahre. Der Logiker drückt dies Gesetz des ewigen Fortschrittes so aus, daß jede Synthese, d.h. jeder Mittelsatz zwischen zwei Gegensätzen, wieder die These für einen neuen Schluß, den Anfang einer neuen Gedankenkette bildet, so daß, wenn auch der Widerspruch immer derselbe bleibt, doch die beiden Seiten desselben immer entwickelter und gehaltvoller werden.

Den Gipfelpunkt endlich, wo die Widersprüche sich in die vollständigste Harmonie auflösen, jenseits welcher keine Scheidung der Gegensätze mehr möglich ist, bildet die Kunst. Hier ist die wirkliche und reelle Versöhnung, welche die Religion nur als ein Versprechen und eine Illusion in Aussicht stellte. Die Kunst ist materiell und ideell, aber beides in der höchsten Potenz. Der Bildhauer nimmt das härteste, festeste, substantiellste Material, den Marmor, und formt daraus die übersinnlichste, transcendalste Idee, die Gottheit. Hier geht die größte Freiheit mit der strengsten Nothwendigkeit Hand in Hand.; je höher der Flug der Phantasie den Dichter treibt, desto mehr ist er an die Gesetze der Kunst und an die Eigenthümlichkeit seines Stoffes gebunden. Der Gegensatz zwischen Subjekt und Objekt, der so lange die Philosophen in Verwirrung gesetzt hat, hier ist er aufgehoben. Die Seele des Künstlers lebt in dem Kunstwerke, und es ist keine prinzipielle Unterscheidung zwischen dem Künstler und dem Kunstwerke möglich. Oder wer möchte Schiller und Posa, wer Göthe und den Faust unterscheiden? Allerdings besteht diese Identität erst dort, wo die Kunst auf den Gipfel ihrer Vollendung angelangt ist; dort sehen wir die Einheit aller der Widersprüche, welche unser Leben verwirren, die Einheit zwischen Gott und Welt, zwischen Subjekt und Objekt, zwischen Geist und Materie, zwischen Inhalt und Form, zwischen Freiheit und Nothwendigkeit. Die Kunst zeigt uns vorbildlich und symbolisch das Leben der Menschheit, wie es sich dann gestaltet, wenn die letzten Widersprüche und Gegensätze überwunden sind, ein Zustand, den das Menschengeschlecht allerdings niemals erreichen wird, der aber trotzdem das letzte Ziel ist, nach dem wir unverrückt streben müssen.

Geistesverfassung der Thiere.

(Aus dem Englischen von Carl Vogt.)
(Schluß des Artikels in voriger Nummer.)

Eine der ersten und einfachsten Funktionen des Geistes ist Bewußtsein, Bewußtsein unseres Ichs und unseres Daseins. Dieses Bewußtsein ist von den Sinnen unabhängig, welche nur Vermittler und wie Locke gezeigt hat, die einzigen Leiter sind, durch welche die, die äußere Welt betreffenden, Vorstellungen zum Gehirn gelangen. Der Zutritt solcher Vorstellungen zum Gehirn ist der Akt, welchem die Metaphysiker den Namen Empfindung gegeben haben. Gall hat jedoch auf dem Wege der Induktion aus sehr vielen Fällen nachgewiesen, daß es einen für die Perception bestimmten Theil des Gehirns giebt, und daß dieser wieder Unterabtheilungen für die Aufnahme der verschiedenen Arten von Vorstellungen enthält, wie z.B. derjenigen, die sich auf Form, Größe, Farbe, Gewicht, auf Gegenstände in ihrer Totalität, auf Ereignisse in ihrem Fortschritt und Verhalten, auf Zeit, musikalische Töne u.s.w. beziehen.

Das von diesem Philosophen erfundene System des Geistes — das einzige, das auf die Natur gegründet ist, oder welches jene nothwendige Basis erstrebt oder zuläßt — weist einen Theil des Gehirns für die Fähigkeit zu komischen Vorstellungen nach, einen andern für die Nachahmung, einen dritten für die Bewunderung, einen andern für die Unterscheidung und Bemerkung der Unterschiede, einen andern, in welchem das Vermögen liegt, die Wirkungen auf Ursachen zurückzuführen. Auch giebt es Gehirnabtheilungen für den empfindsamen Theil unserer Natur oder für die Gefühle, an deren Spitze die moralischen Gefühle des Wohlwollens, der Gewissenhaftigkeit und Ehrfurcht stehen. Durch diese steht der Mensch mit sich selbst, mit seinem Mitmenschen, mit der äußern Welt und Gott in Beziehung. Durch sie kommt das meiste Glück des Menschenlebens, so wie auch das Glück, welches er aus Betrachtung der zukünftigen Welt und aus der Pflege unserer Beziehungen zu ihr (reine Religion) herleitet. Die übrigen Gefühle mögen hier kurz aufgezählt werden, da schon ihre Namen im Allgemeinen genügen, ihre Funktionen zu bezeichnen: Beharrlichkeit, Hoffnung, Vorsichtigkeit, Selbstachtung, Liebe des Beifalls, Verschwiegenheit, Liebe des Wunderbaren, Bautrieb, Nachahmung, Streitsucht, Zerstörungssucht, Concentrationssinn, Anhänglichkeit, Geschlechtsliebe, Kindesliebe, Nahrungstrieb, Selbsterhaltungstrieb. Durch diese Fähigkeiten ist der Mensch mit der äußeren Welt verbunden und mit thätigen Trieben versehen, um seine Stelle als Individuum und Gattung zu behaupten. Auch hat er ein Vermögen (Sprache), um, durch welche Mittel immerhin (Zeichen, Gesten, Blicke und conventionelle Ausdrücke der Sprache), die Ideen, die in seinem Geiste entstehen, auszudrücken. Jede dieser Fähigkeiten befindet sich in einem besonderen Zustand, wenn die einmal von ihr gebildeten Vorstellungen wieder belebt oder reproducirt werden — ein Prozeß, der in inniger Beziehung zu einigen Phänomen der Photographie zu stehen scheint, wobei Bilder, die durch Reflexion der Sonnenstrahlen auf sensitives Papier geprägt sind, temporär verschwinden und erst, nachdem das Blatt Quecksilberdämpfen ausgesetzt worden ist, wieder zum Vorschein kommen. Der Art sind die Phänomene des Gedächtnisses, dieser Macht der Intelligenz, ohne die keine Anhäufung geistigen Capitals, sondern eine allgemeine und dauernde Kindheit stattfinden würde. Aufnahmsfähigkeit und Einbildungskraft, scheinen, so zu sagen, nur eine Intensität des Gehirnzustandes zu sein, worin das Gedächtniß produzirt wird. Von ihrer Raschheit und Stärke hängen größtentheils die Schöpfungen ab, welche Künstler und Schriftsteller und selbst in nicht geringem Grade die Pfleger der Wissenschaft auszeichnen.

Die eben beschriebenen Fähigkeiten — die eigentlichen Elemente der geistigen Verfassung — erscheinen im reifen Menschen in unbestimmter Mächtigkeit und Thätigkeit. Anders verhält es sich mit den niederen Thieren. Sie sind zum Theil, vergleichungsweise, begränzt in ihrem Vermögen und beschränkt in der Anordnung desselben. Der Leser weiß, was man bei einigen der niederen Thiere Instinkt nennt, nämlich jenen einförmigen unfreiwilligen Trieb zu gewissen Handlungen, wie z. B. zur Erbauung von Zellen bei den Bienen, zum Einsammeln von Vorräthen bei diesen und andern Insekten, zum Bau der Nester für die zu erwartende Brut bei den Vögeln. Diese Eigenschaft ist nichts anderes, als eine Verfahrungsweise, wie sie den Fähigkeiten, die sich auf einer niederen Begabungsstufe oder einem frühen Entwicklungsstadium befinden, eigenthümlich ist. Die Zellenbildung der Bienen, der Häuserbau der Ameisen und Biber, die Netzbereitung der Spinnen, sind nur Anfangsübungen des Bautriebes, einer Eigenschaft, welche, unbestimmt bei uns, zu der Kunst des Webers, Tapezirers, Architekten und Mechanikers führt, und uns oft da mit Entzücken arbeiten läßt, wo unsere Arbeit keinen oder doch fast keinen Zweck hat. Die Anhäufung von Vorräthen bei den Bienen ist eine Bethätigung des Erwerbstriebs, eine Anlage, welche unter uns die reichen Leute und die Geizhälse erzeugt. Die zahllosen und merkwürdigen Anstalten, welche gewisse Insekten zum Schutz und Unterhalt ihrer Jungen treffen, die sie vielleicht nie zu sehen bekommen, sind höchst wahrscheinlich eine besondere beschränkte Bethätigung der Kindesliebe. Die gemeinschaftliche Quelle solcher Handlungen der gewöhnlichen Geistesoperationen geht unwiderleglich aus der Verschmelzung der einen mit der andern hervor. So werden z. B. die Biene und der Vogel in der gewöhnlichen Form ihrer Zellen und Nester Modifikationen anbringen, wenn sie die Nothwendigkeit dazu treibt. So kann der in Bezug auf Quantität und Qualität gewöhnlich) sehr beschränkte Nahrungstrieb eines Thieres, z. B. des Hundes, zum Epicuräismus verzärtelt oder verzogen werden, d. h. zu einer Unbestimmtheit in Bezug auf Gegenstand und Thätigkeit. Dieselbe Anlage ist auch in uns im beschränktem Maße thätig, indem sie uns zum speziellen Akt des Einsaugens der Muttermilch antreibt und erst später unbeschränkt wird. Der Art ist die wirkliche Natur der Unterscheidung zwischen dem sogenannten Instinct und der Vernunft, worüber so manche Bände ohne Nutzen für die Welt geschrieben worden sind. Alle Fähigkeiten sind instinctiv, d. h. sie hängen von inneren inhärirenden Trieben ab. Dieser Ausdruck ist daher nicht speziell auf irgend eine der bekannten Operationsweisen der Fähigkeiten anwendbar. Nur sehen wir in dem e nen Fall die Fähigkeit in einem unreifen und wenig entwickelten Zustand, in dem andern in ihrem vorgerücktesten Verhältniß. In dem einen Fall ist er beschränkt, im andern unbeschränkt. Diese Ausdrucke dürften die passendsten sein, um jenen Unterschied zu bezeichnen.

In den niedersten Thierformen können wir fast nichts als eine beschränkte Thätigkeit in wenigen Fähigkeiten wahrnehmen. Im Allgemeinen sehen wir, je höher wir die Stufenleiter hinaufsteigen, um so mehr Fähigkeiten in Thätigkeit, und bemerken, wie diese mehr und mehr nach einer unbeschränkten Manifestationsweise streben. Der handgreifliche providentielle Grund hierfür liegt darin, daß die niedrigsten Thiere eine sehr beschränkte Daseinsphäre haben und nur dazu geboren sind, einige wenige Functionen zu verrichten, einen kurzen Lebenslauf zu vollenden und dann einer neuen Generation Platz zu machen, dergestalt, daß sie keiner großen geistigen Kraft und Leitung bedurfen. Auf den höheren Sprossen der Stufenleiter hat die Lebensphäre einen weit größeren Umfang und die Geistesverrichtungen sind daher weniger beschränkt. Das Pferd, der Hund, und einige andere, wegen ihrer Brauchbarkeit für die Menschen bekannten Thiere besitzen die unbeschränkten Anlagen in keinem geringen Grade. Der Mensch zeigt dagegen wenig beschränkte Geistesfähigkeiten und zwar vorzüglich nur in der Kindheit, in der Barbarei und oder im Blödsinn. Für ein weites Thätigkeitsgebiet bestimmt, auf dem er den mannigfaltigsten Vorkommenheiten zu begegnen hat, besitzt er all iene Fähigkeiten in einem hohen Grad der Unbeschränktheit, auf daß er im Stande sei, in allen möglichen Fällen das Rechte zu thun. Seine Vollmacht, wenn ich mich so ausdrucken darf, verleiht ihm eine ausgedehnte discretionäre Gewalt, während die der niederen Thiere auf einige wenige genau bestimmte Weisungen beschränkt ist. Ist aber das menschliche Gehirn in einem beständigen unvollkommenen oder unruhigen Zustand, oder befindet es sich noch im Zustand der Kindheit, so nähert es sich dem Charakter einiger der niederen Thiere. Dr. J. G. Davy berichtet, er habe häufig unter seinen Patienten in dem Irrenasyl von Hanwell Indicien eines besonderen abnormen Zustands des Gehirns wahrgenommen, die ihn unwiderstehlich an die specifischen Gesundheitsmerkmale der niedriger stehenden Thiere erinnerten, und Jedermann muß bemerkt haben, wie oft die Handlungen der Kinder, namentlich bei ihren Spielen, wobei ihre selbstsüchtigen Gefühle betheiligt sind, eine Aehnlichkeit mit gewissen bekannnten Thieren zur Schau tragen. Man übersehe jetzt die wunderbare Einheit des ganzen Systems. Die Geistesgrade, wie die Wesenformen, sind bloße Entwicklungsstadien. In den niederen Formen lassen sich nur wenige Geistesfähigkeiten nachweisen, gerade wie wir in denselben auch nur wenige Lineamente der allgemeinen Struktur erblicken. Im Menschen ist das System zur höchsten Vollendung gelangt. Der schwache Vernunftschimmer, den wir an den niederen Thieren wahrnehmen, ist genau der Entwicklung des Vorderarmes analog, wie diese be in den Ruderlappen des Walthieres erscheint. Causalität, Vergleichungsvermögen und andere eblere Fähigkeiten sind in denselben nur rudimentär.

Sind wir auch durch eine Identität im Charakter unserer geistigen Organisation mit den niedrigen Thieren verbunden, so sind wir doch auch durch jenen bedeutenden Fortschritt in der Entwicklung auffallend von ihnen unterschieden. Wir besitzen Fähigkeiten in voller Kraft und Thätigkeit, welche die Thiere entweder gar nicht, oder in einer so niederen und obscuren Form besitzen, daß es ist, als besäßen sie sie gar nicht Nun aber sind es gerade jene Theile des Geistes, die uns mit Dingen verbinden die nicht von dieser Welt sind. Wir besitzen die Ehrfurcht, die uns zur Anbetung Gottes antreibt und welche die Thiere entbehren. Wir haben die Hoffnung, die uns in Gedanken über die Grenzen der Zeit hinaus entrückt. Wir haben Vernunft, die uns in den Stand setzt, nach den Eigenschaften des großen Vaters zu forschen und nach unserem, seiner unscheinbaren Geschöpfe, Verhältniß zu ihm. Wir besitzen Gewissenhaftigkeit und Wohlwollen, womit wir in schwachem und bescheidenem Maße in unserer Handlungsweise diejenige nachahmen können, die er in allen seinen wunderbaren Werken offenbart. Somit und nicht weiter kommt die Wissenschaft des Geistes der Religion zu Hülfe; was darüber ist, beruht auf Beweisen ganz anderer Art. Aber es ist schon viel, daß wir so in der Natur eine Vorkehrung für wichtige Dinge entdeckt haben. Die Existenz von Fähigkeiten, die auf solche Dinge Bezug haben, ist ein gutes Zeichen, daß solche Dinge existiren. Das Angesicht Gottes spiegelt sich wieder in der Organisation des Menschen, wie sich die glorreiche Sonne wiederspiegelt in einer Pfütze.

2

Die zärtlichen und sentimentalen Fähigkeiten können insgesammt in Thätigkeit treten, so oft sie durch geeignete Gegenstände oder äußere Antriebe dazu aufgefordert werden, und dieß thun sie so unwiderstehlich und sicher, wie der Baum die Feuchtigkeit auffaugt, deren er bedarf, — mit der einzigen Ausnahme jedoch, daß ein Vermögen oft mit der Handlung eines andern in Zwiespalt geräth und statt seiner in Thätigkeit tritt, kraf einer ihm innewohnenden größeren Stärke oder temporären Thätigkeit. — So kann sich z. B. der Nahrungstrieb in ungestümer Thätigkeit in Bezug auf seinen zugehörigen Gegenstand befinden und einen bedeutenden Appetit erzeugen — aber gleichwohl nicht zur Handlung schreiten in Folge der noch mächtigeren Einwirkung der Vorsichtigkeit, die vor den übeln Folgen warnt, die leicht aus der gewünschten Genußbefriedigung entstehen können. Diese Geneigtheit, sich der Herrschaft eines Gefühls zu entziehen und sich unter die Herrschaft eines andern zu flüchten, ist das, was in dem Menschen als der freie Wille erkannt wird, und besteht in nichts Anderem, als in dem Wechsel der Oberherrschaft einer Fähigkeit über die andere.

Es ist ein gewöhnlicher Mißgriff, anzunehmen, alle Individuen unserer Species seien mit ähnlichen Fähigkeiten versehen, seien sich gleich in Vermögen und Neigungen — und eine Erziehung und der Einfluß äußerer Umstände bringe all die Unterschiede hervor, die wir beobachten. Es gibt in dem alten System der Psychologie keine Lehre, die der Wahrheit ferner läge, als diese. Sie wird mit einem Schlag durch die großen Unterschiede der Geistesrichtungen und sittlichen Anlagen widerlegt, die wir an einer Gruppe junger Kinder, die alle in den gleichen Verhältnissen erzogen worden sind, bemerken können, ja selbst an Zwillingen, die immer nur an einem Orte waren, von einer Amme gesäugt und in jeder Hinsicht gleich gehalten wurden. Der geistige Charakter der Individuen ist inhärirend verschieden, gerade wie es die Gestalten ihrer Personen und die Zuge ihrer Gesichter sind; und Erziehung und äußere Umstände, ist auch ihr Einfluß nicht gering zu achten, sind unvermögend, diesen Charakter, ist er anders stark entwickelt, gänzlich umzuändern. Daß der ursprungliche Charakter des Geistes vom Volumen besonderer Theile des Gehirns und der allgemeinen Beschaffenheit dieses Körpertheils abhänge ist durch umfassende Beobachtungen bewiesen worden, und man würde die Stärke dieser Beweise längst anerkannt haben, wären die Menschen nicht so unvorbereitet, einen Zusammenhang zwischen den Verrichtungen des Geistes und des Körpers zuzugeben. Der geistige Charakterunterschied der Individuen darf, analog, als von demselben Entwickelungsgesetz abhängig angesehen werden, das, wie wir gesehen haben, die Wesenformen und den Geistescharakter gewisser Species bestimmt. So sind Cuvier und Newton nur eine weitere Ausbildung des Bauernlümmels, und die Person, die wir einen Hundsfott nennen, ist ein Mensch, dessen höchste moralische Gefühle nur rudimentär sind. Solche Unterschiede sind nicht auf unsere Species beschränkt, sie sind auch, nur weniger scharf gezeichnet, in den niederen Thieren vorhanden. Es gibt artige Hunde und böse Gäule, gerade wie es gute Menschen und Taugenichtse gibt; die Erziehung schärft die Talente und regelt bis zu einem gewissen Grade die Neigungen der Thiere wie unsere eigenen.

Gleichwohl findet eine allgemeine Anbequemung der Geistesverfassung des Menschen an die Umstände statt, in welchen er lebt, wie dies zwischen allen Theilen der Natur gegenseitig stattfindet. Die Güter der materiellen Welt sind durch Geschicklichkeit und Fleiß zu erwerben; der erfindungsreiche Verstand und die Werkstätte der Fähigkeiten würden zerfallen und sich selbst zerstören, würden sie nicht in beständiger Beschäftigung erhalten. Die Natur bietet Vieles, was erhaben und schön ist: Man schaue die Fähigkeiten, die mit Entzücken die Eigenschaften der Natur betrachten und sich mittelst derselben, wie mit Schwingen vor das Angesicht des Ewigen erheben. Auch ist dies eine Welt der Mühen und Gefahren; man sehe, ein wie großer Theil unserer Species mit gewaltigen Kräften ausgerüstet ist, wie sie mit Lust Schwierigkeiten aufsuchen und überwinden! Gerade das Prinzip, auf welchem unsere Fähigkeiten beruhen — ein weiter Spielraum der freien That für alle Fälle — erheischt eine gewisse rächende Fähigkeit, durch welche sich der Einzelne vor der unbilligen und muthwilligen Ausübung der Fähigkeiten jedes Anderen schützen, und so seine individuellen Rechte wahren kann. So verhält es sich auch mit der Vorsichtigkeit, die uns antreibt, uns gegen die Uebel, von welchen wir betroffen werden könnten, vorzusehen, und mit der Geheimthuerei, um Alles zu verheimlichen, was, wenn ausgeplaudert, Andern und uns selbst Schaden bringen könnte — eine Funktion, die offenbar einen gewissen erlaubten Spielraum hat, wie leicht sie auch mißbraucht werden kann. Die geistige Verfassung im Allgemeinen deutet auf einen Zustand inniger Beziehungen der Individuen zur Gesellschaft, zur äußern Welt und zu überweltlichen Dingen. Kein Individuum ist integral oder unabhängig, es ist nur Theil eines wichtigen Stückes im socialen Mechanismus. Der niedrigere Geist, voll roher Energie und ungezügelter Triebe, verlangt nicht mehr eine überlegenere Natur, um als sein Meister und Mentor zu handeln, wie der überlegene Geist von rohen Elementen umgeben zu sein verlangt, um an ihnen seine hohe Begabung als lenkende und schützende Macht zu üben. Dieses Verhältniß eines Jeden zu Jedem erzeugt einen großen Theil der thätigen Geschäftigkeit des Lebens. Man sieht leicht, daß, wären wir alle gleich in unseren moralischen Bestrebungen, hielten wir in dieser Hinsicht alle die Mitte einer vollkommenen Mäßigung, die Welt bald ein Schauplatz unendlicher Langweile und Erschlaffung werden würde. Mannigfaltigkeit der individuellen Gemüthsart ist nothwendig, um der Scene moralisches Leben zu verleihen.

Die Unbestimmtheit des Kraftvermögens der menschlichen Fähigkeiten und die Verwicklungen, die dadurch in ihre Verhältnisse kommen, führen unvermeidlich zu gelegentlichen Irrthümern. Wenn wir denken, daß es nicht weniger als dreißig solcher Seelenvermögen giebt, daß jede in verschiedenem Verhältniß an verschiedene Personen vertheilt sind, daß jede zugleich mit einer ausgedehnten Freiheit in Bezug auf die Kraft und Häufigkeit ihrer Thätigkeit begabt ist, und daß unsere Nachbaren, die Welt und unsere Verbindungen mit Etwas jenseits derselben alle einen ewig wechselnden Einfluß auf uns einüben, so können wir uns ob der Regellosigkeit der menschlichen Handlungsweise nicht wundern. Es ist dies nur die Sühne, die wir für unsere höhere Begabung entrichten. Hier liegt die sogenannte Unvollkommenheit unserer menschlichen Natur. Causalität und Gewissenhaftigkeit sind freilich die Lenker über alle; aber selbst diese sind nur Fähigkeiten von demselben unbestimmten Kraftvermögen, wie die anderen, und sind demnach ebenfalls bei derselben Ungleichartigkeit der Handlungen betheiligt. Der Mensch ist demnach ein Stück aus einem Mechanismus; er kann nie so handeln, um seine eigene Vorstellung von dem, was er sein möchte, zu befriedigen — denn er kann sich einen Zustand moralischer Vollkommenheit denken (wie er sich einen aus Diamanten, Perlen und Rubinen gebildeten Erdball denken kann), obgleich seine Verfassung ihn hindert, denselben zu realisiren. Selbst in den wohlgeartetsten und wohlgezogensten Geistern wird ein gelegentlicher Widerstreit zwischen dem Drang der Versuchung und zwischen der leitenden oder widerstehenden Macht, oder zwischen dem Reiz und der Beweglichkeit des Seelenvermögens eintreten, daher diese Irrthümer, Verspätungen und Excesse ohne Ende, welche sich die Guten beständig vorzuwerfen Ursache haben. Aber selbst hier ist Vervollkommnung möglich. In der Kindheit erscheinen alle Triebe unregelmäßig; ein Kind ist grausam, verschlagen, falsch auf die leichteste Versuchung hin, aber mit der Zeit lernt es diese Neigungen beherrschen und für gewöhnlich menschlich, offen und wahr sein. So ist auch die menschliche Gesellschaft während ihrer ersten Stadien blutdurstig, streitsüchtig und hinterlistig, mit der Zeit aber wird sie gerecht, treu und wohlwollend. Für solche Vervollkommnung giebt es eine natürliche Neigung, die sich unter allen günstigen Umständen bethätigen wird, obgleich nicht zu erwarten steht, daß regellose und ungebührliche Ausbrüche je ganz aus dem System verbannt werden können.

Immerhin mag es noch Manchen befremden, warum Wesen geboren werden, deren Organisation eine solche ist, daß sie selbst in einem civilisirten Lande nothwendig Uebelthäter werden. Macht Gott, darf man fragen, Verbrecher? Erschafft er gewisse Wesen, die zum Bösen prädest-

nirt sind? Er thut es nicht; und doch tritt der Verbrechertypus des Schädels, wie man es genannt hat, in Uebereinstimmung mit den von der
Gottheit gegebenen Gesetzen ins Dasein. Doch ist dies nicht eine Folge
des ursprünglichen und allgemeinen Zweckes jener Gesetze, sondern nur
eine Ausnahme ihrer gewöhnlichen und eigentlichen Wirkung.' Die Entstehung dieser zum Bösen disponirten Wesen findet in folgender Weise
statt. Der moralische Charakter der Kinder hängt im Allgemeinen (wie
der physische Charakter) von Zuständen der Eltern ab, von allgemeinen
Zuständen sowohl, als auch von Zuständen im Moment des Lebensan-
anfangs des neuen Wesens, sowie auch von äußeren Verhältnissen,
welche den Fötus durch Vermittelung der Mutter afficiren. Nun aber
ist die Stärke dieser Verhältnisse unbestimmt. Die Fähigkeiten der Eltern, soweit diese hier in Betracht kommen, mögen einen Augenblick bis
zum Extrem der Spannkarkeit nach Einer Richtung hin geschwankt
haben. Der Einfluß auf den Fötus mag ebenfalls von außerordentli-
cher und ungewöhnlicher Art gewesen sein. Nehmen wir an, die Verhältnisse des Kindes seien der Entwicklung nicht seiner höheren, sondern
der niederen Gefühle und Neigungen günstig, so wird das Resultat nothwendig ein niedriger Hirntypus sein. Man beachte wohl, daß Gott in
diesem Falle ebensowenig ein immoralisches Wesen hervorrief, als er in
einem immoralischen Gesellschaftsparorismus veranlaßte. Unsere Verkehrtheit
liegt darin, daß wir das übeldisponirte Wesen an und für sich allein betrachten. Es ist ja nur ein Theil einer Phänomenreihe, die sich auf ein
Prinzip zurückführen lassen, daß im Ganzen gut ist und das Böse nur
als Ausnahme zuläßt. Aus weiser Absicht hat Gott, wie wir gesehen
haben, der Thätigkeit unserer moralischen Fähigkeiten einen weiten
Spielraum gelassen; die allgemeinen guten Folgen dieser Anordnung
liegen auf flacher Hand, aber Ausnahmen sind unzertrennlich von diesem
System, und dieß ist eine solche Ausnahme. Um die Sache im Besonderen zu erläutern: Wenn ein Volk unterdrückt oder in sklavischen Zuständen gehalten wird, so nimmt es unveränderlich die Gewohnheit des
Lügens an, um seine Oberherrn zu betrügen oder zu überlisten; Falschheit
ist hier die Zuflucht des Schwachen in schwierigen Umständen. Was bei
den Eltern Angewohnung ist, wird bei den Kindern inhärirende Eigenschaft. Es darf uns daher nicht wundern, wenn uns ein Reisender erzählt, daß die schwarzen Kinder in Westindien aus Instinkt zu lügen
scheinen, und einem Weißen, selbst in den einfachsten Dingen, nie eine
wahrheitgemäße Antwort geben. Hier sehen wir die Geheimthuerei bei
einem ganzen Volke in eine dauernde und überspannte Thätigkeit versetzt. Eine Uebertreibung der Nerventhätigkeit nach jener Richtung hin
ist die Folge, und der neue organische Zustand ist geschaffen. Dieß
verräth sich bei den Kindern, die mit einer übermäßig starken und thäti-

gen Geheimthuerei zur Welt kommen. Alle anderen schlimmen Charaktereigenschaften können ohne Anstand als solche angesehen werden, die einer neuen Generation in derselben Weise eingepflanzt wurden. Und zuweilen mögen nicht eine, sondern mehrere Generationen mithelfen, das Resultat auf eine Höhe zu treiben, welches Verbrechen erzeugt. Indessen ist zu bemerken, daß die allgemeine Tendenz der Dinge auf eine Verminderung nicht auf eine Vermehrung solcher abnormal constituirten Geschöpfe hinausläuft. Der Verbrecher findet sich in einer Gesellschaft, wo Alles gegen ihn ist. Er mag eine Zeit lang kämpfen, aber er weiß, daß er zuletzt den überlegeneren Naturen unterliegen muß. Die Stimmung solcher Geschöpfe wird immer viel von dem moralischen Zustande der Gesellschaft abhängen, von dem Grade, zu welchem richtige Ansichten in Betreff der menschlichen Natur vorherrschen, und den Gefühlen, welchen der Zufall für eine gewisse Zeit die Oberherrschaft verlieh. Wo die Masse nur wenig aufgeklärt und gebildet und die Angst um Leben und Eigenthum sehr erregt war, sind Uebelthäter immer sehr hart bestraft worden. Doch wenn die Ordnung überall triumphirt und die Vernunft herrscht, fangen die Menschen an, den Verbrechern auf den Grund zu sehen, und erkennen in einem Theile derselben die Opfer falscher socialer Verhältniß und in einem anderen Unglückliche, die durch Neigungen, die sie unglücklicherweise von der Natur ererbten, dem Irrthum verfielen. Die Criminaljustiz wendet sich alsdann weniger zu der directen Bestrafung als vielmehr zur Besserung und Versorgung Derjenigen, die ihrer Aufmerksamkeit würdig sind. Und eine solche Behandlung der Verbrecher, vorausgesetzt, daß dadurch das Verbrechen in keiner Weise ermuthigt werde [ein Punkt, über den uns die Erfahrung belehren wird], ist offenbar nicht mehr als gerecht, wenn wir sehen, wie zufällig alle Formen der moralischen Verfassung vertheilt und wie durchdringend die „gegenseitige Verpflichtung" das ganze sociale Gebäude durchscheinet — auf daß der Starke dem Schwachen helfe und der Gute den Bösen zurückführe und zurückhalte.

Die Summe Alles dessen, was wir von der psychischen Verfassung des Menschen kennen gelernt haben, liegt darin, daß dieselbe von ihrem allmächtigen Schöpfer, die Alles außer ihr, dazu bestimmt wurde, aus ihren inhärirenden Eigenschaften heraus entwickelt zu werden und sich nur gemäß ihrer eigenen Organisation zu bethätigen. So vereinigt sich das All vollständig in Einem Prinzip; die Himmelskörper bilden sich nach Gesetzen; Gesetzen machten sie, als es Zeit war, zu Schauplätzen für's Pflanzen- und Thierleben; Empfindung, Neigung, Verstand — Alles entwickelt sich in gleicher Weise und wird in Thätigkeit erhalten durch Gesetze. Es ist interessant zu bemerken, in ein wie kleines Feld sich in dieser Weise all die Geheimnisse der Natur zuletzt auflösen. Das Anorganische hat, wie wir

gezeigt haben, ein letztes begreifbares Gesetz, die allgemeine S ch w e r e
— das Organische, die andere große Hälfte der weltlichen Dinge beruht gleicherweise auf einem Gesetz, welches heißt: E n t w i cf l u n g.
Möglich, daß diese beiden bei alledem nicht getrennt, sondern nur Zweige
eines noch weit umfassenderen Gesetzes und der Ausdruck der Einheit
sind, welche unmittelbar dem Einen entströmt, welcher ist der Erste und
der Letzte.

Der juridische Eid.

Die Trennung der Kirche vom Staate oder vielmehr die gänzliche
Nichteinmischung der Kirche in die Angelegenheiten des Staates ist in den
Verein. Staaten ein constitut oneller Grundsatz, aber in der Praxis wird
derselbe in vielen Fällen umgangen. Der gebräuchlichste dieser Fälle ist
der jurid sche Eid. So gleichgultig und gedankenlos uns die tägliche Gewohnheit auch gegen dieses Institut macht, so liegt hierin doch ein empö-
render Mißbrauch, eine gänzliche Hintenansetzung der constitutionellen
Bestimmungen über Religionsfreiheit, und eine offizielle Heuchelei, die
nicht zu einem freien, sittlichen Gemeinwesen paßt. Wenn man das
Wesen und den Charakter des juridischen Eides näher in's Auge faßt,
so findet man, daß er allen Voraussetzungen, die man heutzutage an den
Bildungsgrad und die Moralität eines Menschen machen kann, widerspricht.
Wenn im gewöhnlichen Leben zwei Menschen von gewöhnlicher Bildung
und der alltäglichen Ehrbarkeit irgend eine Geschäftssache abzumachen
oder eine Thatsache zu constatiren haben, so wird es keinem von diesen
einfallen, einen Eid zu provoziren, sondern man begnügt sich mit der
einfachen Aussage. Die öffentliche Meinung betrachtet denjenigen als
einen Lugner, der immer mit Schwüren bei der Hand ist. Die wichtigsten
Geschäfte, Verhandlungen rc. werden ohne Eid abgemacht. Aber vor
Gericht gilt der Maaßstab des gewöhnlichen Lebens nicht mehr; hier ho-
man die mittelalterliche Form des Eides mit der ganzen Schaar veralteter
religiöser Vorstellungen wieder hervor. Wozu dies? Was haben religiöse
Vorstellungen mit dem Rechte, dem strengen, absoluten Rechte zu thun?
Abgesehen davon, daß der Staat und die Rechtspflege dadurch ganz aus
ihrer Rolle fallen, wenn sie sich auf das Gebiet der religiösen Vorstellungen
flüchten, welche durchaus privater Natur sind und von dem Staate und

deſſen Anſtalten gar nicht berückſichtigt werden dürfen, abgeſehen von dieſer prinzipieller Inconſequenz iſt der iuridiſche Eid weder nützlich, noch nothwendig, und erfüllt durchaus nicht den Zweck, den man mit der Eides-abnahme verbindet. Dieſer Zweck beſteht in der Ermittelung der Wahr-heit. Wo irgend ein Ereigniß nicht vollſtändig aus der Beſchaffenheit der Thatſachen ſelbſt bewieſen werden kann, iſt man genöthigt, an Zeugen zu appeliren, um das Ereigniß feſtzuſtellen, uud zu dieſem Zwecke muß man ſich die größtmöglichſten Garantien fur die Wahrhaftigkeit der Zeu-genausſagen verſchaffen. Dieſe Garantien kann der Richter ſich ohne Beihülfe der Religion verſchaffen, indem er auf die Wichtigkeit der gericht-lichen Zeugenausſagen aufmerkſam macht und das Strafgeſetz mit ren auf dieſen Fall bezüglichen Paragraphen bekannt macht. Des wird und muß in allen Fällen genugen. Iſt die Perſon, von welcher man ren Eid for-dert. religiös, d.h. glaubt ſie an Gott, Unſterblichkeit, an jungſtes Gericht und ewige Beſtrafung, ſo wird ſie gewiß durch ihr religiöſes Gefuhl von dem Verbrechen der Unwahrheit zurückgehalten werden, auch ohne daß es der ausdrücklichen Anrufung des rächenden Gottes bedarf. Während alſo bei dem religiöſen Menſchen die Eidesformel unnöthig iſt, erſcheint ſie bei demjenigen Menſchen, der nicht an Hölle, Fegefeuer, Teufel u. dgl. Allo-tria glaubt, als eine vollſtändige Lächerlichkeit, und falls die Glaubwür-digkeit von der Eideéformel abhängig gemacht und dem Ungläubigen die Eidesabnahme verweigert wird, als eine grobe Ungerechtigkeit. Man kann einen Menſchen nicht mehr beleidigen, als wenn man ſeine Glaub-würdigkeit und Wahrhaftigkeit in Zweifel zieht, und wenn ein Richter dieſen Zweifel einem Manne gegenüber zeigt, dem es ſeine wiſſenſchaft-liche Erziehung und ſeine Vernunft unmöglich macht, an eine jenſeitige Welt zu glauben, ſo begeht er gerade auf dem Richterſtuhle einen Akt der Inhumanität, Ungerechtigkeit und Deſpotie, welche mit der feierlichen Handlung, welche er vornehmen will, in direktem Gegenſatze ſteht. Die meiſten Menſchen betrachten auch den Eid nur als ein Einſchüchterungs-mittel, um unerfahrene leichtſinnige oder abergläubiſche Perſonen in Angſt zu ſetzen; ob aber von dieſem Geſichtspunkte aus nicht beſſer andere Einſchüchterungsmittel angewendet werden können, muß dahin geſtellt wer-den. Einſchüchtern läßt ſich nur der, welcher noch verhältnißmäßig gutwillig und unſchuldig iſt; der verſtockte Verbrecher, der über die Einſchüchterung lacht, bekommt durch die Form des Eides ein Privilegium, zu lügen und zu betrügen.

Es liegt übrigens eine furchtbare Rohheit und Verworfenheit in der ganzen Art und Weiſe, wie man den Eid abnimmt. Der Eidesleiſtent-ſchwört, ſo wahr mir Gott helfe, und verzichtet alſo im Falle eines Mein-s'des ausdrücklich auf alle Gnade und Barmherzigkeit von Seiten ſeines

Schöpfers. Und doch soll dieser Schöpfer die unendliche Liebe und Gnade sein! Welch ein Widerspruch liegt darin!

Der juridische Eid, wie er jetzt besteht, vermindert die Glaubwürdigkeit der Zeugen, statt daß er sie erhöht. Ist einmal der Eid abgenommen, muß man glauben, sobald nicht gerade das schwere Verbrechen des Meineides bewiesen wird. Die Kritik, die Prüfung, der Zweifel bleibt vor der Schwelle des Eides stehen; der Geschworene, der Richter ist verpflichtet, der eidlichen Aussage zu glauben, und dadurch ist sein freies, unparteiisches Urtheil gebunden. Niemand wird wohl behaupten, daß durch eine eidliche Aussage eine absolute Gewißheit hergestellt wird, und wenn dieses nicht der Fall ist, so muß auch immer noch dem Zweifel und der Prüfung der Weg offen bleiben.

Indem der Eid nur gewissenhafte Leute von falschen Aussagen zurückhält, schafft er ein Privilegium für alle gewissenlosen Menschen, die Eidesformel zu ihren persönlichen Zwecken auszubeuten. In den wenigsten Fällen kann der Meineid direkt bewiesen werden, und so lange dies nicht der Fall ist, hat die eidliche Aussage verbindliche Kraft, die der Betrüger für sich ausbeuten kann. Welche Menge von falschen Eiden werden deßhalb täglich geschworen! Ohne die Form des Eides würde der Richter mancher Aussage nicht glauben, die ihrer ganzen Natur nach falsch ist, und nur durch den Eid Glaubwürdigkeit erhält.

Uebrigens ist der Eid mit seiner Androhung von Höllenstrafen ein juridischer Unsinn. Der Richter hat sein Strafgesetzbuch, und er darf nur solche Strafe androhen und anordnen, die im Strafgesetzbuche stehen; eine Hölle existirt für ihn neben dem Staatsgefängnisse nicht.*) Eine Verdammniß zu ewigen Höllenstrafen kennt glücklicherweise kein einziges Strafgesetzbuch. —

Widerwärtig ist es, welch ein Mißbrauch mit dem juridischen Eid getrieben wird. An dem einen Orte wird mit Kruzifix, Schädel und Bibelbuch Mummenschanz getrieben, während an dem andern Orte die Eidesformel als leere, langweilige Redensart heruntergemurmelt wird. Kein Mensch, am allerwenigsten der Richter, glaubt noch an die Heiligkeit des Eides; je häufiger man denselben anwendet, desto weniger hält man davon, und gerade in den Gerichtsstuben behandelt man diese Formalität mit derselben Gleichgultigkeit, wie das Federschneiden, Papierzurechtlegen und Protokollvorlesen.

Wir würden es kaum der Mühe werth halten, uns gegen eine Sache, die schon längst als Unsinn und Unfug erkannt ist, zu erklären, wenn nicht eine ungemeine Demoralisation der öffentlichen Meinung daraus

*) Vor einigen Tagen wurde in einer hiesigen Court einem Manne die Eidesleistung verweigert, weil er über das Staatsgefängniß hinaus keine weiteren Strafen anerkennen könne.

hervorginge. Auf welch tiefer Stufe der Moralität muß ein Volk stehen, unter welchem ein Manneswort keine rechtliche Gultigkeit erhält, so lange es nicht mit dem religiösen Bannfluche beschwert ist! Welch eine kränkende Zumuthung ist es für einen ehrlichen Menschen, wenn er erst mit dem Eidschwur seine Aussagen bestätigen soll! Heißt dies nicht, alles öffentliche Vertrauen untergraben?

Gewiß, praktisch ist das Mittel nicht, denn wir sehen nicht, daß das Institut des Eides die Moralität, Sittlichkeit und Glaubwürdigkeit aufrecht hält. Wir sehen weder die guten Folgen, noch die nothwendigen Motive dieses Institutes ein. Dasselbe beruht auf einem Ueberreste veralteter Vorstellungen und ist auf demselben Boden gewachsen, wie die Beichte, die Inquisition und der Ablaß. Wie alle religiösen Institute wird auch der Eidschwur nur zum Deckmantel der Heuchelei und Falschheit benützt. Wenn in einem unter zehn Fällen der Eidschwur nutzlich und in einem unter hundert Fällen nothwendig ist, so ist er gewiß in einer viel größeren Zahl von Fällen positiv verderblich, und wiegt der Nutzen durchnicht die Schädlichkeit auf.

Außerdem ziemt es durchaus nicht dem Staate, eine moralische Tortur anzuwenden und sich mit religiösen Vorstellungen u. dgl. abzugeben. Die Sphäre des Staates ist das Recht, nicht der Glaube. Unter allen Paragraphen der amerikanischen Verfassung ist die Bestimmung uber die Nichteinmischung des Staates in religiöse Angelegenheiten der weiseste und zweckmäßigste. Wo nur immer diese Bestimmung verletzt und umgangen wird, — und dies geschieht in Amerika in tausend und abertausend Fällen, — da sehen wir die scheußlichsten Mißbräuche entstehen. Jeder Humbug, jeder Betrug, der hier mit dem Volke gespielt wird, kann zum größten Theile auf Rechnung einer falschen, erheuchelten Religiosität geschoben werden, die durch die Bestimmungen der Constitution aus den Anstalten des Staates hinausgeworfen, tausend Spalten und Ritzen findet, wodurch sie wieder hereinschleichen kann. Die öffentliche Moral, wie die Politik wird sich niemals hier bessern, wenn nicht Staat und Kirche vollständig auseinandergehalten werden; die Religion wird dadurch gereinigt, wenn sie aller öffentlichen Macht beraubt, blos auf private Tugenden, wie Wohlthätigkeit 2c. 2c. angewiesen ist; und der Staat kann sich nur dann als die allgemeine Sphäre des Rechtes und der Sittlichkeit darstellen, wenn er Jedem das gleiche Recht ohne Unterschied des Glaubens bewilligt. Soviel müssen wir immer vom Staate denken, daß derselbe souverain ist und nicht nothwendig hat, von der Religion und Kirche Hülfsmittel oder Garantien zu borgen.

Das Beamtenwesen in Europa und Amerika.

Der krankhafte Punkt unserer politischen Zustände hier, wie druben, ist das Beamtenwesen. Hier zeigen sich die schlechten Seiten des gesellschaftlichen und politischen Lebens, der Eigennutz, die Geldgier, die Bestechlichkeit, der Hochmuth, die Herrschsucht rc. rc. in schamloser Deutlichkeit. Hier scheitern die guten Absichten und Einrichtungen des Staates und verwandeln sich in egoistische und despotische Bestrebungen. Das Beamtenthum ist das Geschwür, an dem man die verdorbenen Säfte der Nationen und ihre moralischen Krankheiten erkennt. Trotz der großen Verschiedenheit der europäischen und amerikanischen Staatseinrichtungen ist doch die Stellung des Beamtenthums in Amerika nicht wesentlich anders, wie in Europa, und die constitutionellen Garantien, welche hier gegen die Uebergriffe der Beamten gerichtet sind, werden durch verdoppelte Corruption und Demoralisation zu nichte gemacht. Es erschien in den Jahren vor der Revolution eine ganze Literatur über die Bureaukratie in Deutschland und Preußen, und das Publikum entsetzte sich über die Enthüllungen, welche darin mitgetheilt wurden. Wollte man aber ein Buch schreiben über das Beamtenthum in Amerika, so kämen noch ganz andere Sachen zu Tage, die uns vielleicht milder, wie früher, über die europäischen Einrichtungen urtheilen ließen. Wir wollen indessen in Bezug auf diesen Gegenstand keine Vergleiche zwischen republikanischer und monarchischer Einrichtung ziehen, sondern nur aus einer Vergleichung zwischen dem Beamtenthum hier und druben die Folgerung ableiten, daß die politischen Formen allein keine genügende Garantien der Freiheit und Sittlichkeit eines Volkes sind, sondern durch die Bildung und Sittlichkeit des Volkes selbst ergänzt werden **müssen, um eine gerechte und zweckmäßige Staatsverwaltung möglich zu machen.**

Der erste und auffallendste Unterschied, den wir zwischen der Büreaukratie auf dem europäischen Continente und der in Amerika finden, ist die Heimlichkeit und Abgeschlossenheit des europäischen Beamtenthums im Gegensatze zu der Oeffentlichkeit und allgemeinen Kritik, welcher in Amerika jeder Beamte vom Präsidenten der Ver. Staaten bis zum Nachtwächter eines kleinen Dorfes herab unterworfen ist. Die Heimlichkeit wird mit Recht als der größte Fehler des europäischen Beamtenthums angesehen, und von den Regierungen mit der größten Aengstlichkeit aufrechtgehalten und vertheidigt. Der Mechanismus der ganzen Verwaltung ist auf dem europäischen Continente dem Volke soviel, wie möglich, entzogen; höchstens werden die Einnahmen und Ausgaben in runden Zahlen und ohne irgend eine Garantie ihrer Richtigkeit dem großen Publikum mitgetheilt. Die Drähte, welche den ganzen Mechanismus der Verwaltung leiten, gehen von Oben herab; die einzelnen Theile der Maschinerie, die Beamten und Behörden werden hin und her geschoben, ohne zu wissen, warum; die Beamten selbst haben oft keine Kritik ihrer eigenen Thätigkeit; es herrscht ein blinder Gehorsam. Abgesehen von den sonstigen Schwierigkeiten eines Laien, die Geheimnisse dieses Mechanismus zu durchdringen, existirt auch entweder das gesetzliche Verbot, oder die thatsächliche Unmöglichkeit einer öffentlichen Besprechung der Beamtenverhältnisse; jede Kritik der Beamten und ihrer Handlungen wird gleich als ein Angriff gegen den Staat und dessen Institutionen selbst angesehen und verfolgt. In Preußen z. B. darf ein Beamter wegen Mißbrauch seines Amtes nicht einmal verklagt werden, ohne daß die Vorgesetzten desselben die Klage erlauben. Ueberall sind die Zugänge zur Bureaukratie dreifach verbarrikadirt, und Jeder, der nicht gerade damit zu thun hat, bleibt gerne davon weg. Daß unter dieser Heimlichkeit vielfache Mißbräuche verborgen sind, unterliegt wohl keinem Zweifel, und man munkelt davon im Publikum vielleicht mehr, als wirklich der Fall ist. In Amerika ist nun das vollständig umgekehrte Verhältniß; die zügelloseste Kritik verfolgt die Handlungen der Beamten von Schritt zu Schritt, und diese Kritik erhält ihren Stachel von der Eifersucht und Parteileidenschaft. Man sollte glauben, daß diese Oeffentlichkeit und ungehinderte Kritik eine genugende Garantie für die Moralität und Ehrlichkeit des Beamten sein müßte; aber leider sehen wir das vollständigste Gegentheil. Die Corruption ist hier in Amerika noch größer und allgemeiner, als selbst in den monarchischen Staaten; sie ist sogar Gebrauch geworden, und es fällt Niemanden ein, diesen Gebrauch ernstlich zu verdammen. Selbst die öffentliche Kritik prallt in den meisten Fällen wirkungslos an dieser allgemeinen Demoralisation ab; die öffentlichen Aemter sind einmal dazu da, um die Träger derselben reich zu machen, und je kürzer der Termin dieser Aemter ist, desto schneller muß das Ausbeutungssystem vorangehen. Die Wirkung der Presse und der Kritik wird in dieser Beziehung durch den Parteieinfluß neutralisirt; die Organe der Partei, zu welchen der betreffende Beamte gehört, vertheidigen im Interesse ihrer Partei alle Maaßregeln und Handlungen derselben, während die Organe der Gegenpartei in ihren Angriffen gegen politische Gegner nicht so sehr von der Wahrheitsliebe, wie von dem Parteinteresse geleitet werden, und deßhalb nicht die nothwendige Glaubwürdigkeit haben. Da die Presse jeder politischen Partei namentlich zur Zeit des Wahlkampfes kein Mittel unbenutzt läßt, um den Candidaten der Gegenpartei bei seinen Mitburgern in Mißcredit zu bringen, und da man von dieser Parteitaktik weiß, daß es ihr durchaus nicht auf die Wahrheit und Gerechtigkeit ihrer Aussagen ankommt, so können diejenigen Anklagen der Presse, welche wirklich auf Wahrheit gegründet sind und den alleinigen Zweck haben, das Volk vor Betrügern zu warnen, nicht die gehörige Beachtung und Würdigung finden, sondern für

Aeußerungen der Parteileidenschaft gehalten werden. Ueberhaupt ist das Parteiwesen die Hauptquelle der Corruption des Beamtenthums; die öffentlichen Beamten werden nicht in Hinblick auf ihre Fähigkeiten und moralischen Eigenschaften, sondern in Bezug auf die Dienste, welche sie der Partei geleistet haben und noch leisten können, gewählt. In den monarchischen Ländern Europa's ist dies System jetzt auch schon angefangen, namentlich seitdem sich in Folge der jüngsten Revolutionen überall politische Parteien gebildet haben. In Frankreich muß man erklärter Bonapartist sein, um zu einem etwas bedeutenden Amte zu gelangen; in Preußen muß man zu der pietistischen und ultraroyalistischen Cique der Kreuzzeitung gehören, wenn man „Carriere" machen will, u.s.w. Indessen ist die politische Richtung in diesen Ländern nicht so ausschließlich maßgebend wie in Amerika; Kenntnisse und Geburtsprivilegien concurriren mit diesen politischen Einflüssen bei der Besetzung der Aemter. Aber in Amerika werden alle Wahlen nur vermittelst der Partei und im Interesse der Partei vorgenommen, und der oberste Zweck, den man bei der Wahl oder der Ernennung eines Beamten hat, ist, einen tüchtigen Kämpfer für die Partei zu gewinnen, der sein Geld und seinen Einfluß bei künftigen Wahlen zum Besten der Partei verwendet. Daß man, wenn diese Absicht erreicht wird, es in anderen Beziehungen nicht sehr genau nimmt, liegt auf der Hand. Wer die Kuh hat, soll sie melken, sagt ein altes Spruchwort, das bei dem Aemterjäger aller Sorten und Arten niemals in Vergessenheit kommt. Die Allgemeinheit dieses Gebrauches nimmt demselben in der öffentlichen Meinung fast alles Odiöse; man weiß einmal, daß es Jeder so macht, wenn er an derselben Stelle ist, daß alle Parteien in dieser Beziehung mit einander harmoniren, so daß man jeden Versuch der Reform aufgibt. In Amerika nimmt man überhaupt es mit den Mitteln nicht genau, wenn man nur zum Zwecke kommt, und dieser Zweck ist Geld, wiederum Geld und nichts als Geld. Das amerikanische Volk nennt sich souverain, aber die öffentliche Meinung desselben beugt sich widerstandslos unter der Herrschaft des allmächtigen Dollars.

Wie die jetzigen Verhältnisse sind, so müssen wir das Beamtenwesen als ein Uebel anerkennen, das so viel wie möglich eingedämmt und den den Massen des Volkes fernegehalten werden mußte. In dieser Beziehung ist das Beamtenwesen der monarchischen Staaten fast dem Zustande in Republiken vorzuziehen. In Preußen, England, Rußland u.s.w. bilden die Beamten eine mehr oder weniger streng abgetrennte Kaste; wer sich dem Beamtenstande widmen will, wird von Jugend auf besonders dazu erzogen, und die ganze große Masse des handeltreibenden, fabrizirenden und ackerbauenden und Handwerker-Publikums bleibt von Aemtersucht und dergleichen Dingen verschont. Aber in Amerika, wo die Beamten aus dem Volke unmittelbar hervorgehen, wüthet die Pest der Aemtersucht unter

allen Klassen der Bevölkerung und die Zahl der Aemterjäger ist Legion. —
Dadurch muß naturl ch eine allgemeine Demoralisation des Volkes eintreten. Wenn wir hier eine Parallele zwischen der Monarchie und Republik ziehen, welche zu Gunsten monarchischer Einrichtungen spricht, so
wollen wir damit nicht das europä sche Kasten- und Bureaukraten-System
vertheidigen, sondern nur darauf aufmerksam machen, wie sehr jeder
Schritt zur Freiheit ein Schritt zur Verwilderung ist, wenn er nicht auch
ein Schritt zur Bildung und Sittlichkeit ist. Wir gehören gewiß nicht zu
den Vertheidigern einer preußischen Beamtenhierarchie, aber eine Ver-
Vergleichung zwischen den dortigen und hiesigen Verhältnissen kann nur
zu Gunsten der ersteren ausfallen. Allerdings findet man auch in Preußen Aemterjäger, junge eben von der Universität zurückgekommene Menschen, die das Commersbuch mit dem Gebetbuche vertausch nd, mit fröm-
melnder Miene in die Kirche gehen, ihre studentische Freiheit in servile
Augendienerei umwandeln und nichts im Auge haben als schnelles Avancement. Aber dies sind nur die Produkte der letzten reaktionären Jahren;
unter den ältern Beamten findet man nicht soviel Servilismus, wie unter
den jungern; die regelmäßigen Abstufungen des Examens und der Avan-
cements, die höchstens bei einzelnen Privilegirten des hohen Adels über-
sprungen werden, lassen keine eigentliche Aemterjägerei aufkommen, und
iedenfalls bleibt die ganze Masse des Volkes der Aemterjägerei fremd.
Wir wollen indessen so gerecht sein, zuzugeben, daß dies mehr an den Jr-
stitutionen, als an dem Charakter des Volkes selbst liegt. Die wenigen
Gelegenheiten, wo das Volk oder ein Theil des Volkes in Deutschland das
Wahlrecht selbst ausübt, z. B. bei Prediger- und Munizipalwahlen, rufen
eine solche Menge von Candidaten, Intriguen und Kabalen hervor, daß
sie wirklich einem amerikanischen Caucus alle Ehre machten, wie denn auch
in Amerika man gerade unter den Deutschen die schamlosesten und servilsten
Aemterjäger findet.

In einer Republik kommen alle die Schäden und Mängel des Volkscharakters, welche in der Monarchie verborgen und verschwiegen werden,
an das Tageslicht, und daher kommt es neben manchen andern Umständen
auch wohl, daß uns in Amerika Manches anwidert, von dessen Existenz
wir in Deutschland keine Ahnung hatten, das aber auch in Deutschland
offenkundig werden würde, wenn es ähnliche politische Institutionen, wie
Amerika hätte. Wir wollen damit allerdings nicht sagen, daß Deutschland und Amerika auf derselben Stufe der Bildung und Gesittung stän-
der, und sich in einem republikanischen Deutschland ähnliche Rohheiten vorfinden würden, wie im republikanischen Amerika. Schon das einzige Jn-
stitut der Sklaverei verbietet uns eine solche Parallele. In Beziehung
auf das vorliegende Thema finden wir z. B., daß der Beamtenstand in
Deutschland im Allgemeinen durch Bildung und Erziehung über das ge-

wöhnliche Durschnittsniveau der Massen erhaben ist, in Amerika aber die vom Volke erwählten oder auch von den Autoritäten ernannten Beamten den Bildungsgrad, die Ansichten, Vorurtheile und Leidenschaften der großen Volksmasse repräsentiren. Dies versteht sich ganz von selbst von denieni‌gen Beamten, welche aus einer direkten Volkswahl hervorgegangen sind. Schon die Art und Weise der Bewerbung um ein Amt verhindert diejenigen Männer, die etwas auf die Integrität ihres Charakters und Sauberkeit ihres Renommee's halten, um die Gunst der Menge sich zu bewerben; wer sich zu allen den gebräuchlichen Wahlmanövern herzugeben im Stande und zu der nöthigen Popularität fähig ist, weist sich dadurch schon von selbst seinen Standpunkt an. Die meisten, namentlich die kleineren Polizei- und Munizipalämter, werden auf den Wirthshausbänken und in dem Barroom erobert, und wir können wohl denken, welcher Art oft die Mora- lität dieser Personen ist. Besonders das Polizeipersonal der größeren Städte ist theilweise aus den Reihen der Spieler, Schlemmer und Vaga- bunden hervorgegangen. Es kommt dabei wenig darauf an, ob diese Officers direkt vom Volke gewählt oder von höheren Autoritäten ernannt werden, denn der Mayer einer Stadt, Gouverneur einer Provinz, ja, selbst der Präsident der Verein. Staaten ist bei der Auswahl seiner Beamten auf dieselbe Beurtheilungs- und Verfahrungsweise angewiesen, welche das Volk bei der direkten Wahl anwendet. Er muß unter den Candidaten die populärsten und der Partei ergebensten Männer wählen, und was man in Amerika unter Popularität und Ergebenheit gegen die Partei versteht, das ist ein sehr zweideutiges Ding. Man hat vielfach über das zweckmäßigste System der Aemterverleihung gestritten, und namentlich direkte Volkswahl auf Kosten der indirekten Ernennung durch Präsident und Gouverner her- vorgehoben. Prinzipiell ist allerdings auch die Volkswahl das Richtige und Republikanische, und deßhalb ist auch die direkte Wahl aller Beamten durch das Volk eine Planke in jeder freisinnigen Plattform Amerika's und speziell auch eine Forderung der republikanischen Partei. Diese For- derung ist besonders gegen den Mißbrauch gerichtet, den man mit dem ungeheuren Beamtenheere, dessen Ernennung von dem Präsidenten der Ver. Staaten abhängt, zu treiben gewohnt ist. Der jedesmalige Präsi- dent hat ungefähr 60 bis 70,000 Beamte indirekt oder direkt zu ernennen, und der Gehalt dieser Beamten beträgt jährlich gewiß gegen 80 bis 100 Millionen Dollars. Er hat also unter die Drahtzieher der Partei während der vier Jahre seiner Laufbahn gegen 300 bis 400 Millionen Dollars zu vertheilen, abgesehen von den ungemeinen Revenüen, die aus dem Erlöse der öffentlichen Ländereien, den Landspekulationen in den Territorien, den Indianer-Agenturen u.s.w. für die von der herrschenden Partei Begun- stigten abfallen. Dies ist eine Summe, welche uns die überall herrschende Corruption erklärt. Sämmtliche Postbeamten, Hafencollektoren, Admini-

strationsbeamte in Washington, Commissäre und Vermesser der öffentlichen Ländereien, Angestellte bei den auswärtigen Gesandtschaften und
Consulaten, Bundesrichter und Commissäre (mit Ausnahme der Richter
an der Ver.Staaten Supreme Court), Indianer-Agenten, Ver.-Staaten
Militärbeamte zc. zc. werden vom Präsidenten angestellt und viele dieser
Aemter werfen bedeutende Emolumente ab. Welche Mißbräuche daraus
nothwendig hervorgehen müssen, braucht wohl nicht näher nagewiesen zu
werden, besonders da — seit Jakson — der Grundsatz herrscht, daß dem
Sieger die Beute gerört, d.h. den Drahtziehern der Partei die Aemter.
So natürlich und nothwendig es nun auch ist, daß der jedesmalige Präsident aus der Partei, welche ihn gewählt hat, diejenigen Beamten aussucht, welche mit den politischen Affairen betraut sind, — wie z.B. die
Sekretaire der einzelnen Departements, die Gouvernöre der Territorien,
die Gesandten u.s.w., so widersinnig ist es, bei reinen Verwaltungsposten,
wie bei Postmeistern und Hafencollektoren, die Parteiunterschiede zu berücksichtigen. So lange dieser Uebelstand andauert, wird die redlichste,
freisinnigste und fähigste Partei nicht von dem Schlamme der Corruption
verschont werden. Die Beute ist zu groß, als daß sie ein so erwerblustiges
Volk, wie die Amerikaner, nicht verführen sollte.

Wir denken, daß keiner der bestehenden Wahlmodus, weder die Ernennung durch Präsidenten und Gouverneure, noch die direkte Volkswahl
überall und in allen Fällen zweckmäßig sei. Die eigentlichen politischen
Wahlen, die Wahlen der Gesetzgebung und Executive, müssen allerdings
durch das Volk selbst und direkt vorgenommen werden; die Leiter der einzelnen Administrationszweige müssen natürlich von der Executive ernannt
werden, aber für eine andere zahlreiche Klasse von Aemtern möchten wir einen
Wahlmodus empfehlen, der in der Schweiz mit gutem Erfolge praktizirt
wird, nämlich: die vacanten Aemter eine gesetzlich bestimmte Zeit lang
in den öffentlichen Blättern auszuschreiben, die Candidaten zur Einsendung ihrer Zeugnisse und zum Beweise ihrer Fähigkeiten einzuladen, und
es einer aus competenten Männern bestehenden Jury, welche vielleicht aus
den Gesetzgebern der Staaten gewählt werden könnte, zu überlassen, nach
Pflicht und Gewissen in öffentlicher Audienz über das Amt zu entscheider.
In mehreren Kantonen der Schweiz wird, wie gesagt, dieser Wahlmodus
mit gutem Erfolge angewendet; es gibt vielleicht keinen Staat unter den
civilisirten und regelmäßig verwalteten Staaten Europa's, wo die Beam-
tenherrschaft so wenig merkbar und schädlich ist, wie gerade in der
Schweiz. Namentlich die Aemter, zu denen eine spezielle technische Erziehung nothwendig ist, dürften auf solche Weise wohl am passendsten dis-
tribuir werden. Allerdings helfen alle solche Mittel nicht radikal dem
Uebel ab; bei der herrschenden Corruption büßte auch selbst eine Jury
ihre Pflicht vergessen; eine radikale Kur der Aemterjäger: und Corruption

ist nur in der steigenden Bildun und Sittlichkeit des Volkes und in einer absoluten Abschaffung des Grundsatzes: dem Sieger gehört die Beute, zu suchen.

Alle andern Mittel, selbst die Verringerung der Einkünfte der Aemter, helfen dem Uebel nicht ab. Gerade die Verringerung der Einkünfte bewirkt nur eine Vermehrung der Corruption, dies kann man in Rußland sehen. In den kleinen Kantonen der Schweiz, in Uri, Unterwalden u. s. w., wo die erekutiven Aemter sehr spärlich — der Landammann von Uri hat 400 Franken jährlichen Gehaltes — und die gesetzgebenden Aemter gar nicht bezahlt werden, ist die ganze Regierung in den Händen einiger weniger reicher Familien. Dies Beispiel ist nicht nachzuahmen, ebenso wenig wie das entgegengesetzte System übertriebener Sporteln u. Einkünfte. Es giebt viele Aemter in Amerika, die während eines einzigen Termines ihren Träger reich machen. Vor Allem sollte man das System der Sporteln nach Prozenten mit dem Systeme fester Gehalte vertauschen.

Gerade die Aemter bilden in Amerika die Triebfeder der Politik. Die häufige Wiederkehr der Stadt-, County-, Staats- und Ver, Staaten-Wahlen erhält die Massen des Volkes in immmerwährender Agitation und die Quellen der Corruption in Fluß. Tausende von Leuten beschäftigen sich mit nichts Anderm, als die Mäkler bei den Wahlen zu machen. Die Wahlen erschöpfen die Thätigkeit und auch oft die Redlichkeit und Unabhängigkeit der Presse. Die Vorbereitungen, welche dazu nothwendig sind, sind für den Candidaten so entwürdigender Art, daß fast kein politischer Charakter rein aus den Wahlen hervorgeht. Die bedeutendsten Staatsmänner müssen oft Behufs ihrer Wahl die unwürdigsten Bedingungen und Versprechungen eingehen. Und was das Schlimmste ist, die Fluth der Popularität, welche sich in bekannter Veränderlichkeit heute nach der einen, morgen nach der andern Seite wendet, reißt auch den Charakter und die Prinzipien der Politiker mit sich hinweg, und man sieht selten Staatsmänner mit unwandelbaren Grundsätzen und einem eisernen Charakter. Während die Nationen Europa's in den Beamten Vorgesetzte erblicken, die oft mit despotischer Willkür mit ihnen verfahren, nd die Beamten in Amerika meistens die Bedienten des souverainen Publikums, u. lassen sich von jeder Laune desselben leiten. Bei ihren Amtsverrichtungen denken sie mehr an ihre Wiederwahl, als an ihre Pflicht; sie wollen es mit Niemanden verderben und gehen jeder Gelegenheit, sich mißliebig zu machen, aus dem Wege. Die Nachgiebigkeit gegen das Publikum ist vielleicht eben so schädlich, wie der Hochmuth und die Willkür, mit welcher die monarchischen Beamten ihre Unterthanen behandeln.

Gewiß, eine Reform dieser Uebelstände läßt sich nur durch eine Reform der Volksbildung selbst herstellen. Beamte müssen immer sein,

3

auch in einer Republik; die sogenannte Selbstregierung des Volkes ist
immer nur indirekt zu verstehen. Aber in einer Republik sollte es die
größte Ehre sein, mit der Leitung der öffentlichen Angelegenheiten betraut zu werden, und man sollte Niemanden zu einem öffentlichen Amte
rufen, der nicht in jeder Beziehung die Achtung des Publikums besitzt.
Und wie die despotischen und aristokratischen Regierungen der alten Welt
ihre Beamten am liebsten aus den despotischen und aristokratischen Kreisen nehmen, so sollten auch die Republikaner nur solche Leute in die
Aemter wählen, welche wirklich den Gesinnungen und Handlungen nach
Republikaner sind; nämlich freisinnig, unabhängig und dem öffentlichen
Interesse ergeben.

Originalität.

Man hat oft die Originalität des amerikanischen Volkscharakters
bezweifelt, und namentlich in der jüngsten Zeit der Heftigkeit der nativistischen Bestrebungen gegenüber die Behauptung aufgestellt, daß die
Amerikaner als ein abgeleitetes, von europäischen Völkern abstammen-
des Vo in ihren Sitten u. Gewohnheiten, Institutionen und ihrer ganzen
Weltanschauung nur eine Copie und dazu noch eine fehlerhafte und
mangelhafte Copie der europäischen Verhältnisse darstellten. Wir halten es für sehr interessant, diese Frage von der Originalität des amerikanischen Volkscharakters näher zu beleuchten, weil die Art und Weise
wie wir dieselben entscheiden, unser eigenes Verhalten zu unserem
Adoptiv-Vaterlande näher bestimmt und erklärt. Wir finden auf der
einen Seite so viele scheinbar originelle Züge im amerikanischen Volksleben, so viele Abweichungen von europäischen Ansichten und Zuständen,
und auf der andern Seite so viele Einflüsse und Abfälle der europäischen
Kultur, daß wir für die Verneinung, wie für die Bejahung der Frage
hinreichende Anhaltspunkte finden. Um nun deßhalb nicht gleich von
vornherein in einen Widerspruch zu verfallen, so glauben wir die Frage
nicht mit dem abstrakten Entweder — Oder stellen zu dürfen. In diesem Jahrhundert, wo der Verkehr zwischen den einzelnen Nationen durch
so viele Hülfsmittel miteinander verbunden ist, und die wichtigsten Interessen, wie die allgemeine Weltanschauung unter allen civilisirten Völker dieselbe ist, kann von einer aus sich selbst emporgewachsenen und
von fremden Einflüssen unberührten Nationalität, von einer autochtho-
nischen Bildung und Civilisation nicht füglich die Rede sein, denn eine
solche Eigenthümlichkeit würde die Eigenthümlichkeit der Rohheit und

Barbarei sein. Auf der andern Seite ist es aber auch durch die steigende Cultur dieses Jahrhunderts bedingt, daß die einzelnen Völker, wie die einzelnen Menschen, sich in möglichst individueller Weise entwickeln, daß der Charakter eines einzelnen Volkes eine Summe der verschiedensten Eigenschaften in sich vereinigt, welche ihn von jedem andern Volkswesen unterscheiden. Die Entwickelung der Menschheit besteht in der Besonderung ihrer Glieder, in der selbständigen Entwicklung ihrer einzelnen Theile, u. der Heranbildung möglichst verschiedener Individualitäten und Arten. Die Menschheit als ein lebendiger Organismus zeigt auch die wesentlichen Eigenschaften, die organischen Körpern zukommen, nämlich die Selbstständigkeit der einzelnen Glieder und die harmonische Verbindung derselben zu einem Ganzen. Die Gleichförmigkeit und Unterschiedslosigkeit der orientalischen Welt, der chinesischen Volksmassen, des russischen Kolosses tritt sehr g gen die individuelle Gliederung und Besonderung der civilisirten Nationen in den Vordergrun , welche Individualität in Deutschland, der Musterkarte verschiedener Volksstämme und Dialekte, wohl ihren Höhepunkt erreicht. Bei dem amerikanischen Volke bildet sich dieser Individualisirungsprozeß in einer besonderen Weise. Die amerikanische Nationalität ist aus den verschiedensten europäischen Nationen zusammengesetzt; die amerikanische Geschichte ist ein Produkt und eine Fortentwicklung der europäischen Geschichte; die ganze geistige Bildung, die Weltanschauung Amerika's ist den religiösen Mythen, den wissenschaftlichen und künstlerischen Werken der europäischen Völker entlehnt. Aber auf der andereren Seite waren u. sind in Amerika so viele besondere und eigenthümliche Verhältnisse vorwaltend, und unterscheidet sich das Gesetz der Entwickelung so sehr von dem in Europa, daß die Ueberlieferungen aus der alten Welt in der neuen Welt schnell einen neuen Charakter annehmen mußten, und alle Zustände und Bestrebungen sich in einem neuen Lichte und in einem originellen Charakter darstellten. Diese neue Welt und diese neuen Verhältnisse sind allerdings erst im Entstehen; der Amerikanisirungsprozeß, den wir viel allgemeiner verstehen, wie die spezifischen Amerikaner selbst, und den wir nicht auf die Menschen allein, sondern auch auf die Zustände beziehen, ist erst im Beginnen; Amerika fängt erst an, sich zu individualisiren und seine besondere Mission in der Weltgeschichte anzutreten. Es mag Manchem paradox klingen, wenn wir sagen, daß die Originalität Amerika's erst im Entstehen ist. Denn gewöhn'ich sagt man und denkt man, daß die Originalität etwas Angeborenes sei und versteht das Wesen derselben in einem Gegensatze zu dem Erlernten, Erworbenen und Entstandenen. Wir glauben, daß dies nicht das Wesen der Originalität sei, weder bei Völkern, noch bei Individuen. Die natürlichen Bedingungen, Anlagen, Fähigkeiten, Stim-

mungen u. f. w., die angeborenen Eigenschaften des Menschen, welche der Psycholog deffen Naturbestimmtheiten nennt, machen den Menschen
noch nicht zum Original; der Mensch, in einer Wüste geboren, oder der
allgemeinen Bildung und Civilisation beraubt, wird niemals auf die
Bezeichnung Original Anspruch machen können. Die Originalität eines
Menschen entwickelt sich nur durch den Umgang mit andern Menschen,
durch den Verkehr mit der Welt, durch eine allgemeine umfassende Bildung, durch Theilnahme an den Interessen der Menschheit u. f. w.

Nicht in der Wüste, sondern nur im Verkehr mit den andern Menschen kann ein Individuum seine Individualität und Originalität zeigen.
Nur ein mit den Wissenschaften Vertrauter kann etwas Originelles in den
Wissenschaften leisten. Nur ein durch das Studium der Meisterwerke gebildeter Künstler kann etwas Originelles, einen Fortschritt in der Kunst
schaffen. Je inniger die Beziehungen sind, welche den Menschen mit der
Menschheit verbinden, desto deutlicher und energischer prägt der Mensch
seine Persönlichkeit, seine Originalität, seinen Charakter aus. Deshalb
sagt auch der Dichter:

Es bildet ein Talent sich in der Stille
Doch ein Charakter in der großen Welt.

Die Originalität besteht darin, daß der Mensch seinen besonderen
Platz in der Geschichte der Menschheit, der Natur, der Wissenschaft, der
Kunst u. f. w. einnimmt; diesen besonderen Platz kann er nur dann einnehmen, wenn seine Leistung sich von allen früheren Leistungen unterscheidet; er kann sich aber nur dann davon unterscheiden, wenn er dieselben
kennt, wenn er das Feld durchwandert und alle die Stufen erklommt hat,
die zu einer neuen, noch nicht dagewesenen Stufe führen.

Zur Originalität gehört also ihr wesentlicher Gegensatz, die Recept-
tivität, die Empfänglichkeit. Je empfänglicher der Mensch ist, je schärfer seine Sinne sind, und je mehr Bilder und Eindrücke sie seinem Gehirne zuführen, desto selbstständiger und origineller wird er sein. Durch
die Thätigkeit seines Bewußtseins werden die durch die Sinne herbeige-
führten Eindrücke zu seinem Eigenthum, zu einem Theil seines Ichs,
und je lebhafter dieses Bewußtsein ist, desto reicher an Bestimmungen
und Eigenschaften wird das Ich, desto mehr prägt sich die Besonderheit,
die Originalität des Ich aus. Ein Mensch, der nur von zwei oder drei
Eindrücken beherrscht wird, z. B. bloß von den Eindrücken, welche die
sogenannten thierischen Bedürfnisse hervorrufen, hat in der Welt eine
Menge seines Gleichen, aber wo eine Combination von vielen tausend
Eindrücken im Bewußtsein sich befindet, da wird man natürlich niemals
ein vollständig egales Seitenstück finden, denn wenn auch hundert Eindrücke bei zwei verschiedenen Personen dieselben sind, so sind doch hundert
andere wieder verschieden, und eine unendliche Varietät der Individua-

litäten entsteht. Von der Menge der Eindrücke, welche das Bewußtsein verarbeitet, hängt also die mehr oder minder große Originalität ab; mit andern Worten, ohne eine hohe Stufe der Kultur und eine umfassende Bildung ist keine Originalität möglich. Es giebt freilich Leute, die meinen, um originell zu bleiben, müsse man sich so viel, wie möglich, auf sich selbst beschränken, und möglichst wenig von der Außenwelt annehmen; um originelle Ideen zu haben, müsse man sich gegen die Ideen der andern Leute verschließen, um ein originelles Kunstwerk zu liefern, müsse man nur ja keine griechische Statue ansehen u. s. w. Aber diese Furcht vor fremden Eindrucken und Einflüssen zeigt nur die eigene Geistesarmuth, während der wirklich originelle Mensch um so selbstständiger und selbstthätiger wird, je mehr er sich mit den Eindrucken und Einflüssen der Außenwelt, den Lehren der Geschichte, den Forschungen der Wissenschaft, den Meisterwerken der Kunst u. s. w. bereichert.

Die Originalität steht im Verhältniß zur Receptivität, so bei Individuen, wie bei Völkern. Die Geschichte zeigt uns, daß die Völker, welche sich hermetisch gegen die andern Nationen abschlossen, ihre Produktivität und Originalität verloren. Das Beispiel mit China und der chinesischen Mauer ist bekannt. Im grauen Alterthum waren die Chinesen die originellsten und erfindungsreichsten Leute, aber ihre Abgeschlossenheit gegen die übrige Menschheit führte sie zu einer Stagnation und geistigen Stumpfheit, welche Jahrtausende währte und noch heute in Mitten der heftigsten Revolutionen nicht gebrochen werden kann. Nehmen wir das heutige Rußland, das sich hermetisch gegen die Einflüsse des abendländischen Europa verschließt, — wo ist dort Originalität, Produktivität, wo sind die Dichter, Schriftsteller, Künstler, Erfinder und Entdecker dieses ungeheuren Reiches? Auf der andern Seite aber finden wir, daß diejenigen Völker, welche in der lebhaftesten Berührung mit den andern Völkern standen, und nicht verschmähten, von den Religionen, Sitten, Gebräuchen, Wissenschaften, Erfindungen anderer Nationen zu lernen und anzunehmen, stets die originellsten und produktivsten waren, und einen reichen Kranz berühmter Dichter, Denker und Künstler aufzuweisen haben. In dieser Beziehung liefert das alte Griechenland ein glänzendes Beispiel. Auf ihrem Inselande, das nach allen Seiten dem Meere, der großen Verkehrsstraße der Welt, offen war, standen die Griechen mit Aegypten, Kleinasien, ja mit Indien, mit Italien, Großgriechenland in fortwährender Verbindung; ihre Religion, ihre Sitten und Gebräuche waren in jeder Beziehung von aegyptischen und orientalischen Anschauungen durchzogen; die Urgeschichte jeder ihrer Städte weist auf eine Einwanderung von Außen hin; die Griechen waren kein eingeborenes, sondern ein zusammengeströmtes Volk, dessen Väter und Gründer, gleich den Pilgrimsvätern der amerikanischen Republik, Flüchtlinge von fremden despotischen Ländern waren. Die Sagen von Cadmos, Cekrops, Pelops, Danaos, vom Argonautenzuge, vom trojanischen Kriege u. s. w. weisen uns auf die abenteuerliche Entstehung des hellenischen Volkes hin, auf eine romantische, viel verschlungene Odyssee, aus der ein vielgewandertes, vielerfahrenes und listiges Volk hervorging. Diesen beweglichen Charakter behielten die Griechen während der Zeit ihrer Blüthe immer bei; ihre Schiffe durchkreuzten das Mittelmeer, den Mittelpunkt der damals bekannten Welt; ihre Dichter und Philosophen reis'ten von Land zu Land; die ganze Kultur der damaligen Zeit wurde durch Griechenland vermittelt. Was nur in den Gesichtskreis des griechischen Volkes fiel, wurde dem Volkscharakter desselben einverleibt; in allen Verhältnissen des griechischen Lebens finden wir fremde, aegyptische, orientalische, pelasgische u. s. w. Elemente. Und doch sind die Griechen das originellste Volk der alten Welt und vielleicht der ganzen Weltgeschichte gewesen, so originell, daß noch heute die Werke ihrer Tragiker und Bildhauer die unübertreffbaren Vorbilder und Ideale der Kunst sind und die höchsten Grenzlinien menschlicher Schöpfungskraft andeuten. In welcher Beziehung sich Griechenland nur entwickelte, war es originell; es hat die Kunst auf die höchste Spitze gebracht, die Wissenschaft der Philosophie begründet, die ersten Grundlagen der Naturforschung gelegt u. s. w. Ueberall hin verbreiteten sich die Strahlen des griechischen Geistes; Kleinasien, die Nordküste von Afrika, Italien wurde davon beleuchtet, und es entwickelte sich an den Ufern des wunderschönen Mittelmeeres ein Culturleben, gegen welches der heutige Zustand jener Länder eine Schmach und eine Trauer ist. Wodurch ist Griechenland dies geworden? Es hatte keine chinesische Mauer um sich; es war ein allen äußern Einflüssen offenes Land, Liebe zum Fremden ein Grundzug seines Volkscharakters, und Gastfreundschaft seine höchste Tugend.

Die nationalen Eigenschaften, wodurch das alte Griechenland eine so hohe Culturstufe erreicht hat, finden wir unter den modernen Völkern am meisten unter den Deutschen wieder. Wie Deutschland das geographische Centrum von Europa ist, so ist es auch das geistige Centrum; hier treffen alle Eigenthümlichkeiten und Bestrebungen, von denen Europa behaftet ist, zusammen; hier lagern sich alle Stufen der geschichtlichen Entwickelung Europa's. Die Liebe zum Fremden, welche das deutsche Volk vor allen andern Nationen auszeichnet, ist vielfach von den anderen Nationen, wie auch von den Deutschen selbst, als ein Gegenstand des Spottes und der Verachtung bezeichnet worden; — wie oft hat man die Deutschen die Affen anderer Nationen genannt — aber vielleicht ist diese Eigenschaft gerade die vortheilhafteste des deutschen Volkscharakters und die Ursache der Produktivität und Originalität unserer Literatur, der vielfachen großen

Erfindungen und Entdeckungen, und der siegreichen Bestrebungen für Aufklärung der Menschheit, welche die Welt dem deutschen Genius zu verdanken hat. Diese Liebe zum Fremden, die Empfänglichkeit für alle äußern Eindrücke, die Theilnahme an den Geschicken anderer Völker, diese Anziehungs und Aueignungskraft, welche die verschiedensten fremden Elemente mit dem eigenen Volkscharakter verschmilzt: sie befähigten Deutschland zu einer großen Rolle in der Weltgeschichte, die gewiß noch nicht mit der Reformation, Erfindung der Buchdruckerkunst und den Gedichten Goethe's und Schillers aufgehört hat.

Betrachtet man die deutsche Literatur und Wissenschaft in ihren einzelnen Zweigen, so findet man, daß sie die Produkte der Literatur und die wissenschaftlichen Forschungen aller andern Völker benutzt und verarbeitet hat; wir können den Sophocles, wie den Virgil, den Dante, wie den Racine in unserer Sprache wiederfinden, und Shakespeare gehört mehr den Deutschen, wie den Engländern Der Geist Plato's und Aristoteles spukt noch heute in der deutschen Philosophie; die Religion haben wir von den Juden und das Recht von Rom geborgt. Deutschland hat heute noch französirte, englisirte und russifizirte Provinzen, der römischen Einfluss nicht zu gedenken. Es ist kein Stück in der Geschichte und in den Zuständen Deutschlands, das nicht mit fremden Einflussen vermischt und zersetzt wäre; aber weit entfernt, daß dies eine Unvollkommenheit oder Schwäche bedeutet, ist es ein Zeichen von Stärke, innerer Tüchtigkeit und Selbststän- digkeit. Wir können stolz sagen, daß wir in Beziehung auf Wissenschaft, Kunst und Literatur, trotz der fremden Einflüsse und der Bereitwilligkeit, Fremdes aufzunehmen und nachzuahmen, das originellste Volk der Welt sind, und so zeigt auch dieses große historische Beispiel, daß Empfäng- lichkeit und Produktivität, Nachahmungstrieb und Erfindungsgeist, Re ceptivität und Originalität sich gegenseitig bedingen und die beiden we- sentlichsten Eigenschaften eines gesunden und kräftigen Volkscharakters bilden.

In diesen Beispielen und Vergleichen sind die Andeutungen gegeben um die Frage von der Originalität Amerika's und des amerikanischen Volkscharakters zu beantworten. Wir sehen, daß in den natürlichen und historischen Bedingungen Amerika's allerdings die Möglichkeit einer großen selbstständig ausgeprägten und originell entwickelten Nationalität liegt, denn die Elemente, aus welchen die Bevölkerung dieser Republik zusammen- gesetzt ist, sind so verschieden, daß ein höchst bestimmungsreiches und viel- seitiges Produkt daraus hervorgehen muß, das sich wesentlich und vortheil- haft von allen früheren historischen Erscheinungen unterscheiden wird. Einen Staat zu bilden ohne nationale und religiöse Basis, ohne die Ein- heit despotischer Leitung und die Sicherheit militärischer Macht, dies i ein neues Problem in der Weltgeschichte, dem man gewiß den Charakte

der Originalität nicht absprechen kann. Das Zusammenströmen der ver=
schiedensten Racen, Nationalitäten und Bildungsstufen muß, falls es wirk=
lich zu einem Resultate und zu einer Harmonie führt, dem amerikanischen
Volke einen universellen Charakter und eine vielumfassende Bildung ge=
ben, welche in Beziehung auf Künste, Wissenschaften, Erfindungen, Ent=
deckungen eine große Produktivität zeigen wird. Aber damit sich diese Pro=
duktivität und Originalität entwickelt, darf man dem universellen kosmo=
politischen Charakter der Republik, die von ihren Gründern zu einer Frei=
statt der ganzen Menschheit bestimmt wurde, nicht verwischen. Grade
diejenigen scheinen sich am meisten gegen die Originalität und Selbststän=
digkeit der Entwickelung dieses Landes zu versündigen, die am meisten auf
ihren Amerikanismus pochen und denselben durch Abschließung aller frem=
den Einflüsse aufrecht erhalten wollen. Durch eine chinesische Mauer
macht man kein Volk originell und produktiv, dies hat die Geschichte zur
Genüge bewiesen. Abgesehen von der thatsächlichen Unmöglichkeit, die
fremden Einflüsse in dem Jahrhundert des Dampfes zurückweisen zu
können, sind auch alle die historischen Bedingungen dieser Republik einer
solchen Einseitigkeit entgegen. Als das modernste Produkt der Weltge=
schichte liegt es im Rechte und in der Pflicht Amerika's, alle die früher
von der Menschheit durchlebten Kulturstufen zu benutzen, um dadurch
wirklich etwas Neues, einen Fortschritt, eine Verbesserung, etwas Ori=
ginelles zu produziren. Man kann daher mit Recht sagen: Ohne Eu=
ropäismus, kein Amerikanismus, ohne Aneigungsfähigkeit keine Produkti=
onsfähigkeit, ohne Liebe zum Fremden keine Vaterlandsliebe, ohne Be=
nutzung und Verständniß der Vergangenheit kein Anspruch auf die Zu=
kunft. Dies sollten sich die sogenannten Amerikaner merken.

Allerdings, das Fremde muß nicht nachgeahmt, sondern verarbeitet,
mit dem Wesen des amerikanischen Volkes verschmolzen werden. In
Amerika begeht man häufig den Fehler der bloß mechanischen, oberfläch=
lichen Nachahmung, und diese ist allerdings sehr weit davon entfernt,
zur Originalität zu führen. Gerade die Uebelstände und die verdorbe=
nen Abfälle der europäischen Cultur werden von den Amerikanern be=
gierig aufgenommen, während man sich gegen den eigentlichen Geist der
alten Welt, gegen die moderne philosophische Bildung, gegen die wissen=
schaftlichen Forschungen gleichgültig oder gar feindlich verhält.

Wir sehen gegenwärtig deßhalb noch wenig Originalität in Ame=
rika, und, wo wir Spuren davon finden, ist es nicht auf dem Gebiete
des Schönen, sondern des Zweckmäßigen. Die Schlosser und Maschinisten
sind hier origineller, als die Dichter und Maler. Wenn einmal ein Phi=
losoph oder Naturforscher in seinem Fache so viel leistete, wie der Erfin=
der eines Revolvers oder einer Säemaschine, so würde es mit der hiesigen
Bildung anders stehen. Umgekehrt, wie im alten Griechenland und in

Deutschland, werden in Amerika die Wissenschaften eher produktiv werden, als die schönen Künste, weil die harte Nothwendigkeit eher zum Studium der Wissenschaften drängt. Die Bestrebungen auf technischem Gebiete leiten direkt in die Naturwissenschaften herüber, und hier wird sich wahrscheinlich am ersten die Produktivität des amerikanischen Volkes bethätigen, während die schönen Künste, die Verse, Bilder und Statuen einstweilen noch verstümmelte Plagiate europäischer Vorbilder bleiben werden. Jedenfalls ist die jetzige Zeit des einseitigen, exklusiven Amerikanismus einer Entwickelung der amerikanischen Originalität und Produktivität nicht günstig, und wird dieselbe verzögern, wenn auch vorauszusehen ist, daß dieselbe ein baldiges Ende erreichen und einer verdoppelten Liebe zum Fremden nnd einer gesteigerten Einwirkung Europa's Platz machen wird.

Molière.

Rede bei der Einweihung des durch Nationalsubscription Molière errichteten Denkmals, gehalten am 15. Januar 1844.

(Aus Franz Arago's sämmtlichen Werken.*)

Wir theilen im Folgenden die Rede Francois Arago's bei der Einweihung der Molière-Statue in Paris (aus dem 3. Bande seiner gesammelten Schriften) mit. Wir haben die besondere Absicht dabei, die deutschen Liebhabertheater in Amerika (die ja meistens in der Auswahl der aufzuführenden Stücke in Verlegenheit sind,) auf den liebenswürdigsten und scharfsinnigsten aller Bühnenschriftsteller aufmerksam zu machen, und durch die einfache aber künstlerisch vollendete Rede des großen Naturforschers zu zeigen, wie hoch Molière in den Augen aller Derer steht, die das Genie begreifen und demselben ihre Dankbarkeit zollen. Die Verhältnisse, welche Molière mit seiner unnachahmlichen Komik charakterisirte, bestehen heute noch, wie vor zweihundert Jahren; Amerika wimmelt von den schwarzen Tartüffe's, und der Scaguarellis giebt es überall genug, d'rum ist Molière heute noch so frisch und neu, wie zu den Zeiten des großen Ludwig, der den Dichter des Tartuffe gegen die Angriffe der Jesuiten vertheidigte. Molière ist auf der amerikanischen Bühne noch nicht nationalisirt; die innere Heuchelei und Prüderie des amerikanischen Volkes läßt den Dichter, der die Schwächen der Menschen dadurch heilt, daß er sie bloßstellt, nicht populär werden. Um so ehrenvoller wäre es, wenn die deutsche Bühne den berühmten Namen

*) Arago war Vicepräsident der Subscriptions-Commission.

und die herrlichen Werke wieder in Erinnerung bringen würde. Wir lassen hiermit die Rede ·Arago's folgen, indem wir versprechen, in einer der nächsten Nummern eine Analyse der Molière'schen Komödien zu bringen.

„Meine Herren! Es waren sinnvolle und treffende Worte, die ein geistvoller Schauspieler vor beinahe sechs Jahren in unserem ersten Theater sprach, als derselbe die Frage aufwarf, ob es in einem Jahrhundert, wo der Geschmack an Werken der Bildhauerkunst so außerordentlich verbreitet ist, wo fast jede Stadt das Andenken der Söhne, die ihr Ehre gemacht haben, in Erinnerung bringt, ihre Züge durch den Meißel der trefflichsten Künstler wieder in's Leben rufen läßt, und dieselben mit gerechtem Stolze den Blicken Frankreichs und den Fremden darstellt, ob in einer solchen Zeit es nicht unerklärlich sei, daß man Molière, den unsterb- ·lichen Molière übergangen habe.

Diese Worte konnten nicht ohne Anklang bleiben. Von allen Seiten zollte man der Gesinnung des dramatischen Künstlers Beifall. Mehrere Freunde der schönen Literatur traten alsbald zur Unterstützung und Leitung von Bestrebungen zusammen, welche dies Mal einen glücklichen Erfolg versprachen.

Indem man bei der heutigen nationalen Feier der Subscriptions-Commission eine Rolle zutheilt, schätzt man ihre Leistungen weit über den wirklichen Werth. Ich werde dessen eingedenk sein, meine Herren; meine Worte werden bescheiden sein, wie die Aufgabe, die uns zugefallen. Dennoch habe ich diesem Augenblicke mit einiger Besorgniß entgegen gesehen, weil es mir an Zeit gefehlt hat, bei meinen geehrten Collegen mich Raths zu erholen und durch ihre Einsicht mich belehren zu lassen.

Molière ist nicht eine von jenen zweideutigen Berühmtheiten, welche die Zeit, der oberste Richter über Werke des Geistes, früher oder später von der Höhe, zu welcher sie der Eifer, die Leidenschaften und die Vorspiegelungen ihrer Anhänger erhoben haben, herabstürzen wird. Fast zwei Jahrhunderte sind über das Grab des Dichters des Misantrope, des ·Tartufe, der Femmes savantes, des Avare dahingegangen, und jeder Tag hat die einsichtsvollen und eingehenden Urtheile der Gelehrten, der Philosophen, der Personen jedes Standes, welche sich an der Lektüre dieser Werke seit ihrem Erscheinen erfreuten, nur mehr und mehr bestätgt.

Ludwig XIV. richtete an Boileau die Frage: „Wer ist der größte Schriftsteller unseres Jahrhunderts?" — „Sire," antwortete der Dichter, ohne sich zu besinnen, „das ist Molière."

Von seiner Achtung für Molière legte La Fontaine Zeugniß ab in Ausdrücken, in denen Anmuth sich mit Nachdruck vereinigt, als er bald nach dem Tode seines Freundes die Grabschrift verfaßte, die mit folgenden Versen anfängt:

> Terenz und Plautus ruh'n vereint in diesem Grabe,
> Und dennoch ruhet hier nur Einer, Moliere. *)

Voltaire ging noch weiter. Sein Enthusiasmus für den Dichter des Misanthropen ließ ihn kühn über die Zukunft verfugen. „Molière!" rief er aus, „Molière! ich prophezeihe, daß wir einen Molière niemals wieder haben' werden."

Dieselbe Idee, etwas anders ausgesprochen, findet man in den Lobreden auf den großen Dichter wieder, die von der französischen Akademie im Jahre 1769 gekrönt wurden. Die Akademie, dieses angesehene und competente literarische Tribunal, glaubte hiernach selbst an einen „erledigt gebliebenen Thron, an eine einzige, keinem Zweiten zugängliche Stellung, an die Unerreichbarkeit des Mannes!" Sie billigte es, daß man das Genie Molières „als die Höhe ansah, auf welche der menschliche Geist sich von Stufe zu Stufe erhebt, und von wo derselbe nur herabsteigen kann."

La Harpe (dem man niemals den Vorwurf gemacht hat, daß er an Uebertreibungen Gefallen finde,) La Harpe nannte, selbst nach der eigenthümlichen Veränderung, welche durch unsere bürgerliche Zwietracht in seiner Sinnesart bewirkt war, Molière den göttlichen Mann.

Sollten Sie nun glauben, meine Herren, daß es unmöglich wäre, den Zeugnissen der Bewunderung von Boileau, La Fontaine, Voltaire noch etwas hinzuzufügen, so würden Sie sich in einem Irrthume befinden; diese drei großen Schriftsteller sind von einem Mathematiker überboten worden. Moivre, dessen wissenschaftlicher Ruhm nicht in Zweifel gezogen werden kann, pflegte zu sagen: „Ich möchte lieber Molière sein als Newton!

Und die andern Nationen? wie urtheilen sie von unserem Landsmanne?

Sie wissen, mit welcher Lebhaftigkeit die Völker sehr natürlich einander den geistigen Vorrang streitig machen. Nennen Sie Descartes, Pascal, Corneille, Racine, Bossuet, Voltaire, Montesquieu, d'Alembert, Buffon, Lagrange, Lavoisier, Laplace u. s. w., und man wird Ihnen alsbald mit den Namen von Baco, Galilei, Newton, Leibniz, Huygens, Euler, Keppler, Linné, Dante, Shakspeare, Milton, Tasso, Ariost, Priestley, Volta, Cavendish u. s. w. antworten.

Nur Molière hat das Vorrecht, keinen Nebenbuhler zu haben;

---

*) Sous ce tombeau gisent Plaute et Térence
Et cependant le seul Molière y git.

seine Ueberlegenheit wird in der civilisirten Welt einstimmig anerkannt und laut ausgesprochen.

Wir können also ohne Sorge sein, meine Herren; unser Gefühl hat uns nicht getäuscht:

Wir weihen heute das Standbild eines großen Mannes ein!

Man muß sich selbst wirklich Gewalt anthun, nicht dem Wunsche nachzugeben, einen Blick auf die tiefen und kühnen Combinationen, auf die reizenden Situationen, auf die warmen und wahren Schilderungen zu werfen, wovon die hauptsächlichsten Werke des philosophischen Dichters so vollendete Muster darbieten.

Aber wozu könnte es nützen, hier Stücke durchzugehen, welche die ganze Welt gesehen und bewundert hat, und aus denen alle meine Zuhörer lange Stellen auswendig wissen? Vielleicht ist das Leben des Dichters weniger allgemein gewürdigt worden; vielleicht hat man ebensowenig eine hinreichend gedrängte und treue Darstellung der Verdienste versucht, welche Molière sich um die öffentliche Moral erworben, und eine Nachweisung der Verkehrtheiten und Lächerlichkeiten, von denen er die Gesellschaft gereinigt. Das scheint mir im Angesicht dieses Monuments erzählt werden zu müssen. Wir wollen Niemand in dem Wahn bestärken, daß die Würde des Charakters, die Unbescholtenheit der Sitten, die Rechtschaffenheit des Handelns bei einem begabten Manne bloße Nebensachen wären; wir wollen es vielmehr laut aussprechen, daß selbst das Genie diese feierlichen Huldigungen, diese öffentlichen Zeugnisse der Verehrung nicht verdienen würde, wenn dasselbe, statt auf Gegenstände, welche die Seele erheben, das Herz ergreifen und uns besser machen, seine Kräfte zu verwenden, dieselben an leere Spitzfindigkeiten verschwenden wollte, die ohne Einfluß sind auf die Fortschritte des menschlichen Geistes. Nur wenige Worte noch, und die Seite, durch welche der große Mann vorzugsweise sich Achtung zu erwerben wünschte, wird sich in vollem Lichte darstellen.

Im Alter von vierzehn Jahren verläßt Poquelin, nachdem er zahlreichen und dringenden Bitten widerstanden hat, die Werkstatt und den Laden seines Vaters. Sie sehen ihn sogleich den gründlichsten Studien sich hingeben, und besonders dem Studium der exakten Wissenschaften unter dem berühmten Gassendi. Poquelin war nicht, wie die dünkelhafte Jugend seiner Zeit, der Ansicht, daß natürliche Gaben ohne Pflege Früchte bringen könnten.

Zu jener Zeit glaubte man in der ganzen Welt in vollem Ernst, daß ein Schauspieler ein verächtlicher Mensch sei. Oeffentlich, mit Erlaubniß und in Gegenwart der Obrigkeit etwas vorzutragen, und wären es die eigenen Werke, erschien als ein verdammungswürdiges Verbrechen.

Molière verachtete dieses abgeschmackte Vorurtheil. Er Schauspieler und Dichter. Von jener Zeit datiren in Frankreich die hauptsächlichsten Fortschritte des Schauspiels, dieser edlen geistigen Erholung für alle Stände und jedes Alter.

Der untadelhafte Lebenswandel Molières nach seinem wichtigen Entschlusse hat mehr als man glaubt dazu beigetragen, endlich eine deutliche und genaue Grenzlinie zwischen der wahren Ehre und den conventionellen Ehrenstufen zu ziehen

Bekanntschaften von der Schule her und ein anerkanntes Talent hätten es Molière leicht gemacht, Secretär eines Prinzen von G blüt u werden. Die Vortheile einer so schönen Stellung reizten den jungen Dichter aber nicht; er zog es vor, seinem Genie zu folgen.

Molière verwandte stets einen großen Theil seiner Einkünfte zu Almosen und freigebigen Unterstützungen; darum wurde er von den Unglücklichen und von seinen Berufsgenossen angebetet.

Er that noch mehr (unsere Schwachheit wird diese Worte rechtfertigen), er that noch mehr; mit Eifer suchte er die jungen Leute auf, deren Talent sich zu entwickeln anfing, die jungen Dichter, die dereinst seine Nebenbuhler werden konnten.

Racine ist ein Beweis hierfür; Molière wurde Racine's Beschützer, und zwar zu einer Zeit, wo man Molière sein mußte, um den unsterblichen Dichter des Britanicus, der Phädra, der Athalie in den ersten Versuchen eines noch ungeübten Versmachers zu erkennen.

Als Colbert an Racine im Namen Ludwig XIV. hundert Louisd'or sandte, um demselben für die bekannte Ode auf die Vermählung des Monarchen zu danken, bemerkte das Publikum boshafter Weise, daß die Freigebigkeit des prunkvollen Beherrschers eines großen Reiches nicht größer sei, als die, welche der schlichte Schauspieler zu Gunsten des jungen Dichters geübt hatte.

Molière bewies in allen Verhältnissen seines Lebens gegen das Laster jenen kräftigen Haß, den er in dem Misanthropen so vortrefflich geschildert hat, daß man annahm, er habe sich selbst auf die Bühne gebracht.

Molière's Ehrgeiz war vor Allem auf den Beifall des Volkes gerichtet, aus dem er hervorgegangen war. Den Angriffen von tausend gehässigen Leidenschaften ausgesetzt, bedurfte er einer festen Stütze, und um dieselbe zu erlangen, verfaßte er mehrere Stücke in dem Geschmacke der von der Menge im Theater Scaramouche beklatschten. In diesen Werken zweiten Ranges, die von unbedachtsamen Richtern streng und in Ausdrücken beurtheilt werden, die ich hier nicht wiederholen darf, findet man bei näherer Prüfung bewundernswerthe Scenen. Auf solche Weise leitete der unsterbliche Dichter die Reform ein, die es ihm möglich machte, später demselben Publikum die tadellosen Lustspiele: les savantes, l'Avare, le Tartufe und le Misanthrope darzubieten.

Wie Molière das Volk liebte, so behielt auch das Volk ihn im Andenken. Im Jahre 1773 verzeichnete Lekain bei Gelegenheit einer nicht
besuchten Vorstellung, deren Ertrag zur Errichtung einer Statue für den
Vater des guten Lustspiels bestimmt war, folgende sehr bemerkenswerthe
Worte in seinen Denkwürdigkeiten: „Der ärmste und empfänglichste Theil
der Nation nahm die Ankündigung der Vorstellung mit dem größten Enthusiasmus auf; aber die schönen Damen und die angesehenen Leute
schenkten derselben nicht die geringste Aufmerksamkeit."

Die ausgezeichneten Männer sind dem Vaterlande, ihren Zeitgenossen
und der Nachwelt Rechenschaft von dem Gebrauche schuldig, den sie von
den hohen, von der Natur ihnen geliehenen Gaben machen konnten. Molière's Andenken kann man einer derartigen Prüfung getrost unterziehen:
binnen fünfzehn Jahren verfaßte der unvergleichliche Dichter dreißig
Stücke; Molière war erst vierundfünfzig Jahre alt, als Frankreich ihn
verlor.

Wir haben den Dichter geschildert; werfen wir nun einen flüchtigen Blick auf seine Werke, um zu sehen, nicht welche Genüsse, denn deren Aufzählung würde zu lang sein, sondern welche Dienste, welche
Wohlthaten ihm die Gesellschaft verdankt.

Vor Molière stellte bei uns das Lustspiel nur die Lächerlichkeiten
der Narren und Bedienten dar. Dieser große Mann brachte zuerst mächtige und hochgestellte Personen auf die Bühne; auch sie trugen von der
Zeit an, vor den Augen eines spöttischen und mitleidslosen Publikums,
ihre Verkehrtheiten und ihre Laster zur Schau. Von Molière datirt
die Gleichheit vor dem Parterre.

¶ Zu der Zeit, als Molière auftrat, hatte ein verderbter Geschmack sich
Frankreichs vollständig bemächtigt; eine fast unverständliche Sprache,
eine schwülstige Galanterie, Bombast im Ausdrucke aller Empfindungen
waren in Paris wie in den Provinzen an die Stelle des Natürlichen getreten. Als die Précieuses ridicules erschienen, trat das Natürliche wieder
in seine Rechte, und unsere schöne Sprache entging dem Verderben, das
sie bedrohte.

Buffon sagte: „Der Styl ist der Mensch." Mit einem einzigen Zuge
zeichnete so der große Maler das wahre Verhältniß zwischen dem Schriftsteller und seinem Werke. Er hätte hinzufügen können, daß in einem
zur Nachahmung geneigten Lande der schlechte Styl einiger Schriftsteller
von Ruf ausreichend sein kann, um die Werke aller anzustecken und den
Nationalcharakter ausarten zu lassen. Ein kurzer Akt von Molière be-
wahrte Frankreich vor diesem Unglück. Vergeblich würde man nach
einem Fehler, oder sage ich lieber nach einer Lächerlichkeit, nach einer
bloßen Verkehrtheit suchen, von der die Sittenprediger die Menschheit
wirklich geheilt haben. Molière dagegen ist glücklicher gewesen. Wel-

len Sie die abgeschmackte und verschrobene Sprache in den Toilettenzim-
mern und Sälen des Schlosses Rambouillet kennen lernen? Lesen Sie
das Lustspiel, in welchem Molière dieselbe mit einem Federstriche hinaus-
fegte; die Gesellschaft zeigt keine Spuren mehr davon.

In den Femmes savantes hat Molière das Glück gehabt, die
plumpste und unerträglichste aller Thorheiten, den Mißbrauch der Gelehrsamkeit, zu vernichten.

Es giebt keinen aufrichtig und gewissenhaft dem Studium ergebenen
Menschen, der es ihm auch Dank wußte, die Herabwürdigung der
Wissenschaft durch die Pedanterie, und die Manie der gelehrten Kränz-
chen gegeißelt zu haben. Im siebzehnten Jahrhundert legten die Aerzte
Werth darauf, in Amtskleid und Kragen einherzugehen; ihre Recepte
schrieben sie lateinisch, damit die Kranken, sagt man, nichts davon ver-
stehen könnten. Dank Molière, die Wissenschaft ist geblieben und die
Charlatanerie ist verschwunden.

Der von dem unsterblichen Dichter gegen die Aerzte des großen
Jahrhunderts ausgesprochene Tadel hat die Billigung der gelehrten und
geistvollen Aerzte unseres Zeitalters erhalten. Mitglieder der medizini-
schen Facultät und Akademie hören mir lächelnd zu: ja diese beiden Corporationen haben sich an der Subscription sehr ansehnlich betheiligt.

Molières beißender Spott und sein geistreicher Scherz haben völlig
eben so viel, als die ernsten Schriften von Baco, Galilei und Descartes
dazu beigetragen, den modernen Peripatetismus von seinem Throne zu
stürzen. Dem Schwulste der Metaphysiker jener Zeit und ihren dunkeln
Spitzfindigkeiten hat ebenfalls Molière den Todesstoß versetzt. Wenn
diese Verkehrtheit einmal wieder aufleben sollte, so brauchte man nur
noch einmal Marphurius und Pancrace zu Hülfe zu rufen und die Sache
wäre abgethan.

Unter dem Einfluß von zwei Stücken des großen Lustspieldichters ist
für die jungen Mädchen eine weise und milde Erziehungsmethode an die
Stelle eines alten Systems voll thörichter Strenge getreten; Unwissenheit
und Sklaverei gelten seitdem nicht mehr als die wahre Bürgschaft der
Sittsamkeit.

Die so heitere und komische Schilderung des Herrn Jourdain hat ohne
Zweifel nicht das Vorrecht gehabt, die Neigung der Reichen aus dem Bür-
gerstande, sich dem Adel anzuschließen, zu vernichten, aber nichtsdestoweniger kann man behaupten, daß sie dieselbe sehr merklich gemäßigt hat.

Zu nützen, das war stets der Zweck des philosophischen Dichters,
selbst in denjenigen seiner Stücke, in denen der Gegenstand am frivolsten
erscheint. Unterhaltung, Belustigung, Lachen kommen erst in zweiter
Linie; es sind für ihn die Mittel. Vergleichen Sie die Amants magni-

¬iques. Ludwig XIV. wünscht, daß zwei Fürsten dargestellt werden, die Ich die Neigung einer Frau streitig machen, indem sie miteinander wetteifernd prächtige und galante Feste geben. Molière bringt einen Wahrsager unter den Personen dieses faden Turniers an, und die Astrologie, der man im Jahre 1670 noch ein langes Leben zutrauen konnte, verfällt der Lächerlichkeit, die sie nicht überlebt hat.

In einem andern Stücke brandmarkt Molière den Geiz in beißenden, unauslöschlichen Zügen. Die Gesinnung, die Handlungsweise, die Vorurtheile, die Sprache des Geizigen, dies Alles wird mit einer bewunderungswürdigen Treue in dem Stücke wiedergegeben. Der mit diesem Laster behaftete Zuschauer vergißt, daß das Stück mehr als 150 Jahre alt ist; er glaubte, dem großen Maler gesessen zu haben; ja es beschleicht ihn endlich die Furcht, ein scharfsichtiger Nachbar könne ihm zurufen: Harpago, Harpago, sieh' da dein Ebenbild! Philosophen, Sittenlehrer, Gesetzgeber, beuget euch vor Molière; die heiteren Gemälde des Lustspieldichters haben, ich wiederhole es, die bürgerliche Gesellschaft glücklicher und gründlicher umgestaltet, als eure langweiligen Predigten und gebieterischen Vorschriften es vermochten.

Selbst vor bloßen Verkehrtheiten wollte Molière rechtschaffene Leute bewahren; das ist das wirkliche Ziel des Misanthrope, eines der Meisterwerke des menschlichen Geistes. Mit wunderbarer Kunst und erstaunenswerthem feinen Takte ist es dem Dichter gelungen, auf Kosten seines Misanthropen Lachen zu erregen, obwohl derselbe die Person des Stückes bleibt, der jeder ehrenhafte Zuschauer vorzugsweise gleichen möchte. Ein gewöhnliches Auge bemerkt im Allgemeinen in der neueren Gesellschaft nur eine unterschiedslose Oberfläche, nur Charaktere von alltäglicher Einförmigkeit. Der denkende Beschauer, wie Molière von Boileau genannt wird, hatte das Geheimniß gefunden, die Fehler der Menschen unter ihren schlauen Verkleidungen zu entdecken. Er verstand es, bei vorkommender Gelegenheit mit fester Hand die erborgten Hüllen zu entfernen, alles modische Beiwerk wegzuwerfen, den Charakteren auf den Grund zu dringen, und Gemälde zu entwerfen, die ewig wahr sein werden, weil ihre Vorbilder aus der Natur selbst genommen sind.

Ebenso glücklich war Molière in der Entlarvung der scheinheiligen Heuchler: er besaß den Muth, diese Persönlichkeiten auf der Bühne in ihrer ganzen Häßlichkeit im Verein mit der für dieselben charakteristischen Niederträchtigkeit, Treulosigkeit und Undankbarkeit bloßzustellen.

Von diesem Augenblicke an ward aber das Leben des Dichters ein beschwerlicher Kampf.

Die Scheinheiligen zogen aus ihren gehässigen Schlichen zu große Vortheile, um denselben ohne Kampf zu entsagen. Vermöge ihrer Schlauheit, Geschicklichkeit und Beharrlichkeit gewannen sie achtungswerthe und aufrichtig fromme Personen für ihre Sache, und hielten sich des Triumphes versichert. An allen Orten und in allen Tonarten eiferten sie gegen den erbärmlichen Comödianten, der zum öffentlichen Aergerniß es sich herausgenommen habe, in Sachen des Glaubens zu Gerichte zu sitzen.

Der erbärmliche Comödiant blieb unerschütterlich. Er stellte höllischen Ränken die Festigkeit des rechtschaffenen Mannes entgegen.

In dem unsterblichen Stücke will die Hauptperson sich durch den verwerflichen Grundsatz:

„Auch mit dem Himmel kann der Mensch wohl unterhandeln‘ *)

aus einer schwierigen Lage ziehen.

Mit Molière war keine Unterhandlung möglich. Der Philosoph hatte nach der Natur gemalt; er würde niemals eingewilligt haben, seine Farben abzuschwächen, über sein Gemälde einen Schleier zu hängen. Das Meisterwerk wird so, wie der Dichter es verfaßt hat, auf die Nachwelt kommen.

Hat denn aber Molière für immer die Keime der hässigsten Heuchelei vernichtet?

Nein, meine Herren, Niemanden, auch Molière nicht, ist es beschieden gewesen, die menschliche Natur umzuändern.

Was Molière mit unvergleichlichem Talente gethan hat, das ist, der ganzen Welt das wahre Antlitz des Betrügers, der sich mit der Maske der Religion bedeckt, vor Augen zu stellen; seit diesem Tage verbergen sich die Heuchler dieser schlimmsten Sorte, und sind genöthigt, im Finstern ihr Wesen zu treiben. Wer könnte behaupten, daß dein Genie, Molière, daß deine tugendhafte Beharrlichkeit ohne Erfolg gewesen wäre, wenn man mit leichter Veränderung eines Verses aus unserer Zeit unter allgemeiner Zustimmung ausrufen kann:

Wo man dich nennen hört, erbleichen die Tartüffe! **)

Ueberall, wohin ihre siegreichen Armeen drangen, errichteten die Alten Denkmäler, welche das Andenken an herrliche Thaten und große Namen auf künftige Geschlechter bringen sollten. Zu unserer Zeit haben die Menschen zu viel Einsicht, um die blutigen Kämpfe des Krieges auf die höchste Stufe zu stellen; der höchste Rang gebührt dem Triumphe der Einsicht und Vernunft. Man darf daher hoffen, daß die Baukunst und die Bildhauerkunst, wenn sie die engen Wege verlassen, in welchen man sie bis jetzt einherzugehen nöthigte, berufen sein werden, jene glorreichen

---

*) Il est avec le ciel des accommodements.

**) Et ton nom prononcé fait pâlir les tartufes!

Zeiten zu verherrlichen, in denen Frankreich die Fesseln eine nach der andern zerbrach, in welche Tyrannei, Vorurtheile, Unduldsamkeit und Fanatismus dasselbe geschlagen hatten. Das Denkmal Molière's, meine Herren, wird dann, ohne den Charakter zu verlieren, den sie heute demselben geben, einen hervorragenden Platz einnehmen unter den steinernen, marmornen und bronzenen Abschnitten unserer Nationalgeschichte, wenn ich mich so ausdrücken darf, welche das Genie unserer Künstler geschaffen haben wird. Der Gegenstand, das Datum und besonders der Ort, den dasselbe einnimmt, werden die Aufmerksamkeit mächtig fesseln.

Gehen wir, meine Herren, um Geiste zurück bis auf den 21. Februar 1673. Das Volk drängte sich in eiligen Haufen in diese Straße; unwissend, fanatisirt wollte dasselbe die kaum erkalteten Ueberreste des Dichters des Tartufe beschimpfen. Heute bemerke ich unter den Zuschauern, die uns umgeben, nur begeisterte Bewunderer des unsterblichen Dichters.

Am 21. Februar 1673 erlangte man, ungeachtet der ausdrücklichen Verwendung Ludwig's XIV., mit Mühe den bescheidenen Fleck Erde, wo Molière in Frieden ruhen sollte. In den Jahren 1841 und 1842 haben die Staatsgewalten, die Munizipalverwaltung von Paris, große Corporationen, zahlreiche ehrenwerthe Bürger im Wetteifer zu der Erwerbung des Platzes beigetragen, wo zur Sühne das Monument sich erhoben hat, das Sie begrüßen.

Die Geschichte hat die mehr lächerlichen als gehässigen Acten aufbewahrt, in denen ein Prälat, mit Widerstreben sich dem Willen eines großen Monarchen fügend, kaum gestattete, die entseelten Ueberreste eines genialen Mannes auf dem allgemeinen Kirchhofe der St. Josephs-Gemeinde zu begraben. Die Erlaubniß wurde ertheilt unter der Bedingung (das Wort Bedingung rührt nicht von mir her), daß die Beisetzung ohne Gepränge erfolge, daß in keiner Kirche von Paris eine Seelenmesse stattfinde, endlich daß Alles in der Nacht geschehe.

Sehen Sie, meine Herren, den Contrast. Am hellen Tage schaaren sich vor dem Hause Molières die Municipalbehörden der Hauptstadt, die wissenschaftlichen und gelehrten Körperschaften, die Zöglinge der öffentlichen Schulen, Bürger jedes Alters; ich darf sogar dreist behaupten, wenn unter die Beweise von Sympathie, deren Zeugen Sie sind, sich ein Bedauern mischt: so ist es nur das eine, daß der Raum und die Jahreszeit nicht erlaubt haben, dieser Feierlichkeit mehr Pracht und Größe zu geben.

Welch ein Abstand, meine Herren, zwischen dieser Gesinnung und derjenigen, die im Jahre 1673 das Leichenbegängniß des tugendhaften Philosophen zu dem eines gemeinen Missethäters herabzudrücken suchte! Wenn die einfache Steinplatte, welche die Freunde Molières so glücklich waren, von einer einsichtsvollen Toleranz bewilligt zu erhalten, und die sie nur heimlich und bei Nacht an ihren Platz bringen durften, hundert und einundsiebzig Jahre später in ein prachtvolles Monument in dem lebhaftesten Viertel der Hauptstadt sich verwandelt: so darf man hoffen, daß die blinden und starrsinnigen Köpfe die Nothwendigkeit fühlen werden, mit ihrem Jahrhundert zu gehen.

Fortan werden diese Säulen, diese Statuen vor aller Augen verkünbigen, daß Vorurtheile früher oder später von der öffentlichen Vernunft besiegt werden; sie werden dazu auffordern, mit verächtlichem Lächeln auf die Zwerge zu blicken, die durch Ausspreizung ihrer winzigen Arme den Fortschritt des menschlichen Geistes aufzuhalten hoffen. Von der Höhe dieses glorreichen Monuments wird Molière uns beständig zurufen, nicht auf die Stimme der Entmuthigung zu hören, vielmehr mit festem und beharrlichem Schritt der Zukunft entgegen zu gehen, welche sein Genie erschaut hatte, deren Annäherung er vorbereitete, nud in deren Schooße die Menschheit in erhabener Ruhe den Preis ihrer langen und blutigen Kämpfe finden wird.

———— 8 ————

Manifest Destiny.

Das vielgebrauchte Wort: „Manifest destiny" läßt sich nicht gut in das Deutsche übertragen, ohne demselben seine eigenthümliche Bedeutung zu nehmen, denn es ist ein richtiges Yankeewort, für welches die deutsche Sprache viel zu mäßig und bescheiden ist. Die französische Sprache ist schon eher im Stande, diesen Begriff wieder zu geben; Napoleon glaubt ebenso sehr an seinen „Stern", wie der Yankee an die „offenbare Bestimmung" seines Volkes, und ebenso wenig, wie Napoleon vor dem Staatsstreiche, dem Kriege und andern Gewaltthätigkeiten zurückschreckte, um seinem Stern zu folgen, ebenso wenig furchtet der Amerikaner, irgend ein Unrecht zu thun, oder eine Gefahr zu laufen, wenn es gilt, das manifest destiny zu erfullen. Dieser Ausdruck nimmt eine sehr wichtige Stellung im amerikanischen Völkerrechte ein; er ist das im positiven Sinne, was die Monroe Doktrin negativ ist, und daher eine weitere Ausbildung der Monroe-Doktrin und des amerikanischen Völkerrechts. Während die berühmte Monroe-Doktrin, das Steckenpferd des alten Caß, bestimmt, daß keine europäische Macht sich in die Angelegenheiten irgend eines amerikanischen Landes mischen solle, — früher bezog sich die Monroe-Doktrin bloß auf den amerikanischen Continent, in neuerer Zeit aber dehnt man sie aber auch auf die Inseln aus — gehen die Anhänger des „Manifest destiny" einen Schritt weiter, und sagen, daß der ganze Continent von Nordamerika, Mexiko, Central-Amerika, Cuba und Westindien, die Sandwichsinseln u. s. w., daß überhaupt alles Land, was im geographischen Verbande mit Amerika liegt, mit der Union verbunden werden müsse. Diese offenbare Bestimmung Amerika's, sagen die Anhänger dieser Theorie, ist mächtiger, als das positive Völkerrecht, als die Drohungen der europäischen Mächte, als alle Hindernisse und Gefahren, welche sich jedem Versuche, das manifest destiny zu realisiren, entgegen stellen. Eine solche Ansicht spukt nicht nur im Kopfe einzelner Flibustier, der Kinney's, Walker's u. s. w., sondern scheint eine allgemeine Volksansicht zu sein, welche besonders in der demokratischen Partei Platz gefunden hat, und wenn auch das General-Gouvernement sich offiziell noch gegen diese Eroberungspolitik ausspricht, so unterläßt es doch nichts, um derselben Vorschub zu leisten, und widersetzt sich nicht einmal den gewaltsamen Versuchen einzelner Abenteurer, auf eigene Faust Eroberungen zu machen. Die Einfälle in Cuba, Sonora, die Expeditionen Walker's und Kinney's in Central-Amerika sind nur die Vorläufer einer Eroberungspolitik, die jetzt scheu und mühsam zurückgehalten wird und in ihren weiteren Verlauf vielleicht den ganzen Charakter dieser Republik verändert. Schon jetzt sieht man häufig eine große Karte, welche die ganze Ländermasse des amerikanischen Continentes mit Centralamerika und Westindien darstellt und worauf die Ueberschrift: Unser Land! steht; dieses stolze Selbstgefühl scheint unter der ganzen Masse des amerikanischen Volkes verbreitet zu sein. In der That sind auch nicht nur die geographischen, sondern auch die politischen Verhältnisse dieser offenbaren Bestimmung der Union günstig; die Verfassung einer Föderativrepublik, welche die Selbstständigkeit der einzelnen Glieder bis zu einer gewissen constitutionellen Grenze aufrecht hält, erlaubt eine große Anschwellung des Ganzen, ohne den Despotismus und die Zersplitterung zum Gefolge zu haben. Die bisherige Erwerbung neuer Gebiete fand große Schwierigkeiten und Hindernisse im Innern und von Außen vor, aber über alle dieselben triumphirte das manifest destiny, und es ist vorauszusehen, daß dies wenigstens noch eine Weile so fortgehen wird. Der verhältnißmäßige blühende Zustand der Union, die rasche Zunahme der Bevölkerung und der Produktion, besonders im Norden, unterscheidet sich von dem verwirrten und ungeordneten Zustande der Central-Amerikanischen Länder zum großen Vortheile für die Union, und jeder Vergleich zwischen beiden arbeitet der Eroberungspolitik in die Hände. In der That, es ist ein großer Gedanke, sich den ganzen nordamerikanischen Continent mit Mexiko, Central-Amerika und den Inseln als eine Föderativrepublik vorzustellen, die ein großes, gewaltiges Ganze bildet, welches an Macht, Ausdehnung und Bevölkerung seines Gleichen nicht in den Reichen des Augustus, Karls des Großen und Philipps V. hat. Der Gedanke, daß diese Aussicht noch bei unsern Lebzeiten sich realisiren kann, ist gewiß reizend und verlockend; wir müssen die größten Fortschritte für die Zukunft, die Vermehrung der Produktion, die Erleichterung des Handels, Abhülfe der Armuth u. s. w. von der Kultivirung dieses ungeheuren Ländergebietes erwarten, das jetzt der Menschheit wenig Nutzen bringt.

Trotz dieser glänzenden Aussichten wird die Zweckmäßigkeit und Rechtmäßigkeit dieser Eroberungs- oder vielmehr Annexationspolitik von einem großen Theile des amerikanischen Volkes bestritten, und zwar gerade von dem freisinnigen, voranstrebenden und patriotischen Theile derselben, und auch wir von unserm Standpunkte aus müssen uns dieser Protestation anschließen. Es giebt große Maßregeln der Geschichte, welche ebenso wohl zum Heile, wie zum Verderben der Menschheit ausschlagen können, Maßregeln von weitreichender, entscheidender Bedeutung, von deren Entscheidung und Benutzung die Gestaltung ganzer Jahrhunderte abhängt. Die Annexationspolitik trägt einen Stachel in sich, der alle Bestrebungen derselben vergiftet, nämlich die Sklaverei. Mit der Vergrößerung der Union nach dem Süden hin, — und nach dieser Richtung hin erstrecken sich die gegenwärtigen Eroberungspläne, — tritt auch eine Vergrößerung des Sklavereigebietes und der politischen Macht der Sklavenhalter ein, welche Macht zur Zeit schon das ganze General-Gouvernment beherrscht und die reichste Quelle der politischen Corruption und Demoralisation ist. Die Vergrößerung der Union vermittelst neuer Sklaventerritorien und Staaten wurde nicht ein Sieg der republikanischen Ideen sein, sondern direkt in das finstere barbarische Mittelalter zurückführen. Europa würde zurückschaudern von den Anblicken einer so mißgestalteten, auf dem Prinzip der Sklaverei beruhenden Republik, und der freie Norden Amerika's würde sein Blühen u. seine Entwickelung durch die verkehrten Maßregeln des Südens immer mehr, wie dies jetzt schon der Fall ist, (z. B. in Betreff der inneren Verbesserungen) gehemmt und beeinträchtigt sehen. Die allgemeine Rechtsverwirrung und Demoralisation, welche in der Kansas- und Nebraskabill zum Gesetz geworden ist, würde immer mehr und mehr um sich greifen; ein Volk, das sich gewöhnt, Sklaverei und Freiheit als gleich berechtigte Verhältnisse zu betrachten, ist zu jeder Rechtsverletzung und barbarischen Handlung bereit. Eben so traurig, wie die moralischen und politischen Folgen, würden auch die ökonomischen sein. Denn die großen weiten Länderstrecken, welche Millionen freien Ansiedler und Ackerbauer Heimath und Nahrung bieten können, würden unter der ießigen Praxis eine Beute einer verhältnißmäßigen geringen Zahl von Sklavenhaltern und Landspekulanten werden, und so würde dort, wo in Zukunft unter dem Schutze der republikanischen Institutionen große und wohlhabende Völker wohnen könnten, eine brutale, gesetzlose Landaristokratie entstehen, gegen welche der Hochmuth eines englischen Tory's oder eines uckermärkischen Grafen noch als Bescheidenheit erscheint.

Wer also an das „manifeet destiny" der Union, an ihre historische Mission in Central-Amerika, Meriko, Westindien glaubt und dieselbe realisiren helfen will, dem bleibt nur Ein Weg übrig, nemlich den Grundsatz von dem gänzlichen Verbot der Ausbreitung der Sklaverei zur Richtschnur seines politischen Verhaltens zu nehmen. Ist einmal dieser Grundsatz die Basis der amerikanischen Politik geworden und unverwüstlich in der öffentlichen Meinung festgewurzelt, dann kann der Riese, dem jetzt die Eifersucht der Parteien die Hände gebunden hat, sich wieder regen, dann kann die historische Mission Amerika's ihrem Ziele wieder näher schreiten, dann hat die Union ein Recht, die Staaten, welche bis jetzt der Despotie oder Anarchie gehören, in den Bund der Freiheit und Gerechtigkeit einzuführen. Ein freier Staat hat das Recht der Eroberung jedem unfreien Staat gegenüber, denn Eroberung heißt hier soviel, wie Befreiung. Die republikanische Partei hat diesen Grundsatz des gänzlichen Verbotes neuer Sklavenstaaten und Territorien zum Mittelpunkte ihrer politischen Platform gemacht, und damit den Schlüssel gegeben, der uns die große freie Zukunft Amerika's erschließt.

Noch eine andere Frage hängt hiermit zusammen. Soll die Union sich in den kolossalen Dimensionen vergrößern, wie es die Anhänger des manifest destiny wollen, und wie es in den geographischen Verhältnissen begründet zu sein scheint, so muß neben der Prosklaverei-Politik auch der Nativismus und Fremdenhaß, der gegenwärtig wüthet, einem allgemeinen republikanischen Rechts- und Gleichheitsgefühle weichen, damit die Gleichberechtigung aller einzelnen Staaten, welche in der Ver. Staaten Constitution garantirt ist, kein leeres Wort ist, und die Despotie einer Nationalität oder Race nicht jede republikanische Verfassung zu einer leeren Form macht. Die geographische Ausdehnung der Union muß mit einer Erweiterung der Ideen Hand in Hand gehen, und wenn die Union sich zu einem Weltreiche gestaltet, muß sie auch Weltideen haben. Grade im Süden der Union, wohin die Flibustier sehnsüchtig ihre Augen richten, finden sich die verschiedensten Nationalitäten vor, die sich jeder Anexation widersetzen werden, wenn sie in dem steifen, puritanischen Yankee einen Menschen sehen, der sie als Fremde verachtet und unterdruckt Dieser Nativismus und Puritanismus der Neu-England Staaten ist überhaupt diejenige Eigenschaft, welche am meisten der historischen Mission und der offenbaren Bestimmung des amerikanischen Volkes widerstrebt, und die im entschiedensten Gegensatze zu der Zukunft der Union steht; es kann Niemand mehr den Charakter dieses Landes verkennen und der Größe desselben widerstreben, als ein sogenannter „Amerikaner".

Wenn wir eine dritte Warnung in Betreff des manifest destiny hinzufügen wollen, so betrifft sie den Katholizismus. Bereits hat diese finstere, verderbliche Macht in den gegenwärtigen Staaten der Union eine solche Macht erreicht, daß jede weitere Vermehrung derselben ihr die Herrschaft geben wird. Grade aber die Länder, nach denen das amerikanische Volk die Arme ausstreckt, sind von katholischen Völkern bewohnt, durch katholischen Einfluß beherrscht, durch katholische Priester ruinirt. Namentlich Merico, das Land, das der Anneration offenbar am nächsten steht, ist das deutlichste Beispiel von dem verderblichen Einflusse der katholischen Hierarchie, welche heute noch vollständig die Geschicke des Landes beherrscht und die geheime Triebfeder ist, die immer neue Revolutionen emporwühlt. Die Nationen spanischer Abkunft in Merico, Centralamerika und Westindien stehen unter dem Banne der katholischen Kirche, und wenn dieselben unter den bestehenden Verhältnissen, wo der Jesuitismus sich mit der „demokratischen" Corruption vermählt hat, in die Union aufgenommen würden, so wäre dies eine Vermehrung des katholischen Einflusses von der größten Gefährlichkeit.

Wir haben kurz gezeigt, welche Elemente dem „manifest destiny" dieser großen Republik entgegen stehen. Slaverei, Nativismus, Katholizismus sind gegenwärtig vorbereitet, jede neue Erwerbung, welche die Ver. Staaten machen, für sich in Beschlag zu nehmen. Der unreine, unmoralische Geist, der gegenwärtig nicht nur die amerikanische Politik, sondern auch die amerikanische Nation beherrscht, wurde durch jede Gebietsvermehrung und Machtvergrößerung nur noch verderbter und gefährlicher werden, so daß man unter den ietzigen Umständen im Interesse der Union selbst froh sein kann, daß ein feiges und unentschlossenes Gouvernement den europäischen Krieg unbenutzt vorübergehen läßt, und die räuberischen Wünsche nicht in Thaten umzuwandeln wagt. Fürwahr es giebt nichts Perfideres und Erbärmlicheres, als die auswärtige Politik der Pierce'schen Administration; im Geheimen begünstigt sie jede räuberische That in Central-Amerika, während ihre offiziellen Erklärungen von Legalität und Friedensgesinnungen überströmen.

Die historische Bestimmung der Union sieht, allerdings unter dem Lichte der gegenwärtigen Parteiungen und Ereignisse betrachtet, sehr häßlich aus, aber trotzdem eristirt diese Bestimmung, ist begründet in den historischen Thatsachen und geographischen Verhältnissen, und wird sich im Laufe der Zeit erfüllen. Es ist dabei nur die große Gefahr, daß die Ereignisse sich übereilen. Wie man hier in vielen Beziehungen die Zukunft dadurch ruinirt, daß man sie anticipirt, so auch in Beziehung auf die Annerationspolitik. Man sollte erst die In titutionen im Innern ausbauen, die Civilisation vermel ren, die Gerechtigkeitsliebe und den Freiheitssinn verstärken, eh r man an die Eroberung neuer Länder denkt. Man sollte erst einmal die i tzigen Staaten der Union zu wahren Republiken einrichten, el er man den Kreis derselben erweitert. Die Kultur und Civilisation ist sehr dünn uber den Boden der nordamerikanischen Republik gestreut; wird das Terrain noch vergrößert, so wird am Ende die Vergoldung so dünn, daß man sie gar nicht mehr bemerken kann. Es ist schon viel Waldn ß um uns her, wir brauchen nicht noch die Wildniß Merifo's und Central-Amerika's aufzusuchen. Aber dieselbe Hast, welche die Territorien von Kansas und Nebraska einer voreiligen Einwanderung öffnet, und dadurch die ganze Zu unft der Vereinigten Staaten beunruhigt, dieselbe Hast drangt auch die Filibustierhaufen nach Merico und Centralamerika; die Sklavenhalter brauchen n cht b queme Farmen, sondern große Fürstenthümer; ihr Durst nach Erweiterung ihrer Macht muß natürlich mit der steigenden Bevölkerung des Nordens wachsen, und daher die Eroberungsgeluste, die zur Zeit nicht im Dienste republikanischer Ideen, sond rn der Prosklaverei-Propaganda stehen.

Ueber die Sichtbarkeit der Sterne in Brunnen.
(Aus Arago's populären Astronomie.)

Aristoteles sagt, daß man die Sterne erbl ckt, wenn man sich in der Tiefe eines Brunnens befindet.

Diese B obachtung des griechischen Philosophen theilt Buffon mit -in dem Abschnitte seines Werks, der vom Menschen handelt, doch ohne die Schrift zu nennen, der er dieselbe entlehnt hat.

Ameilhon belehrt uns im 42. Bande der Memoiren der Akademie der Inschriften (erschienen 1786), daß die fragliche Stelle im 5. Buche de generatione animalium vorkommt. In demselben Buche erzählt Aristoteles ferner, daß man sich, um die Sterne deutlich zu sehen, langer Röhren bediente; aber es spricht Alles dafür, daß derartige Röhren nur wie Brunnen wirkten, und daß sich im Innern derselben keine Art von Glas befand.

Auch Plinius versichert wie der Stagyrit, daß man vom Boden

einer engen Höhle aus die Sterne am hellen Tage erblickt; aber vielleicht hatte der berühmte Schriftsteller diese Beobachtung, nach seiner Gewohnheit, von Aristoteles entlehnt, ohne sich von der Richtigkeit derselben zu überzeugen. Jedenfalls glaube ich, daß man Plinius nicht als Gewährsmann für die von ihm berichtete Thatsache anführen darf.

In der Rosa Ursina, einer Schrift Scheiner's, liest man auf S. 417 Folgendes:

„Von einem wohlunterrichteten und sehr glaubwürdigen Manne habe ich erfahren, es sei in Spanien eine ausgemachte Sache, daß man in tiefen, oben offenen Brunnen den Himmel und die Sterne, die durch Reflex wie in einem Spiegel glänzen, selbst um die Mittagszeit sehr deutlich sieht, und daß er selbst sie auf diese Weise sehr häufig betrachtet habe .... In Coimbra versichern die Studenten und andere Beobachter, daß man sie am Boden eines sehr tiefen Brunnens erkennt."

In Sir John Herschel's Astronomie (S. 63 der ersten englischen Ausgabe) finde ich Folgendes:

„Die durch das Zenith gehenden hellen Sterne kann man sogar (may even be) mit bloßen Augen sehen, wenn man sich am Boden einer tiefen und engen Höhle befindet, wie die gewöhnlichen Brunnen sind oder die Schachte (shafts) der Bergwerke. Ich selbst habe von einem berühmten Künstler gehört, (ich denke es war Troughton), daß der Umstand, der seine Aufmerksamkeit auf Astronomie lenkte, das regelmäßige, mehrere Tage hintereinander sich zu einer bestimmten Stunde wiederholende Erscheinen eines hellen Sterns war, den er in der Richtung seiner Rauchfangröhre erblickte."

Nimmt man an, was diese Zeugnisse zu thun gestatten, daß gewisse Sterne vom Grunde eines Brunnens aus, oder durch ein langes, schwarzes, einer Rauchfangröhre ähnliches Rohr mit bloßem Auge sichtbar seien, wie soll man diese Thatsache erklären? Ich glaube es kann auf eine sehr einfache Weise geschehen.

Das Gesichtsfeld des bloßen Auges, d. h. die Reihenfolge von Objecten, die das unbewegte Auge auf einmal fassen kann, beträgt 90° nach den Alten, 135° im horizontalen und 112° im verticalen Sinne nach Venturi; nach Brewster endlich 150° horizontal und 120° vertical.

Ist also das unbewegte Auge auf den Himmel gerichtet, so empfängt es Strahlen von allen Punkten der Atmosphäre, die auf einer kreisrunden Fläche von mehr als 100° Durchmesser liegen, und man begreift leicht, daß die regelmäßige Erleuchtung der Netzhaut unter diesen Umständen beträchtlich sein muß. Dazu kommt, daß die Hornhaut nicht vollkommen durchsichtig ist, sondern daß sie bis zu einem gewissen Grade wie ein mattgeschliffenes Glas wirkt, und daß sie somit auf der Netzhaut nach allen Richtungen hin die einfallenden atmosphärischen Strahlen verbreitet.

Bei dieser Auffassung der Sache muß die Netzhaut eines nach dem Zenith gerichteten Auges Strahlen erhalten, die von allen auf einer ganzen Halbkugel befindlichen Punkten der Atmosphäre herkommen, und folglich so 'arf erhellt werden, daß das Bild eines Sterns auf dem hellen Grunde nicht bemerklich werden kann. Sobald man aber mittelst einer Röhre den größten Theil desjenigen Lichtes abhält, welches auf die Ho nhaut fiel, können sogleich die in einen Punkt der etzhaut vereinigten Strahlen des Sternes das Uebergewicht über diejenigen erhalten, welche entweder direkt oder durch Zerstreuung denselben Punkt erhellen.

Wir wollen nach dem, was wir früher gesagt haben, noch bemerken, daß unter den besondern Verhältnissen, die wir hier voraussetzen, ein Weitsichtiger dort sehr deutlich Sterne sehen kann, wo ein Kurzsichtiger keine Spur davon erkennt.

Ueber die Sichtbarkeit der Sterne am hellen Tage.

Die Führer versicherten Saussure, daß man auf dem Gipfel des Montblanc am hellen Tage mit bloßem Auge Sterne seh; er selbst bemühte sich nicht, die Wahrheit dieser Behauptung zu prüfen.

Die Beobachtung der Führer des berühmten genfer Reisenden könnte zum Beweise dafür dienen, daß das atmosphärische Licht das Haupthinderniß beim Sehen von selbstleuchtenden, jenseit der obersten Grenze der Atmosphäre befindlichen Gegenständen sei, denn es ist allgemein bekannt, daß der Himmel von hohen Bergen aus schwärzer und weniger leuchtend erscheint, als in der Ebene.

Cardani rühmte sich, die übernatürliche Gabe zu besitzen, den Himmel am hellen Tage sternbesäet zu sehen; da er sich indessen auch das Vermögen zuschrieb, in die Zukunft zu sehen, und zu hören, was man i seiner Abwesenheit von ihm sagte, so dürfen wir seine erstere Behauptung unbedenklich den Träumereien zuzählen, von denen die Biographen des berühmten Geometers ein so umfängliches Verzeichniß aufzustellen hatten. (Man sehe die Notiz über Cardani von Herrn Frank im Moniteur vom 7. October 1844.)

Gehen wir über zu den mit Fernröhren angestellten Beobachtungen Morin's.

Morin sah die Sterne mit einem Fernrohre nach Sonnenaufgang gegen Ende des Märzmonats 163. .

Das erste Mal war Arctur im Westen eine halbe Stunde nach Sonnenaufgang noch sichtbar. „Darüber hatte ich eine so große Freude," sagt Morin, „daß ich fast Fernrohr und Instrument umgeworfen hätte."

Am nächsten Morgen sah Morin die Venus in Sichelgestalt noch eine Stunde und länger nach Sonnenaufgang.

Ueber die Möglichkeit, die Sterne bei vollem Sonnenscheine zu sehen, war der Astrolog Morin ganz außer sich, und schrieb sein Glück einem übernatürlichen Ereignisse zu. „Eines Nachts," erzählt er, „betrachtete ich die Jupitersmonde, als ein Himmelbote zu mir geflogen kam und mich folgendermaßen anredete: — Warum willst Du Deine Augen unnütz anstrengen, mit diesem Instrumente Mond, Sonne und Jupiter zu betrachten? Ueberlaß Anderen diese Unterhaltungen und wende Dich nützlicheren Dingen zu, für welche Du bestimmt bist. Wenn Du meinen Rath befolgst, ist Dir ein größerer Ruhm beschieden, denn Du sollst am hellen Tage die Planeten und die Hauptsterne sehen, die kein Sterblicher bisher anders als bei Nacht gesehen hat."

Die sechste Abtheilung der Scientia longitudinum, in der sich diese Stelle findet, ist nach Fouchy im Jahre 1635 gedruckt (vergl. die Memoiren der Akademie von 1787, S. 391), nach Delambre dagegen 1636 (Histoire de l'Astr. mod II. Bd. S. 254.)

Morin hatte sein Werk den berühmten Astronomen seiner Zeit zugesandt, unter Andern auch Galilei.

In einem Briefe an Lorenzo Realio vom Jahre 1637 erzählt Galilei, daß man mit seinen vervollkommneten Fernröhren Jupiter den ganzen Tag hindurch sehe (si vede tutto il giorno), ebenso wie Venus, die übrigen Planeten und einen großen Theil (buano parte) der Firsterne. (Galilei, S. 312 des 7. Bds. der Mailänder Ausgabe.)

Im Jahre 1637 wurde Galilei zu Arcetri von einem Augenflusse befallen, der ihn fast blind machte; es müssen also die von ihm angeführten Planeten= und Sternbeobachtungen am hellen Tage älteren Datums sein, aber aus welcher Zeit rühren sie her?

Galilei drückt sich zu kurz und allgemein aus. Jupiters Sichtbarkeit während des ganzen Tages, besonders mit Hülfe eines kleinen, nur dreißig Mal vergrößernden Fernrohrs, hängt vom Winkelabstande des Planeten von der Sonne ab, und dieses Umstandes hätte Galilei, meiner Meinung nach, in dem Berichte über seine Tagbeobachtungen erwähnen sollen.

Wenn man übrigens, was bis auf wenige, seltene Ausnahmen jederzeit geschehen muß, Prioritätsfragen nur nach dem Datum der Veröffentlichungen entscheidet, so ist klar, daß man nothwendig bis auf Morin zurückgehen muß, um die erste authentische Beobachtung eines am hellen Tage gesehenen Sternes zu finden.

Man hatte vermuthlich diese Beobachtung sogar in Frankreich vergessen, denn in der Geschichte der Akademie wird uns berichtet, daß Picarb am 3. Mai 1669 sehr überrascht darüber war, die Meridianhöhe des Löwenherzen (Regulus) beinahe 13 Minuten vor Sonnenuntergange beobachten zu können.

Am 13. Juli desselben Jahres beobachtete Picard des Arctur Meridianhöhe, während die Sonne noch 17 Grad Höhe hatte.

Picard selbst datirt seine Entdeckung der Sichtbarkeit der Sterne am hellen Tage vom Jahre 1668. (Siehe die in der Akademie im Oktober 1669 gelesene Abhandlung.)

In einem Briefe Picard's an Hevel vom 16. November 1674, deren Uebersetzung jedoch erst im Jahre 1787 erschienen ist, führt der französische Astronom es als eine Beobachtung an, die vor ihm Niemand in den Sinn gekommen wäre, die Höhe der Venus am 16. April 1670, wenige Zeit vor Mittag, beobachtet zu haben. Picard erinnert den danziger Astronomen daran, daß er mit seinen astronomischen Dioptern (d. h. mit seinen Fernrohren) die Mittagshöhen der helleren Sterne kurze Zeit vor oder nach Mittag beobachte. (Memoiren der Akademie der Wissenschaften vom Jahre 1787, S. 398.)

In dem Buche, welches Derham im Jahre 1726 unter dem Titel: Philosophical experiments and observations of the late eminent doctor Robert Hooke veröffentlichte, finde ich auf Seite 257 eine Vorlesung des berühmten Physikers, die vom Februar 1693 datirt ist, und lese darin auf S. 265 Folgendes:

„Mittelst des Teleskops habe ich die Parallaxe der Erdbahn entdeckt, sowie die Sichtbarkeit der Fixsterne zu allen Tageszeiten."

So wie ich ihn verstehe, führte Hooke diese Entdeckung auf's Jahr 1677 zurück; demnach fiele sie zweiundvierzig Jahre später als Morin's Beobachtungen, und ist 8 Jahre neuer, als die in den Memoiren der Akademie gedruckte Anzeige der Picard'schen Entdeckung. Von dieser Seite ist also eine Reklamation ganz unzulässig, und eine Bemerkung von Seite Derham's wäre hier sicher am Orte gewesen.

Ich bemerke noch, daß Hooke zu Freshwater auf der Insel Wight im Jahre 1635 geboren wurde, in demselben Jahre, wo Morin zuerst die Sterne am hellen Tage erblickte. (Gestorben ist er im Jahre 1702.)

Ueber das Funkeln der Sterne.

Für den mit bloßem Auge Beobachtenden besteht das Funkeln aus den sehr häufig wiederkehrenden Aenderungen der Sterne. Meist werden diese Aenderungen begleitet von Farbenveränderungen, von Verschiedenheiten im scheinbaren Durchmesser der Sterne oder in den Längen der divergirenden Strahlen, die nach allerlei Richtungen vor ihrem Mittelpunkte auszugehen scheinen. Im Fernrohre zeigt sich das Funkeln mit eigenthümlichen Erscheinungen. Dies Phänomen hängt mit den besondern Eigenschaften zusammen, welche die verschiedenen Strahlen besitzen, die das weiße Licht zusammensetzen, sich mit verschiedenen Geschwindigkeiten durch die atmosphärischen Schichten fortzubewegen, und das, was man Interferenzen nennt, hervorzubringen. Der Erklärung dieser merkwürdigen Thatsache, mit welcher sich die Mehrzahl der Astronomen beschäftigt hat, habe ich einen ganzen Aufsatz gewidmet; denselben zu wiederholen, möchte hier zu weitläufig sein, und ich halte es für unnütz, einen Auszug daraus zu geben. Es wird genügen, hier zu bemerken, daß die schnellen Wechsel in Helligkeit und Farbe, welche wir an den Firsternen bemerken, sich heutzutage an die bekannten physikalischen Gesetze anknüpfen lassen, und insbesondere an die Gesetze der Interferenz des Lichtes. Die mehr oder weniger unbestimmten Erklärungen des Flimmerns, wie sie von verschiedenen Astronomen aufgestellt worden, sind unzulässig, weil sie nicht den Grund nachweisen, weshalb die Planeten nicht oder beinahe nicht funkeln, warum gewisse Sterne weniger funkeln als andere, und warum Reinheit des Himmels und niedere Temperatur der Nächte die Pracht des Phänomens steigern.

~~~~~~~~~~~~~~~~

Italien.

Von Zeit zu Zeit taucht unter dem gegenwärtigen Kriegslärm neben den Namen Polen, Ungarn auch der Name Italien auf, und wohl Keiner hört das Wort ohne das Gefühl inniger Sympathie. Es ist ein romantisches Interesse, das wir an dem Garten Europa's nehmen; wir bedauern das Schicksal dieses Landes etwa in derselben Weise, wie wir das Unglück eines schönen Weibes bedauern. In die Reflexionen über die politischen Zustände des Landes mischen sich elegische Betrachtungen, und die Erinnerungen einer herrlichen Vergangenheit klingen wehmüthig an unser Ohr, wie die klagenden Töne der italienischen Oper. Wer hat nicht Corinna's Hymne auf Italien gelesen! Mit begeisterten Worten wird hier das Bild des unglücklichen Landes entrollt, ein Bild voll großer Thaten und berühmter Namen. Wenn unser Göthe in Allem, was er schrieb, überall groß wie liebenswürdig ist, so ist er doch am liebenswürdigsten, wenn seine Gedanken in Italien weilen, wenn „die Steine Roms ihn anreden und die hohen Paläste zu ihm sprechen," in jenen römischen Distichen, „wo er die Liebe genoß, die einst den Cäsar beglückt." Namentlich für Deutschland] ist Italien das Land der Sehnsucht; der erste Wunsch der Jugend zieht den Deutschen nach dem klassischen Lande, und nicht nur die Dichter u. die Künstler schwärmen für die Heimath Raphael's und Titian's, sondern auch manchem einfachen Mädchen fällt eine Thräne aus den Augen, wenn sie das Lied Mignon's singt: „Kennst du das Land, wo die Citronen blühen." Diese geheimnißvolle Sympathie der Deutschen zu dem Lande jenseits der Alpen hat freilich in der Geschichte zu minder romantischen und idyllischen Resultaten geführt; die Deutschen kamen nicht nur als Dichter und Künstler, sondern als Eroberer und Städteverwüster, und die Belagerung Mailands ist nicht der schönste Punkt in der deutschen Geschichte. Noch jetzt liegt derselbe Druck über Italien, wie über Deutschland, dieselbe Zerrissenheit ist dort, wie hier, und wenn wir auch Deutschland für das Unglück Italiens nicht verantwortlich machen wollen, — obgleich ein deutsches Parlament den Siegen Radetzki's 1848 zujubelte — so ist doch ein freies Deutschland die natürliche und einzige Bedingung eines freien Italiens, und alle Revolutionen und Aufstände in Italien, alle müratistischen und sarbinischen Umtriebe werden Italien's Freiheit auf die Dauer nicht begründen können, wenn das Centrum europäischer Despotie, wenn Deutschland nicht befreit ist. Wenn aber einmal der große Tag kommt, wo Deutschland und Europa frei werden, dann wird Italien im Kreise der europäischen Republiken jedenfalls eine ehrenvolle Rolle spielen, die mit seiner Vergangenheit übereinstimmt. Mit Recht heißt es in einem Artikel der „New-York Tribüne", daß niemals ein so kleines Land eine solche Fruchtbarkeit der geistigen und socialen Kräfte gezeigt habe, wie gerade Italien. Abgesehen davon, daß, wie der berühmte Archäologe Creutzer gezeigt hat, daß selbst die althellenische Kunst auf italienischem Boden entstanden sei, und in den Etruskern und Tuskern ihre Väter erkennen müsse, ist Italien vom Momente der Geburt Rom's an eine großartige Offenbarung menschlicher Kraft gewesen, die noch von keinem Volke und keinem Zeitalter übertroffen ist. Einzelne brillante Perioden mag die hellenische Geschichte, die Geschichte Karls des Großen, der Hohenstaufen, Napoleon's u. s. w. aufzuweisen haben, aber die ersten sieben hundert Jahre der römischen Republik übertreffen, was die Consequenz und Regelmäßigkeit der Entwicklung und die dadurch erzielten ungeheuren Resultate anbetrifft, die Leistungen aller anderen Völker. An dem Gegensatze zwischen Patriziern und Plebejern, an jenem großartigen Klassenkampfe, entwickelte sich die Republik zu einer riesigen Macht; kein Volk in der Welt hat eine solche Reihe von Staatsmännern und Feldherrn, von Scipionen und Cäsaren gesehen, wie Rom, und den Männern des Forums und des Schlachtfeldes folgten die Dichter, die Horaze, Virgile, die großen Juristen, die Philosophen, die Geschichtsschreiber, welche die römische Literatur zur Schule aller gebildeten Menschen gemacht haben. Selbst als des alten Roms Stern unterging und das Zeitalter der Barbaren und der Völkerwanderung hereinbrach, war die historische Bedeutung Italiens noch nicht erschöpft; Hellas war nur einmal der Träger und Mittelpunkt der geistigen Bildung, Rom aber zweimal. Der Katholizismus, jetzt eine Ruine, aber zu seiner Zeit eine vollständig berechtigte Erscheinung, baute in Rom seinen Thron auf, und Italien wurde der Mittelpunkt der mittelalterlichen Kultur und der fruchtbare Garten der Literatur, der schönen Künste, der Wissenschaften jener Zeit. In dem Dreiklang Dante, Ariosto, Tasso offenbart sich die ganze Tiefe und Größe der damaligen Zeit und des italienischen Volkes, dem man keine größere Schmeichelei nachsagen kann, als daß man Dante seinen Genius und den Repräsentanten seines Geistes nennt. In Dante, dem italienischen Göthe, ist nicht nur die Vergangenheit, sondern auch die Zukunft des italienischen Volkes enthalten; er zeigt seinem Volke nicht nur die Hölle und das Fegefeuer, sondern auch das Parad es der endlichen Befreiung. Was sollen wir von Petrarka sagen? Seitdem er seine Lieder an Laura gedichtet, ist die italienische Sprache die Sprache der Liebe und der Musik. Zu diesen großen Namen der Dichtkunst gesellen sich die fast noch größeren Maler, die Michel Angelo's, die Raphael, die Titian, Correggio's u. s. w., jene göttlichen Künstler, deren Madonnen die unsterblichen Ideale der Schönheit sind und fast den hellenischen Marmor überstrahlen. Benvenuto Cellini, ein einfacher Ciselier jener Zeit, wurde von Göthe einer ausführlichen Biographie gewürdigt. Wie in den Künsten, so in den Wissenschaften; neben den berühmten Kirchenvätern, Juristen, Philosophen, ragt als Stern erster Größe Galiläi hervor, der kühne Vorgänger von Kepler und Newton. Der Geist der wissenschaftlichen Forschungen mußte auch auf dem politischen Gebiete Früchte tragen, und Italien hat, von Cola Rienzi und Arnold von Brescia an bis auf Garribaldi und Mazzini hinab, eine Reihe von stolzen Märtyrernamen, welche die Erinnerung an einen Brutus und Gracchus wieder auffrischen. Bis in die neueste Zeit hinein können wir die Reihe berühmter Namen verfolgen. Die politischen, ökonomischen, historischen und juridischen Wissenschaften, haben große Männer in Italien gefunden; Guiccardini und Macchiavelli in Politik und Geschichte; Vico, Beccaria, Filangieri, Gianone, Muratori, Ricardo auf dem Gebiete der Politik, des Rechtes und der Nationalökonomie, Toricelli und Volta in den Naturwissenschaften leiten die Reihe berühmter Männer fort bis in unsere Tage, bis zu Rossini, Manzoni, Silvio Pellico, Guerrazi u. A., zu den berühmten Historikern, Dramatikern, Componisten der Gegenwart, welche auch noch für unsere Zeit die Produktivität, die reiche Schöpfungskraft des italienischen Volkes beweisen. Und wenn man bedenkt, unter welch widerwärtigen Umständen, unter welchem politischen und socialen Mißgeschick, unter welch religiösen Banne dieser Reichthum an Genie, diese Menge von berühmten Männern sich entwickelte, dann muß man von einer Zukunft, welche die Fesseln des Despotismus löst und die Wolken des Aberglaubens vertreibt, Alles erwarten.

Ja, wir glauben, daß auch Italien noch seine Zukunft hat, wenn wir auch in mancher Beziehung nicht die extravaganten Hoffnungen der italienischen Revolutionäre theilen, welche ihrem schönen Vaterlande eine dritte Periode der Weltherrschaft prophezeihen, ein neues Römerthum, eben so groß und gewaltig, wie das Rom des Augustus oder Gregor des Siebenten. Der Schwerpunkt der europäischen Geschicke liegt nicht mehr, wie früher an den schönen Gestaden des Mittelmeeres; die Weltgeschichte ist eine ozeanische geworden, und der atlantische Ocean ihr Mittelpunkt. Spanien, Italien, und selbst Frankreich, diese drei hauptsächlichsten romanischen Nationen, werden voraussichtlich nicht den kühnen Wettstreit der germanischen und angelsächsischen Nationen überflügeln können, wenn sie auch immer noch in ehrenvoller Selbstständigkeit daran Theil nehmen. Wir halten daher die Aussichten auf ein drittes Rom eben nur für einen Traum. Selbst die Kunst und Poesie, in welches Italien schon zwei Mal die Weltherrschaft errang, ist in unsern Tagen zu universell geworden, als sie sich vorzugsweise auf Italien beschränken könnte; sie ist aus der süßen Behaglichkeit des italienischen Lebens herausgetreten, in die strenge nordische Luft, an das Ufer des Weltmeeres, aus dessen Nebeln Shakespeare seine Heldengestalten bildete. Wir glauben, daß weder in der Politik, noch in den Wissenschaften und Künsten der Zukunft eine Hegemonie, wie früher, stattfinden wird, sondern eine harmonische Wechselwirkung zwischen den verschiedenen Nationen, die jede ihre Eigenthümlichkeiten, Fähigkeiten, Anlagen, Neigungen in besonderer Weise entwickeln, und zur Unterstützung des Ganzen verwenden.

Natürlich ist dazu eine vollständige Aenderung und Umgestaltung der politischen Lage des ganzen Europa nothwendig.

Bei dem jetzigen Zustande der Dinge etwas für Italien zu hoffen, ist Wahnsinn; ohne Revolution in Frankreich, ohne Freiheit in Deutschland, ohne Veränderung der englischen Politik werden weder Muratistische Bestrebungen, noch sardinische Intriguen, noch Mazzinische Proklamationen, Italien von der Herrschaft der Oesterreicher und des Pabstthums befreien.

Das Conkordat, welches neuerdings Oesterreich mit dem Pabste abgeschlossen hat, und wodurch alle Josephinischen Erinnerungen und Hinterlassenschaften beseitigt sind, ist nicht ein Beweis von der zunehmenden Stärke der römischen Hierarchie, sondern nur von der Nähe der Katastrophe und der Heftigkeit der Gegensätze, welche gegeneinander prallen.

Die katholische Kirche, deren Oberhaupt in Rom selbst von französischen Söldlingen bewacht und beschützt werden muß, hat sich so eng mit den gegenwärtigen politischen Zuständen Europa's, mit der Contrerevolution und dem Despotismus verbunden, daß eine Aenderung dieser politischen Zustände auch eine Beseitigung der katholischen Hierarchie selbst zur Folge haben wird. Gerade das Concordat des Kaisers Franz Joseph, und die großen Begünstigungen, welche Louis Napoleon den Jesuiten gewährt hat, sind die sprechendsten Beweise dafür. Italien wird von dieser Alliance zwischen der militärischen und hierarchischen Despotie am meisten bedrückt, und daher wird auch in Italien die Revolution die größten Umgestaltungen hervorbringen. Während Deutschland drei verschiedene Stadien der Revolution durchzumachen hat, nämlich den Feudalismus aufzuheben, die Einheit Deutschlands herzustellen und die Geldherrschaft niederzubrechen, kommt in Italien noch die Reformation hinzu, die Befreiung vom Pabstthum, die den andern europäischen Völkern schon mehr oder weniger geglückt ist, und die hoffentlich in Italien keinen dreißigjährigen Krieg mehr zur Folge haben wird. Die revolutionäre Aufgabe Italiens ist also eine sehr große und umfassende, und deshalb sollte man bei der Lösung derselben ernst und entschieden und ohne irgend eine Spur von romantischen Träumereien zu Werke gehen. Uebrigens finden wir unter den italienischen Revolutionären noch viele Romantiker und Rationalitätshelden, die eine Wiedergeburt der alten römischen Weltherrschaft und wohl gar die Gründung einer neuen Religion prophezeien, und die, wie die Juden, von Tag zu Tag auf den neuen Messias warten. Diese Träumereien werden vor dem Ernst der Ereignisse verschwinden. Für Italien giebt es nur Ein Zeichen, in dem es siegen kann, nemlich der Völkerbund und die Weltrepublik.

Oeffentliche Vorlesungen.

Schon mehrmals ist der Plan angeregt worden, auch unter den Deutschen einen Cyklus von öffentlichen Vorlesungen anzufangen, nach Art der amerikanischen Vorlesungen in der Young Mens Association, und es sind schon einzelne Anfänge dazu gemacht. In New-York haben Fröbel, Solger, Wislicenus den Reigen dieser öffentlichen Vorträge im Saale der Mercantile library eröffnet; in Cincinnati hält Dr. Krause treffliche naturwissenschaftliche Vorträge in der Turnhalle; der Turnverein im fernen Dubuque hat bestimmt, 12 Vorlesungen zu arrangiren, welche Hillgärtner

5.

bereits begonnen hat, u. s. w. Der Turnerbund hat auf seiner letzten
Tagsatzung beschlossen, solche öffentliche Vorträge in's Leben zu rufen, und
eine der letzten Nummern der Turnzeitung handelt speziell von der Sache.
Wir können nur hoffen, daß dieser Beschluß der Tagsatzung so bald und so
gut, wie möglich, ausgeführt werde, und halten den Turnerbund für ganz
besonders geeignet, das Projekt zu verwirklichen. Der Turnerbund ist
durch die ganze Union hin verbreitet und zählt namentlich in den größeren
Städten viele hundert Mitglieder, wodurch also schon von vornherein
den Vorlesungen ein zahlreiches Auditorium gesichert ist. Die Kosten, die
sich nicht hoch belaufen, würden, brauchen am Ende nicht einmal von den
Turnvereinen getragen zu werden, da ein mäßiger Eintrittspreis vollständig hinreichend sein wird, dieselben zu decken. Die Young Mens Association, die für die Vorlesung 100 Dollars an den Redner zu zahlen gewohnt ist, — ein Preis, der höchstens bei solchen Rednern zu zahlen wäre,
welche besonders von Europa herüber geladen sind, — macht mit diesen
Vorlesungen sogar noch gute Geschäfte; und wenn auch bei deutschen Vor-
trägen nicht auf solche Theilnahme zu rechnen ist, so sind auch auf der
andern Seite die Kosten viel geringer. Der Turnerbund, dem das deutsch-
amerikanische Publikum schon manche schöne Feste und gute Anstalten zu
verdanken hat, würde sich durch diese Einrichtung neuen Anspruch auf
die allgemeine Achtung erwerben, und auch an innerer Festigkeit und
Einigkeit gewinnen. Bei der verhältnißmäßigen Leichtigkeit und
großen Wichtigkeit des Unternehmens sollte dasselbe sofort unternommen
und noch in diesem Winter die nöthigen Schritte dazu gethan werden. Wir
sind überzeugt, daß der Vorort des Turnerbundes, dessen definitive Con-
stituirung uns die Turnzeitung in den letzten Tagen gemeldet hat, die
Einrichtung solcher Vorlesungen zu einem seiner ersten Amtsgeschäfte machen werd.

Schwieriger indessen, wie die pekuniären Hindernisse zu überwinden,
oder wie ein zahlreiches Auditorium zusammen zu finden, ist die Wahl
Derer, welche Vorträge zu halten willens und fähig sind. Der Amerikaner hat in diesem Fache Routine; er hält sich an einzelne Modethemata,
wie Sclaverei, Frauen-Emancipation, Spiritualismus ꝛc., und weigert sich
nicht, dieselbe Rede überall, wo man ihn hören will, zu wiederholen.
Bei den meisten Vorlesungen, welche in den Young Mens Associations
gehalten werden, ist dem Redner schon im Voraus der Beifall einer
Partei, und damit des Auditoriums gesichert. Wenn ein Wendell Philipps oder irgend ein anderer bekannter Neu-Engländer über Sklaverei
spricht, ist ihm schon, ehe er den Mund aufgethan, der Beifall gesichert.
Bei der verhältnißmäßig gleichförmigen Bildung, die man unter den Amerikanern findet, und bei den populären Themata, die zu den amerikanischen Vorlesungen gewählt werden, ist es auch dem Redner leicht, sich

verständlich zu machen. Dies sind Vortheile, die wir bei den deutschen Vorlesungen gar nicht oder im verringerten Maßstabe antreffen werden. Es mag ein Fehler der deutschen Wissenschaft sein, daß sie sich nicht gern mit Popularität verbindet; was die meisten Leute unter Popularität verstehen, ist freilich oft nichts weiter, wie Oberflächlichkeit und Trivialität, während die Wissenschaft für den unverständlich ist, der sich nicht in ihre spezielle Redeweise hineingewöhnt hat. Die Bildungsstufen unter der der deutschen Bevölkerung sind zu ungleich, als daß man überall gleich das Durchschnittsmaß desselben finden könnte, um dem möglichst großen Theile des Auditoriums gerecht zu werden. Endlich hat auch die Bevölkerung durch die Gewohnheit an politische Stumpreden, an die Declamationen gegen Pfaffen und Jesuiten und dergleichen Tiraden zum großen Theile ihren guten Geschmack verloren, und begnügt sich nicht mit einfachen Darstellungen und objektiven Entwickelungen, sondern verlangt Kraftstellen, Persönlichkeiten, Angriffe, selbst auch wohl Zweideutigkeiten und Zoten, mit einem Worte Scandal, — und dies ist der Punkt, der am meisten vermieden werden muß. Ein weiterer Uebelstand ist der, daß der Deutsche im Allgemeinen nicht tolerant ist, und eine gegnerische Meinung nicht ohne eine Aufwallung von Zorn anhören kann, die sich oft sogar thatsächlich äußert. Während die Amerikaner, die Abolitionisten in Boston, zu ihren Vorlesungen über Sklaverei die eifrigsten Vertheidiger des südlichen Institutes zur Disputation einladen, verketzert der Deutsche gleich jede andere Meinung. Ein deutscher Redner, dessen Ansichten über irgend eine wichtige Tagesfrage als nach einer Seite hin entschieden bekannt sind, wird zu seinem Auditorium wohl nur Leute seiner Partei haben, und so geht der Zweck seiner Rede, — die Propaganda, größtentheils verloren.

Wir machen diese Bemerkungen nicht deshalb, um vor dem schönen Plane abzuschrecken, sondern um gerade auf die Nothwendigkeit aufmerksam zu machen, eine Aenderung des bestehenden Verfahrens zu bewerkstelligen. Die Zeit, wo die deutschen Redner mit ihren Donnerworten gegen die Pfaffen, vermischt mit aller verblümten und unverblümten Zoten, Kapital machen konnten, werden hoffentlich verschwunden sein. Die Vorträge, welche der Turnerbund in's Leben zu rufen beabsichtigt, werden sich nicht an die Leidenschaften, sondern an die Erkenntniß wenden, und allein dadurch zur Propaganda befähigt werden. Wir wünschen dem Plane eine schnelle Verwirklichung und eine schöne Zukunft.

Das gesellige Leben und der Musik-Verein in Detroit.

Wir haben schon mehrmals Veranlassung genommen, das gesellige Leben unter der deutschen Bevölkerung Detroits zu besprechen, und oft bedauert, daß wir nicht günstigere Berichte darüber veröffentlichen konnten. Detroit ist auch für die Deutschen eine der wichtigsten und bedeutendsten Städte des Westens, und man kann mit Recht von den Deutschen dieser Stadt verlangen, daß sie an dem allgemeinen Aufstreben, das wir in allen Verhältnissen des amerikanischen Westens finden, Theil nehmen. Die wohlgemeinten und wohlbegründeten Bemerkungen über manche Schattenseiten des hiesigen Lebens, die wir in dem dahin geschiebenen „Volksblatte" veröffentlichten, zeigten sich dadurch als gerechtfertigt und zeitgemäß, daß gerade die Leute, welche jeder edleren Geselligkeit feindselig und unzugänglich sind, sich persönlich dadurch auf's Bitterste verletzt fühlten, und zu den Waffen Zuflucht nahmen, die solcher Menschen allein würdig sind, nemlich zur Verleumdung. Bei solchen kleinen Anlässen kann man sehen, daß eine noch so ruhige Polemik und Kritik, — mag sie in den allgemeinen Fragen der Politik geduldet werden — in Bezug auf die Unarten und Thorheiten des socialen Lebens Erbitterung hervorruft. Nun, wir halten es für unsere Pflicht, auch in dieser Beziehung unsere Meinung zu sagen. Was hilft am Ende alle politische Freisinnigkeit, alle Aufgeklärtheit und alles Schimpfen über die Pfaffen ic., wenn die Gemeinheit das gesellige Leben überwuchert und wir in unsern bürgerlichen und socialen Beziehungen mit den gewöhnlichsten und uncultivirtesten Genüssen zufrieden sind, wenn die Bühne von Possen wiederhallt und die zur Bildung bestimmten Vereine nur ein Zugpflaster für das ordinärste Tanzvergnügen sind? Die Klagen über solche und ähnliche Dinge waren schon längst allgemein; überall hörte man mißvergnügte Aeußerungen darüber, und deshalb war es an der Zeit, diese Angelegenheit einer öffentlichen Besprechung zu unterwerfen. Aber mit dem Tadel allein ist es nicht gethan. Man muß praktisch zu Werke gehen, und alle die Elemente, welche die Geselligkeit in Gesellschaft der Musen und Grazien wünschen, vereinigen, um durch ein Beispiel zu zeigen, um wie viel schöner und edler das gesellige Leben unter den Deutschen hiesiger Stadt werden kann. Wir sind überzeugt, daß der neugebildete Musik-Verein dieses Beispiel liefern wird. In Uebereinstimmung mit dem Männerchore der Harmonie, der sich gewiß während der 5 Jahre seines Bestehens einen guten Namen erworben und sich jetzt auch vorzugsweise an der Gründung des Musik-Vereins betheiligt hat, wird derselbe alle socialen Elemente unter den hiesigen Deutschen, die wirklich etwas Rechtes und Gutes wollen, vereinigen, und so der wirkliche Ausdruck der hiesigen deutschenBevölkerung sein. Die Statuten des Musik-Vereins sind im Allgemeinen dem Musik-Verein in Milwaukee entlehnt, und wir wollen hoffen, daß er noch manches Andere außer den Statuten diesem trefflichen Vereine entnimmt. Bis jetzt haben etwa zwanzig Musiker dem fähigen und unternehmenden Dirigenten des Vereins, Herrn S t e i n, von der ehemaligen Germania, ihre stetige Mitwirkung zugesagt, und wir denken, daß diese Zahl sich in den nächsten Wochen um ein Drittheil vermehren wird. Die Zahl der passiven Mitglieder ist die doppelte. Vom neuen Jahre an tritt der Verein in Wirksamkeit und wir hoffen, daß wir schon in der nächsten Nummer einen Bericht über seine Wirksamkeit geben können. Der Zweck der gegenwärtigen Zeilen ist nur, diejenigen deutschen Bewohner hiesiger Stadt, welche von der Nothwendigkeit der Reform des geselligen Lebens in Detroit überzeugt sind und dieselbe anstreben, einzuladen, sich dem Musik-Vereine sofort anzuschließen, damit der Verein gleich kräftig anfängt und die erste schwierigste Periode, welche von dem Dirigenten und den Musikern am meisten Geduld erfordert, schnell überwinde. Wir halten den Verein für einen wesentlichen Fortschritt und wünschen ihm alles Glück.

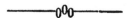

Literarisches.

S a n A n t o n i o Z e i t u n g. Texas, das vielgerühmte und den Deutschen angepriesene Texas, das vor einigen Jahren mit Wisconsin rivalisirte, die zweite Heimath der Deutschen zu werden, giebt ein Beispiel davon, wie wenig die Interessen der Einwanderung und der Deutschen zu den Interessen der Sklaverei passen. Den Berichten der dortigen Zeitungen nach muß daselbst unter der deutschen Bevölkerung eine verzweifelte Stimmung herrschen, man spricht davon, nach Mexico auszuwandern, u. dergleichen. Die einzige freisinnige Zeitung, welche in Texas, wo doch so viele gebildete Deutsche wohnen, erscheint, die „San Antonio Zeitung" darf es kaum mehr wagen, das Thema der Sklaverei zu berühren. Nachdem man früher schon öffentlich dem Herausgeber dieses Blattes gedroht hatte, seine Presse zu zertrümmern, tritt jetzt der deutsche Repräsentant des Distrikts, Herr Wälder, in der Legislatur auf, brandmarkt die San Antonio Zeitung wegen ihrer abolitionistischen Tendenzen, und sagt, daß dieselbe die Ansichten der deutschen Bürger mißrepräsentire. Er sagt ferner, daß der bei Weitem größte Theil der deutschen

Bevölkerung seines Distrikts ihn als einen bekannten Proslaverei- und Nebraska-Mann erwählt habe, und daß deßhalb die Vorwürfe des Abolitionismus, die man den Deutschen in Texas mache, ungegründet seien. In derselben Legislatur wurde ein Mitglied, das wagte, sich gegen die Nebraskabill auszusprechen, einstimmig für einen Verräther am Vaterlande und an der Constitution erklärt. Unter diesen Menschen und Verhältnissen leben dort Leute, die ihr politischer Freimuth über den Ocean getrieben hat! Herr Douai, Redakteur der San Antonio Zeitung, wird sich wohl nicht mehr lange dort halten können; wir können ihm nur rathen, ein Land zu verlassen, wo nicht nur die Neger, sondern auch die Deutschen Sklaven zu sein scheinen; er wird bei seinen anerkannten Fähigkeiten überall im freien Norden einen besseren Wirkungskreis für seine Thätigkeit ernten können, als unter seinen Mitbürgern, die den Herrn Wälder in die Legislatur gewählt haben.

Amerika. Herr Stiebolt, Redakteur des „Vorwärts" in Galena, hat ein Circular erlassen, worin er die Erscheinung einer deutschen Monatsschrift „Amerika" verspricht. Bis jetzt haben wir indessen noch keine Nummer davon zu Gesicht bekommen. Der Name des Verfassers bürgt uns dafür, daß jedenfalls diese Monatsschrift eine freisinnige Tendenz verfolgen wird, und so dürfen wir selbst aus Galena, dessen deutsche Bevölkerung zum größten Theile in Texas wohnen könnte, ohne sich zu incommodiren, etwas Gutes erwarten.

Die freie Presse in Philadelphia, die unter der früheren Redaktion des Herrn Rosenthal sich bemühte, den Liberalismus mit der Hunkerei zu vereinigen, ist durch die Uebernahme der Redaktion durch Herrn Wittich in die Reihe der entschiedenen Fortschrittsblätter getreten, und wir können nur wünschen, daß die deutsche Bevölkerung Philadelphia's an dieser Veränderung Thei nehmen.

Es heß, daß die New Yorker Abendzeitung ein Wochenblatt herausgeben wolle. Wir haben schon lange Zeit dies gewünscht und angerathen; und können einem solchen Wochenblatte eine Menge Abonnenten im Westen prophezeihen. Warum kommt das Blatt noch nicht?

Von der „Natur", einer populären naturwissenschaftliche Zeitung, welche in Deutschland erscheint, hat uns die Buchhandlung von Theobald und Theurkauff eine Probenummer zugesandt, und wir können versichern, daß, was die Popularität der Sprache und die Verständlichkeit der Darstellung anbetrifft, das Blatt nichts zu wünschen übrig läßt. Namentlich der reiferen Jugend ist diese Zeitung zu empfehlen.

Der Corsar in Milwaukee ist jetzt unter dem Namen „Milwaukee Journal" wirklich zu einem täglichen Blatte geworden. Wir halten dies für ein Ereigniß, namentlich deshalb, weil Herr Domschke in seiner Einleitung uns versichert, daß er durch die Hülfe seiner deutschen Mitbürger zur Herausgabe eines täglichen Blattes in den Stand gesetzt sei. Uns überrascht dies Ereigniß nicht. Wir haben immer die deutsche Bevölkerung Milwaukee's gegen übertriebene Beschuldigungen in Schutz genommen; wir wußten, daß es auf die Dauer in Milwaukee mit der Hunkerei nicht gehen kann; wir kennen dort zu viele verständige und denkende Männer, als daß wir hätten ohne Weiteres einstimmen sollen in das Anathema, das von gewissen Seiten über das „deutsche Athen" ausgesprochen wurde. Die Herausgabe des täglichen Journals ist ein Beweis, daß wir uns nicht getäuscht haben, und wir glauben, daß wir uns ebenso wenig täuschen, wenn wir dem Journal eine wachsende Verbreitung, wachsenden Einfluß und schließlichen Erfolg prophezeihen.

Das „Michigan Volksblatt" ist, wie unsere Leser schon wohl erfahren haben, eingegangen, oder vielmehr an die demokratische Partei verkauft und mit dem hiesigen „Demokraten" vereinigt worden. Die Herausgeber entschuldigen diesen Schritt mit pekuniären Gründen, und in der That, dies wird jeder unserer Collegen von der freisinnigen Presse uns zugeben, daß es nicht im pekuniären Interesse eines Menschen liegen kann, für die Aufklärung und Befreiung der Menschheit und besonders des deutsch-amerikanischen Theiles derselben zu wirken. Wir persönlich haben wenigstens diese Erfahrung, namentlich grade im letzten Monat gemacht, wo sich alle Schwierigkeiten, die uns nur jemals im Wege standen, durch das plötzliche Aufhören des Volksblattes wieder auf uns zusammenhäuften. Wir verhehlen nicht, daß die Gleichgültigkeit, mit welcher der größte Theil der hiesigen Abonnenten des Volksblattes das Eingehen desselben betrachtete, uns unerwartet war; wir glaubten, durch fleißiges und aufrichtiges Redigiren des Blattes uns die hiesige Bevölkerung befreundet zu haben. Nun, wir wollen nicht über das Gegentheil klagen; gerade die Indifferenz der Vielen macht uns auf die warme Anhänglichkeit der Wenigen aufmerksam, und verpflichtet uns zu lebhaftem Danke. Wir glauben, trotzdem, daß uns in dieser wichtigen Zeit das Blatt entrissen wurde, doch im nächsten Jahre und bei der Präsidentenwahl unsere Pflicht thun zu können, da die Atlantis uns bleibt. Wenn wir unter der Bevölkerung von Michigan speziell auch weniger Anklang finden, so werden wir durch viele Freunde außerhalb des Staates entschädigt. Allerdings ist es hart, in Einem Jahre zwei Blätter zu verlieren, den „American Liberal", wie das „Michigan Volksblatt"; aber unsere Freunde in Cleveland, wie in Detroit müssen uns bezeugen, daß wir keinen Theil der Schuld tragen.

Die Atlantis erscheint regelmäßig in Detroit fort, und ich werde derselben im neuen Jahre eine verdoppelte Aufmerksamkeit schenken. Indem ich hiermit das letzte Heft des diesjährigen Jahrganges schließe, muß ich meine Leser um Entschuldigung für viele Schwächen und Mängel der bisher erschienenen Hefte ersuchen; ich kann wirklich versichern, daß ich oft nicht in der Stimmung und Ruhe war, um meine Pflicht in vollem Maße thun zu können. Der literarische Theil des Magazins hätte besser und umfassender bearbeitet werden müssen; für die Unterhaltung, Literatur war nicht genügend gesorgt u. s. w. Doch ich will mich hier nicht selbst anklagen, sondern nur versprechen, daß ich den nächsten Jahrgang, sowohl was die Ausstattung, wie den Inhalt betrifft, verbessern werde. Die Atlantis hat im letzten Jahre ihre Abonnentenliste ungefähr verdoppelt, und ich sehe darin eine Verpflichtung, auf dem betretenen Wege fortzufahren. Nach und nach finden sich immer mehr Mitarbeiter und literarische Hülfsmittel, die unumgänglich nothwendig sind, um die Atlantis zu dem zu machen, was in der ersten Nummer versprochen wurde. Für Papier und Druck muß auch besser gesorgt, auch die Ausgabe zeitiger vorgenommen werden. Alle diese Verbesserungen sind nach dem jetzigen Stande der Abonnentenliste möglich, wenn die Abonnenten ihre Zahlungen regelmäßig besorgen. Ich habe viele warme Freunde für die Atlantis gefunden, denen ich hier das Versprechen geben muß, für die Monatsschrift Alles zu thun, was in meinen Kräften ist, und dieses Versprechen will ich redlich halten. So will ich denn mit Vertrauen und Hoffnung in das neue Jahr hereingehen und dem vergangenen Jahre trotz mancher Unfälle eine dankbare Erinnerung bewahren.

Zum neuen Jahre.

Der Neujahrstag ist ein Tag der Erinnerungen und Hoffnungen, und die Hoffnung muß um so lebhafter sein, je trauriger die Erinnerungen sind. Auch diesmal müssen wir das verlebte Jahr mit Bedauern verlassen und dem nächsten Jahre unsere Sehnsucht und unsere Wünsche weihen. Traurige Wiederholung des ewigen Wechsels zwischen Klagen und Hoffnungen, um so trauriger, da wir am Ende wohl einsehen, daß alles Hoffen eine Illusion ist, und uns nur um die Zeit, die langsam hinschleichende, betrügt. Wenn wir die Blätter der „Atlantis" ansehen, — wir brauchen kaum noch einmal einen Neujahrsartikel zu schreiben, wir können die frühern Artikel kopiren — es ist dasselbe Lied, wenn auch die Worte dazu anders sind. Es ist in der furchtbaren Bewegung, in welcher sich das Jahrhundert befindet, ein Stillstand, der nicht zu ertragen ist, und Ereignisse, die wir mit prophetischem Auge als ganz gewiß vorhersehen können, lassen zum Verzweifeln lange auf sich warten. Dem Jahre 1852 schrieb die „Atlantis" folgende Grabschrift: „In dem unsichern Zustande, welchen das Jahr 1852 zurückgelassen hat, ist vielleicht das einzig sichere Resultat, die gänzliche Niederlage der Freiheit und des öffentlichen Rechtes in Europa." Das Jahr 1853 mußten wir mit folgenden Worten entlassen: „Das verflossene Jahr war von dem Genius der Weltgeschichte nicht besonders begünstigt; es steht bescheiden im Hintergrunde der Ereignisse und ist nicht durch helle Erinnerungen und große Thaten ausgezeichnet." Das Jahr 1854 beschlossen wir mit den Worten: „Nicht ohne ein Gefühl der Trauer sehen wir dem schwindenden Jahre nach. Man kann das Grab desselben nicht mit Lorbeer schmücken." Und was sollen wir heute sagen? Welche Grabschrift sollen wir auf das Grab des Jahres 1855 setzen?

Die zwei großen Ereignisse, welche charakteristisch für die Zeit sind, und wo die Gegensätze, die an der Entwickelung der Zukunft arbeiten, sich am deutlichsten zeigen, der russisch-westmächtliche Krieg in Europa und die Kansas- und Nebraskabill in Amerika, befinden sich wesentlich noch in dem Zustande, wie am vorigen Neujahrstage, und die großen Katastrophen, die man vor einem Jahre von dem Frühling und Sommer erwartete, sind gar nicht oder nur zum Theile eingetroffen. Es steht ziemlich noch Alles, wie vorher, und die Arbeit der Weltgeschichte ist mehr eine unterirdische, deren Resultat erst später zum Vorschein kommt, als eine offenbare und deutliche, die schon in den Tafeln der Weltgeschichte eingezeichnet wäre. Die europäische, wie die amerikanische Politik hat sich nicht wesentlich geändert, wenn auch neue Bedingungen und Veranlassungen zu dieser Aenderung hinzugetreten sind. In Europa hat das Kriegsglück, obwohl es den Alliirten günstiger war, wie den Russen, kein entscheidendes Factum zu Stande gebracht; selbst der Fall von Sebastopol verändert nichts Bedeutendes an den kriegerischen und diplomatischen Manövern. Die Russen sind noch immer in Sebastopol, — wenigstens auf der Nordseite — sie halten noch immer die Krim mit einem bedeutenden Heere besetzt, das den Alliirten gewachsen zu sein scheint; die Friedensgerüchte und Unterhandlungen stehen noch immer auf der alten Basis der vier Punkte; die deutschen Mächte und Preußen verharren immer noch in einer russenfreundlichen Neutralität; Oesterreich ist noch immer das alte, perfide Oesterreich; Frankreich läßt sich noch immer von dem Banditen regieren. Kurzum, wenn man die Ereignisse und die politische Gestaltung Europa's der Oberfläche und dem äußern Ansehen nach betrachtet, hat das Jahr keine durchgreifenden Veränderungen hervorgebracht. Aber hinter der offiziellen Decke sieht es anders aus, und die Fortschritte und Veränderungen sind von der größten Wichtigkeit. Es ist ein solcher Fortschritt der Reaktion zu bemerken, daß dieselbe ungefähr zu' Ende ist, und also seinen Gegensatz, die Revolution, hervorbringen muß. Die Reaktion hat nicht bis auf das Jahr 1848, bis auf die Zeit vor der letzten Revolution zurückgegriffen, sondern ist direkt in das Mittelalter, ja noch hinter dem Mittelalter zurückgegangen. Davon ist das österreichische Concordat mit Rom ein deutlicher Beweis. Dem Pabste ist dadurch jene Macht wiedergegeben, die er in den Zeiten Hildebrand's und in den Tagen Canossa's besaß; in gesetzlicher Weise ist der Pabst wieder a s der König der Könige anerkannt, aber wer wird glauben, daß er auch faktisch diese Rolle spielt? Wer wird glauben, daß noch heute der Pabst Europa beherrschen könne, wenn er auch die Könige Europa's beherrscht?—Während Oesterreich das Concordat abschloß, glaubte Friedrich Wilhelm von Preußen auch wieder einen großen Schritt rückwärts thun zu müssen, und stellte, ohne die sogenannten Kammern zu fragen, die mittelalterlichen Adels- und Herrenrechte wieder her, und dies ist die einzige bemerkenswerthe That, welche von Preußen in letzter Zeit zu berichten ist. Kurhessen hat endlich den Hassenpflug weggeschickt, aber man braucht deßhalb nicht zu hoffen, daß die Zustände des Landes dadurch verbessert werden. Die andern deutschen Zaunkönige und Fürsten leben der Hoffnung auf einer neuen Rheinbund, der sie die süße Unterthänigkeit unter dem Zaaren vergessen macht. So schleppt Deutschland ein elendes, verächtliches Leben hin; es weiß nicht, soll es rechts, soll es links gehen; nur so viel weiß es, daß der gegenwärtige Zustand unerträglich ist.

In Frankreich das alte Spiel vor der ersten Revolution, Hungersnot unter dem Volke und königl. Feste in St. Cloud und Versailles, Kryftallpalast Besuch der Königin von England, Feste über Feste, und dahinter, e grauenhaftes Elend der Arbeiter und Landbevölkerung. Das Kaiserrei lebt sich immer mehr und mehr in das Volk ein, denn es macht immer meh Schulden.'

England zeigt sich in seiner ganzen Blöße. Der Glanz der alten Institutionen, der Ruhm des britischen Namens, erlischt. Der Besuch de Königin in Paris war schon eine halbe Entthronung. Schneller noch, w der militairische Ruhm Alt-Englands vor dem Reban scheiterte, ging de Ruhm der freisinnigen Institutionen Englands durch die Ausweisung de französischen Flüchtlinge zu Grunde; England sieht in Napoleon seine Beherrscher, und die Tage von Waterloo sind gerächt.

Schweden, Dänemark, Holland sind die nächsten Angr ffspunkte de. westmächtlichen Diplomatie, doch ist jetzt noch nichts Bestimmtes über diese Staaten verfugt.

Im Allgemeinen, wie gesagt, unterscheidet sich der Zustand Europa's am 1. Januar 1856 wenig von dem an gleichem Tage des Jahres 1855; die Ereignisse dehnen sich auf eine unerträgliche Weise aus, so daß man sogar daran zweifeln muß, ob endlich im nächsten Jahre die längst erwarteten und nothwendig gewordenen Katastrophen eintreten. Für den Augenblick ist eine Pause der Abspannung und Ermattung eingetreten, in den kriegerischen Ereignissen sowohl, wie in den politischen und diplomatischen Verhandlungen, die es zu keiner entscheidenden That kommen läßt. Möglich, daß der Ruhe des Winters ein stürmischer Frühling folgt; möglich, daß im nächsten Frühjahr, wenn die Kriegsoperationen wieder beginnen, der Schauplatz des Krieges verlegt und erweitert wird. Es kommt Alles darauf an, ob man die deutschen Mächte zu einer aktiven Parteistellung bewegen kann. Sobald der Krieg über den Rhein schreitet, überschreitet er auch seine diplomatischen Grenzen, und wird zu einem revolutionären Kriege. Indessen ist dies heute weniger zu vermuthen, wie vor einem Jahre, denn gegenwärtig giebt es zu viele Anzeichen, welche auf einer allseitigen Wunsch zum Frieden deuten. Ob aber ein Friedensschluß für die Ruhe Europa's und für die bestehenden politischen Zustände nicht noch gefährlicher ist, als die Fortsetzung des Krieges, dies müssen wir dahin gestellt sein lassen. Für Frankreich ist es wenigstens sehr gefährlich, einen Frieden zu schließen, der natürlich unter den gegenwärtigen Umständen ein resultatloser Friede sein muß; zu den vielen vorhergegangenen Täuschungen würde das französische Volk, und besonders die französische Armee, diese neue Täuschung vielleicht nicht ertragen. Jedenfalls kann man für einen so kleinen Zeitraum, wie der eines Jahres ist, nichts Bestimmtes prophezeihen; was das Ende sein wird, dies wissen wir allerdings, aber wann und wie die nothwendigen Resultate eintreten, das können wir bei der Langsamkeit, mit welcher sich die Ereignisse entwickeln, nicht vorhersehen.

Auch Amerika hat sich verhältnißmäßig nicht schneller und entschiedener entwickelt; auch hier befindet sich der Krieg um die Nebraskabill noch in einem sehr unentwickelten Zustande. Nachdem im letzten Herbste die Congreßwahlen im Norden in großer Majorität gegen die Nebraskabill ausgefallen waren, sehen wir jetzt bei'm Zusammentritte des Kongresses zu unserm großen Erstaunen, daß die Opposition gegen die Nebraskabill kaum die Majorität im Congresse besitzt, daß also die öffentliche Meinung des Nordens im Congresse mißrepräsentirt ist. Die scheußlichen Dinge, welche in Kansas vorgefallen sind, und die man schon im vorigen Jahre als das natürliche Resultat der Douglas'schen Bill prophezeihen mußte, der Bur-

gerkrieg, welcher dort entflammt ist, die Absetzung Reeder's, die Ernen=
nung und das Benehmen Shannon's, der Blutkoder der Moblegislatur,
die Belagerung von Lawrence, alle diese einzelnen Theile des blutigen
Drama's sind uns noch im Gedächtniß. Als Antwort darauf hatte das
Volk des Nordens nichts, wie einzelne Wahlen, um seinen Protest dage=
gen anzudeuten. Die Wahl Sewards von New York zum Ver. Staaten
Senator war ein Protest nicht nur gegen die Nebraskabill, sondern auch
gegen die geheimen Umtriebe der Know Nothings; die Wahl Chase's in
Ohio war eine Prophezeihung für die nächste Präsidentenwahl; diese Wah=
len, wie auch die von Indiana, Wisconsin u.s.w. wurden hauptsächlich in Be=
zug auf die Nebraskabill vorgenommen, wenn auch andere Fragen, wie
die Temperenzfrage, der Nativismus sich mit in den Vordergrund dräng=
ten. Im Allgemeinen war die Haltung des Nordens eine freisinnige,
und es läßt sich noch Manches für die nächste Präsidentenwahl hoffen.
Während aber der Norden nur mäßige Anstrengungen machte, den Ueber=
griffen der Sklavereipartei entgegenzutreten, überbot sich der Süden in
Gewaltthätigkeiten; in Missouri, Georgia, Nord- und Südkarolina,
Texas, fast in allen südlichen Staaten, wurden die strengsten Prosklaverei-
Beschlusse abgefaßt, und der Refrain solcher Beschlusse lautete gewöhn=
lich: Auflösung der Union. So erklärte speziell die Legislatur von Ge=
orgia, daß der Staat sich von der Union trenne, wenn man nicht Kan=
sas als Sklavenstaat in die Union aufnehmen wolle. Obgleich natürlich
zwischen Drohungen und Thaten ein weiter Weg liegt, und es eine Ei=
genschaft amerikanischer wie europäischer Politiker, ist vor den geschehenen
Thatsachen einen großen Respekt zu haben: so sind doch die Gegen=
sätze zwischen Norden und Süden so auf die Spitze getrieben, und noch
immer im Begriffe, sich zu steigern, daß ein gewalsamer Zusammenstoß
als unausbleiblich erscheint. Wahrscheinlich wird dieser Zusammenstoß
nicht nur eine vollständige Veränderung der innern Politik der Union,
sondern auch der auswärtigen nach sich ziehen, und die Neutralität bre=
chen, hinter welcher die Union bis jetzt schlecht verhehlte russische Sym=
pathien verbirgt. Die auswärtige Politik der Union ist fast von noch
größerer Bedeutung, wie die innere; die andauernden Revolutionen in
Merico, der Sturz Santa Anna's, die Verhältnisse von Central-Ame=
rika, die Spannung mit England: alle diese Verwickelungen deuten auf
eine nahe Zukunft hin, wo das „manifest destiny" der Union die be=
stehenden faktischen und rechtlichen Verhältnisse Central-Amerika's und
Meriko's auf den Kampfplatz ladet.

Daß im Angesichte dieser äußeren Verwickelungen und der inne=
ren Differenzen, die jetzt schon zu einem Kampfe in Central-Amerika,
wie im fernen amerikanischen Westen geführt haben, der Congreß durch
den Eigensinn der Parteien verhindert wird, sich zu organisiren, daß schon

faſt ein Monat mit unnützen Hin- und Herreden und Ballotiren verſchwen-
det wurde, das zeigt uns auf's Deutlichſte die Beſchaffenheit des Patriotismus, von welcher alle Parteien des Kongreſſes ohne Ausnahme beſeelt
ſind. Wir erwarten von dem jetzt verſammelten Kongreſſe trotz der
Dringlichkeit der Zeit nichts Gutes, und betrachten die Parteiſtellung,
wie ſie ſich gegenwärtig in Waſhington kund giebt, nur als einen Proſpekt
für die Stellung der Parteien für die Präſidentenwahl im nächſten Jahre.
Wenn wir in dieſer Beziehung uns auch darüber freuen, daß ſich die Majorität auf die Anti-Nebraska-Seite zu neigen ſcheint, ſo finden wir doch
auch unter dieſer Majorität ſo viele widerſinnige und unbrauchbare Elemente, daß wir dem Kampfe nicht mit der Sicherheit und Freudigkeit entgegen ſehen können, welche das ungetrübte Bewußtſein der guten Sache
einflößt.

Neben der Sklavenfrage beſchäftigte ſich die öffentliche Meinung während des letzten Jahres hauptſächlich mit den nativiſtiſchen Bewegungen,
die natürlich für die Adoptivbürger das lebhafteſte Intereſſe hatten. Die
Gräuelthaten der Nichtswiſſer in Louisville und an andern ſüdlichen
Plätzen wurden von der deutſchen Preſſe genügend ausgebeutet, und das
Echo der Entruſtung darüber drang ſelbſt bis nach Deutſchland herüber, wo die fabelhafteſten Ammenmährchen und Geſpenſtergeſchichten
über die ſchreckliche Lage der Deutſchen in Amerika erzählt werden. Wir
halten allerdings auch die nativiſtiſchen Beſtrebungen für ſehr gefährlich und bedenklich, aber mehr deshalb, weil ſie die politiſche Situation
verwirren, als weil wir einen ernſthaften Angriff auf die Rechte der
Adoptivbürger erwarten dürfen. Dort, wo die Sklaverei mit der Einwanderung zuſammenſtößt, in Baltimore, Louisville u. ſ. w. werden natürlich
von Seiten der Sklavereileute Brutalitäten gegen die Eingewanderten
verübt werden, aber im Norden ſelbſt ſind dieſelben weniger zu fürchten.
Die National-Convention der Know Nothings in Philadelphia ſtellte ſich
auf dem Boden der Nebraskabill und der Prosklaverei-Propaganda, und
ſeit dieſer Zeit iſt die Know-Nothings-Clique im Norden, trotz der vielen tauſend Know Nothings, die noch im Norden exiſtiren mögen, als
ſelbſtſtändige Partei ſo gut, wie todt. Es wird natürlich verſucht werden, die Know Nothing-Partei im nächſten Präſidentenkampfe zwiſchen die
beiden großen feindlichen Armeen des Nordens und Südens zu ſchieben,
um dadurch die Wahl zu verwirren, die Situation zu trüben, die Ent-
ſcheidung zu verſchieben, — aber da die Know Nothings ja ſelbſt an in-
nerm Zwieſpalt in Bezug auf die Sklavenfrage leiden, ſo wird dieſes Bemühen wohl ohne den gewünſchten Erfolg bleiben.

Das nächſte Jahr wird uns gleich im Anfange bedeutende Aufregung bringen. Die Affairen in Kanſas, in Central-Amerika, die Pacifik-
bahn, die Agrargeſetzgebung, die Naturaliſationsgeſetze, das ſind die Tha-

mata, auf welchen die Drathzieher der politischen Parteien in die nächste
General-Regierung zu reiten gedenken. Die Conventionen der einzelnen
Parteien werden dann vorbereitet, und es wird alle „Smartneß" der
amerikanischen Politik, aber auch alle Corruption in voller Thätigkeit sein.
Dann kommt die Präsidentenwahl selbst, von unzähligen Stumpreden
und Agitationsmitteln begleitet.— Interessanter noch, wie in Amerika, wird
es in Europa aussehen. Es scheint kaum anders möglich, als daß der
Krieg dort neue Verwickelungen und Katastrophen herbeiführen wird,
deren Resultate weit uber ihre Veranlassungen herausragen werden.
Alles in Allem genommen, haben wir Grund, auf ein interessantes und
ereignißreiches Jahr zu hoffen, das den denkenden Beobachter im höchsten
Grade interessiren wird.

Warum sollen wir auch nicht unseren Hoffnungen neue Flügel geben? Wir leben in einer Zeit der Uebergänge und der Vermittelun-
gen, und müssen auf die Zeit der Katastrophen und Entscheidungen warten. Wir sind mit unserm ganzen Wesen, allen unsern Gefühlen, Neigungen, Anschauungen, Ueberzeugungen, Bestrebungen im Gegensatz zu
den jetzigen Zuständen und Ereignissen, und deshalb sind wir, wo wir
auch sein mögen. in der jetzigen Zeit Flüchtlinge, Fremdlinge, Ver-
bannte. Der Grund dieses unnatürlichen Verhältnisses, dem wir Alle
die schönste Zeit des Lebens zum Opfer bringen, mag nicht nur an den
äußern Zuständen, sondern an uns selbst, an unserm eigenen Verhängniß liegen, — es ist nun einmal so, und wir können nicht darüber hinweg. Die Religion unserer Tage besteht, ebenso wie die Religion der
Christen, in einem Glauben an die Zukunft, an die Befreiung des
Menschengeschlechtes. Nur ist diese Zukunft für uns keine übersinnliche.
Wehe den Menschen, welcher dieses Glaubens, welcher der Tröstungen dieser Religion entbehrt! Nicht gewachsen den vielfachen Mühse-
ligkeiten dieser harten Zeit, nicht erhaben über den gemeinen bornirten
Egoismus der Gegenwart, geht er unter. Nur das Licht, das aus der
Zukunft uns weissagend entgegenstrahlt, kann die Finsterniß der Ge-
genwart erhellen.

Gewiß, die Widersprüche der Geschichte folgen einander nach un-
widerruflichen Gesetzen. Der Despotie muß die Freiheit, der Reaktion
die Revolution, ebenso dem Materialismus unserer Zeit ein neuer,
schöner Idealismus folgen. Es sind alle Bedingungen dazu durch die
Wissenschaft, die Kunst und die Erfahrung gegeben, daß die Menschen der Zukunft ein frohes, schönes, glückliches Griechenleben führen
können. Die Natur des Menschen stellt sich immer mehr und mehr
als fähig zum Glücke und zur Tugend heraus. Warum wollen wir
dieser Natur nicht folgen, warum soll sie nicht zu ihrem Rechte
kommen?

Lightning Source UK Ltd.
Milton Keynes UK
UKHW020233090119
334943UK00006B/794/P